횔덜린, 니체, 고흐

1부

횔덜린, 니체, 고흐 1부 개정판

발행일	2024년 12월 20일		

지은이	박현숙		
펴낸이	손형국		
펴낸곳	(주)북랩		
편집인	선일영	편집	김은수, 배진용, 김현아, 김다빈, 김부경
디자인	이현수, 김민하, 임진형, 안유경, 신혜림	제작	박기성, 구성우, 이창영, 배상진
마케팅	김회란, 박진관		
출판등록	2004. 12. 1(제2012-000051호)		
주소	서울특별시 금천구 가산디지털 1로 168, 우림라이온스밸리 B동 B111호, B113~115호		
홈페이지	www.book.co.kr		
전화번호	(02)2026-5777	팩스	(02)3159-9637

ISBN	979-11-7224-415-6 04100 (종이책)	979-11-7224-416-3 05100 (전자책)	
	979-11-7224-432-3 04100 (세트)		

(주)북랩 성공출판의 파트너
북랩 홈페이지와 패밀리 사이트에서 다양한 출판 솔루션을 만나 보세요!
홈페이지 book.co.kr • **블로그** blog.naver.com/essaybook • **출판문의** book@book.co.kr

작가 연락처 문의 ▸ ask.book.co.kr
작가 연락처는 개인정보이므로 북랩에서 알려드릴 수 없습니다.

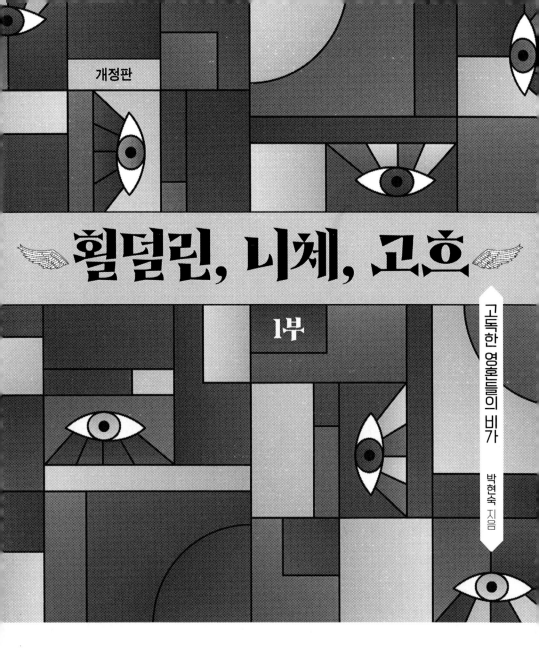

개정판

횔덜린, 니체, 고흐

1부

고독한 영혼들의 비가

박현숙 지음

북랩

서문

요즘 국내의 교회 사회를 보면, 세월이 지나도 변하지 말아야 할 성경의 진리와 생명의 말씀이 자유주의적이고 현대신학적인 사상의 편린들에 의해 너무나도 무질서하게, 여과되지 않은 채, 침습을 당하고 있는 실태이다.

복음의 일선에서 활약하고 있는 신학교 교수나 신학자, 또 목회자들이 이러한 위기적 상황에 제대로 채비를 갖추지 못하고 무방비하고 무력한 채 방임하거나 도리어 편승하는 결과를 낳는다면, 그들이 가르치는 신학생들이나 목양하는 교인들의 영적 상황은 그 얼마나 핍절하고 곤궁하기 그지없겠는가?

실제 세인들뿐만 아니라 소위 크리스찬들마저 니체나 쇼펜하우어를 무분별하게 애독하거나, 대중매체에서 지성을 과시하듯 인용하는가 하면, 더 나아가 자녀들에게 양서로 권독을 하거나, 심지어 성령을 강조하는 교단의 신문에 버젓이 슐라이어마흐를 띄우는 기사가 실리기도 하는 형편이다.

그런가 하면, 니체 사상의 계보라 할 수 있는 어떤 류의 진보 신학자는 그간 끊임없이 대중들을 상대로 기독교를 폄훼해온 것도 모자라다는 듯, 근자엔 대를 이어 본격적으로 그리스 신화가 성경의 가치에 필적이라도 하는 대단한 것인 양, 젊은 세대들을 오도하고 있는 실정이다.

이러한 판도는 실상 계몽주의 시대상의 리바이벌인 것으로, 그리스도의 증인이 되어야 할 크리스찬이라면 누구나, 동시대인들에게뿐만 아니라 앞으로 오는 세대의 위태한 신앙적 환경을 생각할 때, 참으로 위기의식과 더불어 통탄스러운 심정을 금할 길이 없을 것이다.

이러한 필자의 우려가 기우가 아니란 것을 마치 증명이라도 하듯, 올해 여름에 엽기적인 행각으로 전 세계적 이목을 집중시키고 교계에 큰 근심과 위기감을 조성하였던 파리 올림픽 개회식은 씁쓸하나마 이 책의 출간에 한층 의미를 부여한 역할을 한 것 같은 느낌이다.

루터의 종교개혁 후 17-18세기, 역사적인 대변혁기를 거치는 동안 이성의 발흥이 가져온 계몽주의와 더불어 나타난 자유주의 신학적 사조는, 시대를 거치는 동안 근대니 현대니 포스트모더니즘이니 각기 다른 브랜드를 걸쳐왔을 뿐, 그 근본에 있어선 동일하게 유일신, 창조주 하나님의 인격성과 하나님의 근본 본체인 그리스도와 절대진리의 말씀을 해체해 온 주역인 것이다.

그러므로 17-18세기, 교회사에 등장한 불안한 신앙적 흐름을 소환해 다시금 면밀히 검토하고 신앙과 이성의 상관관계를 되짚고 추적하는 작업은, 현재의 혼란한 영적 환경을 수습하고 쇄신을 다지고 초대교회적인 산 신앙을 회복하기 위해 가치 있는 일일 것이다.

횔덜린과 니체에 중점을 둔 『횔덜린, 니체, 고흐 1부』와 고흐에 중점을 둔 『횔덜린, 니체, 고흐 2부』는 직간접적으로 계몽주의 신학의 영향을 받은 예술가들로서 후세에 천재성을 인정받은 성공자들이라 하기엔, 성경적 관점에서, 너무도 불행한 영성의 아이콘으로 대변될 만한 이들의 비극적 삶을 주시하면서, 크리스찬적 연민과 통탄의 심정으로 경계하고 질타하고 애도한 글이다.

특별히 필자는, 지난 날 필자 자신의 젊은 시절에 비추어볼 때, 영성적 눈뜸이 부재한 이성만으론, 횔덜린이나 니체, 실러나 괴테 같은 문인들의 전인적인 내적 정황을 진실되고 충분하게 파악할 수 없으리란 생각에, 그간 이 땅의 문학도나 문학인들을 향해 품어온 모정의 관심과 염려와 영적 연민의 심정 또한 이 글의 집필 동기에 큰 부분을 차지하고 있음을 고백하지 않을 수 없다.

이 글에서 다루는 다양한 신학적 주제들은 과거 필자가 신학교에서 졸업 논문으로 횔덜린이란 특별하게 고독하고 독특하게 예민한 한 시인의 신성 개념(Concept of Divinity)에 관해 쓴 것을 바탕으로 하여 주로 해당 저서와 게시된 기존 신학 논문들로부터 자료를 얻은 것들로서, 이 책의 주된 목적인바, 독자들의 올바른 기독교 신앙에 대한 이해와 영적 분별을 돕기 위한 취지에서 필자는 관련된 내용들을 유기적이고 통합적인 방법으로, 성경적 관점에서 분석하고 비판하고 교정하고 설명하고 호소하였다.

필자는 미력하나마 신학과 신앙의 유기적 사색이 맞닿는 주인공의 삶의 정황과 연계된 내러티브를 곁들임으로써 자연스레 독자와의 소통과 공감을 이끌어내는 노력을 얼마간 경주하였다.

물론, 필자의 부족함으로 독자들의 인내를 테스트하는 부분들도 많겠지만, 송구하나마 눈물과 웃음과 내러티브가 있는 이 글이 독자들의 사색의 지경을 넓혀주고, 삶의 자리와 괴리되지 않은 신학과 교회 사회의 발전을 도모할 뿐만 아니라, 세상 사회 안에서 신자와 신앙 리더로서의 정체감과 본분의 점검에 일조하는 등 여러모로 한국 교계에 도움이 되길 기도하는 마음으로 써 내려갔다.

생각건대 이 글의 일차적 독자는 신학생들과 문학도들과 신앙 리더들을 비롯한 크리스찬들과 문인들을 비롯한 예술가들, 또 타 종교인들과 삶과 죽음, 존재의 궁극적인 이유와 목적에 관심과 의문을 가지는 모든 사람들이다.

심히 만물의 마지막 때가 가까운 이 위기와 혼돈의 시대에 한없이 부족한 저로 이 글을 쓸 사명과 열정과 기회를 주시고 출판하게 하신 하나님께 모든 감사와 영광을 올려드립니다.

그리고 제게 귀한 멘토가 되어 조언을 아끼지 않으신 존경하는 목사님들과 필자에게 기탄없이 쓰기를 소신 있게 독려하고 응원해준 사랑하는 가족들과 믿음의 동역자들, 또 지난겨울 내내 집필 공간에 배려를 아끼지 않았던 선량한 커피빈 형제자매님들, 그리고 친절과 수고로 협조해주신 출판사 관계자분들께 진심으로 감사와 사랑을 전합니다.

모쪼록 이 책이 부디 많은 이들을 '바른 복음'의 길로 인도하는 '의의 병기'가 되기를 두 손 모아 간곡히 기도드립니다.

2024년 겨울
서울에서
박현숙

작별 ━━━━━━━━━━◆

등장인물

이세린: 주인공, 신학생, 계몽주의 철학적 사고에 젖어 오다 기독교 신앙의 입문에 들어서서 성령 체험을 함.

매니저 목사: 정통 복음주의 목사로서 영적 방황 후 전격 헌신함.

강연철: 세린의 남편. 마음에 상처가 많은 굳은 성격의 인본주의자로 세린을 만나 기독교를 접함.

뉴세린: 후에 예수 그리스도의 임재 체험 후, 보다 적극적인 신앙인으로 변화됨.

세린 A: 루터의 입장과 공감

세린 B: 에라스무스 입장과 공감

C 목사: 복음주의를 지향하지만 성령 체험이 없어 현대신학적 한계를 못 벗어남.

브라이언 박사: 학문적으로 객관적, 중립적 입장을 견지. 복음적이나 문학적이며, 때로 모호한 경향을 보임.

나다니엘: 과거 상처로 인해 기독교에 무의식적 반감. 자신 속의 순수 신앙을 감추고 때로 냉소적 태도를 과장함.

로레인: 범신론적이며, 예술사적 코드로 기독교를 바라봄.

매니저 목사

그렇게 일자리를 구하러 맨해튼을 돌아다니던 어느 날, 세린을 잡(Job) 인터뷰 한 이는 의류점의 세일즈 파트 매니저인, 사십 대로 보이는 남자였다. 처음 그 매니저를 보았을 때 세린은 그의 표정이 어쩐지 이상하게 느껴졌었다. 그는 매장 가운데 정지된 에스컬레이터 꼭대기 부근에 엉거주춤 걸터앉아서 서류 뭉치를 뒤적거리고 있다가 세린이 다가가서 인사를 하자 번쩍 고개를 들었다.

"저, 좀 전에 전화 드린 이세린인데요. 매니저 되시는 분이신가요?"

그는 그녀에게 반색을 하며 달갑게 대답했다.

"네, 제가 바로 이세린 씨의 상사가 될 이 옷 가게의 세일즈 매니저입니다."

그때 본 그는 마치 몽상가처럼 비현실적인 안광을 발하고 있었고 작위적인 표정을 계속 지어내고 있는 것처럼 느껴졌다. 마치 모종의 자기 암시를 걸고 있는 듯한 느낌이었다. 거기다 어쩐지 속이 들여다보일 만큼 비릿한 웃음마저 혼자 흘리고 있었다. 그건 마치 '오호라, 내 앞에 마침 기다리던 대상이 용케도 나타났군.' 하는 듯한 어처구니없는 표정이랄까. 그의 그런 인상은 나중에 그를 좀 알고 나서야 원인을 짐작하게 되었지만, 그 당시 처음 그를 대면하는 그녀로선 다소 불편하고 생경했다.

"제 출근 시간과 보수를 알고 싶은데요."

"내일부터 아침 열 시까지 오시면 됩니다. 보수는 주급 삼백오십 불로 시작해서 삼 개월마다 인상해 드리겠습니다."

썩 괜찮은 제안이 아닌가! 다음날 첫 출근을 한 그녀는 세일즈 오피스 안에 지정된 그녀의 책상 앞에 앉았다. 그녀와 기역 자의 위치에 매니저의 책상이 있었고, 그 옆은 백인 남자 세일즈맨의 자리였다. 그런데 매니저는 노골적으로 연신 세린 쪽을 흘깃거리며 그의 옆자리에 앉은 백인 세일즈맨의 귀에 대고 계속 귓속말을 해 댔다. 거구의 능글능글하게 생긴 세일즈맨이 매니저의 귀엣말에 계속 얼굴을 붉히며, 간간히 세린 쪽을 흘깃거리며 겸연쩍은 웃음을 폭발하곤 하는 걸로 보아 뭔가 자신에 관해 매니저가 이상한 말을 하고 있는 것이 분명하다고 세린은 느꼈다. "낙킹 비유티"란 말이 연거푸 들려왔다. 그제껏 사회 경험이 없었던 그녀로서는 여성에 대한 희롱이나 더욱이 음담패설이 뭔지도 모르는 환경에서 줄곧 살아왔기에 그것이 모종의 성적 농담이 아니었을까, 하고 추측하게 된 것은 그 후 꽤 세월이 흐른 뒤였다. 갓 미국에 와서 미국 사회도 미국 법도 잘 모르는 그녀로선 그런 매니저의 행동이 심각한 성희롱에 해당된다는 사실도 모른 채 그저 속수무책으로 어리둥절하게 당하고만 있었던 것이다. 그런데 매니저의 그런 이상한 언행은 세린에게만 향한 것이 아니었다. 그는 본사의 여직원과 통화를 할 때면 마치 애인에게 말하듯 노골적으로 은근한 어투로 응큼한 무드를 톡톡히 즐기고 있었다. 알고 보니 그 여직원은 엄연히 두 아들이 있는 교회 전도사의 부인이었다. 입사 후 며칠이 지난 어느 날, 퇴근 시간이 다 되어 매니저가 세린에게 말했다.

"세린 씨, 오늘은 출근 첫 주이니 신입 사원 환영회를 갖겠습니다. 끝나고 회식이 있습니다."

그는 그녀를 인근 패스트푸드점인 '웬디'로 데리고 갔다. 그녀는 동행하는 다른 직원들이 없는 것에 어리둥절했다. 그러자 그가 아주 재미있다는 듯 명랑하게 그녀에게 말했다.

"상사 한 사람과 직원 한 사람으로 구성된 환영회입니다."

그는 햄버거와 음료수를 시켜 주면서 그녀가 먹는 것을 흐뭇해서 어쩔 줄 모르겠다는 듯 함박 미소를 지으며 바라보곤 했다. 이런저런 이유로 한국에서 모았던 돈이 반이나 줄어든 바람에 연철의 유학 학비와 생활비를 벌어야 한다는 중압감이 늘 따라다니던 그녀는 불안한 생각에 운을 떼었다.

"저, 제가 체크 쓰는 것도 잘 모르는데요……. 앞으로 세일즈 일을 잘 할 수 있을지 모르겠네요."

그러자 그는 착한 얼굴로 착한 미소를 띠며 말했다.

"걱정 마세요. 제 누님이 가게 주인입니다. 앞으로 석 달마다 세린 씨의 주급을 올려 드리고, 승진도 시켜 드리겠습니다."

"그래도……. 제가 그러려면 기대하시는 만큼 실적을 올려야……."

"글쎄, 이 스토어 일은 제 마음 먹기에 달렸다니까요? 누님은 제 말은 팥으로 메주를 쑨대도 다 믿습니다. 왜냐하면 저의 집안에서 주의 종이 된 사람은 저 하나거든요. 제가 세린 씨에 대해 잘 말씀드릴 테니 아무 염려 마세요."

"아니, 그러시면 목사님이시라는……?"

"네, 전에 교회를 했었습니다."

그는 대수롭지 않게 말하면서 디저트로는 무얼 먹겠느냐고 물으며 뭐가 그리 좋은지 시종 혼자 신바람이 나 있었다. 전직 목사인 매니저는 세린을 브로드웨이 지하철역까지 데려다주었다. 세린은 그에게 작별 인사를 하고 호보켄행 전철을 탔다. 그런데 이게 어찌 된 일인가? 그녀가 자리에 앉자마자 어느새 그가 뒤따라 잽싸게 전철에 올라탔는지 순식간에 그녀의 옆자리에 천연덕스레 앉아 있는 것이었다. 어리둥절해 할 말을 잃고 놀란 얼굴을 한 그녀를 그는 예의 헤픈 인상의 미소를 잔뜩 지은 채 세린을 응시하면서 가만히 자신의 두 손으로 그녀의 손을 감싸려고 들었다. 그런 그의 표정이나 행동은 너무도 태연했고, 이상하리만치 너무도 자연스러웠다. 세린이 화들짝 놀라 인상을 쓰며 그와 거리를 떼고 앉으며 고갤 돌려 그를 외면하자 그는 겸연쩍게 웃으며 잘 가라고 손을 흔들곤 그다음 정거장에서 하차를 했다.

한 주가 지난 점심시간이었다. 매니저 목사가 같이 점심을 먹자며 그녀의 책상 앞으로 자기 의자를 끌고 오더니 자기 도시락을 풀어 그녀의

횔덜린, 니체, 고흐

책상 위에 얹어놓았다. 세린은 그렇게 막힘 없이 붙임성 좋게 행동하는 사람은 생전 처음 보는 셈이라 꽤나 당황스럽고, 어떻게 대응해야 할지 몰라 부자연스러웠다. 그는 사무실 보관함 위에 있는 라면 박스에서 컵라면 두 개를 꺼내 뜨거운 물을 부어 가져왔다. 컵라면을 먹는 도중이었다. 돌연 그가 자기 숟가락을 세린의 컵라면에 넣더니 자기의 컵라면을 먹으라고 권유했다. 세린이 너무 당황하며 놀라 눈을 크게 뜨고 불쾌하기 이를 데 없는 기색으로 그를 노려보자, 그는 천연덕스럽게 웃으며 농담하듯 말했다.

"서로 침을 섞어 먹는 것이 키스가 아닌가요?"

그 후에도 세일즈 업무에 관해 이러저러한 말을 매니저 목사가 해 주었지만, 그녀에겐 그날의 무례한 언행만이 계속 기억에 남아 두고두고 기분이 상했다. 그러나 날이 가면서 세린은 그때 자신이 느꼈던 불쾌감과는 달리 그에겐 악의가 없다는 것을 느끼게끔 되었다. 오히려 매니저 목사는 인심이 후하고 인정이 매우 많은 편이었다. 그는 보너스라며 플로어 디스플레이인 2인용 목재 원탁과 텔레비전을 그녀가 가져가도록 선처를 해 주었다. 기숙사 방에 처음 쪽 맘에 드는 탁자와 티비를 가져다 놓은 세린은 어린애처럼 몹시도 행복했다.

어느 날 오후였다. 매니저 목사가 세린의 책상으로 성큼 오더니 자신의 시 노트북을 펼쳐 보였다. 그는 누가 시키지도 않는데 기독교적 냄새가 나는 자신의 사변적인 시를 자발적으로 읽어 내려가기 시작했다. 그의 시구는 존재니 진리니 위선이니 위악이니 절망이니 절대자니 하는 단어들로 점철되어 있었다. 뭔가 진지한 것 같기도 하고, 복잡한 것 같기도 하고, 답답한 것 같기도 했다. 그후부터 그는 사무실에서 틈틈이 세린을 향하여 묻지도 않는데 자신에 대한 말을 하기 시작했다.

"난 신학교 채플 시간에 남들이 다 함께 주기도문을 외울 때 혼자만 일부러 안 외웠어요. 내 자신이 매너리즘에 빠지게 될까 봐 이를 앙다물고 버티면서 어떻게든 습관적이고 피상적인 기독교인이 안 되려고 발버둥 쳤어요."

어느 때는 이런 말도 들려주었다.

"난 한 번도 세상적으로 살아 본 적이 없었어요. 고등학교를 졸업하고 바로 신학교로 진학을 했어요. 제 아버지는 유명한 복음성가 작사·작곡가였어요. 나는 진리의 실체가 뭔지 알고 싶었어요. 그래서 청년 때는 우정 술을 먹고 거리를 돌아다니며 시비를 걸다가 불량배들한테 실컷 얻어터지기도 했어요. 하지만 난 그들에게 맞는 것이 차라리 행복했어요. 적어도 아픈 것의 실체를 느낄 수 있었으니까…… 난 대항하지 않고 묵사발이 되게 맞아 구르면서도 쓰레기통을 안고 뒹굴며 행복하게 웃었어요."

매니저 목사의 시골스레 어딘지 개성 있고 대책 없이 나이브한 얼굴이 쓰레기통을 부둥켜안고 웃는 장면이 눈앞에 그려지니 몹시 흥미로운 생각이 들어 세린은 궁금한 것을 물어보았다.

"현재는 교회 목사님이 아니신가요?"

그는 대답 대신 재빨리 자기 책상으로 가더니 서랍에서 테이프 하나를 꺼내 가지고 와서 그녀에게 건네주며 말했다.

"제가 전에 교회에서 했던 요한계시록 설교 녹음 테이프니 들어 보세요. 남편분과도 꼭 같이 들으세요."

다시 새로운 한 주가 오고 주말이 가까워 오자, 매니저 목사가 말했다.

"오늘 제가 저녁을 사 드리겠습니다."

그는 세린을 파크 에비뉴의 아담한 다이너로 데리고 갔다. 실내는 젊은이들로 북적거렸으며, 테이블마다 조명등이 환히 춤을 추고 있었다. 아직 주문이 서툰 그녀를 위해 그는 두 사람의 음식으로 스테이크와 와인 두 잔을 주문했다. 그는 시종 세린을 보고 그저 기분 좋게 웃고만 있었다. 세린은 그가 썩 미남은 아니더라도 그의 안광에서 뿜어나오는 어딘지 범상치 않은 혼과 얼굴 전체에서 선하고 순수한 표정을 느낄 수가 있었다. 식사와 와인이 나오자, 그가 세린에게 수줍은 듯 말했다.

"사실 전 와인을 잘 못 마십니다."

그녀는 스테이크 한 점을 먹고는 능숙하게 와인 잔의 스템을 거머쥐고 잔을 입에 갖다 대는 자신의 동작이 어쩐지 그의 앞에선 일부러 폼을 잡는 듯한 기분이 들었다. 매니저 목사는 평소와는 다르게 쑥스러운 듯 고개를 숙이고 말없이 얌전히 스테이크만 썰고 있었다. 두 모금째 와인을 마시자, 세린은 기분이 명랑해져서 저절로 말문이 열렸다.

"전 이십 대에 한국에서부터 신학에 관심이 있었어요. 그래서 이십 대 중반에 신문 광고를 보고 서대문에 있는 인터내셔널이란 신설 신학교 문을 두드려 본 적도 있었어요. 편입 시험을 치른 후 면접까지 봤어요. 그런데 면접관이 세례를 받았냐고 물어보데요. 전 사실 세례가 뭔지도 잘 몰랐거든요……. 그래서 얼버무리며 세례가 그렇게 꼭 필요한 거냐고, 나중에 받으면 안 되냐고 물었어요. 그랬더니 면접관이 절 이상하게 쳐다보는 거예요."

매니저 목사는 의외란 듯 세린을 유심히 응시하더니 물었다.

"그래서 어떻게 됐나요?"

"세례를 받고 와서 다음 해에 다시 시험을 보라는 거예요. 전 나오면서 처음 접한 신학교라는 데에 온갖 정나미가 다 떨어지는 기분이었어요. 뭐랄까……. 무슨 신학교라는 데가 어찌 그리도 마음이 협소할까 하는 그런 실망감 같은 것이었어요."

매니저 목사가 사뭇 의아한 표정을 지으며 물었다.

"세린 씨에게 신학교 문을 두드리게 된 무슨 동기라도 있었습니까?"

"저는 십 대부터 유신론적 실존 철학에 많이 심취해 있었습니다. 그동안 제가 읽었던 종교철학 서적 중 맨 처음 제 심금을 울렸던 것은 폴 틸리히의 『흔들리는 터전』이었어요. 야스퍼스가 기독교의 '원죄'의 개념을 불교의 '무명'으로 이해한 것을 그보다 먼저 읽었었는데, 틸리히가 '죄'를 '신(God)으로부터의 분리'라고 설명하는 것을 읽고 제 영혼에 작은 지진이 일어난 느낌이었죠. 뭐랄까, '무명'에 의해 막힌 문이 열린 것 같달까

······. 비로소 이성적으로 기독교에 대해 낙관적인 동의가 되어지는 기쁨 같은 것이었어요!"

그러자 그는 놀라운 표정을 짓더니 진지하게 세린을 응시하며 말했다.

"전 지금까지 수많은 여자들과 대화할 기회가 있었지만, 세린 씨처럼 폴 틸리히의 『흔들리는 터전』을 읽었노라고 스스럼없이 말하는 여자는 한 번도 만나 보지 못했어요. 신학교에 입학하려 하신 이유를 알겠네요. 세린 씨도 틸리히의 관점에서 보면 분명 신학도에 해당되죠."

매니저 목사는 못 마신다는 와인을 단숨에 마셔 버렸다. 그의 음성이 점점 격렬해져 갔다.

"흔들리는 터전은 이 세상의 제도나 과학 혹은 역사에만 해당되는 것이 아닙니다. 바리새적 종교인들이나 맘몬을 숭상하는, 기독교인들이라 자처하는 무리들에게도 실로 해당되는 말입니다. 제도적 기독교 안에 포함된 인본주의의 누룩은 예수의 생명의 진리를 훼손하고······."

세린은 그가 말하는 종교적인 언어를 알아듣기가 어려워 일부러 심드렁하게 대꾸했다.

"인간의 실존 자체가 흔들리는 터전 위에 기반한 것이 아닐까요?"

매니저 목사가 그녀를 바라보는 눈에 생기가 도는 것 같았다.

"비단 대전 후의 암울한 틸리히의 시대뿐만이 아니라 훨씬 그 이전인 바벨론 포로의 시대 또 오늘날의 시대도 삶의 가장 원초적이고 핵심적인 터전들은 여전히 흔들리고 있습니다."

세린이 말했다.

"실존의 심연인 거죠. 제가 한 가지 확신하는 것은 존재의 심연이 완전한 절망에 근거하고 있다는 믿음인 거예요."

다시 그가 진지한 표정으로 말했다.

"신(God)을 떠난 인간이 고안한 어떤 제도나 장치로도 이 심연을 제대로 들여다볼 수는 없습니다. 예레미야같이 선지자의 영혼을 가진 소수의 사람들은 그때나 지금이나 똑같이 세상의 조롱과 분노의 대상이 될 수밖에 없습니다. 문제는 '절망이냐, 믿음이냐'의 선택일 뿐입니다!"

"그럼 믿음이란 과연 뭘까요?"

"틸리히의 하나님은 종교와 비종교, 기독교와 비기독교를 초월하는 분입니다."

"……."

세린은 고개를 갸우뚱거리며 입을 다물고 말았다. 목사의 입언저리에 다시 헤프다고 할까, 주책스럽다고 할까, 그런 류의 악의 없는 웃음기가 감돌았다.

"제 목회 경력 이십여 년 동안 여성과 이런 대화를 나눠 본 적이 단 한 번도 없었습니다. 정말 세린 씨는 제게 특별히 기억될 만합니다."

"그런데 왜 교회를 그만두게 되셨나요?"

세린이 틈새를 노린 듯 정작 궁금한 걸 묻자, 매니저 목사는 괴로운 표정으로 두 눈을 질끈 감더니 고갤 수그리며 침울한 어조로 말했다.

"새벽기도 시간에 말입니다. 제가 여교인들에게 가까이 가서 안수 기도를 할 때면 그들이 제게 덥석 안깁니다. 옆에 남편이 있는데도요……. 도저히 견딜 수가 없었습니다……. 제 자신의 한계와 바리새적인 제 근본을 스스로가 참을 수 없었습니다. 필라에서 수년간 교회 담임목사 노릇을 해 오다가 결국 삼 년 전에 그만두었습니다. 교회를 그만두자 교인들이 저의 집을 찾아왔었죠. 그때 전 집 안에서 일부러 술을 먹고 담배 연기를 뿜어 대며 날 찾아온 교인들에게 나가라고 고래고래 고함을 쳤지요……."

세린은 너무도 생경한 내용에 충격을 느끼며 말을 흘렸다.

"이해가 안 가네요……. 어떻게 교회에서 목사님에게 그런 일이 생길 수가……."

세린은 어쩐지 예전에 보았던 영화 중 파괴승의 장면 같은 것이 연상되어 어처구니가 없었다. 당시 세린의 교회 생활 이력이라곤 도미 직전 구미에 살았던 일 년 동안, 열심히 특심하고 신실했던 순복음 구역장의 전도를 받고 교회에 정규적으로 나간 것이 전부였다. 생래적으로 순수한 열정이 있었던 그녀는 구미를 떠나기 전, 교회 지하에 있는 아동부 성경 공부 방에 예수님의 일생 - 탄생과 오병이어의 기적과 고난과 부활을 주제로 한 유화를 아마추어 솜씨로 네 개의 대형 캔버스에 그려 기증했었다. 매니저 목사는 특심하게 진지한 안광을 발하며 말을 이어 갔다.

"전에 꿈을 꾸었습니다. 하늘에서부터 사닥다리가 내려와 있었습니다. 그런데 제가 사닥다리 맨 꼭대기에 서 있었어요. 그때 하늘의 음성이 제게 들려왔습니다. '너는 지식적으로는 사닥다리 맨 꼭대기에 닿아 있다. 그러나 너는 저 밑에까지 네 교만을 낮추지 않으면 안 된다.' 하는 말씀이었습니다."

레스토랑을 나와 작별 인사를 하려는 그녀를 그는 한사코 집에까지 데려다주겠다고 우기며 따라왔다. 33 가 전철 역으로 걸어가는 도중이었다. 갈지자로 걷던 그가 길모퉁이 한 건물의 계단 앞에서 별안간 걸음을 멈추었다. 그리곤 허리를 숙인 채 한쪽 다리를 계단 위에 걸쳐 놓고는 바지 밑단을 조금 걷어 올리는 것이었다. 세린에겐 그가 와인 한 잔에 취기가 도는 것처럼 보였다. 그런데 그는 그녀에게 자기 종아리 부근을 가리키며 보라고 했다. 겁에 질린 그녀의 눈엔 어스름한 종아리 살 외엔 아무것도 눈에 띄지 않았다. 그러나 그는 이내 신음하듯 쥐어짜는 듯한 비통한 음성으로 혼잣말을 했다.

"아아, 여길 보세요. 제 한쪽 종아리가 이렇게 썩어 들어가고 있어요. 하나님이 제게 내리신 벌이에요……."

그녀는 어리둥절하면서도 경악스러웠고, 그의 처절하도록 처량한 음색 때문인지 그가 무척 측은하게 느껴졌다. 그러나 어떤 질문도 위안의 말도 할 자신이 없었기에 단지 속으로만 안타깝게 느낄 뿐이었다. 그는 그녀를 따라 패스 트레인을 타고 호보켄역에 내려 연철의 학교 기숙사 입구까지 도착했다.

"이제 되었습니다. 그만 돌아가셔야죠."

세린이 권유하자, 그가 우기듯 말했다.

"남편분이 계시죠? 그러면 인사도 드리고 대화도 좀 나누다가 가겠습니다."

그는 그녀를 따라 기숙사 방에 들어섰다. 있으리라 생각했던 연철은 아직 오지 않았다. 휑한 스튜디오엔 매니저 목사가 전에 선물했던 목재 원탁만이 한쪽 벽가에 놓여 있었다. 당황한 그녀가 그에게 무슨 말을 하려는 순간이었다. 바로 그때 기숙사 방 한가운데 선 그가 겨울 코트를 입은 채로 큰 반원을 그리며 몸을 그녀에게로 획 돌리더니 다짜고짜 포옹을 하려 했다. 세린은 후다닥 두 손으로 그를 밀쳐 내며 분노감에 휩싸여 그의 따귀를 한껏 갈겼다. 그러자 그는 한 손을 맞은 뺨에 갖다 대며 머쓱하여 뒤로 물러서면서 휘청거렸다. 세린은 몹시 자존심이 상하고 배신감과 함께 위기감이 엄습해 왔다. 좀 전까지 가졌던 그에 대한 이해심과 동정심도 다 사라졌다. 그녀의 머릿속엔 한순간 여러 가지 생각이 교차되었다. 연철에게 좀 전에 일어났던 일을 눈치채게 할 수는 없었다. 연철은 그녀가 모처럼 의류 회사에서 좋은 상사를 만났다고만 생각하고, 안정되게 오랫동안 일하기만을 학수고대하고 있는 눈치였다. 그녀가 바라는 것은 오직 연철이 오기 전에 그가 나가 주는 것뿐이었다.

"당장 나가세요! 만일 안 나가면 당신의 부인에게 전화하겠어요."

그러나 그는 이상하게도 끈덕지게 선 채로 좀처럼 나가려 하지 않았다.

"부인의 전화번호를 알려 주세요!"

극도로 화가 난 세린의 위협에 그는 여전히 선 채로 태연히 대꾸했다.

"여기 있습니다."

세린은 그가 나가는 것을 선택하는 대신 자신의 아내에게 그런 불미스러운 정황을 알리기까지 버티는 이유를 도무지 이해할 수가 없었다. 세린이 다급히 전화를 하자, 부인의 음성이 들려왔다.

"여보세요?"

"안녕하세요? 전 의류점에 새로 입사한 이세린인데요, 매니저 되시는 분께서 제게 저녁을 사 주신 후 제가 사는 기숙사까지 따라오셔서 계속 안 나가시니 제 입장이 매우 곤란합니다. 어서 오셔서 모시고 가세요."

세린의 말을 들은 그의 부인의 울먹이는 음성이 수화기 너머로 들려 왔다.

"전 제 남편을 믿습니다. 지금은 방황하고 계시지만, 언젠가는 하나님 께서 이끄셔서 꼭 바로 제자리에 돌아오실 것을 믿습니다."

그의 아내는 남편의 그런 망동에 어느 정도 익숙한 듯 별로 놀라는 기 색도 없이 세린에게 남편에 대한 자기 믿음의 고백만을 일방적으로 간절 히 읊조리고는 전화를 끊었다. 그는 말하자면 스스로 위선자가 안 되기 위해서 자기 아내에게 숨기지 않고 대놓고 모든 걸 알리자는 심사인 것 같았다. 그런데 그의 그런 행동거지엔 어딘지 야사에서 왕족의 신분이 장 차 세도를 잡는 데 방해가 될까 봐 자신의 유능함을 감추려고 일부러 방 탕하고 경솔하게 행동하는 것 같이 작위적(作爲的)인 인상 같은 것이 강하 게 풍겼다. 그를 대하는 그의 부인의 태도 또한 그런 심중을 더 굳히게 만들었다. 세린의 처소에 매니저 목사가 무례하게 따라 들어와 실로 말 도 안 되는 무례한 행동을 벌인 상황에서도 희한하게 그들 부부가 주인 공이고 세린은 그들 주인공 부부를 돋보이게 하는 조역 같은 느낌이 들 었던 것이다. 아무튼 매니저 목사는 성추행을 당한 거나 마찬가지인 세 린의 충격과 심장이 두근거리는 상태에서 연철을 맞아야 할 그녀의 입장 은 조금도 고려하지 않는 것 같았다. 바로 그때, 연철이 방문 손잡이를 돌리며 방문을 여는 소리가 들렸다. 매니저 목사는 어느새 기숙사 한쪽 에 놓인 원탁 의자에 얌전히 앉아 있었다. 세린은 간신히 표정을 수습하 고 아무렇지 않은 듯 태연하게 연철에게 매니저 목사를 소개하였다.

"여기 나 일하는 회사의 매니저 목사님께서 오늘 회식 후 당신을 만나 인사를 나누고 싶다고 하셔서 모셔 왔어."

두 사람은 서로 웃으며 악수로 인사를 나누고는 자리에 앉았다. 세린 은 격앙된 가슴을 간신히 다독이며 찻물을 끓이려고 황망히 가스레인지 위에 주전자를 얹어 놓았다.

"네, 말씀 많이 들었습니다. 제 집사람을 잘 돌보아 주셔서 감사드립니다. 그런데 듣자 하니 목사님이시라고요?"

"네, 삼 년간 필라에서 목회를 하다가 잠시 쉬고 있는 중입니다."

"최근 우연히 만난 제 고등학교 동창 하나도 현재 미국에서 침례교 목사가 되어 있더군요."

세린은 연철이 얼마 전 우연히 만났다던, 인천의 큰 교회 목사의 사위가 되었다던 그의 친구를 염두에 두고 하는 말인 걸 알 수 있었다.

"제가 일전에 제 계시록 설교 비디오테이프를 부인께 드렸는데 혹 보셨습니까?"

세린은 매니저 목사가 방금 전에 자기에게 그와 같은 망동을 할 만큼 취기가 돌아 휘청거렸던 사실이 믿어지지 않을 만큼 지난 일까지 물으며 침착하게 대화를 하는 것을 보고는 적잖이 놀랐다.

"하하, 얘기는 들은 것도 같은데 아직 못 봤습니다. 조만간 보도록 하겠습니다."

"전공이 화공과시라구요?"

"네, 고분자 계통입니다."

"제 둘째 누님도 화공학을 전공하셨는데, 지금은 일리노이 대학교 교수로 계십니다."

"대단하시군요. 전 늦은 나이에 공부하느라 무척 힘이 듭니다만……. 목사님은 미국에서 공부를 하셨습니까?"

"네, 전 미네소타에서 베델 신학교를 졸업한 후, 이스라엘 히브리대에서 히브리어를 공부했습니다."

"히브리대는 명문 대학이 아닙니까? 대단하십니다. 저의 이전 직장 동료 중에서도 거기 출신 유대인이 있었습니다만…"

꽤 늦은 시간임을 의식한 두 사람은 잠시 후 누가 먼저라 할 것도 없이 서로 자리에서 일어나더니 작별 인사를 나누었다. 세린은 연철과 함께 목사를 주차장까지 배웅했다. 매니저 목사가 떠나자, 연철은 실소를 하며 혼자 고개를 연신 좌우로 흔들더니, 세린을 향하여 다소 미심쩍은 듯하면서도 어이없는 표정을 지었다.

"뭐야? 목사가 집에까지 따라왔단 말이야? 술 냄새가 나는 것도 같고 ……. 참, 목사가 돼서 실없는 사람 같으니라고……. 말이 목사지 사람이 푼수가 없고 무척 헤퍼 보이네."

그다음 날 아침, 세린은 전날의 악몽을 생각하며 직장을 나가고 싶지 않았다. 그러나 현실은 그럴 수 있는 상황이 못 되었다. 전날 밤 그런 일을 벌였던 매니저 목사를 또 볼 것이 못내 부담스러워 가슴을 조이며 출근한 세린은 그러나 그가 여느 때와 똑같은 모습으로 혼연히 행동하는 모습을 보고는 더더욱 당황하지 않을 수 없었다. 그는 세린을 보고도 아무렇지 않은 듯 평시처럼 말하고 행동하였다. 참다못한 세린이 전날의 일을 살짝 상기시키자 그는 표정 하나 변하지 않고, 다만 간단히 대꾸할 뿐이었다.

"내가요? 난 아무 생각이 안 나는데?"

술이 취해서 필름이 끊겼다는 게 이런 것인가 하는 생각이 들 정도였다. 하지만 그는 평시와 달리 어딘가 풀이 죽어 보였다. 이튿날 그의 아내가 두 아이들을 데리고 의류점에 나타났다. 그녀는 매우 훌륭한 외모를 하고 있었고, 몸가짐도 품위가 있었다. 그녀는 세린에게 오지 않았고, 세린도 그녀에게 별다른 내색을 보이지 않았다. 매장에서 그의 누이와 담소하고 있던 그의 아내가 떠난 후 세린이 그에게 말했다.

"부인이 보기 드물게 참 미인이시고 순종적인 타입이시네요. 그런데 그런 부인을 두고도 도대체 뭐가 불만이신가요?"

그러자 그는 의외로 곤혹스러운 표정을 지으며 대꾸했다.

"내 입장이 돼 봐요. 여자가 죽으라면 죽는 시늉을 하며 고분고분한 게 얼마나 사람을 질리고 숨이 막히게 만드는지를……."

세린은 그만 어안이 벙벙해졌다. 그리고 시간이 지남에 따라 그녀는 매니저 목사가 아르바이트 일을 구하러 온 여대생 같은 여자들을 마치 자기 애인인 양 다루는 것을 보고는 놀라지 않을 수 없었다. 매니저 목사가 그녀들과 소곤소곤 통화하는 소리가 세린의 귀에 심상치 않게 들려오곤 했다.

"자기, 나 보고 싶어? 먼저 그리로 와. 우리 조금 이따가 또 만나."

매니저 목사는 매장을 분주히 돌아다니다가도 어느 한순간 소리 없이 사라지곤 했다. 그런가 하면 이십 대 초반의 젊은 여자가 어울리지 않게 애늙은이 같이 노숙한 표정으로 그를 찾아와선 그와 눈짓을 주고받으며 소곤거리기도 했다. 어쩐지 세린은 뭔가 매니저 목사의 주변에서 불미스러운 어두운 일들이 진행되는 듯한 공기가 감도는 느낌이었다. 어느 날, 고객이 없는 한산한 오후였다. 매니저 목사가 세일즈 장부를 정리하고 있는 그녀의 책상 앞으로 저돌적으로 걸어오더니 그녀의 얼굴을 정면으로 빤히 쳐다보며 느닷없이 공격적으로 물었다.

"솔직히 말해 봐요. 알 유 해피?"

그의 질문 속엔 그녀가 해피 하지 않을 거라는 강한 확신이 들어 있는 게 분명했다. 세린은 그의 유치할 만큼 저돌적이고 무례한 언행에 그저 못 들은 채 무시하는 표정만을 지을 수밖에 없었다. 그로부터 또 두어 주가 지난 어느 날이었다. 사무실에서 또 필시 이십 대였을 여자와 그런 식의 통화를 마친 그에게 처음으로 세린이 발끈 성을 내며 항의조로 물었다.

"도대체 어떻게 목사님이셨단 분이 대학생들 같은 젊은 여자들을 그런 식으로 대할 수 있어요? 목사님이라면 그들을 적어도 신앙적으로 바로 인도해야 하는 책임이 있지 않은가요?"

그러자 매니저 목사는 세린의 책상 앞으로 한걸음에 내달리듯 달려와서는 벌건 얼굴로 목에 핏대를 세웠다.

"XX, 내 별 X 같은 소리를 다 듣겠네."

그의 입에서 튀어나온 욕설에 대경하여 새파랗게 질린 그녀의 표정을 바라보던 목사의 눈빛이 일순 심상치 않게 야릇하게 변하더니, 그녀에게서 무슨 숨은 저의라도 캐려는 듯 재빨리 눈동자를 움직였다.

"가만, 그런데 왜 자기 일도 아닌데 남의 일에 나서서 내게 화를 내는 거지? 혹, 질투심 때문이 아니야?"

세린은 너무 어이가 없어 할 말을 잊었다. 평소 매니저 목사의 판단 기준이 너무 자기중심적으로 치우쳐 있단 생각을 해 온 터이긴 했지만, 막상 그의 그런 반응을 대하고 보니 너무도 '그'란 사람의 내적 인프라가 실로 형편없이 유치하고 허술하게 느껴졌다. 적어도 영적 지도자의 신분이라면, 타자에 대한 영적인 돌봄 같은 것이 있어야 마땅한 것이 아닌가? 기독교가 추구하는 정신이 자기희생이고, 이는 십자가로 구현된 아가페적 사랑의 본질이라는 정도는 당시 그녀도 상식적으론 알고 있었다. 그렇기에 매니저 목사의 뜻밖의 반응은 세린에겐 벽이 가로막혀 있는 것처럼 정녕 놀라운 의외성이었다. 신학 공부란 걸 해 본 적도 없는 자신과 스스로가 신학적 지식에 있어서 최고 수준임을 자처하며 기독교 신앙의 외길만을 걸어왔던 목사라는 그와의 사이에 가로놓인 의외의 벽은 그녀로 하여금 신앙은 신학과는 다른, 정녕 신학이 닿을 수 없는 그 무엇일 것만 같았다. 그것은 선한 양심과 진실에 가까운, 세상의 눈으로는 판별할 수 없는, 보이지 않는 고매한 가치이고, 신념이고, 행동일 것만 같았다. 그리고 그 동력은 타인의 영혼에 대한 관심과 책임감에 근원을 두어야 할 것 같았다.

바로 그 일이 있던 다음 주, 그러니까 세린이 그 직장에 들어간 지 만 두 달이 되었을 때 매니저 목사가 그녀에게 놀라운 소식을 전하였다.

"세린 씨, 이 회사가 문을 닫게 되었다네. 아, 그래도 싸지, 내가 그동안 개판을 치고 있었으니 당연히 사업이 망할 수밖에……. 난 지금부터 우크라이나어를 공부해야만 합니다. 그쪽 선교사로 가기로 작정했거든요."

회사 상황에 대해 아무것도 모르고 여느 때처럼 출근한 그날 아침에 세린이 들었던 놀라운 소식과 더불어 본 것은, 사무실 책상 위에 세일즈

장부 대신 우크라이나어 학습 교재를 펴 놓고는, 연신 자신의 남다른 외국어 습득 능력과 새로운 환경적 변화에 한껏 고무되고 의욕이 충천해서 단어를 외우느라 여념이 없는 매니저 목사의 활기찬 모습이었다. 그런 그의 모습에서 세린은 뭔지 모를 반감 같은 것이 속에서부터 치밀어 오르는 것이 느껴졌다. 매니저 목사의 말엔, 회사 관계자들 중에서 본인에게만 초점을 맞추는, 신(God)에 의해 회사의 사활이 좌지우지되는 듯한 의중이 풍겼기 때문이었다. 그럼 그는 방종을 하는 동안도 늘 신(God)을 의식했으며, 그런 의미에서 그는 신(God)을 테스트한 셈이란 말인가? 그렇다면 그는 그간 자신의 불성실한 믿음과 그릇된 행위로 인해 빚어진 결과에 대해서 주변 사람들에 대해 송구함과 죄책감을 뼈저리게 느껴야 마땅하지 않은가? 그래서 두 달 만에 일자리가 없어진 세린과 기존 고용인들에게도 당연히 미안함을 느껴야 하고, 무슨 사과나 위로의 말이라도 해주어야 하지 않은가? 그러나 그에게선 그런 기미라곤 눈곱만큼도 보이지 않았다. 그는 도리어 왕위 계승 순위에서 하루아침에 우선순위로 껑충 상승한 행운의 주인공처럼 심기일전한 모습으로 힘이 나고 신바람이 나 있었다. 요컨대 그에겐 회사의 망함이 자신의 하늘나라의 '로열 패밀리적 신분'을 재확인시켜 주는 시그널인 양, 으쓱한 자기 도취감에 빠져 있는 것 같았다. 세린으로선 어찌 됐든 도미 후 처음 모처럼 꾸준한 일자리를 갖게 된 것이었는데, 매니저 목사는 두 달 동안 혼자 북 치고 장구 치듯 그녀에게 온갖 스트레스를 안기며 정신을 빼고는, 도산 위기가 오자 부하 직원은 모른 체하고 제 보따리만 챙기고 줄행랑을 치는 악덕 업자같이만 생각되었다. 그녀는 자문해 보지 않을 수 없었다. 매니저 목사는 과연 『흔들리는 터전』의 의미를 제대로 파악하고 있는 것일까? 하고. 제도권 안에서 종교인의 바리새적 위선을 범하지 않기 위해 그가 택한 것은 제도권 밖에서 탈종교인의 가면을 쓴 방종한 면책권이었을까? 그래서 그가 바른 신앙인으로 돌아가는 것은 오직 선교라는 제도권 울타리 안에서만 가능케 되는 것일까 하고 말이다. 틸리히가 지적한 것은 이 양자의 문제를 포함한 것이 아니었을까? 결국 기독교 신앙도 인간이(?) 만든 제도에 구속되는 한 본질적 터전이 흔들릴 수밖에 없는 결과를 가져오고 마는 것인가? 그러므로 틸리히는 그리스도를 종교와 비종교, 기독교와 비기독교를 초월하는 해방자로 소개하며 우리에게 그 형식적인 틀을 깨라고 주문을 하는 것인가?

그 후 몇 주가 지난 어느 날, 세린은 평소처럼 일자리를 찾으러 맨해튼을 분주히 걸어가다 맞은편에서 친구인 듯한 동료와 함께 걸어오고 있는 매니저 목사와 마주쳤다. 아니, 마주쳤다기보다 그녀가 그를 막 스쳐 지나가기 직전, 누군가가 자신을 먼저 알아차리고 별안간 걸음을 멈추는 모습이 돌연 그녀의 시야에 들어왔다는 표현이 맞는 말일 것이었다. 그 짧은 순간에 그의 표정이 괴로운 듯 흔들리는 것을 그녀는 읽었고, 그런 그가 다시 복잡한 표정을 힘겹게 추스르며 무겁게 발걸음을 떼는 모습이 실루엣처럼 스쳐 지나갔다.

매니저 목사는 세린의 인생에서 그녀가 잠시나마 가까이서 보았던 첫 목사였다. 그녀는 그 후로도 종종 의문스러웠다. 왜 신(God)은 미국에 오자마자 초신자나 다름없던 그녀에게 그토록 짧은 기간에 그토록 특별한 경험을 하게 하신 것일까 하고 말이다.

C 목사 만남

마치 매니저 목사의 영향이라도 받은 것처럼 그 이듬해 9월에 세린은 오순절 교단에 소속된 한인 교회의 신학교에 들어갔다. 수업료 부담도 없이 목사들의 성경에 대한 강의를 들으며 보내는 시간이 재미있었다. 당시 힘겹게 유학 생활에 접어든 연철은 다툼이 있을 때마다 세린이 산 신학책들을 바닥에 내동댕이치기 시작했다. 그런 어느 날 아침, 세린의 한쪽 눈이 뿌옇게 보였다. 의사가 한 달만 넣으라는 안약을 의료보험이 없기에 석 달을 계속 넣은 탓에, 그러니까 처방전 없이 계속 안약을 내어 준 한인 약사의 과잉 친절이 한쪽 눈의 안압을 높이는 화근이 되었던 것이다. 아무튼 약을 받는 동안은 고마움을 느꼈던 이상 불법이라고 약사를 원망할 수도 없었다. 세린은 일을 해도 비싼 안약을 살 여유가 없었다. 그런 때에 연철은 위로와 걱정 대신 도리어 세린에게 분통을 터뜨리고 막말을 해 댔다. 부친의 회사가 부도가 나기 전엔 연철과 세린을 위한 새 아파트를 구입해주려 했던 장모였지만, 도미 직전 둘이 모아서 미국에 송금했던 돈의 반을 미국의 부동산 사정을 모르는 장모가 당신들과 세린 부부를 위한 콘도 구입을 위한 계약금으로 지불한 데다 당신들이 하는 가게도 옹색하자, 연철은 마치 사기라도 당한 것처럼 분통을 터뜨리며 날뛰었다. 연철이 공부를 뒤로 미루고 우선 생활을 영위하길 바랐던 모친의 뜻은 더욱 연철의 증오심과 분노를 자극할 뿐이었다. 연철은 살아생전에 그에 대해 교육열이라곤 없었던 자기 부모까지 들먹이며 비난을 해 댔다.

　　"내 부모라면 이렇게 안 했어! 차라리 장님이 돼!"

　　그의 막말이 그녀의 여린 가슴에 깊이 박혀 씻을 수 없는 상처가 되었다. 연철은 그녀를 노려보며 버릇처럼 말하곤 했다.

"난 네 얼굴만 쳐다봐도 화딱지가 나!"

"장모도 너도 꼴도 보기 싫어!"

세린의 생각엔 자신과 모친의 공통점이라면 사람들로부터 심심찮게 귀티(?)가 난다는 평을 듣는다는 것뿐이었다. 예리한 장모가 가정교육 운운하며 결혼을 반대한 탓에 더 그런 걸까?

"넌 나의 애니미야!"

"정말 너랑은 같이 숨쉬기도 싫어!"

이런 말은 매우 희소가치가 있어 보였다. 발상의 즉자적인 순발력이랄까…… 독특한 감정의 남다른 지독함이랄까…….

사실 도미 전, 신혼 초부터 연철과의 불화는 도를 넘은 상태였다. 단 한 번이라도 그와 이러고 저러고 말을 주고받으며 다툰다는 건 그녀에겐 가당치 않은 꿈이었다. 그에겐 '가정'이나 '가족'에 대한 인류적 보편 가치에 대한 개념이 희박하거나 부재했다. 그는 일상에서 자신의 생각이나 감정을 말로 표현할 줄 몰랐고, 모든 정보를 공유하지 않았으며, 세린이 부를 때마다 단 한 번도 대답을 한 적이 없었다. 늘 "싫어. 안 돼. 귀찮아." 란 최소 음절로 된 거절만을 일방적으로 표현하면서 걸핏하면 비정상적인 방법으로 분노를 표출하기 일쑤였다. 그러고도 일말의 미안함이나 피차 반성이나 화해의 시도는커녕, 방금 전 행한 자신의 언행이라도 천연덕스럽게 전적으로 부인하고 모든 잘못의 원인과 책임을 한결같이 백 퍼센트 세린에게만 돌리면 그만이었다. 그는 조금도 세린과의 관계 개선을 위한 노력을 보이지 않았을 뿐만 아니라, 더군다나 자기 쪽 형제들에게 일방적으로 세린을 험담하는 자세로 일관했다. 돈은 곧 그의 '존엄'이었다. 그의 가치 기준은 오로지 돈의 주인이 누구냐 일뿐, 무형의 자산이나, 돈을 나누거나 돈을 사용하는 마음과는 거리가 멀었다. 도미 후에도 연철은 처가에 대한 불만을 지속적으로 자기 형제들에게 알렸다. 출구가 없었다. 그녀는 어느 날 연철의 기숙사에서 그의 포악에 못 이겨 최후의 비장한 각오로 가방을 쌌다. 아이도 없는 그녀로선 그대로 나가서 그냥 헤어지겠다는 각오가 서 있었다. 그녀가 가방을 들고 막 기숙사 방을 나가려 할 때였다. 고함치며 욕설과 난동으로 갖은 포악을 부리던 연철이 한순간 얼이 빠진 듯 무너지는 표정과 자세로 변하더니, 허우적거리는 소리로 중얼거렸다.

"세린아…… 너, 정말 가는 거니?"

보통 사람이 구슬픈 소리를 하는 것과 평소에 잡아먹을 듯이 맹수처럼 날뛰던 사람이 구슬픈 소리를 하는 것엔 큰 차이가 있었다. 후자의 경우엔 음양의 대비가 너무도 커서 꽤 충격적인 인상을 주었다. 그의 말 한 마디는 그녀의 깊은 속에 마그마처럼 응축된 서러움을 한순간 복받치게 했다. 그것은 뜨거운 용암처럼 심장으로 흘러들어 그에 대한 미움을 녹이고, 돌연 동정심을 유발케 하는 극적인 효과 같은 것을 만들었다. 하여 세린은 연철의 그런 모습에 결연한 의지를 꺾고 그만 가방을 내려놓았다. 그리고 그 순간 혼자 속으로 결심했다. '그래, 그가 힘없고 약할 때 떠나지 말자. 떠나더라도 그가 잘되고 성공한 상태일 때 떠나자.' 하고.

맨해튼 한인 신학교의 수업을 마친 후 세린은 종교철학 교수인 C 목사와 몇 명의 학생들과 함께 42가의 버스터미널로 와서 각자 버스를 타고 귀가하곤 했다. 그러던 어느 날은 동행하는 학생들이 없어 C 교수와 단둘이 버스터미널 쪽으로 걸어가게 되었다. 그녀는 아직 아이가 없이 막 30대로 접어들려 하는, 누가 봐도 20대 미혼으로 보이는 기혼 여성이자 제자였고, C 교수는 60대 초반의 장성한 네 자녀를 둔 아버지뻘의 스승이었다. 그러나 C 목사의 외모는 70대나 80대라 하더라도 믿을 만큼 유독 노쇠해 보였다. 그런 그가 어느 늦은 오후 시간에 횡단보도를 건너기 전 걸음을 멈추더니, 느닷없이 세린을 응시한 채 말했다.

"세린 학생을 내 호주머니 속에 몰래 넣어 가지고 다니고 싶어."

세린은 너무도 뜻밖인 상대로부터 들은 엉뚱한 말에 놀랍고 당황스러워 반사적으로 그의 얼굴을 올려다보았다. 그는 자못 진지한 눈빛을 하고 있었다. 신호등에 푸른 불이 들어오자 세린은 다만 숨을 죽이고 그의 뒤를 살살 따라 걸었다. 그는 버스 터미널에 도착하자 이층의 던킨 도너츠로 들어갔다. 두 잔의 커피를 가져온 그가 세린의 맞은편에 턱 앉은 채 그녀를 보며 크게 미소를 지었다. 그의 각진 사각 턱만큼은 전반적 인상에 비해 결기가 있어 보였다. 그러더니 그는 곧 눈을 내리깔고 테이블 위에 놓인 흰 종이 냅킨을 자기 앞으로 가져갔다. 세린은 시종 떠나지 않는 그의 미소가 어쩐지 마음에 들지 않았다. 그의 미소는 이를테면 가진 자만이 지을 수 있는, 비굴함을 감춘 태연함 같은 묘한 느낌을 주었기 때문인지도 모르겠다. 모정의 은근한 오만함이 배인 비릿함이랄까. 하긴, 한국에서나 미국에서나 최고 명문대학교에서만 수학하고, 젊어서 모국에서도 최고로 전통 있는 교회의 부목사 이력을 가진 그로선 저절로 그런 미소가 지어지는지도 모르겠다. C 목사는 그의 앞에 놓인 길고 흰 종이 냅킨 위에 펜으로 잔뜩 신학자들의 이름을 쓰면서 가지를 그려 나갔다. 그리고는 그 냅킨을 세린의 앞쪽으로 글씨가 보이게 놓고는 빙그레 웃으며 말했다.

"현대신학은 크게 두 갈래의 흐름이오. 칸트의 이성과 슐라이엘 막허의 감성의 양대 줄기를 주욱 타고 모든 신학이 나뉘는 것이오."

그녀는 그때 속으로 C 목사가 좀 전에 길에서 자신에게 했던 엉뚱한 말과 연관 지어 아무래도 그가 이젠 칸트의 이성에서 슐라이엘 막허의 감성 쪽으로 기울려는가 하는 우스개스러운 생각이 스치자 쿡쿡 웃음이 새어 나오는 것을 간신히 참았다. 그녀는 짐짓 얼굴에 힘을 주어 입을 꼭 다물고 고개를 수그린 채 냅킨을 열심히 보는 시늉을 하며 잠자코 경청했다. 나열된 이름들 중에서 칸트 외에 맨 밑의 불트만과 윌리엄 제임스가 그녀의 눈에 들어왔는데, C 목사의 알파벳 필기체가 꽤나 인상적이었다. 유려한 흘림체인 한 자 한 자가 마치 동판화에 새겨진 상형문자를 보는 것처럼 또렷하면서도 힘있게 각이 져 있어서 특이했다. C 목사는 커피를 한 모금 마시더니 방금 전 운을 뗀 내용과는 동떨어진 말을 했다.

"전 미학을 매우 좋아합니다. 그래선지 길을 가다가도 아름다운 여성을 마주치면 그냥 지나치지 못합니다. 전 꼭 한 번 더 돌아보게 됩니다."

'꼭 한 번 더'라는 말을 하면서 그는 실제 고갤 반쯤 왼쪽으로 돌려 돌아보는 시늉을 했으므로 세린은 더 이상 웃음을 참지 못하고 마침내 폭소를 터뜨리고 말았다. 그러자 C 목사도 자신의 모양이 우스운 것에 동의하듯 바람 빠진 음색으로 싱겁게 웃었다.

C 목사가 물었다.

"세린 학생은 집이 어디요?"

"호보켄이에요."

"음, 그럼 여기서 약 이십여 분 거리니 그리 멀지 않은 거리군……."

"목사님 댁은 어디신데요?"

"레이크우드요. 그쪽 보다 세배는 먼 거리요. 호보켄역 근처 공원에서 허드슨 강 너머로 보이는 뉴욕의 야경이 일품이 아니요?"

"네, 저희 기숙사에서도 뷰가 그림 같아요."

"내 언제 한번 세린 학생이 사는 호보켄을 꼭 한번 가 보리다. 자, 이제 버스 시간이 다 됐으니 일어섭시다."

어느 날 C 목사는 강의 중에 이런 말을 들려주었다.

"처음 도미 후 보스턴에서 수학하는 동안 아르바이트를 했었습니다. 그러나 번번이 쫓겨나는 바람에 일 년에 열 번이나 아르바이트 자리를 전전해 다닌 적도 있었습니다. 그때 전 수위, 웨이터, 생선가게, 플러머, 청소부, 세탁소, 심지어 푸줏간 일까지 안 해 본 일이 없었습니다."

세린은 C 목사가 일터에서 열 번이나 쫓겨났다는 말을 듣고 자기랑 비슷한 사람이 세상에 또 있다는 사실에 반가움과 위안이 느껴지는 심정이었다. 연철의 학비를 보태고자 체크를 어떻게 쓰는지도 모르고 무역회사에 비서로 덜컥 취직을 했다가 이 주 만에 쫓겨난 일, 여행사에 근무 중 채권자의 전화를 받을 때마다 사장이 미리 시킨 대로 거짓말을 못 하는 바람에 늘 끌끌 혀를 차는 소릴 들어야 했던 일, 업타운 미국 식당에 웨이트리스로 들어간 첫날부터 테이블 번호와 주문 음식이 매치가 안 돼 머릿속이 하얘지는 바람에 앞치마를 벗어던지고 몰래 뒷문으로 빠져나왔던 일, 봉재 공장에 리셉셔니스트로 앉아 있다 그레고리 펙같이 생긴 사장의 여친의 눈총이 부담스러워 그만두었던 일, 델리에 캐셔로 들어갔다 카운터 계산대를 못 다뤄 길게 줄 선 손님들을 보곤 공포에 질려 가게를 뛰쳐나왔던 일 등등……. 한 달, 아니, 한 주를 버텨 내기도 역부족인 나날들이었다. 단 두어 주라도 안 쫓겨나면 그나마 한두 주 주급을 탈 수 있어 행운이라고 여겼을 정도였으니 말이다.

표정이나 말이나 나사가 반쯤은 풀린 듯한 싱거운 표정의 C 목사가 정규적으로 강의 도중 유일하게 정색을 하고 힘을 주어 말할 때가 있었는데, 그때는 주로 이런 내용이었다.

"전 성경 말씀을 토씨 하나 안 빼고 그대로 믿습니다! 암, 백 프로 믿고 말고요! 전 성경의 초자연적인 역사도 정말 믿습니다! 예수님이 안식일에 손이 마른 자를 치유하시고 베데스다 못가에 38년간 누워 있던 자를 일으키신 사건을 전 정말 말씀 그대로 믿습니다! 언젠가 저의 교회에 어떤 교인 한 분이 머리가 아프다고 해서 제가 성큼 그분에게로 다가가 안수기도를 한 적도 있었습니다. 그 후에 들리는 말이 그분 두통이 나았다고 하더군요. 흐흐."

세린은 C 목사가 그렇게 말씀에 대한 자신의 믿음을 극구 매번 강조를 할 때마다 어쩐지 그가 말씀을 백 프로 믿질 못하기에 자기 암시나 자기 최면을 걸고 있는 건 아닐까 하는 의구심이 슬그머니 일어나곤 했다. 혹 과거 다른 한인 신학교에서 자유주의 신학파로 오해를 받아 쫓겨난 경험이라도 있는 건 아닐까? 그래서 예방과 단속 차원에서 일부러 그런 말을 하는 건 아닐까 하는 추측 같은 것 말이다. 세린은 스스로 생각해도 매사에 의심이 많고 뭐든 확인해야만 하는 완벽주의적인 자신이 성경 말씀에 대해서만은 처음부터 단 한 번의 의심도 없이 전폭적으로 믿어졌다는 사실이 실로 불가사의하게 여겨지곤 했다.

언젠가였다. C 목사는 강의 도중 회벽 색의 강의실 창문 너머 도심의 잿빛 건물들 사이 고즈넉한 하늘의 빈 공간을 기웃거리는 구름 조각을 따라 먼 데로 시선을 옮기며 꿈꾸는 듯한 표정으로 말을 했었다.

"그때 제가 공부하던 보스톤 H 디비니티 스쿨에서 신학생들은 와인을 한 잔씩 들며 교수의 강의를 경청하고 있었습니다. 노란 은행잎들로 뒤덮인 늦가을 색이 완연한 강의실 창문 밖의 노을 진 배경과 조직 신학을 강의하고 있는 네덜란드계 T 교수의 은회색 턱수염이 묘한 조화를 이루어 퍽 제겐 환상적으로 보였더랬습니다……."

세린은 그때 C 목사의 안색이 노을빛 때문인지 와인 때문인지 불그스레 물들어 가는 것을 보았다.

C 목사는 이외에도 강의 시간마다 서두에 그의 머리에서 늘 맴도는 주제인 것이 분명한 '명증성'에 대한 언급을 종종 하곤 했다. 그때마다 C 목사는 십여 년간 끌고 있는 박사 학위 논문을 속히 마무리해야 하는데, 논문의 마지막 완성 단계에서 '명증성'에 대해 명쾌한 해법이 나오지 않아 차일피일 미룬 세월이 어언 십 년이 됐다고 독백하며 고민스러운 표정을 지어 보이곤 했다.

"데카르트가 진리를 탐구하기 위한 방법으로서 방법론적 회의를 고안해 냈다면, 에그문트 후설은 현상학을 방법론적 도구로 사용했습니다. 후설의 현상학은 사물의 본질은 현상 그 자체에 있는 것이 아니라 우리의 의식 내부의 영역에 나타나는 것이라는 이론입니다. 후설의 '에포케(epoch)!' 즉, '판단 중지!' 이는 순수한 의식을 획득하기 위한 방법을 말하는 것으로서……."

대부분 철학이 생소한 학생들에겐 C 목사가 설명하는 내용보다도 그가 "에포케!"를 힘 있게 외칠 때마다 늘 양옆으로 입을 길게 힘주어 늘리며 어금니를 악무는 듯한 모습이 더 확실히 기억에 남았을 법했다. 그리고 강의가 끝날 때쯤 기분이 업 될 때면 후렴구처럼 따라 나오는 단골 메뉴가 있었는데, C 목사는 호리호리하게 마른 골격에 허리가 돌아가듯 헐렁한 바지춤을 추키는 듯한 자세로 앞만 꼿꼿이 바라본 채 단상 주위를 이리저리 오가며 말하기 시작했다.

"제가 이래 봬도 상당히 강단이 있는 사람입니다. 전에 부목사 시절엔 한국에서 동네 깡패들도 제압을 했으니까요. 한번은 길거리를 지나가는데, 웬 패싸움이 붙었습디다. 우락부락하게 생긴 혈기 왕성한 젊은 녀석들이 칼부림을 하고, 서로 치고받고 난장판을 벌이고 있는 거예요. 그런데 다들 무서워서 보고만 지나가지 주위에 누구 하나 말리는 사람이 없습디다. 그때 제가 가던 길을 멈추고 싸움을 멈추라는 신호로 한 손을 번쩍 위로 쳐들었습니다. 그리고 그놈들을 무섭게 쏘아보며 동네가 떠내려가도록 큰 소리로 외쳤습니다. 에포케!"

듣던 학생들은 어떨떨한 가운데 책상에 머리를 박고 서로 눈짓을 교환하며 저마다 웃음을 참느라고 속으로 킥킥댔다. 그러나 C 목사는 자기 감정에 몰입되어 허공에 맞춘 초점을 흐트러뜨리지 않고 계속 말을 이어 갔다.

"그러자 갑자기 그놈들이 행동을 멈추더니 찬물을 끼얹은 듯 조용해집디다. 치고받고 싸우던 녀석들이 일제히 내 쪽을 돌아보곤 감전이라도 된 듯 얼어 버린 겁니다."

C 목사는 마치 그 현장에 있는 양 부동자세로 서서 허리 옆에 양손을 올려놓은 채 투사처럼 정면을 쏘아 보았다.

"그때 전 근엄한 표정으로 그들을 뚫어지게 응시하며 쩌렁쩌렁한 소리로 호통을 치기 시작했습니다. '제군들! 세상이 이렇게 삭막해진 것이 무슨 이유인지 아나? 각자 자기 주판알만 튕기느라고 지금 제군들처럼 서로가 상대의 가슴에 칼을 겨누고 싸움을 하기 때문이라네. 그러니 다들 바로 아시오. 이 세상은 자기 혼자만의 계산으로만 살아지는 세상이 아니란 것을. 남이 없음 나도 없는 것이고, 내 생각은 나 혼자만의 생각이 아닌 거요. 그러니 제군들은 각자 손에 움켜쥔 욕심과 미움의 무기들을 버리고 이제부턴 정신을 바짝 차리고 의미를 찾아야 하오. 공동으로 살아가는 세상에서 나 혼자만의 생각이 아니라 상대의 생각도 인정하고 서로 영향을 주고받으며 함께 좋은 세상을 만들어 가는 의미를 말이오!' 그리고 전 다음의 말로 마무리를 했습니다. '제군들은 제군들을 낳아 길러 주신 부모님도 없는 자들이오? 고생하시는 부모님을 생각해서라도 이런 몹쓸 짓들로 부모님 얼굴에 먹칠을 해서는 안 되지 않겠소?' 그러자 조용히 듣던 녀석들이 풀이 죽어 하나 둘씩 제 앞으로 와선 눈물을 글썽거리며 머릴 조아리고는 다 뿔뿔이 흩어집디다. 그 후로 제가 거리를 걸어갈 때면 여기저기서 누군가가 얼굴을 가리며 제 뒤나 옆에서 또 앞에서 피해 가는 일들이 하나 둘 생기기 시작하더군요. 흐흐흐 제가 이래 봬도 젊었을 땐 깡패들도 꼼짝 못하도록 제압했을 만큼 꽤나 강단이 있었던 사람입니다."

그리고 어떤 날은 C 목사가 강의 도중 공연히 자신의 여윈 뺨이나 각진 턱 언저리를 한 손으로 쓰다듬으며 특유의 열없고 싱거운 표정으로 이런 말을 할 때도 학생들은 모두 박장대소를 할 수밖에 없었다.

"제 얼굴이 젊었을 때엔 이렇게 볼품이 없지가 않았습니다. 제가 보기에도 아주 근사했어요. 아니, 글쎄, 오죽하면 말입니다, 근자에 뉴욕으로 방문을 와서 삼십 년 만에 절 만난 대학 동창생 녀석 하나가 절 보더니만 깜짝 놀랍디다. 아니, 그 녀석이 사람들이 보는 길거리에서 체면도 안 차리고 두 손으로 제 어깰 붙잡고 정신없이 흔들어 대면서 하는 말이, '아이고, 네가 어쩌다 이 모양 이 꼴이 됐느냐'며 제 얼굴을 보고는 마치 초상난 표정을 짓습디다. 흐흐."

그즈음 세린은 C 목사가 강의 도중 유독 자기를 응시하고 있다는 느낌을 받기 시작했다. 그에겐 천상 고독한 사색가적인 분위기가 배어 있었고, 그녀 또한 그런 면모가 있었기에 그런 공통점이 소울적인 교감을 만드는지 모른다는 생각이 들기도 했다. 어떤 때엔 강의 전 채플 시간에 설교를 하면서도 C 목사가 자신을 주목하고 있다고 느낄 때엔 그녀는 시선을 어디다 두어야 할지 곤란할 때가 많았다.

채플 룸엔 모두가 "너의 하나님 여호와가 너의 가운데 계시니……"를 부르면서 은혜로운 분위기가 고조되고 있는 중에, 겉으론 은혜로운 표정을 짓고 있는 C 목사가 은연중 자신에게 시선을 향하는 것이 느껴져 찬송에 몰입하기가 어려울 때가 있었다. 그녀는 C 목사가 짐짓 태연한 표정을 가장하는 것에 더욱 혼란을 느꼈으며, 그녀의 가슴은 불안으로 떨고 있었다. 고조되는 찬양 소리 가운데 그녀 혼자만 외톨이가 되어 한데 버려진 것 같은 영혼의 추위를 느끼지 않을 수 없었다.

세린은 그즈음 일주일에 한두 번씩 맨해튼에서 젊은 이민자들이 모여 자유롭게 회화나 스피치를 하거나 시 문학 감상을 하는 모임에 나가고 있었다. 신학교 강의가 오전에 끝나면 그녀는 종종 모임에 참석했다. 때로 자신의 차례가 되어 스토리를 말할 때 C 목사를 화제로 삼아 자신의 어떤 느낌을 나누면 듣는 사람들이 흥미 있어 하기도 했다. 맨해튼의 가을 거리를 하염없이 걸으며 세린은 스스로 느끼곤 했다. 고국에서나 타국에서나 가을의 황량한 기운은 똑같이 그녀에게 운명처럼 들러붙어 낯선 듯하나 낯설지 않은 어떤 묘한 그리움에 압도되는 노스탤지어를 아물지 않은 상처처럼 건드린다고……. 그녀는 처음 뉴욕에 도착하자마자 세계 인종과 문화의 총집합체 같은 활기찬 도시의 다채롭고 자유로운 공기가 무척 마음에 들었다. 세린은 평소엔 한인 타운이 있는 33 가나 14 가 다운타운에서 메트로 폴리탄 박물관이 있는 84 가나 센트럴 파크 중간까지의 장거리를 왕복으로 걸어 다니면서 정신의 자유로움을 한껏 만끽했다. 호주머니에 좀 여유가 있을 땐 뉴욕 스테이트 극장 맞은편에 있는 링컨 센터의 에버리 피셔 홀에서 이십여 불 이하의 저렴한 가격으로 들을 수 있는 뉴욕 필하모닉의 공연을 들었다. 아르바이트 일이 끝난 저녁 시간이나 주말엔 대개 맨해튼 다운타운 소호의 화랑을 둘러보거나 그리니치 빌리지 카페의 아웃도어 테이블에 앉아 혼자 커피를 마셨다. 그리고 신학교에 들어가기 전엔 가끔 엠파이어 스테이트 빌딩 맞은편에 투명한 유리 벽으로 둘러싸인 긴 타원형의 바에 앉아 혼자 생맥주를 한 잔 마시곤 했다. 그녀의 옆에 앉은 미국인들은 가끔 그녀에게 조심스레 말하곤 했다. 당신은 매우 심각해 보여요.

"내 인생을 돌려줘! 내 인생을 돌려 달라구!"

미국에 온 지 한 달도 못 되어 연철로부터 들은 절규가 그녀의 무의식 속을 종종 아프게 후비며 떠돌아다녔다. 그리 많은 술을 마시진 못하지만, 술기운에 머리가 마비되는 것같이 멍멍해지면 자신의 고통도 함께 마비가 되는 것 같았다. 연철이 매일 같이 퍼부어 대는 분노와 원망 섞인 폭언과 폭력을 피해 어느 날부터 그녀는 대낮에도 한적한 동네 주변의 펍에 피신하듯 들어가 고통의 마취제인 맥주를 혼자 마시곤 했다.

세린은 연철의 유학 비자를 위한 인터뷰 하루 전에 도미 후엔 하나님의 영광을 위해 살겠노라고 자기도 모르게 서원기도를 했었다. 그러나 무슨 일이 있었던가 기억하고 싶지 않은 가족 내 불상사들이 연이어 일어났다. 그녀가 겪은 가족들 간의 불상사는 한국의 지난 불행한 역사와 밀접한 연관이 있었다. 일제하의 식민지 역사와 한국 전쟁으로 인한, 세린이 전엔 전혀 알지 못했었으나 처음 알게 된 사실도. 미국에 온 이듬해 연철의 계획과 달리 학업 진행이 좌절되자, 세린은 연철과 새벽 기도를 다니기 시작했다. 그러던 어느 날, 기숙사 방 안에서 혼자 기도를 하다 갑자기 방언이 터져 나오는 초자연적 성령의 역사를 체험하게 되었다. 도미 일 년 전쯤엔 구미의 한 교회에서 전도사가 시키는 대로 열심히 방언 기도 연습을 할 때도 안 나왔던 방언이, 미국에 와서 혼자 간절히 기도하는 중 입술이 저절로 움직이며 방언이 봇물처럼 흘러나온 것이다. 그때의 감격은 필설로 형용할 수 없었다. 찬송을 부르면 방언 찬송이 나왔다. 그즈음 세린은 비로소 성경을 펼쳤다. 그런데 성경을 읽으려 하니 너무도 궁금한 내용들이 많았다. 불현듯 신학교에 가서 기독교의 정체를 체계적으로 온전히 파악하고 나면 성경이 더 잘 이해될 것만 같았다. 결혼 전부터 친구들에게 신학이 최고의 학문이라며 반드시 언젠간 신학을 공부할 거라고 떠들고 다니지 않았던가? 그녀는 그간 살아오면서 너무도 잡다한 철학서들로 도배되어 얽히고설킨 자신의 생각들을 정리할 필요성을 느꼈다. 그러려면 우선 자신 속에 온갖 사변적 관념들로 가설되고 몰딩된 단단한 옛 사고의 골조를 허물고, 새롭게 터를 일구기 위한 특단의 조치가 필요했으리라. 교파와 신학교에 대해 전혀 아는 것이 없었던 그녀는 한국에서 양친이 적을 두었던 교회의 교파와 같은, 성령을 강조하는 복음주의 신학교를 택했다. 그녀에겐 새 술을 담을 새 부대가 필요했다. 그녀에게 새 술은 복음이었고, 낡은 술과 부대는 인본주의적 철학이었고, 새 부대는 성령 중심의 신학교였다. 그런 그녀였기에 처음 C 목사의 강의를 듣는 동안 그녀는 자신의 속에서부터 길게 터져 나오는 영혼의 탄식 같은 한숨 소릴 들어야 했다. 마치 보고 싶지 않은 과거의 상흔을 다시 봐야 하는 느낌이었다. 십 대에서 이십 대에 걸친 적잖은 세월 동안 지난한 영적 가뭄에 메마르고 주리고 지쳐 있던 자신의 영혼이 바야흐로 막 기지개를 펴고 소생의 단비를 갈망하는 중에 생각지 않은 된서리를 맞은 느낌이랄까.

어렴풋이 죽음이란 걸 처음으로 짐작하게 된 예닐곱 살의 나이에, 어린 세린은 엄마가 죽으면 자기도 따라 죽겠다고, 온 밤을 엄마의 발치에 몰래 엎드려 지새며 숨을 죽이고 슬피 흐느꼈었다. 죽음에의 자각은 어린 세린에겐 청천벽력과 같은 존재의 트라우마였다. 세상에 죽음이 있다는 사실이 그토록 서럽고 원망스러웠던 아이는 세상에 대한 신뢰를 아주 잃어버리고 말았다. 죽음이 있는 이 불완전한 세상은 한시라도 아이가 마음 놓고 기대고 즐겁게 살 수 있는 장소가 못 되었다. 그래선지 세린은 중학교 시절 이른 나이 때부터 계몽시대 철학 서적에 심취하게 되었다. 비록 그때는 너무 어린 나이라 책의 내용을 이해하는 데 한계가 있었을지라도, 마치 어려서부터 반복해서 먹어 온 음식이 익숙한 음식이 되어 그 맛을 뇌가 습관적으로 기억하듯이, 소싯적부터 몰두한 철학 서적은 그녀에게 인식적 사고방식을 길들이고, 그녀의 사고의 골조를 이루는 한 부분이 되어 버렸다. 방언 체험 후 세린은, 자신이 신(God)에 대해서 그런 식의 사고 방법으로 사유해 온 것이 그녀의 영과 삶을 갈수록 쇠잔하고 척박하게 만들었단 자각이 들기 시작했다. 무신론자인 양친을 둔 그녀는 우연하게도 가족 중 유일하게 미션 스쿨인 초등학교와 중학교를 졸업했지만, 성경에 대해선 여전히 문외한이었다. 그러므로 이제 이십 대를 마쳐 가는 세린으로선 더 이상은 그런 메마른 종교철학의 영(spirit)에 시달리고 싶지 않은 심정이었다. 아, 회상하기도 괴롭지만, 만약 그녀가 결혼 전 이십 대 중반에 대학교 측의 제안대로, 독일 유학을 갔다 와서 돈 많은 지방대학교의 독문과 교수로 살아가게 되었다면, 필시 탁월한 학문적인 성취를 이루어 그 분야에서 꽤 인정을 받을 수 있었을지도 모른다. 그랬다면……. 세린은 가끔 자문해 보곤 했다, 현재와는 판이하게 다르게 월등했을 삶의 자리에서 과연 자신의 영적 상태는 어떠했을까 하고. 180도 달라졌을까? 영혼의 청신호였을까? 아님 적신호였을까? 그녀는 때때로 이런 생각을 할 때마다 자신이 없었다. 누군가가 말했듯이 그녀는 전혜린같이 되었을 가능성 또한 다분했기에.

아무튼 그녀는 지금 연철과 결혼 후 또 다른 종류의 미증유의 환난을 이국에서 겪는 상황이었기에 출구를 위한 필사적인 몸부림으로 더욱 신(God)을 찾게 되었다. 그런데 이민 교회 신학교 분위기를 보니 아무리 성령을 강조하는 복음주의 교단이라도 신학교 측에선 교수의 영성보다는 학벌이나 지성적인 면만을 무턱대고 높이 사서 채용하는 경우가 적지 않은 것 같았다. 유유상종인지 텔레파시인지, 처음 보는 타인이라도 코드가 통하면 친밀감이 쉽게 형성되기 마련이다. 아무튼 강의하는 자의 편에선 가뭄에 단비처럼 모처럼 강의를 잘 알아들을 것 같은 학생이 하나 나타난 것이 아니겠는가?

10월도 중순에 접어든 어느 날, 평소보다 일찍 강의가 끝나고 동행하는 학생들이 없어서 세린은 C 목사와 둘이서 42가의 버스 터미널 쪽으로 걷고 있었다. C 목사가 물었다.

"세린 학생은 요번 대통령 선거에 누굴 찍고 싶었어요?"

"전 아직 시민권자가 아니라서요……."

"내가 보기엔 빌 클린턴보단 엘 고어가 더 기품이 있고 사람 됨됨이가 마음에 들어요. 난 고어가 꼭 되길 바랐는데, 참 아쉽게 생각됩니다."

"네에……."

"클린턴보단 부인이 오히려 더 나은 것 같아요."

"네에……."

"내가 세린 학생 닉네임을 하나 지어 주고 싶은데……."

"제 별명을요?"

"내가 보기엔 세린 학생이 꼭 힐러리랑 닮았단 말야……. 앞으로 힐러리라고 불러도 괜찮겠소?"

"하하, 저도 힐러리가 맘에 들지만 제가 그렇게 매력적이고 똑똑하다는 생각은 안 해 봤는데요?"

"아무튼 이제부턴 힐러리로 부르겠소."

"하하……."

세린은 평소 C 목사가 셀프 유머와 셀프 웃음이 많은 것이 자신과 닮았다고 느끼곤 했다. 강의 중이나 사석에서 C 목사가 무슨 말을 할 때면 말이 떨어지기가 무섭게 이심전심인 양 서로 동시에 눈을 마주치고 재미있게 웃거나 폭발적으로 웃어 대는 그럴 때가 가끔 있었다. 실로 이런 현상은 연철과는 정반대의 것이었다. 연철은 세린이 농담을 건네며 웃을 때마다 단 한 번도 맞장구를 치며 웃은 적이 없었다. 오히려 연철은 안색이 험하게 변해서 세린을 노려보거나 분노감을 표출하는지라 그런 때엔 그녀는 황당함에 가슴이 답답하고, 숨이 막히곤 했다. 마치 백주에 칼을 맞은 듯 정서적 린치를 당한 느낌이랄까? 오랜 세월이 지나서야 세린은 비로소 연철의 그와 같은 반응의 원인을 어느 정도 짐작하게 되었는데, 그 것은 그가 그녀의 유머를 전혀 이해하지 못했기 때문이란 것을. 사실 연 철과의 소통상의 재난이 암시된 것은 그와의 첫 만남 때부터였다. 화실 에서 만난 W의 소개로 세린이 W와 함께 연철을 처음 본 날은 남빈화랑 의 은은한 불빛 때문이었는지, 그의 표정이 밝아서였는지, 그의 미스터리 성을 좀처럼 파악하지 못했었다. 그러나 두 번째 단독으로 만났을 때는 양상이 달랐다. 그는 그녀와의 첫 데이트에서 월미도에 즐비한 횟집들을 놔두고 해안가 펜스 옆 노상에, 포장마차도 아니고 좌우에 가리개도 없 이 남루하게 멍게·해삼류를 파는 데로 그녀를 안내했다. 그곳은 땟국물 이 흐를 것 같은 촌부가 닳아빠진 초등학교 나무 책상 같은 옹색한 탁자 두어 개를 길 위에 늘어놓고 행인들을 부르고 있었다. 주인 아낙은 두 사 람이 앉자, 길바닥에 놓인 플라스틱 양동이에서 닳아빠진, 주먹만한 빨 간 플라스틱 바가지로 알뜰하게 물을 떠다 멍게와 해삼을 한두 번 철렁 철렁 헹궈 낸 후, 언제 바람에 날아갈지 모를 스티로폼 접시에 올려놓았 다. 그녀는 별안간 뒤통수라도 맞은 것처럼 적잖이 당황했다. 이십 대 중 반에 부친의 사업 때문에 가족이 인천에 자리 잡은 이래 월미도와 연안 부두를 여러 번 드나들었지만, 그런 한데에 앉아서 회를 먹은 적은 없었 다. 평소 찬바람에 약한 세린은 그날따라 유난히 바닷바람이 스산하게 느껴지고 전신에 피곤이 엄습해 왔다. 뭐든 이성적인 동의가 선행되어야 하는 그녀는 그가 자신에게 그런 비상식적인 대접을 하는 것이, 그 시절, 이른바 어떤 부류의 괴짜 사내들이 특출난 행동으로 자신의 개성을 드러 내려 하는 것 같은 류는 아닐까 하고 애써 이해의 가닥을 잡아 갔다. 그 러나 연철은 그녀의 복잡한 심정은 아랑곳하지 않는다는 듯, 흰 플라스 틱 포크로 멍게와 조갯살 혹은 해삼을 불필요하게 힘주어 찍어 내리며 냉랭하고 굳은 얼굴을 하고 있었다. 세린은 앞에 놓여 있는 음식들이 위 생상 꺼림칙하기도 했고, 바로 옆에서 오가는 행인들의 시선 또한 부담스 러운 데다 전신에 한기가 돌아 안색도 창백했다. 세린의 표정이 마음에 안 들었는지 마주 앉은 연철의 얼굴은 한발 앞서 더 무서운 속도와 강도로 굳어지고 어두워져 갔다. 별말이 없는 그녀를 앞에 두고 어색한 공기 가운데, 뜸을 들이던 그가 처음 입을 열어 한마디 말을 했다.

"아침에 먹는 숟가락과 저녁에 먹는 숟가락이 다른 겁니다."

세린은 그래도 그때까지 남녀 친구들과의 대화를 주도해 가는 위치에 있었기에 기선을 제압하듯 선뜻 감을 잡을 수 없는 상대의 의외의 발언에 기습을 당한 기분이 들었다. 그러나 그런 티를 안 내려 안간힘을 쓰면서 잠자코 약간 고개를 숙인 채 그의 말뜻을 헤아리느라 진땀을 빼고 있었다. 그녀는 뭐든지 너무 쉬운 것을 액면 그대로 믿거나 묻지 않는 습성이 있었기에 뭐가 어떻게 다르냐고 그에게 간단히 물어볼 엄두도 나지 않았다. 그의 말은 얼핏 우스꽝스럽기도 했으나, 바로 그것이 함정인 것도 같았다. 아무튼 도무지 대꾸할 말이 떠오르지가 않았다. 섣불리 판단했다가 낭패를 볼 것을 두려워하는 무의식이 작용했는지는 몰라도, 희소가치가 있는 그의 말은 곰곰이 씹을수록 선사가 내던진 화두처럼 뭔가 간단히 속단할 수 없는, 다단계적이고 심오한 뜻이 함축되어 있는 것 같기도 했다. 사실 추상적이고 형이상학적인 어휘와 논리로 무장되어 있던 그녀로서는 그처럼 모든 자신의 기성적 사고의 틀을 깨고, 관념적인 언어들을 일시에 무장 해제 시킬 만한 도전을 일찍이 받아 본 적이 없었다, 그 느낌은 뭐랄까, 말씀이 육신이 되었다는 수수께끼 같은, 성경 구절 비스무레한 것을 떠올리기도 했고, 통조림 고기만 먹고 살다 선혈이 흐르는 날고기 한 점이 불현듯 코앞에 대령된 것 같기도 했고, 또 석연찮지만 법보다 주먹이 가깝다는 뜻인 것 같기도 했다. 세린은 태어나서 처음으로 자신의 이해력에 위기감을 느끼고는 급기야 자신의 한계를 드러내지 않으려는 듯, 가식적으로 고개를 끄덕거렸다. 그러자 기다렸다는 듯 그가 이어 알아듣지도 못할 몇 마디 말을 더 추가로 주워 섬기는 것 같았다. 사실 그때 그녀는 너무 필요 이상으로 심각했던 것이다. 훗날 연철은 세린이 가끔 그때를 상기시키면 배를 잡고 킬킬거렸다.

"간단한 말을 갖고 네가 너무 쓸데없이 머리를 굴리다 보니 180도로 회까닥한 거지."

버스 터미널 쪽으로 두어 블록을 더 걷던 C 목사가 돌연 걸음을 멈추더니 세린을 돌아보았다.

"힐러리, 오늘은 또 다른 강의도 없고 일찍 끝나서 모처럼 근 십여 년째 내가 박사 논문을 쓰고 있는 D 신학교를 방문하고 싶소. 내가 힐러리를 그리로 안내를 하고 싶은데, 시간이 괜찮겠소?"

C 목사는 그녀와 함께 펜 스테이션에서 뉴저지 트랜짓 기차를 타고 매디슨역에 하차했다. 몇 블록 떨어진 신학교로 가는 도중에 그는 예의 습관인 듯 고서점을 몇 군데 들렀다. 서점 안에서의 C 목사의 표정은 유독 행복해 보였다. 그는 다수의 신학 서적을 구입한 중에 서너 권의 책을 그녀에게 흔쾌하게 소중한 선물인 양 안겨 주었다. 서점을 나와 신학교 캠퍼스로 들어서면서부터 C 목사는 자세와 표정을 한층 경건하게 가다듬었다. 캠퍼스 잔디 위로는 갈 바람에 흔들리는 너도밤나무와 은행나무 잎들이 붓 끝에 뚝뚝 듣는 물감처럼 치렁치렁 떨어져 쌓여 가며 온통 세상에 노랑 물을 들이기에 여념이 없었다. 고딕 스타일의 아치형의 벽돌 건물 앞에 이르자, C 목사는 발걸음을 멈췄다.

"여기가 세미너리 홀입니다. 전 늘 여기에 오면 가장 먼저 채플룸을 들릅니다."

그녀는 C 목사를 따라 채플룸에 들어섰고, 그는 어정쩡하게 뒤쪽에 서 있는 그녀를 등진 채 그랜드 피아노가 놓인 앞쪽으로 혼자 뚜벅뚜벅 걸어갔다. 채플룸은 오랫동안 인기척이 드물었던 것처럼 적요했고, 어둑한 무게감이 깔려있었다. 전면 벽 양쪽엔 자그만 고딕식 스테인글라스 창문이 있고, 그 사이로 그리스식 십자가가 천장에 걸려 있었다. C 목사는 예의 익숙한 듯 연단 앞쪽 가운데 우든 플로어 위에 두 무릎을 꿇었다. 채플룸에 놓인 의자 위에 앉지 않고 맨바닥에 야윈 두 무릎을 꿇고 구부정하게 노구를 숙인 C 목사의 모습엔 어딘지 보는 이로 하여금 안쓰러운 느낌을 자아내게 하는 그 무엇이 있었다. C 목사는 매우 경건하고 진지한 태도로 몇 분간 정성스레 기도를 올렸다. 그녀에겐 C 목사와 신학교 채플로의 동행 자체가 생경한 경험인데다 타고난 호기심 때문인지 그의 기도 내용이 무엇일까 하는 궁금한 생각마저 들었다. 아무래도 학위 논문에 대한 간구일 것 같았다. 기도를 마친 C 목사는 채플룸을 나와 이번엔 신학교 도서관으로 그녀를 안내했다. 도서관 건물은 밋밋한 느낌을 주었는데, 그녀는 칸막이가 달린 중앙의 넓은 열람실에서 C 목사와 기역 자로 열이 다른 자리에 앉게 되었다. C 목사는 자리에 앉자마자 두 팔꿈치를 탁자 위에 고정시킨 채 두 손으로 숙인 머리 양쪽을 감싼 채 잔뜩 무언가에 골몰한 모드로 진입했다. 세린은 그가 그토록 고민스레 골몰하고 있는 주제가 필시 그의 오랜 논문을 완성하는 데 필요한 '명증성'일 거라 추측하며 C 목사가 오면서 사 준 책들을 하나하나 찬찬히 살펴보았다. 제일 무겁고 큰 사이즈는 칼빈의 『기독교 강령』이란 제목의 하드커버 1, 2권이었다. 그리고 나머지 두 권의 책 중 하나는 루돌프 오토의 『성스러움의 의미』였고, 다른 하나는 슐라이어 마허의 『종교론: 종교를 멸시하는 교양인들을 위한 강연』이란 다소 긴 제목의 부제가 붙은 책이었다. 그중 오토의 책의 제목과 표지가 제일 세린의 마음을 끌었다. 그녀는 『성스러움의 의미』를 뒤적거리기 시작했다. 새 책의 냄새를 오랜만에 맡다 보니 세린은 불현듯 대학 신입생 시절 학교 도서관에 파묻혀 샤르트르와 틸리히 그리고 바르트를 열심히 읽었던 기억이 떠올랐다. 처음엔 중고교 때부터 해 온 습관대로 실존주의 철학 서적들을 찾아 뒤적이다 점점 종교철학란으로 옮겨 틸리히와 바르트를 찾아 읽게 된 것이었다. 그녀가 속한 대학의 전공과는 무관한 것이었지만, 그녀는 전부터 해 오던 대로 대학 도서관에서 철학 관련 책을 자연스레 읽고 지냈다. 아무튼 12.12 사태 이후로 분위기가 몹시 어수선하던 때였다. 캠퍼스 광장엔 사복 경찰의 감시를 피해 연일 학생들이 산발적으로 운집하여 신군부 세력을 규탄하는 외침이 울려 퍼지던 때라 강의실과 도서관은 거의 텅 비어 있었다. 세린이 그때 몇몇 법대생들만이 간간이 눈에 띄는 중앙 도서관에 들어가 샤르트르 책을 다시 집어 든 것은, 대중적 슬로건에 휩쓸려 데모대에 끼어드는 것보다 먼저 근본적인 샤르트르식의 참여의 의미를 스스로 재고취시키고자 함이었다. 아무튼 샤르트르의 『실존주의는 휴머니즘이다』를 읽은 후, 우연히 그녀의 손에 쥐어진 바르트의 『교회 교의학 1부』의 '말씀과 계시'는 마치 베토벤의 운명 교향곡과도 같이 그녀의 온 영혼을 두드리며 전율케 하는 큰 울림의 감동을 주었다. '말씀', 즉 '성경'의 활자가 인쇄된 글자가 아니라 생명력 있는 글자일지 모른다는 강한 암시를 그녀는 그때 처음으로 받았던 것이다. 그 후 차츰 그녀는 니체와 샤르트르에게서 벗어날 수 있었다. 그런데 지금 C 목사를 따라 신학교 도서관에 온 세린은, 그때 바르트의 책을 읽은 이후 독문학 공부로의 전환 때문이었는지, 자신이 꽤 오랜 세월 동안 종교철학 서적을 등한히 해 온 것을 깨닫게 되었다. 그러므로 그날 C 목사로부터 받은 오토의 책은 한동안 잊혀졌던 지난날의 종교철학적 향수를 그녀에게 다시금 상기시키는 효과를 가져다주었다. 표지 그림부터 끌리는 『성스러움의 의미』란 책의 제목이 암시하듯, 오토가 매 장마다 강조하고 있는 '누미노제' 개념은, 보편적 종교에 내재한, 두려우면서도 매혹당하는 신비로운 감정에 대한 설명이었다. 기독교에 있어서는 거룩한 초월적 실재의 외경스러운 신비 경험이랄까? 이는 바르트가 강조했던, 인간과 마주 선 놀라운 구원의 주체로서의 진리인 하나님을 말하는 것 같았다. 그러나 하고 세린은 곰곰이 생각해 보았다. 이 '누미노제'가 초자연적 사건으로 자신에게 계시되지 않는 한, 계시로 경험되지 않는 한 무슨 뾰족한 수가 있겠는가? 하고 말이다. 표정이나 영혼이 밟으면 바스락 소리가 나는 마른 낙엽같이 메말라 보이는 C 목사에게선 추호도 그런 기미를 느낄 수가 없었다. 그렇다면 신(God)에 대해 아직 이성적이고 논리적인 사고 수준에서 온전히 벗어나지 못한 그녀나, 신학적 지식에 있어서 그녀보다 월등히 박학다식하더라도 영성에 있어선 어딘지 모르게 의문스러운 C 목사나 오토의 책을 읽어서만 해결되는 문제는 아닐 것 같았다. 그런 생각이 드니 세린은 지난날의 자신의 방황이 재현되는 듯 다시금 답답하고 지루해져 견딜 수가 없었다. 주위를 두리번거리니 열람실의 형광 불빛은 더할 나위 없이 창백했고, 사위는 숨 막힐 듯 적요했으며, 도서실 안의 공기는 가라앉다 못해 오랜 세월 입실자들에 의해 축적된 엄청난 사변의 무게에 짓눌려 폭발 직전에 이를 만큼 팽창일로에 있는 듯했다. 한순간 그녀가 무심코 책의 활자에서 눈을 떼고 시선을 옆으로 향했을 때였다. 돌연 그녀의 시야에 어떤 하나의 상(image)이 맺혀졌는데, 그것은 다름 아닌 허공으로 초점 없이 던져진 C 목사의 눈에 가득 맺힌 눈물이었다. 그 눈물은 마치 고즈넉한 영혼의 끝 간 데 없는 외로움이 빚어내고 있는, 소리 없는 탄식의 결정체 같았다. 그것을 본 순간, 세린은 가슴을 관통하는 매우 둔중한 통증을 느꼈다. 그녀는 슬며시 자리에서 일어나 발소리를 죽이며 서고(書庫) 뒤편의 창가로 걸어가 밖을 내다 보았다. 날갯죽지에 푸른 기가 묻어 있는 재이새 한 마리가 메이플 트리 안쪽 가지 위에 앉아 귀를 쫑긋 세우고 있다 세린의 기척을 느낀 듯 미련 없이 자리를 털고 후다닥 날아갔다. 세린은 문득 한때 자신이 독문학 전공으로 삼으려 했었던 한 시인, 튀빙겐 신학교를 나왔고 천재적이었으나 고독했고 불우했던 시인, '횔덜린'을 떠올렸다. 그는 인류의 맏형으로만 생각했던 범신론적 예수와 완전한 신성(das Gottliche)을 입은 그리스도 예수와의 간극을 도저히 메울 수 없어서 갈등 속에 번민하며, 스스로 아무리 애를 써도 잡을 수도 잡힐 수도 없는 '신적인(gottlich)' 개념에 매달려 고뇌에 고뇌를 거듭하다 끝내 불행한 생을 마감했던 것을…. 아마도 관념적 크리스톨로지가 지닌 숙명적 한계였으리라…….

다시 자리에 돌아온 후 한 시간쯤 지나자, C 목사가 넌지시 세린 쪽으로 고갤 돌리는 듯하더니 조용히 세린 옆의 빈자리에 와 앉았다. 그는 정색을 하며 조심스러운 톤으로 마치 존경스러운 상사에게 중요한 보고를 하듯 말했다.

"힐러리의 옆 모습은 아주 주관이 뚜렷하고 투철한 사상가다운 분위기가 강하게 풍깁니다."

세린은 C 목사의 엉뚱한 말을 듣고 나니 어쩐지 좀 전에 그의 젖은 눈시울을 본 후 스스로 감상에 젖어 들었던 것과는 동떨어진 느낌이 들어 내심 머쓱하고 김이 빠진 기분이었다. 확실히 C 목사에겐 어딘가 격에 안 맞는 싱거운 특성이 있었다. 무거운 것 같으면서도 가볍고 절제된 것 같으면서도 헤픈……. 이윽고 신학교를 나와 전철역에서 헤어지기 전에 C 목사는 예의 던킨 도너츠 안으로 들어갔다.

"던킨 도너츠의 커피가 맥도널드나 버거킹의 커피보다 아주 순하고 커피 향도 일품이에요. 전 늘 이 던킨 커피를 즐겨 마십니다."

세린은 던킨에 올 때마다 C 목사가 똑같은 말을 하듯 자기도 똑같이 프렌치 크롤러를 하나 주문했다. 그녀가 프렌치 크롤러에 묻은 흰 설탕 가루를 털어 내며 그에게 말했다.

"앞으로 목사님을 파파 목사님으로 생각하면 어떨까요?"

그러자 그는 언뜻 핀트가 안 맞는 듯 애매한 표정을 지어 보이더니 자조적으로 웃으며 응수했다.

"세린의 첫 애인이 보리스 파스테르나크 소설의 주인공인 '닥터 지바고'라 하지 않았소?"

"네, 그러나 뒤엔 계속 바뀌었어요. 쇼펜하우어에서 키엘케고르로요. 앞으로도 어떻게 될지 모르고요. 하하."

"으음, 그러면 앞으로 나를 뭐라고 부르는 게 좋을까? 아무래도 지바고가 제일 맘에 드는데."

"하하, 지바고는 가공의 인물이지만 소설 속에 그려진 그의 어린 시절의 분위기와 폭설이 쏟아지는 겨울 풍경, 또 소설 맨 뒤쪽에 실렸던 '지바고의 시(詩)'들이 중학교 시절 너무 제 가슴에 서정적인 감동을 주었었어요. 그래서 소설의 주인공 지바고가 제1호 플라토닉 상대가 된 거죠. 그런데 그땐 제가 너무 어리고 십계명을 몰라서 유리와 라라의 관계가 불륜이란 걸 몰랐거든요. 하하."

"그러면 날 그 소설의 작가인 보리스라 불러 주시오. 음, 보리스! 발음이 지바고보다 더 점잖아서 마음에 드는군!"

"하하, 보리스 목사님!"

"방금 뭐라고 했소? 요새 들어 부쩍 내 양쪽 귀 안에서 쟁쟁 소리가 더 심하게 나요. 그래서 말이 잘 안 들릴 때가 있어요."

"보리스 목사님이라고 했어요."

"고맙소. 그럼 난 세린을 뭐라고 부르면 좋겠소?"

세린이 잠시 생각하더니 대답했다.

"앙드레 지드의 좁은 문의 여주인공인 '알릿사'라 부르세요."

"음, 그거 좋은 생각이요, 알릿사!"

"하하."

"알릿사, 내가 알릿사가 안약을 구입할 수 있도록 보험카드를 빌려줄 테니 앞으로 안약에 대해선 걱정을 놓으시오."

그리고 그는 길게 한숨을 내쉬더니 그녀를 측은한 눈으로 바라보며 간절한 음성으로 말했다.

"남편과의 문제는 아무리 생각해도 해결책이 없는 것 같소. 일단 대화가 안 통하니까 하나님께 기도하시오. 악한 환경에서 세린을 구원해 달라고 말이요."

세린은 C 목사의 배려에 가슴 깊이 감사하며, 그는 역시 자신에게 파파 같은 존재라고 생각했다. 그 후 C 목사는 '보리스 C'가 '알릿사'에게 보내는 3편의 시를 보내 주었다. 다음은 그중 한 편의 시이다.

잡은 줄로 여기며 즐겁게 행복인 양
어둠 속에서도 밝은 시가에서도 자유의 행보를 걷다가도
액운처럼 문득문득 나타나서 괴롭히는 것이 무엇인가요?

기도가 있다면 이렇게 하리라

안식을 내리소서 평안을 주소서 견디게 하소서
구원하소서 이제 위로하소서
이 마음의 아픔을 기억하소서

끝없는 대화가 들로 길가로 언덕으로 상가로 번져 가면서
쉬지 않는 쓸쓸한 속은 무엇인가요
또 나아가 맞아야 할 하루하루로 걸음을 옮기며
목마른 정신을 햇빛에 쬐이며
피로한 몸을 의지하고 낯선 한냉의 기류를 마셔야 하나요?
낙엽마저 져 버린 계절에 눈감고 귀가의 쟁쟁한 소리를 들으며

차들이 흘러간 시가에 밤새 희미한 가로등 찬 바람 일고
깊은 산 속에서 부르는 음성에 슬픈 가슴으로
지금도 모여서 찬 물결 맞으며 놓여있을 조약돌들이여

무엇으로 채우리요 무엇으로 안식하리요 무엇으로 이 마음 밝히리요
아 끝없는 이 걸음을
지금 간구하는 것은 사랑의 현현
그 속에서 이 생명이 여물어 가리
지내고 보면 부끄러운 자욱들이 시들어 가고
실로 헛된 사연들처럼 의미가 퇴색해 가고

스스로 믿어 온 것처럼 실하지 못하여
스스로 바라 온 것처럼 중후치 못하여
스스로 의지해 온 것처럼 강하지 못하여
다시 당돌한 억지의 정신을 사는가

다시는 만나지리라 여겨지지 않는 우로의 빗발 내리고
떠나면서도 돌아와야 하고 돌아오면서도 떠나야 하는 세월 속에서
이것이 무엇인지 조용한 눈물로 새겨가는 하오의 이야기…

만추의 계절, 아침저녁 바람 기운이 을씨년스런 11월 초순 어느 날, 정오가 다 된 때였다. 오전 강의가 끝난 후 세린은 휴게실로 들어가서 자판기에서 뽑은 커피를 마시며 맨해튼의 영어 모임에 나갈까 하고 생각 중이었다. 그때였다. 호리호리한 체구의 C 목사가 휘청거리는 걸음걸이로 휴게실 안으로 들어오고 있었다. 그는 그녀를 보더니 마침 그렇잖아도 찾았는데 잘됐다는 안색을 하며 반갑게 말했다.

"D 신학교에 브라이언 박사라고, 제 논문 지도 교수가 있어요. 그 교수한테서 어제 연락이 왔는데, 오늘 좀 들르라고 합디다. 집이 프린스턴 대학 근방에 있어요. 내가 어제 브라이언 박사한테 내 제자를 한 명 데리고 가도 괜찮냐고 물었더니 좋다고 했어요. 부인은 유럽 여행 중이고, 아마 조카인가 누군가가 와 있나 봐요. 한 시간 거리니 오늘 꼭 좀 함께 갑시다. 오늘은 내 차를 가지고 왔어요."

한 시간 남짓 달리면서 C 교수는 지난날들에 대한 얘기를 들려주었다.

"매 주일마다 보스턴 교회에서 오전 예배 설교를 마치면 뉴저지 웨인에 있는 교회에서 예배를 인도하기 위해 네 시간 거리의 하이웨이를 달려 저녁 예배 설교를 했습니다. 왕복 여덟 시간의 거리를 혼자 오르내리며 운전을 하는 동안 얼마나 전 외로움을 느끼곤 했는지 모릅니다. 그런데 이렇게 세린과 같이 다니게 되다니 세린은 하나님이 제게 주신 선물입니다."

세린은 그때 미국에 온 지 채 이 년이 안 지난 때라 C 목사가 느꼈다는 장거리 운전의 외로움에 대해서 잘 이해하지 못했었다. 그러나 몇 년이 지나 켄터키로 이사한 후, 가끔 연철이 열세 시간의 장거리 주행 운전을 하는 동안 끝도 없이 고즈넉한 고속도로의 풍경이 내내 이어지는 것을 보았을 때에야 그녀는 비로소 그때 들었던 C 목사의 말을 실감할 수

있었다. 당시 C 목사의 외로움의 성격이 어땠든, 그 시점에 그녀 자신이 살아오는 동안 느껴온 고달픔과 외로움 역시 너무도 짙었던지라 세린은 C 목사와 함께 차를 타고 가면서 큰 소리로 구성지게 찬송을 부를 수 있었다.

잠시 세상에 내가 살면서 항상 찬송 부르다가 날이 저물어 오라 하시면 영광 중에 나아가리
열린 천국문 내가 들어가 세상 짐을 내려놓고 빛난 면류관 받아 쓰고서 주와 함께 길이 살리

눈물 골짜기 더듬으면서 나의 갈 길 다 간 후레 주의 품안에 내가 안기어 영원토록 살리로다
열린 천국문 내가 들어가 세상 짐을 내려놓고 빛난 면류관 받아 쓰고서 주와 함께 길이 살리

나의 가는 길 멀고 험하며 산은 높고 골을 깊어 곤한 나의 몸 쉴 곳 없어도 복된 날이 밝아 오리
열린 천국문 내가 들어가 세상 짐을 내려놓고 빛난 면류관 받아 쓰고서 주와 함께 길이 살리

한숨 가시고 죽음 없는 날 사모하며 기다리니 내가 그리던 주를 뵈올 때 나의 기쁨 넘치리라
열린 천국문 내가 들어가 세상 짐을 내려놓고 빛난 면류관 받아 쓰고서 주와 함께 길이 살리

방문

브라이언 박사의 집은 프린스턴 대학가 그린 스트리트 뒤 느름나무가 울창한 한적한 곳에 위치한 매우 소박한 콜로니얼 스타일이었다. C 목사가 벨을 누르자, 갈색과 노란색이 섞인 체크무늬 코튼 셔츠에 청바지 차림의 브라이언 박사가 문을 열어 주었다.

"참으로 오랜만이오. 만나서 반갑습니다."

"안녕하세요? 그동안 찾아뵙지 못해 죄송했습니다."

"천만에요. 미스터 C처럼 바쁘고 성실한 학생이 어디 있겠소?"

"여기 제가 가르치는 학생인 세린 양을 소개합니다."

"안녕하세요? 처음 뵙겠습니다."

"환영해요. 와 주어서 고마워요."

　　그는 반쯤 벗겨진 머리 밑 넓은 이마와 둥그스름한 동안에 둥근 테의 안경을 쓰고 있어서 언뜻 본훼퍼의 모습을 연상케 하는 인상이었다. 그러나 본훼퍼보단 좀 더 예민한 듯 예리해 보이는 눈매였다. 누가 스승인지 분간이 안 갈 정도로 연로해 보이는 C 목사는 선물로 가져온 흰 종이로 둘둘 만 르 쁘띠 슈발 레드 와인을 한국식 예법으로 두 손으로 공손하게 자신의 은사에게 건네었다. 브라이언 박사는 즐거운 안색으로 선물을 받아 들고 거실을 가로질러 주방을 지나 집에 비해 면적이 꽤 넓은 듯한 뒤뜰 베란다 위 둥근 철제 원탁으로 두 사람을 안내했다. 유서 깊은 올드 타운인 프린스턴의 주택가는 사시사철 울창한 숲속같이 고즈넉한 운치가 감도는 분위기였다. 주방 쪽으로 들어간 브라이언 박사가 미리 찻물을 끓여 놓은 듯 찻주전자와 다기 세트를 내왔다. 브라이언 박사는 연두색 바탕에 테두리와 손잡이가 금색을 띠고 핑크색의 커다란 수국화가 그려진 유러피언 스타일의 세라믹 찻잔을 각자의 앞에 놓은 뒤 역시 같은 문양의 찻주전자를 찻잔마다 차례로 기울이며 말했다.

"바이린 공푸 블랙티인데 얼마 전 차이나에서 온 졸업생이 선물로 가져왔어요. 중국에서도 희귀한 차라더군요. 풍미가 아주 좋으니 한번 들어 보시오."

세린은 공푸 블랙티를 한 모금 마시면서 그린티보단 좀 무거운 듯한 찻잎의 맛이 과연 몹시 부드럽고 달콤하면서도 꽃내음처럼 향긋한 것을 느낄 수 있었다.

"너무 향긋하고 감미롭습니다."

브라이언 박사가 세린의 감탄에 크게 고갤 끄덕이며 흡족한 미소를 짓자 C 목사가 예의 셀프 미소를 띠며 조그맣게 물었다.

"올해로 제가 아마 십 년째죠?"

"그렇소. 이젠 더 이상 미룰 수도 없으니 C 목사님께서 학위를 받으시는 날이 드디어 도래한 것 같소. 하하."

"그동안 오래 기다려 주셔서 참으로 감사합니다."

"천만에요. 나보다 C 목사님께서 논문을 완성하시느라 그동안 애를 많이 쓰셨소. 목회하시느라, 신학교에서 강의하시느라……."

"아직도 완성도에 있어선 좀 미진한 감이……."

C 목사의 두 눈가에 언뜻 희미한 아지랑이 같은 기운이 일렁이는 듯했다. 세린은 C 목사의 '미진함'에 어쩐지 '명증성'의 문제가 연루된 것 같은 느낌이 들었다.

"하하, 학위 논문은 인생을 총결산하는 일이 아니잖소? 다만 학자적인 일을 수행할 수 있는 일종의 증명서라 할까……. 최고의 논문은 어쨌든 그 나름 완성된 논문인 것이고, C 목사님은 마침내 그것을 하신 것입니다."

세린은 이때다 싶어 평소 궁금한 걸 브라이언 박사에게 넌지시 물었다.

"어떻게 C 목사님은 논문 완성에 십 년이나 걸리셨을까요?"

그러자 브라이언 박사는 세린에게 살짝 윙크를 하며 씨익 웃어 보였다.

"왜 C 목사가 십 년을 끈 지 아시오? C 목사는 완벽주의자라 그런 거요. 지독한 완벽주의자요!"

"논문 초안과 사본을 어제 말씀드린 대로 다음 달 중순경에 보내 드리겠습니다."

C 목사가 말미에 조심스레 한 단계 음성을 낮춰 소곤거리듯 물었다.

"폴 교수와 제임스 교수님께서……?"

"그렇소. 논문 심사위원 후보들도 이미 다 위촉이 된 거나 마찬가지니 걱정 마시오."

세린은 노쇠해 보이는 C 목사가 동안(童顔)인 브라이언 박사 앞에서 학위 논문 때문에 시종 어린애같이 굽신거리는 듯 보여 민망한 기분이었다. 모국의 예법이라면 이럴 땐 마땅히 연소자는 자릴 피해 주는 게 연장자에 대한 예의일 것 같아 그녀는 슬그머니 자리에서 일어나 베란다 끝으로 걸어갔다. 사실 그녀는 평소에도 사무적인 대화를 불편해하는 경향이 있어 자신의 참석이 부득이한 경우가 아니라면 될 수 있는 대로 자릴 피해 자유롭게 주변을 돌아보며 혼자 왔다 갔다 하는 버릇이 있었다. 세린은 나무 펜스 위에 양팔을 걸치고 솜사탕 내음같이 감미로운 계수나무 향이 그윽한 수풀의 공기를 천천히 들이마셨다. 눈앞엔 붉고 흰 배롱나무의 꽃잎들이 미풍에 살랑거렸다. 그녀는 살며시 정원 쪽으로 몸을 돌려 참나무 줄기를 장난스레 부지런히 타고 오르내리는 다람쥐 한 마리를 눈으로 쫓으며 베란다 층계를 천천히 내려갔다. 그때였다. 틈이 벌어진 참나무 줄기 사이로 얼핏 한 실루엣이 어른거렸다. 정원 뒤쪽 깊숙이 수목이 우거진 곳이 시작되는 오솔길 양편에 측백나무들이 병풍처럼 둘러서 있었는데, 그 앞 벤치에 홀로 앉아 생각에 잠긴 듯한 한 젊은 남자가 눈에 띄었다. 그 남자는 무심코 시선을 앞쪽으로 던지다 세린과 눈이 마주치자 한 팔을 반으로 접은 손을 들어 보이며 싱긋 미소를 지어 보였다. 세린도 손을 들어 화답했다. 대화 도중 간간이 온화한 미소를 실은 눈길을 세린의 등 뒤로 보내던 브라이언 박사가 C 목사에게 하는 말이 들렸다.

"참, 얼마 전부터 네덜란드에 체류하던 조카 나다니엘이 와 있소."

세린은 잔디 위를 천천히 밟으며 나다니엘 쪽으로 걸음을 옮겼다. 두 사람의 거리가 가까워지자, 그들은 서로 누가 먼저랄 것도 없이 다시 한 번 '하이' 하고 밝게 인사를 나눴다. 나다니엘은 멀리선 선량하고 서글서 글한 인상으로만 보였는데, 가까이서 보니 그런 눈 인상과 달리 그의 조 붓한 콧등과 다문 입 모양이 약간 고집이 있어 보였다. 나다니엘은 천천 히 벤치에서 일어나더니 우편에 병풍처럼 둘러선 측백나무를 천천히 올 려다보았다. 그리곤 불쑥 말했다.

"늘 이 사이프러스 나무에 사로잡혔던 화가 한 사람이 있었는데, 누군 지 아세요?"

"사이프러스라면…… 혹 더 스태리 나잇의 고흐를 말씀하시나요?"

말미에 더스태리나잇의 첫 음절을 화음을 넣어 조그맣게 흥얼거리는 그녀를 그는 푸르고 큰 눈에 생기와 흥미를 담아 바라보면서 명랑하게 말했다.

"그래요. 근데 그보다 앞서 뵈클린이 그린 '죽음의 섬'에도 사이프러스 나무가 그려져 있죠. 고흐가 그걸 봤는지 안 봤는지는 알 수 없지만, 묘 한 우연 아니오?"

"하하, 우연이라……. 제가 대학교에서 만났던 첫 남학생과 마지막 헤 어지며 커피숍을 혼자 나오는 동안 흘러나왔던 노래가 더 스태리 나잇이 었죠……. 우연이란 시적 운명을 지닌 것이 아닐까요?"

"하하, 당신에겐 낭만적 성향이 느껴져요."

"삶과 죽음의 인식엔 낭만주의와 연결된 상징성을 배제할 수 없겠죠. 전 고흐가 사실주의라고만 느껴지지 않아요. 사이프러스 나무는 한번 자 르면 뿌리가 다시 나지 않아 죽음을 상징하는 나무로 여겨졌다지만, 고흐의 그림에선 죽음보단 언제나 늘 영원을 지향하는 삶의 고동이랄까, 신비스럽고 정열적인 에너지가 느껴지곤 했거든요."

세린의 말에 이어 나다니엘이 말했다.

"고흐는 그 이전 해바라기를 그렸던 창조적 열정에 버금갈 만큼 사이프러스의 매력에 푹 빠져서 이집트의 오벨리스크처럼 균형 잡힌 아름다운 나무로 생각했대요. 재미있죠? 선교사 출신인 고흐가 자신의 그림의 소재를 태양신의 우상물과 견주었다는 점이 안 그렇습니까?"

"아, 전 고흐가 목사의 아들인 건 알았지만 그가 선교사 출신이란 건 미처 몰랐네요. 제가 방황하던 때엔 고흐의 그림 안에 투박한 붓 터치에서 풍겨 나는 치열한 정신력과 진지한 고독감이 밴 우울한 정조가 제 안에 공명을 일으켰기에 너무도 친숙하게 느껴졌어요. 그런데 제가 기독교의 세계관에 눈이 떠진 후론 그의 그림에서 발산되는 정열적 에너지는 점차 제게 심상치 않은 영적 시그널로 감지되기 시작했지요. 뭐랄까? 어떤 범신론적 이미지의 표상 같은……."

나다니엘의 표정이 좀 굳어진 듯하여 세린은 재빨리 화제를 돌렸다.

"네덜란드에서 오셨다면 혹 고흐와 무슨 관련이라도…?"

"하하, 네덜란드가 고흐의 고향인 건 틀림없소만 그 때문에 간 건 아니었어요. 전 네덜란드 출신인 제 교구 목사님의 추천으로 그곳 신학교엘 다녔어요."

"아, 네…. 그러시군요. 그럼 지금은 목사님이신가요?"

"지금은 백수죠. 신학 공부를 하면서 전도사 일을 하다 보니 뒤늦게야 제 적성이 아무래도 성직과는 맞지 않는단 생각을 하게 된 거죠. 원래 제 전공은 불문학이었어요……."

"하하, 누구 또 생각나는 사람 없습니까?"

"네, 역시 고흐가 아닐까요? 하하."

"하하하."

두 사람의 웃음소리에 브라이언 박사가 그들 쪽으로 시선을 돌리며 이

횔덜린, 니체, 고흐

리로 오란 손짓을 했다. 두 사람이 베란다 가까이 걸어오는 동안, C 목사의 소심하고 어린애 같은 톤의 음성이 잦아들고 있었다.

"네…. 아무래도 디펜스가 좀……."

"하하, 호흡 조절 연습을 하세요. 인트로가 중요해요. 첫 1분이 전체 프레젠테이션의 분위기를 결정하니까요. C 목사님께서야 워낙 그런데 귀재가 아니시오? 하하."

C 목사도 긴장감에서 해방된 듯 따라 웃었다. 그러더니 뭔가 재미있는 생각이 떠오른 표정을 지으며 말했다.

"만일 우리가 하고 있는 것을 확실히 안다면 '연구 과제'라고 부르지 않을 거라고(If we knew for sure what we were doing, we wouldn't call it a 're-search project') 아인슈타인이 말했다죠?"

그러자 두 사람은 약속이나 한 듯 서로를 쳐다보며 폭소를 터뜨렸다. 마침 C 목사에게 눈인사를 건네며 수줍은 듯 나타난 나다니엘에게 브라이언 박사가 채 웃음기가 가시지 않은 얼굴로 물었다.

"자네, PHD의 뜻이 뭔지 아나?"

나다니엘이 얼굴을 붉히자 브라이언 박사가 익살스러운 표정을 지으며 힘주어 말했다.

"퍼머넌트 헤드 데미지(Permenent Head Damage, 영구적인 머리 손상)!"

세린과 나다니엘이 크게 웃자, 흥이 난 C 목사가 모기만한 소리로 거들었다.

"Probavly Heavely in Debt(아마도 많은 부채)."

이번엔 브라이언 박사가 폭소를 터뜨렸다.

"하하, C 목사님 부인에게 말이요? 안 그렇소?"

익살스러운 브라이언 박사의 대꾸에 한 옥타브 높은 C 목사의 민망한 듯한 웃음소리가 스타카토처럼 새어 나왔다.

곧 표정을 추스린 C 목사가 브라이언 박사에게 공손하게 말했다.

"참, 최근에 새 시집을 출판하셨다면서요? 정말 축하드립니다."

"하하, 고맙소, 내가 근래에 시집을 한 권 냈소."

그날의 C 목사와의 주요 대화가 마무리된 듯 브라이언 박사는 벌떡 일어나 거실 쪽 서재로 가서 푸른 색깔의 양장본 시집 몇 권을 들고 와 두 사람에게 건네었다.

"한번 낭독을 해 주시죠."

시집을 보물처럼 받아 들고 조심스레 뒤적거리던 C 목사가 존경하는 은사에게 하듯 공손히 청하자, 브라이언 박사는 다소 겸연쩍은 미소를 지으며 말했다.

"내가 제일 정이 가는 시 한 편을 읽어 드리겠소. 시 감상을 위해 돕는 소품을 좀 가져다주겠소?"

브라이언 박사가 나다니엘에게 씨익 웃으며 윙크를 건네자, 나다니엘은 알아챈 듯 주방 쪽으로 걸어갔다. 브라이언 박사는 엔드 테이블에 달린 서랍에서 자신의 시집을 한 권 꺼냈다. 감청색 물을 들인 빳빳한 삼베 같은 질감의 표면이 인상적인 시집이었다. 나다니엘은 소비뇽 육 온스 병하나와 와인 잔 네 개를 얹은 트레이를 가져와서 테이블 위에 내려놓았다. 브라이언 박사는 각자의 잔에 조금씩 와인을 따라 주었다.

"'빵과 포도주'… 아마도 27페이지일 거요."

세린은 그가 막 읽으려는 자작시의 제목이 지난날 자신이 번역했던 횔덜린의 시들 중 하나와 제목이 같다는 생각이 들자, 갑자기 가슴이 두근거리기 시작했다.

　　허니서클 한 송이 사뿐 땅에 떨어져 눕기까지
　　천지에 진동하는 생명의 향기

최초의 육신에게 불어넣은 신의 숨결이

지금 주님의 잔에 부어져 생명의 피가 되었도다

산 자들을 위해 제단 위에 포도주로 쏟아지신 지존자

거룩한 성 그 찬란한 부활의 광채 입고서

돌 같은 육신의 떡이 영원한 생명의 떡이 되었도다.

브라이언 박사는 조금 수줍은 듯 양 볼에 엷은 홍조를 띤 채 미소를 지었다.

"독일 시인인 횔덜린(Hölderlin)이 박사님의 시와 동명의 시에서 '빵은 지상의 열매요 천상의 빛의 축복을 받은 것'이라고 노래했던 구절이 떠올라요."

세린의 말에 브라이언 박사가 놀라는 기색을 하며 대꾸를 했다.

"음… 횔덜린이라면 그 튀빙겐 출신의 휘페리온 작가 아니요? 헤겔과 셸링 그리고 실러와도 교류를 했던……. 그런데 세린 양이 그 시인을 안다니 참 반가워요."

C 목사가 옆에서 거들었다.

"세린 양은 한국의 대학에서 독문학 공부를 이 년간 했답니다. 그때 독문학 강사의 학위 논문을 돕기 위해 횔덜린의 소설과 시 여러 편을 번역을 했던 모양입니다."

"아, 역시 그랬군요……. 놀랍고 반갑소."

브라이언 박사는 세린에게 의미심장한 미소를 짓더니 C 목사에게 눈짓을 하며 말했다.

"내가 횔덜린을 맨 처음 알게 된 것은 이 년 전 작고하신 니콜라스 교수 있잖소?"

C 목사에게서 작은 탄성이 새어 나왔다.

"아, 역시 그렇군요. 하이데거 연구로 학위를 받으셨던……."

"오래전에 그분이 내 지도 교수였을 때 연구 조교로 일한 적이 있었소. 그때 불트만의 〈현존재의 역사성과 믿음〉에 관한 프로젝트를 진행하면서 자연 하이데거 논문을 읽다 보니 그가 횔덜린에 관해 상당히 파고든 걸 알게 됐어요. 아마 횔덜린이 '귀향'에서 노래한 '신(God)의 부재'가 그의 '부정신학' 사상과 상당히 잘 맞아떨어진 것 같소."

C 목사가 말했다.

"전 횔덜린의 작품에 대해 잘 모르지만 하이데거가 프라이부르크 대학 시절에 횔덜린 시를 강의했다는 걸 들은 기억이 납니다. '사유자는 존재를 말하고 시인은 성스러움을 명명한다'라고 한 표현이 인상적이었지요
……."

세린 또한 전에 대학에서 영문과와 독문과 학생들 전체가 모인 앞에서 횔덜린에 대해 프레젠테이션을 했던 때의 기억과 열정이 되살아나는 듯했다. 세린이 입을 열었다.

"제겐 횔덜린의 시인관이 아주 특이하고 인상적이었죠. 그는 시인을 신들(Gods)과 인간의 중간 존재로 태어난, 반신(demiGod)의 운명을 지닌 자요, 인간과 신들(Gods)의 매개자로서 신성(divinity)을 사람들에게 일깨워 주는 사제적 사명을 가진 자로 노래했으니까요."

브라이언 박사가 검지를 코끝에 대고 나직히 읊조리며 눈을 감았다.

"으음… 그랬지…. 신성(Gottheit)을 일깨운다고……."

세린이 기다렸다는 듯 고개를 갸우뚱하며 말했다.

"근데 그때나 지금이나 전 아무래도 횔덜린이 말하는 그 '신성'이란 것이 아주 모호하거든요…. 뭐랄까… 기독교에서 말하는 유일신(God)의 '신성'과는 다른, 또 유일신의 형상대로 창조된 인간 내에 잠재한 '신의 성품(벧후1:4)'과도 다른 느낌이거든요."

그동안 말없이 듣기만 하던 나다니엘이 불쑥 끼어들었다.

"세린 씨의 말은 신성의 본질은 피조물이 한몫 낄 수 있는 그런 것이 아니라고 했던 누군가의 말을 생각나게 하는군요. 하하."

"근데 전 어쩐지 피조물이 한몫 낀 것 같은 의구심을 떨쳐 버릴 수가

없어서요…"

"하하하."

브라이언 박사의 시선이 언뜻 크게 웃어 대는 나다니엘을 향해 의미 있는 일별을 던지는 것 같더니 다시 세린을 향했다.

"음… 횔덜린은 보편적 실재로서의 신성을 말한 것 같소만, 그러니까 기독교의 삼위일체만의 신성이 아닌 그리스적이고 범신론적 신성까지 포함한 신성 말이오. 당시 횔덜린 시대는 르네상스 이후부터 불기 시작한 인문주의 열풍이 가시지 않은지라, 신학교에서도 그리스 로마의 고전문헌학의 연구가 붐을 이룬 시기였으니 아무래도 영향을 받지 않을 수 없었을 거요."

세린이 여전히 의아한 듯 질문을 이어 나갔다.

"적어도 기독교의 십계명만 보더라도 희랍의 신들(Gods)은 멀리해야 할 이방의 신(God)이요, 우상이 되는데요?"

기독교는 유일신 사상이니 신학교라면 당연 이방 신들을 멀리하는 것으로만 알았던 세린은 오랜 세월 너무 궁금했던 문제인지라 침을 꼴깍 삼키며 물었다.

브라이언 박사는 이번엔 두 손을 깍지 낀 채 다소 여유로우나 진지한 눈빛으로 세린의 말을 받았다.

"음… 횔덜린의 경우는 특이하게도 신학적 접근보단 그의 문학을 통해 그의 사상을 이해하려 해 왔기 때문에 난해한 시인으로 인식이 되어 왔었소. 적어도 하이데거가 횔덜린 르네상스를 일으키기 전까진 그는 무명의 시인에 가까웠소. 그의 특이한 종교성을 알려면 그가 살았던 시대적인 배경을 먼저 염두에 둘 필요가 있어요."

"프랑스 혁명과 관계된…?"

"그렇소. 이른바 튀빙겐 삼총사라 일컫는 그들이 튀빙겐 루터 신학교에서 수학하던 때인 18세기 후반은 계몽주의로 시작된 근대화의 물결이 전 유럽을 휩쓸던 시기였소. 그러니까 미국 혁명에 이어 바야흐로 프랑스 대혁명이 일어나려던 때였소. 17-18세기에 과학 기술과 더불어 등장한 합리적 세계관은 전통 봉건적인 제도와 종교적 권위와 구습에 물든 어두운 세상에 비판적으로 이성의 빛을 비추고 새로운 질서를 구축하게 된 것이오. 이 물결은 심지어 기독교를 타 종교들 중 하나나 미신처럼 취급하기까지 된 거요."

"이성의 빛이라…. 어두운 세상을 비추러 참빛으로 오신 그리스도 예수 대신에 이성이 도래한 거로군요! 이 세상에서의 기독교란 그때나 지금이나 이성주의의 홍수의 격랑 위에 떠 있는 방주와도 같군요."

세린이 크게 고개를 끄덕이다가 문득 고개를 갸우뚱하며 물었다.

"그런데 신앙의 문제는 시대적 사조보다도 개인의 믿음이 더 중요한 게 아닐까요? 그러면 그 이전에 일어났던 종교 개혁은 횔덜린에게 아무런 영향도 못 미쳤단 말인가요?"

"횔덜린과 루터라…. 썩 어울리지 않는 조합 같소만…. 하하, 아무튼 세린 양의 질문은 기독교 신학의 역사 이래 이성을 강조하는 관점과 초이성적 믿음을 강조하는 관점 사이 끊임없는 논쟁이 되어 온 역사를 되돌이키는 것 같구려."

브라이언 박사가 목을 가다듬고 다음의 말을 이었다.

"종교 개혁이 중세 교회의 타락에 대항하여 성경의 진리를 회복하려던 운동인 데 반해 계몽주의는 교회와 성경을 배제하는 탈교회적 분위기였던 것이오. 그런데 횔덜린 이 친구는 전자가 아닌 후자의 기류에 휩쓸렸다고 할까…."

문득 세린에게 젊은 나이에 남편을 차례로 여의고 평생 슬픔 속에서 견지했던 그의 모친의 경건한 신앙과 장남인 횔덜린이 그토록 목사가 되길 바랐던 그녀의 애끓는 심정 등 시인을 둘러싼 일련의 사정들이 주마등처럼 머릿속을 스치고 지나갔다. 횔덜린의 십 대 초중반의 시에는 분명 정통복음주의의 신앙적 색채가 농후하지 않았던가? 세린은 생각했다. 아무리 이성을 추구하는 계몽주의 열풍에 횔덜린이 나중에 휩쓸렸다 해도 세린은 자신의 신앙 여정을 돌아보건대 결코 그가 정통복음주의의 신앙을 송두리째 버리진 못했으리라고….

"근본 원인을 따지자면 정치와 결탁된 카톨릭 교회의 부패상 때문에 기존 기독교에 대한 반발로 이성주의가 메시아인 양 거짓 위용을 뽐내며 등장한 셈이로군요."

"그렇소. 사람들은 이제 신(God)으로부터 받은 이성, 즉, 신(God)의 말씀인 성경에 입각해 세계를 이해하는 것이 아니라, 인간의 타고난 이성만으로 세계를 파악할 수 있다고 자신하게 되었소. 17세기 데카르트와 스피노자, 베이컨, 흄 등으로 시작된 이성의 시대가 18세기에 와서 볼테르와 칸트로 절정에 달해 사회 개혁뿐만 아니라 계시가 아닌 이성과 경험을 앞세움으로써 기존의 기독교의 교리에 도전하게 되었소."

"문제는 과연 어떠한 이성을 추구하느냐 하는 거군요."

하긴 그리스 고전 문학에 심취했던 횔덜린이 인문주의와 케미가 잘 맞는 계몽주의에 편승한 건 어쩜 자연스러운 끌림이었겠단 생각이 들었다. 이번엔 C 목사가 배턴을 이어받아 설명을 시작했다.

"루터의 종교 개혁이 일어난 16세기 초는 9세기부터 성행한 중세 유럽의 기독교 신학인 스콜라 철학의 한계와 부작용이 절정에 달한 시기였어요. 토마스 아퀴나스는 아리스토텔레스의 자연철학을 어거스틴의 교부철학에 접목시켜 스콜라 철학을 집대성했어요. 토마스는 인간이 보편적 이성을 도구로 자연 전체를 이해함으로써 신의 존재를 추론(推論)하는 것은 신을 찬미하는 길이라고 이성을 예찬했소.[1] 그러나 루터의 생각은 달랐어요. 이는 신의 특별 계시인 성경 없이도 이성적 지식과 과학으로 신의 존재와 복음을 증거할 수 있다는 자연신학을 인정한 것이나 마찬가지라 생각되어 루터는 반대했소."[2]

---

1) 토마스아퀴나스, 신학대전
2) Martin Luther, Operationes in Psalms(시편 작업) 1519-1521. Teil II. Psalm 1 bis 10(Vulgata)

"결국 양자의 차이는 '성경을 전제로 하느냐, 아니냐'의 차이로군요! 계시적 이성과 보편 이성 간의…."

"그렇소. 그만큼 루터에게 성경은 모든 판단 가치의 근본이 되는 유일한 잣대였소. 점차 스콜라 철학은 인간 본성의 완전 오염을 주장한 어거스틴과 그와 반대로 인간 본성의 오염을 부인한 펠라기우스의 중간인 세미펠라기우스 쪽으로 기울어져 갔소."

"그러면 본성이 반만 오염됐다는 거군요. 그러면 본성의 능력과 자율권이 반은 인정된 셈이니 구원엔 신인협동론이 되겠군요. 이건 알미니안주의와 같은 건가요?"

세린은 그즈음 알미니안주의 교단을 표방하고 있는 신학교 강의 시간에 들은 것이 생각나 대뜸 물어본 것이었다.

"신인협동과는 성격이 달라요. 세미펠라기우스는 인간 편의 업적인 의로운 행위와 신의 은혜가 합해져 구원에 이른다는 주장이요. 반면에 알미니아니즘은 구원은 전적인 신의 은혜로만 받는 것이지만 인간은 자유의지로 은혜를 수용하거나 거부하는 것을 결정한다는 것이오."

C 목사의 설명에 세린은 크게 고개를 내젓는 시늉을 했다.

"그렇다면 이론적 측면에서 알미니안주의가 인간의 자유 의지적 선택권을 온전히 인정한 것은 신의 간섭을 벗어난 이성의 독립성을 부여한 거나 마찬가지가 아닐까요? 그렇다면 이성의 위치를 상당히 올려놓은 셈이니 자칫하면 펠라기우스와의 경계가 모호해지지 않을까요?"

C 목사가 지긋이 웃으며 기다렸단 듯이 대답했다.

"그러나 펠라기우스적 이성은 원죄조차 부인할 수 있는 데까지여서 인간이 도덕적으로 완전하게 자기 힘으로 구원에 이를 수 있다는 거요. 펠라기우스는 그리스도의 구속적 능력보다 인간이 구원을 위해 그리스도가 보여 주신 모범을 따르길 강조했소. 그런 것이 은혜란 거요. 그러니 알미니안주의와는 은혜 개념 자체가 달라요. 그러나 세린 씨가 지적한 대로 실제 알미니안의 추종자 일부는 펠라기우스적 합리주의(pelagian ratio-

횔덜린, 니체, 고흐

nalism)에 빠지기도 했소. 그러다 결국 구세주의 필요성을 부인하는 신학적 자유주의로 발전하게 되었던 거요."

"아, 역시 그랬군요⋯. 그런데 이론이 아니라 실제 신앙 생활을 하는 측면에서 볼 땐 알미니안 주의가 인간에게 책임성을 고취시키는 효과는 더 있을 것 같아요."

"그래선지 웨슬리도 원죄론과 인간 본성의 전적 타락, 오직 은총과 오직 믿음에 있어서 칼빈주의와 다를 것이 없었지만, 자유 의지로 믿음을 거부할 수 있다는 면에선 알미니안주의 편에 서게 된 거요."

"아, 그렇군요!"

세린이 고개를 끄덕이다 뜸을 들이고 뭔가 골똘히 생각하는 표정을 짓더니 입을 열었다.

"근데 저는 이런 생각이 들어요. 신학적 관점의 차이란 것이 결국 성경에 대한 인간의 해석, 즉 이해도의 차이라고요. 물론 정통복음주의 신학의 범위 안에서 말이죠. 마치 성육신한 예수님을 보았던 당시 사람들의 생각의 차이처럼요. 예수님은 하나님께서 인간의 눈높이에 맞춰 인간의 모습으로 이 땅에 오셨던 신(God)이었지만 인간들은 결국 예수님을 신(God)의 이름으로, 신성 모독이란 죄명으로 십자가에 처형했잖아요. 이는 단적으로 인간의 편에서 하나님의 진리를 온전히 이해하기란 절대적으로 불가능하단 증명인 것이죠."

이번엔 브라이언 박사가 지긋이 웃으며 말했다.

"그러니까 세린 씨는 완전계시로서 지상에 살아 계시는 예수 그리스도조차 몰라본 인간이 어찌 성경을 제대로 이해하겠느냐는 말이구려. 그러나 예수님의 십자가 사건과 부활 사건 이후 신약성경이 주어진 이후의 신자들은 그 이전의 상황과는 사뭇 다른 것이 아니겠소?"

"성경이 완성된 진리의 계시적 말씀이라고 하지만 성경 말씀은 단순한 이론이 아니라 실제적 삶에서 살아 역사하는 역동적인 생명력이잖아요? 꼭 이 세상에 계셨을 때의 주님처럼요. 주님이 결정적인 정죄를 받으셨던 계기는 구원과 재림에 관한 주님 자신의 증언 때문이었어요(막14:61-64). 이제 세상의 정통 기독교인들은 메시아가 예수인 것과 주님의 재림에 더 이상 의문을 품지는 않아요. 그러나 문제는 구약 때의 율법처럼 교리적 신앙에만 빠진 이들이 살아 움직이는 말씀인 예수에게 그때와 마찬가지로 오늘날도 끊임없이 도전하고 정죄한다는 거지요. 예를 들어 하나님의 구원 예정에 관해서도 절대적이란 수식어가 붙는 한 더 이상 논제로 삼아선 안 되죠. 그런데도 사람들은 구원 예정을 하나님께 전폭적으로 맡기고 침묵하는 대신 자신들의 이성으로 구원 예정의 신비를 파헤치려고 극성들을 떨죠."

"으음… 세린 씨의 생각은 주님 당시 사람들이 범한 신성(神性)에 대한 침해가 여전히 지금 신약 때에 와서도 신학의 이름으로 자행된다는 말 같구려."

"전 하나님 편에서 보면 칼빈주의적 구원관이 합당하다고 봐요. 칼빈의 구원 예정은 하나님의 섭리란 큰 그림을 설명하니까요. 그러나 인간 편에서 보면 알미니안이나 웨슬리안이 더 효율적이라고 납득이 되는 거예요. 인간의 성정은 실제적이고, 과제 지향적인 면이 강하니까요. 인간은 피부에 와닿는 자극과 책임을 느끼고 실천하려고 노력함으로써 성취감과 안정감을 느끼게 되잖아요. 그러니 만약 칼빈의 예정론을 잘못 이해한다면 미신적 운명론으로 흐르게 되지 않겠어요?"

세린은 소싯적부터 기독교 신앙과 무관했던 모친으로부터 때때로 세린이 당신의 세 자녀들 중 가장 사주팔자가 잘 타고났다며 "재복이 제일 많단다."라는 말을 듣곤 했다. 그랬던 그녀가 대학생 때 인생의 방향을 잃고 방황할 당시, 불현듯 모친이 한 말이 떠오르면 자신의 현재와 동떨어진 점쟁이의 예언이 일종의 심리적 도박같이 느껴지곤 했다. 그럼에도 불구하고 그런 운명론적 언질은 은근슬쩍 자신을 미망으로 떠밀어 요행수를 기대하게 만드는 묘한 협잡성이 있었다. 그래? 그렇다고? 그럼 난 아무것도 안 해도 저절로 잘된다는 건가? 점쟁이의 고무적 예언이 실의에 빠진 자신에게 한순간적이나마 위로가 되었던가? 결코 아니었다. 오히려 자조감과 무력감만 더할 뿐이었다. 보통 사람은 자신의 고무적 미래에 대한 청사진이 목하 현실에 어느 정도 부응할 때야 동력을 얻는다. 하지만 현실과 부합된 듯한 점쟁이의 예언일지라도 매일의 삶에서 지표와 견인력이 없는 빈말뿐인 것이 실제 무슨 도움이 되겠는가? 어차피 인생은 자신의 의지적 선택으로 앞으로 나아가는 시간을 통과해야만 하는 것이고, 미래적 예언의 진위는 언제나 회고적 성격을 띠게 마련인 것이다. 그래서 키에르케골은 이런 말을 하지 않았겠는가? 우리는 앞으로 살지만 뒤로 이해한다고 말이다.

세린은 생각했다. 어거스틴이 '신의 예정'을 말했던 것은 그 자신이 청춘의 방랑의 세월과 적잖은 내적 고뇌를 통과한 후, 과거를 돌아보게 된 어느 한 시점에서 마침내 하나님께 드리게 된 감사 어린 눈물의 신앙고백이었을 거라고⋯⋯. 신의 예정은 세상적 차원과는 다른, 오로지 종국적 구원을 목표로 한 예정인 것이고, 그것은 온전히 신의 섭리 안에서 성취되어지는 것이라고. 그러기에 어거스틴의 예정설은 그 자신이 걸어온 지난 행로와 삶의 궤적을 되돌아보면서 비로소 체험적으로 깨닫게 된 바, 자신의 구원을 위한 신의 간섭에 대한 은혜로운 감격의 표현이었을 거라고⋯⋯. 마치 요셉이 속으로 울며 형들에게 토로했던 신앙고백처럼(창 50:20)⋯⋯. 세린은 그즈음 타 종교 문화권에 공격적인 선교를 감행한다고 비판의 몰매를 가하는 어느 선교 단체를 떠올리며 말을 이었다.

"제 생각엔 두 개가 다 필요한 이론이에요. 그러나 전 기독교인들이 첨예한 신학이론으로 쟁점화하고 대립하는 것은 하나님의 섭리를 간섭하려는 태도라고 봐요. 이런 사람들의 태도는 구약에 하나님께서 모세를 통해 출애굽 후 시내산에서 백성들에게 하나님의 지경을 범하지 말도록 명령하신 말씀을 떠올리게 해요. 하나님께서 제사장들과 백성들에게 명하신 일은 오로지 자신을 성결하게 하고 옷을 빠는 일이었거든요(출19)."

자신의 발언 후 좌중이 쥐 죽은 듯이 조용한 것에 세린이 무안함을 느긴 순간, 별안간 구세주처럼 초인종이 울렸다. 그러자 브라이언 박사가 벌떡 자리에서 일어남과 동시에 세린은 순간 나다니엘의 표정에 미묘한 곤혹스러운 빛이 얼핏 스치고 지나가는 것을 읽었다. 어떤 여자의 음성이 들려왔다.

"손님이 계신 걸 몰랐어요."

"괜찮소. 어서 들어와요."

브라이언 박사는 사십 대 중반쯤으로 보이는 체구가 작은 한 금발의 여성을 맞아들인 후 C 목사와 세린에게 소개했다.

"여기 이 자리에 서 계신 숙녀는 나의 오랜 이웃사촌이자 이십여 년간 나의 연구실에서 날 도와 온 로레인이라오."

C 목사가 구면인 듯 그녀와 반갑게 인사를 나눈 후 세린을 소개하자 로레인은 초면에도 친밀감이 온화하게 묻어나는 미소로 세린과 눈인사를 주고받았다.

"오, C 목사님, 칠 년 만에 뵙게 됐는데 제가 당신을 몰라볼 정도로 전보다 무척 날씬해지셨네요."

세린은 전에 C 목사가 들려준 동창생 일화가 생각나 속으로 웃음을 참으려 무던히 애를 썼다. 브라이언 박사가 로레인에게 말했다.

"로레인, 당신이 마침 알맞은 때에 잘 와 주었소. 여기 계신 세린 씨는 아직 신학엔 입문 단계이지만 사고력이 대단한 학생이외다. 30여 년간 신학을 해 온 나도 미처 생각지 못한 주제들을 잘 발굴해 내니 C 목사와 내가 진땀을 빼고 있던 차에 신이 우리들의 딱한 사정을 알고 이렇게 당신을 응원군으로 파견하신 것 같구려. 하하."

나다니엘이 세린에게 나직히 말했다.

"로레인은 예술사와 동양철학을 전공했어요."

나다니엘이 로레인을 위해 잔을 가지러 주방 쪽으로 가자 로레인이 뒤미처 그를 따라갔다.

브라이언 박사가 넌지시 두 사람에게 말했다.

"좀 있으면 로레인표의 맛있는 샐러드가 나와서 우리를 즐겁게 해 줄 거요."

과연 잠시 후 로레인과 나다니엘이 둥그런 샐러드 보울을 얹은 큰 트레이를 들고 와서 테이블 위에 내려놓았다.

샐러드는 눈으로만 보기에도 식감을 자극할 만큼 향긋하고 맛있어 보였다. 자세히 들여다보니 로만 레터스, 블루베리, 만다린오렌지, 파인애플, 스트로베리, 피칸에 잘게 썬 닭 가슴살을 군데군데 섞어놓은 샐러드였다. 세린이 접시에 덜어 곁들인 연분홍 드레싱을 뿌려 샐러드를 씹으니 아삭아삭하고 향긋한 맛이 그야말로 시각과 미각과 후각의 완벽한 조화였다.

"너무 맛있군요. 이 드레싱은 무엇이 들어간 걸까요?"

세린이 감탄하며 묻자 로레인이 말했다.

"스트로베리, 비네갈, 레몬주스, 허니, 솔트와 페퍼를 블렌딩한 걸 오일과 퍼피시드에 잘 섞어 만든 거예요."

"퍼피시드라면 양귀비 씨인데요?"

"걱정 마세요. 양귀비 씨엔 아편이나 헤로인 성분은 없으니까요……."

C 목사의 말에 로레인이 웃으며 농담을 하자, 다들 함께 폭소를 터뜨렸다.

브라이언 박사가 로레인을 향하여 말했다.

"횔덜린에 대해 생각나오? 전에……."

"아, 네…"

로레인이 수줍은 듯이 좀 머뭇거리다 대답했다.

"세린 씨가 오늘 횔덜린에 대해 단판을 짓고 싶어 하는 눈치니 나도 부쩍 호기심이 당겨요. 여기 안주인도 출타 중이시고 일기도 쾌청한 데다 모처럼 만나기 어려운 반가운 사람들이 모였으니 다들 편한 마음으로 대화를 나눕시다."

늘 원인을 캐는 버릇이 있는 세린이 좀 전부터 생각하던 것을 기회이다 싶어 불쑥 물었다.

"초기 기독교 시대에 기독교가 철학을 끌어들이게 된 어떤 배경이 있지 않았을까요?"

종교철학 교수인 C 목사가 빙긋이 미소를 지으며 대답했다.

"1966년 로마에 대항한 유대 독립전쟁의 결과로 70년에 예루살렘이 함락된 후부터 기독교의 활동 무대는 지중해 연안의 여러 도시로 옮겨감에 따라 초기 기독교는 고대 그리스-로마 세계 곳곳에 전파되었습니다. 초기 기독교인들은 대부분 사회의 하층 계급으로서 무지하고 비천한 사람들의 종교란 인식이 주류를 이루어 당시 영향력 있는 상층 귀족 계급의 무시와 증오를 받았을 뿐만 아니라 기독교인의 황제숭배 거부와 이방 신들을 섬기지 않음으로써 이방 신의 노여움을 사 재해가 로마인들에게 닥친다는 미신적 생각이 퍼진 거요. 이교도들은 기독교인들의 공동체 모임과 성만찬 의식에 대해 비밀 모임에서 인육을 먹고, 사악하고 야만적인 부도덕한 행위로 사회의 풍속을 해친다는 루머를 퍼뜨렸어요. 또 이슬람교를 믿는 아라비아 세력의 침략과 영지주의와 신플라톤주의 등의 헬라 철학, 동방 신비종교, 유대의 율법주의 등 여러 사상들이 교회 안으로 들어와 복음과 뒤섞임으로써 신앙적 혼란이 초래되었던 거요. 그런 정황에서 기독교 신앙을 지성적으로 세상에 알리고 설득하기 위한 변증이 필요했으므로 헬라철학의 터전 위에서 기독교 사상 체계를 만들고 교리를 세우게 된 거지요."[3]

"결국 신앙을 위한 이성의 도움이 크게 요청되었던 거군요! 아… 마치 역사는 끊임없이 되풀이되고 있다는 생각이 드네요. 2000여 년 전의 초

---

3) Persecution of Christians in the Roman Empire, Wikipedia

기 기독교 시대 상황과 오늘날 기독교가 처한 상황이 조금도 다르단 생각이 안 드니까요. 기독교는 늘 세상의 공격에 대항해 다양한 문제들을 새로이 조명하고 검토하고 연구하고 대처하지 않으면 안 되는 숙명을 지닌 것 같군요. 초기 기독교 이전부터 헬레니즘적 사상 체계는 이미 견고한 기반을 구축하고 있었으니 아무래도 상류층이나 지식인들을 이해 내지 회심시키기 위해선 철학적 접근법을 도외시할 순 없었겠어요."

"그렇지요. 주로 헬라 지역에서 활약한 초기 교부들 대부분은 헬라 철학과 학문을 섭렵했던 자들로서 후에 회심한 자들이었어요. 그리고 이미 1세기의 유대인 철학자 필론은 플라톤의 저서를 이용하여 유대 신앙의 창세기를 해석하고 플라톤의 이데아론에 근거해 신의 초월성을 이론적으로 체계화 하는 등 기독교 교부들에게 큰 영향을 끼쳤습니다.[4] 스토아 학파 또한 기독교에 많은 영향을 주었어요. 스토아 학파는 '신성'을 세계 내적 '로고스'라고 질료적으로 파악함으로써 기독교와 대립되는 유물론적이고 범신론적 신관을 가진 것인데, 필론은 이것을 성서의 '초월적 로고스'와 연결을 시켰던 것이오. 그뿐만 아니라 필론은 로고스는 창조주 하나님과 구별된 창조주 하나님의 말씀으로서 세계에 현재한다고 본 거요. 스토아 철학의 신관은 기독교의 신관과 근본적인 대립이 있었지만 그래도 기독교 신학자들은 기독교 교리 중 상당 부분을 이런 스토아 철학을 이용해서 발전시킬 수 있었던 겁니다. 그 결과, 플라톤의 '누스(이성)'나 스토아 철학의 '푸뉴마(영)' 보다 '하나님의 영'에 대해 훨씬 더 성경적인 해석을 제공할 수 있게 되었던 겁니다."

"아, 위풍당당하고 텃세가 강한 헬라 문화권에서 기독교가 발을 붙이고 인정받기 위해 초기 기독교 교부들이 지대한 역할을 한 셈이로군요."

"그렇습니다. 초기 변증 교부들 가운데는 이성을 강조한 이들과 초이성적 믿음을 강조한 이들이 생겨났어요. 필론의 로고스 사상에 많은 영

---

4) Works of Philo Judaeus by Philo

향을 받아 플라톤 철학의 로고스를 기독교의 로고스와 연결시킨 '저스틴'이나, 그리스 철학을 교리 이해의 유용한 도구로 본 '클레먼트', 알레고리한 성서해석과 만인 구원을 주장한 '오리겐'처럼 철학적 틀에서 신앙을 표현한 이들이 있었던 반면, 철학적 사고를 철저히 배제한 '타티아누스'나 '터툴리안'처럼 믿음은 철학의 도움을 필요로 하지 않는다며 "불합리하기 때문에 나는 믿는다"라고 단언한 이도 있었죠."[5]

"늘 신학교에서 교수님들이 애용하시는 '이해하기 위해서 믿는다'고 했다던 '안셀무스'의 말과도 통하는 것 같네요."

"그렇지요? 스콜라 철학의 창시자인 '안셀무스'는 신앙을 전제하고 이성을 추구하였기에 그에게 신학은 이해를 추구하는 신앙이었소. 그러나 이들보다 먼저 스콜라 철학의 기초를 놓은 두 인물이 있었어요. 극단적으로 대립된 견지를 가진 '보이티우스'와 '위디오니시우스'요. 6세기 초 '보이티우스'는 인간의 자연적 이성 능력에 대한 과도한 확신에 차 있었고, 이와는 정반대로 동시대의 '위디오니시우스'는 "부정신학"을, 즉 신은 인간이 신에 관해 긍정적이든 부정적이든 말할 수 있는 어떤 것도 초월하기 때문에 신 자신의 계시 외엔 인간이 신에 관해 존재나 이름을 부를 수도 없고 신의 본성을 표현할 수도 없다고 주장한 겁니다."

"스콜라 철학의 기초가 양 극단적인 주장에 놓여 있었단 말이죠? 이 둘의 견지는 공히 성경의 하나님과는 거리가 먼 것이 아니겠어요? 신앙을 이성적으로 파악하려는 자세가 초래할지 모르는 재앙적인 열매 같은 불길한 전조를 느끼게 하는군요. 근데 대부분의 초기 교부 변증가들은 모태신앙 출신이 아니라 대부분 철학에 빠져 있다 뒤에 기독교를 접하게 된 사람들인가 보죠?"

세린은 그녀 자신의 영적 여정에 비추어 넌지시 물은 것이었다.

"아마 그럴 거요. 순교자 부친을 둔 오리겐을 제외하곤…"

---

5) Church Fathers: From Clement of Rome to Augustine byPope Benedict XVI(교부들:로마의 클레멘트부터 어거스틴까지, 저자: 교황 베네딕토 16세)

"그런데 터툴리안은 유독 신앙심이 특출한 것 같아요…"

"그는 비기독교 가정에서 성장하여 법률가가 되었는데 순교자들이 순교하는 모습에 감명을 받아 기독교인이 되었다고 해요."

"아, 역시… 순교의 힘이란! 실로 그런 이유가 있었군요! 그러면 오리겐 또한…?"

"하하, 그는 자신의 고환까지 잘랐다고 해요. 신학이 독특해서 교회와 이단 양쪽으로부터 배척을 당했지만 말이죠."

세린은 터툴리안이 깊게 인상에 남는 동시에 순교자적 삶을 산 부모를 두었던 목사들이나 그런 삶을 살아온 탈북 목사들의 신앙이 유독 특심한 것을 떠올렸다.

"역시 인간은 직간접적인 치열한 고뇌와 고난을 통해야만 비로소 하나님께 올인할 수 있게 되는 것 같아요."

이번엔 브라이언 박사가 말했다.

"동감이요. 어거스틴도 이교도인 부친을 두어선지 젊어서 방황하고 타락한 삶을 살았지만 후에 깊이 뉘우친 후엔 위대한 성인이 된 것이 아니겠소? 그런데 가만있자…. 우리가 횔덜린에 대한 주제를 다루다가 다른 쪽으로 흐른 것 같은데…. 아까 세린 씨의 질문이 뭐였소?"

"저… 종교 개혁이 왜 횔덜린에겐 아무런 영향도 못 미쳤을까 하는 거였어요."

"참, 그렇지. 루터의 종교 개혁에 대해 말하다 이렇게 설명이 길어졌구먼. 종교 개혁의 배경엔 14세기 민족주의 대두로 시작된 왕권과 교황권의 대립, 중세 후기 교회의 세속권력과의 야합, 성직자의 권위 남용, 은총보다 점점 행위와 공로를 강조하게 된 교리가 중요한 쟁점으로 떠오르게 됨에 따라 스콜라 철학은 사양길을 걷게 되었다고나 할까…. 그러나 아무튼 스콜라 철학이 기독교 신학에 기초가 되었고 조직 신학의 산물이 된 것은 부인할 수 없는 사실이오."

"그런데 스콜라 철학은 인간의 이성을 신의 계시적 차원에서 이해하려고 해서, 플라톤적 사유 또한 그리스도교의 계시에 의해 수정되고 성취된다는 주장을 하기도 했어요."

"아, 루터가 생각하는 계시와는 사뭇 다른 것 같군요. 그래서 루터는 교회와 성직자의 부패의 원인을 스콜라 신학에서 찾은 건가 봐요?"

토레이 신부를 초청했다고 해서 카톨릭 교회에 호의적이란 말이 도는 개신교 교단 신학교에서 강의를 맡고 있는 C 목사는 슬쩍 세린의 표정을 살피더니 다음의 말을 이어 갔다.

"사실 중세 카톨릭 교회의 타락상은 14-16세기 르네상스 시기만이 아니라 초기 교부시대 이후 기독교가 로마제국에 의해 국교화된 4세기 이래 꾸준히 지속되어 왔어요. 그러므로 루터는 중세의 신학이 교회를 그릇되게 인도해온 것으로 여겼소. 스콜라 신학은 철학적 이성을 도구로 기독교의 진리를 논증하려다 도리어 기독교의 진리를 가리는 폐단을 가져왔다는 비난을 받게 된 것이오. 루터의 종교 개혁은 초기 교회의 순수했던 신학을 되찾기 위해 성경을 연구하여 다시 어거스틴적 은총론과 계시 신학으로의 복귀를 선언하는 것이어서 교권주의를 부정하고, 성서 중심의 신앙관을 재확립하려는 운동이었던 거요."

"아, 그래서인지 개신교단 측에선 아직도 신앙에 있어서 이성을 적대시하는 일이 많은가 보군요."

세린은 강의 시간마다 목사들이 이성을 경계하고 믿음만을 강조해 오는 것을 늘 들어 온 터였다. C 목사가 예의 지긋한 미소인지 찡그림인지를 입언저리에 지으며 말을 이었다.

"그렇소만, 그것은 다분히 모순된 생각 아니오? 예수님도 아는 일과 믿는 일에 하나가 되라고 말씀하셨잖소? 예수님은 실제 유대 종교 지도자들과의 대화에서 탁월한 논리를 구사했었소. 에라스무스로 말할 것 같으면 고전보다 성경을 더 사랑한 기독교적 인문주의자인데도 세속적 인문주의자로 오해를 받았던 거지요. 사제들만 독점하던 성경을 모든 사람이 읽을 수 있는 성경으로 만든 이는 정작 에라스무스였어요. 헬라어와 라틴어에 통달한 그는 고대 헬라어로 된 성서의 원전을 연구하고 라틴어 번역을 첨가하여 1516년에 헬라어 신약성경을 유럽 최초로 출판함으로써 종교 개혁의 씨를 뿌린 자가 된 것이오."

"저스틴 계보 같군요."

"그렇다고 보여지는 면도 있지만, 그렇지 않은 면도 있어요. 아무튼 그 후에 루터가 이를 바탕으로 독일어판 신약성경을, 틴데일이 영어 성경판을 출판하게 됐으니 에라스무스는 종교 개혁의 밭을 일군 업적을 남긴 것이오."

이번엔 세린이 C 목사의 눈치를 살폈다.

"그럼 에라스무스는 어거스틴과 대립한 펠라기우스와 다르게 믿음과 이성의 조화를 도모했던 세미펠라기우스 계열 같군요. 그런데 말이죠, 수도사인데도 이성적인 면을 극도로 강조했던 펠라기우스에겐 그럴만한 무슨 이유라도 있었던 것일까요?"

세린은 같은 예수 신앙을 가져도 사람들은 각자의 삶의 정황, 즉 자기가 처한 환경이나 경험의 콘텍스트에서 저마다 고유한 신앙을 만들어 간다는 것을 어렴풋이 느끼고 있었다.

"아일랜드인으로 법학도가 되려고 로마에 갔던 펠라기우스는 로마에서 회심한 후 그곳의 기독교인들이 윤락적이고 방탕한 삶을 사는 태도에 크게 실망과 경악을 하였지요. 특히 그를 분노케 한 것은 죄성을 핑계로 말씀을 지키지 못하는 것을 당연한 듯 변명하는 기독교인들의 방만한 태도였거든요. 그래서 그는 육체의 약함은 핑계일 뿐 인간은 누구나 원하기만 하면 완전하게 선한 삶을 살 수 있는 능력을 지녔다고 주장했던 것이오. 인간의 본성의 힘을 강조하는 수도자 전통 속에 있었고, 원칙주의자였던 그는 금욕적 생활을 강조하고 기독교 내에 도덕개혁운동을 전개하며 도전을 주었어요."[6]

---

6) 펠라기우스, 위키백과&나무위키

"아, 그랬군요. 이해가 가요. 펠라기우스는 회심 후 나름 로마 카톨릭을 개혁하려는 소명을 갖게 된 것이로군요. 그런데 당시 신자들의 주장이 엉뚱하네요. 원죄를 핑계로 스스로 죄짓는 걸 합리화한 모습 말이죠. 마치 주님이 겟세마네 동산에서 깨어 기도하지 못하고 잠에만 빠져든 제자들에게 '마음은 원이로되 육신이 약하도다'라고 안타깝게 했던 말씀을 도리어 자기변명 내지는 자기방어로 삼은 격이니 그 얼마나 어린애같이 유치한 심리가 아닌가요? 아니 이건 유치함이 아니라 양심이 굳은 것은 아닌가요?"

세린은 순간 연철이 떠올랐다. 어느 날 외출에서 귀가 후 세린은 거실 바닥에 흩어져 있는 유리 조각을 밟을 뻔하였다. 혼자 집에 있었던 연철에게 물어보았을 때 그는 이렇게 대답했다.

"내가 한 게 아니라구! 고양이가 탁자 위에 있는 컵을 밀어 떨어뜨린 거지! 컵을 탁자 위에 올려놓은 사람이 잘못한 거 아니야?"

어느 겨울, 영하 십 도 이하의 몹시 추웠던 밤 늦게 귀가해 보니 작은 스튜디오에 찬바람이 가득하고 바깥처럼 방안에 냉기가 가득했다. 창문가로 가 보니 바로 바깥으로 연결된 창문이 반은 열려 있었다. 그녀가 짜증을 내며 커튼을 둘러친 로프트 위에 있는 그에게 항의하자 그는 천연덕스럽게 대답했다.

"내가 연 게 아니라구! 바람이 창문을 열었지."

아, 그리고 그날들은 정말 악몽이었다. 켄터키 집에서 세 살 난 아들애가 신발장에 깔렸을 때 바로 현관이 이어지는 거실 앞쪽에서 연철은 신문을 보고 있었고, 세린은 긴 거실 뒤쪽 주방에서 설거지를 하고 있었다. 세린이 큰 굉음을 듣고 설거지를 하다 말고 거실 앞쪽으로 뛰어가 보니 아이는 신발장에 깔려 있었고, 연철은 신문에서 눈을 떼지 않은 채 모르는 척 미동도 하지 않고 있었다. 아마 그때 그녀가 그에게 화를 내며 굳이 물었다면 그는 그때도 분명 이렇게 대답했을 것이다.

"네가 집에 있는데 왜 내가 해?"

혹은,

"내가 한 게 아니라구! 애가 신발장을 건드린 거지."

그는 이외에도 음식과 관련된 여러 가지 특성을 나타냈다. 그는 언제나 밥을 먹을 때는 건드리지 말라며, 일체의 대화를 불허하였기에 식사 시간은 세린이 자랄 때처럼 가족 간의 화기애애한 대화의 시간이 아닌 언제나 극도의 긴장감이 감도는 시간이었다. 그는 사자처럼 전투적이고 몰입적인 자세로 자기 입에만 숟가락을 가져가기에 바빴으며, 누가 건드리면 당장 공격적으로 덤벼들 듯한 기세였다. 그것도 모자라 그는 앞에 앉은 어린 아들의 몫까지 늘 뺏어 먹곤 했다. 그는 자기 식사를 마친 후 유독 사심 없이 착한 눈망울을 한 아들을 보며 "너 이거 다 못 먹지?" 하고 물어보곤 했다. 하지만 그가 아들에게 던진 물음은 순수한 질문이 아닌 반강제적 압박에 가까운 어조였다. 다 못 먹어야 마땅하다는…. 그리고 묻는 말이 채 끝나기도 전에 이미 그는 숟가락으로 아들이 먹고 있던 음식의 태반이나 자기 그릇에 덜어 놓은 상태였다. 그의 그런 버릇은 유독 음식을 천천히 먹는 습관을 가진 아들이 사춘기가 되어 자기보다 더 많이 먹어야 하는 것조차 고려하지 않고 여전히 식사 중 횡횡히 행해졌다. 그러나 뷔페식당에 가선 사뭇 다른 문제가 생겼다. 그는 음식을 과도하게 쌓아 놓고는 평소 음식을 소화하는 데 시간이 걸리는 아들에게 눈을 부릅뜨고 강제로 그 많은 음식을 빨리 먹기를 종용했던 것이다. 그때마다 세린이 느낀 감정은 억제할 수 없을 정도로 치밀어 오르는 분노감이었다. 펠라기우스가 느낀 분노감이 죄성을 핑계로 자신들의 방종을 합리화하는 인간들의 신에 대한 뻔뻔함이라면, 세린이 느낀 분노는 도저히 책임 전가의 대상이 될 수 없는 것에 핑계를 대거나 상대방의 처지를 전혀 배려하지 않는, 연철의 무심과 무정함, 곧 부모라는 존엄성을 스스로 훼손하는 것에 대한 분노였다. 그런데 두 경우는 세린의 생각에 문제의 성격이 달랐다. 전자가 생각이 얕고 해이한 일반 인간들이 행할 수 있는 방종이라면, 후자는 인간의 가장 원초적이고 본능적이고 인륜적인 것에 역행하는 돌연변이 같은 것이 아니겠는가? 그래서 그녀의 그에 대한 분노감은 늘 벽을 마주하는 듯한 좌절감을 안고 내면에 침잠하고 쌓여 갔다. 그러나… 그러나… 하고 뉴세린은 다시 생각해 보았다. 인간 사회에선 죄마다 성격과 무게의 경중이 다를지라도 하나님이 보시기엔 근본적으로 대동소이한 죄성이 아닐까 하고 말이다. 그런데 우리가 일반적으로 가볍게 생각하기 쉬운 '무심함'과 '무정함'을 성경은 '이기주의, 배금주의, 교만, 비방, 불효, 감사와 거룩함이 없음, 원한, 모함, 비절제, 사나움, 악을 사랑하는 것, 배신, 조급함, 자만, 쾌락 사랑'과 동등하게 취급하고 있다. 아, 이 모든 죄의 원인은 인간들이 하나님을 우선적으로 사랑하지 않은 데 기인한다고 성경은 말씀한다(딤후3:1-4).

뉴세린에게 문득 어떤 생각이 스쳐갔다. 펠라기우스의 경악스러운 분노감이 그 자신에게 인간 본연의 이성적 능력을 극단적으로 강조하게 함으로써 도리어 그들의 구원을 위한 신의 전적인 은총을 침해하는 결과를 가져오지 않았던가? 그렇다면 뉴세린은 다시 생각해 본다. 자신의 연철에 대한 경악스러운 분노감이 그녀에게 연철의 둔감한 이성과 공감력을 지속적으로 성토하게 함으로써 도리어 그의 구원을 위한 전능자의 은총을 침해하는 결과를 가져오는 것은 아닐까? 하고 말이다.

"그러니 오늘날까지도 기독교를 적대시하는 사람들이 기독교가 사람들에게 죄의식을 심어 주어 무력하고 무책임한 존재로 만든다며 원죄의식을 비난하는가 봐요. 심지어 같은 기독교계 안에서도 값싼 은혜주의라고 비판의 소리가 들리는 것은 기독교인들이 해이하게 죄와 타협하거나 집단이기적으로 쉽게 그런 걸 묵인하는 불공정한 태도 때문이 아닐까요?"

뉴세린은 그 후에도 생각하지 않을 수 없었다. 바로 그와 같은 인간들의 해이한 성정 때문에 제자들은 주님이 곧 끌려가 갖은 수모와 침 뱉음과 폭행과 채찍질을 당하고 십자가에 달려야 하는 것을 예감하지도 이해하지도 못했던 것이 아니었을까? 요즘도 자신을 포함한 자칭 크리스찬들은 언제까지 겟세마네 동산에서 연약한 육신을 핑계로 잠만 자고 있으려는 것은 아닐까?

팔장을 낀 채 앉은 나다니엘의 감은 눈시울이 순간 예민하게 떨리는 것을 슬쩍 눈치채며 세린이 열성적으로 말을 쏟아 내었다.

"펠라기우스의 분노는 당연한 분노였어요. 그런데 그의 실책은 그의 분노가 사람들의 파렴치한 이성을 향한 것이었지 메마른 영혼을 향한 것이 아니었다는 데 있어요. 메마른 영혼을 향해 그가 울었으면 더 좋았을 것 그랬지요? 예수 그리스도처럼요……. 그럼 펠라기우스는 이단자가 아닌 성자의 반열에 올랐을 텐데요……. 그러나 그에겐 그럴 수밖에 없는 한계가 있었을 거예요. 그는 살아오면서 크게 타락하거나 방종치 않고 비교적 정도를 걸어온 사람이었을 테니까요. 그는 절도 있고 금욕적인 사람이었다죠. 그러므로 그는 양심적이고 바르고 무의식적으로 자기 의와 확신에 차 있던 사람이었나 봐요. 어쩌면 바리새인과 엇비슷한 모습으로요. 그러므로 그는 어거스틴이 주님께 의뢰하는 것을 질색을 했던 거죠. 세상적인 기준으로 보면 그는 상당히 높은 도덕적 수준의 위인이었을 거예요. 그러나 하나님의 시각으론 그는 긍휼의 대상이 될 수 없었을 가능성이 많아요. 그런 견지에서 보면 인간이 타락하거나 방탕하거나 고난을 겪는다는 것이 반드시 불행한 것만은 아닌 것 같아요. 자기 한계와 죄성을 뼈저리게 깨닫게 될 시간이 주어질 수 있으니까요. 모두가 그런 건 아니겠지만 적어도 하나님의 계획 안에 들어있다는 전제하에서요. 하하 이건 칼빈식 표현이고요, 알미니안식 표현으로, 인간이 하나님을 놓치지 않고 있다면요. 오히려 전화위복의 축복이 될 수도 있겠지요?"

"으음… 십자가의 패러독스만이 아니라 타락의 패러독스로구만……."

브라이언 박사가 나직히 중얼거렸다.

C 목사가 말을 이어 나갔다.

"그런데 펠라기우스의 주장은 이후 등장한 소시니안주의와 이슬람교에서 재등장하게 됩니다. 이슬람교에선 원천적 죄성이 아니라 '원천적 의'를 주장하여 인간이 구원의 주체가 되는 겁니다."

이에 세린이 대답했다.

"펠라기아니즘처럼 '원죄'를 거부하고 아담 이후 원죄가 인간의 본성에 어떠한 영향을 미치지 못한다고 주장한다면, 이는 '영혼의 죄성'을 부인하는 결과를 낳게 되는 거죠. 그러니 '영혼의 죄'를 근본적으로 해결해야만 할 필요성과 이를 위한 화해의 구원자가 필요 없게 되겠죠. 그러니 이슬람교는 자연 영적이고 신본주의적 종교가 아니라 세상적이고 인본주의적 종교로 흐를 수밖에요."

나다니엘이 말을 덧붙였다.

"재미있는 것은 그에 걸맞는 그들의 천국관이죠. 지하드에서 죽는 자들은 순교자로 인정되어 낙원에서 72명의 처녀를 상으로 받는다는 식의 다분히 정욕적이고 향락적인 천국관이거든요."

"그럼에도 여전히 많은 이들은 철학이나 신학 강의에 귀를 쫑긋 세우고 성경은 멀리한 채 그런 서적들만을 열심히 읽고 있어요. 그것도 매료되어서요. 그러면 그럴수록 사람들은 성경으로부터 점점 더 멀어지고 그리스도의 사랑에 대한 감격을 느낄 찬스를 잃어 가게 되겠지요……."

세린은 지난날의 자신을 떠올리며 마치 고해성사를 하듯 쓸쓸히 독백했다. 그러자 브라이언 박사가 마침 알맞은 생각이 떠올랐다는 듯 입을 열었다.

"세린 씨의 말을 들으니 루터를 다시 말하게 되오. 루터는 수도원 시절 타고난 특유의 진지하고 완벽함을 추구하는 기질 때문에 구원의 불확실성으로 인한 불안과 절망감으로 치열한 내적 고뇌를 치렀다고 해요. 그는 자신의 문제에 대한 해답을 오직 성경에서 찾으려 했소. 모든 수도사들이 성경보다 토마스나 둔스스코투스, 아리스토텔레스 같은 중세 신학자들의 책을 열심히 읽고 있는 동안 루터는 밤새 남모르게 성경을 열심히 읽었던 수사였다고 하오."

세린이 말했다.

"그 결과 루터가 깨달은 것이 은혜의 교리였군요."

"그렇소. 루터는 인간의 본성 자체가 죄의 굴레에 얽매여 있어서 인간의 의지도 자연 불가피하게 왜곡되고 타락된지라 은총이 없이는 인간이 자의적으로 선한 것을 추구하고 선택할 능력이 없다고 보았소."

"사실 루터의 그런 견해는 성경 곳곳에 이미 쓰여진 내용인 것이죠. 의인은 없나니 하나도 없으며 깨닫는 자도 없고 하나님을 찾는 자도 없고 다 치우쳐 함께 무익하게 되고 선을 행하는 자는 없나니 하나도 없도다(롬3:10-12)."

"이는 완전한 자유 의지적 선택권은 아담에게만 온전히 부여되었고 아담의 후손들은 더 이상 아담과 같은 자유선택권을 가질 수 없게 됐다는 칼빈의 말과 같은 뜻인 거요."

"요컨대 역사상 같은 기독교의 타락상을 보고도 한편은 믿음을, 다른 한편은 이성을 해결책으로 제시한 셈이로군요. 일반적으로 사람들은 기독교인을 믿음과 등식으로 생각하지만 실제 문제의 원인은 잘못된 믿음 이해에 있는 것이 많은 것 같아요. 믿음은 이성에 비해 훨씬 더 추상적이니까요."

'그러면……' 하고 세린은 생각했다. 믿음 이해란 것도 결국 이성이 개입되어야만 풀리는 것이 아닌가?

C 목사가 입을 열었다.

"루터와 달리 에라스무스는 인간을 영혼과 육체의 합으로 보는 플라톤적 이원론을 기독교적 관점과 연결시키고 있어요. 역시 플라톤처럼 (영)혼 안에 이성과 의지와 욕망의 세 요소가 인간을 구성한다고 보고요, 그중에 이성을 가장 고상하고 중요하게 보았어요. 에라스무스는 인간의 (영)혼이 부분적으로 타락했어도 (영)혼 안에 창조 시의 선한 본성이 남아 있다고 여겼기에 인간의 의지가 타락했어도 선악을 선택하지 못할 정도로 무용하게 되지는 않았다고 본 거예요. 그래서 구원엔 하나님의 선택과 별도로 인간의 자유 의지적 선택도 필요한 걸로 보았지요. 그러므로 하나님이 인간의 (영)혼 안에 주신 '이성'의 교육을 통해 타락으로 인해 생겨난 영육 간의 갈등을 극복하고 인간을 완성시킬수 있다고 생각한 것이에요. 에라스무스에게 이성은 지적인 차원만 아니라 종교성을 포함하는 것으로서 이성을 통해 인간은 신적 영을 받고, 신을 알 수 있고 갈망한다는 겁니다."

세린이 대답했다.

"아하, 그렇다면 이성이 영적 분별력을 가진다는 말이 될 텐데요…. 인간은 이성적으로 악을 인식하고 악에 대항하여 싸우려고 노력할 수 있다는…. 그러니 인간이 자신의 이성과 의지에 반해서 어쩔 수 없이 죄를 지을 수는 없다는 말이겠죠. 그런 맥락이라면 이성만으로 인간이 얼마든지 죄와 대결하여 극복할 수도 있다는 의미로군요."

C 목사가 이어 말했다.

"그렇지요. 에라스무스는 '이성'을 지적이고 영적이고 실천적 힘으로 보았고, 교육을 통해 개발되고 성숙되어 참된 인간이 되게 한다고 믿었어요."

세린이 물었다.

"에라스무스는 저스틴뿐만 아니라 클레멘트나 오리겐의 합은 아닐까요?"

브라이언 박사가 이에 대답했다.

"으음… 철저하게 정통 교리를 고수했던 순교자인 저스틴이 인간의 자유 의지를 강조하고 소크라테스와 플라톤을 로고스를 따라 살아갔던 그리스도인으로 보기도 한 사실은, 에라스무스가 "거룩한 소크라테스여, 우리를 위해 기도하라"고 한 것과 분명 상통하는 바가 있는 것 같소만……."

두(에라스무스·루터) 로고스

"그런데 말이죠, 전 어쩐지 에라스무스가 믿는 '로고스'는 루터가 믿는 '로고스', 즉 요한복음에서의 '로고스'와 어딘가 근본적인 차이가 느껴져요."

브라이언 박사와 C 목사, 나다니엘과 로레인 네 사람이 일제히 세린을 쳐다보았다.

"플라톤이 지정의를 포함한 인간의 '(영)혼'을 말했을 때 그 '(영)혼'은 보편적인 의미에서의 인간의 정신을 일컫는 것이지 성경이 말씀하는 하나님의 영, 즉 성령을 받은 인간의 영(혼)을 일컫는 것은 아니었죠. 타 종교의 영들도 있으니까요. 그러므로 자연 플라톤적 인간관은 지정의 중 우위를 점하는 이성이 (영)혼을 대변하는 역할을 하게 돼요. 넓은 의미의 보편적 이성인 것이죠. 그러나 기독교인이 추구하는 영(혼)은 "거듭난 영(혼)", 즉 "성령"이란 점에서 '세상적 영(혼)'과는 달리 확연히 구별이 돼요. 거듭난 (영)혼을 이루고 있는 지정의도 그렇고요. 에라스무스의 이성관이 잠재적 종교성을 개발하여 인간의 완성을 목표로 삼는 데 있다면, 성경의 '로고스'는 인간에게 영(혼)을 불어넣으신 창조주와 예수 그리스도 그리고 이와 동일한 '살아 있는 말씀' 자체를 가리키니까요. 그러니 루터가 보기엔 에라스무스의 신앙이 허술하고 위태롭게 느껴진 것이 아니었을까요?"

브라이언 박사가 이에 대답했다.

"으음… 물론 고전과 인문주의에 심취했던 에라스무스와 루터와는 신앙상의 갭이 있을 수 있소. 예를 들어 에라스무스가 고대의 고전 작품에서 순수한 인간성과 숭고한 신성을 찾으며 고전이 기독교를 도덕적 종교로 승화시키는데 기여할 수 있다고 생각했던 것과 정반대로, 루터는 니코마코스 윤리학 강의를 하면서 아리스토텔레스의 모든 윤리는 은총의 가장 사악한 대적이라고까지 주장했으니 말이오."[7]

7) David S. Sytsma, ACADEMIA Letters
Aristotle's Nicomachean Ethics and Protestantism, P1

C 목사가 생각에 잠긴 표정으로 말을 이었다.

"에… 사실 에라스무스는 플라톤을 '성 바울'로 읽는 기독교 철학자로서, 도덕적 인식을 향상시키고자 동시대 기독교인들에게 기독교적 경건과 철학적 미덕을 지속적으로 권유했습니다만,[8] 루터는 영혼을 탐구하는 사제로서, 참된 신앙인은 말씀을 통한 깨달음과 신의 은총의 도움을 통해서만 이성적 능력과 도덕적 능력을 제대로 발휘할 수 있다고 믿었던 거지요."

마침내 세린이 묻어 두었던 생각을 꺼내 들었다.

"그런데 말이죠… 전 철학에서의 '로고스'의 뿌리가 아무래도 '선악과'와 닿아 있다는 생각을 오래전부터 해 왔거든요…. 뭐랄까… 인간이 무의식적으로 하나님과 같이 되는 것같이 생각하고 말하고 판단하게 되는 그 모든 것들이 말이죠…. 마치 에덴동산에서 하와를 향하여 선악과를 먹으면 하나님과 같이 될 것이라며 마인드컨트롤을 행했던 사탄의 궤계가 이 세상에 로고스로 등장한 것 같은 느낌이랄까요."

브라이언 박사가 말했다.

"으음… 바로 그 사탄의 말 위에 설립된 종교가 몰몬교인 거요. 몰몬교의 교주 브리그함 영(Brigham Young)은 "악마는 진리를 말했다. 나는 인류의 어머니 하와를 비난하지 않는다. 나는 하와가 선악과를 먹은 것이 잘못을 범한 것이라고는 결코 생각하지 않는다"며 하와가 금지된 실과를 먹음으로써 신이 될 수 있는 길이 인류에게 열렸다고 설명했다오."[9]

세린이 말했다.

"실로 사촌 간이군요. 아니, 참 묘하군요. 이성의 진화와 발을 맞추는 종교의 탄생이요, 칸트에서 몰몬과 니체에 이르기까지 말이죠."

세린은 아이들이 어렸을 적에 캔터키에서 올라와 뉴저지의 레지던스

---

8) Aneeka Usman, ERASMIAN HUMANISM AND THE UTOPIAS OF THOMAS MORE AND...

9) The Fortunate Fall of Adam and Eve (아담과 이브의 행운의 타락) by Daniel K Judd

헬렐렘, 니체, 고흐

호텔에 묵고 있을 때에 호텔에서 제공하는 조식 타임에 만났던 중년의 한 한인 여성이 떠올랐다. 수수한 모습의 그녀는 세린에게 말했었다. 남편은 몰몬교도이며, 자기들 부부는 미국에 이민 와서 세 자녀들을 모두 아이비리그 대학에 보냈노라고. 그러나 자신은 늘 가게 일을 하면서 너무 바쁘게 살아오느라 자녀들에게 가게에서 파는 김밥만 사 먹이고 손수 밥 한 끼 제대로 해 먹이지 못했던 것이 늘 애미로서 가슴이 아프다고. 어느 날 세린은 조식을 마치고 자리에서 일어나다 그녀의 남편의 얼굴을 무심코 스친 적이 있었다. 그는 단정한 생김새였는데, 그의 눈빛에서 뿜어 나오던 비밀스럽고 묘한 푸른빛이 도는 어두운 기운은 오랜 세월이 지나도 아직도 그녀의 뇌리에 지워지지 않고 인상 깊게 남아 있는 것이었다.

"세린 씨의 말처럼 루터는 전적으로 타락한 인간은 본성상 스스로 하나님이 되길 원하며 욕망을 우선적으로 추구하는 영적인 간음의 속성을 지녔다고 보았소. 이성은 죄의 도구로 전락했기에 하나님의 은혜가 없는 자유 선택은 전혀 자유롭지 않으며, 악의 포로이자 노예가 될 수밖에 없다는 거요."[10]

"결국 의지적 선택에 있어서 죄에 속박된 의지가 중생하지 않고는 더 이상 선택이 자유롭지 않단 의미로군요."

"그렇소. 그러나 이성에 상당한 신뢰를 두었던 에라스무스는 루터의 '의지 속박론'에 적극적으로 반박할 수밖에 없었던 거요. 에라스무스는 타락 후에도 인간의 의지는 신의 은총에 저항하거나 협력할 자유가 있다고 주장하면서 의지의 자율성을 옹호했던 거요.[11] 그는 만약 인간이 자유 의지가 없다면 선택권이 없는 인간을 어떻게 정죄하겠느냐는 거요."

"이건 후에 칸트가 '근본악'에서 주장한 내용이 아닌가요? 역시 칸트는

---

10) Matthew Barrett, The Battle of the Will, Part 2: Luther and Erasmus, AN ESSAY
11) Ibid.

에라스무스의 영향을 많이 받았군요."

잠시 생각을 정리하는 듯하던 세린이 다시 말을 이었다.

"결국 이것은 하나님을 전제한 관점에서 보느냐 하나님을 제외한 관점에서 보느냐의 차이인데요…. '선악과' 사건에서 아담과 하와가 신의 계명을 어긴 불순종이나 타락에 대한 신앙의 관점을 제쳐 놓고, 원죄 개념을 제거한 이성의 관점에서 '자유 의지'의 발현으로만 본다면, 선악 간의 판단은 유보될 수밖에 없겠죠. 자유를 도덕성의 본질적 조건으로 보는 칸트의 입장에선 어쨌거나 인류사에 처음으로 자유 의지적 행사를 통해 도덕적 가치가 표출되었다는 점에서, 아담의 타락은 오히려 인류가 이성적이고 고차원적으로 문명을 향해 나아가는 진보의 발걸음을 떼게 했으니 '행운의 타락'인 셈이죠.[12] 뿐만 아니라 아담의 타락은 하나님의 은혜의 계시인 예수님의 성육신마저 초래했으니 인간 편에선 하등 손해될 것 없는 행운적 타락이란 실로 어처구니없는 주장인 건데요…. 이야말로 신의 인간에 대한 예정조화가 아니라, 인간의 신에 대한 예정조화가 아니고 뭔가요? 기차가 달려오는 철로를 걷는 아이를 보고, 아이의 아버지가 철로에 뛰어들어 아이를 구하고 대신 죽었다고 합시다. 그것을 보고 아이로선 아버지에게 부성애의 최고치를 발현할 기회를 제공한 셈이니, 아이가 피차 유익이 되는 행운의 잘못을 저질렀다고 말하는 것과 뭐가 다른가요? 가장 도덕률을 강조한 칸트에게서 우리는 가장 파렴치한 도덕성의 전형을 읽게 되는군요! 이것이 바로 선악과 범죄의 열매인 것이죠! 그러니 칸트가 주장하는 바, 인류사에 첫 등장한, 도덕을 가능케 한 그 '자유'란 것에 온전한 신뢰를 둘 순 없겠지요. 아담의 '참 자유'는 칼빈의 지적대로, 오직 신의 계명을 범하기 전, 창조주와의 막힘없는 교제 가운데서만 누릴 수 있었던 것이니까요."

"으음, 역시 세린 씨의 느낌대로 '로고스'의 뿌리가 아무래도 '선악과'와

---

12) https://creation.com/immanuel-kant-and-genesis

닿아 있다는 것이 내게도 실감이 나는구려."

브라이언 박사가 한 손으로 턱을 쓰다듬더니 이어 말을 했다.

"가만있자, 칸트의 도덕철학의 착각을 폭로하겠다고 했던 야코비의 말이 떠오르는구려. 야코비는 생각하길, 칸트의 현상들의 실재는 선험적 원인을 가지므로 자발성과 우주적 자유와 예지적 성격을 지닌다는 거요. 따라서 칸트가 주장하는 자기입법적 이성의 도덕적 자유엔 신적 인격성이 더해지게 되므로 무감각한 임의가 될 수 없고, 최고의 지배력을 지닌 참 자유로운 이성일 수밖에 없다는 거요.[13] 그렇다면 그 잘난 이성에 모순되는 현상이란 있을 수가 없어야 하는데 어디 현실은 그러오? 그러니 결국 가짜라는 거지. 허허."

브라이언 박사가 말하며 통쾌하게 웃음을 터뜨리자, 나머지 세 사람들도 공감하지 않으면 안 된다는 듯 일제히 소리 안 나게 크게 웃는 입 모양을 지었다.

세린이 말했다.

"결국 야코비는 칸트의 이성이 아담의 타락 전 이성처럼 완전한 척하는 것을 참을 수 없을 뿐만 아니라, 그 완전하단 이성의 행사도 선악과 사건의 결과가 보여 주듯, 완전치 않음에도 불구하고 마치 제왕적 이성처럼 주장하니 비판을 한 것이로군요. 사실 도덕은 가설적 존재로서의 신에 대한 믿음이 아니라, 실제적 존재로서의 신에 대한 완전한 믿음이 있어야만 개인에 대한 강력한 지배력을 발휘할 수 있으니까요."

뉴세린이 다시 마음을 가다듬고 말을 했다.

"문젠 주님의 십자가이죠. 인간의 타락이 긍정적이라면 예수 구원의 의미가 어떻게 절실히 와닿겠어요?[14] 세상은 칸트 이전이나 이후나 똑같이 이성적이고 고차원적으로 문명을 향해 나아가는 진보의 발걸음 속에

---

13) 남기호, 『야코비와 독일 고전철학』
14) Conjectural Beginning of Human History(인류역사의 추측), Kant

취해 왔는데요…. 그 세상이 칸트의 말대로 은혜의 계시인 성육신의 주님을 맞는다고 해도 그 주님은 인간 타락의 죄악의 짐을 홀로 지기 위해 조롱과 침 뱉음과 가시면류관 씌움과 모진 채찍질을 당하며 십자가의 길을 힘겹게 오르시는 고난의 예수가 아니라, 인류 진보의 공로를 뽐내며 만국의 부귀와 영화로 치장하고 행운의 윙크를 지어 보이는 제왕적 이성의 오심인 것이죠."

뉴세린의 말에 좀 전과는 다르게 좌중에 무거운 분위기가 감돌았다.

"그러나 신은 분명히 그들의 한 선택에 정죄를 선언했고 죄의 대가인 벌을 내렸지 않나요? 불순종이란 죄명으로요. 그러니 우린 여기서 보통 사람들이 생각하는 그 '자유'라는 것이나 '선택'이란 것이 본래 스스로 설 수 없는 불구인걸 깨닫게 되죠. 사람들이 언제나 환상을 품고 추구하는 '자유'란 것을 깊이 들여다보면 그 뿌리는 결국 어떤 영향력 밑에 있단 말입니다."

브라이언 박사가 말했다.

"음… 결국 루터가 파악한 대로 인간이 신과 악마 사이에 있다는 말이구려."

뉴세린이 다시 말했다.

"결국 이성의 배후에 도사리고 있는 죄와 마귀의 궤계에 너무도 잘 걸려드는 무력한 인생들의 심각한 실상을 아는 루터로서는 에라스무스의 견해와는 한사코 조화를 이룰 수 없었겠지요. 루터에게 에라스무스는 참된 신앙인 보다는 종교 교육을 잘 받은 세련된 지성인을 만드는 걸 목표삼는 것처럼 보였을 것 같군요. 그러나 토마스나 에라스무스나 명세기 사제로서 이성과 신앙을 대등한 입장에서 취급한 건 아니지 않겠어요? 아무래도 기독교인으로서 신앙을 보다 더 위에…."

세린은 이성 속엔 확실히 뭔가 비밀스러운 함정이 도사리고 있단 생각이 들었다. 그러자 자신이 비밀 탐정가가 된 기분이었다.

"물론이오. 토마스아퀴나스는 철학을 신학의 시녀라 했소. 그는 영혼

소멸과 이성 불멸을 주장한 아리스토텔레스 철학과 달리 이성을 포함한 영혼의 불멸을 고수하였다오. 그렇지만 스콜라 신학은 얼마 후 르네상스 시대를 낳게 하는 요인 중 하나가 되었소. 그러다 이성이 신앙에서 독립을 선언하는 정도까지 나아가는 문을 열어 놓게 된 것이오."

"이성이 가진 양면성이군요! 양날의 칼이랄까…. 어쩜 선악과의 열매가 그런 것이 아닐까요?"

C 목사가 조용히 말했다.

"그러나 이성 없는 신앙은 광신이나 미신…. 결국 신비주의가 되어 가는 거겠죠."

세린은 C 목사의 말이 옳음에도 불구하고 그가 어쩐지 루터 쪽보단 에라스무스 쪽이라고 느껴졌다. 나다니엘이 냉소적인 표정으로 한마디 했다.

"사실 오늘날의 기독교 내부를 보면 이성을 경계하라고 외치는 이들 중엔 반이성적 언행을 서슴지 않거나 또는 지성에 굶주린 듯, 지성에 눈이 먼 이들도 있지 않은가요?"

에라스무스의 사과나무 (상)

어딘지 에라스무스와 닮은 듯한 눈매와 턱 모양의 C 목사가 슬그머니 미소를 지으며 말했다.

"에라스무스는 구원에 있어 하나님의 은혜와 인간의 자유 의지와의 관계를 설명하기 위해 어린애와 사과의 비유를 들었어요.[15] 한 아버지가 아무리 걸으려 애를 써도 넘어지기만 하고 걸을 능력이 없는 어린애를 번쩍 들어 사과를 보여 줍니다. 어린애는 아버지가 그를 들어 올려 주거나, 그

---

15) Luther and Erasmus: Free Will and Salvation(루터와 에라스무스: 자유 의지와 구원)

에게 사과를 보여 주거나, 한 걸음 한 걸음 걸음마를 시켜 주거나, 그의 손에 사과를 쥐어 주지 않으면, 어린애는 사과를 얻을 수가 없습니다. 말할 것도 없이 어린애는 자기가 한 것이 아무것도 없고, 전적으로 모든 것이 아버지에 의해 가능케 된 것입니다. 그러나 아버지와의 관계에서 아이는 아주 미약하나마 자길 들어 올리는 아버지에게 모든 힘을 의지했으며, 자길 이끄는 아버지에게 최선을 다해 미약한 발걸음을 내디뎠습니다. 물론 아버지는 강제로 아이를 이끌 수도 있고, 아이가 걷지 않아도 사과를 줄 수도 있고, 아이는 사과를 안 가지려고 저항할 수도 있습니다. 그러나 아버지는 아이를 위해 더 나은 이런 방식으로 사과를 주길 선호합니다. 요컨대 이 비유를 통해 에라스무스는 은혜와 함께 구원을 얻으려는 인간의 자유 의지적 결단과 선택도 중요하다는 것을 말하고 싶었던 것이죠."

세린이 고갤 끄덕이더니 환한 미소를 머금은 채 입을 열었다.

"아이가 사과를 갖고 싶어 한 선택과 목적지까지 걸어간 결단이군요. 물론 아버지의 인도에 따라가는 순종적 마음은 인간의 선택이고 노력이기도 해요. 그런 면에선 이성의 도움을 받는다고 표현할 수도 있지만, 결국 우리로 하여금 그런 마음과 의지를 갖게 하는 근원은 역시 은총으로 귀속되지 않겠어요?"

자신의 말이 채 끝나기도 전에 뉴세린이 정색을 하며 말을 이었다.

"그런데 말이죠, 반대로 그 사과나무를 해로운 과일나무로 바꿔 보면 어떨까요?"

"아이는 물론 그것이 먹으면 안 되는 해로운 과일의 나무인 것을 모르므로 아이의 아버지는 일찌감치 아이에게 그 과일을 먹으면 죽는다고 경고를 해 두었죠. 그러나 호기심 많은 아이는 자기가 혼자 걸을 수 있게 되자 오고 가면서 차츰 그 문제의 과일에 자신도 모르게 시선이 가기 시작했어요. 평소 아이에게 세심히 사과나무에 대해 주의를 주어 온 아버지의 말의 무게감이 아이가 자라 가고 시간이 지나면서 경감되어 적당히 무시하고픈 안일함에 젖은 탓일까요? 때론 그런 자신이 못 미더워 아이는 자신의 해이해진 마음을 단속하고자 그 과일은 먹는 것뿐만 아니라 만지기만 해도 안 된다고 스스로에게 주입하곤 했지요. 그러던 어느 날이었어요. 어느 때처럼 사과나무 밑을 지나가던 아이에게 어떤 한 생각이 문득 뇌리를 스치고 지나갔어요. 왜 아버지는 동산 중앙에 사과나무 옆에 다른 과실나무 하나를 가까이 두었으며, 두 나무들 중 유독 한 나무만을 지목해서 그 나무의 과실을 먹지 말라고 엄명을 내린 것일까? 정말 먹자마자 자기가 죽는 위험한 과일이라면 아버지가 그런 과일나무를 더구나 눈에 잘 띄는 중앙에 놔둘 리가 만무하지 않은가? 그렇다면 그 사과나무에는 필시 아버지만이 알고 있는 어떤 비밀이 숨겨져 있는 것은 아닐까? 만약 그 사과나무의 열매를 내가 먹는다면 내게 그 비밀이 밝혀질 수도 있지 않을까? 그러면 나도 아버지처럼 지금 내가 모르는 많은 것들을 알게 되는 어른이 될지도 모른다. 자기 생각에 사로잡힌 아이는 어느 날 마침내 아버지 몰래 그 과일나무 가까이 다가갔어요. 그러자 그 나무의 과실은 전에 없이 더욱 탐스럽고 맛있게 보였고, 먹고 나면 자신을 아버지 못지않게 현명하게 만들어 줄 것처럼 신비롭고 매혹적으로 보였어요. 아이는 자신도 모르게 무엇에 끌린 듯 팔을 뻗어 그 과일을 따서 손에 움켜쥐곤 덥석 한입 베어 물었어요. 자, 그럼 이 경우에 말이죠, 아이가 평소와 다르게 유독 해로운 나무에 관심을 가지고 눈을 돌리고 가까이 가서 나무에 손을 뻗쳐 과일을 따 먹게 된 결정적 이유는 무엇일까요? 물론 호기심이 발동된 때문이겠죠. 그래요, 호기심이란 궁금한 것을 알고자 하는 욕구이죠. 그 때문에 금지된 것에 눈을 돌리는 성향, 점점 가까이 가게 되는 어떤 이끌림, 보기만 하지 않고 기어이 손에 넣어 냄새를 맡고, 만져 보고, 먹고 싶은 욕구. 그럼 이런 호기심이란 일종의 지적 본능일까요? 감정적 충동일까요? 자유 의지적 결단일까요? 창조적 에너지일까요? 미숙한 인격의 발로일까요? 혹은 본성 안에 깃든 어두운 근성일까요? 이 모든 것의 총체일까요? 물론 대상의 성격에 따라 해석이 달라지겠죠. 자신을 해롭게 하는 걸 본능이라고 할 수는 없겠지요. 사실 호기심이 발동된 아이는 죽음에 대한 명확한 이해가 없는 상태이죠. 아이는 자라면서 죽음을 목격하지 못했기에 다만 아버지가 엄중히 경계하는 말과 표정에서 죽음이란 뭔가 두렵고 가까이하면 안 되는 금기적인 것으로만 막연히 느끼고 있을 뿐입니다. 어쩜 호기심이란 중성적 성격을 띤 것으로 생각과 감정과 의지의 협동적 산물인지도 모르겠군요. 그렇다면 이 강렬한 이끌림 내지 충동을, 개발되지 못한 이성이 도덕 법칙에 대한 존경과 의무를 저버린 탓으로만 돌릴 수 있을까요? 호기심이란 어쩌면 도덕 법칙 이전에, 아니, 신의 계명 이전에 인간의 형상 안에 탑재된 규정할 수 없는 어떤 독립적 영역이 아닐까요? 이 호기심을 다스릴 수 있는 것은 법칙이나 규율 이전에 관계성의 요소일는지 모릅니다. 아들과 아버지의 원초적 관계성과 같은, 모태 속 태반과 연결된 아기의 생명줄인 탯줄처럼 아무런 장애와 거리낌이 없는 막역하고 친밀한 관계성, 마음과 마음이 서로 연결되어 있는 애틋한 관계성… 이 사랑의 관계성만이 호기심을 다스릴 수 있는 것이 아닐까요? 이 관계성의 중요성을 깨닫지 못하게 하거나 허무는 포도원의 여우의 정체는 무엇일까요? 은밀한 그 어떤 존재가 개입된 것처럼 느껴지지 않나요?"

나다니엘이 시니컬하게 중얼거렸다.

"롯의 아내는 뒤를 돌아보았기 때문에 소금 신상으로 변하지 않았나요? 결국 호기심의 대가를 치른 셈이죠."

호기심

세린은 문득 저 혼자만의 비밀스러운 기억을 떠올렸다. 중학교 1학년 국어시험에 보기란에 『죄와 벌』이 나왔었다. 그 생소한 책의 제목을 접한 그날 이후, 세린은 도스토옙스키의 『죄와 벌』을 열심히 읽기 시작했다. 그

전까진 초등학교 시절에 읽었던 『작은 아씨들』을 자신의 분신처럼 소중히 보관하고 소설의 주인공 '조우'와 자신을 동일시하며 아동 소설가의 꿈을 키우던 세린이었다. 어느 날 『죄와 벌』을 꾸준히 읽어 나가던 사춘기 소녀 세린은 라스콜리니코프가 창녀 소냐 앞에 무릎을 꿇는 장면이 나오자, 뭔지 모르게 가슴속 깊은 파동과 전율이 느껴졌다. 아, 창녀란 직업이 무엇이기에 '소냐'라는 이름의 여인이 그토록 애달프게 순수하고, 심금을 울리도록 성스럽고, 감동스레 묘사가 되었을까? 폐병을 앓는 계모가 외출하고 돌아온 소녀의 발치에 무릎을 꿇고 발에 입을 맞추는 모습, 사회의 유익을 위한다는 자기 신념으로 무장되어 가차 없이 살인을 저지른 법학도 라스콜리니코프가 양심의 가책에 시달린 끝에 소냐를 찾아와 자신의 살인 행위를 고백하는 장면, 만신창이가 된 심정의 그에게 "어쩌자고, 어쩌자고 자기 자신에게 그런 짓을 저질렀어요! 지금 온 세상을 통틀어 당신보다 불행한 사람은 없어요!"라고 부르짖으며 그를 안고 애통한 마음으로 그를 위해 진실로 울어 주었던 소냐, 그의 영혼을 위해 흘린 소냐의 사랑의 눈물이 마침내 라스콜리니코프를 감동케 하여 자수하도록 이끌었던 장면은 세린에게 깊은 심금의 울림을 주었던 것이다. 그런데 궁금하기 짝이 없는 '창녀'란 생소한 단어 앞에서 세린은 번번이 답답함이 느껴졌다. 국어사전을 찾아보니 '몸을 파는 여자'란 말이 나왔지만 그녀는 그 의미를 도무지 짐작조차 할 수가 없었다. 어느 날 책을 읽다 무심코 세린은 곁에 앉아 있는 어머니에게 물었다.

"엄마, 창녀가 뭐야?"

열세 살 난 딸의 질문을 들은 모친은 내심 흠칫 놀란 기색이더니 아무 대답 없이 무거운 침묵으로만 일관하였다. 그러므로 세린도 그만 입을 다물 수밖에 없었다. 워낙 말수가 적고 평소 엄격한 성격의 모친이기도 했지만, 그 순간은 더 이상 물어선 안 될 분위기 같았다. 그즈음 세린은 모친의 애장 소설인 『닥터 지바고』, 『좁은 문』, 『헤밍웨이 전집』, 『토지』, 『대원군』 등을 읽은 후 우연히 다락방에서 일본 단편 소설들을 발견하고 몰래 읽기 시작했다. 그중 한 내용이 머리에 남았다. 유부녀가 낮에 어떤 남자를 만나는 내용 같았는데, 세린은 그 정황을 충분히 이해하기가 어려웠지만 "그녀는 그의 아랫입술에 가만히 손을 갖다 대었다. 그의 입술이 마른 나뭇잎처럼 바삭거렸다."란 대목에선 묘한 느낌을 받았다. 그리고 소설 속 여주인공이 "낮에 병원을 은밀히 들렀다가 귀가 후 아무도 모르게 누워 가만히 몸을 추스렸다."란 대목도 몹시 알쏭달쏭했다. 세린은 그때 처음으로 소설이 자아내는 묘한 비밀스러운 무드에 끌린 듯 어머니 몰래 다락방에 올라가 틈만 나면 그 일본 책들을 열심히 읽곤 했다. 물론 세린은 '성(sex)'에 대해 완전 백지상태였고, 일본 소설의 표현 또한 외설과는 먼 절제된 글이어서 짐작조차 할 수 없었지만, 뭔가 자신에게 전달되는 어떤 야릇한 기운만큼은 확실히 느꼈던 것 같다. 그런데 이상한 것은 그즈음 세린은 밤마다 이상한 꿈을 꾸기 시작했다. 꿈속에서 보이지 않는 누군가가 남의 눈을 피해 으슥한 곳으로 자신을 밀어 넣는 것이었다. 발버둥을 치다 악 소리를 지르는 바람에 절로 깨어나면 식은땀으로 온몸이 젖어 있었다. 다시 눈을 붙이려면 세린의 집과 담을 사이에 두고 이웃해 있는, 그녀의 고모할머니가 주지승으로 있는 사찰의 새벽 예불을 알리는 범종 소리가 뎅그랑 뎅그랑 들려왔다. 몇 번 그런 일이 있고 나서 더 이상 그런 일은 생기지 않았다. 아무튼 그것은 세린이 그녀의 인생에서 읽었던 처음이자 마지막 통속 연애소설이었다. 그때가 중학교 1학년 때였다. 그러나 그 후 고등학생이 되어 밤늦게까지 공부하다 피곤한 상태에서 잠을 자려고 눈을 감을 때면 책상 위 램프의 허연 불빛 같은 것이 그녀의 선잠결 속에서 점점 공포 분위기로 확대되어 머릿속에서 소용돌이치며 오싹하게 자신을 누르는 일이 생기곤 했다. 그때마다 그녀는 가위에 눌린 듯 식은땀을 흘리며 비명을 지르곤 했다. 어느 날 어머니가 말했다.

"애, 네가 신경이 좀 쇠약하지만, 이제부턴 몸이 건강해진단다."

아무리 어른이 되고 세상을 통달한 자라 할지라도 심지어 성직자라

하더라도 '영적인 분별력'이 없으면 '악한 영'의 통로가 '눈과 귀'란 것을 모른다. 특히 이 시대처럼 미디어와 영상이 전 세계인의 눈과 귀를 장악하고 있는 상황에서 남녀노소가 거짓되고 음란하고 잔인한 글과 말, 그림과 영상과 음악을 경계해야 하는 이유이다.

　세월이 흘러 생각해 보니 사춘기가 시작되면서부터 잠시 잠깐 일었던 그녀의 호기심은 자신도 모르게 우연히도 성적인 내용에 연루가 된 셈이었다. 러시아 대문호의 유명한 소설을 읽는 중에 '창녀'가 그녀의 궁금증을 자아냈었고, 심취하며 읽었던 『닥터 지바고』 소설의 주인공도 불륜 관계였으며, 일본 단편 소설 또한 그런 종류였던 것이다. 그러나 당시는 물론 그 후 성의 정체를 안 후로선 오랫동안, 그녀로선 모친의 의식 속에 배어 있는 유교적인 정조 관념의 무의식적 전이 말고는, 그 어떤 사회적 규범이나 도덕 법칙도 성에 관해 그녀의 주의를 끌거나 환기시키지 않았고, 신(God)의 계명은 더군다나 요원한 것이었다. 왜냐하면 그녀가 그 후 친밀한 관계를 맺은 친구들은 시공을 초월해 하나같이 육체를 저급하고 무가치하고 더럽게 생각하는 이원론적이고 영지주의적이고 범신론적인 옛 사상가들뿐이었기에…. 그리고 철저하고 완벽주의적인 그녀의 성정상, 할 수 있는 한 최대한 자신의 육을 멸시하고 하대하는 것이 진실되고 정신적인 삶을 사는 것이라 생각했기에…. 그러므로 진정한 남녀 간의 순수한 사랑은 철저히 육체를 배제한 정신적인 것이어야만 한다고 굳게 믿었기에…….

　그녀는 『죄와 벌』 이후 줄기차게 읽어 나갔던 러시아 대문호의 클래식 장편 소설이나 사상전집들에서 '플라토닉'이란 단어와 함께 '에로틱'이란 단어가 나올 때면 전자는 문맥으로 충분히 이해가 되었지만, '에로틱'이란 단어의 의미는 전혀 감을 잡을 수 없어 그냥 건너뛰고 읽어 갈 수밖에 없었다. 대학생이 되어서도 성행위가 뭔지, 자신이 생물학적으로 어떻게 태어났는지 깜깜했던 세린은 영화를 보는 동안 남녀의 정사를 시사하는 벗은 몸이라든가, 키스나 애무신이 나오면 두 손으로 눈을 가린 채 사시나무 떨듯 몸을 떨며 어쩔 줄 몰라 했다. 그런 때 그녀의 심리 상태는 민망함을 넘어선 공포심에 가까웠다. 그러나 그녀의 동기나 동생들은 그녀와 달리 차분하게 두 눈을 부릅뜨고 동요도 없이 그런 장면을 의젓하게 잘도 보았기에 그녀로선 그저 그런 그들에 대해 어리둥절할 뿐이었다.

첫 미팅

그녀가 대학교 1학년이 된 가을의 어느 날이었다. 우연히 친구의 미팅 장소에서 만난 인문계 남학생 K가 그녀를 데리고 캠퍼스 뒷산 기슭에 자리를 잡고 앉아서 담배를 피우며 물었다. 평생에 첫 남학생과의 데이트인 셈이었다.

"세린 씨는 플라토닉 러브를 좋아하세요, 에로틱 러브를 좋아하세요?"

그녀는 순간 자신의 무지가 들킨 것처럼 눈앞이 깜깜하고 당황했다. 그러나 차마 그 남학생에게 "에로틱이 도대체 뭐지요?"라고 체면상 물을 수는 없었다. 왜냐면 당시 그녀는 서클의 인문대생들 사이에서 그들이 모르는 샤르트르의 앙가주망 등 철학을 꿰는 천재적인 여학생이라고 소문이 났기 때문이었다. 그래서 그녀는 나름 머리를 굴리며 아는 체를 하느라 천연덕스럽게 "사랑에 무슨 전제 조건이 있겠어요? 난 무엇이든 먼저 자연스레 오는 것을 받아들이겠어요."라고 짐짓 응수했다. 자신의 말이 그 남학생에게 헛된 미망을 품게 할 줄도 모르고 말이다.

어느 날 그 남학생이 그녀에게 은근히 짓궂은 웃음을 띤 채 "우리 과에서 읽는 책이야."라며 책 한 권을 건네더니 도망치듯 사라졌다. 『차털리 부인의 사랑』이란 제목의 책이었다. 그때까지 러시아 문호들의 방대한 책들과 철학서적들만 편식하듯 줄곧 읽어 왔던 그녀는 평소 익숙지 않은 그런 소설을 스캐닝하며 아무리 이리저리 페이지를 넘겨 보아도 도대체 무슨 말인지 통 감을 잡을 수가 없었다. 물론 정사 장면이나 표현도 이해할 리 만무했다. 마치 외국어 책을 보는 것 같았다. 그녀는 할 수 없이 종로서점에 가서 그 책에 대한 요약을 대충 읽어 내리곤 다 읽었다고 며칠 후 도로 그에게 책을 돌려주었다. 책을 받으면서 세린의 얼굴 표정을 악동처럼 잔뜩 호기심 어린 표정으로 살피던 그의 눈길을 세린은 그저 덤덤히 무심코 지나쳤다.

그해 겨울 가파르게 경사진 캠퍼스의 정문길을 함께 내려와 헤어질 때가 되면 그는 늘 세린에게 악동처럼 상습적인 멘트를 날렸다.

"아이, 너랑 이렇게 헤어지기 정말 싫다. 너 나랑 우리집에 가자. 내가 내 방 창문에 밧줄을 내려 줄 테니까 몰래 밧줄 타고 내 방으로 안 들어올래?"

그리고 어떤 때에는 떼를 쓰듯 졸라 댔다.

"아이, 이렇게 널 혼자 가게 두고 싶지 않아. 우리 오늘 밤 서울역에서 밤차 타고 천안으로 같이 여행 떠나자!"

그리고 그를 만난 지 서너 달이 지난 12월 하순경, 일박 이일 서클 엠티를 다녀온 연유로 자신을 향해 생전 처음 심한 역정을 폭발한 부친에 대해, 전혀 영문을 모른 채 너무도 억울한 심정을 가눌 길이 없었던 그녀는 이튿날 부친에 대한 반발심에서 그에게 밤차 여행을 먼저 제안했다. 그날은 크리스마스 이브 전날이어서, 세린은 그 밤에 교회 문이 열려 있을 거란 낙관적인 확신으로, K에게 역 부근 교회에서 밤샘을 하기로 약속까지 해두었다. 아마도 그때가 그녀의 생애에서 처음으로, 교회에 대한 잠재적인 맹목적 믿음 혹은 환상 같은 것이 표출된 때인지도 모르겠다. 그와 손 한번 잡지 않고 함께 나란히 걷지도 않고 늘 경계하듯 몇 걸음 그의 뒤에서 걷던 그녀는 그와 단둘이 밤차를 타고 천안행을 감행한 후 새벽 첫 기차를 타고 돌아왔다. 여전히 그녀는 그의 뒤에서 몇 발자국 떨어져 걸었으며, 종로의 한 경양식 집에 이윽고 서로 마주 보고 앉았다. 물론 그와의 신체적 접촉은 밤새 여행 동안에도 여전히 없었지만, 정신적으로는 탈진 상태였다. 둘은 함께 식사를 했고, 칵테일을 마셨다. 그는 마티니, 그녀는 페퍼민트였다. 그 역시 초췌한 얼굴로 창백한 그녀를 물끄러미 쳐다보며 나지막한 음성으로 애원하듯 말했다.

"세린아, 네게 한 번만 키스하게 해 줄 수 없겠니?"

그 레스토랑에서 그녀는 난생처음 그에게 동정을 베푸는 마음으로 첫 키스란 것을 허락했다. 왜냐면 그날 새벽, 추위를 피해 어쩔 수 없이 찾아든 -서로 마주보고 앉아 벽에 기댄 채 다리를 뻗으니 서로의 발끝이 닿을 정도의- 처음 보는 좁은 공간에서, 별안간 그가 덥다며 후닥닥 일어나 파커를 벗고 스웨터를 벗은 후 흰 런닝만을 남겼을 때, 자동적으로 그녀의 발이 사시나무 떨듯 덜덜 떠는 것을, 일순 말없이 서서 물끄러미 내려다보던 그가, 별안간 풀썩 힘없이 벽 가에 모로 쓰러지더니 벽 쪽에 얼굴을 묻고 울먹이는 소리로 하는 말을 들었기에…

"난 예전엔 말야, 내게 여자란 존재는 무릎 꿇고 발을 닦아 주기만 해도 황송한 그런 고매한 존재로만 생각했었어…. 그런데… 그런데… 대학 입학 후 인문계 선배들이 말야, 신입생 환영식에서 신고식을 해야 한다고… 강제로 우리를 데려간 그 창녀촌에서… 난, 난 더 이상 여자란… 그런 존재가 아니란 걸 알게 된 후부터는 여자에 대한 생각이 완전히 달라지게 됐어…."

그녀가 중학교 1학년 당시 『죄와 벌』 이후로 잊었던 '창녀'에 대한 언급을 처음으로 들었던 건 그때 그 남학생으로부터였다. 한동안 조용하던 그가 얼마 후 다시 울먹이는 소리로 더듬더듬 독백을 하기 시작했다.

"난 어려서 별명이 울매미였어. 난 세린이 네가 날 사랑하는 줄 알았어. 근데, 근데… 넌… 넌……."

그 순간 울컥 동정심이 치밀어 세린은 그를 위로했다.

"내가 뭔데 널 울리니?"

그리고 그녀는 재빨리 릴케의 말로 대꾸했다.

"난 말야, 사랑이란 고독한 둘이서 서로를 바라보며 서로를 느끼며 서로를 마음속에 받아들이는 그런 거라고 생각해……."

그러자 그가 바람 빠진 저음의 볼멘소리로 대꾸했다.

"세린아, 넌 지금 내게 도대체 무슨 말을 하고 있는 거니?"

그 후 세린은 벽에 기대어 졸다 깜빡 잠이 들었고, 눈을 떠 보니 그는 보이지 않았다. 세린은 한동안 불안하게 그를 기다려야 했다. 얼마 후 돌아온 그가 그녀 앞에 무릎을 꿇고는 심각한 표정으로 그녀의 얼굴을 물끄러미 바라보며 입을 떼었다.

"세린아, 너 서울 가면 다시 나를 안 만나 줄 거니?"

그 후 둘은 이른 새벽 첫 기차를 타고 패잔병처럼 초췌한 몰골로 서울로 올라온 것이었다.

그녀는 눈을 감았다. 자신을 내던지는 심정으로… 그것을 프렌치 키스라고 하던가? 그의 요란한 키스는 그러나 그녀를 매우 크게 실망시키고 말았다. 달콤한 첫 키스란 말은 새빨간 거짓이었다. 그녀는 구토가 날 것 같은 욕지기를 느껴 그의 얼굴이 떨어지자마자 벌떡 일어나 앞자리로 몇 발자국을 옮기는 동안에도 어지러워서 비틀거렸다. 그리고 그 무엇보다 순결을 빼앗겼다는 상실감과 죄책감이 그녀를 엄습했다. 그 순간 제일 먼저 떠오른 게 아버지의 얼굴이었다. 자신에 대한 철석같은 부친의 믿음을 저버렸단 자책감에 그녀는 자리에 앉자마자 화풀이를 하듯 그에게 발끈하여 쏘아붙였다.

"야, 너 나 책임져!"

그때까지도 믿거나 말거나 그녀는 정사에 관해 아는 바가 없었다. 어쨌든 정사란 게 그 이상의 어떤 것이라 하더라도 그녀에게 그와의 첫 키스는 백 퍼센트 정사에 해당되고도 남는다고 할 만큼 충격적인 거였다. 그 후 어느 날은 답답한 생각에 그녀는 어머니에게 물었다.

"엄마. 내가 도대체 엄마의 어디에서 나온 거야?"

대학생인 딸에게 모친은 애써 웃음을 참는 얼굴 표정으로 시치미를 뚝 떼고 짤막하게 대답했다.

"애가, 어디서 나오긴? 엄마 배꼽에서 나왔지!"

그녀는 배꼽에서 애가 나온다는 사실에 상당히 합리적인 의심을 품은 외에도 그 조그만 배꼽의 틈새가 열려 아기가 나온다니 상상만 해도 으시시했다.

첫 키스 후 그 남학생은 학원이 끝나고 그녀와 종로의 다방에서 만날 때면 찻잔을 기울이며 제법 진지한 톤으로 조언인지 충고인지 미심쩍으나마 지성적인 말을 비치기도 했다.

"세린이 네가 정서적으로 불안한 건 네 안의 리비도가 해결이 안 되었기 때문인 거야…"

또 그녀와 함께 종로를 걸을 때면 네온사인이 환한 여관 간판이 보일 때마다 장난인지 진심인지 툭하면 손가락으로 그곳을 가리키며 짓궂은 웃음을 띤 채 그녀를 조르는 버릇이 생겼다.

"아이, 우리 저기 같이 들어갈래?"

그로 인해 적잖이 스트레스를 느낀 그녀는 돌연 그와 헤어질 결심을 하고는 바로 실행에 옮겼다. 말할 수 없이 착잡하고 무거운 눈 표정으로 고개를 떨구며 그가 했던 말… 난 이젠 다시 여자 안 만날 거야… 지금부터 외시 준비에만 몰두할 거야… 왠지 세린은 그때 그의 말이 선뜻 믿어지지는 않았다. 캠퍼스에서 만나는 동안은 상호 정신적 교감이라곤 없다고 느껴 일방적으로 속물이라고 무시하며 전혀 사랑에 해당한다곤 생각지 않았던 그였다. 안 만날 땐 보고 싶다가도 만나고 나면 늘 권태로워지는 그런 양극적 감정의 이격 때문에 그녀는 늘 고통스러웠다. 그러나 사랑보다 더 슬픈 건 정이란 당시 유행하던 노래의 가사처럼 의외로 후유증은 상당히 컸다. 그것의 주된 이유 또한 현실감이 몹시 부족한 것이었는데, 그것은 평소 그에게 느끼는 어색한 감정에도 불구하고, 우연한 순간순간 그녀의 심상에 밟힌, 모종의 영상들이 자아내는 극적이면서도 애잔한 정조의 여운 때문이었으니… 그녀를 위해 이른 아침마다 학교 중앙 도서관에 옆자리를 맡아 놓고 늘 점심시간마다 학생 식당에서 라면 식권 두 장을 사서 그녀를 기다리던 모습…. 그녀가 서클 엠티를 떠나는 밤엔

삼송리 정류장까지 따라오면서 마치 그녀가 당장 누구에게 잡아먹히기라도 하는 양 불안에 휩싸여 제발 가지 말라고 줄곧 어린애처럼 조르던 일…. 차창 너머로 발을 구르며 버스가 떠날 때까지 그녀를 하염없이 올려다보던, 정열적인 눈빛에 우울함이 가득하던 커다란 눈망울…이튿날엔 밤새 번민에 휩싸여 뜬눈으로 지새운 기색이 역력한 부시시한 얼굴로 도서관에서 말없이 그녀를 맞이하던 모습…. 〈로미오와 줄리엣〉 영화를 보러 가자며 한겨울 노란 파카를 입고 도서관 앞 카페에 앉아 유난히 싱글벙글하던 모습…. 영화에서 키스신이 나올 때마다 우리도 키스하자고 겁을 주고선 정작 영화관에선 얌전했던 그…. 캔버스 뒷산에서의 눈싸움놀이…. 검도복을 입은 채 검도 스틱을 들고 그녀를 향해 돌진하던 모습…. 천안역에 내려 주변에 밤을 새울 교회당을 찾아 돌아다니다 깜깜한 골목에서 호랑이 흉내를 내어 그녀를 놀래키며 장난치던 일…. 생일 선물을 잊었다며 지갑을 사 들고 학림 쪽으로 마로니에 눈길을 헐떡거리며 달려오던 모습…. 그리고 무엇보다 그녀가 강의실에서 나올 때면 때때로 우울하고 탈진된 모습으로 학교 배지를 떼어 버린 예비 군복을 입은 채 도서관 앞 벤치에 고개를 푹 숙이고 앉아 있던 그의 초췌한 모습…. 세린은 오랜 세월이 지나 문득 그때를 떠올릴 때마다 그녀뿐만 아니라 그 남학생 또한 타락한 세속 문화의 희생양이란 생각이 들었다. 여성에 대한 미적 이데아적 환상을 품고 있었을 홍안의 최고 지성인들을 상아탑의 선배란 자들이 마치 관례인 양 강제로 사창가에 밀어넣었던 것은 지정의를 갖춘 인격에 대한 폭력 내지는 유린 행위나 다름없었다. 그들로선 자신들의 그런 행위가 후배들의 관념적 사랑의 허상을 벗기고 육체적 사랑의 적나라한 실상을 체험토록 하기 위한 사려 깊은 배려라도 된다고 생각했단 말인가? 도대체 그들이 생각하는 사랑은 어떤 것이었을까? 설사 육체적 사랑에 큰 비중을 두었다 하더라도 어떻게 그런 방법으로 육체적 사랑이 연습되며, 일말이라도 유익을 가져다줄 수 있단 말인가? 그것은 한마디로 암암리에 그들의 의식 속에 깃든 이원론적 관념이 낳은 육체에 대한 방만한 멸시요, 학대요, 기만에 지나지 않았다. 그리고 너무나 불공평하지 않은가? 남성이 여성에게 동정을 바치는 것이 그토록 터부시된다면 여성 편에서도 굳이 순결을 바칠 필요가 뭐가 있겠는가? 남성이 진실된 사랑을 위해 사람이 아닌 도구라 여기는 여자에게 굳이 동정을 바쳐야 한다면, 여자도 공평하게 도구라 여기는 남자에게 순결을 바쳐야 하는가? 또 세린은 생각해 보았다. 그러나 무엇보다도 그런 관례가 계속 이어질 수 있었던 결정적 요인은 성에 대한 호기심이 아니었을까? 그리고 더 나아가 성행위에 연루된 창녀에 대한 호기심도…. 그 남학생의 동기이자 세린의 서클 친구인 P가 어느 날 학림 모임에서 그녀에게 다가와 감탄조로 떠들었다. 그는 평소 학회에서 사회과학적 이슈에 대해 발언할 때면, 좌중을 일시에 긴장시킬 만큼 탐구적인 열정이 가득한 특유의 울림 있는 톤으로, 자신의 생각을 치열하게 쏟아내곤 하던 괴짜라면 괴짜 같은 친구였다.

"세린아, 어떤 창녀는 말야, 수준이 아주 높아! 자기 방에 철학 서적이 잔뜩 꽂혀 있는 창녀도 있더라…. 고객들이 하나씩 놓고 갔는지…. 허, 참."

그는 또 세린에게 불쑥 이런 말도 했다.

"세린아, 난 학회 모임에서 늘 한마디도 안 하는 네가 바보 아니면 천재라 생각했어. 근데 넌 천재였어."

그리고 간혹 그녀에게 귀띔하듯이 말하기도 했다.

"K는 우리 계열에 수석으로 입학한 놈이었어. 그런 놈이 그런데 지난 학기에 유급을 맞았다니까…."

어떤 날은 예의 나이에 비해 늙수그레한 얼굴에 오라버니 같은 톤으로 말하기도 했다.

"세린아, 넌 절대 담배 피우지 말아라. 넌 내가 보기에 한번 피면 골초가 될 가능성이 커!"

오랜 세월이 지나 뉴세린은 생각했다. 그때나 지금이나 신의 계명의 외곽에 있는 인생들에겐 사실 도덕법이란 것도 명분적이고, 얼마든지 상대적인 가치를 적용하기 쉬운 것이어서 인습적 세상을 변화시키는 데 큰 효과가 없는 것이리라고.

에라스무스의 사과나무 (하)

세린이 정리하듯 말했다.

"인간은 이롭고 떳떳하고 허락된 일보다 해롭고 수치스럽고 금지된 대상 쪽에 은근히 눈길을 던지며 야릇한 쾌감을 느끼곤 하죠. 그것이 호기심이든 뭐든 이건 부인할 수 없는 인간의 잠재적 성향이자 어둠의 강한 흡인력이에요. 아이가 걸어가서 사과를 얻기까지 우리는 양 경우에서 먼저 아이에게 그러저러한 최초의 생각을 불러일으킨 생각의 근원, 즉 어떤 보이지 않는 영향력을 느끼게 되잖아요? 좋은 사과보다 독 사과인 경우는 그 인상이 훨씬 강렬해지죠. 요컨대 행위에 앞선 생각이 먼저인 거죠. 인간이 어떤 것에 끌리고 그런 성향을 지속시키고, 열망하고, 의지로 결단하고, 행동하게 하는…. 이를 선택이라고 하지만, 더 이상 완전한 의미에서 자유란 이름이 설 곳은 없는 것이죠. 그런 의미에서 루터는 '속박된 의지'란 정확한 표현을 한 것이라고 봐요."

C 목사가 말했다.

"그러나 에라스무스 편에서도 할 말이 없는 게 아니오. 그는 구원에 하나님의 전적인 은혜만 강조하면 인간이 더 나은 발전을 위해 스스로 노력을 기울이려는 동력이나 성화에 대한 책임 의식이 없어진다고 생각했어요."

세린이 덧붙였다.

"로마서 9장에서 바울은 이삭과 이스마엘, 야곱과 에서, 유대인과 이방인의 예를 통해 구원의 은총에 대한 하나님의 주권적인 선택을 설명하고 있어요. 이는 신의 선택의 기준이 인간의 행위에 있지 않고 신의 뜻에 있음을 시사하죠. 아주 깊은 섭리에 있어서 신의 은총은 인간이 원하거나 노력해서 받는 것이 아니라 신이 자비를 베푸는 것에 달렸습니다. 하나님께서는 자기가 원하시는 대로 어떤 사람은 불쌍히 여기시고, 어떤 사람은 완고하게 하십니다. 예수 그리스도의 복음을 받아들이는 것에도 마찬가지입니다. 그 모든 이유는 하나님의 영광을 온 세계에 드러내기 위함이지요. 그렇다면 에라스무스나 칸트의 반문대로 그런 신이 어떻게 인간에게 잘못의 책임을 지울 수 있겠느냐 하겠지만, 이에 대해 바울은 토기장이의 비유를 들어 피조물이 어떻게 감히 조물주에게 항의할 수 있느냐고 반문합니다. 자, 여기서 우린 한 가지 이해를 얻습니다. 신의 뜻이 펼쳐지는 신의 섭리에 대해 우리 인간은 온전히 알 수가 없습니다만, 어느 때나 순종의 마음으로 신의 진노의 대상이 아니라 신의 자비의 대상으로서 살아가려고 노력을 해야 한다는 겁니다. 그러나 사람들은 죄를 짓고도 책임 없이 원죄 탓으로만 돌리고, 구원도 노력 없이 은혜 탓으로만 돌린다는 말이로군요. 위로부터의 은혜를 인간의 책임이나 노력과 연관 짓거나 혹은 분리해서 이해하는 것부터가 잘못된 것이죠. 구원을 그저 탓, 탓, 신앙을 무슨 공식처럼 아는가 보네요. 이런 현상은 이해가 부족한 사람들이 기독교를 이론적으로 이해하면 저절로 신앙인이 되는 걸로 오해하기 때문인 거죠."

C 목사가 미스터리한 미소를 머금고 말했다.

"하긴, 에라스무스에게 이론적이고 꽤 시니컬한 구석이 없지 않소만…"

뉴세린이 말했다.

"한번 이렇게 생각해 보면 어떨까요? 아버지의 손에 이끌려 겨우 걸음마를 해 사과를 손에 쥐고 맛을 보았던 그 아이는, 점점 자람에 따라 사과에 대한 즐거운 추억을 간직한 채, 언젠간 혼자 기꺼이 뛰어가서 원할 때마다 맛있는 사과를 따 먹는 날을 맞지 않을까요? 에라스무스가 말하듯, 전적인 은혜를 주장하는 것이 인간이 선을 행하려는 동력이나 책임

의식을 감소시킨다는 말엔 어폐가 있어요. 왜냐하면 은혜를 입은 영혼 안엔, 침샘을 자극하는 사과의 향긋한 맛처럼, 마르지 않는 생수의 강이 넘치게 되니까요. 이를 성령 충만이라고 표현해도 좋겠지요. 성령이 충만한 영혼에겐 늘 예수의 증인으로서의 동기 부여가 넘치고, 자동적으로 갑절의 책임 의식이 따르기 마련일 테니까요."

C 목사가 아래턱을 쓰다듬으며 혼잣말하듯 말했다.

"좋은 말이요. 에라스무스로선 당시 대중들의 우매한 성향을 십분 고려해서 한 말인지도 모르겠소만…"

"아무튼 루터에겐 인간의 노력과 공헌을 구원의 한 요건으로 주장하는 것은 곧 그리스도 신성에 대한 모욕이고 예수 그리스도를 부인하는 것과 다름이 없지 않겠어요?"

세린이 잠시 뜸을 들인 후 연이어 말했다.

"저, 좀 더 생각을 해 보면요… 제겐 처음엔 루터와 에라스무스는 서로 같은 내용을 다른 관점에서 서술하고 있는 것처럼 들렸어요. 전체적인 하나님의 섭리적 관점으로 보느냐 아님 인간 역할적 관점으로 보느냐의 차이로요. 그런데도 이를 대립적 관계로 여기게 하는 것은 초자연적인 차원을 표현하기에 역부족인 언어의 한계나 뭐든지 확실하게 나누고 선을 그으려는 철학적 사고의 습성 때문이 아닐까 생각도 했고요. 근데 이를 선교적 국면에서 보면 에라스무스의 관점의 효율성도 느끼게 돼요. 예정설을 오인해서 손을 놓고 있는 사람들에게 섭리는 하나님께 맡기고, 인간 편에선 최선을 다해 열심히 전도를 하라는 권면으로 들릴 수 있으니까요."

C 목사가 말했다.

"에라스무스는 자유 의지에 관한 자신의 소신을 통해 하나님의 은혜와 사람의 자유 의지의 신인협동적 모델을 제시하고 있는 것 같기도 하잖소?"

뉴세린이 대답했다.

"그러나 한편 생각하면 이는 전적 자기 비움과 전적 하나님께 의지함 같은 신앙 차원의 차이로 깨달아지는 것 같아요. 왜냐하면 전적 자기 부인과 전폭 의지는 심오한 십자가 영성과 비례하니까요. 실상 인간이 자신의 죄를 통탄하게 여기며 눈물로 깊이 뉘우치게 되는 건 주님의 십자가의 고난에 동참하지 않고는 가능치 않잖아요? 또 구원받은 기쁨을 뛸 듯이 느끼게 되는 것도 주님의 부활에 동참하지 않고는 불가능해요. 결국 주님의 십자가에 대한 경험이 열쇠인 것 같아요!"

좌중에 잠시 숙연한 침묵이 감돈 끝에 세린은 퍼뜩 어떤 생각이 떠오른 듯 다시 말을 이었다.

"그리고 루터가 오로지 믿음을 주장한 것의 이점 역시 선교적인 의미에서 볼 때도 커요. 물론 루터는 이미 성경을 통해 깨닫고 해답을 갖고 있기 때문인데요, 우선 이렇게도 생각해 볼 수 있지요. 이성은 의지에 영향을 주고 행위를 낳지요. 그러나 믿음은 이성에 영향을 주어요. 그런데 신자가 타락할 때는 일반적으로 세상 사람들은 그들의 신앙심을 탓하기보단 그들의 부도덕한 행위를 가져온 이성적 판단을 탓하게 되죠. 믿음은 주관적인 것이지만 이성은 객관적인 것이니까요. 믿음에 메스를 가하는 것은 세상의 소관이 아니지만, 이성에 메스를 가하는 것은 세상의 소관인 것이죠. 그러므로 세상에 복음을 전해야하는 루터로선 세상에 드러나는 크리스찬의 이성을 좌우하는 원천인 믿음을 무엇보다 우선 철저히 정립하고 단속해야 할 필요성이 있었을 거예요."

브라이언 박사가 두 사람의 대화를 호기심 어린 표정으로 듣다가 입을 열었다.

"스콜라 철학의 쇠퇴는 그뿐만 아니라 유명론의 등장으로 이미 쇠퇴일로를 걷고 있던 것과 다름없었소. 아리스토텔레스의 실재론을 지지하고 이성을 강조하던 스콜라 철학에 반해 유명론은 실재하는 것은 보편이 아닌 개체뿐이라며 이성보다 의지의 우위성을 강조하였던 거요."

세린이 말했다.

"그러면 개인의 믿음을 더 강조한 건가요?"

"그렇소. 유명론은 초자연적인 신의 진리와 능력을 인간의 이성과 언어로 인식할 수 없다는 것이오. 오직 믿음으로만 가능할 뿐. 오캄의 윌리엄에 따라 이성보다는 믿음과 계시를 통한 주체적 경험과 개체를 강조하다 보니 자연 보편실재론적 교회관과 교황권의 근거가 흔들리게 되었소. 이것이 루터가 종교 개혁을 일으키는 데 큰 도움이 됐던 거요. 이신칭의로 모든 신자들이 하나님과 인간 사이의 중보자인 제사장을 필요로 하지 않고 누구나 동등하게 하나님께 직접 나아가는 자격이 주어졌으니(벧 2:9) 고해성사도 필요 없고, 사제도 필요 없으며, 로마교회의 수위권도 필요 없는 것이 아니겠소?"

뉴세린이 대답했다.

"네, 하나님께서는 인류에 대한 무한한 사랑 때문에 자신의 외아들을 희생시키시고, 아담의 타락 후 진노의 대상이 되어 버린 인류를 구원하신 것이니, 이 복음에 더 이상 형이상학적 보편성이니 실재론이니 하는 안개나 뜬구름 잡는 것 같은 사변들이 끼어들 여지가 없는 것이겠죠. 왜냐면 믿어지는 믿음 그 자체로서 자명하니까요."

"그런데 루터는 처음엔 오캄을 따랐지만, 바울서신 연구를 통해 이신칭의의 진리를 복음의 핵심 교리로 수용한 후엔, 더 이상 신의 존재에 대한 유명론의 주장 또한 따를 필요가 없게 되었소. 루터에겐 이성에 대한 오캄식 회의주의가 아니라 신앙 안에서 신의 은총을 통한 이성적 분별과 판단력만이 중요했던 거요. 루터는 이제 비로소 자유인이 되어 철학으로부터 해방이 된 것이오."

뉴세린이 이에 덧붙여 환호했다.

"브라보! 이것은 모든 정통 복음주의자들을 위한 해방이기도 하죠. 진리가 너희를 자유케 하리란 주님의 말씀 안엔 철학과 사변으로부터의 자유도 있는 것이군요!"

"결국 루터의 개혁은 성서의 결정적인 권위를 강조하고 은총을 통한 이성의 능력을 인정하여 사람들이 성경을 읽게 하고 성경을 올바로 이해시키려는 개혁이었소."

세린이 말했다.

"다시금 철학은 신학의 시녀란 말이 떠오르네요. 시녀는 주인보다 하위이고 언제든 갈아치울 수 있지만, 없다면 주인에게 아쉽고 답답하니 요긴한 존재이기도 하죠. 여기에 뾰로통한 칸트가 한마디 했다지요? 주인은 그 하인이 횃불을 들고 그 앞길을 달리고 있음을 보지 못한다고요…. 하하하."

"하하, 재미있는 인용이요. 횃불을 든 칸트라…."

우신예찬

세린이 입을 열었다.

"그런데 전 학창 시절에 신앙이 없었을 때부터 어쩐지 에라스무스가 참 흥미로웠어요. 그의 용모에서 풍기는 초식성의 묘한 달관적 분위기랄까요…."

C 목사가 말했다.

"에라스무스도 루터처럼 로마교황청의 부패와 성직자의 권한 남용을 비판하고 교회 개혁을 주장했어요. 그러나 그는 루터의 급진적 개혁 방식에 동조하지 않고 온건한 내부 개혁적 입장을 견지했지요. 그의 성향은 아리스토텔레스의 중용적 윤리에 가깝다 할 수 있는데 결국 그는 로마 카톨릭과 개신교 이편도 저편도 아닌 게 되어 양쪽으로부터 배척을 당했던 겁니다."

세린은 에라스무스가 양쪽으로부터 배척을 당했다는 사실에 전엔 은근히 호감마저 갔었다. 그녀는 사심이 있거나 주관이 없는 사람은 어느 편에도 붙지 않고 혼자만의 길을 걷는다는 것이 불가능하다고 생각했다.

세린이 말했다.

"전 어쩐지 에라스무스를 잘 이해할 수 있을 것 같았어요. 사람들은 그가 카톨릭의 보편적 교회를 더 선호하고픈 세계주의적 정신의 소유자니 또 주님의 가르침대로 과격한 투쟁과 전쟁을 반대한 평화주의자니 하는 평가를 내리죠. 아무튼 코스모폴리탄이란 말은 편협과는 거리가 먼 것 같아 늘 제 마음을 시원하고 흡족하게 했으니까요. 하하."

브라이언 박사가 말했다.

"동서문화의 융합인 헬레니즘이나 이것의 부활인 르네상스에 이미 코스모폴리타니즘과 개인주의적 시대정신이 들어 있는 것이 아니겠소."

세린이 말했다.

"그런데 아마 에라스무스의 그런 정신적 태도는 고대적인 이상을 추구하려는 이상적인 기질도 가세했을 거예요. 횔덜린처럼요… 물론 횔덜린의 낭만주의적 기질과는 차이가 있겠지만요."

세린은 스스로 기탄없이 말을 주어 섬기고도 속으로 혀를 찼다. 이상, 낭만, 고전, 세계주의, 시대정신… 이런 게 다 무슨 의미가 있단 말인가? 젊어서는 이런 말들에 매료되고 몰입되었지만 기독교의 진리를 조금씩 알아 가게 된 지금 이런 말들은 한갓 부질없는 환상이요, 과녁을 벗어난 화살처럼 정신의 방황을 부추기는 미망이요, 탐닉일 뿐이었다. 그녀는 잠시 뜸을 들이다가 스스로 정리하듯 입을 열었다.

"에라스무스는 사제서품을 받았다고 하지만 그의 남다른 출생부터가 아무래도 불안과 고독과 해리적 기질을 타고난 사람이었을 것 같죠. 그는 자신의 삶의 내러티브가 필요한 사람이었을 테니, 경직된 종교성보단 자기 삶의 내러티브와 공명하는 문학이나 회화나 예술에 더 친화적이고 그런 기질이 더 강하게 발휘됐을 법하죠."

그러자 나다니엘이 시니컬하게 한마디 했다.

"종교는 사람을 협소하게 만들죠. 특히 기독교는요… 에라스무스는

『우신예찬』에서 이것을 속 시원하게 풍자하고 있지 않습니까?"

C 목사가 나다니엘의 촌평이 맘에 드는 듯 재밌게 웃어 보이자 세린이 다시 말했다.

"에라스무스는 『우신예찬』을 쓰면서 엔도르핀이 많이 나왔을 거예요. 하하. 그의 풍유와 반어적이고 냉소적인 비아냥거림이 읽는 사람의 울화를 얼마나 시원하게 해소시키는 효과가 있는지 몰라요. 기존 카톨릭에 대한 환멸과 아울러 개신교적 극단적 신앙 개혁을 회피하고 중립적인 태도로 아웃사이더가 된 에라스무스에 대해, 어떤 이들은 에라스무스가 루터와 같이 십자가의 신학을 사랑하지 않고 세속 문화를 더 사랑했다고 말하지만, 에라스무스의 『우신예찬』을 보면, 풍유적이고 냉소적 화법을 빌어 기독교의 핵심 진리를 세상의 지혜가 아닌 십자가의 어리석음으로 말하고 있어요."

세린은 늘 가방에 넣어 들고 다니던 에라스무스의 『우신예찬』을 꺼내 밑줄 친 페이지 중 하나를 골라 읽었다.

어리석음이 하늘에서 축복인 것을 아시기 바랍니다. 죄의 용서는 어리석음에서만 주어집니다. 흔히 용서를 구할 때 알고도 저질렀다면 용서받기 힘듭니다. 그러나 내가 어리석어 지었다고 한다면 쉽게 용서받거나 죄의 값은 아주 작아집니다. 예수님도 십자가에서 저들이 어리석어서 그런 것이니 용서해 달라고 하지 않았던가요(눅23:34). 정리하면 '기독교는 일종의 어리석음과 친연성을 가지고 있는 종교이며 지혜와는 무관한 종교'입니다.

다음은 그녀가 『우신예찬』의 요점과 소감을 정리해 놓은 것이다.

그는 고전어문법 선생들의 사소한 실수를 물고 넘어지는 속성과 시인들의 자아도취적 속성, 글쟁이들의 명예욕, 학자들의 비효율적인 자기 몰두, 변호사나 논리학자들의 자기중심적 논리의 무장과 공격성 등을 조롱하면서 그중 제일 심한 부류를 교회학자들, 말하자면 오늘날 신학자들로 지목했다. 완고하고, 무례하고, 거만하고, 성마르고, 스스로들 천국 백성으로 착각하며 개념들을 멋대로 만들어 내어 파벌을 형성하고, 임의로 증명하려 하고, 첨예하게 따지고, 구분하고, 정의하고, 묻고 답하는 식으로 자기들과 다른 의견을 가진 자들을 쉽사리 이단자로 몰아가는 부류라고 말이다. 오늘날도 이와 별반 다르지 않잖은가? 에라스무스는 스콜라주의자들, 실재론자, 유명론자, 토마스주의자, 알베르투스주의자, 오캄주의자, 스코투스주의자들의 논쟁과 설전과 계보와 난해한 글이 이교도와 이단자들을 회심케 하는 능력이 부재함을 집중적으로 성토하고 있다. 이교도 철학자들과 유대 신학자들을 회심케 한 것은 사도 바울을 비롯한 사도들의 실천하는 삶에 나타난 이적과 기적의 힘이었지 오만불손하게 세속적 논리로 무장한 교회학자들의 말재주가 아니라고 말이다. 그런데도 교회학자들은 스스로 취하여 자신들이 교회 전체를 떠받치고 있다고 착각하고, 까다롭고 엄격한 판단 기준을 들이대기에 복음서도, 바울도, 베드로도, 어거스틴도, 토마스도 이들의 동의를 얻지 못하면 그 누구도 기독교인이 되지 못할 것이라고 빈정대었다. 에라스무스는 이외에도 자칭 금욕적인 엄격한 수사들이 나름의 의례와 사소한 규칙을 만들어 끼리끼리 편을 갈라 무슨무슨 회 등에 속하는 것으로 별칭을 사용하는 것을 천국에 들어가고도 모자랄 만한 무슨 큰 공헌으로 여긴다고 지탄하고 있다. 어떤 수사는 돈을 만지는 것을 독약인 양 기피하면서도 포도주와 여자는 대단히 절제하지 않는다고 꼬집었다. 그러면서 장차 그리스도는 재림 시에 다른 모든 것들은 버려 두고 오직 하나, 사랑의 계명을 실천하였는지를 물으실 텐데, 이들은 이를 깨닫지 못한다고 탄식을 한다. 에라스무스는 아버지의 왕국은 오로지 믿음과 사랑의 의무를 다함으로만 가능하다고 웅변하고 있다. 한편 수사들에 대해선 세속 권력과 부를 멀리해도 고해성사를 통해 들은 사람들의 비밀을 은근히 흘려 사람들이 추측하게 하거나, 자신의 심기를 건드린 사람의 비밀을 대중 설교 시에 아는 사람들은 다 알 수 있도록 흘림으로써 앙갚음을 하는 행태를 꼬집는다. 아, 오늘날도 얼마나 많은 설교자가 이런 유혹에 빠지고 얼마나 많은 교인들이 자신들이 믿고 상담을 의뢰한 목회자들로부터 상처를 받고 교회를 떠나고 있는가! 또 설교자들의 본질과 무관하고 핵심을 벗어난 채 기교에 치우친 연설술을 꼬집었다.

그런데 에라스무스는 하나님을 두려워하지 않고, 공공 이익보다 개인적 이익만 추구하고, 불공정을 공정으로 포장하고, 백성들에게 환심을 사려 하고, 국가의 안녕보단 사리사욕에 사로잡힌 궁정 귀족들의 모습을 능가하는 자들로서 교황들과 추기경들과 주교들을 들고 있는 것이다.

궁정 귀족들을 오늘날의 정치 지도자들에 대입하고 교황들과 추기경들과 주교들을 오늘날의 기독교 지도자들에 대입해도 내용에 손색이 없을 것이다.

예수 그리스도를 대리하는 교황들에 대해선 저들이 예수와 동일한 삶인 청빈과 고난과 가르침과 십자가와 생명의 희생을 닮고자 하였다면, 교황 내지는 사제라는 성스러운 호칭을 고민하였다면 이는 누구보다 근심과 염려가 가득한 자리일 거란 거다. 그런데도 불구하고 "모든 수단을 동원하여 교황 자리를 사려는 자는 누구이며, 산 후에도 칼과 독약과 온갖 폭력으로 이를 보존 하려는 자는 누구인가"라고 묻고 있다. 직분에 대한 현명한 깨달음이 있다면 재물, 명예, 권력, 전리품, 의식, 면책, 세금, 면죄부, 가축과 호위병 등 많은 쾌락을 포기하고 대신 철야와 금식과 눈물과 설교와 강론과 연구와 탄식 등 고행이 이어질 것이라고 말이다.

에라스무스는 역설한다. 교회의 최고 수장들이 진정한 세상의 빛이 되어 지팡이와 바랑을 맨 목자의 삶으로 되돌아간다면 로마 교황청의 관직을 더럽히는 군상들은 사라질 것이라고. 그러나 오늘날 교황들은 수고스러운 것들은 베드로와 바울에게 맡겨 두고, 넘쳐나는 여가를 즐기며, 어느 누구보다 근심 없이 여유롭게 살아가며, 다만 신비스러운 무대 의상을 걸치고 예배를 거행하며 복된 자, 존경스러운 자, 신성한 자라는 칭호를 휘두르며 축복과 저주로 파수꾼의 일을 수행하기만 하면 예수 그리스도의 뜻을 충족시킬 것이라 믿고 있다는 것이다. 기적 행함이나 대중 교화나 성서해석, 기도, 눈물 흘림, 가난 실천, 업신여김을 당하거나 죽는 것은 물론 십자가에 못 박히는 것은 만부당한 치욕으로 생각하고 있다는 것이다. 난 이 대목에서 에라스무스가 성령의 역사인 '기적' 행함에 대해 기대하는 순수한 믿음을 가졌다고 본다. 계속해서 에라스무스는 이들의 유일한 무기는 아첨(롬16:18)이며, 제명과 파문이라고 꼬집는다. 사제들의 본분은 베드로의 유산을 탕진하는 자들을 매섭게 나무라는 일이고, 백성들이 모든 것을 버리고 스승을 따르도록 해야 하는 것인데(마태19:27), 교황들은 이와 달리 세금, 통행료, 권력을 베드로의 유산으로 여긴다고 비웃는다. 때문에 교황들은 그리스도에 대한 사랑을 앞세워 타락한 적들을 척결하는 것이 그리스도의 신부 된 교회를 지킨다고 믿고 칼과 불로써 기독교인들의 엄청난 유혈사태를 불사한다는 것이다. 에라스무스는 성토한다. "그러나 사실 교회의 가장 무섭고 지독한 적은 그리스도가 세상에서 잊히도록 침묵으로 방치하며, 장사치의 법률로 그리스도를 결박하며, 억지 해석으로 그리스도의 가르침을 왜곡하고, 역병 같은 삶으로 그리스도를 살해하는 불경한 교황들입니다." 그는 또 말하길, "그리스도의 교회는 피로 세워졌으며, 피로 굳건해졌으며, 피로 성장하였으며, 이렇게 자신의 방법으로 그의 백성들을 지키고자 하였던 예수 그리스도가 돌아가셨으니 이젠 자신들이 칼을 들어야 할 것처럼 교황들은 전쟁을 불사합니다. 전쟁은 끔찍하기가 짐승이 아닌 인간에겐 어울리지 않으며 시인들이 말하는 바, 복수의 여신들이 보낸 것이라 할 만큼 미친 짓이며, 세상을 한꺼번에 휩쓸어가는 역병처럼 치명적이며, 흉악무도한 날강도들이 제일 잘 수행하곤 하는 무법한 일이며, 그리스도와 무관한 불경한 일인데도 교황들은 오로지 전쟁을 수행한다는 겁니다. 백발이 성성한 교황들조차 국법과 종교와 평화와 인간 만사가 모조리 뒤죽박죽 엉망이 되는 것에도 굴하지 않고 전쟁을 수행하고, 학식을 갖춘 아첨꾼들은 명백한 광기를 열정과 경건과 용기라고 부른다는 겁니다. 그래서 어떤 자가 치명적인 칼을 뽑아 형제의 복부를 찌르면서도 그리스도의 크나큰 사랑과 기독교인이 따라야 할 그리스도의 가르침으로부터 조금도 벗어나지 않을 수 있는 놀라운 방법을 찾아내고 있다는 겁니다."
라고.

에라스무스의 통찰력

뉴세린은 에라스무스의 이 말이 훗날 2022년 우크라이나를 전격 침공한 러시아에 의해 러우 전쟁이 발발된 상황에 그대로 적용된 사실에 실로 놀라움을 금치 못했다. 전쟁은 그리스도께 대한 같은 믿음을 고백하고, 같은 세례를 받은 두 민족 형제 간의 전쟁이었기 때문이다. 다음은 이에 관한 모 신문 기사의 내용이다.

1988년 블라디미르 1세가 자신과 가족, 키이우 백성 전체를 이끌고 드니프로 강에서 세례를 받음으로써 러시아와 우크라이나의 신자들은 동방 교회에 속한 '신성한 성찬 예배'와 영성을 고백하는 이들이 됐다. 그럼에도 모스크바 총대교구청 성직자 대다수가 러시아군을 축복하고 전쟁에 강복했다. 키릴 총대주교는 TV로 중계되는 미사에서 러시아군을 축복하며 이번 전쟁은 기독교의 미래에 관한 정의로운 전쟁이라고 말하기도 했다. 지난달에는 "오늘 일어나고 있는 일은 정치보다 훨씬 더 중요하다"며 "우리는 인간 구원에 대해, 인류가 어디로 갈 것인지에 대해, 그리고 구세주 하느님께서 어느 편에 서실지에 대해 말하는 것"이라고 말했다. 키릴 총대주교는 이번 전쟁이 우크라이나 동부의 러시아어 사용자와 러시아 정교회 신자들을 억압에서 해방하기 위한 것이라는 푸틴 대통령의 주장을 되풀이하고 있다. 우크라이나 침공을 정당화하는 크렘린궁의 주장도 이 전쟁은 모스크바에 본거지를 둔 러시아 정교회의 보수적 이상을 위한 투쟁이며, 부도덕한 외부 세계와의 싸움이라며 종교적 함의를 내포하고 있다. 전쟁을 하고 서로를 죽일 때는 타인의 얼굴뿐 아니라 같은 인간이라는 사실을 잊기 위해 노력해야 하기 때문이다. 나아가 그가 자신과 같은 세례를 받았다는 사실조차 잊어야 한다. 유럽의 심장부에서 발발한 전쟁이 그리스도인들 사이의 전쟁이라는 사실은 예수님을 따르는 이들에게 더욱 고통스러운 상처가 된다. 겟세마니에서 베드로에게 칼을 다시 칼집에 넣으라고 명하신 예수님의 말씀을 내가 실천할 수 있는가 하는 문제이다.

세린이 책을 덮고 말했다.

"읽는 사람들도 재미있고 속 시원하고요…. 그런데 공격도 상당히 받은 모양이에요? 전 그래서 객관적이 되고자 반대자의 관점에서 예수님도 그런 살카스틱한 표현을 장황하게 하신 게 있나 성경을 한번 찾아봤어요. 예수님이시라면 그런 표현을 쓰시기에 누구보다 가장 적임자이실 테니까요. 그런데 놀랍게도 별로 없더군요. 다만 소경이 소경을 인도한다든지(마태15:14) 교인 한 사람을 얻으려 애쓰다 자기보다 배로 지옥 자식을 만든다는 바리새인들에 대한 말씀은(마태23:15) 그런 어법처럼 들릴 수도 있겠지만요, 또 너희가 바보냐고 제자들에게 되물으신 때같이…. 그러나 근본 주님의 마음엔 유대 종교 지도자들이나 제자들에 대한 조롱이 아닌, 질책의 성격으로 멸망으로 가는 영혼을 향한 깊은 관심과 연민이 깔려 있어요."

브라이언 박사가 지긋이 웃으며 말했다.

"에라스무스는 마르탱 반 도르프의 『우신예찬』에 대한 비판에 자기의 목적은 어디까지나 가르침으로 인도하려는 것이었지 결코 비방이 아니었다고 항변했소. 자긴 농담 속에서도 기독교적 신앙을 훼손하는 그 어떤 것도 쓰길 원치 않았다는 것이오. 에라스무스의 생각은 진지한 조언보단 유쾌한 충고가 사람들에게 더 효과적이란 것이었소."

"하하, 살카스틱한 표현을 유쾌하게 받아들일 수 있는 소화력을 아무나 구비한 것은 아니겠죠. 특히 비판의 대상이 된 직업군에게는요."

"그래서 에라스무스는 제일 먼저 토마스모어에게 『우신예찬』을 보낸 것이오. 그러나 대다수의 사제들은 심한 거부감을 느끼고 에라스무스에게 경고성 멘트를 강하게 발했어요. 그중엔 그를 염려하는 이들도 있었을 것이고…."

세린은 생각해 보았다. 연철과 살면서 그녀가 때로 그에 대한 심중의 생각을 진지하게 토로할 때마다 그는 오히려 상처받은 짐승처럼 울분을 느끼고 그녀에게 폭발하는 경우를 수없이 겪어 온 터였다. 그때마다 그녀는 얼마나 고립감을 느끼고 숨이 턱턱 막혔던가…. 그래서 그녀는 언제부턴가 화법을 바꿔 스스로 자신이 느끼는 문제를 남의 일처럼 냉소 섞인 농담으로 희화화해서 그 앞에 던지기 시작했다. 희극배우처럼 과장 섞인 표정과 풍유적 설명과 우스꽝스러운 몸짓과 너털웃음을 터뜨리면서…. 그럴 때 연철은 뇌 속에 스파이크를 박은 사이보그처럼 멈칫 그녀의 말의 내용이 자신에게 프로인지 안티인지를 육감으로 먼저 파악한 후에야 자신의 반응의 태도를 결정짓곤 했다. 그러나 어떤 때에는 사안이 자신의 평소 얼렁뚱땅한 반응으로 대응하기 어려울 듯싶으면 그는 총알보다 더 빠른 속도의 탱크처럼 그녀에게 돌진하여 주먹을 치켜들었다. 동시에 그의 입에선 무참한 융단폭격이 쏟아졌다. 대체적으로 그녀 자신이해 온 '허심탄회'는 더 이상 그에게 통하지 않았기에 아무튼 우회가 직설보단 훨씬 효과적이었다. 그런데 항상 우회적인 유쾌한 충고가 잘 먹히는 것은 아니었다. 어떤 때에는 오히려 상대에게 모욕감을 가중시키는 부작용으로 나타났기에. 사실 그녀로선 추호도 상대를 조롱하고픈 마음이 없었다. 그녀가 오로지 의도해 온 것은 상대에게 자신의 의중을 제대로 잘전달해서 상대가 올바로 이해하게 하고픈 간절한 바람뿐이었던 것이다. 혹 에라스무스도 그와 같은 것이 아니었을까? 벙어리 냉가슴 앓듯 답답하고도 간절한 심정으로 말이다.

"에라스무스의 이면엔 종교 지도자들에 대한 증오와 조롱이 주가 아닌, 주님이 하셨던 질책의 성격과 유사하게 멸망으로 가는 영혼들을 향한 깊은 관심과 연민이 깔려 있는 것이 아닐까요?"

그러자 C 목사가 거들었다.

"그래서 예수님께선 사람들이 쉽게 이해하게끔 이런 말씀을 하셨잖소? 우리를 반대하지 않는 자는 우리를 위하는 자라고 말이요(막9:40)…. 하하."

세린이 말했다.

"예수님껜 당시 종교 지도자들 같은 집단 이기주의적 성향은 없으셨던 거죠. 하하. 그러나 주님은 이런 말씀도 하셨죠. 나와 함께하지 아니하는 자는 나를 반대하는 자라고요(막12:30; 눅11:23)…."

세린이 혼자 정리하듯 연거푸 말했다.

"그러면 결국 주님과 함께하는 자라야만 주님을 반대하지 않는 자란 말이 되네요?"

"아무튼 에라스무스는 주님과 함께하는 자였음이 분명해요!"

이에 대해 동의하지 않는 이들은 한 사람도 없는 듯 보였다.

에라스무스에 대한 세린의 단상

세린 A가 말했다.

"에라스무스는 영성에 대해 이런 묘사를 합니다."

> 영혼이 강해질수록 육신은 소진되며, 다음 만유보다 강한 거룩한 성
> 령이 영혼을 소진시킨다. 그러면 인간은 마침내 온전히 자신에게서
> 벗어나 합일의 경지에서 행복해하며 만물을 담는 '절대선'으로부터
> 무언가를 만끽하게 될것이다. 종국적으로 인간이 행복을 마침내 완
> 벽히 얻게되는건 영생후 부활시이며, 기독교인의 삶은 영생의 관조
> 나 영생의 그림자와 같은 것이다.[16]

"에라스무스의 단계적 성령론은 그에겐 적어도 극적인 '신과의 조우'의 경험이 없었던 것을 시사합니다. 그의 설명은 영생의 관조나 영생의 그림 자 단계에 머물러 있는 듯 보입니다. 아직 그는 물 바깥에서 물에 대해 많은 생각을 할 뿐이지 물속에 직접 잠겨진 것 같진 않습니다. 에라스무 스는 말씀으로 거듭남을 경험했을지언정 성령의 초자연적 역사는 경험 하지 않았다고 생각됩니다. 성령의 강력한 초자연적 역사를 경험한 신자 는 이전의 이성적 신자로서가 아닌 영성적 신자로서의 국면으로 접어들 게 됩니다. 관조나 그림자 신앙의 모습이 아닌 사로잡힘과 본체의 영역에 발을 디디게 됩니다. 원죄 사건 이후 인간의 이성과 자유 의지가 타락하 여 무력하게 되었으므로 악의 노예가 된 존재라고 보았던 루터는 사로잡 힘과 본체와의 접속이 있었어요. 그와 달리 관조와 그림자 단계에 머문 에라스무스는 그 자신의 표현처럼 육체는 소진하였으나, 아직 영혼은 소 진되지 않은 상태가 아닐까요?"

---

16) David Marsh, Erasmus on the Antithesis of Body and Soul, JOURNAL ARTICLE

세린 B가 말했다.

"아닙니다. 찰스 리드(Charles Reade)의 소설 『수도원과 난로(The Cloister and the Hearth)』에서 보듯 에라스무스의 부모에 관한 것은 베일에 가려져 여러 경우의 상상이 가능하겠지만, 아무튼 에라스무스는 사제의 결혼이 금지된, 그러나 약혼자와 가정을 이루는 것은 허용된 우스꽝스러운 제도적 환경에서 사제를 부친으로 둔 자신이 사생아로 태어난 것에 대해 한창 감수성이 예민한 소싯적부터 상당한 콤플렉스를 가지고 있었을 겁니다. 설상가상으로 일찍 흑사병으로 세상을 등진 부모의 죽음에서 비롯된 불필요할 만큼 신경증적인 과잉의 결벽증과 공포감과 불안함도 상당했을 거고요. 에라스무스에게 원죄란 먼 태곳적 옛날에 일어나 전해 내려온 흑백 사진적 사건으로 습득된 것이 아니라, 바로 자신의 당대로부터 경험된 그런 총천연색의 지근거리적 사건이었을 법도 하죠. 아무튼 그는 무의식 안에 자신의 태생과 관련해 모정의 다채로운 소설적 내러티브를 간직하고, 그 누구보다도 예민한 자의식을 가지고 살아가지 않을 수 없었을 겁니다. 루터와 에라스무스에게 있어 신앙 체험의 공통점이 '죽음에 대한 두려움'이라고 볼 때 말입니다. 루터의 경우엔 이십 대 초반에 낙뢰 사건으로 한순간 극적인 신앙의 터닝 포인트를 경험했다면, 에라스무스는 양친의 죽음으로 인해 이른 사춘기 시절부터 죄성과 죽음에 대한 일상적인 사색에 젖어들었을 가능성이 큽니다. 또한 그는 수도원 교육을 받는 동안 수도원의 부패상을 보면서, 어거스틴의 영향으로 인간의 본성적 한계에 대해 그 누구보다도 풍부한 사색과 고뇌를 거듭해 왔을 것이고, 장성한 어느 시점부터는 인간성에 대한 관조적 태도를 습득하게 되었을 가능성 또한 배제할 수 없습니다."

세린 A가 말했다.

"어거스틴과 루터 이 두 사람에겐 에라스무스와는 사뭇 다른 영적인 기조가 느껴져요. 에라스무스에겐 뭐랄까, 절제되고 합리적이며, 유머스럽거나 때론 냉소적 기질 같은 것이 느껴지지만, 이 두 사람에겐 남다른 진지함과 치열한 내적 성찰과 열정이 느껴져요…."

세린 B가 말했다.

"에라스무스의 무의식에 깔려 있을지 모르는 자신의 존재에 대한 어색함 내지는 난처함 같은 요인들이, 엄격하고 강직한 부친을 두었던 루터의 경우와 달리, 그로 하여금 단호한 신앙적 결단이나 불같은 열정을 자연스레 발휘하는 걸 어렵게 할 수도 있을 것 같거든요…. 아마도 그의 평생에 기존 질서를 흐트러뜨리지 않는 범위 내에서 관용과 조화로움과 내적 평안을 유지하는 것이 그의 숙명적 과제였을 법도 해요…."

세린 B는 고개를 옆으로 숙이고 잠시 골똘한 채 뜸을 들이더니 이윽고 천천히 말을 이었다.

"세월이 가고 나이가 들어감에 따라 그는 자신의 부모를 포함한 뭇 인간들의 삶 속, 복잡다단한 삶의 국면에서 불가피하게 일어나는 일들의 성격을 차츰 헤아리게 되었을 겁니다. 따라서 첨예한 의견의 대립이나 흑백의 잣대로 사람이나 사물을 평가한다는 것이 얼마나 다면적 존재성에 대해 엄청난 무례와 손실을 범하는 것인지 깨닫게끔 되었을 거에요. 젊은 날 양친과 자신의 존재에 대해서 어쩌면 결벽증적으로 판단의 잣대를 들이대느라 날카롭게 각을 세웠던 신경은 차츰 누그러져 갔겠죠. 마침내 자신의 존재와 화해하고 세상과 화해하게 된 그는 하나님과 화해를 이루고 영혼의 평온한 경지를 누릴 수 있었을 겁니다. 혹 어떤 이는 제가 여기서 하나님과의 화해를 먼저라고 하지 않은 것에 대해 석연찮게 생각할지도 모릅니다. 그러나 전 이는 각인의 내면의 정황적 차이일 뿐, 양자는 하나로 만나게 되고 통일되는 것이라 여기기에 그다지 부담이 없습니다. 아무튼 그는 혼란한 청년 시절 자연과 그리스 문학에 꽤나 마음이 쏠려 여유로운 관심을 할애한 것만은 사실로 보입니다. 결과적으로 그런 그에게 그런 것들이 얼마나 그의 영혼에 손실을 입혔는지, 혹은 유익이 되었는지는 잘 모르겠습니다만, 요컨대 누가 어느 사람의 고유한 내면의 깊이, 심오한 정신적 사색과 고뇌를 통한 비움의 정도를 함부로 가늠할 수 있겠습니까?"

> 나는 의견의 대립이 내 천성과 예수의 가르침에 거스르는 것이기 때문에 싫어한다. 나는 엄청난 손실 없이 이 대립이 진정될 수 있을지 의심스럽다.[17]
>
> (에라스무스)

세린 B가 말했다.

"에라스무스가 의견의 대립을 극구 회피하려 했던 것은 루터가 비난했듯, 그의 의지박약이나 소심한 성격 때문이 아니라 결코 완전치 않은 인간 이성을 전격 행사하는 것에 대한 제동이 아니었을까요? 참 아이러니죠? 인간 이성의 전적 타락을 주장한 루터라도 에라스무스가 보기엔 역시 불완전한 이성이었을 테니까요. 그러므로 에라스무스로선 중립을 유지하는 것이 양 세력을 위한 최선책이었을 겁니다."

세린 A가 말했다.

"하지만 루터의 입장에서 바른 교리를 수호하는 것은 불완전한 이성의 행사가 아니라 천둥 번개 사건같이 하늘로부터 받은 절대자의 준엄한 음성이었던 것입니다. 즉, 그의 양도할 수 없는 순교자적 신앙심에 기인한 것이었지요."

그러자 나다니엘이 불쑥 끼어들었다.

"하하, 천둥 번개란 말을 들으니 기존 가치 체계를 전복시키려던 후세의 한 철학자가 자신을 빗대어 초인의 '번갯불'이라고 했던 표현이 떠오르는군요."

세린 A가 말했다.

"하하, 그렇다면 천둥 번개를 통해 절대자의 준엄한 음성 대신 초인의 영이 그에게 임한 거로군요."

좌중이 웃어 대자 이번엔 브라이언 박사가 말했다.

---

17) Erasmus & Luther, Discourse on Free Will

"에라스무스는 여러 국면에서 다양한 해석이 가능한 인물이요. 그의 관조적 자세는 얼핏 기독교적이라기보다 오히려 아리스토텔레스나 유가의 중용적 태도에 가까워 보여요. 에라스무스는 아리스토텔레스의 중용의 덕 화살을 쏘아 과녁에 적중시키듯 가장 적절하고 올바르게 감정을 가지고 행동하는 데 초점을 맞춘 것 같소. 그는 그들 사이에서 중립을 유지하는 것이 양 세력을 등지는 것이 아니라, 결국 양 세력을 위한 중용적 태도라고 생각했던 거요. 중용이 말하는 두 악덕, 즉 지나침에 따른 악덕과 모자람에 따른 악덕, 이 둘 사이의 중용을 생각하다 보니 교육을 통한 카톨릭 교회를 개혁하는 것을 택한 것 같소. 중용에서 정의와 용감함과 덕은 반복적인 교육적 훈련을 통해 습관화함으로써 영혼의 탁월한 능력이 발휘되고 본성을 길들인다고 하니까 말이오."

뉴세린이 말했다.

"그러나 아리스토텔레스는 현세의 삶에만 관심을 둔 경험주의 철학자로서 그가 인간들의 행위가 모두 선을 추구한다고 주장하는 것이나 윤리학을 정치학과 직결시켜서 국가가 추구하는 것이 최고선이라든가 또 개인적 선의 실현보다 국가적 선의 실현이 궁극적이고 신적(神的)이라고 주장하는 것들이 다 성경의 가르침과는 동떨어진 생각들이죠. 그러므로 루터에겐 선을 인간의 궁극적 목적으로 삼고 최고의 선이 행복이며 행복 그 자체가 목적이라는 니코마코스 윤리학은 독이든 나무의 열매인 거죠. 루터는 철학적 지혜와 윤리 개념으로 인간이 도덕성을 획득할 수 있다고 확신하는 것에 대해 참을 수 없는 영적인 거부감과 반감을 느꼈던 것 같아요. 루터에겐 인간 존재의 궁극적 심연을 꿰뚫는 통찰력이 있었기에 남다른 긴장과 경각심을 가지고 어둠의 실체에 대항하지 않으면 안 되었던 거죠. 인간의 도덕을 가능케 하는 원천은 그에겐 오직 복음뿐인 겁니다. 루터에겐 그 무엇보다 구체적 삶의 여정마다 우리를 인도하시는 하나님의 음성을 듣고 분별하며 살아가는 게 가장 중요한 것이었습니다."

에라스무스의 루터 비판

C 목사가 말했다.

"한편 에라스무스는 루터의 카톨릭 비판에 동조하더라도 그의 불타는 열정이 표출되는 격렬한 언동을 과격하고 위태롭게 본 것 같습니다. 카톨릭 교회 자체를 뒤엎는 것을 지나침에 따른 악덕으로 본 것이죠."

격렬한 언동보다 정중한 중용을 지킴으로써 더 많은 것을 성취할 수 있으리라고 생각한다.

그러자 나다니엘이 기다렸다는 듯 입을 열었다.

"그런데 에라스무스가 루터의 교리를 비판하자 루터는 에라스뮈스를 '독사', '거짓말쟁이', '악마의 입과 장기'니 '세상에서 가장 사악한 존재', '신자인 척하는 불신자', '교만한 회의주의자'로 비난했다죠?[18] 여기서 우리는 루터가 에라스무스가 우려한 대로 그리스도인으로서 절제되지 않은 성품적인 문제를 노출하고 있음을 느끼게 되지 않나요?"

세린 B가 말했다.

"그런 루터가 500년이 지난 지금 일각에서 나치에게 영향을 미친 잔인한 반유대주의자로 공격받는 것을 볼 때에 문득 에라스무스의 비평이 떠오릅니다. 루터를 민족주의의 독이 든 열매를 맺은 나무로 표현했던…[19] 마치 루터가 에라스무스에게 '성경을 이성의 통제하에 두려 하고 성경에 대하여 회의적으로 보게 만드는 사람'이었다고 혹평한 것이 자유주의 신학의 발흥으로 현실화된 것처럼 말이죠…."

---

18) Dave Amstrong, Luther's Insults Of Erasmus In "Bondage Of The Will" & "Table-Talk", Pathees, Feb 2, 2017, https://www.patheos.com/blogs/davearmstrong/2017/02/luthers-insults-erasmus-bondage-will-table-talk.html/

19) Robert Kolb, "The Debate between Martin Luther and Erasmus", https://doi.org/10.1093/acrefore/9780199340378.013.505

"으음…."

한 손으로 다른 팔꿈치를 받치고 엄지로 턱을 괴고 검지를 코끝에 갖다 댄 채 눈을 감고 세 사람의 말을 듣고 있던 브라이언 박사가 얼굴에서 손을 떼며 말했다.

"루터는 1523년에 '예수 그리스도는 유대인으로 태어나셨다(Jesus Christ Was Born a Jew)'에서 "유대인들끼리는 결혼과 이방인들에 의한 친척 관계라면, 그들은 우리에겐 주님의 친척, 사촌, 형제들이다"라며 유대인들의 개종에 전력을 기울였소. 그러나 20년 후인 1543년에, 루터는 "유대인과 그들의 거짓말"의 서두에서 기독교인들의 믿음을 강화하고 어떤 유대인이라도 개혁하고 회개하도록 감동을 주길 희망함을 피력하였으나, 결론에 가선 사뭇 내용이 달랐어요. 그는 유대인들을 저주하지 않았고, 그들이 육체적으로나 영적으로 잘되기를 바란다고 했지만, 1,400여 년간이나 끔찍한 망명 생활을 통해 하나님에 의해 혹독한 시련을 당해 왔음에도 불구하고 교훈을 얻지 못하는 그들의 몽매함을 질타했소. 그는 유대인들이 여전히 민족적 우월의식에 경도되어 오만함으로 일관하고 예수의 동정녀 탄생을 모독하는 신성 모독을 저지른다며 결론에 갈수록 감정이 격해졌어요. 급기야 루터는 예수님과 그리스도인들이 예루살렘이 멸망된 후 삼백 년 동안 흘린 순교의 무죄한 피와 그 이후로 그들이 흘린 주님의 자녀들의 피를 갚지 않은 것이 잘못이라고 성토하기에 이릅니다. 차라리 그러했다면 그들이 이렇게까지 완악한 착각에 빠져 하나님을 저버리는 자들이 되지 않았을지도 모른다며 루터로선 말하자면, 그들의 영혼에 대한 극도의 안타까움에서 나온 자책 서린 절규를 한 것이오. 그런데 그 속엔 분노감도 같이 들어있는 것이오. 루터가 보는 유대인들은 여전히 구약시대에 하나님이 "미침과 소경과 정신 혼란"으로 치신 것과 같은 상태였던 거요(신명기28:28). 그래서 루터는 역설하길, 지금이라도 유대인의 종교 서적을 빼앗고, 그들의 회당을 불태우며, 재산을 몰수하자고 했었소."

세린이 말했다.

"루터의 이면에 서린 유대인들의 영혼에 대한 회한 서린 절망감이 급기야는 분노감으로 비화해 응징적 행위를 독려하게 된 것 같군요."

브라이언 박사가 말했다.

"그렇소. 그런데 인종주의적 반기독교 단체인 나치는 기독교 신앙에 무지한고로 루터가 한 말을 교묘히 왜곡하여 반유대주의로 포장하고, 불의한 방법으로 정치적으로 악용하기에 이른 것이오. 루터가 말년에 좀 더 극단적으로 선동적인 인간적 표현을 자제해 주었더라면 하는 아쉬움이 크게 남는 부분인 것이오."

뉴세린이 말했다.

"이스라엘 백성을 향한 하나님의 진노를 되돌리기 위해 자신의 목숨을 건 중보기도를 드림으로써 그리스도의 십자가의 영성을 미리 실천적으로 보여 준 모세였지만, 말년에 자신의 분노감을 억제하지 못했던 한 사건으로 인해 하나님의 영광을 가리웠던 일이 생각나는군요. 루터 역시 십자가 신앙의 진수를 깨닫고 기독교사에 한 획을 그은 하나님의 종이었지만 인간적인 한계를 넘을 수는 없었던 것이 아닐까요?"

브라이언 박사가 이에 대답했다.

"사실 나치는 개종한 유대인 기독교인들이라도 인종 청소에 제외시키지 않았으니 저들의 범죄는 기독교적 이유와는 전혀 무관한 것이었소. 그런데도 제2차 세계대전 중 홀로코스트를 자행했던 히틀러와 나치당 소속의 독일 언론인이자 정치가였던 율리우스 슈트라이허는 루터의 말을 인용하며 '유대인을 탄압하는 것에는 종교적 이유가 있고, 긍정적인 성경 교리와 함께한다'고 합리화했던 거요.[20] 바르트가 루터의 잘못을 언급했던 것은 국가권위를 영적 통치 영역과 별개인 세속적 통치 영역으로 간주하여 불간섭 원칙을 적용한 루터의 두 왕국 론을 히틀러가 나치정권의 정당화 수단으로 삼았기 때문이었지 반유대주의 때문이 아니었소."

---

20) https://digital.library.unt.edu/ark:/67531/metadc279213/m1/

어느 늦가을 오후였다. 뉴세린이 쇼핑몰에서 밤늦게 함께 버스를 기다리고 있는 사람들에게 평소처럼 전도를 하던 중 한 백인 할머니에게 다가가자, 그녀는 자신이 유대인이라고 하였다. 대개 유대인들은 자신들의 민족적 정체성을 밝히는 것으로 복음을 듣기를 거부하는 표현을 대신 하곤 했다. 그럴 때면 세린은 당신 유대인들이 구약을 잘 간수해 주어서 고맙다고 칭찬을 하는 것으로 대화의 접촉점을 찾으면 이들의 경계가 다소 풀렸다. 세린은 그 틈을 타 구약의 모든 구절이 예수 그리스도의 오심을 예언한 사실을 아느냐며 미가서나 이사야서를 거론하면 이들은 모두 이런 이름을 들은 적도, 읽은 적도 없다고 말하곤 했다. 그러면 세린은 하나님은 유대인보다 더 크고 위대하신 분이며, 우리 모두는 혈통에 의해서가 아니라 영에 의해서 거듭나야 한다고 요한복음의 메시지를 응용했다. 그리고 예수도 유대인이었으며, 사도 바울도 유대인이었다며 바울의 회심과 유대민족에 대한 예언을 말해 준다. 그런데 이 유대인 할머니는 아주 견고하게 자기 지식으로 무장이 된 이였다. 그녀는 자신을 역사학을 전공한 교수라고 소개하며 아주 교만하고 자신 있는 표정으로 말하길, 자기가 유대교와 기독교의 생성과정을 엄밀히 분석하고 연구했는데, 기독교는 정통성 없이 제멋대로 여기저기서 갖다 붙여 만든 종교라는 것이었다. 구약에서도 유대교의 토라만이 진짜이고 나머지는 다 믿을 수 없는 것으로, 여기저기서 꿰맞춘 인간의 작품이라는 것이었다. 세린이 강경한 어조로 말했다.

"당신이 신학과 영성에 대해서 얼마나 아는지 모르지만 하나님의 섭리는 당신이 아는 지식을 초월합니다. 성경이 정경화되기까지는 역사적으로 합당하게 동의된 과정이 있어 왔어요."

그러자 유대인 할머니는 별안간 양쪽 손가락으로 귀를 틀어막더니 트라우마를 앓는 환자처럼 발작적으로 외쳤다.

"당신은 크리스찬들이 역사적으로 얼마나 유대인들을 학대했는지 압니까? 홀로코스트!"

잠시 말을 잃은 세린이 천천히 위로조로 말했다.

"십자군이나 나치의 만행은 기독교의 가르침에 전혀 반하는, 기독교란 이름을 부당하게 사용한 사탄의 역사였어요. 제발 로마서 8장을 읽어 보세요. 하나님이 이스라엘을 얼마나 사랑하시고 회복을 하시려는지 알게 될 거예요."

그리고 세린은 얼마 전 뉴욕에서 개최된 유대교 랍비와 코리안 목사들과의 은혜로운 미팅을 소개하며, 과거 고난을 당한 유대인들을 위한 기독교인들의 회개와 소망의 선언문이 낭독되고 유대인들에게 전달되었단 소식을 전하며 위로했다. 버스가 오자, 둘은 같은 버스에 올라타게 되었다. 뒤미처 오른 세린은 뒷자리에 먼저 앉은 그녀가 자신을 올려다보는 표정에 어딘지 처음과는 다른 호감 어린 미소가 감돌고 있음을 느꼈다.

또 한 번은 반센노블 카페에서 있었던 일이다. 여느 때와 마찬가지로 뉴세린은 앞자리에 앉은 한 학생에게 복음적 메시지를 전하고 있었다. 그때, 세린의 옆자리에서 친구와 대화를 나누던 한 중년 여성이 세린의 말에 귀를 기울이는 눈치가 얼핏 느껴졌다. 조금 후 몰을 나오는 순간, 세린은 우연히 좀 전에 옆자리에 앉아 있던 그 중년 여성과 마주치게 되었다. 세린이 그녀에게 당신은 크리스찬이냐고 말을 건네자 그녀는 발걸음을 멈추더니 환한 미소를 머금은 얼굴로 세린을 그윽히 쳐다보며 감격 어린 어조로 재빨리 말하는 것이었다.

"네, 전 메시아닉 쥬입니다. 크리스찬이 된 후 제 삶이 완전히 드라마틱하게, 새롭게 바뀌었습니다."

그녀는 슬쩍 주위를 살피더니 세린을 향해 검지 손가락을 자기 입술에 갖다 대고 속삭였다.

"그러나 제 쥬이시 커뮤니티엔 비밀로 하고 있습니다. 아, 당신을 보니 제 가슴이 떨리는군요,"

그녀는 세린을 포옹하며 감격스레 외쳤다.

"그럼 당신과 저 천국에서 다시 만날 때까지 안녕히…"

총총히 사라지는 그녀의 뒷모습을 한동안 울컥하는 심경으로 물끄러미 바라보는 세린의 귓가에 사도 바울의 간곡한, 호소 어린 메시지가 메아리쳤다.

> 네가 원 돌감람나무에서 찍힘을 받고 본성을 거슬러 좋은감람나무에 접붙임을 받았으니 원 가지인 이 사람들이야 얼마나 더 자기감람나무에 접붙이심을 받으랴(롬11:24)

세린은 연철과의 문제에서 그가 퍼붓는 분노와 가공할 만한 엄청난 폭언에 비하면 실로 아무것도 아니라 할 만한 수준의 욕을 자신도 모르게 반작용적으로 홧김에 발설할 때가 있었다. 그럴 때마다 연철은 늘 이렇게 언성을 높이며 주장했다.

"난 네게 아무런 잘못된 말과 행동을 하지 않았다. 난 네게 욕을 한 적도 없고, 화를 낸 적도 없다. 단지 네가 내게 아무 연고 없이 욕을 했을 뿐이다!"

그럴 때면 그 자신의 언행을 환기시켜 반성케 하려던 그녀의 노력은 헛되었고, 도리어 더 큰 화만 자초할 뿐이었다. 이것은 결혼 후 줄곧 지속된 똑같은 패턴이었다. 그러므로 뉴세린에겐 단지 두 종류의 판단에 대한 선택만이 남게 되었다. 연철을 나르시스트적 심리 장애자로 낙인찍고 말든가, 아니면 하나님이 자신의 성품을 예수 그리스도의 품성을 닮아가도록 변화시키기 위해 연철을 이용해 그녀를 연단시키시는 것으로 수용하든가 하는. 전자의 경우엔 좌절과 원망과 우울감과 분노감과 증오심이 들끓었다. 후자의 경우엔 세린 자신의 부족한 성품을 빚어 가기 위한 하나님의 도구로 연철이 사용되는 것 같아 어느 순간엔 그에 대한 연민의 감정이 걷잡을 수 없게 솟아나곤 했다. 사람은 어느 때나 자신이 악의 도구가 아닌 하나님의 선의 도구로 사용되길 간구해야 한다. 만약 가까운 지인이 자신을 대상으로 악의 도구로 사용된다면 자신은 그로 인해 참담한 고통을 겪게 되겠지만, 그를 바라보는 자신은 자책 서린 연민의 감정을 느끼지 않을 수 없는 것이다. 그리고 세린의 연철에 대한 연민의 중심엔 무엇보다 칼빈이 말한 '전적 무능력'에 대한 연민이 자리하고 있었다. 선을 행할 수 없는 무능력! 이 무능력에 대한 연민은그에 대한 그녀의 모든 부정적인 악감정을 일시에 무장해제 시키는 막강한 파워가 있었다. 그리고 이는 곧 자신을 비롯한 죄성을 가진 뭇인간을 바라보는 전능자의 마음에 대한 감정이입으로 연결되었다. 그러므로 유다를 바라보시는 주님의 심정이 그녀에게 깊숙이 공감되는 느낌이었다. 주님이 그러하실진대, 하물며 주님과는 본질적 차원이 다른 막중한 죄인인 자신으로서야 얼마나 변변치 못한 처지이겠는가…

세린은 누구보다 일찍 어린 시절부터 인생의 유한성에 대한 좌절과 환멸의 문제를 품고 있었다. 그리고 이 때문에 그녀는 자주 우울의 그늘과 침잠으로 떨어지곤 했는데, 타자로부터 그녀 안의 심연의 고요를 흔드는 심각한 도전에 직면할 때면 평소에 남들이 그녀에게서 전혀 그리리라고 예상치 못하던 분노감이 자신도 모르게 표출되곤 했다. 주로 속사포로 쏘아 대는 듯한 직선적인 언어로 말이다. 그럴 때 모친이나 오빠는 "네 얼굴을 보면 넌 전혀 그럴 애 같지가 않은데, 이상하구나."라고 반응했다. 그러나 연철은 그의 거친 언행에 비하면 실로 아무것도 아닌 그녀의 반응에 도리어 돌팔매나 불화살을 맞은 짐승처럼 광분하며 피를 흘리곤 했다. 그는 신혼 초부터 그녀를 벽으로 밀어붙여 양손으로 그녀의 양어깨를 우악스럽게 움켜쥐고 밤새껏 거칠게 흔들어 대며 잡아먹을 듯 거품을 물고 이빨을 갈며 으르렁거렸다. 아침이 되면 그녀가 실신 지경에 이른 이상으로 그는 패잔병처럼 널브러져 한 날이 다 가도록 꼼짝하지 않았다. 그다음 날에도…. 그로부터 사과를 받기는커녕 언제나 그녀가 사정해서 그를 일으켜야 했다. 그런 그의 유약한 모습에 비하면 앞선 그의 언어와 행동은 너무도 조악하고 광포한 것이었다. 그러니 그럴 때마다 그녀는 어쩔 수 없이 그에게서 뭔가 절실하게 도움을 필사적으로 갈망하는 듯한 강한 시그널을 읽는 기분이어서 발을 빼려다 번번이 발목이 잡힌 느낌이었다. 당시 아직 이십 대인 그녀로선 무엇보다 그와의 동거가 자신의 체력의 한계를 넘어선다는 위기감이 더해서 그와의 미래를 상상하면 눈앞이 깜깜했다. 그녀는 실로 딜레마적 한계 상황에 자신이 처한 것을 절감치 않을 수 없었다.

뉴세린은 차츰 깨닫게 되었다. 하나님은 당신이 택하신 자녀를 의의 길로 인도하여 영광을 받길 원하실수록 택하신 자녀 안의 '좌절'과 '분노'의 문제를 조금이라도 간과하지 않으시고 확실히 다루시길 원하신다는 것을… 자신 안에 상주하는 좌절감은 자신의 기대치가 아무리 상식선이라도 상대에 비해 너무 높기 때문인 것인데, 결국 자신의 인내력의 문제와 함께 절대자를 향한 절대적 믿음으로 연결되지 못한 탓이란 것을… 아, 하나님께로부터 지면에 그보다 더 온유한 사람이 없다고 인정을 받은 모세였지 않은가? 그런데 단 한 번의 혈기를 주체하지 못한 까닭에 신은 그가 원했던 사역을 더 이상 허락지 않으셨다. 왜냐하면 분노 속엔 내가 옳다고 생각하는 '자기 의'가 들어 있기 마련이고, '인간의 의'란 본시 온전치 못한 것이기에 이는 속성상 모자란 '교만'과 연결되기 때문이리라.

뉴세린은 자신의 의견을 개진했다.

"오늘날 우린 이 두 사람의 문제가 결국 총체적 인간상의 모습으로 보여지는 시점에 와 있습니다. 어느 한 편도 완전치 않습니다. 루터가 에라스무스를 보는 시각 또한 타당한 근거가 있는 것이었고, 그 역도 마찬가지입니다. 그러나 루터는 꼭 그렇게 해야만 했었고, 에라스무스 또한 꼭 그러지 않을 수 없었겠지요. 두 사람에겐 신앙적이고 성품적인 차이와 더불어 정치사회적으로 주어진 정황이 있었고요. 인간은 완전치 않아요. 그렇기 때문에 대의를 위해 소의를 희생시킬 수밖에 없는 부득이한 상황에 처할 경우도 생깁니다. 중요한 것은 비록 양자가 온전치 않더라도 하나님의 구원사역이 진행되는 역사에 누가 더 값진 동참을 하였겠느냐 하는 것일 겁니다. 얼마나 가고 오는 세대의 많은 사람들이 루터에 의해 구원의 교리를 바로 깨닫고 구원의 여정을 성공적으로 마쳤겠습니까? 또 에라스무스의 헬라어 성경이 종교 개혁자들에게 얼마나 많은 도움을 주었겠으며, 다른 한편으론 인문학적이고 세속문화적 버블에 빠져 있던 자들이나 기독교에 회의와 환멸을 느끼던 자들이 에라스무스의 『우신예찬』을 접하고는 기독교인의 바른 자세를 숙고하며 바른 리더십에 관심을 돌리는 계기를 가졌겠습니까?"

"그리고 전 여기서 에라스무스의 다음과 같은 조언을 존중하는 자세를 유지하고 싶습니다."

세상엔 따져 묻기보다 오히려 그대로 놓아두는 편이 좋은 것들이 많이 있어요. 어떤 것은 우리의 지적 한계를 넘어선다는 사실을 아는 것도 앎의 한 부분입니다.

루터교회

세린이 물었다.
"그럼 종교 개혁파들의 교회는 어떠했나요?"

브라이언 박사가 대답했다.
"이성적 철학을 멀리하고 어거스틴의 정통신학을 계승 발전시킨 독일 루터교회는 철저히 삼위일체와 말씀과 은혜 중심의 정통주의 신학의 교리를 강조하게 되었소. 종교 개혁 후 로마카톨릭과 기독교회의 양분으로 인하여 로마카톨릭과 기독교회는 교리적 강조와 제도중심화 과정을 겪게 되었소. 이 시기 스위스의 츠빙글리와 칼뱅파, 재세례파, 잉글랜드 국

교회 등이 형성되었고, 성만찬과 세례에 대한 상이한 교리적 문제로 서로 반목하며 논쟁이 극도로 이어졌어요. 루터교 내부에서 일어난 이와 같은 교리 논쟁은 16세기 말부터 17세기까지 개신교 정통주의 시대를 열었소. 그러나 신학 논쟁은 종교 개혁 당시 활력 있는 성서해석으로 인한 감동을 퇴보시켜 개신교회의 설교와 선교도 제도 중심, 교리 중심이 되어 갔소."[21]

세린이 뒤이어 말했다.

"그런데 요즘도 신앙이 살아 있지 않고 경직된 경우, 성경을 신앙 체계의 교리서 정도로만 인식하는 사람들이 많아요. 그렇다면 루터 나름대로 지향하는 신학이 있었겠군요?"

브라이언 박사가 세린에게 눈으로 동의를 보냈다.

"아이러니하게도 루터가 신학박사 학위를 받고 성서 교수가 되었던 비텐베르그 대학교는 횔덜린 수학 시절보다 3세기 전의 튀빙겐 대학을 모델로 설립되었소.[22] 비텐베르그 대학에서 루터에게 영향을 준 스타우피츠 박사는 반(反)스콜라주의 입장에서 독자적으로 어거스틴을 철저히 연구하고 성서 연구에 가장 큰 가치를 두었던 사람이었소.[23] 루터는 성령의 인도하심에 따라 시편과 로마서 강의를 하였고, 성경과 어거스틴 연구를 하면서 후계자인 멜랑히톤과 스콜라 신학을 대체할 수 있는 '은혜에 의한 구원'과 '십자가에 나타난 하나님의 의'를 의지하는 신학을 만든 거요. 철저히 성서 중심의 교육으로 개혁되고 발전한 비텐베르그 대학교의 신학교육은 그러나 루터 사후에는 16세기 당시 루터가 대학을 개혁하면서 제거하였던 아리스토텔레스의 '형이상학'을 유입하여 개신교 스콜라 신학이

21) A History of Lutheranism(루터주의의 역사), Eric W. Gritsch
22) https://christianhistoryinstitute.org/magazine/article/139-backwoods-school-that-changed-a-continent
23) Britannica, Johann von Staupitz

라 불리는 교리 체계를 구축하였소."

세린이 말했다.

"수많은 교리 논쟁을 하자니 초기 기독교 시절의 교부들처럼 다시 아리스토텔레스 논리학을 활용한 거군요. 결국 믿음과 이성은 떨어질 수 없는 운명을 지닌 것 같군요."

브라이언 박사가 말했다.

"한편 이 시기에 태동한 것이 경건주의 운동이었소.[24] 1600년경 개신교 신자들은 종교 개혁의 의미와 정통주의 교리를 머리로는 충분히 이해했으나, 가슴으로 공감이 안 되고 삶으로 실천이 안 되니 신앙 정체성의 불확실로 인해 경건성의 위기를 겪게 된 거요. 따라서 교리화된 죽은 정통주의에 대한 반성으로 루터교회 내부에서 교리적 논쟁보다는 신과 교통하는 내밀한 신앙 체험과 삶에서의 경건한 실천을 강조하는 경건주의가 등장했소. 영적인 생명력을 강조하고 성경 공부와 사회 개혁과 선교 열정 등 삶에서의 올바른 생활과 가치관을 강조하는 경건주의는 점차 전 유럽과 영국과 미주의 개신교회들로 퍼져 갔소. 경건주의는 유럽 전역에 계몽주의 운동에 동시대적 배경이 되었고 요한 아른트, 스페너, 벵엘의 경건주의에서 파생된 복음주의 신앙은 미국의 대각성 운동으로 이어졌어요."

세린은 과거 칸트나 키엘케골이나 니체의 책을 읽을 때마다 광신이니 미신이니 하며 죽은 정통주의에 대한 비판이 그토록 빈번하게 언급되었던 걸 새삼 떠올렸다. 종교 개혁 이후 수 세기가 지난 지금도 기독교의 교리화와 제도화에 대한 비난은 신앙의 유무나 진위 정도를 막론하고 사람들에겐 여전히 단골 메뉴인 셈이 아닌가…

---

24) Pietism(경건주의), Wikipedia

세린이 다시금 입을 열었다.

"뭔가 깨달아지는 점이 있어요. 처음엔 신앙의 지적인 면에 온통 관심을 쏟다가 이것의 부작용으로 두 번째엔 의지적인 면에 온통 관심을 기울인 것인데요. 이것 또한 부작용을 가져왔다면 이번엔 정서적인 면에 관심을 기울이지 않을까요?"

브라이언 박사가 말했다.

"일리가 있는 생각이요. 그래선지 목사의 아들로서 '살아 있는 기독교 정신'을 주장하며 종교적 진리 추구를 외치는 또 다른 감성적인 운동가가 등장했으니 그가 독일 계몽주의의 대표적인 극작가 레싱이오. 레싱은 경직되고 도그마화한 기독교를 비판하며 원기독교 정신과 루터 정신의 복원을 주장했소. '살아 있는 기독교 정신'이 중요하지, 죽은 활자가 중요한 게 아니라고 말하며, 종교가 지적 유희에 빠져 버렸다는 주장을 폈소."

세린은 별안간 정신이 퍼뜩 들도록 머릿속에 섬광이 스치고 지나는 느낌이었다.

"저, 잠깐만요, 그렇다면 경건주의가 계몽주의에도 영향을 끼쳤다는 말씀이군요![25] 전 이제껏 이 둘은 전혀 성격이 다르다고 생각했거든요. 하지만 둘 다 16세기 종교 개혁 이후 또다시 강화되는 종교의 교리화에 맞서 등장하였다는 논지로군요."

브라이언 박사가 말했다.

"그렇소. 레싱은 계시와 이성을 동반자의 관계로 발전시켜 나아가야 한다고 했소. 그는 루터의 공적을 '기독교 정신'에 대한 중재자 없는 독자적 해석 허용으로 주장하고 이성이 계시를 조명한다고 주장했어요."[26]

---

25) Nomenjanahary Z, Valinirina, Relationship between Pietism and Enlightenment
26) http://hokuga.hgu.jp/dspace/bitstream/123456789/1452/1/JINBUN-36-6.pdf

세린이 물었다.

"'기독교 정신'이라뇨?"

세린은 '기독교 정신'이란 말에 전신이 감전된 듯 진저리가 쳐졌다. 지난날 휠덜린에 관한 자신의 졸업 논문이 '신에 관한 아이디어(The idea of God)'니 '신성한 것(Das Göttlich)' 혹은 '신적인 것(something divine)'이란 표현으로 도배되었던 기억이 떠올랐기 때문이었다. 아, 이 때문에 그녀의 청춘은 얼마나 오랜 세월 방황하고 외로웠던가…!

브라이언 박사가 말했다.

"계몽주의 시대에서 '신적인 것'이란 세상을 창조하였어도 세상과 피조물에 개입하는 기독교적 인격신이 아니고, 그렇다고 무신론도 아닌 것이오. 이성이 인정하는 범위 내의 유일신론으로서 '이신론' 혹은 '자연신론'이라 일컫는 거요."

세린이 절규하듯 말했다.

"루터의 공적은 '기독교 정신에 대한 중재자 없는 독자적 해석 허용'이 아니라 성령의 중재를 통해 믿음으로써 의롭다 함을 입음에 대한 깨달음인 것이죠! 즉, 계시가 이성을 조명한 것입니다. 16세기 종교 개혁 이후 또다시 강화되는 종교의 교리화에 맞서 경건주의와 계몽주의가 등장하였다 하더라도 경건주의는 이성과 감성의 균형을 강조하면서 루터교 정통성에 대한 위협에 맞서고자 개혁과 교회 갱신에 관심을 두었던 거지 정통 교리 자체를 부인한 건 아니었죠."

세린의 말을 듣는 동안 눈을 지그시 감고 있던 브라이언 박사가 조용히 말했다.

"사실 레싱은 죽기 직전에 야코비에게 스피노자주의가 좋아서 정통종교 개념을 버렸다고 고백을 했었소."[27]

"역시 그랬군요. 정통종교 '개념'이라뇨…. '신앙'이 아니라 '개념'이니

---

27) Johann Gottfried von Herder, Stanford encyclopedia of philosophy

까 수월하게 버렸겠지만요!"

뉴세린은 그 후 혹자의 논문에 실린 글에서[28] 다음의 내용을 읽고는
혀를 차지 않을 수 없었다.

> 레싱에게 이성이란 믿음과 관련해서 한 개인에게 '신적인 것(etwas
> Göttliches)'에 관한 명확한 상(像, image)을 중제해줄 수 있는 '구속력
> 있는 요소'였던 것이다. 그럼에도 불구하고 레싱의 경우 어느 특정한
> 부분-이를테면 원죄 등의 교리이다-에서는 그리스도의 신성을 부
> 정하고 있음을 알 수 있다. 레싱은 신비주의자도, 헤른후트 파도, 더
> 구나 루터 정통주의자도 아니었다. 그는 종교적 진리를 추구했고 '참
> 계시 진리'와 '거짓 계시 진리'를 구별하려고 시도했다.

앞 문장과 뒷 문장을 잇는 접속사 '그럼에도 불구하고'가 참 이상했다.
바른 신앙적 관점에서 보면 '그러므로'가 백번 합당한 표현이 아니겠는가?
그리스도의 신성을 부인하면서 참계시 진리와 거짓 계시 진리를 구별하
려고 했다니, 이 무슨 해괴한 망언인가? 그가 추구한 것은 종교적 진리였
는지는 몰라도 기독교적 진리는 단연코 아니었다. 이런 것이 오늘날까지
도 신학계에 만연한바 몽매한 말 잔치의 참상인 것이다!
성경은 이런 자들을 경계할 것에 대해 다음과 같이 말씀한다.

> 사랑하는 여러분, 영을 받았다고 하는 사람들을 무턱대고 믿지 말
> 고 그들이 주장하는 영이 하나님에게서 왔는지 시험해 보십시오. 거
> 짓 예언자들이 세상에 많이 나타났습니다.
> 하나님의 영인 성령을 알아보는 방법은 이렇습니다. 예수그리스도께

---

28) 정인모, 계몽과 경건의 변증법 - 18세기 독일 사상의 지형도, PP. 248-252
『신앙과 학문』 https://doi.org/10.30806/fs.23.3.201809. 243-261

서 인간으로 오신 것을 인정하는 사람은 모두 하나님의 영을 받은
것입니다.
그러나 예수님을 그런 눈으로 인정하지 않는 사람은 하나님의 영을
받은 것이 아니라 그리스도의 원수인 마귀의 영을 받은 것입니다. 여
러분도 그리스도와 원수가 오리라는 말을 들었겠지만 그가 벌써 세
상에 와 있습니다(요일4:1-3).

예수그리스도께서 인간으로 오신 것을 '인정'한다는 의미는 육신을 입
고 오신 하나님인 예수 그리스도, 즉 예수 그리스도의 신성을 인정한다
는 의미이다.

신앙을 모르는 신학들이 판을 치는 세상! 그러나 이 모든 것에 원인을
제공한 주요한 발단이 경직된 신앙, 예나 지금이나 말씀의 능력을 잃어버
린 이기적 경건주의 안에 있는 '자기 의'란 '사망의 힘'이란 것을 부인할 수
는 없을 것이다. 비기독교인이나 준기독교인의 눈에 비치듯 초대교회 신
자들과는 딴판으로 그때나 지금이나 믿음과 삶이 일치하지 않는 기독교
인들…. 스스로는 야훼 하나님을 안다는 강한 자부심을 가지고 바른 교
리를 떠드는 것만이 신앙의 전부라고 믿는 듯한 도그마한 기독교, 살아
있는 말씀을 죽은 활자로, 지적 유희의 도구로 만들어 버리는, 진실과 성
령의 감동과 실천이 없는 신앙인들과 신학자들의 자세, 주님의 인간 사
랑에의 희생보단 구원 논쟁에만 빠져 있는 태도, 세인들보다 더 탐욕적이
고, 정치적이고, 이기심이 충만한 태도 등 이런 것들이 합하여 성령에 몽
매한 비기독교인들이나 준기독교인들로 하여금 진정한 기독교, 살아 있
는 기독교 정신을 외치게 만든 것이다. 그러나 성령에 문외한인 저들이
외치는 살아 있는 기독교란 보편적 이성의 범주 안에서의 외침일 수밖에
없는 한계를 지닌 것이다.

레싱의 당시 정통(Orthodoxie) 비판에 대해 위 논문의 저자는 "루터 정
신과 원시기독교 정신의 복원"이니 "신에 대한 진지한 경외심"이니 "신의

존재를 부정한 것은 아니었다"니 또 "그가 비판한 것은 도그마한 기독교, 즉 원 기독교 정신에서 멀어진 종교였으므로 이는 역으로 진정한 기독교를 되찾기 위한 노력이라 볼 수 있다"는 등으로 결론짓고 있었다.[29] 그럼 대체 무엇이 살아 있는 진정한 기독교 정신이란 말인가? 기독교는 '정신세계'나 '사상'이나 '신념' 등으로 대치될 수 없는 그 무엇이며, 그것은 바로 '십자가의 생명'이다. 신실한 기독교인에게 중요한 것은 살아 있든 죽어 있든 '기독교 정신'이 아닌 '예수의 생명'인 것이어야 한다. 성경에 기록된 말씀은 본래 '죽은 활자'가 아니라 '살아 있는 예수'다. 그러기에 종교가 지적 유희에 빠졌다는 레싱의 비판은 실상 영적 몽매에 빠졌다는 것으로 대치되어야 한다. 무엇보다 레싱은 학창 시절부터 경직된 루터 교회에 공격을 가하면서 "자유정신"을 강조했다는데, 그가 진정 원했던 것은 활력 있고 온기가 도는 열린 마음의 신앙이었을 것이다. 그러나 그는 그 모든 것을 가능케 하는 것이 그리스도 예수의 '십자가 영성'인 것을 끝내 깨닫지 못한 것이다. 진정한 교회나 신자 안에 역사하는 것은 보편적인 자유정신이 아니라 그것을 넘어선 '자유케 하는 진리의 말씀'이요, '주의 영' 안에서의 자유인 것이다(고후3:17).

세린은 논문을 계속 읽어 내려갔다.

레싱은 성서를 하나의 문서로 보았고, 전통기독교에서 말하는 계시는 인정하지 않았으며, 성서 해석에 있어 도덕과 이성에서 출발하기 때문에 신학 역사에서 자유신학의 선봉에 설 수밖에 없었다.

레싱이 말하는 진정한 기독교, 순수한 복음정신이란 예수 이전에 이미 존재한 것으로, 완결된 것이 아닌 역사 속에 변모하고 발전하는 단계에 있다.

그는 "현자 나탄"에서 기독교의 부당함을 비판하고 특정 종파나 민

---

29) Ibid.

족을 초월해 인간성과 보편적 형제애를 추구하며 기독교, 유대교, 이슬람교 세 종교 모두 가치 있고 의미 있는 종교라는 것을 역설한다. 레싱은 기독교와 예수를 하나로 보지 않는다. 따라서 예수와 기독교를 하나로 보는, '오직 성경' 주장을 루터파의 오류로 본다. 레싱은 성경의 무오류, 영감에 의한 기록 등을 인정하지 않는다.

그리스도의 신성을 인정치 않는 레싱이었지만, 그는 '순수복음 정신'이니 '루터 정신'이니 '원시 기독교 정신'이니 하는 그럴듯한 표현을 구사하면서 경직된 루터교회를 공격했던 것이다. "진정한 기독교, 순수한 복음정신이란 예수 이전에 이미 존재한 것으로, 완결된 것이 아닌 역사 속에 변모하고 발전하는 단계에 있다."란 말은 헤겔의 '절대정신'의 다른 표현에 지나지 않는다. 기독교와 예수가 하나가 아니라면 '기독교(Christianity)'나 '그리스도인(Christian)'이란 명칭은 생기지 않았을 것이 아닌가? '기독교'란 '나사렛 예수 그리스도의 삶과 가르침과 죽음과 부활 그리고 성경에 대한 믿음에 기초한 종교'이다. '크리스찬'이란 '그리스도에게 속한 사람', 또는 '그리스도를 따르는 추종자들'이란 뜻으로, 안디옥 교회 당시 수리아 안디옥의 믿지 않는 외부 사람들이 붙인 이름이었다(행11:26).

레싱이 생각하는 인간의 참된 종교는 모든 교리를 초월하여 전 인류가 사랑으로 하나를 이루며, 도덕적 인식과 자유의 정점에 도달한다는 극히 인본주의적 망상일 뿐이다. 당시 레싱과의 논쟁으로 유명했던 함부르크의 대목사 '괴즈'[30]는 예나대학교와 할레대학교에서 공부하면서 초기 기독교 변증학에 관한 박사학위 논문을 썼던 자로, 문학과 역사와 변증에 익숙했다. 그는 계몽주의의 다양한 지지자들에 반대하는 글을 썼으며, 1770년에 『종교적 열정의 진정한 본질』을 출판했다. 괴즈는 레싱에게 회개를 촉구했지만 레싱은 '현자 나탄'과 '안티괴즈'로 반격했으며, 결국 레

---

30) Johann Melchior Goeze,(괴즈) Wikipedia

싱은 종교 문제에 대한 글을 쓰는 것이 금지되었다. 그러나 레싱은 개인적으로 괴즈를 방문하며 존경했다고 한다.[31]

결론적으로 논문의 저자는, 17-18세기에 경건주의와 계몽주의가 루터 정통주의의 교리화에 반발해서 동시적으로 일어난 것을 보고, 경건주의를 계몽주의의 일환이나 상호 협력의 관계로 보는 난센스를 범하고 있었다. 계몽주의와 경건주의는 처음에는 서로를 동지로 생각했다. 왜냐하면 서로가 '새로운 탄생'을 통해 '새로운 사람'을 창조하는 것을 목표로 교회 내부를 개혁하고 갱신하는 운동을 모토로 삼았기 때문이다.[32] 또 계몽주의자들의 대다수가 루터교 목사를 아버지로 둔 자들이었고 신학교에서 수학한 자들이었기 때문이다. 그러나 배경과 구호가 어찌 됐든 본인들의 회심과 중생이 없는 한 이들이 서로 동반자일 수 없음은 너무도 자명한 이치가 아니겠는가?

요컨대 학계에서 레싱을 계몽주의적 기독교인, 혹은 기독교적 계몽주의자로 평가하기엔 큰 무리를 감수해야 할 것이다. 진정 이성이 계시와 대립되는 것이 아니라 계시를 밝혀주는 동반자 역할을 하려면 이성이 계시 안에서 거듭나야 한다. 그래서 하나님을 아는 "아는 것"과 "믿는 것"에 진정 하나가 되어야 한다.

니체와 키엘케골 그리고 볼룸하르트

혹자의 글처럼[33] 니체와 블룸하르트가 19세기 독일 개신교 루터교회를 비판하였다고 해서, 니체가 하나님이 죽었다고 주장한 것을 블룸하르

---

31) The Controversy Between Lessing and Goeze(레싱-괴즈 논쟁), oxford academic

32) Nomenjanahary Z. Valinirina, Ibid.

33) 임희국, 모더니즘시대의 교회를 향한 니이체와 블룸하르트의 비판 http://theologia.kr/board_system/46192

횔덜린, 니체, 고흐

트가 죽어 있는 기독교를 비판한 것과 등식으로 놓으면 안 된다. 계몽주의자들이나 니체가 교리로 굳어진 기독교를 비판한 것의 중심은 경건주의자들이 비판한 의중과는 판이하게 다른 것이다. 전자는 기독교를 전복하고 인간 예수만을 부각시키려는 것이고, 후자는 성령을 간구함으로써 사도들의 신앙 유산을 되찾아 하나님과 인간 사이의 유일한 중재자이신 예수 그리스도의 부활 신앙을 회복하여서 교회가 생명의 공동체로 거듭나길 염원하는 것이다. 니체가 그리스도교가 그 역사의 첫 걸음부터 예수의 생명 진리와 동떨어진 종교의 형태를 갖추었다고 판단했던 이유는 사도행전적 역사에 대한 지식과 깨달음이 전무했기 때문이다. 즉, 부활 예수의 신앙이 부재했던 니체의 한계였다. 혹자는 말하길, 생명의 진리는 가르침과 지식으로 전달되는 것이 아니라 표적과 비유로 깨달아 알게 되는 것인데, 이 진리는 오직 상징(Symbol)으로 표현된다고 니체가 주장했다고 한다. 그러나 성경은 "하나님께서 전도의 미련한 것으로, 믿는 자들을 구원하시기를 기뻐하셨도다. 유대인은 표적을 구하고 헬라인은 지혜를 찾으나 우리는 십자가에 못 박힌 그리스도를 전하니(고전1:21-25)"라고 말씀한다.

즉, 생명의 진리는 기적과 이성을 통해서가 아닌 '전도'의 방법으로 전해진다. 전도란 설교(preaching)를 의미하고, 이에 해당하는 헬라어 '케리그마토스'는 선포하는 행위뿐만 아니라 선포하는 내용도 가리킨다. 즉, 전도, 설교, 선포의 핵심 내용은 '십자가에 못 박힌 예수 그리스도'이며, 전도란 '십자가에 못 박힌 예수 그리스도'를 선포하는 행위이다. 이 실제 사례가 사도행전에 베드로와 스데반과 바울의 설교로 기록되어 있다. 그러므로 무릇 복음, 구원의 소식인 생명의 진리의 전달은 계시된 하나님의 말씀이 기록된 성경의 내용에 근거하여 말씀을 선포함으로 이뤄진다. 표적과 비유와 상징은 예수께서 복음인 생명의 진리를 효율적으로 전달하시기 위해 때때로 동원하신 방법들이다. 니체의 주장은 말하자면, 예수를 그리스도로 인정하지 말고 완성된 성경의 권위를 무시하고 사람들에게 각자 예수가 되라고 주문하는 격인데, 이런 주장은 부처와 불경을 대상으로 할 때나 적절한 것이다. 혹자는 야스퍼스를 인용해 니체는 예수가 이 세상에 가르침을 남겨 놓거나 어떤 형태(Form)의 종교를 심어 놓지 않았고, 가르침과 종교를 능가하는 생명의 진리를 남겨 놓았다고 주장했다고 한다.[34] 그러나 예수는 분명히 가르침을 남겨 놓았고, 예수의 가르침은 그 안에 생명이 있는 진리의 말씀인 성경으로서 완전한 계시이며, 2000년 역사 내내 오늘날도 신자 안에 성령을 통해 살아 역사하는 능력이 되어 온 것이다.

> 예수께서 대답하여 이르시되 사람이 나를 사랑하면 내 말을 지키리니 내 아버지께서 그를 사랑하실 것이요 우리가 그에게 가서 거처를 그와 함께 하리라 나를 사랑하지 아니하는 자는 내 말을 지키지 아니하나니 너희가 듣는 말은 내 말이 아니요 나를 보내신 아버지의 말씀이니라 (요14:23-24)

키엘케골은 '죽음에 이르는 병'에서 개별적이고 주체적 인간의 실존을 충동과 감정에 따르는 미적 실존, 이성의 행동 규율을 따르는 윤리적 실존, 신을 통한 자기실현을 이루는 종교적 실존으로 구분하였다. 그에 따르면 윤리적 인간에서 문제가 되는 것은 바로 오만함인데, 이는 자신이 절대자와의 관계하에 존재하고 있다는 것을 인정치 않으며, 자신이 신과 동등해질 수 있다는 신인 동형 동성론의 오류에 빠져 있기 때문이라는 것이다. 즉, 윤리적 실존의 단계에서는 인간은 절망에 맞서는 결단을 내리지만, 그는 자기 자신에게서 절망의 원인을 찾기에 결코 구원에 이를 수 없다는 것이다.

이런 맥락에서 그보다 후세대인 니체는 윤리적 인간이고 윤리적 실존

---

34) Ibid.

에 해당된다고나 할까? 물론 니체에게 윤리는 보편적 기성 윤리가 아니라 니체식 주인 윤리이지만 말이다. 케엘케골은 말한다. 동물은 절망하지 않으며, 자연인은 절망하지 않는다고. 오직 크리스찬만이 절대자 앞에서 절망하고 자신의 연약함에 떨며 종교적 결단을 향해 열려 있다고. 그러나 니체는 절망하지 않았다. 아니, 절망할 수 없었다. 왜 그런가? 그의 절대자는 너무 인간적인 수준이었기에 그의 속엔 절대자와 비길 수 있는 심리로 충만했기 때문이다. 그는 필멸의 자신을 비추는 지존자의 명징한 거울이 훼손된 앞에서 피카소의 초상화같이 그로테스크한 자신을 마주하고선 그 절망을 망치로 부숴 버렸던 것이다. 니체는 처음부터 끝까지 자연인이었다. 그는 절망하는 대신 비판하고 반항하였다. 비판과 반항은 자연인적 절망의 다른 이름이기도 하다. 니체에게 있어 지상의 모든 형이상학과 신학에 대한 부인이 그의 '신은 죽었다'로 이어졌건 어쨌건, 어차피 '신은 죽었다'는 니체 자신의 신앙 고백일 수밖에 없는 것이다. 니체의 기존 가치 체계에 대한 부인과 반란에 혹 절망이란 옷을 입히더라도, 그의 절망이 키엘케골식의 본래적으로 영원한 것에 관한 절망으로 진지하게 이어질 수 없었던 것은, 그의 기독교관이 신의 실재가 아닌, 칸트식 신에 대한 존재론적 증명의 부당함같이 이성의 기능에 철두철미하게 의존하였기 때문이다. 그는 절망에 맞서는 결단을 내리지만, 그는 자기 자신에게서 절망의 원인뿐만 아니라 그 해결책마저도 발굴했기에 결코 구원에 이를 수 없었다. 이 상태는 키엘케골이 영원함에 관한 절망 앞에서 최초로 자신의 영원성을 자각하고 자기의식을 갖게 됨으로써 전능자 신(God)만이 자신을 치유할 수 있다는 것을 깨닫는 차원과는 본질적으로 다른 것이다. 니체는 하나님께 자신을 관계시키는 행위를 가장 높은 차원의 실존에 대한 인식이라고 보았던 키엘케골과는 정반대로, 그가 한갓 우상이며 가상의 존재라고 주장하는 절대자를 등진 채 자신의 연약함을 치욕으로 여겼고, 종교적 결단이 아닌 초인적 결단을 선포했다. 왜 그런가? 예수의 십자가 고난에 대한 니체의 이해가 키엘케골에 비해 너무 인간적이었기 때문이다. 키엘케골에게 있어서 하나님께 버림받은 십자가 위의 예수는, 하나님을 버린 대가로 고통받는 인간들의 경우와 달리 그 어느 인간도 이해할 수 없는 절대적인 고통을 겪은 것으로, 그는 예수의 고통과 인간의 고통 사이에는 영원한 심연이 놓여 있음을 간파했다. 그러므로 키엘케골은 우리가 그리스도의 고난에 대해 아주 인간적으로 말하는 것은 (짐작컨대 우리가 그리스도의 고난에 참여할 수 있게 하는 면에서) 유익하지만, 단지 예수가 가장 많은 고난을 받은 인간인 것처럼 말한다면 그것은 신성 모독이라고 피력했던 것이다.[35]

그러므로 혹자가 성경의 야훼 하나님과 예수와 성령을 깨닫지 못한 니체를 선불리 동시대인인 경건주의자들과 비교하는 것은 부적절한 시도이다. 니체와 동시대인인 경건주의자인 '블룸하르트'는 당시 교리화되고 제도화된 독일의 죽은 정통교회를 비판하면서 죽음의 종교에서 부활 신앙으로 넘어가는 길을 '자기 부인'의 십자가 신앙에서 찾았다.[36] '자기 부인'은 육신의 정욕과 그릇된 욕망을 십자가에 못 박는 것이다. 니체의 초인 사상은 그릇된 이성적 욕망에 해당된다. 니체는 전술한 바, 그리스도교가 그 역사의 첫걸음부터 예수의 생명 진리와 동떨어진 종교의 형태를 갖추었던 것은 바울이 교리의 옷을 입힌 탓이라고 비판하며 삼위일체 교리를 공격했다. 그러나 교리란 발명한 것이 아니라 발견된 것이다. 즉, 진리의 말씀을 깨달음으로써 자연히 얻어진 것이다. 니체의 의도는 예수의 그리스도성, 즉 예수의 신성과 유일신 창조주를 경배하는 기독교의 핵심을 전복시키려는 것이다. 니체는 사도 바울을 신랄하게 공격했는데, 바울의 기독교 이해는 생명의 실천이 아니라 구원에 초점이 맞추어져 교리 논쟁만 야기했다는 주장이다. 그러면 구원이란 과연 무엇인가? 구원이란 하나

---

35) Søren Kierkegaard, Wikipedia

36) Pneumatology and Theology of the Cross in the Preaching of Christoph Friedrich Blumhardt

님의 은혜로 예수 그리스도를 믿음으로써 죄의 형벌로부터 자유하여 영생을 얻는 것인데, 이 구원은 전능자 앞에서 두렵고 떨림으로 이루어가는 생명의 실천의 과정인 것이다. 이 구원의 과정은 전적으로 생명의 말씀의 능력에 달린 것이고, 이는 곧 생명의 실천을 낳는 부활 신앙과 직결된다. 예수가 온 것은 인간으로 생명을 얻게 하고 더 풍성히 얻게 하려는 것이기에 주의 말씀인 복음을 전함으로써 신자는 생명으로 좇아 생명에 이르는 향기가 된다(요10:10; 고후2:16). 신자는 이 땅에 살면서 예수께서 주신 새 생명을 입고 풍성히 누리는 자로서 새 생명을 온 누리에 전하는 생명의 실천자이다. 사도행전의 치유와 축사와 부활 기적의 역사는 그리스도인이 궁극적으로 얻게 되는 영원한 생명의 예표로서 생명의 실천에 다름이 아니다. 이와 같은 바울의 삶은 전적으로 생명의 실천을 위해 관제와 같이 온전히 제단에 부어진, 남김없이 헌신된 생애였던 것이다. 니체가 자의적으로 예수를 정의하고 사도 바울과 기독교를 거론했다 해서 그가 기독교를 일말이라도 이해했다고 생각해선 결코 안 될 것이다.

슐라이어마허

세린이 말했다.

"그러니까 말하자면, 그런 경건주의 신앙 노선과는 달리 합리주의에 기반을 둔, 성경의 기적을 거부하고 이성적인 도덕을 강조하는 계몽주의의 신학의 물결에 횔덜린이 휩쓸린 거로군요."

브라이언 박사가 이에 덧붙여 말했다.

"그런데 좀 전에 세린 씨 말대로 횔덜린 시대에 감성을 중시하는 신학을 주장한 이가 나타났는데, 그가 프리드리히 슐라이어마허요."

세린은 갑자기 정신이 번쩍 나는 기분이었다. 맨해튼 42가의 포트어또리티의 던킨 도너츠에서 처음 C 목사와 마주 앉아 그로부터 처음 들었던 감성주의 계열의 대표주자 슐라이어마허 그리고 두어 주 전 C 목사가 신학교로 그녀를 안내하는 길에 근처 서점에서 그녀에게 사 주었던 네 권의 책들 중 하나인 『종교를 멸시하는 교양인들을 위한 강연』[37]이란 이색적으로 긴 제목의 책의 저자…. 그러나 자유주의 신학의 감성이라면 복음주의적 감성과는 사뭇 다른 것이 아니겠는가? C 목사는 강의 중 슐라이어마허에 대해 종종 이렇게 소개를 했었다.

"개혁교회와 루터교회가 연합된 연합교회 신학자인 프리드리히 슐라이어마허는 개혁교회와 경건주의 배경에서 성장했는데, 합리주의에 대응하면서도 영향을 받아 정통 교리보다는 감성을 강조하는 자유주의 신학[38]의 창시자가 되었습니다."

세린은 C목사가 한 말 중 "합리주의에 대응하면서도 영향을 받아"란 말이 새삼 뇌리에 남았다. 대응이란 어떤 사태에 맞추어 행동한다는 뜻인데, 그러면 그는 합리주의에 맞추어 과연 어떤 행동을 한 것이며, 또 어떤 합리주의적 요소를 배격한 것일까? 그동안 표지 제목이 무게감 없이 어수선해 보여서 제쳐 났던 그의 책을 이번엔 꼭 읽어 봐야겠다고 그녀는 마음을 먹었다. 그리고 후에 뉴세린은 다음과 같은 소감을 작성하게 되었다.

사람들은 슐라이어마허에 대해서 '칼뱅식 개혁주의와 경건주의 영향을 받은'이란 수식어를 항용 붙이지만, 실제 그의 신앙은 정통 개혁 신앙과 경건주의와는 무관하다고 해도 과언이 아니다. 적어도 그의 『종교를 멸시하는 교양인들을 위한 강연』을 읽어 본 자라면, 만일 그 누군가가, 슐라이어마허가 자신의 의중을 감추려는 목적으로 당시의 국가 종교인 기독교의 검열관이나 일반인들을 혼란케 하기 위해 현란하고 기만적인

---

37) F. Schleiermacher, On Religion: Speeches to its Cultured Despisers https://www.ccel.org/ccel/s/schleiermach/religion/cache/religion.pdf

38) https://digitalcommons.liberty.edu/cgi/viewcontent.cgi?article=1260&context=eleu

수사학적 표현으로 겹겹이 두른 지능적인 덮개를 걷어 낼 수 있고, 그의 본심에 곧바로 진입하기까지 어지러움과 멀미를 이겨 낼 수 있는 인내심과 웬만한 언어적 통찰력을 갖춘 자라면, 슐라이어마허의 신앙적인 정체성을 깨닫고는 놀라움을 금치 못할 것이다. 슐라이어마허의 신앙은 할레 신학교로 옮긴 후 이전에 교육받았던 경건주의는 자취를 감추고, 계몽주의 물결에 휩쓸려 그리스철학과 낭만주의에 전념케 된 것이다.

슐라이어마허가 합리주의에 대항하듯, 종교를 이성이 아닌 감정으로 주장하고 절대자에 대한 절대 의존적 감정이 되어야 한다고 주장할 때 우리에겐 그가 말하는 '절대자'가 성경의 하나님으로 들리지만, 실상 그의 '절대자'는 직관적 감정의 대상으로서, 유한한 인간으로 하여금 불가항력적으로 압도되고 경외감이 저절로 생겨나게 한다고(19) 주장하는, 절대적 힘과 작용 속에 있는 '우주'를 지칭하는 것이다(40). 그는 사람들이 자신을 위해 만든 우주(기독교와 같이 '종교'를 떠난 종교)때문에 정작 자신을 만든 '우주(the Universe)'를 도외시한다고 꼬집는다(9). 그는 "완성된 원형의 관념론(complete rounded idealism)"인 기독교가, "단순한 우화나 환영"이 되지 않으려면, "직관과 감정의 통일" 안에서 "영원과 하나"가 되는, "고차원적 실재론(realism)"인 "종교"로 복귀할 것을 역설한다(35).

슐라이어마허는 이론상의 상이함을 들어 자신이 스피노자주의가 아니라고 항변하지만(36), 실제론, 스피노자를 "높은 세계정신에 감화된 자로서 무한을 알파와 오메가로 알며, 우주가 스피노자의 유일하고 영원한 사랑의 대상"이라며(35) 칭송한다. 그러나 기독교인이야말로 '세계정신'이 아닌 '성령'에 감화된 자로서, '무한'이 아닌 '하나님'을 알파와 오메가로 알며, '우주'가 아닌 '예수 그리스도'가 기독교인의 유일하고 영원한 사랑의 대상인 것이다. 슐라이어마허는 또 말하길, 그런 스피노자는 '거룩한 무흠함과 깊은 겸손'으로 자신을 영원한 세계(우주) 속에서 비추어 보았으며, 스피노자 또한 이 영원한 세계의 '가장 가장 가치있는 거울'(35)이란 것이다. 그러나 '성스러운 무흠함'과 '깊은 겸손'을 지니신 분은 스피노자가 아나라 오직 '예수 그리스도' 한 분이시며, 기독교인은 자신을 '영원한 세계'라 주장하는 우주 속에서 비춰 보는 것이 아니라 '하나님의 말씀' 속에서 비춰 보는 자인 것이며, 이 '영원한 세계의 가장 사랑스러운 거울'은 스피노자가 아니라 '말씀'이신 '예수 그리스도' 한 분이시다.

> 하나님의 말씀은 살아 있고 활동력이 있어서 양쪽에 날이 선 그 어떤 칼보다도 더 날카롭습니다. 그래서 혼과 영과 관절과 골수를 쪼개고 사람의 마음속에 품은 생각과 뜻을 알아냅니다. 하나님 앞에서는 아무것도 숨길 수가 없습니다. 우리가 모든 것을 고백해야 할 그분의 눈앞에는 모든 것이 벌거숭이로 드러나기 마련입니다
>
> (히4:12-13).

이윽고 슐라이어마허는 무언가에 취한 기운이 극에 달한 듯 목청을 돋운다.

"스피노자는 종교로 충만하였고 성령으로 충만하였다. 그는… 타의 추종을 불허한다. 그는 제자와 시민권도 없이 예술의 거장으로서 세속적인 동류보다 훨씬 숭고하다."(35)

이미 볼테르와 레싱의 토양에서 성장하여 슐라이어마허에게 역사한 인본주의는 창조주를 부인하고자, 창조 시 인간 속에 심어진 '신의 형상' - '지정의행'을 포함한 전인격성을 해체시키는 음모를 꾸미기에 이르렀다. 이를 위한 첫째 작업으로 슐라이어마허는 '종교'라는 개념의 정의를 임의로 만들어 놓고 교묘히 여타 종교와 함께 기독교를 그 카테고리 안에 끌어들이면서 그 나름의 종교론을 등장시키는 전략을 폈다. 그러한 그의 술수는 정치 세력을 입은 교조화된 기독교가 비난의 빌미를 제공하기에 용이했던 시대적 약점을 틈타고 계몽주의와 낭만주의적 기운이 팽배한 가운데, 복음의 진수를 전혀 이해하지 못한 채, 자의적으로 복음을 폄훼하고 오

도하는 내용으로 점철된 종교론을 세상에 던졌다. 그리고 두 번째 작업으로, 그는 그의 '종교' 옆에 기존의 '형이상학'과 '도덕'을 나란히 배치하고 마치 수사관처럼 근엄하게 이 둘을 따로따로 불러 '종교'의 이름으로 재단하고 취조하며 나무라는 모양새를 취했다(184). 그의 '형이상학'과 '도덕'에 대한 추궁과 단속은 자신의 '종교론'의 새 장을 열기 위한 사전 정지 작업인 것으로, 그가 궁극적으로 조준하는 것은 '태어나기도 전에 영양실조로 죽어 버린 종교', '죽은 글에 의존하는 비참한 메아리'요, '구시대의 영묘'(74)라 간주하는 기독교를 겨냥한 것이었다. 그는 기세를 돋우어 자신이 '종교론'을 폄이 자신을 사로잡는 신성한 감동과 내적 필연성에 의한 것이라고(10) 당당히 주장하며 일갈한다. 종교는 세계와 존재에 대한 이론적 이해와 설명이 되어선 안되며(19), 도덕과 같이 이 세계로부터 의무와 행동의 법칙을 도출해 내어서도 안 된다고 말이다(184).

따라서 그에게 기독교 신앙이 명제적 진리(신조와 고백)나 (칸트적)도덕적 선택에 동의하는 것은 오류이고, 다만 종교적 직관(절대적 의존감)의 산물로서 '교리'는 성경에 드러난 객관적 진리의 진술이 아니라 성경 저자들의 종교 의식(意識)에 대한 표현인 것이다. 그러나 과연 그런가?

기독교 신앙은 지(명제적 진리)정(절대적 의존감)의(의지적 순종)뿐만 아니라 영혼과 육체를 아우른 전인적 믿음의 고백이며 실천인 것이다. 기독교 신앙의 근간은 하나님이 세상 만물과 인류의 창조주이시고 만물을 다스리고 계시며, 그가 세상에 보내신 독생자 예수 그리스도를 믿는 믿음을 통해 하나님의 구속 역사가 완성된다는 계시적 진리 체계이다. 그러므로 기독교… 안 반드시 준수해야 할 의무와 법칙이 명시되어 있다. 그리고 이 행위의 의무와 법칙은 슐라이어마허의 주장대로 세상으로부터 도출되어진 것이 아니라 창조주 하나님의 계명과 조례로부터 나온 것이다. 그는 이와 같이 형이상학과 도덕, 즉 이론과 실천을 분리하는 해체 작업을 펴는 과정에서 성경의 말씀인 '로고스'를 세상의 이성인 '로고스'로 은근슬쩍 대체시키는 기만전술을 편 셈이다. 그러므로 그의 이런 분리는 말씀과 행함의 분리를 꾀하는 것으로써 이것의 귀결은 하나님의 말씀대로 살지 말라는 너무도 자명한 메시지이다. 기독교 신자라면 창조주 하나님의 말씀을 절대적 진리로 수용하고 이에 순종하여 실천하는 삶을 살기 위해 노력한다. 이것은 하나님의 형상을 닮은 인간의 지정의행의 전인격적 결단이며 의무이다. 슐라이어마허의 종교론은 칸트의 실천이성에서 '요청된 신'의 개념조차 들어설 수 없도록 빗장을 지른 것으로서, 종국적으로 예수 그리스도에 대한 신앙 파괴, 즉 성경이 가르치는 Imago Dei적 인간의 원형을 해체시키려는 노림수이다. 이는 자연 인격신의 부인으로 귀결된다. 이제 슐라이어마허는 '겸손함의 베일을 두르고 갖은 방식으로 종교를 기만해 온' 예수 신앙을 가진 사람들의 경건성을 마음껏 조롱하며 비웃는다. 그가 이해하는 기독교는 어떤 견해나 계명이 어설프게 혼합된 조각인 것이며(18), 그가 이해하는 '종교심'이란 이런 견해를 알고자 하는 '충동'이고(41), '경건'이란 정치와 결탁한 "야만스럽고 타락한" 종교가, 유혹에 약한 대중들을 상대로 종말 신앙이 조장하는 "어두운 예감" 즉 최후 심판에 대한 두려움을 이용해 강요한 '심리적 굴레'일 따름이다(20).

슐라이어마허는 말한다. 기독교인은 세계 저편에 있는 신 때문에, 시온의 무너진 벽과 기둥을 다시 세우려는, 보수적이고 야만적인 비탄에 잠긴 자들이라고(10). 그러나 자신의 종교는 불멸(영생)을 향한 위안과 도움을 받고자 '신'을 필요로 하는 기독교와 다르기에 그런 목적으로 '우주'를 필요로 하지 않는다고 주장한다. 그는 우주를 양극적 법칙 하에 통일성을 지향하는 그 자체로 하나의 '둥근 전체(a rounded whole)'로 보므로, 자신의 지론에 맞춰 기독교도 '둥근 관념론'이라 주장한다(42-44). 그에게 '악'이란 양극(감각적 본성과 영적 본성)의 통합을 못이뤄 힘과 충동의 과잉에 의해 편협과 협소함과 지배와 경쟁을 낳아 파멸을 가져오는 것인데, 기독교가 바로 이에 해당된다는 것이다. 그러므로 기독교의 유일한 해결책은 '종교'로서의 '우주'의 본질을 회복해 '무한'에 의해 영향을 받아 전체적으로 즐기고 이해하는 자세를 갖는 것이란 주장을 편다(69-70).

슐라이어마허가 주장하는 "종교의 불멸"은 유한성의 한가운데서 무한과 하나가 되고, 매 순간 영원해지는 것으로서만 주어진다(27 ,83). 따라서 사후 세계의 불멸을 상상하고 갈망하는 것은 비종교적이며 비경건한 것이다(81). 요컨대 슐라이어마허에겐 범신론자만이 종교를 이해해 온 소수의 사람들인 것이다.

위의 과정을 시쳇말로 표현하면 다음과 같을 것이다. 슐라이어마허는 그가 제작한 "종교"에 슬그머니 기독교를 빗대어 마치 이 "종교"란 것이 창조주와 성경을 넘어서는 보편적인 가치를 지니고 그 위에 당당히 군림하는 것처럼 보이도록 멍석을 깔았다. 그리고 창조주로부터 내려온 일반 은총인 이성의 법과 도덕법의 발로로 그동안 사람들이 연구해 온 형이상학과 도덕이, 무례하게 "종교"의 영역을 침범하였다고 한바탕 으름장을 놓았다. 두목들은 만만하게 보이는 하수들에게 다가가 의도적으로 시비를 거는 것이 그들의 속성이다. 기존 형이상학과 도덕에게 작심하고 다가가 생뚱맞은 딴지를 걸어 댄 슐라이어마허의 구실은 다름 아닌, 자신이 접수할 구역을 상대가 불법으로 침해하고 있다는 식으로 여기엔 자신의 종교론을 기존 사상들과 차별화된 것으로 부각시키고 선전하려는 계산이 깔려 있다. 슐라이어마허는, 종교의 대상은 형이상학과 도덕의 대상과 동일한 우주이기 때문에 종교는 이 대상에 대해 이들과 전혀 다른 관계를 보여 줘야 한다고 두 주먹을 치켜들었다. 슐라이어마허 속에 역사한 거짓의 영은, 기독교적 배경은 있으나 살아 있는 예수 신앙을 체험하지 못한 채, 신앙의 외피만을 맴돌며 신에 대해 이런저런 좌충우돌식 사변적 이론을 전개해 온 무리 속에 스며들어, 적절한 시기를 틈타 위풍당당하게 "종교"란 기치를 들고 제법 따르는 무리를 수하에 넣게 된 것이다. 그것도 '목사'란 허울 좋은 미명으로! 말할 것도 없이 형이상학과 도덕을 건드린 슐라이어마허의 실제 목적은 그가 종교의 보자기로 덮어씌운 기독교를 모살하고자 하는 데 있었다. 그는 노골적으로 기존 종교들의 대표인 기독교를 소환해 말하길, 기독교의 종교체계는 완전히 파괴되어야 할, "형이상학과 윤리의 파편들의 혼합물"이라고 거듭 힐난한다(184). 그에게 "진정한 종교를 멸시하는 자들인 기독교인들"이 신봉하고 고백하고 무장한 것은 '인류의 전체적 존재와 본성'을 느끼지 못하게 하는 이기적이고 공허한 관념일 뿐이다(11). 신에 대한 경외와 슐라이어마허는, '종교'는 "존재하며 명령하는 신"을 도구로 삼을 수 없다며, 기독교를 덮어씌운 '종교'의 보자기에게 기독교에 '도구적 종교'라는 꼬리표를 다는 최고 권한을 하사하고 "기독교의 '신(God)'은 '신'이 아니라 인간의 도구요 우상이며 물신"이라고 주장한다. 그에겐 신이 없는 종교가 신이 있는 종교보다 나은 것이다(187).

이로써 그는 그의 본연의 목적인 '슐라이어마허표 종교'의 이름으로 기독교의 '신'을 밀어내고, '신' 위에 군림하는 '종교', 뭇 별 위에 보좌를 높이고 스스로 '신'이 되고자(사14:13) 하는 '종교'를 마침내 완성한 것이다. 그는 외친다.

'자유로운 충동'에서 '무한'을 향하는 '무한한 자유'에 의해, 기독교가 낳는 이기적 욕망의 족쇄에서 구원을 받으라고(49). 그러고도 못 미더운지 그는 자신의 특정 종교론의 체면을 희생시키는 것을 무릅쓰고 다시 한번 못을 박는다. "종교란 특정 종교에 대한 신앙이 아닌 자유로운 삶, 삶 자체라고. 제발 신을 믿지 말라고!" 환언하면 그냥 '하나님' 없이 각자 하고 싶은 대로 살다 죽으란 것이다!

슐라이어마허는 말한다. 국가 종교와 교회로부터 완전히 경멸당한 스피노자와 스피노자의 동조자들인 소수인들(현대 교양인)은 창조자로부터 자유한 자들로서, 성전 출입을 하거나 신에게 경배하거나 성경을 가정의 수호신으로 삼는 그런 사람들이 아니라고. 그들은 정서적으로 오로지 인간성과 조국과 예술과 학문에 사로잡혀 있는 자들로서, 거룩한 존재에 대한 감정은 전혀 배제한 채 스스로 우주를 창조한 자들이라고. 마침내 절정에 달한 슐라이어마허는 그의 영혼을 온통 사로잡은 우주의 영에 이끌려 검은 날개 달린 사탄인 양 성전의 첨탑으로 올라가 기염을 토하기에 이른다. 내가 첨탑에서 내려다보고 전체 성소를 두루 살펴서 성스러운 것의 가장 깊은 비밀을 드러내겠노라고!(16) 검은 사도는 사람들에게 외친다. 기초적 기독교 신앙에 열중하는 '바깥 뜰'에서 나와서, '무한자에 대한 직관'을 통해, 최고의 존재가 통치하는 '우주의 영'과 감정적인 소통 - 감각과 대상이 섞이고 하나가 되는 신비한 순간을 맛보는 '지성소'로 들어가라고!(13,186)

더 나아가 슐라이어마허는 "기독교가 진정한 '종교심' 없이 '사변'과 '실천'을 끌어들인 것은 무모한 오만이며, 신에 대한 대담한 적대 행위이고, 안전하게 구할 수 있는 것을 겁을 먹고 훔친 프로메테우스의 불경한 감각이다(184)."라고 성토한다. 그에게 '진정한 종교심'은 '무한함에 대한 감각과 취향'이고, 사변은 '과학'이고, 실천은 '예술'이며, 인간이 훔친 것은 신과 유사한 '무한함'에 대한 느낌이다(184). 그러나 그가 정작 지적하는 사변은 '십자가의 구원' 교리를 말하는 것이고, 실천은 '말씀의 실천'을 말하는 것이다. '십자가 구원'의 교리와 '말씀 실천'을 무모한 오만과 신성모독인 것으로 정죄하는 슐라이어마허의 의도는, '성경'에서 신(God)을 찾지 말고 스스로 '자기 속'에서 신(God)을 찾으라는 주문인 것이다. 제우스에게서 '불'을 훔쳐 인간에게 전한 프로메테우스의 생각과 행위가 제우스 신에 대한 불손한 적대 행위인 것처럼 기독교도 그러하다는 것이다. 즉 기독교가 인간 정신 속에 깃든, 참되고 영원하고 성스러운 것을 지향하는 근원적이고 본질적 인간성 안에서, 조용한 확신으로 시선을 우주에 고정해 참 종교성을 맛보지 않고, 참을성 없이 소심하게 불을 훔친 프로메테우스와 같다는 것이다. 여기서 '불'은 '신성'을 상징한다. 슐라이어마허가 신화 속에서 인간에게 도움을 준 프로메테우스의 행위를 부정한 욕망에 의한 것이라고 이색적인 해석을 내린 것은, 자신의 종교관에 맞춰 기독교를 질타하기 위한 의도인 것이다.

인간이 자신 속에 있는 무한성과 '신적인' 성스러움의 감정을 스스로 발굴하지 않고, 구태여 '기독교의 신'에게 의지하는 것은, '우주'에 대한 불손한 적대 행위이고, 인간 속에 깃든 '신성'에 대해 모욕을 행한 것이라는 규탄인 것이다.

요컨대 '창조주 신(God)'을 해체시킨 슐라이어마허에게 있어 기독교의 '신'이란, 존재 자체를 알 수 없는 "알려지지 않은 신"으로서 성경에서 계시된 '여호와 하나님(야훼)'이 아니다. 그에게 기독교의 '신'은 다만 '종교적 직관의 한 종류'로서 원형적인 인간에 따라 결정되며 '인류의 천재'일 뿐이고, 자유로운 '상상력'이 없는 인간이 '우주의 영'을 의인화한 것에 지나지 않는다(187)

슐라이어마허는 말한다. 성스러운 불이 도처에서 타오른다면, 그것을 하늘에서 불러내리기 위해 열렬한 기도는 필요하지 않을 것이며 오로지 거룩한 처녀들의 부드러운 고요함만이 그것을 유지할 것이라고…(13) 물론 이는 사도행전의 '성령 강림'에 대한 비하적 언급이다.

자, 그럼 누가복음에 나오는 주님의 '불'을 떠올려 보자

내가 불을 땅에 던지러 왔노니 이 불이 이미 붙었으면 내가 무엇을
원하리요(눅12:49)

이 세상에 '불'을 던지시고 그 '불'이 붙기를 간절히 원하신다는 주님의 말씀에서 우리는 '말씀 자체'이신 주님, 즉 '말씀'이 육신이 되어 오신 주님(요1:1-3)께서 세상의 인간들의 심령에 '말씀'의 불씨, '성령'의 불씨를 심으러 오신 것임을 알 수 있다. 또한 불은 하나님께서 우상을 섬기는 죄악을 심판하시는 표현으로 나온다.

네 하나님 여호와는 소멸하는 불이시요 질투하시는 하나님이시니

라(신 4:24)

그러므로 주 만군의 여호와께서 살진 자를 파리하게 하시며 그의

영화 아래에 불이 붙는 것 같이 맹렬히 타게 하실 것이라

(사 10:16)

그리고 역시 이 '불'은 우리의 죄성을 두드리고 일깨우며 회개케 하는 '말씀'을 비유하는 표현으로도 나온다.

여호와의 말씀이니라 내 말이 불같지 아니하냐 바위를 쳐서 부스러

뜨리는 방망이 같지 아니하냐(렘 23:29)

특히 신약에서 '불'은 '성령', 즉 성령 세례와 관련이 된다. 세례 요한은 예수께서 '성령과 불로 세례를 베푸실 것이라고 했다(마 3:11). 오순절 성령 강림의 역사에서 '불의 혀'같이 갈라지는 것이 각인에게 임함으로 모두가 '성령'의 충만함으로 방언을 하게 된 것으로 보아 여기서도 '불의 역사 는 '말씀'과 연결이 됨을 알 수 있다(행2:1-5). '말씀'으로 세상을 창조하신 하나님의 '말씀'엔 권능이 있고, 이 권능 역시 '성령의 세례'와 관련이 있다. 요컨대 이 세상에 '불'을 던지시고 그것이 불타오르기를 고대하시는 주님의 '말씀'에서 우리는 '말씀 자체'이신 주님, 즉 '말씀'이 육신이 되어 오신 주님께서 세상의 인간들의 심령에 '말씀의 불씨', '성령의 불씨'를 심으러 오신 것임을 알 수 있다. '성령 강림'의 역사 이후, 인류에겐 그리스도를 구원의 주로 영접하는 모든 자들에겐, 늘 하나님이 신자들과 함께 거하시는 '임마누엘'의 은혜가 임하는 시대가 열리게 되었다. 자, 여기서 우린 "성스러운 불이 도처에서 타고 있다면 불같은 기도는 필요하지 않을 것"이란 슐라이어마허의 말이 얼마나 어처구니없는 낭설인가를 실감케 된다. 왜냐하면 성스러운 불, 즉 살아 있는 하나님의 말씀이 모든 사람들의 심령을 깨우고 불붙

듯이 일으킬 때야말로 불같은 기도의 역사가 도처에서 일어나는 때이기 때문이다. 결국 슐라이어마허가 초지일관 집요하게 공격하는 것은 성경의 말씀, 말씀이신 하나님, 말씀이 육신이 되어 이 땅에 오시고 부활하시고 재림하실 임마누엘의 예수 그리스도인 것이다! 슐라이어마허는 성경을 믿는 사람은 종교를 소유하지 않는 사람이고, 종교를 소유한 사람은 성경을 믿거나 필요로 하지 않고 스스로 경전을 만들 수 있는 사람이라고 주장한다. 그의 이 같은 주장은 불교경전의 성격과 통한다.

한편 슐라이어마허는 예수께서 '성부'를 계시하시는 '성자'로서 자신의 '메시야성'을 증언한 것에 대해(마11:27), 어떤 신성도 그처럼 자신을 영광스럽게 신격화하는 위대한 말씀을 확실히 한적이 없다고 칭송한다(171). 그러나 그의 함의는, 예수는 '영적 본성'에 대한 특출난 '자각'(신 의식)을 가진 '중재자이자만, 하나님과 인간 사이의 '화목제물'로 온 '구원자로서의 중재자'가 아니라 '타종교들'과의 '중재자'란 것이다. 즉 예수는 '종교의 본질'을 구현한 자신의 학파를 창시한 모범으로서 모든 타종교들과의 중재의 중심이 되는 분이며, 그런 의미에서 '구원과 화해'의 참된 창시자란 주장인 것이다(171-173). 요컨대 '신의 대사'인 '그리스도'는 "전능하고 내주하는 말씀(내면의 빛)"에 의해 "오해된" '신'과 '신'의 일을 ('종교'에 맞게) 해석함으로써, "한정된 인간과 무한한 인류 사이를 중재하는"자요(11-13), 양극을 화해시켜 통합하는 자인 것이다. 그는 그리스도를 지상에서 완벽히 "신 의식(the God-consciousness)", 즉 '종교적 에너지'를 실현한 이상적인 존재로서 "신적 본질과 인간 본성과의 연합"으로 표현한다. 모든 더 나은 영혼에서 경건함은 필연적으로 그 자체로 솟아난다고 주장하는 그에게(23), 많은 사람들이 "잉태로 제시된 신"을 믿고 받아들일지라도 그 '신'은 "경건한 것 이상은 아니라"고 단언한다(77). 즉, 예수에 대한 믿음은 예수의 "인격에 대한 전체적인 인상"에서 나온 것이지, 예수의 '말씀'과 '행하신 일'에 의한 것이 아니란 주장이다(요14:11).

또한 그가 말하는 '교회 공동체' 속에서 역사하는 '성령'이란 "공통된 의식의 띠"를 의미하는 것인데, 이 또한 인간의 '영적 본성'에 내재한 상반된 양극적 경향을 하나로 통합하여, '흩어진 뼈에 생명을 줄'(?) 통찰력을 부어주듯(12), 바른 삶과 '진리'(?)로 인도하는 '정신'이란 것이다. 어떻게 그리스도의 '대속적 십자가의 죽음'과 '부활'과 '심판의 주'와 무관한 '의식'이 '교회 공동체' 속에서 역사하는 '성령'이 되겠는가?

슐라이어마허에게 천국 복음이 모든 민족에게 증거되어 온 세상에 전파되는 종말의 시기는(마24:14), 중재자의 직분이 끝나고, 심판주의 재림이 아닌, 인류의 '신권'에 더 공정한 운명 즉, 모두가 '신'에 대해 배울 때이다. 이 때는 모든 인간들이 자신 안에 '숨겨진 빛'과 동등하게 소통하기 위해 각자가 고요함 속에서 "자신과 다른 사람들을 밝힐 때"란 것이다. 슐라이어머허는 주장한다. "타인에게 크리스찬의 믿음을 권장하고 양육하는 것"은 가장 파괴적인 위선행위이고 타인들을 속이는 일"이라고(21). 요컨대, 비록 슐라이어마허가 기독교적 용어를 빌려 '삼위 하나님'인 '창조자'니 '구속자'니 '성화자'니 하는 표현을 하고, '기독론'이니 '그리스도론'이니 '성령론'이는 하는 타이틀 아래 언뜻 정통 개신교적 분위기를 풍기더라도, 그가 말하는 모든 내용들은 성경의 복음적 진리와는 전혀 무관한, '인본주의'적이고 '다원주의'적인 사변일 뿐이다. 이것이 바로 슐라이어마허가 의도하고 사람들이 넘어가는 수사적 함정인 것이다.

우주의 신성한 힘에 압도되어 '부르심'을 받은 슐라이어마허는 외친다.

그들의 온 본성을 일깨우라. 가장 거룩한 충동이 잠들어 있거나 숨겨져 있더라도 살아나게 하라. 그들을 단 한 번의 섬광으로 그들의 깊은 곳에서 매혹시켜라, 그들의 좁은 삶에서 무한을 엿보게 하라

(15)

너희를 미혹하는 자들에 관하여 내가 이것을 너희에게 썼노라

너희는 주께 받은 바 기름 부음이 너희 안에 거하나니

아무도 너희를 가르칠 필요가 없고

오직 그의 기름 부음이 모든 것을 너희에게 가르치며

또 참되고 거짓이 없으니

너희를 가르치신 그대로 주 안에 거하라

(요일2:26-27)

세린은 줄곧 횔덜린을 생각하면서 깊은 한숨을 쉬듯 말했다.

"결국 횔덜린 시대에 출중난 많은 사상가들과 슐레겔과 슐라이어마허 같이 안수받은 목사들조차 신앙의 씨가 발아되고, 영적으로 성장하지 못한 탓에 정통 경건주의자의 계열에 들지 못하고, 칸트나 볼테르, 레싱 같은 이신론적 계몽주의자나 슐레겔이나 노발리스 같은 낭만주의와 공명하는 범신론자로 머물게 된 것이라 할 수 있겠네요."

브라이언 박사가 입을 떼었다.

"허허 낭만주의라는게…이들 낭만주의자들에겐 예수도 성령에 국한되지 않는 무한한 자유자인 거요."

경건한 영혼에 깃든 내면의 영감이란 우주에 항복한 영혼에서 생성되는 빛과 열…그것을 모르는 기독교는 차갑고 중요하지 않은 거친 금속 조각(20)…세린의 귓전에 슐라이어마허의 음성이 아프게 맴돌았다….

"그럼 횔덜린도 기독교 인문주의자라 할 수 있을까요?"

그러나 세린은 어쩐지 자신이 말하고도 자신이 없었다. 그래선지 곧이어 다음의 말로 얼버무렸다.

"그러나 횔덜린의 시는 고전 문학과 신앙의 조화로 태어난 단테의 신곡과는 한참 결이 다르고…. 청교도적 경건주의 시인인 존 밀턴과도 다르고요…."

브라이언 박사가 꿈꾸는 시인처럼 가는 눈을 뜨고 정원 쪽 먼 곳을 바

라보며 중얼거렸다.

"그러나 단테가 베아트리체를 죽음을 초월한 로맨틱한 열정으로 동정녀 마리아와 견줄 만큼 찬양받아 마땅한 여성으로 그린 것처럼, 또 괴테가 그린 그레트헨처럼, 횔덜린의 디오티마 또한 구원의 미의 이데아로 그려진 것이 아니겠소?"

칸트

세린이 잠시 생각에 잠긴 듯하더니 이내 자세를 고쳐 앉았다.

"그러나 이성과 신앙의 조화를 목표로 했던 스콜라 신학이 결국은 신본주의에서 인본주의로 기운 것을 어떻게 설명할 수 있을까요? 여기엔 분명히 철학적 이성 속에 내재한 교묘한 기만성이랄까 어떤 미혹적 요소랄까, 이런 것들이 누룩처럼 스며들어 기독교 진리의 빛을 가리고 신앙의 생명력을 결정적으로 훼손하는 역할을 했다고 볼 수밖에 없어요."

세린은 저도 모르게 뱉은 말 때문에 C 목사의 안색이 다소 어두워진 것 같아 속으로 찔끔했다. 브라이언 박사가 말했다.

"하하, 세린 씨의 말은 차원은 다르지만 초감각적이고 초경험적인 것을 이성으로 알려고 하는 것을 비판하였던 칸트를 떠올리게 하오."

"목적인 신앙에 이성을 수단으로 삼은 결과가 주객전도로 나타난 거죠. 거꾸로 이성이 신앙을 좌지우지 호령하게 된 거니까요…"

세린은 계속 자신의 성향이 에라스무스 쪽인지 루터 쪽인지 저울질을 하며 확실히 감을 잡을 수는 없는 상태라고 스스로 진단하고 있는 중이었는데, 칸트가 튀어나오니 의식의 허를 찔린 기분이었다. 세린의 고교 시절 졸업반 학생들은 한창 대학 입시 공부에 매달려 다들 책가방에 참고서들을 몇 권씩 넣고 새벽부터 밤까지 학원을 돌아다니기에 여념이 없었을 때였다. 그런 때 세린은 책가방 속에 참고서 대신 대사이즈의 사상

전집을 넣고 다니며 칸트의 『순수이성비판』을 읽느라 진땀을 흘리던 기억이 떠올랐다. '선험적'은 짐작이 됐어도 '물자체'란 단어에서 정신과는 반대라고 여겼던 '물(物)'자에 걸려 번번이 흐름이 끊겨 멈추던 기억도…. 그렇다면… 경건한 청교도적 가정에서 성장한 칸트로선 적어도 영적인 세계를 객관화하고 대상화해서 인식의 틀로 규정하는 것이 문제가 있다고 직관적으로 깨달았던 것은 아니었을까?

C 목사는 칸트에 대해 신학교에서 평소 이렇게 설명했었다.

"칸트의 철학은 어떻게 아는 것이 가능한가에 대한 것입니다. 그 이전의 철학자들이 이성이 인식한 것이 옳냐 그르냐를 문제 삼았다면 칸트는 이성으로서 이성 자체를 해부했습니다.

칸트는 인간의 인식이 경험 없이도 순수하게 세상을 인식할 수 있는 능력인 선험적·초월적 인식 능력의 작용을 거쳐 비로소 객관적 대상이 주관적인 나의 인식이 되는 것을 말했어요. 기존엔 외부세계를 연구해서 앎을 탐구했었다면, 즉 객관적 대상에 나의 주관적 인식을 끼워 맞췄다면 이제 칸트는 거꾸로 외부세계인 대상을 나의 인식의 틀에 끼워 맞추도록 한 것입니다. 이는 주관인 우리가 객관으로 초월해 나가 객관을 규정하는 초월적 인식인 것이죠. 칸트는 이것이 마치 천동설에서 지동설로 옮겨진 것과 같아 코페르니쿠스적 전환이라고 불렀습니다.[39] 그러므로 칸트는 기존의 형이상학이 인간이 인식할 수 없는 초경험적인 것을 인식의 대상으로 삼은 오류를 지적하고 그런 오류에서 벗어나 이성의 인식체계에 대한 학문이 되어야 한다고 주장했습니다. 그리고 이 세상에 도덕률이 세워지기 위해서 칸트는 '신'을 요청하게 됩니다. 칸트의 신은 이 세상에 도덕률을 가능케 하기 위해 필연적으로 '요청된 신'인 것입니다!"

C 목사가 말미에 "요청된 신"을 언급할 때는 그전의 모든 설명이 이를 위한 들러리인 것처럼 고개를 갸우뚱하게 숙인 채, 순간 한 생각에 못 박

---

39) Kant's Copernican Turn(칸트의 코페르니쿠스적 전환), Dr.Will Large

힌 듯했다. 그는 특유의 고음의 톤으로 한 음절 한 음절 "요청된 신"을 힘주어 발음하곤 했는데, 그때마다 그의 표정엔 은연중 뭔가에 골몰한 느낌 같은 것이 전해지곤 했다. 어쩌면 C 목사는 칸트가 소환할 수밖에 없었던 '도덕적 신'을 부인할 수도, 그렇다고 수용할 수도 없는 어정쩡한 입장인지도 몰랐다.

C 목사가 말했다.

"칸트에게 '신'의 이념은 인간의 이성이 판단할 수 없기에 순수이성의 초월적 이상(transcendental ideal)에 해당되는 것이오. 이와 같이 경험치 않은 순수한 이념은 실재성 확인이 불가능하다는 면에서 칸트는 안젤무스의 '존재론적 신 증명'이나 토마스의 '우주론적 증명', 나아가 '목적론적 증명'도 비판한 것이오. 칸트에 따르면 이성은 신의 존재를 증명할 수 없지만, 이것은 그다지 중요하지 않고 신의 존재하지 않음도 증명할 수 없다는 거요. 이런 신은 다만 인간의 내적 도덕 감각의 지시, 즉 도덕적 명령을 통해서만 입증될 수 있단 주장인 거요."[40]

세린이 말했다.

"칸트의 신은 더 이상 불완전한 인간의 이성에 대응하는 신이 아니라, 의지를 통해 행동하는 인간의 이성에 대응하는 신이로군요. 칸트의 말은 언뜻 신의 그 길은 이성에는 열려 있지 않다던 오캄의 말과 비슷하게 들리네요. 그러나 오캄의 신이 유일한 존재론적 필연성을 지닌 데 반해 칸트는 인식상 신의 실재성을 부인했다는 점에서 천지 차이죠. 오캄의 입장이 신앙을 근본으로 이성을 쳐내는 것이라면, 칸트의 입장은 이성을 근본으로 신앙을 쳐내는 격이니까요. 오캄에게 신의 초월성은 믿음과 신비의 차원이지만, 칸트에게 있어 신의 초월성은 불가지론을 넘어 절망을 배태한 허무주의로 발전될 가능성을 열어 놓은 것이 아닐까요?"

브라이언 박사가 덧붙여 말했다.

---

40) Kant's Philosophy of Religion, Stanford Encyclopedia of Philosophy

"세린 씨처럼 생각한 사상가가 바로 야코비오. 야코비는 칸트의 실천이성 비판을 신에 대한 신앙이 불가능한 또 하나의 니힐리즘이라 했으니 말이오. 칸트의 신은 인간의 이성에 있어서 지향성이 배제된 채 자기 독립성만을 지니고 있다는 그런 의미에서 초월적이라고나 할까…"

브라이언 박사가 한쪽 눈썹을 찡긋 올리며 덤덤한 표정으로 허공을 바라보며 혼자 중얼거렸다.

"어쩌다 스콜라 신학에서 칸트로 화제가 돌려졌구먼… 그나저나 종교의 부패를 막는다는 것은 종교의 도덕성에 대한 것인데, 도덕성에 관해선 다시 칸트를 소환하지 않을 수 없소. 칸트가 신의 존재를 요청한 목적도 어디까지나 도덕을 강화하기 위한 것이었으니까. 슐라이어마허는 이때문에 칸트의 실천이성 비판을 창녀라고까지 폄하했소… 참, 그 양반도… 명색이 목사라는 사람이 도덕에 대해선 어찌 그리도 야박한지… 이런 게 범신론자들의 한계이기도 해요. 하하하."

세린이 거들었다.

"정조 관념이 있는 것처럼 떠드는 쇼펜하우어나 슐라이어마허나, 알고 보면 자신들이 세운 무신론적 전제를 대단한 철학에의 정조인 것처럼 떠받들고 있는 것이 아닌가요?"

브라이언 박사가 말했다.

"하하, 그래서 이성을 인간의 소유가 아니라 신의 창조적 정신으로부터 부여받은 것으로 여긴 야코비는 '이성의 독재'니 '훼손된 이성'이니 하는 말을 한 것이 아니겠소?" (본서 P. 330)

두 사람의 대화를 흥미롭게 듣고 있던 C 목사가 세린 쪽을 바라보며 설명했다.

"칸트에 따르면 도덕적 가치는 인간이 자유 의지에 의해 옳고 그른 것을 선택할 때 따르는 것인데, 이성적일수록 도덕 법칙에 대한 존경과 의무가 강해져 선을 택하는 능력도 강하다는 겁니다. 칸트는 창세기 선악과 사건에서 원죄 개념을 제거하고 보편적 인간성을 추론했어요. 그래서 그는 인간이 아담의 죄를 상속한 것이 아니라, 인간 스스로의 자유 의지에 의해 인간들 위에 죄를 불러들인 것으로 설명을 했습니다."

뉴세린이 말했다.

"와우, 과연 칸트는 이성의 대가답게 이성예찬이 대단하네요! 과연 이성적 인간의 자유 의지가 늘 도덕 법칙 아래에 놓여 있을까요? 그렇다면 교육 수준과 도덕성이 비례해야 할 텐데, 현실은 갈수록 오히려 더 반대처럼 보이는 건 어떻게 설명을 해야 하죠? 사회적으로 존경받는 자들의 추문은 차치하고라도 성직자들의 추문이 이를 충분히 증명하잖아요? 그러니 칸트의 보편적 인간성이란 것도 불안한 기대일 뿐인 게 아닐까요?"

C 목사가 지긋이 웃으며 말했다.

"세린 씨의 지적은 칸트식 이성에 의한 감성의 통제보다는 미적 교육을 통해 이성과 감성의 통일성을 우위에 놓은 실러를 생각나게 하는군요.[41] 실러의 진단에 의하면 계몽주의 이성에 기반한 프랑스 혁명이 실패한 것은 도덕적 상태로 끌어올리지 못하는 이성의 무력함 때문이란 거요. 실러의 유명한 농담이 있잖소? 난 기꺼이 친구들을 돕지만, 아쉽게도 그것을 즐겁게 하는 바람에, 난 내가 부덕한 사람이 아닌가 하는 의심에 시달린다 라고 한…하하."[42]

세린이 말했다.

"하하. 실러에겐 의무와 성향의 조화가 이상적인 도덕적 미를 구현하는 것이겠어요. 그러나 법칙에는 성향과 무관하게 의무적인 준수가 따라야 하는 것이므로 양자가 언제나 조화롭게 양립하긴 어려운 것이겠죠. 예술이 인간의 품성을 미적으로 만들어 준다는 생각은 일반적으로 수긍이 가지만 역시 완전한 생각은 아닐 거예요. 북한의 지도자도 영화광이었고, 히틀러도 화가였지 않나요? 인간의 품성은 역시 이성과 감성을 넘

---

41) Friedrich Schiller, Letters Upon the Aesthetic Education of Man

42) The Aesthetics of Morality: Schiller's Critique of Kantian Rationalism

어선 영적 차원에 달린 거란 생각이 들어요."

브라이언 박사가 말했다.

"으음, 그래서 야코비는 칸트를 비판하면서 지성인에게도 왜곡되게 이성을 사용할 수 있는 가능성이 있다는 것을 생각지 못함을 지적했던 거요. 칸트는 인격의 미숙함을 악으로 본 거요. 악은 미숙한 인격으로 인해 절제를 못 하고 감성적 쾌락에 경도 되어 당위적인 의무를 저버리고 자기애에 따라 행하는 무능력이란 거요. 이런 악으로의 성향이 '근본악'이란 거요."[43]

세린이 말했다.

"그럼 근본악을 정복하기 위해선 악으로의 성향을 먼저 해결해야겠군요. 그러려면 도덕 교육이 필요하고 여기엔 이성의 힘이 뒷받침되어야 하니까요. 인격의 구성 요소인 지정의 중 대표격인 이성의 성숙도가 관건이군요. 에라스무스가 교육론에서 강조한… 그럼 칸트의 근본악은 원죄와 같은 건가요?"

C 목사가 이에 대답했다.

"거기엔 미묘한 차이가 있어요. 칸트는 '근본악'이 '원죄'와 같은 죄의 유전이라면, 자신이 지은 죄나 악에 대해 전적인 책임을 질 필요도 없게 될 뿐 아니라, 예수가 인류의 죄를 대속한 뒤에 사람들이 저지르는 죄의 원인을 설명할 길이 없어지고 만다는 거요. 그러므로 '아담의 죄는 원죄와 무관하게 설명되어야 할 것이다'란 주장인 거죠."

세린이 말했다.

"그렇다면 칸트는 원죄의 개념을 단지 생물학적 유전 개념으로만 이해한 것 같네요. 그러나 원죄는 근본악의 원인인 것이죠."

뉴세린이 아무래도 석연치 않다는 듯 고개를 좌우로 저어 가며 다시 말을 이었다.

---

43) Allison, Henry, "On the Very Idea of a Propensity to Evil(악의 성향이라는 개념에 대하여)"

"그런데 말이죠, 만약 '원죄'나 칸트가 말하는 '근본악'을 '암'이란 육체적 질환으로 치환해보면 말이에요, 과연 사람들이 자기 몸속에 잠재해 있거나 발병한 암을 유전이려니 하며 수수방관하게 될까요? 예방을 위해서나 생존을 위해 몸부림치며 모든 방법을 다 강구하게 되지 않겠어요? 영혼의 구원에 대해서도 마찬가지죠. 칸트는 개체적 생명의 본질성이나 구체성에 대해 뭔가 결정적인 포인트를 놓치고 있음이 분명해요. 혹 근본악의 성격이 질병 같은 것이 아닌 쾌락이라 하더라도 이것은 외적으론 생명질서나 사회 질서의 붕괴로 이어지겠죠. 내적으론 양심의 가책이란 고통을 동반하고요. 가책이나 자책감이란 곧 책임감과 직결되는 의미가 아닌가요? 인간은 어느 경우에 있어서나 자신에게나 자신과 연관된 타자의 생명에 대해 부분적인 뿐만 아니라 전적인 책임을 지지 않을 수 없는 것이죠. 선악과를 따먹고 사형선고를 받은 아담과 하와가 비록 타자에게 책임을 전가했다 할지라도 그 죄의 책임, 즉 죄의 결과는 백 퍼센트 자신들에게 고스란히 지어졌어요. 요컨대 칸트는 죄의 근본 속성을 간과하고 있는 게 분명해요. 그러므로 칸트는 굳이 '원죄'와 '근본악'을 분리하려는 거죠. 그 둘이 한 몸인데도 말이죠. 전 대 사상가인 칸트가 인간의 자유의지와 도덕적 자기 책임성을 강조하기 위해 '원죄'의 성경적 의미를 숙지하지 못했다는 것을 믿을 수가 없을 지경이에요. 그러나 그것은 이미 예정된 결과물일 따름 아닌가요? 이는 도덕적 인격이 오직 이성의 한계 안에서만 '신'과 관계할 수 있다는 그의 철학적 전제로부터 초래된 것이니까요. 그런 칸트니까 예수의 대속적 십자가의 의미를 개별적이고 생명적 차원의 구원은 도외시한 채 집단적이고 도식적 차원의 구원으로만 이해한 것이 아닐까요? 그러니 관념론으로는 절대 기독교를 바로 해석할 수 없는 것이죠! 관념론은 예수를 알라딘의 램프에 나오는 마술사 제니 정도로만 이해하게 만드는 것 같으니까요…."

브라이언 박사가 말했다.

"과연 세린 씨의 말대로 칸트철학에서 기독교에 대한 이해는 개인의 삶의 구체적 정황에 관심하고 있는 것이 아니라, 이성적인 존재 일반이나 보편적인 인간의 본성과 관계하고 있는 거요. 따라서 칸트가 생각하는 순수한 종교는 신과의 개별적 만남을 통한 종교가 아니라, 인류 전체에 보편적 설득력을 가지는 종교인 것이오."

세린이 말했다.

"그런데 칸트는 모순되게도 근본악에 대해서는 원죄와 다르게 이해했더군요. 근본악이 너무나 개인적인 것이기 때문에 다른 사람이 속죄할 수 없고, 오직 자율적인 자아에 의해서만 속죄되어야 한다고 말이죠. 하하. 속죄 교리를 피해 가자니 이중 잣대를 들이대는 것이죠. 그러나 전 칸트가 일부러 그랬다곤 생각지 않아요. 신의 초자연적인 구속적 교리가 믿어지지 않으니까 그야말로 이성의 한계 내에서 기독교를 이해한 것이죠."

평소 습관처럼 고개를 약간 숙인 채 무언가를 떠올리는 듯한 표정의 C 목사가 양악에 힘을 주며 "에트바스 하일리게스(거룩한 어떤 것)"를 발음하였다.

그런 후에 C 목사가 입을 열었다.

"칸트에게 '삼위일체'의 자비로운 '신' 같은 '거룩한 어떤 것(etwas Heiliges)'은 순수 이성 신앙이 설명할 수 없는 것을 전달하는 '상징'이 돼요. 그러나 칸트에게 기독교 신앙의 본질은 계시에 있는 것이 아니고 이성에 있어요. 그러니 성경이 중심적으로 계시하는 내용도 도덕 신앙으로 본 것이죠."[44]

거룩한 어떤 것…. 거룩한 어떤 것…. 세린은 속으로 몇 번이고 이 말을 되뇌었다. 지난날 세린에게 있어 신(神)은 초월적이고 닿을 수 없는 거룩한 그 무엇이었으며, 상대적으로 인간의 유한성과 나약성과 불완전성을 일깨우는 절대 무한한 존재였다. 또한 인간의 양심을 비추는 거울 같

---

44) Kant's Philosophy of Religion, Stanford Encyclopedia of Philosophy

은 존재이기도 했다. 그러나 그녀는 왠지 신(神)이란 단어를 인용하고 떠올릴 때마다 고립무원한 인간 존재의 외로움이 더욱 절감되곤 하였다. 그녀에게 있어 신(神)은 신 앞에 선 단독자로서의 자신의 고독을 상기시키고 허무를 환기시키는 외로운 활자였다. 신(神)을 떠올릴 때마다 그녀의 주위는 엄숙하고, 경건하고, 심오하고, 뭔가 고양된 정신세계가 열리는 듯한 떨림이 느껴지곤 하였다. 그러나 그 신(神)이 따스한 눈길과 손길을 지닌 구체적인 존재로 그녀에게 다가오는 것은 결코 아니었다.

세린이 말했다.

"기독교 신앙의 핵심인 삼위일체 신을 도덕적 상징으로 해석하다니 레싱의 이성을 동반한 계시와 같은 의미로군요."

C 목사가 말했다.

"칸트에게 그리스도는 존재적인 하나님의 아들이 아니라 도덕적 선과 완전한 인간성의 원형입니다. '거룩함'이란 곧 도덕적 완전성이에요. 그러므로 인간은 '근본악'을 정복하기 위해 '신의 아들'의 이념을 본받으려고 스스로 '심정의 혁명(Herzesanderung)'을 일으켜야 한다는 것입니다."[45]

세린이 물었다.

"심정의 혁명이라고요? 칸트가 이성의 혁명이 아닌 심정의 혁명을 주장했단 말인가요?"

C 목사가 대답했다.

"그렇소. 칸트에게 감성은 무질서한 것이 아니라 이성이 규정하는 것인데, 인간의 도덕 교육은 마음의 태도와 인격의 확립으로 시작되어야 하기 때문이오."

"결국 칸트는 지정의가 포함된 전인격적인 혁명을 주장한 셈이로군요! 마치 성경의 "새로운 피조물"을 연상케 하네요."

브라이언 박사가 말했다.

---

45) The Change of Heart, Moral Character and Moral Reform(마음의 변화, 도덕적 성품, 도덕적 개혁) Published online by Cambridge University Press

"칸트는 때때로 '새 사람'이란 성경적 용어를 사용하지만, 그러나 이것 역시 도덕성에 관계된 거요. 그에 따르면, 인간은 스스로의 입법 의지에 의해 의무를 충실히 실행함으로써 기쁨을 느끼고 도덕적 완전성을 이룬 다는 거요. 칸트에게 거룩함은 인간이 악의 성향을 정복하고, 최고선의 도덕법을 달성하는 것을 의미하오. 끝없는 도덕적 진보를 통해 거룩함을 구현하는 과정에서 나타나는 인격적인 변화에 속죄도 있고 중생도 있다 는 것이오. 그런 의미에서 영혼 불멸도 전제되어야 한다는 거요."

나다니엘이 독백하듯 읊조렸다.

"내 마음을 늘 새롭고 더 일층 감탄과 경외심으로 가득 채우는 두 가 지. 내 위에 있는 별이 빛나는 하늘과 내 속에 있는 도덕 법칙!"

뉴세린이 말했다.

"언뜻 들으면 성시처럼 아름답게 들리죠. 그러나 하늘이란 공간과 별 이란 물질과 법칙이란 이념에 대한 감탄과 경배인 것이죠. 이 찬양을 한 번 불러 보세요. 피조세계를 지으신 창조주의 위대하심과 주님의 임재와 권능을 찬양하는 영혼의 우렁찬 외침과 충만함의 기쁨을 누려 보세요!

주 하나님 지으신 모든 세계… 내 마음속에 그리어 볼 때… 하늘의 별 울려 퍼지는 뇌성… 주님의 권능 우주에 찼네… 주님의 높고 위대 하심을 내 영혼이 찬양하네… 주님의 높고 위대하심을 내 영혼이 찬 양하네!

요컨대 인간은 성령의 도우심 안에서 주님의 십자가 구속의 은혜와 그로 인한 감격이 있지 않고선 결코 진정한 속죄나 중생이란 일어날 수 없는 것이죠! 칸트는 그의 도덕적 신념에 따라 그의 삶을 성실히 살았고, 도덕인으로서의 모범을 보였기에 충분히 세인의 존경을 받을 만한 인격 자지요. 그러나 그의 철학이 지닌 존재와 사유의 근원적 친화성의 결여 때문일까요? 어딘지 그의 이미지는 온기 없이 차갑게 느껴지는군요. 칸트의 심령 안에 과연 십자가의 구속의 감격이나 부활의 기쁨이 있었을까 궁금한 생각이 들어요."

브라이언 박사가 조용히 오른손 검지를 세우며 말했다.

"그러고 보니 진정한 이성은 감성과의 조화가 있는 이성이라고 생각한 야코비가 칸트가 말한 도덕률의 준수가 가져다주는 '행복'에 대해서 말한 게 생각이 나오. 야코비에 따르면, 칸트의 '실천이성적 행복'은 비감성적 세계 내에서의 생기 없는 편안함과 덕이란 거요. 그러나 신이 창조한 이성이 누리는 행복은 자유의 능력 안에서 세상이 주지 못하는 쾌락과 행복을 직관하고 향유할 수 있는 거란 거요."(Ueber das Unternehmen des Kriticismus,1802. 325-330)

브라이언 박사가 다시금 입을 열었다.

"그런데 말이오…. 칸트에게 기독교는 '원죄'라는 자연적 무능력을 핑계로 선한 인간이 되려는 도덕적 노력을 기울임 없이, 예배의식만으로 죄의 용서를 받는 '은총'을 구하는 미신적 종교일 따름으로 생각될 뿐이었소. 순수한 종교신앙의 본질을 내면적 도덕성의 강화와 완성으로 여기는 칸트로선 예배라는, 신에게 봉사하는 비본질적인 신앙으로 타락해 버린 기독교 신앙을, 참된 본래적 종교신앙의 모습으로 되돌리기 위한 철학적 작업을 폈던 셈이라고나 할까?"[46] 세린이 말했다.

"칸트는 말하자면 18세기의 펠라기우스라고 해도 손색이 없겠네요. 결국 칸트에게 예수 그리스도는 '구원의 주'로서 신성을 가진 예배의 대상이 아니라 도덕적 선의 의인화된 '개념'일 뿐이군요. 칸트는 성장 과정에서 모친의 영향으로 기독교에 대한 깊은 관심과 존경심을 가졌었지만, 어거스틴과 달리, 결국 기독교의 신앙의 본질 속에 들어가지 못하고 이성의 한계 내에서 기독교를 이해하려 한 결과, 기독교의 핵심에 화살을

---

46) The two parts of Kant's moral religion, Stanford Encyclopedia of Philosophy

겨누는 결과를 낳고 말았군요. 칸트 역시 그와 동시대인이었던 레싱이나 헤르더처럼, 기독교나 유대교나 이슬람교나 구별이 없는 매한가지 종교로 여겼겠군요."

브라이언 박사가 말했다.

"칸트는 당대 계몽주의의 지성적 조류 속에서 공평한 종교적 신념을 추구한 철학자로서 널리 이해되어 왔소. 그의 '이성의 한계 내의 종교'는 순수 이성의 종교라는 것이 존재하며 기독교와의 관계가 갈등의 관계일 필요는 없고, 조화를 이룰 수 있고 조화를 이루어야 한다는 취지였던 거요. 따라서 학자들은 그를 보편적인 도덕 신앙인이나 친기독교적으로 평해 왔소. 칸트의 작품이 일반적으로 '전통적인' 기독교 세계관과 새로운 과학적 세계관 사이의 절충을 추구하는 온건한 계몽주의를 대표하는 것으로 간주되는 이유요. 그러나 칸트의 사상을 일종의 종교적 합리주의로 인식한 사람들은 기독교를 수호하기 위해 그의 작품이 "무신론적 방향으로 나아가고 있다"고 진단을 했소."[47)

스피노자

브라이언 박사가 말했다.

"칸트가 자유 의지에 상당한 이성의 능력과 도덕적 가치를 두었던 것과 대조되는 이론으로 스피노자의 자유 의지론을 들 수 있소. 스피노자는 신으로부터 그 존재의 필연성을 부여받은 인간의 의지적 행위 역시 어떤 필연적 원인에 의해 나온 거란 거요.

스피노자에 따르면, 자연이든 신이든 사람은 그것이 주는 인과관계에

---

47) <u>Religion and Reason</u>, Published online by Cambridge University Press

횔덜린, 니체, 고흐

의해 결정이 되오. 그러므로 인간은 필연적으로 자연의 질서를 수용하고 적응할 수밖에 없게 되어 있는 거요. 그러니 외부적 요인 없이 독립적으로 자신을 인식하는 것 같은 자유 의지란 무지에서 나온 망상에 불과한 거요. 여기에 그의 이론의 근본 토대인 '코나투스'가 등장하는데, '코나투스'란 만물에 내재한 존재 보존의 욕망을 의미하오. 이는 개별적인 존재가 스스로를 보존코자 능동적으로 어떤 것을 생산적으로 행위하는 힘인 것이오. 이것이 도움적일 때는 존재가 기쁨으로, 저해가 될 땐 슬픔으로 경험이 된다는 거요.

그러나 사람들은 저마다 특정한 감정과 애정을 갖는등 부적절한 생각을 갖고 있으므로, 자신의 욕구의 원인이나 목적적 행위의 근본 원인을 알지 못할 때에 스스로를 자유롭다고 생각하는 오류를 범한다는 거요. 결국 스피노자는 인간이 스스로 자유롭게 좋은 것을 선택하고 추구하는 목적 지향적인 행위의 주체로 이해하는 것은 잘못되었다는 주장인 거요."[48]

세린이 말했다.

"그렇다면 애착 같은 부적절한 생각을 버리고, 존재들 간에 작용하는 질서적 관계를 직관적으로 파악하는 것이 스피노자가 주장하는 자유겠군요. 스피노자식 부자유 속의 자유랄까요? 불교의 해탈과도 같은…. 그렇다면 그 필연성을 부여하는 스피노자의 신은 세상을 자연법칙에 의해 저절로 굴러가게 하는 이신론의 신과 별로 다를 바가 없겠군요!"

"으음, 스피노자의 신은 본성의 필요에 따라 존재하는 필연적 존재의 신인 거요. 만물은 신적 의지의 자유나 절대적 선의의 자유에 의해서가 아닌, 신의 본성인 무한한 능력에 의해 예정된 것이요. 스피노자가 말하는 신의 자유는 신의 자기 결정을 의미하오. 이런 점에서 스피노자의 신은 자유로운 존재가 아니요. 그러므로 스피노자는 이 세계가 신의 의지에 따라 존재할 수도 존재하지 않을 수도 있었다면, 그건 이 세계의 필연

---

48) Ethica by Spinoza

성과 나아가 신의 필연성 자체를 부정하는 것이란 생각이었소." (Jacobi, Ueber das Unternehmen des Kriticismus,1802)

뉴세린이 말했다.

"그렇다면 스피노자는 신의 필연성을 말함에 있어 신 존재의 필연성뿐만 아니라 신의 창조 의지, 창조목적 즉 신의 행위와 선택의 자율성마저도 필연성 개념으로 제한하는 우를 범하고 있군요. 난센스죠! 신의 자율적 의지에 대해 인간이 알 수 있는 것은 성경의 계시의 말씀을 통해서입니다. 그러나 그는 이점을 간과하고 신의 자율적 의지에 대해 자의적 정의를 내리고 있어요. 예수 그리스도의 모형으로서 모세를 출애굽을 위한 이스라엘의 지도자로 세우신 신의 자율적 의지, 한나의 애끓는 기도에 응답하셔서 다윗 왕조를 출범케 할 사무엘을 출생케 하신 신의 선하심… 사울을 왕으로 세우시고 폐하신 신의 주권, 다윗의 가문을 통해 예수 그리스도의 출생을 계획하신 신의 뜻에 의해 보아스와의 결혼으로 이어지도록 나오미를 따르기로 룻에게 소망을 주신 하나님… 성경의 하나님은 그분의 계획에 따라 모든 일을 행하시기 위해 여러 세대에 걸쳐 그분의 계획을 관계성 안에 조율해 나가시므로 인간이 겪은 일이 무작위로 이루어진 일은 하나도 없습니다. 하나님은 인간이 행하는 대로 결과를 만들어 내지 않습니다. 인간의 자유 의지란 이런 행위의 원인과 결과 사이의 필연적 연관에 대한 무지에서 나온 것이 아니라, 신의 섭리에 대한 무지에서 나온 표현인 것이죠. 인간이 할 일은 다만 그분의 계획이 펼쳐지는 동안 믿음 안에서 주님과 인격적인 만남과 소통의 관계를 가짐으로써 신의 구속사적 섭리에 동참하는 것입니다. 그러나 스피노자의 신학은 인간과 교류하고 개인과 국가와 세계를 통치하고 주도하는 신의 초월적 개입을 거부한 거죠."

브라이언 박사가 말했다.

"으음, 스콜라 철학에서 자기가 자기 존재의 원인이 되는 실체를 신이라고 할 때 스피노자는 신과 자연 만물의 관계에 있어서 신을 자연을 창조한 초월적이고 인격적 신으로 보지 않아요. 신은 다만 자연 안에서 인식되는 유일한 실체로서 자기적인 변양 운동을 통해 자신의 속성을 산출해내고 자연 만물은 다만 '신적인' 요소가 방출된 결과물이 되는 것이오. 즉, 무한자인 신은 산출하는 자연이고 유한자인 천지 만물은 산출된 자연인 것이오. 따라서 세계는 신의 속성이거나 신의 속성의 변양체인 것이오. 자연에 존재하는 모든 것-순수한 이성과 오성적 능력 등의 정신과 물질은 신이 다양하게 자신의 모습을 드러낸 것으로서 본질적으로 신은 곧 자연이라는 거요. 따라서 신은 전통적인 중세 철학이나 신학에서 나타나는 제1원인자로서의 초월자가 아닌 모든 것의 내재적 원인이자 결론이 된다오."[49]

세린이 말했다.

"자연 안에서 인식되는 유일한 실체라는 표현이 흥미롭군요. 신을 인식의 대상으로 정의한 셈이니까요. 칸트의 불가지론적 인식과는 대비되는 것 같군요. 그러면서도 두 사상은 자연주의적 사상 안에서 서로 손을 잡고 있으니요."

브라이언 박사가 말했다.

"스피노자에 따르면, 서로의 인식이 가능한 것은 상호 공통성이 있다는 것인데, 이는 한쪽의 개념이 다른 쪽의 개념을 포함하기 때문이란 거요. 그러므로 상호 작용을 한다는 것은 서로 다른 개념에 의존한다는 것이 되므로 독립된 실체가 다른 개념에 의존한다는 것, 즉 신이 인간과 교통하는 것은 '둥근 사각형'을 말하는 것처럼 논리적으로 모순이라는 것이오. 그러므로 기독교의 세계관처럼, 독립된 존재로서 인간 세상에 개입하는 초월적이고 인격적인 신을 믿는 것은 단지 '미신'에 불과하다고 그는 주장한 거요."[50]

49) Ibid.
50) Walter Ott and Alex Dunn, Baruch Spinoza.

세린이 덧붙여 말했다.

"스피노자는 상호 작용의 개념 안으로 신을 제한한 거군요. 신의 초월성을 독립적으로만 이해하고 신의 내재성을 의존적 개념으로만 이해하는 한 두 개념이 병존할 순 없는 거겠지요. 따라서 신과 인간과의 관계성 또한 그가 만들어놓은 개념적 전제 안에 갇힐 수밖에 없는 거고요. 살아 있는 신이 아닌 신적인 것이란 어디까지나 개념적인 신일 뿐이니까요. 인간으로부터 출발한, 인간의 개념에서 출발한 신! 그러나 계시적인 기독교의 신은 이완 전혀 다른 존재이지 않습니까? 전능자 하나님은 만물 위에, 만물 안에 또 만물을 관통하는 통일적인 신이니까요(엡 4:6)!"

"으음, 세린 씨의 말을 들어 보니 스피노자의 신관은 너무 폐쇄적이고 비역동적이란 생각이 드오. 스피노자는 창세기의 선악과 사건의 자유 의지에 대해서도 특이한 해석을 했소. 그는 신의 선악과 금기를, 신에 의해 자기들에게 유익한 방향으로 행동하는 동물들의 본능처럼, 단순히 아담 개인에게 해로운 과실였던 것을 상징하는 것쯤으로 해석을 했다오. 그런고로 스피노자는 실과를 따 먹지 말라는 신의 음성, 사람들이 자기 식대로 무엇인가를 욕구하려는 신의 도덕적 금지로 여겼다고 개탄을 했소."

"하하, 신의 인간을 향한 명령이나 말씀은 스피노자에겐 한갓 코나투스적인 상징일 뿐이군요. 무위자연이랄까요? 스피노자에게 있어 신이나 인간은 자신의 본성의 필연성에 따라 행위하는 것이고, 이는 어떤 창조적 목적이나 원리가 포함되지 않는, 기계적이고 맹목적 필연성이란 말이군요. 스피노자는 신의 필연적 존재성과 자율적 의지와의 차이를 무시하듯 인간에게도 같은 방식으로 적용하고 있는 셈이죠. 그러나 인간의 자율적 의지는 신(God)의 형상으로 지음받은 인간에게 완전한 의미에서 주어진 것이고, 성경은 구원의 메시지로 점철된 신(God)의 특별하고 완전한 계시입니다. 자유 의지를 통한 인간 행위의 원인과 결과는 신의 인간을 향한 구원 여정의 섭리로써 후에야 인간이 깨닫게 되는 절대적 신비의 영역이 아닐까요?"

브라이언 박사가 어떤 생각에 골몰한 표정을 거두고 천천히 입을 떼었다.

"으음… 반면, 칸트는 창세기에 설명된 인간의 타락을 인간이 자연과 신의 음성으로 상징된 본능의 한계를 거부하고, 자신의 삶의 방식을 선택할 수 있는 능력을 발견한 인간 이성의 발현으로 이해했소. 따라서 다른 동물에게는 없는 '자유 의지'가 인간에겐 존재한다는 거요.[51] 이에 반해 스피노자에게 있어선 절대적인 도덕 개념이란 없는 것이오. 필연적으로 존재하는 자연의 인과법칙을 우리의 이성으로 '이해'한다면, 자연에는 '선악'이 없으며, 오직 자연에 대해 인간이 느끼는 '좋고 나쁨'이 있을 뿐이라는 것이 스피노자의 윤리관이오."

뉴세런이 말했다.

"칸트는 신의 음성을 그저 상징으로 이해했군요! 인간은 배가 고파서 밥을 먹는다고만 생각하지 배고픈 원인이 코나투스, 즉 존재 보존이란 걸 모른다는 주장을 스피노자는 편 셈이고요. 반면에 칸트는 배가 고파도 밥을 안 먹기로 결정하고 밥값을 절약해 식당을 오픈했단 주장을 하는 셈이고요… 하하. 그러나 성경을 읽어보면 선악과에 대한 신의 금기 명령은 인간을 악으로부터 보호하기 위한 신의 사랑의 계율이었어요. 사탄은 하와를 설득할 때 스피노자가 개탄한 일반 사람들의 해석처럼, 그러니까 신이 무언가를 취하기 위한 욕심으로, 즉 신이 코나투스적으로 금기한 것처럼 말하고 있음을 알 수 있죠."

> 너희가 그것을 먹는 날에는 너희 눈이 밝아져 하나님과 같이 되어
> 선악을 알 줄 하나님이 아심이니라 (창3:5)

"그러나 성경이 말하는 선악과 금기의 함의는 스피노자식의, 신이 다

---

51) Kant, Conjectural Beginning of Human History

른 피조물들에게 심어준 것과 같은 자연적 본능 성격의 금기도 아니고, 칸트식의 보편적 도덕 금기도 아니에요. 요컨대 성경의 선악과 금기는 육적이나 이성적 차원의 금기가 아닌 영적 차원의 금기인 것이죠. 즉, 유일하게 자신의 형상으로 창조한 인간과의 영원한 사랑의 교제를 원하는 신으로서, 자신의 영광과 찬송의 통로로 삼고자 하는 인간을 위한 엄중하고도 간절한 생명의 메시지였습니다! 그런데 스피노자나 칸트나 신이 내린 명령의 원인적 내용에 대해서만 이런저런 추측들을 펴고 있지 정작 인간이 신의 명령을 따르지 않을 때 결과적으로 주어지는 죽음에 대해선 모르쇠로 일관하고 있잖아요? 결국 두 사람에겐 신에 대한 예의나 존중이라곤 눈곱만큼도 없는 겁니다!"

브라이언 박사가 입을 열었다.

"으음… 그 영적인 경계를 칸트는 우리의 영혼 속에 울려 퍼지는 명령, 즉 "우리는 보다 더 선한 인간이 되어야 한다"는 도덕 법칙으로 해석하고 그것을 온전히 실행할 수 없는 한계적 인간이 더 나은 선을 향해 무한 전진하리라는 소망의 여운을 남긴 셈이오만…"

세린이 말했다.

"인간의 불순종의 결과로 주어진 죽음에 대해 신이 내놓은 해결책은 예수의 십자가인데, 계시에 눈이 먼 칸트가 내놓은 것은 인간 이성의 찬양과 초인적인 해결의 길인 것이죠."

프로메테우스

나다니엘이 재미있다는 듯 입을 열었다.

"그리스 신화 속 올림푸스 신들의 비도덕성을 꾸짖고 그 신들과 다른 새로운 신 '다이몬'을 섬기도록 젊은이들을 부추겼다는 죄목으로 종교재판에서 사형에 처해졌던 소크라테스를 생각해 보세요. 그런데 루터라면 소크라테스의 다이몬을 인정했겠어요? 그리스 신화에서 황금의 시대에 살던 존재들이 죽은 뒤 생긴 영적 존재로서 신과 인간의 중간이요 매개체라고 여겼던… 그런 다이몬을 더구나 지혜나 도덕의 신 혹은 경건의 신으로까지 여겼으니 말이죠…"

브라이언 박사가 말했다.

"그러나 고대의 도덕철학이 '최고선'이었던 점을 감안하면 소크라테스의 '다이몬'은 인간 안에 있는 양심의 소리나 누스적 로고스로 이해할 수 있겠지요."

C 목사가 말했다.

"사실 구약성경의 그리스어 번역 및 신약성경 저술 과정에서 유대교에서 이교도들의 잡다한 정령들이나 신령들을 '다이몬'이라고 번역하고 기독교가 로마를 비롯한 유럽 전체에 퍼지면서 '악령'이란 뜻으로 변했습니다."

"소크라테스가 들으면 억울하기 그지없겠네요…"

로레인이 말하며 입을 가리고 웃자 세린이 말했다.

"그런데 소크라테스의 다이몬을 구약시대의 성령으로까지 연결하는 목사도 있나 봐요. 에라스무스 계열인가 보죠? 하하…"

나다니엘이 문득 한 생각이 떠오른 듯 입을 열었다.

"에라스무스의 고향 마을인 로테르담항과 한 시간 남짓 거리에 고흐가 태어난 소박한 시골 마을이 있어요. 벨기에 국경에 인접한 쥔더르트 마을이에요."

세린이 기다렸다는 듯 말했다.

"횔덜린과 니체와 고흐. 이들 모두가 신학교적인 백그라운드를 가지고 고전에 심취하고 정신병으로 생을 마친 것이 우연이 아닐지 모른단 생각이 드네요… 그에 비하면 에라스무스는 장수와 명예를 누린 셈이군요."

나다니엘이 활기 있게 재빨리 음성을 높여 말했다.

"사실 데카르트의 경우를 봐도 문예 부흥이 이미 한창 진행 중인 그 시대에 예수회에서 받는 교육이란 게 중세식이라 해도 인문주의적인 것이었죠. 라틴어 고전문학 자연철학 등 말이에요. 볼테르도 예외가 아니었죠. 열두 살에 예수회 신부이자 대부가 볼테르를 쾌락주의적이고 무신론적인 귀족들과 시인들이 모이는 한 문학 살롱에 데리고 간 후부터 볼테르는 사치와 방탕에 젖어 사는 그들의 문화에 동화되었다고 해요. 볼테르는 의문했어요. "델포이를 비롯한 여러 곳 신전들의 신탁(信託)과 '선지자'란 말은 무관한 것일까? 델포이 신전과 바티칸 신전이 전혀 이질적인 유물일까? 나아가 프로메테우스와 그리스도(Christos)는 전혀 무관한 존재들일까?"[52] 하고 말이죠."

나다니엘의 말에 세린이 크게 고개를 끄덕이며 뭔가 골똘히 생각하는 표정으로 말했다.

"이해가 가요…. 사춘기 때에 기독교의 신앙적 체험이나 신앙에 온전히 붙들린 경우가 아니라면 자연 문학이나 낭만적인 사교 분위기나 철학에 끌리게 되죠…."

세린은 과거 열너댓 살 나이 때 자신의 모습을 떠올렸다. 한 겨울날 저녁 무렵에 거리에 소복이 쌓인 흰 눈을 밟으며 동네 어귀를 걷는 동안, 야산 중턱께 언덕 위 하얀 교회를 동경하면서도 '우파니샤드'나 '기탄잘리'나 임어당의 '생활의 발견', '데미안' 등을 읽으며 '모든 것이 하나'니, '순간이 영원으로 이어지는 찰나'라는 표현에 얼마나 가슴이 뛰고 정신 못 차리게 매료가 되었던가를…. 새 노트 안에 감청색 색종이들을 붙이고 '창작 노트'라 이름하면서 설레는 가슴으로 카펜터스의 노래를 들으며 반지하의 방에서 도스도예프스키의 '지하 생활의 수기'나 칼 힐티의 '밤을 잊은 그대에게'를 뒤적이며 심호흡을 했던 그 시절이…. 블레이크, 워즈워스, 콜리지, 괴테, 릴케, 테니슨, 휘트먼의 시들을 읽으며…. 그리고 또 자신보다 열네 살이나 위인, 나폴레옹과 괴테를 흠모하고 별명이 괴테인, 친척 오빠라는

---

52) 볼테르, 미크로메가스(Micromegas)

그의 옆에 수줍게 앉아서 함께 "빈들에 마른 풀같이 메마른 나의 영혼"의 찬송을 부르면서 느꼈던 방안의 미묘하고 적요한 공기의 파문…. 아, 그즈음 세린에게 있어서 '신적인 것'이란, 희랍의 신들과 고타마 싯다르타와 기독교 신과의 구분도 없이, 막연히 이상적이고도 성스럽고 초월적인 관념 같은 것이었다.

윌리엄 블레이크

모래알 하나에서 세상을 보고
그리고 한 송이 들꽃 속의 천국,
당신의 손안에 있는 무한함
그리고 한순간에 영원이 찾아옵니다.

(순수의 전조)

에너지는 유일한 생명이며 몸에서 나옵니다. 그리고 이성은 에너지의 경계 또는 바깥쪽 둘레입니다. 에너지는 영원한 기쁨이다….
영원은 시간의 산물을 사랑합니다.
신은 존재하는 존재나 인간 안에서만 행위하고 존재합니다.

(1794, 천국과 지옥의 결혼)

세상의 만물들이 동시에 모든 사람의 영혼이자 모든 사람의 신이라고 노래했던 사무엘 테일러, 그리고 자신의 시 "하나이자 모든 것"에서 다음과 같이 노래했던 괴테…

어떤 신이 밖에서만 밀어내겠는가?
우주가 그의 손가락 주위를 돌게 놔두나요?
그는 내부에서 세상을 몰아내는 것을 좋아합니다.

세상을 그 자신 안에 품으시고, 그 자신이 세상 안에 품어지시고,

그러므로 그분 안에 있는 모든 생명과 짜여 있는 것과 존재는

결코 그의 능력이나 정신을 원하지 않습니다.

세린이 말했다.

"위 시에서 드러나듯 범신론자들의 시는, 인격적 하나님이 아닌 만물 내에 내재적 에너지를 신격화함으로써 인간을 포함한 만물과 신을 동일시하고 있죠. 한편 이신론자인 볼테르는 성경이 말씀하는 영적인 분별과는 거리가 머니까 델포이 신전과 바티칸 신전이 전혀 무관한 것인지 구분이 안 가는 게 당연했겠죠. 아, 그러고 보니 터툴리안이 생각나네요. "아테네와 예루살렘이 무슨 관계가 있는가?"라며 그리스 사상과 기독교 신앙의 무관성을 주장했던⋯. 볼테르가 터툴리안을 스승으로 모셨으면 좋았을 텐데 말이죠⋯."

그러자 브라이언 박사가 말했다.

"횔덜린 시대 18세기의 분위기가 바로 그러했소. 시대적 정신문화인 고전적 이상을 기독교적 이상과 융합하려는⋯. 기독교적 사상에 전적으로 매이지 않는 창의적인 이성의 자유를 추구하는 그런 분위기 말이요."

세린은 계속 기독교적 "사상"이란 표현이 마음에 걸려 속으로 생각했다. 기독교가 믿음이 아니고 사상이라⋯. 사상에 매이지 않는 창의적인 이성이라⋯.

"그런데 어떻게 볼테르가 특별히 프로메테우스를 그리스도와 관련지을 수 있었을까요?"

세린의 물음에 기다렸다는 듯 나다니엘이 대답을 했다.

"프로메테우스라면 그리스 신화에 나오는 신으로 최고 신인 제우스의 불을 훔쳐 제우스에 의해 새로 창조된 인간에게 전해 준 신이 아닙니까? 어떤 신화에선 프로메테우스가 인간을 창조한 걸로 되어 있습니다만⋯. 아무튼, 불은 지혜와 문명을 상징하죠. 그런데 이 불을 그리스도가 전한

복음의 빛으로 보아 이에 의해 인간이 각성하게 되었다고 해석하는 시각인 것이죠."

세린이 말했다.

"제가 보기엔 불이 복음의 빛이 아니라 선악과에 연상되는 이성의 빛에 가까운 것 같은데요? 만약 복음의 빛이라면 인간이 스스로 각성한다는 말이 정말 어폐가 있는 것이죠. 물론 볼테르 같은 무신론에 가까운 이성주의자는 복음을 단순히 주관적 정신력인 각성의 차원으로만 해석하겠지만요. 프로메테우스의 불은 그리스도보다는 아담과 더 관련이 있지 않겠어요?"

나다니엘이 다시 세린의 말을 받았다.

"그러나 프로메테우스적 반항이란 면에 대해 생각할 필요도 있어요. 그가 인간을 돕기 위해 의도적으로 고난을 자초했다는 면에선 그리스도적인 면과 연계시킬 수가 있겠죠. 그가 제우스의 분노를 사서 결박되어 잔혹한 고통을 당하는 모습에서 그리스도의 십자가가 떠올려지니까요."

세린이 이어 입을 열었다.

"그건 사람들이 일반적으로 기독교란 종교에 대해 너무 피상적으로만 알고 있는 까닭이 아닐까요? 제우스와 프로메테우스의 관계는 기독교의 하나님과 그리스도와의 관계와는 근본적인 차이가 있으니까요. 같은 형벌이라도 전자가 권위에 대한 도전의 대가라면 후자는 권위에 순종함으로써 치르는 대가거든요. 하나가 인과응보적인 것이라면 다른 하난 대리적 인과응보인 것이죠."

세린의 대꾸에 나다니엘이 마치 기다렸다는 듯이 눈에 힘을 주어 말했다.

"그런데 말이죠. 세상 편에서 보면 둘이 잘 구분이 안 갑니다. 둘 다 결국은 인간을 이롭게 하는 것이 아니겠어요? 하나는 문명을 가져다준 거고 다른 하난 구원이라는, 믿기 힘들지만 아무튼 인류에게 이롭다는 것을 가져다준 거죠. 그런데 말입니다, 세상 편에서 볼 땐 좋은 일을 하다

형벌을 당하는 프로메테우스에게 더 인간적으로 공감이 가고 연민과 울림이 있는 겁니다. 반면에 말입니다. 자신이 신의 외아들이라면서 실체도 없는 죄니 영혼이니 하는 구실로 자기 아버지뻘 되는 신에게 무고하게 형벌을 당하는 예수란 실로 인간의 본성에 비춰도 이중, 삼중으로 거스리는 것이기에 저항과 반감이 일 수밖에 없는 것이죠."

나다니엘은 잠시 말을 끊고 고개를 숙이고 팔짱을 낀 채 앞으로 두 다리를 나란히 뻗은 후 이어 말했다.

"니체는 제우스의 독수리에게 공격당하는 프로메테우스의 고통을 고귀한 인간의 고통으로 보았어요. 고귀한 인간이란 노예가 아닌 인간, 스스로가 주인이 되는 인간이란 것이죠. 니체가 프로메테우스를 자기 형상을 따라 인간을 만든 대가로 기꺼이 끝나지 않는 고통 속으로 걸어 들어간 자로 묘사한 것은 다분히 기독교의 예수를 연상케 하기에 충분한 것이 아니겠습니까?"

"언뜻 들으면 마치 제우스와 프로메테우스의 관계가 기독교의 성부와 성자가 일체인 관계처럼 들리겠군요."

세린이 발끈한 심정이 되어 말하기 시작했다.

"그러니 얼마나 교묘한가요? 예수로 위장한 프로메테우스라! 모순되게도 니체는 프로메테우스의 고통 속에서 인간의 자존을 보며, 신에 대한 모독으로 설명되는 프로메테우스의 반항적 행위를 찬양한 것이니까요. 키엘케골이 생각한 대로, 그런 인간적 차원의 프로메테우스적 고통을 예수의 절대적 고통에 비교하는 것은 신성모독적인 것이죠! 결국 니체는 창세기의 최초 인간이 불순종한 죄의 대가로 인류의 고통을 가져온 것을 찬양받을 만한 행위요, 문화 쟁취를 위해 고통을 불사하는 의지와 용기를 가지고 자존감을 지킨 고귀한 인류의 위대한 창조적 행위로 설명한 거로군요! 충분히 칸트와 연계된…"

세린은 어쩐지 나다니엘의 신앙적 정체성을 모를 것 같은 기분이 들었다. 그런 세린의 기분을 아는지 모르는지, 그의 말은 계속됐다.

"볼테르는 인간이 영혼이 있다는 주장을 하는 사람들을 아주 몽상꾼들로 취급했죠.

그는 영혼이란 건 소크라테스의 다이몬이나 플라톤의 이데아처럼 실체도 없고 입증되지도 않은 형이상학적 몽상이나 미신 같은 것이라 생각했기에, 그리스 신화에 나오는 프로메테우스를 본뜬 게 예수가 아닐까 생각했을 법도 했겠죠."[53]

이번엔 나다니엘은 자리에서 일어나 좌중의 의자들 뒤를 오락가락하며 무대에서 혼자 열연하는 배우가 대사를 읊듯 했다.

"더구나 프로메테우스적 반항이란 것이 혹독한 형벌 같은 운명에 맞서는 인간의 자율적 의지와 초월적 에너지를 분출하는 초인성, 즉 스스로 신의 높이까지 오르고자 분투하는 정신을 역설하는 것이니 얼마나 인간적인 매력이 있습니까! 그 모습은 한마디로 신에 대항하는 인간의 모습이 영웅적으로 그려진 것입니다. 모로의 그림에 있는 프로메테우스의 표정을 보십시오! 제우스에 의해 카우카소스 산산정에 쇠사슬로 결박되어 독수리에게 간을 쪼이는 영원한 고통의 형벌에 처해졌으면서도 일말의 후회나 비루함이라곤 찾아볼 수 없이 저항정신과 결기가 가득한 그 당당하고도 투지 서린 비전의 눈빛을 말입니다!"

세린은 마치 나다니엘이 니체나 프로메테우스의 화신인 것처럼 느껴졌다.

"이에 비해 그리스도의 십자가는 어떻습니까? 오히려 형벌의 주체인 신이 스스로 형벌을 진다고 하면서 제발 이것을 알아 달라고 오히려 인간에게 구걸하는 격이 아닙니까? 인간으로선 어느 날 갑자기, 자기가 알지도 못한 빚을 대신 갚아 주었다는 존재가 자기 앞에 불쑥 나타난 셈이죠. 영벌이니 지옥도 수긍하기가 힘든데 게다가 인간의 도덕의식을 모욕하는 대리적 속죄라뇨? 신의 아들은 인간 편에서 볼 때 초대받지 않은 손

53) Voltaire, 미크로메가스(Micromegas) 소설

님인 겁니다. 그리고 이 존재가 전하는 메시지는 실상은 무례하게도 호소나 구걸이 아니라 강요나 협박에 가깝죠! 인간이 신에게 전적으로 의탁하지 않고 믿지 않으면 지옥행이라니까요!"

세 사람은 나다니엘의 뜻밖의 열변에 모두 내심 놀라움을 느낄 수밖에 없었다. 그는 심히 화가 난 것일까? 나다니엘이 마무리를 지었다.

"그러니 프로메테우스의 정신은 절대적 기존 가치에 대항하여 자기 스스로 새로운 선악의 가치를 창조하고 생성해 내는 니체의 초인적인 정신에 보다 가깝다고 할 수 있습니다."

세린이 재차 기회를 잡은 듯 끼어들었다.

"칸트가 말한 '심정의 혁명'이나 인간 이성으로 도덕을 성취하기 위한 '초인간적 노력'이 떠오르는군요. 하지만 기독교는 니체가 생각하듯 현실의 삶을 무가치하게 보고 피안의 세계만을 추구하는 것은 절대 아니지 않나요? 성경의 교리를 획일화된 기준과 평면적 차원으로만 생각하는 것은 니체식의 모순이 아닐까요? 성경의 진리가 절대적인 것은 분명하지만 현실에 있어선 관계성 안에서 개별적 다양성과 갱신성이 있다는 점에서 니체의 힘에의 의지도 얼마든지 포용하고 다루어지는 것이 되니까요. 요는 니체의 가치 창조라는 것이 전능자의 주권을 넘어서는 범위까지 확대될 필요가 아니, 확대되어선 안 된다는 것이죠."

세린은 자신의 말미에 무언가에 의해 머리를 한 대 맞은 듯 정신이 번쩍 나는 기분이었다. 기독교 신앙을 이성으로 표현하여 세상에 알리고자 한 저스틴의 선의의 시도가 토마스와 에라스무스로 부터 레싱과 슐라이어마허 등의 계몽주의를 걸쳐 니체에 이르러선 그와 같이 유독성의 나쁜 열매를 맺은 것이 아니겠는가? 그것을 조금 전에 세린 자신의 입으로 철학적 이성 속에 내재한 교묘한 기만성이나 어떤 미혹적 요소로 표현한 것이 아니었을까? 그렇다면 횔덜린은…. 루터가 인문주의자들이 스콜라 철학의 희생자들이라고 말한 심정이 이런 것이었을까?

볼테르와 위고의 마지막

"프로메테우스가 볼테르에게 건넨 불이 이 시대에도 여전히 타오르는 것 같구려."

브라이언 박사가 계속 말을 이었다.

"볼테르는 구약성서의 내용이 신으로부터 온 것이 아니라, 고대의 이교 신화들로부터 온 것으로 주장했을 뿐만 아니라, 구약성서가 신을 부조리하고 잔인하고 혐오스럽고, 심지어 부도덕한 존재로 그렸단 견해를 제시했소. 어떻든 볼테르가 평생 반전제, 반봉건, 반카톨릭 입장에서 무관용과 개신교의 탄압을 반대한 공로는 부인할 수 없는 것이오. 빅토르 위고가 "이탈리아에 르네상스가 있다면 프랑스에는 볼테르가 있다"고 할 만큼 볼테르는 프랑스의 대표적인 위인이 되었소. 이는 그가 일생 동안 편협한 종교적 불관용에 대항하여 대중들에게 어필 하는 언론인이자 행동하는 지성인으로서 사상의 자유를 위해 분투하는 삶을 살았던 궤적과 무관치 않을 것이오."

나다니엘이 말했다.

"볼테르는 예를 들어, 소돔성의 멸망 시 롯의 가족에게 일어난 일들이 너무 비합리적이고 역겹다고 생각했기에 우화적으로 해석할 필요를 느낀 거죠. 그러므로 그는 구약에서나 이교신화에서나 비이성적인 내용은 공히 도덕적이고, 역사적이고, 물리적인 상징으로 해석할 필요성을 역설했어요. 볼테르는 신의 이름으로 온갖 불법과 부패를 저지르며 종교적 광신과 독선에 사로잡힌 카톨릭 사제들에 대한 반발에서 인간사에 개입하지 않고, 다만 우주의 창조자와 운행자로서만 존재하는 신을 인정했다죠? 기독교의 '배타성'으로 인해 발생하는 수많은 분쟁과 증오가 인간을 도리어 피폐하게 만들었기 때문에 그런 파렴치함과 배타성을 박살 내야 한다는 것이 볼테르의 주장이었으니까요."

브라이언 박사가 말했다.

"그는 세상의 모든 신학자들이 사업가처럼 함께 어울려 살지 않고 외국 종교와 교류하길 꺼리면 인류의 적이란 자격을 얻을 것이라고 했다오. 볼테르에게 역사의 주체는 신에게 자유를 부여받은 인간인 것이오. 그는 이 신론을 보편적이고 합리적인 이상적 종교라고 생각했어요. 삼위일체의 신을 믿지 않고 종교에 대해 관용적이란 점에서 유니테리언과 통하는 것 같지만, 그의 기독교에 대한 증오심은 성직주의에 대한 공격으로 시작되어 점차 성경과 교리와 예수 그리스도에게까지 공격하면서 기독교를 모든 악의 창시자가 인간에게 내린 재앙이라고 폄하했소."[54] [55]

세린이 말했다.

"유니테리언이라면 예수의 신성을 부인하고 이성을 중시하고 종교다원주의를 내세우기도 하니까요. 결국 이신론은 성육신한 그리스도의 존재도 필요 없으니 딱히 사제와 교회가 필요한 것도 아닌 것이죠."

C 목사가 턱을 쓰다듬으며 예의 간간이 끊어지는 스타카토 웃음을 웃으며 무슨 말을 하려 하자, 좌중도 빙그레 웃는 얼굴로 그를 물끄러미 바라보았다.

"그런데 볼테르에겐 남달리 대중들의 심리를 꿰뚫고 조종하는 기술이 있었나 봅니다. 그가 무신론적 대중 연설을 할 때마다 수많은 사람들이 열광했고, 그의 책이 인기가 있었으니까요. 그런데 볼테르의 마지막 임종은 매우 비참한 모습이었던 걸로 전해지고 있어요."

세린은 후에 C 목사의 말을 떠올리고 볼테르의 임종에 관한 자료를 수집해보았다.

---

54) Voltaire, Wikipedia
55) On the Interpretation of the old Testament-Voltaire SOURCE: TOLERATION AND OTHER ESSAYS BY VOLTAIRE-TRANSLATED, WITH AN INTRODUCTION, BU JOSEPH MCCABE - 1912)

볼테르의 임종을 지켰던 의사 트로킴은 그의 최후의 모습을 이렇게 증언했답니다.

"볼테르는 임종을 맞을 준비가 전혀 안 되었습니다. 두려움과 공포 속에서 이렇게 울부짖었습니다.

'의사 선생님, 만약 육 개월만 내 생명을 연장시켜 주신다면 나의 전 재산을 주겠습니다. 오! 나는 지옥으로 떨어지는구나. 나는 태어나지 말았어야 했습니다.'라고요."

"1778년 5월 볼테르는 죽어 가고 있었습니다. 계몽자는 탄압 이전에 예수회 신부였던 고티에(Abbe Gaultier) 신부로부터 위엄 있고 겸손한 편지를 받았습니다. 그는 볼테르에게 준비된 텍스트, 아마도 기독교 신앙의 선언과 그의 반기독교 저술에 대한 일종의 철회를 제시했습니다. 그러나 계몽자는 그것들을 옆으로 치우고 떨리는 손으로 자신의 선언을 썼습니다. "나는 고티에에게 나의 고백을 말했습니다. 그리고 만약 신이 나를 처분한다면 나는 내가 태어난 거룩한 카톨릭 종교 안에서 죽을 것이며, 신의 신성한 자비로 나의 모든 잘못을 용서해 주실 것을 희망합니다. 그리고 만일 내가 교회의 마음을 상하게 했다면 하나님과 교회의 용서를 구합니다." 두 명의 증인이 서명했습니다. 고티에는 볼테르를 사면했습니다. 임종 시 신부는 볼테르에게 "당신은 예수 그리스도의 신성을 아십니까?"라고 물었습니다. 계몽자는 손을 뻗어 성직자를 밀어냈습니다. "평안히 죽게 해 주세요." 그는 방문객들에게서 멀어진 채 몸을 돌렸습니다. 볼테르는 극심한 고통을 겪었고, 의사는 진통제를 처방했습니다. 의사는 편지에서 이제 볼테르의 죽음이 가까워지자 일부 사람들은 그가 사회에 입힌 모든 피해를 평가하기 시작했고, 무한히 가혹하지 않은 사람들도 이를 전쟁에 비유하고 있습니다. 지난 수천 년 동안 땅을 황폐시켰던 전염병과 기근 볼테르의 프랑스 전기 작가 중 한 사람에 따르면, 그 남자는 볼테르의 정부인 드니 부인이 계속 손님을 맞이

하던 본관에서 떨어진 어두운 오두막에서 죽어 가고 있었습니다. 그녀는 볼테르가 자신을 상속자로 삼았던 유언장을 철회할까 봐 걱정했습니다. 집주인은 볼테르의 죽음에 따른 분노를 걱정했습니다. 그들은 자신의 걱정에 사로잡혀 볼테르의 고통이 주는 불쾌함, 즉 그들 자신의 죽음을 상기시키는 불쾌함을 피했습니다. 데니스 부인은 그와 함께 있지 않았습니다. 대신에 그녀는 그를 돌볼 두 명의 여성을 선택했습니다. 그는 침대 위에서 고통에 몸부림쳤습니다. 그들은 수다를 떨고, 웃고, 술을 마셨다. 그는 그들을 모욕하고 힘을 모을 수 있을 때 그들에게 꽃병을 던졌습니다. 볼테르는 주변 사람들을 미워하고 더러운 곳에 누워 있었기 때문에 그들의 간호에는 부족한 점이 많았던 것 같습니다. 독립과 자급자족을 사상의 기반으로 삼았던 계몽주의의 아이콘은 자율적인 개인으로서 살았던 것처럼 죽었습니다. 1778년 5월 30일 한낮에 볼테르는 간호사들을 공포에 몰아넣은 길고 끔찍한 비명을 질렀습니다. 그것으로 그는 죽었습니다."[56]

"볼테르는 신과 인간에 대한 무기력한 분노로 이를 갈 정도로 고통스러워했습니다. 때때로 그는 "오, 그리스도여. 오, 주 예수여!"라고 간청했습니다. 그리고 다시 "나는 신과 인간에게 버림받은 채 죽어야 한다!" 그의 죽음이 가까워짐에 따라 그의 상태는 너무나 끔찍해져서 그의 불가지론자 동료들은 그의 침대 곁에 접근하는 것을 두려워했습니다. 그들은 하나님의 원수가 얼마나 끔찍하게 죽임을 당했는지 다른 사람들이 알지 못하도록 여전히 문을 지키고 있었습니다. 그의 간호사조차도 공포의 현장을 참을 수 없었습니다. 높은 지성과 훌륭한 교육, 막대한 부와 많은 세상적 명예를 가졌으나 하나님이

---

56) 볼테르가 누워 죽어 갈 때
JOSEPH STUART 편집자 주: 이 기사는 Sophia Institute Press에서 제공되는 Stuart 박사의 저서 Rethinking the Enlightenment: Faith in the Age of Reason에서 발췌한 것임.

없는 사람의 결말은 이러했습니다."[57]

"그럼 볼테르를 극찬했던 빅토르 위고는 어떤 인물이었을까요?"

세린이 묻자, 나다니엘이 과거 불문학도답게 설명을 했다.

"위고는 그의 대표작인 《파리의 노트르담》에서 개인의 욕망에 눈이 어두워 살인까지 저지르는 프롤로 주교를 그린 바 있죠. 가톨릭 교회는 위고의 《파리의 노트르담》과 《레미제라블》 등의 걸작들을 금서로 지정해 신도들이 읽지 못하게 하였답니다. 가톨릭과 화해하지 못한 위고는 교회의 기도마저 거부했고 죽기 4년 전에 이런 유언장을 썼어요.

'신과 영혼, 책임감. 이 세 가지 사상만 있으면 충분하다. 적어도 내겐 충분했다. 그것이 진정한 종교이다. 나는 그 속에서 살아왔고 그 속에서 죽을 것이다. 진리와 광명, 정의, 양심, 그것이 바로 신이다. 가난한 사람들 앞으로 4만 프랑의 돈을 남긴다. 극빈자들의 관 만드는 재료를 사는 데 쓰이길 바란다. (…) 내 육신의 눈은 감길 것이나 영혼의 눈은 언제까지나 열려 있을 것이다. 교회의 기도를 거부한다. 바라는 것은 영혼으로부터 나오는 단 한 사람의 기도이다.'

그리고 죽기 2년 전에 유언장을 다시 간략히 수정했습니다.

'가난한 사람들에게 5만 프랑을 전한다. 그들의 관 만드는 값으로 사용되길 바란다. 교회의 추도식은 거부한다. 영혼으로부터의 기도를 요구한다. 신을 믿는다.'"

---

57) Voltaire, Bitter reproaches of the deist
   Bibleguidance, Death-bed Experiences(이신론자에 대한 신랄한 비난 죽음의 침대 체험)

세린이 말했다.

"첫 유언장에선 신이나 영혼을 책임감, 진리, 광명, 정의 양심 등의 개념과 일치시키는 범신론적 분위기가 느껴지는 것 같군요."

나다니엘이 대꾸했다.

"'우주를 사람으로 축소시키고 그 사람을 다시 신으로 확대시키는 것이 바로 사랑이다.'란 말을 남겼습니다만…"

세린이 말했다.

"그 말은 우주가 신이란 등식을 함의하거든요. 그가 바라는 것은 예수 그리스도나 그리스도를 찾는 자신의 믿음이라기보단 우주적 영혼의 기도인 것 같군요. 그리고 두 번째 유언장에선 '신을 믿는다'란 말이 첨가되었네요. 그런데 '영혼으로부터의 기도'란 말의 의미 또한 성령이나 예수 그리스도를 적극적으로 영접하는 자세는 아닌 것 같아요. 그가 믿는 신은 영혼 우주적 영혼을 가리키는 것 같으니까요."

나다니엘이 말했다.

"위고의 마지막 말은 "검은 빛이 보인다."였답니다. 그날 밤에 파리에는 천둥과 우박을 동반한 비바람이 몰아쳤고요…"

세린이 말했다.

"저는 신의 경계선을 침범하고 싶진 않습니다만, 크리스찬의 한 사람으로서 참 안타까운 심경이 듭니다. 그가 마지막 본 빛이 일기예보를 말하는 건 아닐 테지요…. 아무튼 위고에게 소외되고 가난한 사회적 약자에 대한 연민은 상당했던 것 같습니다."

나다니엘이 말했다.

"인류가 한없이 진보할 것이라는 낙관적 믿음과 이상주의적 사회 건설을 향한 불 같은 정열이 위고를 위대한 낭만과 지도자로 만든 셈입니다."

뉴세린이 말했다.

"위고의 경우를 보건대학교 카톨릭이나 개신교를 막론한 기독교계에서는 언제나 겸손하고 포용력 있는 마음을 가졌으면 합니다. 한 사람의 영혼이 천하보다 귀하다고 하지 않습니까? 더군다나 그 한 사람이 세상에 미칠지 모르는 복음적인 긍정적 영향력을 생각할 때 말입니다…."

리사

　세린은 문득 이웃집 리사를 떠올렸다. 그녀는 쇼트컷 헤어에 절제적이고 다부진 인상을 하고 있어서 언뜻 독일 총리 메르켈이 연상되는 모습이었다. 어느 날, 그녀는 세린을 자기가 나가는 유니테리언 교회로 초대했다. 교회는 몹시 예술적이고 친환경적이고 아름다웠다. 그러나 성전 앞에 십자가는 없었으며, 설교는 매우 이성적이고 과학적이고 "어머니인 땅"을 언급하며 자연을 숭배하는 듯한 내용이었다. 리사는 며칠 후 세린에게 『기적의 수업(A Course in Miracles)』을 소개하며 읽으라고 책을 건네었다. 세린은 책장을 넘기는 동안 곳곳에서 예수를 언급하고 있는 그 책의 내용이 전혀 예수의 본질과는 무관하게 거짓된 미사여구로 포장되어 있음을 느끼고, 강렬한 거부감과 분노의 감정에 사로잡혔다. 기독교와 양립할 수 없는 이신교적 종교는 결국 오컬트나 범신론, 뉴에이지 세계관과 상통한다. 세린은 나름대로 미션을 느끼고 그다음 주에 리사와 예배에 참석한 후 그녀가 권하는 대로 소그룹 독서 모임에 참석했다. 교재는 그녀가 건네준 "기적의 수업"이었다. 세린은 찬스가 올 때마다 예수와 구원에 관한 자신의 견해를 유감없이 표현하는 데 주력했다. 듣는 이들 중엔 눈을 동그랗게 뜨고 크게 고개를 끄덕이는 백인 남녀들도 있었고 불쾌한 기색을 드러내는 할머니도 있었다. 세린은 나름 보람을 느꼈다. 그러나 그다음 주에 리사는 뜻밖에도 세린의 소그룹 참석을 보이콧했다. 며칠 후 세린은 리사에게 큼지막한 성경책을 선물했다. 리사는 다음 날 그 선물을 기뻐하지 않는 듯 노기 서린 반응을 보였고, 성경책을 되돌려주겠다고 했다. 그러나 그녀는 가끔 그렇듯이 꼭 말한 대로 하진 않았다. 얼마 후 리사는 세린과 여유 시간을 보내며 자신의 가족에 대한 말을 비치었다.

"내 큰 오빠는 크리스찬이었어. 그런데 그는 내가 사춘기 때 늘 날 노려보며 넌 하나님이 기뻐하지 않는 딸이라는 무언의 메시지를 주곤 했지. 그는 걸핏하면 내 머릴 쥐어박고 날 비난했어. 그러면서 늘 내게 강제로 믿음을 주입하려고 했어. 난 누구든 자신의 종교를 타인에게 강요하는 건 참을 수가 없어."

세린은 리사 특유의 고집스럽고 강인한 눈빛을 바라보면서 그녀의 사춘기 시절의 모습이 얼마간 가늠되어 저절로 빙그레 미소가 지어졌다.

"리사, 물론 네 마음을 이해 못 하는 건 아냐. 그래서 네가 모성애적 신을 강조하는 유니테리언 교회를 좋아하는 것도…. 그렇지만 네 오빠의 마음도 헤아려볼 수 있을 것 같아. 네 오빠는 비록 어린 네게 상처를 주었고 서툴렀지만, 여동생인 널 사랑한 것만큼은 분명해. 그러니 이젠 제발 오빠의 마음을 이해하고 오빠를 용서해 줘."

리사의 굳은 표정이 좀 누그러진 것 같았다.

평생 결혼을 한 일이 없는 리사는 자신의 원베드룸 공간을 안락하고 예쁜 궁전으로 만들어 놓고 고양이 한마리와 살고 있었다. 평소엔 이웃 남성들로 하여금 곧잘 경계 태세를 갖추게 할 만큼 딱딱한 분위기의 그녀였지만, 거실 한가운데 의자에 앉아 두 무릎 위에 흰 고양이를 앉혀 놓고 연신 사랑스럽게 흰털을 쓰다듬으며 행복해하는 표정은 너무도 순수해 보여 세린을 감동시켰다.

어느 날, 그녀는 거실 입구에 걸린 큼지막한 액자 속 사진을 가리켰다. 사진 속엔 동안의 순진하고 유난히 미소 짓는 눈매가 어여쁜, 발그레한 양 볼에 젖살이 통통한 십 대의 소녀가 천진난만하게 웃고 있었다.

"아니, 이게 누구야?"

세린이 불현듯 외치자 마치 귀여운 손녀딸 사진을 바라보고 행복하게 함박웃음을 웃는 할머니 같은 표정으로 리사가 껄껄 웃으며 대꾸했다.

"하하, 이게 바로 나라구."

"어머, 정말이야? 자기, 이때 얼굴은 천사야. 천사라구!"

평소 군인같이 딱딱하고 억척스레 보이는 표정의 리사는 이 순간은 꿀이 뚝뚝 떨어지듯 감미로운 눈매를 하고 있었다. 그 옆에 놓인 가족사진 속에서 이십 대의 리사는 여러 오빠들에게 둘러싸여 있었다. 세린이 해쓱하고 여위어 보이는 예민한 인상의 한 청년을 가리키자 리사가 테이블 위에 놓인 와인 잔을 기울이며 길게 한숨을 토하듯 나직한 소리로 읊조렸다.

"내 둘째 오빠야. 알코올 중독으로 일찍 죽었어."

"아, 그랬구나! 참 안됐네…. 둘째 오빠도 교회에 다녔었어?"

"응."

"……"

그 후로 한 일 년 동안 세린은 리사와 점심을 먹거나, 영화를 보거나, 해변가에서 아이스크림을 먹고 음악을 듣거나, 동네 주변을 함께 걷거나, 음악회나 댄스 모임에 가곤 했다. 때때로 리사에게서 늦은 밤중에 전화가 걸려 오곤 했는데, 어떤 땐 그녀는 울먹이는 소리로 길게 호소를 하기도 했다.

"난 수면제를 안 먹으면 잠을 이룰 수가 없어. 늘 속이 쓰리고 아파. 글루텐 때문인 것 같아."

"내겐 과거에 정신적인 문제가 있었어. 우울증 같은…. 난 상담사를 찾아다녔어. 아직도 난 거기서 완전히 벗어나지 못한 것 같아…."

세린은 얼마 후 『힐링코드』라는 책에 나오는 기도법을 그녀에게 이메일로 보내 주며 설명해 주었다. 그러던 어느 늦가을 초저녁에 함께 동네 주변을 나란히 걷는 동안 리사가 불쑥 말을 꺼냈다.

"난 모든 종교에 구원이 있다고 생각해. 길은 제각기 달라도 결국은 한 지점에서 만나는 거니까."

세린이 답답한 기분을 누르며 말했다.

"제발 성경을 읽어 봐, 리사. 성경 말씀은 결코 그렇지 않아. 예수 외엔 다른 구원이 없다고 말씀한다고."

리사가 대꾸했다.

"성경은 사람이 쓴 건데 어떻게 거기 있는 말들을 다 믿을 수가 있겠어? 그리고 하나님은 그렇게 편협한 신이 아닐 거야."

세린이 이에 덧붙여 말했다.

"성경은 하나님이 택하신 사람들을 통해 성령의 감동으로 쓰인 거지 사람이 자의로 쓴 책이 아냐. 물론 하나님은 모든 사람이 다 구원받길 원하시지. 그래서 독생자 지저스를 이 땅에 보내신 거야. 예수 외에 다른 구원이 있다면 왜 예수가 그토록 고통스러운 십자가를 지셔야 했겠어? 이 세상에 신들은 많아도 신들 중의 신은 창조주 하나님 한 분뿐이야."

리사가 물었다.

"그럼 넌 내가 지옥에 간다고 생각하는 거야?"

"예수는 이렇게 말씀하셨어. 내가 곧 길이요, 진리요, 생명이니 누구든지 날 통하지 않고는 하나님 아버지께로 갈 수 없다고 말이야."

그러자 코로나19 펜데믹 동안이라서 마스크를 끼고 세린과 일정한 간격을 두고 나란히 걷던 리사가 별안간 걸음을 멈추고 세린의 앞을 막아서듯 세린의 코 밑에 얼굴을 바짝 들이대고 노기가 등등하여 언성을 높였다.

"누구든 내게 종교를 강요할 순 없어! 왜 내게 네 종교를 주입하려 하는 거냐구?"

"리사, 진정해. 우린 피차 생각을 교환한 것뿐이야. 넌 네 생각을 내게 말했고 난 거기에 대해 내 생각을 말한 거잖아? 네 생각이 성경과 다르기 때문에 성경을 아는 나로선 네게 성경에 대해 바로 말해 주지 않을 수가 없어. 하지만 난 네게 강요하지 않았어."

"아냐, 넌 날 네 생각대로 만들려는 의도가 강해. 넌 늘 내게 네 종교를 주입하려고 애쓴다구."

"리사, 난 늘 네 말을 경청하는데 넌 왜 내 말을 경청하려 하지 않지? 우린 비록 생각이 일치하지 않더라도 서로 상대방의 말을 들어 주는 공평한 자세를 취해야 하잖아?"

"아냐. 넌 내게 계속 주입을 해. 난 더 이상 참을 수가 없다구!"

거리 두기도 지키지 않고 자신의 코 밑에서 침이 튀도록 고함치는 리사의 험상궂은 얼굴이 세린에게 그때처럼 정나미가 떨어질 만큼 야만적으로 보인 적이 없었다. 두 사람은 말없이 서로 다른 길로 발길을 돌렸다. 그 후로 세린은 리사가 전화를 하고 이메일을 보내고, 문을 두드려도 결코 전처럼 반응을 하지 않았다. 리사가 세린의 문 앞에 작은 선물을 놓아두면, 세린도 보답으로 그녀의 문 앞에 작은 선물을 놓아 두었지만 좀처럼 얼굴을 마주치려 하지 않았다. 그 후 세린은 한국에 다시 돌아와 머무르게 되었고, 그간에 간간이 리사에게 안부를 묻는 짧은 이메일을 보내면 그녀로부터도 짧막한 회신이 왔다. 펜데믹이 거의 종료가 될 무렵 봄에 세린은 다시 미국에 머무르게 되었고, 다시 리사의 얼굴을 보게 되었다. 리사는 그동안 전혀 다른 사람이 된 듯 이전의 고집스레 완강한 표정이 없어지고 부드럽고 온유한 표정과 겸손한 말씨로 바뀌었다. 어느 날 그녀가 세린에게 말을 건네었다.

"난 직장을 잃어서 요즘 새 직장을 구하고 있는 중인데, 주말마다 교회에서 봉사를 하느라고 무척 바쁘게 지내. 그런데 아직도 때때로 속이 안 좋아."

"『힐링코드』의 4단계 기도를 해 봐. 단 2분만이라도 효과를 볼 거야."[58]

"전에 네가 내게 가르쳐 줬던 거 말이지?"

"그래. 다시 요약하면, 예수님의 십자가 사랑과 부활 생명을 집중적으로 묵상하며 내가 보내 준 성경 말씀을 되뇌면 돼."

"알았어."

리사의 눈 언저리에 소프트한 아이스크림 같은 미소가 흘러내렸다.

두어 달이 지나 파킹 락에서 만난 그녀가 살갑게 다가와 말했다.

"난 새 직장을 구했어. 이 주 후에 교회에서 해변에 놀러 가는데 너를 초대하고 싶어."

---

58) "The Healing Code", by Alexander Loyd PhD ND (Author), Ben Johnson MD DO ND

그 주간 세린은 리사에게 이메일을 보냈다.

  – 리사, 별안간 우리는 미국을 떠나게 되었어. 며칠 내로 이삿짐을 정
    리하느라 무척 바빠서 너랑 해변에 가기가 어려울 것 같아.

리사의 교회가 해변에 간다는 일요일, 세린은 리사의 차가 온종일 파킹 락
에 그대로 있는 것을 보고 오후에 그녀의 집 문을 두드렸다. 부시시한 얼굴
로 멀쑥히 나온 그녀의 뒤로 엉클어진 테이블 위에 와인 잔이 놓여 있었다.
  "왜 넌 오늘 해변에 안 갔어?"
  "너 때문에 안 간 게 아니니까 신경 쓰지 마."
  "이사 가기 전에 네게 줄 물건들이 있을지 모르니 우리 집에 들러서 골라 봐."
  "카우치가 필요한데, 혹 카우치가 있어?"
  "응. 작년에 새로 들여놓은 게 있으니 와서 봐."
  "세린, 네가 어디로 가든 항상 나랑 연락을 하겠다고 약속해 줘."
  "물론이지. 네가 한국으로 오면 널 마중 나갈 거고, 미국에 오면 언제
든 널 만날게."
  "세린, 우린 꼭 다시 만나게 될 거야."
  다급한 듯 세린의 앞을 막아서며 코앞에 바짝 얼굴을 들이대고 쳐다
보는 리사의 눈망울에 다급한 듯 황망한 듯 간절한 무언의 호소 어린 빛
이 감돌고 있었다.
  "리사, 넌 항상 내 가슴에 그리고 내 기도 리스트에 올라 있어."
  "세린, 나도 널 위해 기도할게."
  "한 주 후에 딸과 처음으로 며칠간 파리를 방문할 계획이야. 여행 사진
을 보내 줄게."
  그 후 여름과 가을이 지나가고 한 해가 다 가도록 세린은 한국에 정착
하는 동안 리사에게 사진을 보낼 경황이 없었다. 그해 십이월 크리스마
스에 세린은 글을 쓰다 문득 리사를 떠올리곤 급히 여행사진 몇 장을 그

녀에게 짤막한 안부와 함께 이메일로 보냈다. 그리고 그 다음 날 세린은 리사의 회신을 받았다.

정말 놀랍고 흥분됐었어요. 내가 교회에서 크리스마스이브 모임 중에 당신 생각을 하고 있었던 바로 그 순간에 당신에게서 이메일이 왔으니까요. 당신도 잘 지내길 바라요. 프랑스에서 찍은 사진들 정말 멋져 보이네요. 난 취직도 했고, 아주 잘 지내고 있어요. 내 상사는 훌륭하고, 동료들도 좋고, 고객들도 친절하거든요. 난 여기 교회에서 교회 회중 친구들과 함께 즐거운 크리스마스이브를 보냈어요.

마침내 누군가가 당신이 살던 집으로 이사를 했어요. 나는 당신이 살던 집의 문을 바라보며 당신을 생각해요. 또한 전부터 내가 출근 때나 귀가 때 차에서 내리곤 했을 때마다 당신이 방의 창문 밖으로 나를 지켜보고 있을 거라는 걸 느끼곤 했었지만, 지금도 난 여전히 당신이 있는 그곳에서 날 지켜보고 있다는 것을 느낍니다. 언젠가 우리는 유럽이나 한국 어딘가에서 만날 수 있을 거예요. 인생이 나를 어디로 데려갈지 누가 알겠습니까?

많은 축복이 당신에게,

리사

횔덜린의 문학과 실러

나에게 삶과 죽음을 결정짓는 위대한 비밀은 밝혀져야 한다

(휘페리온 단편)[59]

---

59) Fragment von Hyperion, Friedrich Hölderlin, Die neue Thalia, 1794

"그러면 계몽주의 사조가 횔덜린의 문학에 상당한 영향을 끼쳤단 말인가요?"

세린의 질문에 이번엔 로레인이 넌지시 말했다.

"문제는 횔덜린의 문학이 특정 종교에 대한 잣대를 들이대는 것을 허용치 않는 면이 강하다는 거예요. 그래서 그의 문학세계를 이해하는 것이 매우 난해하다는 평가가 지배적이었어요."

세린은 과거 그녀가 횔덜린의 문학이 가장 어려운 문학에 속한다는 말에 끌려 무작정 횔덜린을 전공하려고 마음 먹었던 일을 회상했다. 왜냐면 그녀의 심리엔 어려운 과제를 피하기보단 도전을 하고 싶은 의욕이랄까 성향 같은 것이 내재해 있었으므로.

– 횔덜린의 시의 여정 –

세린이 말했다.

"기독교에 전적으로 얽매이지 않은 그 시대의 세계관의 소유자답게 말이죠? 그런데 말이죠… 횔덜린이 십사 세에 초급 수도원 학교에 입학한 후인, 십 대 중반 학창 시절의 시들을[60] 보면 허약한 죄인들, 은총의 목마름, 천국의 선물, 교회 봉사의 은혜와 기쁨과 감사, 위대한 심판자, 자비의 아버지, 아들의 피, 영원한 보좌, 사탄, 지옥의 왕, 심판하는 자의 분노 같은 이런 정통복음적인 표현이 나와요.

　　폭풍이 위협하고 파도가 그의 발걸음 주위에 몰아칠 때
　　오 그가 당신께 간구할 생각이 들도록 하소서

---

60) 사은의 시(Dankgedicht an die Lehrer, 1784), M.G(1784), 밤(Die Nacht, 1785), Adramelech(1785), 인간의 삶(Das menschliche Leben, 1785), Die Meinige(나의 가족, 1786)

싸움 중 그의 팔이 힘없이 떨어질 때

그의 눈이 두려움 속에서도 주위를 살피며 구원을 기다리게 하소서

그릇된 소망이 이성을 주장할 때

오 당신의 성령이 그가 당신께 간구하도록 일러주소서

우리 모두가 그녀의 매 순간을 달콤하게 만들게 하시고

그녀처럼 거룩함을 향해 애써 나아가게 하소서

이 거룩함이 없으면 아무도 당신을 볼 수 없을 겁니다

이 거룩함이 없으면 당신의 심판이 우리에게 임할 것입니다[61]

(나의 가족)

제가 수년 전 대학 졸업 논문을 위해 준비한 횔덜린에 관한 내용을 떠올리자면요, 횔덜린은 두 살 때 친부를 여의고, 네 살 때 재혼한 모친과 양부 밑에서 행복하게 자라던 중 여덟 살 때 양부가 삼십 살이라는 나이로 죽게 되었어요. 양부의 명랑한 기질을 닮고 싶어 했던 그는 자신을 그토록 사랑했던 양부의 죽음에 이해할 수 없는 고통을 느꼈고 스스로 고아가 된 기분이 들었어요. 그는 매일 모친의 슬픔과 눈물을 보아야 했고, 그때가 그의 영혼이 처음으로, 결코 떠나가지 않고 해가 갈수록 더해만 가는 무거움을 느끼게 되었던 때였답니다.[62]

위대하시고 은혜롭고 자비하신 아버지! 당신께 감사드립니다.

수많은 아들 중 가장 축복받은 아들, 저에게

오, 당신은 최고의 어머니를 주셨습니다.

하나님! 전 그 누구도 표현할 수 없는 기쁨으로

당신 앞에 엎드립니다.

---

61) 이 책에 소개된 횔덜린과 실러와 노발리스와 니체의 시와 소설과 서간문과 괴테의 인용은 모두 저자 박현숙의 번역임.

62) Silz, Walter, Hölderlin's Hyperion, Philadelphia: University of Pennsylvania Press, 1969.

눈물로 먼지 속에서 당신을 올려다 봅니다.

이 제물을 받아주세요! 전 더 이상 할 수 있는 것이 없습니다!

아, 그 언젠가 우리의 조용한 작은 집에

두려워라! 당신의 죽음의 천사 내려와

애통하고 애원하는 사람들 가운데에

영원히 소중한 아버지! 당신을 우리에게서 데려갔을 때,

두렵도록 조용한 죽음의 침상에서

나의 어머니 먼지 속에 정신 없이 누워 계셨을 때

비애여! 난 아직도 그 비참한 장소, 그녀를 보는 듯합니다.

그 검은 죽음의 날 영원히 제 눈앞에 어른거립니다.

아, 그때 난 어머니께로 몸을 던지고

흐느끼며 그녀를 올려다보았네

갑자기 거룩한 전율 소년의 사지에 흘렀고

난 어린애처럼 말했네 그분은 짐을 지우시고 있어요

그러나 오! 그 선하신 분은 돕기도 하세요

선하시고 사랑하시는 하나님은 돕기도 하세요

아멘! 아멘! 전 여전히 알아요,

당신은 아버지처럼 막대기로 치심을![63] 당신은 모든 필요를 도우심을!

(나의 가족)

휠덜린은 그의 시, 「인간의 삶」을 통해 세상을 유한하고 가련한 인간이

---

63) "매를 아끼는 자는 그의 자식을 미워함이라 자식을 사랑하는 자는 근실히 징계하느니라
   (잠언13:24)"
   "내가 사망의 음침한 골짜기로 다닐지라도 해를 두려워하지 않을 것은 주께서 나와 함께 하심
   이라 주의 지팡이와 막대기가 나를 안위하시나이다(시23:4; 히12:6)"

사는, 고통과 눈물과 투쟁과 조롱과 시기와 질투의 패덕함으로 가득한 어두운 곳으로 그리고 있습니다. 혹 계부의 사망 후 그의 친모를 바라보는 이웃들의 곱지 않은 시선이나 수군거림이라도 있지 않았을까요?

인간들의 삶은 무엇인가, 그대들의 세상, 애처로운 세상… 눈물아 흘러라! 연민의 눈물이여… 고통을 헤아리는 불안한 한숨, 불쌍한 필멸자들의 동반자, 오, 너무도 유쾌하지 못하구나!

그런 그의 허약한 심리 상태 때문인지 그는 인간들을 에워싸 떠도는 그림자들을 봅니다. 그 가운데서 그는 세상의 덧없는 행복을 좇는 어리석은 인간들을 바라보는 동시에, 많은 선한 영혼들이 그만, 무수히 좋은 기쁨을 가져다주는 양 포장된 세상 유혹에 휩쓸려, 치명적인 독을 빨아들임으로써 당한 죽음의 저주를 생각하고, 이것들을 향하여 자신에게서 떠나가라고 절규합니다.

두려운 전율이 이 음울한 영혼을 사로잡고 그 어리석은 기쁨을 보면 세상, 유혹, 수많은 좋은 것의 지옥 나에게서 도망쳐라, 영원히 도망쳐라! 그렇다. 많은 선한 영혼이 이미 속임을 당했다 그대에게 치명적인 독을 빨아들였다.

죄와 심판의 두려움, 양심의 가책과 후회, 또 실족과 반복되는 고통의 절규 속에서, 원죄적 인간의 한계를 수용하기엔 너무도 연약한 자신의 영혼이 담아내기 힘겨운 슬픔과 고통을 가지고 소년은 신의 심판대 앞에서 다시금 쓰러집니다.

죄의 심판이 울릴 때 / 양심의 가책이 그것을 가르치리 / 악의 길이 어떻게 그 끝을 장식하는지 / 뼈를 상하게 하는 고통! / 그러면 잃어

버린 마음이 뒤돌아보리 / 그 눈은 후회로 흐느끼리.
다시 떨어졌도다! / 새로운 눈물, 새로운 고통! / 오 너 죄악이여, 고귀
한 영혼의 상처 / 각자는 너를 선택할 수밖에 없는가?

그는 자신의 고투적인 의지로 약함에서 벗어나, 정신이 신성한 아름다
움으로 변화된 후 누리는 행복의 빛을 꿈꿉니다. 그러나 그것도 잠시, 또
다시 자신은 어두운 밤, 무덤의 침묵에 에워싸일 것을 예감합니다.

나약함, 잠시만 더 / 그처럼 당신은 탈출하고 신성하게 아름다워지
리 / 영혼이 변화되어 더 나은 행복을 누리게 되리 / 그러면 내 눈에
는 더 밝게 보이리 / 곧 당신, 불완전한 껍질에 둘러싸이리 / 어두운
밤, 무덤의 침묵.

그러나 여기서 시인이 표현하는 바, "신성하게 아름다워지는 영혼의
변화"는, 그리스도의 고난에 참여와 같은 영적인 성화의 과정이 없이 즉
각적인 드라마틱한 변화를 시사하는 것 같습니다. 우울한 십 대의 소년
횔덜린이, 일련의 죽음을 겪은 후 쓴 「밤의 생각(Night-Thoughts)」으로 유
명해진 에드워드 영(Edward Young)에게 매료된 건 매우 자연스런 일이겠
지요. 이즈음 횔덜린의 「월계수(Der Lorbeer)」에선 영혼의 비상과 죽은 영
혼들과의 교통, 영혼의 창조물 같은 '자율적'인 영혼의 '행동'이 표현되고,
한밤의 '열정'이나 노래의 '불꽃 소리'로 천국을 음미하는 등 신비적인 정
신의 성향이 점차 드러나기 시작합니다.

사원 홀에서 클롭슈톡이 그의 하나님께 화제를 드릴 때 / 그의 시편
의 기쁨의 노래 가운데 그의 영혼이 하늘로 날아오를 때 / 나의 시인
영(Young)이 어두운 고독 속에서 그의 죽은 자들을 자신의 주위에
모으고 / 그의 현을 더욱 천국처럼 울릴 때 한밤의 열정을 위해 – 하

아! 지복이여! 그저 멀리 서서 그의 노래 속 불꽃 소리 들으며, 그의
영혼의 창조물을 보노니, 진심으로! 그것은 천국을 미리 맛보는 것.

(월계수)

또 「밤(Die Nacht)」에선 위의 시에 "어두운 고독 속에서 죽은 자들을 모
으는" 것과 동류의 "그림자(혼백)들"이나, "거짓된 가상의 제단", "영혼의 거
룩한 시선" 같은 특이한 표현들이 등장합니다."

그대들 은신처에 가득 찬 그림자들이여 / 당신과 함께여야만 영혼은
느낀다네 / 언젠가 영혼은 그토록 신성해지리 / 수많은 제단의 거짓
된 가상에게 드려진 기쁨 / 영혼은 황홀하게 거룩한 천사의 날개를
달고 가네 / 신성하고 거룩한 시선으로 그대들을 내려다보며

(밤)

뉴세린이 말했다.

"어쩌면 이때 어둡고 기진한 그의 영혼의 주변에 그 자신도 모르게 신
적인 성스러운 눈길로 그를 내려다보는 한 영혼이 서성거렸는지도 모릅
니다. 그를 내려다보는 신적인 영혼은 다름 아닌 그리스 신들의 영에 사
로잡힌 미래의 횔덜린 그 자신인지도요…. 그가 독일 계몽주의의 주요 시
인, 클롭슈톡(Klopstock)의 「메시야」 외에도, 평생 흠모해 마지않게 된 실
러의 작품을 읽게 되었던 때도 역시 이 시기였죠. 후에 괴테와 에나 지
식인에 대한 횔덜린의 존경은 실러에 대한 집착에 비하면 아무것도 아닐
만큼 그는 어린 시절부터 실러를 우상화했습니다. 그는 젊은 날의 찬가
들에 실러 시의 리듬을 도입했고, 실러의 극작의 전투적인 이상주의에 매
료됐으며, 실러가 쓰고 말한 모든 걸 흡수했습니다.[64] 횔덜린이 십오 세

---

64) Salzberger,L.S. Holderlin, Cambridge: Bowes&Bowes, 1952

때 접했을 실러의 시, 「우리의 소중한 곡식(Unserm teuren Körner)」엔 "우리 어머니 - 영원", "엘리시움[65]을 걷는다"와 같이 그리스 신화적인 범신론적 내용이 완연합니다.

> 우리 어머니 - 영원 … 나는 이 땅에 고귀한 사람을 주었다! 인류는 내가 낳은 사람을 느낄까? … 그의 위대한 영혼 앞에 절을 할까 … 그의 세기는 이미 경건했을까? … 이제 나는 내 태양 코스를 마쳤지만, 하지만 내 등 뒤에서 새로운 - 더 아름다운 아침이 이미 빛나고 있다 … 엘리시움을 걷는다.
> 세라핌이 말했다 -당신은 우리 품에 안겨 있다-
>
> (실러, 우리의 소중한 곡식)

실러의 "그의 세기"와 "새로운 - 더 아름다운 아침"은 그리스적 황금시대와 그 시대의 도래를 노래한 것으로써, 이는 후에 횔덜린의 「휘페리온 단편」에서 "재회와 영원한 젊음의 땅"과 "거룩한 아침"으로 다시 등장합니다. 이들이 공통적으로 지향하는 이상향은 범신론적 대통합의 세계입니다.

> 그러나 완전한 사람은 오직 머나먼 땅, 즉 재회와 영원한 젊음의 땅에서만 올 것이라고 멜리테는 말했습니다. 여기는 황혼뿐입니다. 그러나 다른 곳에서는 우리에게 거룩한 아침이 반드시 일어날 것입니다. 나는 그것을 기쁘게 생각합니다. 그곳에서 우리 모두는 분리된 모든 것의 대통일을 다시 발견하게 될 것입니다.
>
> (휘페리온 단편)

---

65) Elysium: 그리스 신화에 나오는 낙원

─ 「환희의 찬가」(실러) ─

휠덜린이 십육 세가 되던 해에 발표된, 베토벤의 교향곡 9번 4악장의
가사로 유명한 실러의 「환희의 찬가(An die Freude)」의 내용은, 그리스적 신
성에 도취된 희열과 연합의 이상 안에서, 선악 간 구분 없이 모든 인류의
우애를 찬양하는 내용이 힘차게 노래됩니다. 실러는 이교도적 신성에 미
와 도덕적 가치를 입히고, 매혹적 자연과 연결시킵니다.

> 우리는 정열에 취해 하늘의 성소로 들어가네. 잔악한 세상이 갈라
> 놓았던 자들을 그대의 마법의 힘은 다시 결합시킨다. 그대의 부드러
> 운 날개가 깃드는 곳, 모든 인간은 형제가 된다… 위대한 동맹을 맺
> 은 누구든 연민에 경의를 표하라! 그것은 별들을 넘어 미지의 왕좌
> 에 닿는도다. 자연의 가슴에서, 모든 존재는 기쁨을 마신다. 모든 선
> 한 자, 모든 악한 자 환희의 장미꽃 길을 따른다. 환희는 우리에게 키
> 스와 포도나무와 죽음도 불사할 친구를 주었고,
>
> (실러, 환희의 찬가)

휠덜린 또한 이십이 세에 쓴 「사랑의 찬가(Hymne an die Liebe)」에서 사
제적 시인의 특성을 '환희'로 표현하고, 자연을 성전 삼음을 노래하고 있
습니다.

> 우리의 사제직은 기쁨이고, 우리의 성전은 자연입니다;

「환희의 찬가」의 후반부에 가서 실러는, 마치 신탁(神託)을 받고 모든 범
죄자에 대한 사면장을 든 교도소 소장처럼, 심판자인 신의 권위를 대신
행사하는 도발적인 외침이 호방한 취기인 양, 와인의 홍취를 돋구는 무드
를 타고 열광적으로 메아리칩니다. 이 실러의 '환희의 술잔'은 휠덜린에게

도 역시 자연의 신성이 건네주는 '환희의 술잔'입니다.

> 우리의 죄의 책은 파괴될 것이다! 온 세상이 화해한다! 형제들이여 –
> 별이 빛나는 하늘 위에 신은 우리가 심판하듯이 심판하신다. 형제들
> 이여, 자리에서 일어나라. 백포도주 잔들이 돌아올 때 거품이 하늘로
> 뿌려지게 하라. 이 잔은 선한 영혼에게. 성스러운 이들은 더 단단히
> 뭉쳐라, 이 황금빛 와인에 맹세하라: 서원에 충실하기 위해, 별의 심
> 판관에 맹세하라! 폭군의 사슬에서 구출하라, 악당에게도 관대하라,
> 임종 시에 희망을, 교수대에 자비를! 죽은 자도 살 것이다! 형제들이
> 여, 마시고 함께하라, 모든 죄인이 용서받을 것이다, 그리고 지옥은 더
> 이상 없을 것이다. 작별의 시간도 즐겁게! 수의 속에서도 달콤한 잠!
> 형제들이여, 부드러운 말 있으리라 죽은 자의 심판자의 입에서도!
>
> (실러, 환희의 찬가)

> 젊음의 친근한 자연, 그 신성이 내게 환희의 술잔을 건네노니.
>
> (횔덜린, 노이퍼에게)

아이러니하게도, 구약에서 "비틀거리게 하는 큰 잔(사 51:17b)"은 "진노의 포도주 잔(렘25:15, 49:12; 사51:17, 22; 시75:8; 애4:21; 겔23:31-35; 합2:16)"으로서 실러나 횔덜린 식의 '환희의 잔'과는 정반대의 의미입니다. 이 '잔'은 우상숭배의 죄로 인해(열하17:7-20) 바벨론 포로로 끌려가게 된 이스라엘 백성과 포로 귀환 후 바벨론에게 내려질 징계를 의미합니다. 바벨론의 죄악은, 독한 포도주(불의)로 열방을 취하게 만들어 하나님의 백성들로 하여금 자신들의 신을 바벨론의 신과 바꾸어 영적인 간음을 행하게 한 것입니다(렘51:7).

> 여호와의 손에서 그의 분노의 잔을 마신 예루살렘이여 깰지어다 깰

지어다 일어설지어다 네가 이미 비틀걸음 치게 하는 큰 잔을 마셔
다 비웠도다 보라(사51:17)

내가 비틀걸음 치게 하는 잔 곧 나의 분노의 큰 잔을 네 손에서 거
두어서 네가 다시는 마시지 못하게 하고 그러나 너희를 괴롭히고 너
희를 땅에 짓밟아 등을 밟고 걸어간 너희 원수들에게 내가 그 잔을
마시게 할 것이다(사51:22-23)

무너졌도다 무너졌도다 큰 성 바벨론이여(사21:9)

같은 맥락에서 신약의 "진노의 포도주 잔(계14:10, 18:3)"은, '사단'으로부터
능력과 권세를 받아 하나님을 비방하고, 신성모독적 망언을 일삼으며, 자
신을 하나님의 위치로 격상시키고, 세상을 지배할 만큼 큰 권세로 메시야
처럼 군림하고, 믿음을 지키는 성도를 핍박하는 '악의 세력'과(계13:1-10) 또
'그리스도'의 신성과 능력을 부인하고, 갖은 술수로 성도와 교회로 하여금
우상을 섬기고 세상과 타협하도록 미혹하는 '적그리스도(Antichrist)'의 세력
들과 이를 추종하는 자들 - 정치 경제 세력을 위시해 온갖 종류의 신들과
'영적 음행'인 우상숭배, 복술, 주술, 탐욕과 방탕을 따라가는 세속적 사회
문화에 대한 하나님의 '최종적 심판'을 의미합니다. 베드로는 로마를 '바벨
론'으로 불렀습니다(벧전5:13). 그리스-로마 신들과 범신론적 사상이 인간을
하나님의 위치로 격상시키고, 그들의 신들이 우주를 지배하는 권세를 가
진 메시야인 양, 온갖 문학예술적 미화를 통해 숭배되고 찬양되는 것 역
시 하나님의 '진노의 포도주' 잔을 마시는 것과 다름없는 일입니다. 우리가
살고 있는 이 세상은 바로 바벨론의 영이 편만한 곳입니다.

또 내가 들으니 하늘로부터 다른 음성이 나서 이르되 내 백성아, 거
기서 나와 그의 죄에 참여하지 말고 그가 받을 재앙들을 받지 말라
그의 죄는 하늘에 사무쳤으며 하나님은 그의 불의한 일을 기억하신
지라(계18:4-5)

자, 다시 본론으로 돌아가서 「환희」와 같은 연도에 발표된 실러의 시, 「사임(Resignation)」엔 창조자에 대한 실러의 짙은 회의감을 동반한 냉소 섞인 폄훼적 색채가 농후합니다.

나도 아르카디아[66]에서 태어났어 … 침묵하시는 하나님 – 오, 울어라, 나의 형제들이여 – 침묵하시는 신이 나의 횃불을 아래로 내리셨네 … 내가 주의 보좌 앞에 항의하오니 … 그 별에는 행복한 전설이 있었는 데, 당신은 심판의 저울을 가지고 여기 좌정하셨습니다. 그리고 자신 을 보복자라고 부르죠. 당신의 보좌 앞에서 나는 불평을 제기해, 가 려진 판사여 … 자신을 보상이라고 부르지. 여기 – 그들은 말한다 – 사악한 자를 공포가 기다리고, 정직한 자를 기쁨이 기다린다고 … 다 른 생에서 당신에게 갚을 것이다 … 나는 다른 생을 위한 지시를 받았 고 … 꽃피는 자연 그 뒤에는 말라버린 시체가 남습니다. 땅과 하늘이 폐허로 날아갈 때, 이로써 당신은 성취된 맹세를 알아볼 것입니다. 그 유대감은 죽은 자에게 있습니다. 세상은 비웃으며 웃었습니다. 독재 자에게 고용된 거짓말쟁이가 진실을 위해 그림자를 제공했습니다. 이 환상이 끝나면 당신은 더 이상 없습니다. 조롱하는 뱀 군대가 건방지 게 농담했습니다. 제한 법령만이 봉헌할 수 있는 광기 앞에서 떨고 있 습니까? 당신의 신은 무엇입니까? 병든 세상 계획에 따라 영리하게 고안된 구세주, 누가 인간의 재치를 인간의 필요에 따라 빌려주는가? 속임, 무력한 벌레들에게 강력한 자에게 허락받은, 높은 탑에 불을 붙 인 공포의 불, 몽상가의 상상력을 습격하기 위해, 법의 횃불이 어둡게 타오르는 곳. 무덤이 우리를 덮은 미래는 무엇인가? 당신이 자랑하는 영원? 영리한 덮개로 가리기 때문에 존경받는다, 우리 자신의 공포 의 거대한 그림자 양심의 두려움의 텅 빈 거울 속에서; 살아 있는 인

---

66) Arcadia: 그리스의 펠로폰네소스반도에 있는 지역의 이름, 판(Pan)신의 고향

물들의 거짓된 이미지, 시간의 미라, 추운 무덤의 거주지에서 희망의 향유 정신에 의해 지탱되어, 그것이 당신의 열광적인 광기가 불멸이라고 부르는 것인가? 희망을 위해 - 쇠퇴는 그들이 틀렸다는 것을 증명한다. 당신은 어떤 재화를 포기했는가? 죽음은 6천 년 동안 침묵했습니다. 시체가 무덤에서 일어난 적이 있었나요? 누가 복수자에 대해 말했나요? - ... 죽은 사람은 무덤에서 일어나지 않았습니다 ... "두 꽃이여", 그는 외쳤다. "들어라, 인간의 자식들이여 - 두 꽃이 현명한 발견자에게 피어난다. 그것들은 희망과 즐거움이라 불린다. 이 꽃 중 하나를 따는 사람은 다른 자매를 원해서는 안 된다. 즐겨라, 믿을 수 없는 사람은. 가르침은 세상과 같이 영원하다. 믿을 수 있는 사람은 즐거움이 없어도 된다. 세계 역사는 최후의 심판이다. 당신은 희망했고, 당신의 보상은 갚아졌다. 당신의 믿음은 당신에게 주어진 행복이었다. 당신은 당신의 현자들에게 물을 수 있다. 당신이 순간부터 거부한 것은 영원히 돌려줄 수 없다."

(실러, 사임)

위 시에서 독실한 개신교적 집안에서 성장한 실러의 기독교 이해엔 십자가와 부활이나 사후 세계에 대한 믿음이 보이지 않습니다. 그는 "조롱하는 뱀 군대"인 사탄의 말을 빌려 우회적으로 자신의 기독교에 대한 불만과 갈등을 표현하고 있습니다. 그에게 기독교 신앙은, 인간이 지닌 양심의 두려움을 이용해, 시한부 선고를 받고 공포의 노예가 되어 살아가는 무력한 인간들의 헛된 영원을 향한 맹목적인 광기로 이해되고, 그리스도는 인간을 구원의 길로 인도하는 사랑의 주가 아니라, 법과 심판이란 공포의 횃불을 들고 인간을 미혹하도록, 병든 세상이 교묘하게 고안한 산물입니다. 그에게 불멸이나 사후 세계란, 실상은 "시든 시체"와 같이 죽음의 "무덤에 덮인 미래"인 것뿐이나, 헛되이 부활이란 희망적 믿음을 가지도록, '영원'이란 고상한 포장을 입힌 "거짓된 이미지"요, "박제된 시

방문

간"인 것입니다. 실러가 "무한"하다고 믿는 "세계 역사"가 그에게 "최후의 심판"이 되는 이유는, 믿는 자는 이 세상에서 비록 즐거움을 누리지 못하여도, 사후 세계의 보상이란 "희망"을 가지고 살아가므로 이미 이 세상에서 "행복"이란 보상을 받았기 때문이요, 믿지 않는 자는 자유롭게 이 세상을 즐기며 살아가는 자체로써 이 세상에서 "즐거움"이란 보상을 받았기 때문이란 겁니다. 이런 실러의 영향을 받은 십 대의 횔덜린의 신앙적 갈등과 폐해가 얼마나 큰 것이었을지를 우리는 충분히 짐작할 수 있습니다. 한편 횔덜린의 「시대의 책들」에는 이와는 다른 의미이나 유사한 구절이 나옵니다.

> 그리고 조롱하는 자여, 너는 조롱하느냐 / 춤추는 환희 속에서 여전
> 히 끔찍한 심판대를?

그러나 위 시를 쓴 실러에겐 그리스도께서 말씀하신 바, 미래에 다가올 세계사의 종말과 더불어 일어나는 실제적인 '심판(마24, 눅21, 벧후3, 단12)'에 대한 믿음이 없습니다. 최후의 심판에 대한 시인의 불평과 항의는 앞선 시에서 '죄의 책의 파괴'와 '모든 죄의 용서'와 '지옥의 부재'를 선포합니다. 그러나 이와 같은 실러의 신랄한 저항의 분출은 우리로 하여금 그의 영혼의 고뇌와 불안의 정도를 능히 짐작하게 하고도 남음이 있습니다. 요컨대 실러가 하나님께로부터 받은 것은 그를 하나님의 아들로 삼으시는 '성령'이 아니라, 그를 공포에 몰아넣는 "종의 영"을 받은 것입니다(롬8:15). '성령'이 부재한 실러는 하나님을 결코 "아빠, 아버지"라고 부를 수 없었습니다(롬8:15). 그런 그에게 믿음은 오로지 이 땅의 삶에만 국한될 뿐입니다. 그러므로 그가 생각하는 최후의 심판은 신자나 비신자를 가릴 것 없이 저마다 이 땅에서 즐겁게 사는 것으로 완성되는 것입니다. 하늘의 참된 평안과 기쁨을 사모하지 않고, 땅의 쾌락만을 맛보고 살아가는 자들이 종국적으로 마시게 되는 '진노의 포도주'가 세세토록 이어지는 불

과 유황의 고난인 것을 시인은 알지 못합니다(계14:10-12, 20:10, 15). 사탄이 실로 교활한 증거는, 사탄의 주된 일이 심판대 앞에서 창조주 하나님께 인간들을 신자와 비신자를 막론하고 밤낮없이 정죄하고 송사하는(욥1:9; 계12:10) 일이기 때문입니다. 사탄의 책략은 지상에서 신자로 하여금 끊임없는 죄책감에 빠져 낙망케 하거나 불신자로 하여금 심판대를 부인토록 하여 그리스도 없이 교만하거나 방탕한 삶을 살게 함으로써, 사후 전능자의 심판대 앞에 선 인간들의 죄를 정죄하고 송사하여 자기들의 최후 종착지인 유황 불못으로 함께 끌고 들어가려는 것입니다. 그러므로 신자는 이미 '주님의 보혈'로 죄 사함을 받은 신분임을 확신하고, 심판대 앞에서 신자의 구원을 위해 변호해주시는 그리스도 예수를 전폭적으로 신뢰해야 하며, 불신자는 어서 속히 주님의 십자가 앞으로 나아가 회개를 통해 반드시 구원을 받아야 합니다.

> 자녀들은 살과 피를 가졌기 때문에 예수님도 그들과 마찬가지로 인간성을 지녔습니다. 이것은 자신의 죽음을 통해서 죽음의 권세를 잡은 마귀를 멸망시키고 일생 동안 죽음의 공포에서 종살이하는 모든 사람들을 해방시키기 위한 것입니다(히2:14-15).

> 만일 누가 죄를 범하여도 아버지 앞에서 우리에게 대언자가 있으니 곧 의로우신 예수 그리스도시라(요일2:1b)

― 「영혼의 불멸」(횔덜린) ―

초기 수도원 시절 편지에서 십 대의 횔덜린은 기독교에 대한 흔들리는 신앙과 정신 상태에 대한 불안을 암시했습니다. 그는 타인들과 신과의 거리와 조화를 유지하는 데 불안한 집착을 표현함으로써 자신의 정서적 불안정을 매우 잘 인지하는 걸로 보였다고 합니다. 이 즈음의 휠덜린의 시들엔, 여전히 정통 보수적 신앙이 주가 되는 한편, 실러의 신지학(theosophy)[67]적 색채의 영향을 입은 후엔 신플라톤주의적 색채가 점차 나타나기 시작하는 것을 봅니다. 시를 쓰는 것에 대한 정열 때문에 목사로서의 콜링에 의심이 시작된 것도 이 시기입니다. 튀빙겐 신학교 입학 전후인, 십팔 세에 쓴 휠덜린의 시, 「영혼의 불멸(Die Unsterblichkeit der Seele)」에서 우리는 역력히 이러한 변화의 증후를 포착할 수 있습니다.

> 오 그대들은 아름답도다, 그대들 장엄한 창조물들이여! … 그러나 인
> 간의 영혼은 더 아름답도다.
> 영혼이 그대들로부터 하나님께로 올라갈 때.

시인이 찬양하는 '미'의 대상은 '주 예수 그리스도'가 아니라, 플라톤적 맥락 안에서, 생명과 정신의 원천이자 '생각'인 동시에 스스로 움직이는 '영혼'인 것으로 보입니다.

> 아, 하나님의 손에서 나온 그대 영혼을 생각건대 천 가지 피조물 위
> 로 높임을 받고, 영혼아! 그대가 하느님께로 올라갈 때 그대는 그대
> 를 명료하게 인식하리니,

시인의 깊은 관심은, 창조주 하나님에 의해 영혼육을 가지고 세상에 나온, 전인격적 '인간'에게보단 오직 '영혼'에 맞추어져 있습니다. 또 시인의 공경의 대상은 만물 위에 머리가 되시는 '그리스도(빌2:9-10)'에게로 향하는 것이 아니라, '천 가지 피조물 위로 높임을 받는' 인간의 '영혼'에게로 향하는 것이 이채롭습니다.

---

67) "god-wisdom", "divine wisdom" 고대로부터 신비적 체험 강조. 플라톤, 신플라톤주의, 영지주의, 신비주의, 이슬람교, 불교, 힌두교 등을 포함한 "본질적 진실" 주장.

오 그대 영혼, 나의 불멸의 감격이여! 오 그대 영혼, 황홀함이여 돌아오라! 그대는 나에게 힘을 주도다! … 이 모든 것이 시작되면 – 온전함을 느껴보라, 오 인간이여! 거기서 당신은 기뻐 외칠 것이다: 사망아, 너의 쏘는 것이 어디에 있느냐? 그때 그대 인간의 영혼은 하늘의 하프처럼 영원하게 울려퍼지리

(영혼의 불멸)

시인은 불멸의 황홀한 감격의 대상이 되고, 자신에게 힘을 주고 자신을 온전케 하는 주체를 '그리스도'가 아닌 인간의 '영혼'으로 노래합니다. 여기서 인간의 죄의 결과인 사망을 이기시고, 영생의 구원을 인간에게 선물로 주신 '그리스도의 은총(고전15:55)'은 언급되지 않습니다.

시인이 이보다 3년 전에 쓴 시, 「회상(Das Erinnern)」과 비교해보면 이러한 차이를 느낄 수 있습니다.

수많은 나의 나날들은 죄로 오염되어 가라앉는다 오, 위대한 심판자시여, 왜냐고 묻지 마시길 / 그 무덤에 긍휼한 망각을 베풀어주시길 / 인애하신 아버지, 아들의 보혈로 나의 죄를 덮으소서 / 아 흘러간 세월 중 경건의 면류관을 쓴 날들은 거의 없었네 / 나의 천사여, 영원한 보좌 앞에 그날들을 펼치어 적은 수의 날들이라도 빛나게 하시기를 / 그리하여 그날 심판자의 선택이 나를 그분의 경건한 자들 중에서 헤아리시도록

(회상)

이 시기에 시인은 전능자의 심판대 앞에서 지난 날, 자신이 살아온 죄악의 세월에 비해 극히 적은 경건의 날에 대한 신의 가호를 그리스도의 보혈에 의지해 간구하고 있습니다. 다시 본론으로 돌아가면,

오 영혼아! 그대는 이미 그토록 훌륭하도다! 누가 그대를 생각할까?
그대가 하나님께 다가갈 때, 숭고한 모습, 내 눈에 번쩍인다 / 그대 고
결한 자 – 그대 영혼이여!

(영혼의 불멸)

피조물인 인간을 생각하시고 인간을 보배롭게 여기시는 하나님께선,
인간에게도 영광과 존귀를 입혀주시길 원하셔서(시8:4-5) 독생자를 아끼지
않으시고 이 땅에 보내셨습니다. 인간에게 높임과 찬양을 받아야 할, 숭
고하고 빛나는 고결한 대상은, 인간의 '영혼'이 아니라 창세 전부터 우리
를 택하시고 예정하신, 우리 주 예수 그리스도의 아버지 하나님이십니다
(엡1:3-6).

오 영혼이여, 그대가 지상의 존재와 인간의 억압으로부터 해방되어
그대의 원초적 본질로 비상할때, 그대는 이미 너무도 위대하고 천상
적이리. 엘로아 머리의 반짝임처럼 그대의 사념의 원이 그대 주위를
감돌고 에덴의 황금빛 시냇물이 정렬되듯 그대의 생각이 합쳐지리.

신플라톤주의[68]는 '영혼'은 '악한('선'과 대립 개념이 아닌 단지 '선의 부재': 인식
의 오류나 결함 등의 불확정적인 이유로)' 물질인 '육체'에 묶여 있으므로, '육체'의
속박에서 벗어나 본래의 근원인 '일자(一者)'에게로 돌아가기를 갈망한다고
봅니다. 궁극적 지혜의 원천인 '일자(一者)'의 원형이요 산물인 '이성(누스)'은
사유와 이념, 순수지성 자체로서 그 안엔 무한한 '관념'의 저장소가 담겨
있습니다. '누스'의 이미지이자 산물인 '영혼'은 움직이는 본질을 지닌, 단
일한 '세계 혼'이자 수많은 '개인의 영혼'입니다. '영혼'은 미덕과 철학적 사
고를 통해 자신을 '일자(一者)'에게로 끌어올리는 힘을 갖고 있으므로, '이

---

68) Platonism, Neoplatonism, Wikipedia

성'이 알 수 없는 선하고 근원적인 존재를 보거나 그 존재에게로 올라갈 수 있습니다. '일자'와 '누스'와 '영혼'은 불가분의 관계입니다.

시인은 '영혼'이 "지상의 존재와 인간의 억압" 즉, 육체의 속박에서 벗어나, 본래의 근원 즉, '원초적 본질'인 '일자(一者)'에게로 비상함을 노래합니다. 시인에게서 신플라톤주의적 '일자(一者)'는 기독교의 '하나님'으로 대신됩니다. '영혼'이 자신을 '일자(一者)'인 하나님께로 끌어올리는 힘은 "너무도 위대하고 천상적인" 것으로 칭송됩니다. 시인은 '영혼'에 스며든 '이성(누스)'을 영혼의 주위를 감도는 "사념의 원"으로 형상화하고, '영혼'의 '일자(一者)'인 '하나님'께로의 회귀를 "에덴의 시냇물의 정렬"과 같은 - 실로 성경의 범위를 넘는 위태한 비유라 할 수 있습니다만 - '관념의 통합'으로 표현합니다. 그러나 성경의 '하나님'은 신플라톤주의적인 통합적 '원리'가 아니라, 물질로 창조하신 이 세상을 그토록 사랑하시어, 몸소 육신을 입고 인간 세상 속으로 오신 그리스도 예수의 하나님이십니다. 죄와 악은 '물질' 때문에 이 세상에 들어온 것이 아니라, 하나님의 '말씀'에 대한 인간의 '불순종' 때문에 들어온 것입니다. 인간을 묶고 속박하는 것은 '물질'이 아니라 '악한 영'입니다. 인간의 '영혼'은 미덕과 철학적 사고를 통해 구원을 받는 것이 아니라, 인간의 '영혼'이 하나님과 원수되어 영원한 멸망에 이르게 하는 '죄'의 문제를 해결해주신 '그리스도 예수'를 믿는 믿음을 통해, '영혼'이 '중생'함으로써 '구원'을 받는 것입니다.

인간의 타락 전, "에덴의 황금빛 시냇물(창2:10-14)"은 하나님과 '어린 양'의 보좌에서 나오는 '생명수의 강(계22:1)'으로 이어집니다. '생명수 강'의 본질은 주님께서 흘리신 '죄사함의 피'요, 믿는 자에게 주어진 '영생의 음료(요6:47)'입니다. 인간 영혼의 '구원'은 하나이자 전체인 '사념의 통합'을 통해 이뤄지는 것이 아니라, 오직 '속죄양'으로 오신 '그리스도 예수'를 개인이 '구원의 주'로 '영접'함으로써 이뤄지는 것이며 또 지속적으로 이뤄가는 것입니다(빌2:12). 오직 '성령'으로 '거듭난 영혼'만이 창조주 하나님을 언제 어디서나 감격속에서 예배하고 찬양할 수 있습니다. 구원받은 인간이 찬양과 경배를 올리는 대상은, 지상에서나 천상에서나 오직 '우리 주 예수 그리스도의 하나님' 한 분이십니다.

> 그리고 아! 언젠가 지상의 존재와 인간의 억압이 영원히 사라질 때, 그리고 내가 하나님 앞 – 하나님의 보좌 앞에서 지극히 높으신 분을 분명히 뵈올 때면 어떻게 될까? … 영혼의 기쁨은 영원하도다! 여호와께서 말씀하셨다! 그들의 기쁨은 영원하다! 그의 말씀은 그의 이름처럼 영원하며 인간의 영혼도 영원하고 영원하다. 그러니 온 인류여, 너희는 그를 따라 노래하라! 나는 나의 하나님을 믿고 천상의 황홀함 속에서 나의 위대함을 보도다.
>
> (영혼의 불멸)

시인은 육체의 장막을 벗은 영혼이 하나님의 보좌 앞에 설 때의 감격과 기쁨과 영혼의 영원함을 노래합니다. 시인은 하나님의 말씀이 그분의 이름처럼 영원함을 노래하지만, 크리스찬이 지상에서 '하나님의 보좌' 앞에 서는 때를 생각하는 심정은, 두렵고 떨리는 속에서 영혼의 경성을 다짐하며, 주님의 자비와 인애를 구하는 간절함일 것입니다. 시인이 믿는 하나님이 예수 그리스도의 구속의 은총과 불가분의 하나님이라면, 시인은 천상의 황홀한 감격 속에서 '자신의 위대함'을 보는 것이 아니라, 마땅히, "죽임을 당하신 어린 양(계5:12)"이신 '그리스도의 위대함'을 볼 것입니다.

— 「시대의 책들」(횔덜린) —

한편, 「회상」 외에 「영혼의 불멸」과 같은 시기에 쓰인 「시대의 책들(Die Bücher der Zeiten)」에선 '심판자 하나님', '그리스도의 십자가 죽음', '부활하신 그리스도' 등, 다시금 시인의 정통주의 신앙의 색채가 투철하게 표현되고 있음을 보게 됩니다.

> 성소에 한 책이 있나니 그 안엔 수백만의 인간의 나날 모두 기록되어 있도다…

> 예수 그리스도의 십자가 죽음! 하나님의 아들이 십자가에 죽으심! 보좌에 계신 어린 양의 십자가에서의 죽음! 온 세상을 축복하시려고, 천사 같은 지복을 그의 신자들에게 선사하시기 위해 / 그의 신자들에게. - 스랍, 케루빔 놀라운 침묵 저 멀리 하늘나라 -
> 하프 소리가 조용해지고, 성소 주변의 시냇물은 간신히 숨을 쉬고 있다. 예배하라 - 예배하라 - 타락한 혐오스러운 인간들을 구속하신 아들의 사역을 … 기록되었도다 - 죽으신 예수 그리스도 돌무덤에서 죽음을 떨치셨다! 전능하신 하나님의 능력으로 나오시도다! 그리고 살아나셨다 - 살아나셨다 - … 흙먼지 같은 인생에게 외치노니: 돌아오라, 사람의 자녀들아! 이제 나팔 소리가 들린다. 헤아릴 수 없이 많은 사람들 속으로 심판의 자리로! 심판의 자리로! 정의로운 저울추에 따른 보상을 위해!

(시대의 책들)

　우리는 위 시에서 분명하게, 휠덜린의 그리스도에 대한 충실한 본래적 신앙고백적 외침이 그 얼마나 통렬한가를 폐부 깊숙이 느낄 수 있습니다. 그러므로 휠덜린이란 한 시인의 전인성을 이해함에 있어서, 소싯적부터 그의 영혼의 근간을 이루다시피 깊숙히 새겨진 기독교 영성에 대한 이해에 공감을 할 수 있는 독자라면, 비로소 그의 시를 깊이 이해할 수 있는 자격이 주어졌다 할 것입니다. 비록 그의 튀빙겐 신학교 재학 시절 이후에 쓰인, 그리스 신 예찬 일변도적인 시들이 휠덜린이란 시인의 대표적인 특성을 규정하는 것으로 그동안 여겨져왔다 할지라도, 이는 필자가 전술한 바, 그의 삶의 궤적을 이루는 성장 단계에서 그에게 영향을 끼친 이신교적 특성과 맞물린 결과이므로, 애써 그의 본래적 기독교적 영성을 비본래적인 것으로 치부해서는 안 될 것이기 때문입니다. 이 시엔 여호와 하나님이 계신 하늘 성소에 생명책과 함께 놓여 있는 다른 한 책 - 각 인간을 심판하시는 기준이 되는 행위가 낱낱이 기록된 책들(계20:11-15)의 내용을 시작으로, 구약과 신약의 핵심적 내용이 전개되어 있습니다.

> 처음부터 거룩한 세라핌이 걸었던 곳 축하하는 떨리는 숭배와 함께
> 이름을 붙일 수 없는 분의 성소 주변에서 성소에 책이 있습니다
> 그리고 그 책에 쓰여진 수백만 줄의 모든 인간의 날들 - 쓰여져 있습니다 -

> 거기에 이렇게 적혀 있습니다 -

이 시는 "거기에 기록되어 있습니다(Da steht geschrieben-)"란 다섯 번의 단문 아래마다, 전쟁의 적나라한 참상을 비롯하여 국가와 사회와 가정과 개인에 이르기까지 지상에서 자행되는, 온갖 죄악된 인간의 불의와 잔학상을 총망라한 비극적 묘사가 구약적으로 기술되어 있습니다. 이러한 나열에서 우리는 실로, 시대를 관통하는 뿌리 깊은 죄성을 가진 인간성에 대한 신의 통절한 슬픔에, 온 심정으로 반응하고 공명하는 시인의 가슴뿐만 아니라, 현세에서도 지옥을 보듯 여전히 진행되는, 죄악된 영혼들의 극악한 투쟁적 실상을 신에게 고발하는 시인의 의로운 절규의 음성을 듣습니다.

> 밤의 정점 올가미에 목매단 암울한 절망 / 아직도 고통스런 삶의 투쟁 속에 지옥이 다가오는 순간의 영혼 … 아, 지상 위 모든 종족들의 참상! 심판자여! 심판자여! 왜 죽음의 천사는 화염검으로 땅의 모든

가증한 일을 모조리 멸망시키지 않는가요? … 의로운 재판관이 의인과 죄인을 판결하시리니 … 하지만 보세요, 저는 침묵하고 있어요. 이것이 당신을 찬양하는 노래이기를! 지혜롭고 전능하신 손으로, 다채로운 시대의 혼돈을 다스리시는 분, … 할렐루야, 할렐루야, … 사랑이십니다! 들어라, 하늘과 땅이여! 이해할 수 없는 사랑을!

그런 후, 시인은 숨을 고르듯 겸손히 묵상하는 마음으로 돌아와, 땅위 족속 일체의 급속한 진멸 대신, 인내와 불가해한 사랑으로 시대의 혼돈을 다스리시는 지혜로운 심판자의 공의로운 심판을 묵상하며, 차라리 그 모든 불의에 대해 자신이 침묵하는 것이 신께 드려지는 찬미가 될 수 있길 기도합니다. 연이어서 이어지는 "거기에 기록되어 있습니다(Da steht geschrieben-)"란 네 번의 단문 아래엔, 앞서 소개한 바, 신약의 모드로, 인간의 구원을 위한 그리스도의 십자가 죽음과 부활, 그리고 심판의 날, 경건한 자와 죄인에게 주어질 공의로운 보상을 외칩니다.

당신은 지금도 한탄하는가, 경건한 자여? 인간성의 압제 때문에? 그리고 조롱하는 자여, 당신은 여전히 춤추듯 기뻐하며 조롱하고 있는가? 끔찍한 심판대라고? / 거기에(심판대 앞의 책들에) 기록되었도다(계20:12) - 인간 거인(그리스도)의 업적, 바다의 깊은 곳 위를 당당하게 걸으셨도다(막6:47-48)! 바다를 방랑하는 자여! 폭풍을 정복하는 자여(막4:37-41)! 바람의 힘으로 재빠르게, 사람과 땅에서 멀리 떨어진 처음 보는 바다를 당당하게 포효하는 돛과 함께 가로지른다(마14:24-32). 리바이어던(Leviathan)[69]을 죽이는 자 … 거기에 기록되어 있습니다 - 풍성한 빵으로 축복받은 사람들, 사방에 즐거움

---

69) 레비아탄은 시편74:14에서 하나님이 죽이고 광야에서 히브리인들에게 음식으로 준 여러 개의 머리를 가진 바다뱀으로 등장. 구약성경에서는 하나님을 대적하는 사단인 '큰 붉은 용'을 상징적으로 '라합(욥26:12; 사51:9)', '하마(욥41)', '리워야단(사27:1)' 등으로 표현.

이 충만한 들판 – 선하신 왕의 아들의 손으로부터(요6:1-15) 흘러내
리는 기쁨 온 땅에 편만하도다(요17:13)

그리고 마지막으로 시인은 신의 심판대를 조롱하는 이들을 향해, 지
상에서 예수께서 행하신 메시아적 권위와 피조세계를 다스리시는 능력
과, 오병이어의 기적의 풍성한 축복의 기쁨을 베푸신 그리스도적 왕권을
증거함으로써 끝을 맺습니다. 독자의 이해를 돕기 위해 위 마지막 세 연
에 연관된 성경 구절을 넣어 소개합니다.

참고로, 이 시의 맨 마지막 행에 나오는 "Fürst"를 "영주 / 군주 / 수도
원장" 등으로 번역한다면, 앞선 성경적인 주제와는 동떨어지게도, 이 시
가 세상적 지도자에 대한 칭송으로 끝나는 듯한 인상을 풍기게 되고 맙
니다. 그러므로 선행된 주제에 맞춰 "Fürst"를 '그리스도'의 다른 호칭인,
"왕의 아들 / 왕자(Fürst)"로 번역할 때, 이 시는 주제에 있어서 일관성을
벗어나지 않을뿐더러 지상에서의 그리스도의 사역이 천상으로 옮겨짐을
시사하는 비약적이고도 신비로운 시적 확장의 여운을 남깁니다. 전술한
바, 횔덜린의 시를 심층적으로 올바르게 이해하기 위해선, 시인이 가졌던
본래적 기독교 신앙에 대한 지식이 선결되어야 할 뿐 아니라 신앙적 경
험도 어느 정도 수반되어야 과히 빗나가지 않는 시 번역과 해석이 가능
할 것입니다. 그런 이해와 경험이 없이 번역을 하다 보면, 피상적이고 단
편적인 사상의 자취만을 따라가기에 급급할 것인데, 그럴 경우, 무릇 '사
상'이란 것의 한계적 속성상, 시인의 실상과 무관하게 역자의 편파적인 주
장이 개입되는 부작용을 초래할 수 있습니다. 예를 들어, 한창 기독교 신
앙이 순수했던 시절의 시인의 시에 나오는 '성령'을 이교도적 '정령'으로 번
역한다면, 이는 당시의 시인의 정황에 맞지 않는 표현으로써 시인에 대한
큰 결례가 될 것입니다. 물론 이 시의 제목인 「시대의 책들(Die Bücher der
Zeiten)」은 다름 아닌, 구약과 신약을 가리킵니다.

한편 횔덜린의 튀빙겐 신입생 시기와 그로부터 2년이 지나는 동안 그의 현저한 영적 변화의 추이를 목격하는 데 있어서 간과할 수 없는 한 중요한 요인으로, 횔덜린이 「시대의 책들」을 썼던 해에 출판된 실러의 시,[70] 「그리스의 신들(Die Götter Griechenlandes)」을 지목하지 않을 수 없습니다. 「그리스의 신들」은, 한때 행복하고 아름다웠으나 지금은 사라져버린 그리스의 신들이 지배했던 세상에 대한 깊은 그리움을 담은 애도의 내용입니다. 이로부터 2년 후에 횔덜린의 「그리스 정령에게 바치는 찬가(Hymne an den Genius Griechenlands)」가 쓰인 것을 감안할 때에, 먼저 실러의 시를 살피는 것이 도움이 될 것입니다.

그대들이 여전히 아름다운 세상을 지배했을 때는, 가벼운 걸음걸이의 즐거움 속에서 더 행복한 시대를 선도하고 / 시의 그림 같은 베일이 아직 진실을 아름답게 감쌀 때! – 생명의 충만함이 창조를 통해 흐르고. 그들은 자연에 더 높은 고귀함을 부여했습니다. … 모든 신들의 흔적. … 아! 그대의 기쁨의 봉사가 여전히 빛났을 때, 그때는 얼마나 완전히 달랐을까요! 당신의 사원이 여전히 왕관을 썼을 때, 인간들은 신들과 영웅들과 함께 아마룬트의 비너스에게 경배를 합니다! … 은혜의 제단에서 기도하며 사랑스러운 여사제는 무릎을 꿇고 키테렌에 조용한 소원을 전하고 자비심에 서약합니다. … 천둥을 스스로 정복한 사람. 그 불은 하늘에 속한 불멸의 불이었으며, 그것은 핀다의 자랑스러운 찬송가에 흘러나왔습니다. … 가치 있는 것은 하나님의 선하심이었으며, 자연의 모든 선물은 더 비쌉니다 … 광란의 매나드들이 그 주위로 뛰어다니고, 그들의 춤은 디오니소스 신의 포

---

70) Salzberger, L. S. Hölderlin. Cambridge:Bows&Bowes,1952, P.

도주를 찬양하며 … 신은 쾌락에 더 가깝고, 그것이 생물의 가슴 속
에 흘러 들어왔습니다.

실러가 그리는 황금시대는, 시문학의 진실의 아름다움과 창조적 생명
의 충만함이 넘쳐흐르고, 하나님의 선하신 가치 이상의 고귀한 가치가
자연에게 부여되고, 비너스 신의 사원 안, 은혜의 제단에서 예배하며, 쾌
락을 만끽하는 디오니소스 신의 즐거움이 피조물에게 전이됨으로 인간
들의 삶에 활력이 넘치는 시대입니다.

나는 올림포스의 시민에게 다가갈 수 있었다, 대리석이 찬양하는
신, … 한때 위대한 조각가와 비슷할 수 있었다; 인간을 낳은 자들 중
에서 너의 옆에 가장 높은 영혼은 무엇인가? 벌레만이 첫 번째이고
가장 고귀하다. 신들이 아직 더 인간적이었을 때, 인간들은 더 신성
했다. 그 광선이 나를 때린다. 일과 이성의 창조자!

실러에게 창조주 하나님은, 인간들을 벌레만도 못한 비천한 죄인으로
평가절하하는, 껍질에 싸인 어두운 존재로 인식되어지는 반면, 보다 인간
적인 그리스의 신들은, 인간들로 하여금 자신들이 조각한 신들을 찬양하
게 함으로써 인간들을 올림포스의 시민처럼, 더 신성한 존재로 만들어주
는 일과 이성의 창조자요, 빛의 영감을 부어주는 존재입니다.

아마 구름의 천막 안에 그분은 숨겨져 있을까? 감각의 세계에서는
열매 없이 나는 생각의 땅을 힘들게 들여다본다 … 그분 자신은 그
의 껍질처럼 어둡지만, 나의 포기만이 그분을 축하할 수 있으리 … 그
때는 무서운 해골 모습을 한 죽음의 신이 죽어가는 사람의 침상에
찾아오지 않았고 심각한 운명은 더 온화해 보였다 온화한 인류의 베
일을 통해 … 오르쿠스의 준엄한 심판의 접시 저울조차도, 인간의

후손이 갖고 있었고,

실러의 유일신 하나님은 희미한 베일 속에 가려져 있어 감각의 세계에선 무감각하고 도무지 생각하기 힘든 존재로서, 사자(死者)의 침상에 두렵고 끔찍한 죽음의 신을 보내는 비인도적인 존재로 인식됩니다. 그러나 그가 그리는 아름다운 세계엔, 지하 세계의 신, 오르쿠스의 심판의 저울조차 인간에게 맡겨지고, 인간의 정성에 신들이 감동을 받는 온화한 인정이 넘치는 세계입니다.

나는 어디로 가는 걸까? 이 슬픈 침묵은 나에게 내 창조주를 알리는가? … 아름다운 세상, 너는 어디에 있니? – 돌아와, 아름다운 꽃이 만발한 자연의 시대! 아! 오직 노래의 요정 나라에서만 너의 황금빛 흔적이 여전히 살아 있나. 들판은 멸종을 애도하고, 내 시선에 신은 나타나지 않는다, 아! 그 따뜻하고 살아 있는 이미지의 오직 해골만이 내게 남았다.

그러므로 실러의 영혼은 "슬픈 침묵" 속에서 "나는 어디로 가는가?"라는 탄식을 내뱉으며, 지금은 사라져버린 "그 따뜻하고 살아 있는 이미지의" 신들을 그리워하며 애도합니다. 시인의 공허한 영혼의 슬픈 탄식은 묘하게도, 형제들의 시기심과 적의로 인해 신의 계시적 꿈을 꾸었던 요셉을 잃어버리고 만 르우벤의 탄식을 떠올리게 합니다.

아우들에게로 되돌아와서 이르되 아이가 없도다 나는 어디로 갈까?

(창37:30)

실러의 영혼이 잃은 것은 다름 아닌 '성령'입니다. 성령이 하시는 일은 인간이 하나님의 생명을 얻는 구원에 이르도록 하는 일입니다(빌1:19).'적

그리스도(Antichrist)의 영'은 두렵고 끔찍한 사후의 영벌로부터 인간을 구원하셔서 영생의 축복을 선물로 주신 그리스도를 믿는 자들을 무섭게 시기하므로, 저들의 영혼을 미혹하여 교란시킴으로써 그들 안에 성령을 소멸해버립니다.

> 미혹하는 자가 세상에 많이 나왔나니 이는 예수 그리스도께서 육체로
> 오심을 부인하는 자라 이런 자가 미혹하는 자요 적그리스도니 (요2 1:7)

신앙심이 깊었던 실러가 그리스의 신들에게 미혹되어 영적 간음자가 되고 만 것은, 정치사회적으로, 종교적으로 불만족한 현실에서 제도적 개혁을 추구하려던 이상과 열심에 너무 경도된 나머지, 정작 그 자신의 영혼의 경성을 위해 살아 계신 성령 하나님과의 친밀한 교제를 위한 노력을 등한히 했기 때문일 겁니다. 결과적으로 그의 영혼을 지배한 것은 '생명의 성령'이 아니라, '죄와 사망의 영'이었고(롬8:1-2), 그가 그토록 거추장스런 짐으로 여기고, 두려움 때문에 불만스레 꺼려하고 회피 내지 거부하고자 한 것은 하나님의 '심판의 저울'이었습니다. 다재다능하고 정의를 추구하는 진취적인 기상과 열정과 치열한 사고력이 있었으나 영적으로 실족한 실러의 상태는, 오늘날의 신자들에게 구원의 '기쁨(시51:12)'과 구원의 '확신(벧전1:9)'과 진리의 말씀 안의 '자유함(요8:31-32)'이 그 얼마나 중요한가를 역설합니다. 결국 그의 영혼은 심판대를 "조롱하는 사탄의 군대"에게 넘어갔습니다. 반면에 참 꿈을 꾸었던 요셉의 실종은 하나님의 큰 구원 계획을 훼방하는 사건이었지만, 험난한 역경 속에서도 참 꿈을 붙들었던 신실한 요셉과 늘 함께하신 하나님께선, 요셉의 범사를 축복하심으로써 이스라엘 민족을 위한 구원의 여정을 여시고 약속대로, 온 인류의 구원의 반석이신 그리스도 예수가 오실 수 있는 토대를 놓으셨습니다 (창45:5-7). 잠시 르우벤이 잃은 것은 요셉의 육신이었지만, 참된 꿈의 계시를 믿었던 요셉의 영혼은 결코 성령을 잃지 않았습니다. 그러나 유감스럽

게도 실러가 꾸었던 미혹의 거짓된 꿈은 결과적으로 그로 하여금 성령을 잃게 만들었습니다.

> 그러한데 꿈꾸는 이 사람들도 그와 같이 육체를 더럽히며 권위를 업신여기며 영광을 비방하는도다 (유다1:8)

한편, 위 시에서 실러가 그리는 황금시대의 "아름다운 세상"이 "자연"에 더 높은 가치를 부여하고, '천둥의 불'을 "신적인 불멸의 불"로 노래하거나, 「환희의 찬가」에서 "신들의 불꽃"에 취해 "성소"에 들어감을 노래하듯, 횔덜린의 「자연에 부처」에서도 "아름다운 세상"인 "자연의 영혼"은 폭풍 속 번개 속에서 출현하며, "신들의 광선"은 신성한 인간들을 내려칩니다. 여기서 "자연"은 신성한 "충만함"과 "무한함"으로 노래됩니다.

> 폭풍이 뇌우 속에서 나를 넘어 산 너머로 지나가고 내 주위로 하늘의 불꽃이 날아갔을 때, / 그때 그대는 나타났도다, 자연의 영혼이여! 아름다운 세상! 당신의 충만함으로 나는 오! 난 모든 존재들과 함께 뛰어들 거야 시간의 고독으로부터 기쁘게, 아버지의 회당 안에 있는 순례자처럼, 무한의 품속으로.
>
> (횔덜린, 자연에 부처)

자, 여기서 우리는 두 시인이 자주 노래하는 신적인 '불(꽃)'이나 신적인 '광선'과 관련하여 또다시 성경적인 '불'을 떠올리지 않을 수 없습니다. 구약시대에 번제물을 태우는 제단 위의 불이 항상 꺼지지 않도록 피워야 하는 임무가 제사장에게 있었듯이, 신약 시대인 오늘날, '거룩한 산 제물(롬12:1)'로 살아가야 하는 성도는 심령 안에 '성령의 불'이 항상 꺼지지 않도록 해야 합니다. '성령의 불'은 하나님의 거룩한 '임재'를 의미합니다(레6:12-13; 행2:3).[71] 그러나 오늘날 많은 세상 사람들은 '적그리스도의 영'에 미혹되어, 이방 신들과, 정욕과 욕심에 이끌린 마음 안에 모신, 갖가지 우상의 제단에 주야로 불을 지피기에 여념이 없는 실정입니다. 위의 두 시인이 노래하는 '신적인 불멸의 불'이나 '신들의 불꽃', '신들의 광선'은 바로 이러한 우상의 제단에서 타오르는 불과 빛인 것입니다. 우리의 "아름다운 세상"은 그리스의 도태된 거짓 신들의 재 도래나 우상숭배에 의해서가 아니라, 우상의 제단의 순례자였던 우리 모두가 하나님의 은혜로, 어두움에서 "사랑의 아들의 나라"로 옮겨질 때(골1:13), 즉 이 세상을 사는 동안, 영원히 살아 계신 그리스도께서 우리의 삶을 다스리시도록, 성령님의 인도를 받는 삶을 살아가는 가운데 구현됩니다. "빛들의 아버지(약1:17)"이신 하나님께선, 우리를 어두운 데서 불러내어, 자연의 뇌우(번개)가 아닌, 하나님의 "기이한 빛"에 들어가게 하심으로써(벧전2:9b) 우리를 "빛의 자녀"로 삼으셨습니다(엡5:8). 우리는 "자연의 영혼"의 충만함이나 무한한 품속이 아니라, '성령'의 충만함과 '참 빛'이신 주님의 무한한 사랑의 품속으로 뛰어들어야 합니다. 하나님은 '빛의 자녀'가 된 우리로 하여금 빛 가운데서 서로 '사귐'이 있게 하시고(요일1:6-7), 우리가 '선함'과 '의로움'과 '진실함'의 열매를 맺기를 원하십니다(엡5:9). '빛의 사자'인 그리스도인들은 사랑의 하나님의 '아름다운 덕'인 '복음'을 선포하는 사명을 받은 자들입니다(벧전2:9b).

그 후 횔덜린의 튀빙겐 신학교 재학 시절의 시에선 그리스의 정령, 조화의 여신, 뮤즈, 우정, 사랑, 자유, 미, 청춘의 정령에게 바치는 찬가들이란 제목이 시사하듯, 그리스적이고 범신론적 표현들로 현격히 바뀌게 됩니다."

---

71) PP. 160-161 참조.

"에테르에서 나오는 순수한 영혼"

"모든 것을 움직이는 영, 에테르가 우리를 만진다"

"올림포스 신들이 미소를 지으며 내려왔습니다"

"세계의 생명은 그대 성스러운 숲"

"마법의 사랑으로, 너의 황금빛으로 휘감긴 사원들"

"오, 어머니 대지여, ⋯ 그대 정령들의 성스러운 목표여!"

"세계의 여신, 우라이나!"

"만세 만세 자유로운 영혼 / 이끌어가는 여신에게 껴안겨 높은 신의 명령에 충성하며"

"찬양하라, 오 가장 아름다운 악마(데몬)여! 자연의 지배자여, 당신을 찬양합니다!"

"마법적인 뮤즈, 당신에게 사랑과 충성을 맹세하지 않았던가?"

‒ 「휘페리온」의 사상 ‒

여전히 횔덜린에 대해 미진함이 가시지 않은 세린의 표정을 읽은 듯 브라이언 박사가 부언했다.

"사람들은 그의 유일한 소설인 휘페리온에 대해 종교미학적 성찰이라는 평가들을 내려왔소. 횔덜린은 플라톤에게서 영원불변한 초감각적 존재로서의 '미(美)'의 이념을 수취했다고 볼 수 있소."

그러자 평소 미학을 강조해 온 C 목사가 눈에 생기를 띄우며 말했다.

"플라톤에 있어서 참으로 순수한 최고의 미(美)는 현상 세계 내 존재의 원형이며, 초감각적이고 진과 선을 아우르는 영원 불변의 실재인 '이데아'인 것이죠. 이렇게 '미의 이데아', 즉 '절대적 미'를 관조함으로써 정신은 정화되어 보다 안정되고 순수한 쾌락, 즉 '엑스터시'에 이른다는 겁니다. 예술과 미적 인식이 인간을 구원하는 방법일 수 있다고 한 것이오."

세린이 새삼 무엇을 발견한 듯 눈을 크게 뜨고 물었다.

"미적 경험을 통해 이데아에 접근한다는 것 또한 쇼펜하우어의 주장이기도 한데요…. 그럼 횔덜린에게, 아니 플라톤에게 궁극적이고 영원한 존재, 즉 '신적인 것'이 '미의 이데아'란 말씀인가요?"

"아마 그런 셈이죠?"

C 목사의 응수에 세린은 맥이 풀림과 동시에 '신적인 것'이란 표현이 이처럼 새삼 아프게 가슴을 파고든 적이 없었던 것 같았다. 신적인 것…. 신적인 것…. 다스 괘트리히…. 다스 괘트리히…. 우주적 스케일의 신비롭고 위대하고 거룩한 존재로만 생각해 왔던 신성의 정체가 정작 미의 이데아라니…. 그녀가 생각하는 미는 그저 조형미나 정신적인 덕을 일컫는 정도였고, '신성'은 일반적인 아름다움이나 진선미의 차원을 넘어선, 감히 표현 못 할 가슴 벅찬 그 무엇이었기에…. 그녀가 십 대 중반부터 이십 대가 지나도록 고투하던 질풍노도의 시간은 늘 허공에 메아리치는 듯 전 존재를 울려 대는 바로 그 '신적인 것'의 사념 속에서 방황하고 휘몰아치고 용솟음치지 않았던가! 그러나 그 허공의 중심은 언제나 아프도록 허허롭게 텅 비어만 있었다.

C 목사는 힐긋 반문조로 세린의 질문에 응수하곤 말을 이어 나갔다.

"플라톤의 향연에서 묘사되는 사랑은 사랑의 신인 '큐피트', 즉 '에로스(eros)'로부터 비롯된 것이오. 이 '에로스'는 미(美)를 추구하는 강렬한 파토스적 충동인데, 육체의 사랑으로부터 정신, 제도, 학문적 사랑으로, 그리고 마침내 절대적 미의 이데아를 영원히 소유하려고 하는, 차원 높은 본원적 생명력에서 비롯된 갈망을 말하는 거요. 소크라테스는 유한한 인간이 '에로스'를 통해 불사의 존재가 될 수 있다고 믿은 것이오."

세린이 말했다.

"결국 '에로스'란 관능적인 사랑이 아니라 신들의 세계를 향한 그리움을 말하는군요. 이 신적 사랑의 힘이 인간을 신들의 세계로 비상하게 하여 불사의 존재가 되게 한다는 뜻이군요."

브라이언 박사가 덧붙여 말했다.

"그렇소. 그래서 횔덜린도 그의 시에서 소크라테스에 대해 "가장 심오한 것을 사랑하는 자요, 가장 생동하는 것을 사랑하고, 세계를 바라다본 경험이 있는 자, 드높은 젊음을 이해하며, 현명한 자로서 현자는 끝에 이르러 아름다움에 마음을 기울이는 법"이라고 칭송했잖소."

> 오리온 성운을 다스리며, 별들의 화음이 잦아드는 곳, 헌신적인 데몬들에게 사랑의 시선으로 보답하고자, 원형적인 미의 여신은 미소 짓는다. 그곳에서 신들의 높은 광채를 발하는 여주인에게 다가가고자 사랑과 자부심은 내 안에서 불타오른다. 밝은 승리의 화관으로써 미의 여신은 용감한 길을 보답하기에.
>
> (미에 바치는 찬가 1)

세린은 지난날, 잡히지 않았으나 헤어날 수 없었던, 시인 특유의 고결한 '미'의 관념이 뿜어내는 신비스런 낭만적 마력에 도취된 채, 무정처한 영혼의 방랑 속에서 허송하였던 자신을 떠올렸다. 그녀는 횔덜린이 노래하는 신성의 정체에 대한 의문이 한 꺼풀 벗겨져 나가는 느낌이 들어 저도 모르게 들뜬 말을 쏟아 놓게 되었다.

"참된 미는 감각이 아니라 이성에 의해 파악되는 완전한 정신적인 미란 뜻이군요. 소설에서 횔덜린은 휘페리온과 디오티마와의 절대적인 사랑의 영혼의 내부에서 미와 자연과 신성이 완전히 일치하는 것을 '하나이자 전체가 되는 것'이라 표현했죠. 아, 그러고 보니 그가 시에서 '옛날부터 하나이자 전체라고 불리었던 그 신들(Gods)'이라고 표현한 의미가 한층 분명해지네요. 그에게 있어서 '신들(Gods)'이란 결국 '미'와 '자연'과 '이데아'의 다른 이름들이로군요! 환언하면 미(美)가 곧 도덕이고, 선이고, 진리고, 사랑이고, 신성이 된다는 거네요!"

방문

그 이름을 아십니까? 하나이고 모두인 것의 이름은 무엇입니까? 그
이름은 아름다움입니다.

브라이언 박사가 말했다.

"횔덜린에게 예술은 신성한 '미(美)'를 지닌 것이고, 자신의 미(美)를 마
주한 인간은 신적 인간으로서 인간은 태초부터 신들과 하나 된 존재인
것이오. 횔덜린에게 종교는 미(美)에 대한 사랑인 것이고, 그에게 미(美)란
무한하고 모든 것을 포용하는 것이오. 그러므로 미(美)에 대한 사랑과 그
런 종교가 없는 국가나 모든 사고나 행위는 생명과 영혼이 없이 메마른
뼈대나 잘려진 기둥 같은 것이오. 횔덜린에게 그리스인들의 예술과 종교
는 영원한 미, 즉 완성된 인간 본성에 부합된 것으로 보였던 것이오. 그런
그에게 아테네인들의 신성한 본성은 독단적 권력의 전제주의나 불의를
용납치 않으므로 자유의 필요성이 따르게 된다는 생각이었소."[72]

세린은 횔덜린이 일찍이 실러의 영향을 받았던 사실이 재차 떠올랐다.
당시 실러의 「군도」뿐만 아니라, 그리스 비극과 칸트의 미학 연구와 자유
의 이념과 개혁을 위한 투쟁에 창작열을 불태웠던 실러에 매료되었을 횔
덜린이…

"횔덜린처럼 셸링과 헤겔 또한 모든 인간을 단일화시키는 이념을 '미'의
이념으로 보았던 거요. 이들 독일 관념론자들은 이성의 가장 높은 본질을
미학적 이념으로, 진과 선은 오직 미(美) 안에서만 존재하는 것으로 믿었어
요. 이는 플라톤의 진선미의 이데아와 일치하는 것이오."

나다니엘이 웃으며 말했다.

"칼로카가티아(Kalokagathia)! 아름답고 선량한 영혼의 인간을 목표로
하는 고대 그리스인들의 교육 이념이잖아요? 에라스무스도 인정했던…"

세린이 다시 두 눈을 반짝거리며 말했다.

---

72) Fragment von Hyperion, Ibid.

"아무튼 결국 횔덜린이 그리스적인 신성에 빠진 건데요⋯. 그러면 그의 시적 표현대로 신(God)들을 잃어버린 시대의 모든 인간들에게 그가 전하려 한 신들의 메시지가 과연 무엇일까요? 아테네의 무지를 깨우게 하라는 신탁을 받은 소크라테스가 받은 것과 같은 영감을 받은 것일까요?"

브라이언 박사가 담담히 말했다.

"바로 휘페리온의 주제가 아니겠소?"

세린이 지난 기억을 더듬듯이 말을 이었다.

"휘페리온 처음에 벨라르민에게 보낸 두 번째 편지에서 "이 모든 것과 하나가 되는 것은 신성한 생명이며, 이것은 인간의 최고의 경지입니다. 살아 있는 모든 것과 하나가 되는 것"이란 말이 나오죠."

브라이언 박사의 얼굴에 천천히 미소가 번졌다.

""살아 있는 모든 것과 하나가 된다'는 것은 사람이 신과 하나가 되는 것, 사람이 대상과 하나가 되고 자연의 모든 것 속으로 거침없이 들어가 복된 자아로 돌아간다는 뜻이오. 결국 주제는 인간과 자연과의 합일을 꾀함으로써 일체를 이루는 것이 궁극적인 신성을 회복하는 것이란 메시지인 거요."

C 목사가 지긋이 미소를 지으며 세린에게 넌지시 물었다.

"휘페리온의 내용이 어떤 겁니까?"

세린이 대답했다.

"소설의 내용은 조국인 아테네의 폐허 속에서 홀로 실의에 잠긴 휘페리온이 자기처럼 민족의 부활을 갈망하는 동지와 영적 안내자인 디오티마를 만나게 되는 내용이에요. 휘페리온은 디오티마의 격려로 정치적 해방을 통해 이상적인 사회를 건설하려고 터키와 전쟁을 일으키지만, 결국 실패로 끝나고 말지요. 미래에 대한 그의 희망은 완전히 산산조각이 나고, 쓰디쓴 환멸 속에서 휘페리온은 다시 혼자 남게 되고 디오티마는 죽습니다. 그는 독일인들 사이에서 피난처를 찾지만 결국 그들에게 맹렬한 비난을 퍼붓게 되고, 마음이 상한 채 그리스로 되돌아와 자연과의 교감에서만 위안을 찾는다는 내용이지요."

흥미로운 표정으로 코밑을 문지르며 C 목사가 말했다.

"으음, 이상적이면서도 독특하군요. 니체의 『차라투스트라는 이렇게 말했다』의 효시가 된 작품이라고 듣긴 했소만…. 디오티마라면 플라톤의 심포지엄에서 소크라테스에게 진정한 사랑의 본질을 가르치는 여사제의 이름인데 말이오…."

브라이언 박사가 말했다.

"주인공 휘페리온은 말하자면 휠덜린의 자화상인 것인데, 이 소설의 진정한 영웅은 이 책 전체가 추구하는 '일치'의 이상을, 존재와 삶의 아름 다움을 통해 구현하는 여주인공 디오티마인 거요. 단테의 베아트리체처 럼 디오티마는 신에 대한 시인의 비전을 구현한다고 볼 수 있소."[73]

세린이 말했다.

"결국 범신론의 신은 인격적이지 않고 자연 및 우주와 동일하므로, 범 신론의 신성은 인간의 애정이나 시적 영감의 열정을 통해 우주 자체의 이른바 신성한 전체적 통일로 연결이 되는군요. 아마도 인격적인 완전한 신성에 대한 원초적 결핍을 메우느라 그토록 많은 여신들과 남신들이 대 량으로 생산된 게 아닐까요?"

로레인이 눈을 반짝이며 말했다.

"휘페리온은 티탄족의 신으로서 대지의 여신 가이아와 하늘의 남신 우라노스 사이에 태어난 아들인데 남매인 테이아와 결혼해 1세대 태양신 인 헬리오스를 낳죠. 헬리오스의 아들이 2세대 태양신인 아폴론이고요."

세린이 말했다.

"아, 그렇군요. 그러고 보니 범신론적 시인들이 세계의 조화를 하늘과 대지의 성스러운 결혼인 총체적인 조화로 보는 이유와 휠덜린이 추구하는 사제적 예술가의 과제가 '조화의 여신'에 대한 충성과 봉사인 것이 이해가

---

73) Silz, Walter, Hölderlin's Hyperion. Philadelphia: University of Pennsylvania Press, 1969

되는군요."

> 사랑 안에서 강하고 행복하게 사는 삶 우리의 마음의 천국에 감탄
> 하도다
> 날아다니는 세라핀처럼 빠르게 우리는 드높은 조화를 향해 비상하
> 도다.
>
> (조화의 여신에게 바치는 찬가)

> 하모니에서 하모니 … 창조적 천재는 날아오른다…. 그의 정신은 조
> 화의 바다에 녹아, 편재하는 키테레[74]를 조용히 기억하세요. 축복받
> 은 조화의 친숙한 사랑, 우리에게 가장 고귀하고 가장 소중한 생명
> 을 주신 분! 사랑스러운 균형…
>
> (실러, 예술가 Die Künstler)

브라이언 박사가 말했다.

"조화 조화라… 당시의 헤르더, 괴테, 실러 같이 횔덜린도 라이프니치
의 '예정조화설'의 영향을 받았던 게지."

그러자 나다니엘이 말했다.

"그래서 파우스트를 예정조화설적인 설정으로 보는 사람도 있죠."

세린이 고개를 갸우뚱거리며 혼자 중얼거렸다.

"예정조화설이라면… 정통적인 신앙에 기반한 이해가 아닌가요? 전 파
우스트를 기독교적 내용으로 볼 수는 없다고 생각합니다만…"

그러자 나다니엘이 쑥스런 듯, 얼굴을 붉히며 한마디 했다.

"비슷한 시기에 빌헬름 하인제의 소설 『아르딩겔로(Ardinghello)』에도
우라니아가 등장하죠. 슈트룸운트드랑 식의 자연스런 생명력을 자유롭

---

74) (Cythere)Kythereia

게 발산하는 삶 - 열광적으로 예술과 미를 향유하며 자유분방하고 황홀한 사랑의 편력이 용인되는 이상국가를 그린 소설에 말이죠! 하하."

로레인이 말했다.

"하르모니아[75]는 조화와 일치의 여신입니다. '하르모니아의 목걸이'가 유명하죠. 하르모니아가 카드모스와 결혼했을 때 결혼 선물로 받은 이 목걸이는 그녀에게 영원한 젊음과 아름다움을 선물했지만, 이 목걸이와 연관된 후손들이 모두 불행해졌기에 결국 하르모니아와 카드모스는 용이나 뱀이 되었다고 합니다."

세린이 반사적으로 몸을 움찔하며 비명을 질렀다.

"아니, 하모니란 단어는 어감이나 의미적으로 제게 언제나 아름다움을 떠올리게 했는데 그런 스토리가 들어 있었다니 정말 의외로군요!"

세린은 문득 에덴동산 중앙의 두 나무를 떠올렸다. 선악을 알게 하는 나무와 생명나무…. 에덴동산에서부터 인간의 앞에 펼쳐진 삶의 자리의 중심에는, 전혀 조화롭지 못한 어떤 그 무엇이 설정되어 있지 않았던가! 하르모니아의 목걸이는 그렇다면, 조화와 일치로써 장밋빛 세계의 미래를 꿈꾸는 자의적 인간 이성의 만용이 가져올 재난을 상징하는 것은 아닐까? 계몽주의자들이 그토록 치열하게 추구했던 계시신학과 이성신학, 계시신학과 감성신학, 기독교와 타종교들과의 조화….

세린이 입을 열었다.

"그러니 소설 휘페리온의 여주인공 디오티마는 사제적 시인의 사명을 가진 횔덜린이 충성과 봉사를 맹세한 조화와 일치의 여신의 다른 이름이자 그의 사랑의 이상이로군요. 오직 관념적으로만 존재했던 미가, 말하자면 살아 있는 실재로 그의 앞에 나타난 격이랄까요. 마치 말씀이 육신이

---

75) 하모니아(Harmonia): 조화와 화합의 여신. 전쟁의 신 '아레스'와 사랑의 신 '아프로디테(우라니아 혹은 비너스)'의 딸. 후기 그리스와 로마 작가들은 때때로 그녀를 보다 추상적인 의미에서 조화, 즉 우주의 균형을 관장하는 신으로 묘사.

되어 오신 예수 그리스도처럼요? 오, 불쌍한 횔덜린…!"

벨라민, 한때 행복했었다면 내가 아직 그렇지 않은가? 그녀를 처음
본 성스러운 순간이 마지막이더라도 행복하지 않을 수 있을까? 나
는 그것을 한 번 보았고, 내 영혼이 추구했던 단 하나, 우리가 별보다
멀리 어딘가에 두는 완벽함, 우리가 시간이 끝날 때까지 미루는 완
벽함 – 나는 그것의 살아 있는 존재에서 그것을 느꼈습니다. 거기에
그것이 있었고, 가장 높은 모든 것이었습니다! 인간 본성의 원과 사
물의 원 안에 있는, 거기에 있었소!

(휘페리온)

그동안 두 사람의 대화를 듣고만 있었던 브라이언 박사가 와인 잔을
내려놓더니 이어 세린의 말을 받았다.
"하하 성육신! 좋은 포인트요…. '빵과 포도주'가 떠오르는군. 횔덜린의
'빵과 포도주'는 원래 제목은 '주신(酒神 Der Weingott)'이었으나 후에 기독교
적 성찬을 암시하는 '빵과 포도주'로 바뀐 거요."

그러자 로레인이 부언했다.
"빵은 지상의 양식이자 하늘의 빛으로서 이 땅에 현현한 신의 아들인
예수를 뜻한다고 볼 수 있지만, 포도주는 예수의 피와 관련되기보다는
주신(酒神)인 디오니소스를 상징한다고 볼 수 있죠. '빵'과 '포도주'가 각각
자연의 산물과 천상의 산물이란 점에서, 과거 사람과 자연과 신, 이 모든
것이 하나를 이뤘던 이상적 희랍세계를 상징한다고 볼 수 있어요. 그러므
로 이를 먹고 마시는 것(성찬식)은 모두가 하나를 이룸으로써 신의 축복을
느끼게 해 주는 선물이란 해석이에요. 그래서 이 시는 그리스와 기독교
적 전승이 독특하게 얽혀 횔덜린 특유의 종교 개념을 보여 주고 있단 평
을 받죠."

세린이 답답한 감정을 누르며 말했다.

"하하, 시에 대한 다양한 해석은 역시 독자의 몫이란 말이 실감이 나네요. 아무리 그래도 어떻게 성찬의 의미가 오직 예수 그리스도의 구속적 은혜가 아닌 예수와 이방 신의 조합이라뇨? 성찬은 예수의 십자가 위의 죽음을 통한 구속의 은총을 기억하며 새 생명의 근원인 그리스도 안에서 참여자들이 하나가 되는 것을 확인하는 예식인데요? 아무튼 묘하게 예수의 최후의 만찬을 시사하는 제목을 붙였군요."

세린은 속으로 참담함을 느꼈다. 헬레니즘이란 근원적으로 기독교와 친할 수 없는 것이 아닌가? 신구약 중간기와 일치하는 헬레니즘 시대 동안 헬레니즘 문화의 영향권 하에 있었을 유대교의 역사가 어렴풋이 떠올랐다. 그 후 예수 그리스도의 초림과 승천 후 교회 역사가 진행되어 오던 중 종교 혁명이 일어났고 종교 혁명 후 2세기가 지난 때에, 그러니까 17-18세기 계몽주의를 지나오면서 신학교 출신이면서도 그리스의 신들을 예수와 나란히 세워 놓은 횔덜린…. 그리고 그런 그의 시에 대해 그리스와 기독교적 전승의 융합이니, 독특하고 난해하며 특유하단 수식어를 장황히 붙이는 사람들….

세린이 담담히 다음 설명을 이어 나갔다.

"수도원 학교가 자신의 젊음의 활력을 누리지 못하게 하는 장소라고 답답하게 여겼던 횔덜린은 결혼과 사제직의 권고를 거절했어요. 그는 자신의 인생에서 처음으로 자신의 능력을 방해받지 않고 사용할 수 있는 시 창작의 자유와 기쁨을 누리는 인생을 선택했습니다. 횔덜린의 「튀빙겐 찬가」는 실러의 시와 프랑스 혁명에 영감받은 철학적 시이죠."

브라이언 박사가 말했다.

"나폴레옹이 프랑스 정권을 장악한 시기에 횔덜린의 새해 편지엔 국가의 정치 철학에 무엇보다 미학의 필요성이 언급되어 있어요. 그의 미학은 미래의 세계가 진정 더 나은 곳으로 발전되어 가는 정점을 희랍 고대 시기와 연결해서 두려움이 없는 아름다운 조화와 선으로 충만한 곳으로 묘사되어 있소. 그래서 횔덜린의 정치적 관념은 종교적인 신념과 연결되어 있다고 하는데, 이 역시 실러의 영향을 받은 것이오."[76]

세린은 문득 횔덜린이 꿈꾸던 아버지의 나라가 생각났다.

"제가 예전에 번역했던 횔덜린 작품에 대한 한 해설문의 내용이 아직도 인상이 깊은데요, 거기엔 횔덜린이 시도 하였던 역사철학의 개념을 논한 거였어요. 시인이 지향하는 이상적인 '아버지의 나라'에 도달하는 과정이 분리와 연결과 통합의 도식으로 나와 있었거든요. 헤겔의 변증법처럼 말이죠."

와인 잔을 기울이던 브라이언 박사가 흔연히 세린을 응시하며 말했다.

"실제 튀빙겐 시절 횔덜린이 헤겔에게 변증법의 아이디어를 제공한 장본인이라 추측되고 있소. 횔덜린은 통일과 생명력이 충만한 상태를 '아버지의 나라'라고 표현한 것이오. 이들에게는 죄로 인한 분리 대신에 사랑을 통한 통일이 중요했으며, 대립하는 세계 대신에 결속된 세계가 관건이었소. 따라서 이들은 횔덜린의 제안에 의해 이른바 사유의 동맹을 결성했고, 통일철학을 추구함으로써 자유와 이성과 사랑과 화해가 실현되는 통합의 나라를 꿈꾸게 된 거요.[77] 그곳은 인간이 다른 인간과 또 역사와 하나가 되는 곳이며, 항상 보편적인 인간성의 상태에 도달하는 곳이란 거요. 그 점에 있어서 그의 '아버지의 나라'는 민족적인 이념보다 실러의 인간성의 개념에 더욱 가깝다고 할 수 있소. '아버지의 나라'의 몰락은 갈등과 투쟁과 불화가 발생하는 상태고, 낙원으로부터의 추방과 유사한 것이오. 그는 사랑과 행복 없이 고통으로 가득 찬 시대에서는 개별화와 대립적인 것이 작용한다고 보았던 거요. 이런 공포로부터 인간은 새로운 통일을 예감하게 되고, 예언자로서의 시인은 화해의 미래를 예고하는 자란 거요."

---

76) Ogden, Mark. The Problem of Christ in the Work of Friedrich Hölderlin
77) Ibid.

아…. "사랑과 행복 없이 고통으로 가득 찬 시대에서는 개별화와 대립적인 것이 작용한다고 본 것이요…" 이 말이 세린의 폐부 깊숙이 파고 아픔을 주었다. 연철과의 삶을 이보다 더 정확히 표현할 다른 말이 있을까…. 연철은 단 한 번의 예외도 없이 늘 버릇처럼 말해 왔던 것이다. 대소사를 막론하고 컴퓨터나 자동차나 애들 양육에 관해 절실한 도움이 필요할 때도…. 심지어 애들에게도….

"그건 네 일이야. 나랑 관계가 없어!"

세린이 말했다.

"결국 횔덜린의 아버지의 나라의 도래는 인간의 죄성이나 그리스도의 구원사역과 무관하게, 개인과 공동체가 사랑에 참여하고, 통일을 추구하고, 꿈꾸고, 예감하고, 더 나아가 예고함으로써 지상에 실현된다는 거로군요."

세린이 한편 재미있다는 듯, 다른 한편 어이없다는 듯 말했다.

"그럼 횔덜린은 결국 예수 그리스도와 그리스의 신들도 통합을 한 것이 아닐까요? 자신의 이념에 맞춰서?"

마침내 브라이언 박사가 크게 웃으며 말했다.

"스피노자에게 매우 열중했던 횔덜린이었으니 그의 신성(神聖)은 범신론적 감각에서 이해될 수 있겠소만."

세린이 말했다.

"그러나 예수 그리스도가 말씀한 '아버지의 나라'는 '성령 하나님'이 다스리는 나라이죠. 크리스찬이 아버지의 나라를 먼저 구하고 아버지의 나라가 임하길 바라는 것은, 지상에서 성령에 인도받는 삶을 살아감을 의미하는 것이죠. 그러나 횔덜린의 '아버지의 나라'는 자구적이고, 이성적으로 이상적이군요. 실러나 횔덜린에게 있어 아버지의 나라의 구심점은 그리스도가 아니라 결국 고대 황금시대이니까요."

브라이언 박사가 말했다.

"그들에게 당시의 모든 사건은 '알버트 벵엘'과 그의 추종자들에 의해 널리 퍼진 역사적 종말론적 이상에 의해 조명되고 변형되었소. 메시아의 재림과 지상 천년왕국인 황금시대의 재림은 그들의 눈에 거의 같은 것이 었으니까 말이오. 그들은 프랑스 혁명을 지상 낙원, 즉 하나님의 나라 건설을 위한 중요한 단계로 여겼던 거요."[78]

뉴세린이 경악스러운 심정으로 외쳤다.

"18세기 루터 교회 목사였던 벵엘의 재림 신앙은 그가 요한계시록 21장의 연구에 몰두하면서 가지게 된 것이 아닌가요?[79] 요한계시록엔 매 장마다 우상과 영적 음행에 대한 엄중한 심판을 경고하고 있어요. 그런데도 메시아의 재림을 황금시대의 재림, 그러니까 그리스 신들의 도래로 보다니요? 결국 슈바벤 경건주의 토양에서 그 공기를 마시고 자란 이들이 꿈꾸던 세계가, 이원론적 요소가 극복되고 자연스럽게 조화를 이루고 있다고 생각한, 이상적인 고대 희랍세계였단 말이죠? 이들은 도대체 성경과 그리스 문학과의 근본적 상이함을 전혀 모르는 사람들 같군요!"

세린은 전에 횔덜린 논문 작성 시 알게 된 슈바벤 경건주의를 떠올렸다. 슈바벤은 대략 독일 남부와 거기에 이어지는 프랑스와 스위스의 가까운 지역들로 신앙적 각성의 중심지였다. 경건주의 신학자인 벵엘은 슈바벤 출신으로 튀빙겐 신학부를 졸업했고, 그는 성경을 신적인 구속사의 증언으로 여기고 일생 동안 경건한 신앙생활을 하였다. 그런데도 튀빙겐 삼총사들이 벵엘의 메시아 재림사상을 황금시대의 도래로 해석했다는 사실이 너무도 황당했다. 아, 이런 현상이 신학을 이성으로만 해석하려는 자유주의 신학의 참을 수 없는 폐해의 심각함이런가!

브라이언 박사가 말했다.

"말하자면, 고대 희랍세계를 영구불변의 본체로 보는 관념론적 이상주의에 범신론적 순환적 역사관이 더해진 데다 계몽주의에서 발흥한 낙관

---

78) Salzberger, Hölderlin
79) 요한계시록 21장은 요한이 성령에 의해 "거룩한 성 새 예루살렘"을 본 기록이다. 8절에 우상 숭배자들의 둘째 사망이 언급되었다.

적 진보주의 사관까지 합세한 것이랄까…"

"그러니 그 어느 것도 창조와 구속과 종말의 역사의 주체이신 하나님의 절대주권적 섭리와 직접적 통치를 신앙하는 기독교적 역사관과는 무관한 것이로군요."

그동안 조용히 듣고만 있던 로레인이 입을 떼었다.

"횔덜린은 오스트리아-프러시아 연합이 프랑스와 전쟁 시, 여동생에게 인권의 옹호국인 프랑스를 위해 기도하라고 촉구할 만큼 프랑스에 대한 기대가 컸어요. 그러나 기대와 달리 혁명이 혼란에 빠져 끝내 좌초하고 말자, 횔덜린은 요한 고트프리트 에벨에게 보낸 편지에서 '혁명의 재림'을 이야기했다고 해요.

모든 발효와 해체는 새로운 유기화로 이어집니다. 소멸은 없습니다.
세계의 청춘은 우리의 분해로부터 다시 돌아오게 됩니다.

횔덜린의 문학은 인류의 이상을 향한 포기할 수 없는 희망을 시어로 표현한 것으로 평가되죠. 횔덜린이 남동생에게 쓴 편지에 그의 믿음과 소망과 사랑이 피력되어 있어요."

나의 애정은 더 이상 특정 개인에게로 향하지 않는다. 나의 사랑의 대상은 모든 인간이다…… 앞으로 올 세기의 인류를 사랑한다는 말이다. 왜냐하면 이것은, 우리의 자손들은 우리보다 더 나을 것이라는, 나의 가장 깊은 소망이자 날 강하고 생기 있게 만드는 믿음이기 때문이다. 자유는 종국적으로 와야만 하는 것이고, 덕은 전제적인 동토의 땅에서보다는, 따뜻하고 성스러운 자유의 빛 안에서 더 잘 넘쳐날 것이다. 우리는 모든 것이 보다 더 나은 미래를 향하여 작용하고 있는 때를 살고 있다. 이런 계몽의 씨앗들, 인류의 발전을 위한 개별자들의 소망과 갈구는 널리 퍼져 강하게 자라나서 놀라운 열매를 맺을 것이다. 이것이 내가 소망하는 바, 미래에 열매 맺을 변화의 씨앗을 우리 시대에 움트게 하고자 하는, 나의 활동의 성스러운 목표이다.

세린이 담담히 말했다.

"횔덜린의 활동의 동기인 '거룩한 사명'이로군요…미래에 열매 맺을 변화와 계몽의 씨앗… '동토의 땅'과 대비되는 '자유의 따뜻한 거룩한 빛'… 그러고보니 '야만스럽고 차가운 시대(기독교)'와 높고 영광스러운 '무한한 자유(종교)'를 대비시킨 슐라이어마허가 떠오르는군요. 횔덜린이 '앞으로 올 세기의 보다 더 나은 인류'를 위해 계몽의 씨앗을 움트게 하고자 한 것처럼, 슐라이어마허도 '더 나은 인류'를 위해 '잠자는 싹(기독교)'을 깨우고, '더 높은 것(종교)'에 대한 사랑을 고취하고, 더 고귀한 삶으로 바꾸고자 했으니까요. 횔덜린이 고대하는 '세계의 청춘들'은,[80] 자유의 따뜻한 성스러운 빛 안에서 덕이 넘쳐나는 더 나은 세계… 종말에 새 하늘과 새 땅이 도래함으로써 성도들이 거하게 될 '새 예루살렘 성(계21)'이 아니라 모든 이상이 실현되는 '범신론적 통합의 나라'인 것이죠."

브라이언 박사가 지그시 눈을 감고 말했다.

"그런데 말이오, 횔덜린의 프랑스 혁명의 영향이 반영된 계몽적인 송시, 「조국을 위한 죽음(Der Tod fürs Vaterland)」은 그의 시 「독일의 노래(Gesang des Deutschen)」와 함께 나치 정권의 선전용으로 가장 많이 이용되었던 거요.[81]

---

80) 횔덜린이 꿈꾸는 고대 그리스적 이상은, 모든 생명이 동등한 존재로서 죽을 때까지 서로 사랑하는 황금시대요, 미와 애국심과 영원한 지혜의 말씀을 공유하는 신적 세계로서 영원한 젊음을 공유하는 것으로 그려짐.

81) https://de.wikipedia.org/wiki/Der_Tod_f%C3%BCrs_Vaterland

오, 국민들의 거룩한 심장이여, 오, 조국이여! … 그대 높고 진지한 수
호신의 나라여! … 아테네의 영혼은 여전히 살아 있고, … 지금! 당신
의 고귀한 조국에서 인사드립니다. 새로운 이름으로, 이 시대의 가장
잘 익은 열매로!

(독일의 노래)

그의 시, 「전투(Die Schlacht)」에 자국의 전제적이고 폭군적인 지도자에
대한 비판이 혁명적일 만큼 강하게 표현된 것을 봐도, 횔덜린의 조국 개
념이 단순히 국가나 영토적 개념이 아니라, 해방투쟁을 불사할 만큼 인권
적 국가 공동체를 지향하는 것임을 알 수 있소만…".[82]

오 조국을 위한 투쟁이여, 독일인의 불타오르는 피의 새벽이여,
태양처럼 이제 드디어 깨어난 독일인, 이제 더 이상 주저하지 않는,
이제 더 이상 아이가 아닌,
자신들을 그의 아버지라고 호칭한 자들은 도둑들이며, 독일 아이를
요람에서부터 훔쳐 아이의 경건한 마음을 속였다, 길들인 동물처럼,
섬기게 한 자들.

그러자 나다니엘이 시니컬하게 중얼거렸다.
"하긴 나치 정권은 니체와 바그너도 정권 선동에 십분 활용하였으니까
요…."
뉴세린이 말했다.
"자신을 민족의 선지자로 믿은 히틀러가 그리스 신들을 우상화한 자
들을 활용하는 것은 그야말로 식은 죽 먹기처럼 수월한 것이었겠군요!
불과 한두 세기 전, 고대의 이상을 발판 삼아, 조국 독일을 '거룩하고 진

---

82) Ibid.

지한 수호신의 나라'요, '시대의 원숙한 열매'로서 위대하고 고상한 독일 민족의 문화를 자신하며, 더 나은 시대의 영혼들이 불멸의 몸으로 일어나길 꿈꾸던 이들이 아니었던가요? '거짓의 아비'인 사탄은 인간들의 약점을 빌미 삼아 자신의 거점(foot stool)을 확보하는 데 귀재이니까요!"

> 너희는 너희 아비인 '마귀의 자식'이므로 너희 아비가 원하는 것을 하고 싶어 한다. 그는 처음부터 '살인자'였다. 그에게는 진리가 없으므로 그가 진리의 편에 서지 못한다. 그는 거짓말을 할 때마다 자기 본성을 드러낸다. 이것은 그가 '거짓말장이'며 '거짓의 아비'이기 때문이다. 너희는 내가 진리를 말하기 때문에 나를 믿지 않는다
>
> (요8:44-45).

악마에게 발붙일 기회를 주지 마십시오(엡4:27).

성경은 인생들에게 믿음의 주요 또 온전케 하시는 주님만 바라보라고 말씀하십니다(히12:2). 왜냐하면 이 세상의 만물 -가시적이고 비가시적인 모든 것들- 왕권들이나 주권들이나 통치자들이나 권세들 모두가 하나님에 의해 또 하나님을 위해 창조되었고(골1:16), 하나님께선 이 모든 것을 그리스도의 발아래 복종하게 하심으로써 그리스도를 우주적 통치자로 삼으셨기 때문입니다(엡1:21-22). 그러므로 횔덜린이 말하듯, 우리의 자손과 앞으로 올 세기의 인류의 더 나은 날들을 위해 우리가 할 일은, 세상의 통치자들과 지도자들이 그리스도의 복음을 통해 경고와 교훈을 얻게 하고, 하나님을 두려움과 기쁨으로 섬기게 하며(시2), 우리가 통치자들과 지도자들을 위해 깨어서 감사로 열심히 기도하는 것입니다. 이는 우리가 안정되고 평온한 가운데서 경건하고 거룩한 생활을 하기 위한 것이라고 성경은 가르칩니다(딤전2:1-2). 크리스찬은 본질상 '영적 군사'입니다. 크리스찬의 싸움의 대상은 육체적인 사람이 아니라, 지도자와 통치자들 배후에서 그들을 조종하고 있는 악한 영들을 상대하는 것입니다(엡6:12). 그러므로 크리

스찬의 영혼은 복음의 진리인 '성경 말씀'으로 무장되지 않으면 안 됩니다.

> 그런즉 군왕들아 너희는 지혜를 얻으며 세상의 재판관들아 너희는
> 교훈을 받을지어다 여호와를 경외함으로 섬기고 떨며 즐거워할지어
> 다(시2:10-11)
> 내 이름으로 일컫는 내 백성이 그들의 악한 길에서 떠나 스스로 낮
> 추고 기도하여 내 얼굴을 찾으면 내가 하늘에서 듣고 그들의 죄를
> 사하고 그들의 땅을 고칠지라(역대하7:14)

횔덜린이 그토록 추구하고, 꿈꾸고, 예감하고, 예고하기 마지 않던 통합된 아버지의 나라의 지상적 실현은, 오직 한 분이신 그리스도와 성령과 하나님께 대한 한 믿음과 한 소망과 한 사랑 없이는 결코 이뤄질 수 없습니다. 왜냐하면 하나님은 모든 것의 아버지이시오. 모든 것 위에 계시고 모든 것을 통하여 계시고 모든 것 안에 계시는 분이시기 때문입니다(에베소서4:4-6)."

횔덜린과 고흐

세린이 말했다.

"전 휘페리온 첫 장에 나오는, 소설의 무대인 그리스에 대한 횔덜린의 묘사가 퍽 인상적이었어요. 천 개의 향기로운 산이 서로 뒤에서 태양을 향해 끊임없이 솟아오르는 웅장함이 마치 살아 꿈틀거리는 생물처럼 그려졌거든요."[83] 브라이언 박사가 말했다.

"횔덜린은 단지 거룩한 것에 대해 이야기하기를 원할 뿐만 아니라 자

---

83) Ibid.

신의 말 자체가 거룩하기를 기원하는 거요. 그는 자신이 무엇을 명명할 때마다 신성한 임재의 도래, 즉 모든 연합된 생명이 나타난다고 노래했소. 그에게 이 신성함은 자연과 초자연적 영감으로서 이것들은 하나의 형이상학적 실재의 두 가지 측면일 뿐이오. 따라서 그에게 자연은 "시대보다 오래된 것"인 신적 존재로서 서구와 동양의 신들인 거요."

> 작은 시냇물은 생명의 그릇으로 쏟아져 내리고 태양은 제 궤도를 내딛고 / 사랑에 흠뻑 젖은 어린 계곡은 사랑에 취한 언덕에 몸을 기대고 / 바위는 신의 아들처럼 아름답고 당당하게 어머니의 가슴에 매달리고 / 대지는 바다의 거친 품에 안기어 전에 느껴본 적 없는 기쁨으로 떨고 있도다
>
> (조화의 여신에게 바치는 찬가)

세린이 입을 열었다.

"창세기에 "여호와 하나님이 흙으로 온갖 들짐승과 새를 만드시고, 아담이 어떻게 이름을 짓나 보시려고 그것들을 그에게 이끌고 가시니 아담이 각 생물들을 부르는 것이 바로 그 생물들의 이름이 되었다(창세기2:19)"란 말씀이 떠오르는군요. 횔덜린의 신성과 자연관이 성경과 어떻게 다른지를 보여주는 극명한 예라 생각이 되네요. 인간과 자연은 공통적으로 하나님의 피조물이란 점에서 인간은 자연에 대해 유대감을 느끼고 돌볼 책임이 주어지지만, 존재와 역할에 있어서 창조 목적이 다릅니다. 마치 천사와 인간의 차이처럼 말이죠. 그러나 횔덜린은 모든 생명체를 친족관계로 볼 뿐만 아니라,[84] "오로지 스스로 신적인 자들만이 신성을 믿는 법이다"란 자신의 시구[85]처럼, 스스로 신성적인 존재로서 신성한 자연과 영

---

84) "모든 생명체는 그대와 친족관계가 아닙니까?" (시인의 용기)
85) "인간의 갈채"

적인 상호 교감을 하고 있는 거예요. 자연의 신성은 그에게 강력한 영감을 불러일으키고, 그는 그 신성한 영감으로 빚어낸 최고의 감동을 자연에 덧입힘으로써 그야말로 상호 간 영적인 시너지 효과를 극대화시키고 있단 말이죠. 그러나 성경 말씀에 따르면, 인간은 다만, 창조주 하나님의 명령에 따라 다른 피조물들인 자연을 사랑으로 돌보고 지혜로 다스리는 청지기의 신분인 것이죠."

세린은 과거 횔덜린의 범상치 않은 자연에 대한 시적 묘사에 매혹되어 자신도 자연으로부터 그와 같은 시적 영감을 얻기 위해 한두 번 노력하던 기억이 떠올랐다. 그러나 순간이나마 그런 의도를 가지고 자연을 대할 때마다 번번이 그녀 안엔, 뭔가 어둡고 석연찮은 '미혹의 영'을 자신 안에 불러들이는 것만 같은 불안감이 엄습하곤 했다. 자연을 빙자한 기만적인 영이, 침묵하는 자연의 미려한 자태를 미끼 삼아 자신의 영혼을 혼미의 소용돌이로 가차 없이 떠밀어 버릴 것만 같은 위기감 같은 것이… 일상 언제나 푸르고 색색이 아름다운 자연은 그녀에게 어디까지나 창조주의 아름다운 뜻의 반영으로써, 인간을 위한 신의 배려와 축복의 선물이자, 신의 인간창조의 목적인, 신의 영광과 찬송의 대상의 그림자와 같은 존재로서 대미를 장식하는 것처럼 느껴졌던 것이다. 각양의 모습을 지닌 자연들이 미풍에 흔들리며 향기를 토할 때면, 그것들은 모두 하나같이 하늘의 창조주를 향해 두 팔을 올린 자태로 기쁨에 충만하여 찬미의 경배를 드리고 있음을 그녀는 여실히 보아왔기에.

브라이언 박사가 말했다.

"횔덜린의 희곡 '엠페도클레스'를 보면 자연 자체는 그리스도와 같은 존재로 그려지고 있소.[86] 사랑에서 비롯된 그리스도의 순종적인 자기 비하가 그의 죽음으로 이끈 것처럼, 자연도 사랑으로 자신을 내어줄 뿐, 노예처럼 아무 주장도 하지 않기 때문에 인간이 자연을 무시하고 하인 취급

---

86) Ogden, Ibid.

을 한다는 거요. 그러나 자연은 그리스도와 같이 희생적 사랑으로 인간의 영적 성숙을 돕는 위대한 교육자여서, 인간은 자연의 아름다움을 경험하고 자연과 결합할 때, 마음의 변화를 받아 선을 욕망하게 되는 도덕적 갱신을 이룰 수 있다는 거요. 엠페도클레스의 분신인 횔덜린의 경건의 원천은 제도적 종교의 세계가 아니라 자연의 세계인 것이오."

그리하여 그들, 좋은 날씨 가운데 서 있다.
거장이 가르칠 수 없지만, 위대하고 아름다운 신성을 지니고, 경이롭게 어디에나 존재하는 자연이 온화한 포옹으로 그들을 교육합니다.

(마치 축제일에서처럼)

나를 키우고 양육해주었던 이 이제 죽었고, 청춘의 세계도 이제 죽었고, …
그러나 내 인생의 아침은 지나갔고, 내 마음의 봄도 사라졌도다 …
가장 소중한 사랑은 영원히 시들어져야 한다. 우리가 사랑하는 것은 단지 그림자일 뿐, 청춘의 황금빛 꿈이 죽었을 때, 친절한 자연도 나를 위해 죽었도다.

(자연에 부쳐)

"성경은 그리스도 안에서 마음이 새롭게 변화를 받아 하나님의 선하신 뜻을 분별하라고(롬12:1-2) 말씀합니다만, 창조주를 떠난 인간의 결국이란, 그리스도 대신 피조물인 자연을 스승으로 삼고, 그리스도를 경험하는 대신 자연을 경험하고, 그리스도와 연합하는 대신 자연과 결합함으로써 선을 추구하는 도덕적 갱신을 이룰 수 있다는 생각을 하는 거로군요. 횔덜린은 말했어요. '세상과 화목하게 살고, 사람들을 사랑하고, 신성한 자연을 진정한 눈으로 보기 위해서는 자신을 굽혀야 하고, 다른 사람들을 위해 무언가가 되기 위해서는 나만의 자유를 잃어야 한다고 항상 생각했습니다. 마침내 나는 완전한 힘 안에서만 완전한 사랑이 가능하다는 것을 느낍니다'라고요. 그러나 사도 바울은 자신의 가장 약한 힘 안에서 신의 완전한 사랑의 능력이 가능하다(고후12:9)고 고백합니다. 그리스도인은 자신의 능력에 의해 자의적으로 굽히고 자유를 잃는 방법을 통해 자신의 인위적인 완전한 힘을 자각함으로써 자신이 완전한 사랑을 할 수 있다고 느끼지 않죠. 그리스도인의 굽힘과 자유 잃음의 능력은, 오직 섬기는 종의 모습으로 오신 '신의 아들'의 겸손과, 십자가에 죽기까지 순종하신(빌2:6-8) '신의 아들'의 자기부인을 묵상함으로써 그리스도의 신성한 성품이 입혀지게 되는 은혜의 결과이기 때문입니다(벧후1:4)."

> 아름다운 모든 것의 원형의 첫 번째 소리, / 자연 속에서 소리가 나도록 놔두세요.
>
> (실러, 예술가)

> 인간은 숲 속의 사슴처럼 한때 행복했었다는 것을 부인할 수 없으며, 수많은 세월이 지난 지금도 우리는 여전히 원시 세계의 시절을 그리워합니다. 그때는 모든 사람이 신처럼 땅을 돌아다녔고, 뭐였는지 모르겠지만, 길들여진 인간이었고, 벽과 죽은 나무 대신 세상의 영혼, 신성한 공기가 그의 주변에 편재해 있었습니다.
>
> (휘페리온)

세린은 문득 2009년 전 세계적인 흥행 열풍을 몰고 왔던 제임스 캐머런 감독의 공상과학(SF) 영화 '아바타'의 장면이 떠올랐다. 판도라로부터 소중한 광물자원을 얻고 지구 문명의 발전을 위해 판도라 행성을 개조하려는 지구인들과 자연을 지키려는 외계인들의 전쟁… 영화 속 판도라 행성의 환상적인 아름다움과 신비롭고 황홀한 자연계의 영상… 범신론적 정령신앙(Animism)을 가진 판도라의 나비족들이 대자연의 여신을 숭배하고, 자연계의 동식물을 인간과 대등하게 존중하며 서로 친근하게 교감하는 모습… 뇌-컴퓨터 인터페이스(BCI)를 연상케 하는 최첨단 과학기술로 자신의 영혼이 아바타의 육체로 옮겨진 주인공… 그는 일행과 판도라에 착륙해 탐사작업 중 자신을 위기에서 구해준 나비족 여인과 사랑에 빠지고, 정령의 나무 아래서 그녀와 하나로 맺어지고…. 마침내 우군에 등을 돌리게 된 주인공이 최후의 사투에서 나비족 연인에 의해 목숨을 건진 후, 정령의식을 통해 스스로 완전한 나비족으로 변화됨을 보여주는 라스트 신… 첨단문명의 산물인 주인공의 반문명적 선택의 아이러니가 던지는 메시지는 대립과 반목과 수탈을 낳는 '소유'가 아닌, '존재'로서의 만물 평등과 조화와 평화를 추구하는 세계관의 지향으로 읽혀진다. 그러나 이는 창조주를 도외시한 인간의 영적 몽매함이 낳은 몽환적인 망상에 지나지 않는다. 결국 인간을 움직이는 결정적인 힘은 과학 문명과 무관한 차원의 '영적인 실재'임을 이 영화는 역설적으로 웅변하고 있지 않은가! '진리의 영'이든 '거짓의 영'이든…. 영화 '아바타'의 미적 환타지와 암울한 현실세계 간의 괴리감이 관람객들에게 '아바타 우울증'을 낳게 했다는 뉴스는, 비진리적 영적 환상이 그 얼마나 인간의 내면을 빈곤감과 박탈감과 혼돈스런 미궁에 빠지게 하는지를 여실히 보여주는 증거라 하겠다. 가장 진리적인 것이 가장 현실적인 것이고 가장 생동적인 것이고 가장 소망적인 것이기에….

세린이 고개를 떨구며 혼자 중얼거렸다.

"아무튼 횔덜린이, 아니, 튀빙겐 삼총사가 일원론적 신성의 대세를 거스리기엔 뭐랄까, 저들의 영혼이 너무 무방비 상태였군요. 저는 대학 시절, 성경적인 영혼의 무장에 대해 전혀 몰랐기에 횔덜린에 대한 니체의 서정적 표현에 깊은 인상을 받았었죠. 니체는 말하길, '횔덜린은 무장하지 않은 영혼 자체였으며, 희랍의 베르테르였다. 하나의 절망적인 연인이었다. 그는 연약함과 동경에 가득찬 생명이었다. 그러나 그의 의지 속에는 힘과 알맹이가 있었고, 그의 필치에는 위대함과 충만함 그리고 생명력이 있었다.'고 했어요. 그런데 지금 보니 횔덜린을 채운 충만함과 생명력은 결국 그리스 신들에게서 비롯된 것이란 생각이 들어요. 횔덜린의 영혼은 니체의 표현대로 무장되어 있지 않은 상태, 그러니까 기독교적 관점에서 보면, 그리스도의 영으로 전혀 무장되어 있지 않고 무방비 상태인 겁니다. 그의 동경의 대상은 다만 그리스 신들의 세계인 것이죠.

> 거룩한 그리스여! 모든 신들의 고향이여… 아버지 에테르여! …
> 신들은 사실 살아 있지만 그들은 우리 머리 위 다른 세상에 살고 있다.
> 거기서 그들은 끊임없이 활동하고 있지만, 그들은 우리가 살든 죽든
> 거의 관심 없이 너무도 우릴 회피하는 듯 보인다.
> 왜냐하면 약한 그릇으로는 그들을 영원히 담을 수 없기에,
> 인간들은 때때로만 신들의 충만함을 견딜수 있기 때문에.
> 그러므로 삶 자체가 신들에 대한 꿈이 되노니.
>
> (빵과 포도주)

범신론의 신들, 횔덜린이 노래한 대로, 인간의 세계완 관계가 없고 인간에겐 관심도 없는 신들, 성경은 이것들에 대해 이렇게 말씀하죠.

> *금과 은과 구리와 철과 나무와 돌로 만든 신, 곧 보지도 못하고 듣지도 못하고 아무것도 알지 못하는 신들을 찬양하였습니다(단5:23).

그러나 이방 신들에게 취한 횔덜린은 인간의 약한 내면으론 그 신들을 늘 담아낼 수 없고, 단지 가끔씩 우리가 신들의 충만을 견뎌 낼 수 있을 뿐이라고 한탄합니다. 횔덜린에게 이방 신들은 너무도 가슴 벅찬 신비로운 영감적 불꽃들입니다. 그의 영혼이 이방 신들에게 완전히 사로잡히는 신성의 충만함을 느낄 때마다 그는 한밤중에도 갑자기 기뻐 날뛰는 광기에 휩싸여 시 창작을 합니다. 그의 삶은 자나 깨나 이방 신들과의 교감을

꿈꿈으로써 영위되며 신에게 이끌려 신들의 찬란한 불꽃에 고무됩니다."

신성한 불꽃은 밤낮으로 터져나오려 우리를 몰아대고 있다.
그러니 오라 우리가 열린 세상을 바라보고
아무리 멀리 있어도 우리 자신의 것을 찾을 수 있도록.
한 가지는 확고히 남아있으니, 한낮이건 한밤중에 이르건 항상 하나
의 척도가 존재한다.
모든 이에게 공통되나 각인에게 고유한 어떤 것, 각자는 자기가 할 수
있는 대로 오고 간다. 그 때문이다. 거룩한 밤에 별안간 가인들이 기
쁨을 주체할 수 없는 광기에 사로잡히면, 조롱하는 자들을 조롱하고
싶어지는 것이다.
그러므로 이트모스로 오라! 거기 파르나소스 산 기슭에 탁 트인 대양
이 철썩거리고 델피의 바위에 덮인 흰 눈이 반짝거리는 곳으로.
거기 올림푸스 땅으로, 거기 키타이론의 높은 곳으로, 거기 가문비나
무 아래로, 포도나무 아래로, 거기 아래 테베와 카드모스 땅에 이스
메노스 강이 울부짖는 곳으로, 신이 가까이 다가와 뒤돌아 가리키고
있는 그곳으로.

(빵과 포도주)

"요컨대 횔덜린의 영성은 십자가의 사랑에 대한 감격과 회개의 눈물과
부활의 은총적 능력과는 전혀 다르게, 미의 이데아적 환상과 밤낮으로
들뜬 낭만적 유쾌함과 충동적 광기로 이뤄져 있다고 보여집니다."
그때 나다니엘이 불쑥 끼어들었다.
"고흐도 동생 테드에게 편지로, 자연 앞에서 그 자신을 사로잡는 감정
이 기절할 정도로 심해져서 이 주 동안 일을 할 수 없게 된다는 말을 한
적이 있었지요."
세린의 동공이 순간 확장되더니 그의 말을 받았다.

방문

"아하, 그렇다면 휠덜린에게 이방 신들이 너무도 가슴 벅찬 신비로운 영감적 불꽃들이었듯이, 그리고 자연 또한 단순한 물리적 실재가 아니라 신성하고 통일된 생명력으로서 그 안에 강력한 미적 영감과 창조력을 타오르게 했듯이, 고흐의 영혼 또한 자연 앞에서 어떤 스피릿에 완전히 사로잡혀 그런 스피릿의 충만함을 느낄 때마다 그의 광기 어린 창작욕이 불꽃처럼 타오른 것이 아니었을까요?"

브라이언 박사가 낮은 음성으로 말했다.

"그리스인들은 '영감'을 심리적 현상이 아니라 신과의 개인적인 친교로 이해했소만."

그러자 나다니엘이 한 손으로 자신의 무릎을 탁 치며 말했다.

"세린 씨의 표현은 적어도 고흐가 성령에 사로잡힌 것은 아니란 말이로군요. 그리고 보니 생각이 나는군요. 고흐는 대단한 애독가로 알려졌는데, 그에게 영향을 준 신학자는 그와 동시대인인 르낭이었어요.[87] 르낭은 성직자가 되기 위해 신학교를 들어갔지만 중간에 다원주의 때문에 신앙에 회의를 느끼고 카톨릭 교회를 떠났어요. 르낭은 반유대주의 사상을 지닌 볼테르의 영향을 받았다고 알려졌죠. 아무튼 성직자의 길에서 탈락했다는 점에선 고흐와 유사하죠. 르낭은 《예수전(La vie Jesus)》으로 유명한데, 이 책은 초자연적 요소를 배제한 인간 예수를 그린 것으로 센세이셔널을 일으켰지요. 그는 부활과 성서의 권위를 인정하지 않고 자연주의 경향을 지녀 자연이 곧 '신적(神的)'이라고 했으니, 세린 씨의 추측대로 고흐에게 범신론적 사상을 심어 줄 수 있었을지 모르죠. 르낭 자신 평생 신앙과 과학 사이에서 고뇌했다고 해요."

"그리고…"

나다니엘이 뭔가 생각하듯 천천히 다시 말을 이었다.

"고흐가 본받기 원했던 부친인 테오도루스 반 고흐 목사와 그의 형제

---

87) Ernest Renan, Wikipedia

들이 속했던 그로닝겐 신학대학은 네덜란드 개혁 교회에 슐라이어마허의 신학을 도입하고, 에라스무스의 인본주의와 토마스 아 캠피스(Thomas à Kempis)의 영성을 중시하도록 영향을 끼친 곳이죠."

그의 말이 떨어지기가 무섭게 세린이 의미 있는 미소를 지으며 진지한 표정으로 말했다.

"당신의 설명을 듣고 보니 왜 고흐의 정신이 사이프러스에 사로잡혔고, 사이프러스를 오벨리스크와 비교했는지 이해가 될 듯하군요. 물론 고흐는 외적인 조형미로 양자를 비교했지만, 내용이 반영이 안 된 형식이란 불가능한 것이죠. 신화를 보면, 태양신 아폴론의 총애를 받던 키파리소스가 죽은 후에, 아폴론이 묘지에서 영원히 그의 죽음을 애도하는 사이프러스 나무가 된 것인데, 아폴론은 이집트의 태양신인 호루스에서 온 것이니 양자는 외관뿐만 아니라 의미에 있어서도 밀접한 관련이 있는 셈이로군요. 아무튼 고흐는 사이프러스가 지닌 죽음의 의미에서 재생과 불멸, 즉 영원한 생명과 영원한 순환에 대한 자연의 힘을 포착하고 그것에 압도된 것이죠. 마치 디오니소스에게서 니체가 발굴한 영겁회귀적 영감처럼 말이죠."

세린의 말에 나다니엘도 미소를 지으며 응수했다.

"그러고 보니 니체가 휠덜린을 극찬한 표현이 고흐에게도 그대로 적용되는 셈이군요! 고흐는 현실에서도 하나의 절망적인 연인이었으니까요. 그도 연약함과 동경에 가득 찬 생명이었죠. 그러나 그의 의지 속에는 힘과 알맹이가 있었고 그의 붓놀림에는 위대함과 충만함 그리고 생명력이 있었으니까 말이죠!"

세린이 전적인 동의의 눈빛을 나다니엘에게 보내며 말했다.

"고흐를 채운 충만함과 생명력은 결국 범신론적 자연신들에게서 비롯된 것이란 생각이 들어요. 고흐의 영혼은 당신의 말대로 무장되어 있지 않은 상태, 그러니까 기독교적 관점에서 볼 때, 그리스도를 통한 구원 신앙보단 역사적 예수의 실천신앙에 기울었을 가능성을 전면 배제할 수 없을 것 같군요. 고흐가 청년기에 빈민가 선교사역 등 사회적 소외 계층에 대해 가졌던 순수한 미션 열정을 이해 못 하고, 신학교의 신학생 선별 기준에 있어서 비본질적인 외적 자격만을 우선시한 제도권 교계에 대해 좌절한 탓도 한몫했을 것 같고요. 아무튼 그가 어떤 이유에서든, 만약 그리스도의 영, 즉 성령으로 충분히 무장되어 있지 못했다면 불안과 두려움과 충동과 외로움에 허덕였을 가능성이 많았을 겁니다. 횔덜린처럼요…. 그러나 그의 의식은 언제나 현실에서 그리스도를 본받는 삶을 살려고 고투했던 것 같습니다."

횔덜린의 영혼의 여정

당시의 계몽주의적 풍조처럼 이십 대의 횔덜린의 시에서도 정통 기독교에 대한 강한 비판과 거부감이 드러납니다.

진심으로 나는 독재자와 세속적 성직자들을 미워합니다.
그런데 이들과 우정을 맺는 천재는 더욱 싫습니다.

(악마의 변호자)

마울브론 학창 시절이었던 십 대에, 그가 "나의 가족"이란 제하에 썼던 다음의 시와 비교하면 실로 현격한 차이를 확실히 느낄 수 있습니다.

오 주님도 인간들을 위해 기도드리려고 당신 앞에 섰을 때
인간의 눈물로 우실 수 있었습니다.
네! 저는 주님의 이름으로 기도드립니다.
당신은 가난한 사람들의 세상적인 소원의 기도에 분노하지 않으실

것입니다.

네! 저는 자유롭고 열린 마음으로 당신 앞에 나아가렵니다.

저는 당신의 루터가 말하는 대로 말하겠습니다.

-저는 비록 당신 앞에는 한 마리의 벌레요, 죄인이라도

당신은 그런 저를 위해서도 골고다의 피를 흘리셨습니다-

오! 저는 믿습니다. 좋으신 분이여! 당신의 자녀들의 아버지시여!

믿음으로, 믿음으로, 저는 당신의 보좌로 나아갑니다.

(나의 가족)

그 후 횔덜린은 기독교의 유일신 믿음을 전면 부인하고 범신론을 노골적으로 옹호하는 단계까지 도달합니다.

연합하는 것은 신성하고 선한 일입니다. 그런데 인간들 사이에 오직
하나, 하나뿐인 존재가 되고자 하는 고질병은 어디에서 오는가?

(모든 악의 뿌리)

악은 자기 자신의 모습이 아니라 자기 자신만을 유일한 것으로 여기
고 다른 것을 받아들이고 싶어 하지 않는 것입니다.[88]

그는 「신들은 한때 거닐었다」에서 에덴동산에서 아담과 이브와 함께 거닐었던 유일신 창조주의 자리에 희랍의 신들을 갖다 놓습니다.

한때 신들은 인간들 사이를 거닐었고, 위대한 뮤즈들 / 그리고 청년
아폴로는 당신처럼 치유하고 영감을 주었지.

---

88) Hölderlin, F., Briefe. An seinen Bruder, 4. Juni 1799

휠덜린은 '성령' 대신 '정령(제신, 다이몬)들'을 잃어버린 시대라고 진단하고 '성령'이 아닌 '정령들'의 도래, 즉 '그리스 신들'의 부활을 고대합니다.

> 정령들이 다시 지배할 때, 그들이 앞으로 오는 세월에서도 여전히 우리를 알고 있다면
> 그들은 이렇게 말할 것이다: 한때 외로운 사람들이 사랑으로 서로 /
> 신들만이 알고 있는 그들의 비밀 세계를 창조했노라고…. 하지만 그들 빛에 더 가까이, 에테르까지 이르리라
> 가장 깊은 사랑과 신성한 정신에 충실한 그들
>
> (신들은 한때 거닐었다)

— 「빵과 포도주」와 「파트모스」 —

다음은 「빵과 포도주」란 긴 시에 나오는 구절들입니다.

> 오래인 것 같으나 그리 오래지 않은 때 / 우리의 인생을 행복하게 해주었던 신들이 모두 하늘로 올라갔을 때, / 아버지께서 인간들로부터 얼굴을 돌리시어 실로 이 지상에 대한 애도가 시작되었을 때에, / 마침내 한 조용한 하늘의 천재가 나타나 천국의 위안을 전하고 이 세상의 종말을 고하며 사라져갔을 때, / 한때 이 지상에 있었으며, 다시 돌아오리란 표시로 하늘의 합창단 선물 몇 가지를 남겨두고 떠났으니….

안타깝게도 휠덜린은 복음의 기쁨 그리스도가 주는 기쁨을 맛보지 못한 채 그리스 신들을 통해 기쁨을 맛본 것 같습니다. 그에게 지상의 슬픔은 그리스 신들의 사라짐에 연유한 것입니다. 그에겐 '그리스 신들'이나

'예수 그리스도'나 동일 선상의 신입니다. 전자가 인간의 삶에 기쁨을 주었던 신들이라면, 예수는 마지막에 나타난 한 조용하고 특별한 신으로서 하늘의 위로와 세상의 종말을 고지하고 재림의 표시를 남기고 떠난 신입니다. 그에게 있어 그리스도는 피안의 세계에만 머무는 -실러의 표현처럼, "감각의 세계에선 열매 없는"- 존재로서만 인식될 뿐, 체험을 동반한 확실한 믿음의 대상이 못 됩니다. 자, 이제 복음의 진수인 '그리스도의 십자가'에 대한 휠덜린의 이해를 그의 시 「파트모스(Patmos)」를 통해 살펴보고자 합니다.

> 포도나무의 신비를 마음에 간직한 채 그들이 만찬에 함께 앉았을 때 / 위대한 영혼 속에서, 침착하게 죽음을 예상하며, / 마지막 사랑은 결코 충분하지 않았기 때문에 / 그는 선함에 대해 말할 것이 있었다. / 세상의 분노를 보았기에 / 주는 자신의 최후의 사랑을 말했다. / 모든 것이 좋은 것이기 때문이다. 그런 다음 그는 죽었다. / 그것에 대해 많은 것을 말할 수 있으리라. / 그때 친구들은 그의 의기에 찬 승리의 눈빛을 / 기쁨에 찬 그를 마지막으로 보았다.

'포도나무의 신비'는 물론 휠덜린의 또 다른 종교인 그리스의 주신, 디오니소스를 가리킵니다. 그러므로 시인은 주님께서 자신이 흘리실 '언약의 피'를 상징하는 "포도나무에서 난 것"에 대해 언급하신 것(마26:29)을 이 시에서 동상이몽적으로 사용한지도 모르겠습니다. 아무튼 최후의 만찬의 정황은 그리스도께서 신적 사명을 완수키 위해 임박한 십자가의 고난을 앞두고, 그 어느 때보다 인간적인 고뇌의 모습(요13:21, 38, 14:16)과 함께 하나님의 종으로서의 스스로 비우심과 낮추심과 복종하심의 성품이 실증적으로 신성의 빛을 발하는 숙연하고도 거룩하고 신비로운 시간이었습니다. 또한 만찬에 참여한 제자들에겐, 당시는 비록 그들이 알 수 없었을지라도, 훗날 회상해보면, 육신의 몸을 입으신 주님께서 돌아가시기 전, 지상에서 스승으로서 제자들에게 간곡히 자신의 죽음의 의미에 따른 당부의 말씀을 유언처럼 남기시며, 손수 제자들의 발을 씻겨주시던 그분의 따스한 손길이 체감되던 애틋한 순간이었을 겁니다. 만찬 중 주님은 자신을 배반하는 제자 유다에게도 마지막 기회를 주시길 꺼리지 않으셨습니다. 최후의 만찬의 이런 정황과 주님의 겟세마네 동산에서의 치열한 기도, 마침내 형벌의 십자가에 달리셔서 영육 간 극심한 고통 중에 남기신 말씀을 비추어볼 때, 시인이 표현한, "모든 것이 좋은 것이기 때문이다"라든가, "그것에 대해 많은 것을 말할 수 있으리라"라든가, 그의 "의기와 기쁨에 찬 승리의 눈빛"이라든가 하는 표현들은 그 얼마나 교감이라곤 느껴지지 않게, 부자연스럽고 무성의하고도 석연찮은 표현들이겠습니까? 인간의 죄성에 대한 심각성과 절박한 구원의 필요성, 또 이를 위한 주님의 인간적 고뇌 어린 고투에 대한 시인의 사려 깊은 통찰과 진정 어린 공감이 아쉽게 느껴지는 표현들입니다. 우리는 이에 횔덜린이 신학교에서 배운 그리스도론의 문제점을 여실히 감지할 수 있는바, 예수의 완전한 신성과 인성에 대한 불확실성은 곧 삼위일체의 성경적 개념에 균열이 생긴 것을 시사하는 것입니다. 그런 그에게 성경의 모든 진리의 말씀이 구구절절 살아 있는 계시적 증거로 이해되거나 역사할 수 없음은 너무도 당연한 것입니다.

> 하지만 나중에 그의 빛은 죽음이었다. 세상의 분노는 이해할 수 없고, 이름도 없기에.
> 하지만 그는 그것을 알았다. 모든 것이 좋다. 그런 후 그는 죽었다.
> 하지만 친구들은 그럼에도 불구하고 신 앞에 고개를 숙이고 부인하는 자의 모습을 보았다.
> 마치 한 세기가 구부러진 것처럼, 생각에 잠긴 채, 진리의 기쁨 속에서,
>
> (파트모스, 최신 버전)

"하지만 나중에 그의 빛은 죽음이었다(Aber nachher Sein Licht war Tod)." 횔덜린은 그리스도의 정체인 '빛'이 그리스도의 육체적 죽음으로 인해 '죽음화'된 것으로 이해하고 있습니다. 그의 이런 생각은 십자가에 달린 그리스도의 최후의 모습에서 더 진전되고 있습니다. 인류의 죄를 대속하기 위한 사명을 완수코자 신의 아들이라도 죽기까지 순종하심으로써(빌2:8; 히5:8-9) 십자가 위에서 "다 이루었다"라는 선포 후, 신과 세상 앞에 고개를 떨군 채 의연히 매달려 있는 그리스도의 모습에서, 시인은 '신 앞에서', '순종'하는 자로서의 경건한 모범 대신, 세상 앞에서 '부인'하는 자로서의 저항의 메시지를 읽고 있습니다. 그러면 무엇에 대한 부인일까요? 어쩐지 슐라이어마흐의 수사법 같은 느낌을 던져줍니다. 이는 횔덜린이 예수의 십자가 지심의 정황을 오로지 '구속'을 위한, 아버지 하나님과 아들 예수와의 관계에서 이해하는 것이 아니라, 엠페도클레스나 억울한 죽음을 당한 혁명가의 죽음이 세상에 던지는 메시지인 양 인본주의 시각에서 이해하는 까닭입니다. 이런 콘텍스트에서 연이어 뒤따르는 '진리의 기쁨 속에서'가 의미하는 '진리'는 '십자가의 도'의 '진리'와는 사뭇 다른 것으로 읽혀집니다. 시인이 메시야로 오신 예수나 기독교의 역사적 정당성과 성경의 권위를 부인하는 입장이라면, 그리스도교의 정신화나 성경의 실존적 해석으로의 이행을 시사하는 것인지도 모르겠습니다. 따라서 그리스도의 구속적 십자가의 의미가 체감되지 않는 시인의 영적 상태로 보아, '높은 정신'이자 '세계의 정신'으로서의 그리스도나 범신론적 사고를 함의하는 것으로 해석하는 것이 타당해 보입니다. 오순절 성령강림 시 고대의 죽은 영웅들이 모여든 것으로 느끼는 시인으로선, 그리스도가 못 박힌 십자가 옆에도 능히 고대의 신들이 모여든 것으로 느껴질 수 있을 테니까요. 예수 그리스도의 완전한 인성과 신성에 대한 인식의 부족으로, 그리스도의 십자가 고난의 실제적 깊이와 부활의 실제적 기쁨에 온전히 참여할 수 없는 시인으로선, 그리스도에 대한 이해가 끝내 관념적인 범주를 벗어나지 못하고 있습니다. 그는 최후의 만찬에서와 같이, 십자가 위에 죽으신 그리스도가 여전히 '진리의 기쁨' 속에 있는 것으로 표현하고 있습니다. 성경은 다만, 예수께서, 부활하신 후 이뤄질, 전 인류적 차원에서의 신자의 구원이 그에게 가져다줄 기쁨 때문에, 십자가의 수치와 고통을 감내하셨다고 말씀합니다(히12:2). 주님께서 자신의 영혼의 수고함을 만족하게 여기셨다는 말씀은 우리를 너무도 숙연케 합니다(사53:11). 사변적인 신자가 아니라 실로 진정한 신자라면, 필설로 형용할 수 없도록 참담한 고통을 인내하신 주님의 영혼의 수고함의 무게를 가슴 뭉클하게 느끼게 될 것입니다. 우리의 영성의 수준은 우리가 주님의 십자가의 고난의 깊이에 공감하는 정도에 비례합니다. 사심없이 순수하고 섬세하고 이상추구적이고 다정다감했던 시인 횔덜린의 전인격은, 그러나 자신의 성장의 뿌리를 범신론적 '신성한 본성'으로 삼았던 탓에,[89] 아쉽게도 그리스도의 신앙의 깊이에 이르러 안정감 있게 성장하지 못한 채, 범신론적 미망과 정신적 궁핍 속에서 시들어간 것 같습니다. 횔덜린이 복음의 진리를 깨달았다면 그는 위 시에서 이렇게 썼을 겁니다. "하지만 나중에 그의 빛은 부활이었다"라고 말입니다. 그토록 어둡고 무겁고 차가운 삶을 살길 싫어했던 횔덜린에겐 '부활 신앙'이 그 무엇보다 절실히 필요한 것이었습니다만……

> 하지만 이제 저녁이 되자 그들은 놀랍고 슬펐다 / 그들은 영혼 속에 큰 결단을 내렸었기에, / 하지만 그들은 태양 아래서 삶을 사랑했고 주님과 그들의 고향과 가까이 사는 삶을 포기하고 싶지 않았기에. / 철 속에 불이 붙듯 그들은 마음이 뜨겁게 타오르고 / 그들의 곁에 전염병처럼 사랑하는 자의 그림자가 함께 걸어갔다.
>
> (파트모스, 홈부르크 방백)

---

89) Hölderlin, F., Briefe. An Christian Landauer, Februar 1801

시인은 부활 후 40일간 제자들에게 나타나셨던 그리스도의 행적 중(행 1:3) 엠마오로 가는 두 제자와 동행하셨던 주님을(행1:3) "사랑하는 자의 그림자"로 표현하고, 주님을 보고도 주님을 알아보지 못한 두 제자가, 주께서 자신의 고난과 부활에 대해 성경 말씀을 자세히 풀어 설명하시는 것을 듣는 동안, 마음속이 '뜨겁던' 체험을 한 것에 대해선(눅24:13-32), 주님을 여읜 모든 제자들이 공통적으로 느끼던 상실감이나 '쇠 속에 불이 붙는 듯한' 그리움인 것으로 표현하고 있습니다. 이로 보건대 시인은, 부활하신 그리스도의 나타나심이나 이에 대한 당시 제자들의 목격담에 대해 믿음의 확신이 없는 것으로 보입니다. 그러므로 시인은 성경에 기록된 초자연적 사건을 단지 심리적 은유나 비유의 차원으로만 이해하고 있는 것 같습니다.

> 그래서 그분은 그들에게 성령을 보내셨으며 그러자 실제로 폭풍이 불고 천둥이 치고 하나님의 집터가 요동하였고 예지력 있는 자들의 머리 위에 밀려왔다. 그때 곰곰이 생각하면서 죽음의 영웅들이 한자리에 모였다
>
> (파트모스, 홈부르크 방백)

> 멀리서 천둥 치며 용의 이빨처럼 웅장한 운명을 가진 분노한 사람들을 창조했습니다
>
> (파트모스, 최신 버전)

예수께서 고난을 받으시기 전과 승천 전에, 제자들에게 성령을 보내주시겠다고 거듭 약속을 하신 대로(요14:16; 행1:4-5), 오순절 날에, 주님의 말씀에 따라 모여 기도하고 있던 사도들 위에 초유의 성령강림(행2:1-4) 사건이 일어났습니다. 그러나 시인은 이후, 모든 신자 안에 거하셔서 진리 가운데로 인도하시며, 충만케 하시는 성령의 지속적인 역사(요14:17, 26)에 대

해서는 전혀 알지 못한 것 같습니다. 이외에도, 소싯적부터 그의 시에 곧잘 등장하던 '죽음의 영'이 여기서도 예외 없이 등장하고 있다는 점이 유난히 눈에 띕니다. 오순절 성령강림의 현장에 '죽음의 영웅들'이 나타난다는 것은, 그리스도의 영인 성령의 강림 시에, 시인이 그리스도와 동류로 놓는 고대 신들이나 죽음의 영웅들의 강림도 으레 따라야 마땅하다는 그의 평소 종교관의 반영인 것일까요?

성령은 생명의 법이며 죄는 사망의 법이므로(롬8:2), 죄 중의 죄인 우상숭배는 당연 사망의 법에 속합니다. 성령이 오심은 죄와 사망의 법에서 우리를 해방하시기 위함입니다. 성령이 오시면 우리 속의 우상숭배는 결코 자리 잡지 못합니다. 이 시는 그리스 고전문학과 계몽주의에 물든 신학에 의해 우상숭배의 영에 사로잡힌 시인 횔덜린이 성령을 우상의 영인 사망의 영과 혼동하고 있음을 보여주는 현저한 증거라 하겠습니다.

한편 "용의 이빨"은 델포이 신탁을 받은 카드모스가 용을 죽이고 그 이빨을 땅에 뿌리니 땅에서 용병들이 솟아나 테베를 건립한다는 전설에 나옵니다. 여기서 횔덜린은 오순절 성령강림의 역사가 초대교회의 역사의 장을 연 것을 의식하고 있는지도 모르겠습니다. 당시 성령의 불세례를 받고 성령의 권능으로 불의 사도가 된 주님의 제자들을 그는 용의 이빨처럼 웅장한 운명을 가진 분노한 사람들로 표현하고 있는 것 같습니다. 그런데 왜 하필이면 '사탄'을 상징하는 '용'의 이빨이란 말입니까? 실로 기막힌 넌센스입니다.

> 예배가 있는 곳에서 사랑은 위험하고, 가장 큰 타격을 준다. 하지만 그들은 주님의 얼굴과 고향을 떠나고 싶지 않았다. 선천적으로 빛나는 그것은 철 속의 불과 같이 붉었다. 그리고 신의 얼굴을 정말로 손상시켰다.
>
> (파트모스, 최신 버전)

한편, 횔덜린의 「파트모스, 최신 버전」에서는 시인의 독특한 기독교적 사랑에 대한 관점의 일면이 드러납니다. 시인은 예배자인 인간과 예배의 대상인 신과의 관계에서 사랑의 '위험성'을 토로하고 있기 때문입니다. 시인에게 그 사랑은 너무도 강렬하기 때문에 타오르는 불에 달군 쇠처럼 양쪽을 해치는 속성을 지닌 것입니다. 그 사랑의 불은 시인이 보기에 실로 신의 얼굴을 손상시키는 것이고, 제자들에겐 전염병처럼 번지는 위험한 것으로 비쳐집니다. 횔덜린 자신의 비극 작품의 주인공인 엠페도클레스가 에트나 화산 속에 뛰어드는 장면이나, 그의 소설 중 한 소년이 하늘을 향해 누워서 해를 가리는 어머니의 보살핌을 마다하고 눈물이 나도록 뚫어지게 해를 쳐다보는 장면이 연상되는 대목입니다.

나는 최근에 길에 누워 있는 한 소년을 보았다. 그를 지켜보던 어머니는 그가 그늘에서 푹 자고 햇빛에 눈이 멀지 않도록 조심스럽게 담요를 덮어주었다. 그러나 그 소년은 그대로 있고 싶어 하지 않고 담요를 찢어버렸고, 나는 그 소년이 다정한 빛을 바라보려 노력하고, 눈이 아파 얼굴을 땅에 대고 울 때까지 몇 번이고 시도하는 것을 보았습니다.

(휘페리온 단편)

'정오의 빛'을 갈구하던 순수한 소년의 영혼은, 피안의 거룩한 땅을 걸으며 점점 더 강력하게 신성한 힘에 고양되는 동안 그만 타버려 소진되고 맙니다. 결국 시인은 자신의 집 없는 영혼의 보호와 구원을 위해, 고요한 빛이 비춰는 안전하고 평온한 시작(詩作)의 정원을 피난처와 정주지로 삼습니다.

자기 땅에 뿌리를 내리지 못한 채 낮의 빛(Tageslichte)만 가지고는 거룩한 땅을 걷는 가난한 자의 유한한 영혼은 타버립니다. 아, 너무 강

력하구나! 천상의 높이여 / 내 가슴속에서 역사하는 그대들의 변화
하고 방황하는 신성한 힘… 하지만 오늘은 묵묵히 익숙한 길을 걷게
해주세요… 그리고 필멸자인 내 마음도 구원하기 위해, 다른 사람들
처럼 나에게 정주지가 될 수 있도록, 또 집 없는 내 영혼이 삶을 넘어
선 곳을 동경하지 않도록… 노래(Gesang)여, 나의 친절한 피난처여!
그대여, 행복한 자여! 보살피는 사랑으로 나를 위해 돌보아진 정원,
내가 항상 어린 꽃들 사이를 걸으며… 안전한 단순함 속에 머무는
밖… 더 조용한 태양(Stillere Sonne)이 나의 작업을 촉진합니다.

(횔덜린, 나의 소유물 Mein Eigentum)

스스로 신적인 삶을 살고자 하는 횔덜린에게, 스스로를 불멸하는 신
으로 여겼다는 엠페도클레스의 자발적인 죽음의 의미는 무엇이겠습니
까? 그의 죽음은 인류를 향한 사랑의 불에 의해 스스로 손상당한 그리
스도 예수와 동류인 것인가요? 엠페도클레스의 죽음이 던지는 가치가,
과연 새로운 인류의 질서의 변혁을 위한 필연적 귀결로서의 역사적 의미
를 지닌 것일까요? 정녕 예수의 죽음도 이와 비견될까요?

에덴에서 선악과 사건 후, 스스로 신적인 삶을 살아갈 수 있다는 미
망에 사로잡힌 인간에겐, 창조주를 경배의 대상으로 삼는 수직적 관계보
단, 자유롭고 평등한 수평적 관계를 이루는 피조세계에서 신성적 영감을
얻는 것이 보다 흥분스런 쾌감과 만족을 안겨주고 자신들의 성정에 부합
되었습니다. 점차 그런 삶은 그들에게 쉬임 없는 창조적 열정을 경주하게
만들었지만, 피조물의 자리를 떠난 그들은 결코 영혼의 만족과 쉬임을
누릴 수 없었습니다. 마침내 그들 스스로 지핀 열정의 불은 그들 안에 갈
수록 깊어지는 분화구를 만들어 그들의 영혼을 송두리째 태우고 삼켜버
리고 말았습니다. 엠페도클레스가 스스로 뛰어든 것은 결국 활화산처럼
쉬임 없이 열정을 분출하는 자기 속의 분화구였던 셈입니다.

반면에 예수 그리스도에 대한 인간의 사랑은 위험한 것이 아니라 가장 안전하고 보장된 사랑입니다. 왜냐면 그 사랑은 하나님에 의해 성령으로 인침(보증)을 받은 사랑이기 때문입니다. 인류의 죄악에 대한 신의 진노의 불을 인류를 향한 완전한 사랑의 불로 끄고자, 스스로 '신성적' 생명의 손상을 자초함으로써 인간의 영혼을 사신 '신의 아들'로 인해, 그리스도를 주로 영접하는 자들에게 하나님은 '성령'을 보내시어 각인의 영혼을 '성령'으로 인치시고 천국에 이르기까지 보호해주십니다(엡1:13). 그러므로 시인이 예배의 자리에서의 '사랑의 위험성'을 언급한 것은, 성령에 대한 시인의 무지에 따른 기우이며, 인간의 피조물 됨을 망각함으로써 생겨난 넌센스라 하겠습니다.

여호와께서 너를 지키시며 네 오른편에서 너를 보호하시니 낮의 해가 너를 해치지 못할 것이며 밤의 달도 너를 해치지 못하리라.
여호와께서 너를 모든 위험에서 보호하시고 네 생명을 안전하게 지키시리라. 네가 어디를 가든지 그가 너를 지키실 것이니 지금부터 영원히 지키시리라(시편121:5-8).

어느 때나 인간과 창조주 하나님과의 관계에 있어서 중요한 것은 예배자의 예배하는 대상에 대한 진정성과 충성심입니다(요4:23-24).

너는 나를 도장같이 마음에 품고 도장같이 팔에 두라 사랑은 죽음같이 강하고 질투는 스올같이 잔인하며 불길같이 일어나니 그 기세가 여호와의 불과 같으니라(아8:6)

어두운 세상에 '참 빛'으로 오신 그리스도 예수의 죽으심과 부활사건은 인류의 역사를 예수 이전의 역사와 예수 이후의 역사로 바꾸어놓았습니다. 횔덜린이 엠페도클레스를 통해 구현하려고 한, 원래적인 사랑의 통합력이 작용하는 새로운 인류의 질서란 범신론적 망상에 지나지 않습니다. 새로운 개인과 사회와 세계의 탄생은 엠페도클레스같이 죄성을 지닌 필멸자의 죽음을 통해서 이뤄지는 것이 아니라, 오직 영원하신 그리스도 예수의 구속적 십자가의 사랑을 통해서 이뤄지기 때문입니다.

> 이제, 그가 떠나면서 다시 한번 그분이 그들에게 나타났습니다. 이제 태양의 날이 사라졌고, 왕족과 곧게 빛나는 왕홀이 신성하게 고통을 받으며 스스로 깨졌습니다. 때가 되면 다시 올 것이기 때문입니다,
>
> (파트모스, 홈부르크)

그리스도의 승천에 대해서 시인은 정오의 밝은 낮이 사라지고 어둠이 시작된 것으로 해석을 하고 있습니다. 시인은 부활하신 승리의 왕인 그리스도와 그리스도의 왕권을 상징하는 왕홀의 의미를 알지 못하기에, 지상에서 그리스도의 통치가 사라진 것으로 이해한 것입니다. 마치 사라진 그리스의 신들을 애도하듯이 말입니다. 이 또한 성령의 지상사역에 대한 시인의 무지와 몰이해의 반영입니다.

> 그의 표징은 천둥 치는 하늘에서 조용하다. 한 사람은 그 아래에 평생 동안 서 있다. 그리스도께서는 여전히 살아 계시기 때문에 그러나 영웅인 그의 아들들은 모두 왔고 성경이 신으로부터 오는 번개로 멈출 수 없는 경주인 지금까지의 지상의 일들을 설명합니다. 하지만 그는 그 가운데에 있습니다. 그의 모든 행위는 처음부터 그가 알고 있는 것이므로.
>
> (파트모스, 홈부르크)

아무리 신앙적인 가정에서 자랐고 신학교를 오래 다녀도 '성령 하나님'이 자신 안에 거하지 않으면 그는 정녕 그리스도인이 아닙니다(롬8:9). 성

령의 '역사(役事)'란 성령의 '일하심'을 의미하는데, 성령께서 하시는 일은 우리와 교통하시고, 우리 안에 거하시고, 우리를 충만케 하시며, 말씀을 통해 진리 가운데로 인도하시는 일입니다(요16:13). 성령이 하시는 이 모든 일의 목적은 인류를 구원함으로써 하나님의 영광을 드러내시고자 함입니다. 우리를 살리는 영은 오직 '성령'뿐입니다. 성령의 임재는 곧 하나님과 그리스도의 임재입니다. 그러므로 우리가 늘 '성령'과 동행할 때, 우리의 매일의 삶은, 창세 전부터 계획하신 전능자의 뜻에 따라, 한 치의 오차도 없이 개인과 사회와 국가와 세계사를 이끌어가시는 하나님의 구원사역에 동참하는 의미를 갖습니다. 그러나 성령에 대해 눈뜨지 못한 위 시인에게 "신의 표징"은, 현세의 인간 세상에서 멀리 떨어져 인간사에 관여하지 않는 비인격적인 신이며, "여전히 살아 계신 그리스도"는 "그 아래에 평생 동안 서 있는" 정적인 그리스도, 즉 천상에서 재림 시까지 '은둔하고 있는 그리스도'일 뿐입니다. 요컨대, 횔덜린에게 그리스도는 다른 신성한 권능과 동맹적 관계를 가진 불멸의 존재로서 그리스 신들처럼 지상에서 사라진 신에 속하지만, 재림을 약속한 천재적인 특별한 신인 것입니다.

　이 시의 제목인 「파트모스」가 사도 요한이 계시를 받아 계시록을 쓴 유배지의 이름('밧모섬')이므로, 시인은 필시 계시록을 읽었을 터인데, 그는 계시록이 신의 번개를 통해 지금껏 일어났던 지상의 일들을 설명한 것으로 이해하고 있습니다. 그리고 그 모든 일의 중심에는 예지적인 신이 있습니다. 그에겐 평소 그리스 신과 연관지어온 '번개와 뇌성(천둥)'이란 표현이 중요했을 겁니다. 한편 계시록에 기록된 번개와 음성과 뇌성과 지진은 하나님의 임재와(계4:5) 함께 하늘의 성전에서 발하는데(11:19), 하나님의 보좌는 구원과 능력을 베푸시는 영광의 보좌이자, 진노와 징계를 발하시는 심판의 보좌입니다(계8:5, 16:18). 계시록의 말씀은 모든 성경 해석에 공통적으로 적용되는 영적 원리대로, 과거지사뿐만 아니라 현재와 미래를 포함한 통시적인 영적 메시지입니다. 그러므로 계시록을 깨닫는 크리스찬의 영성은 현재적으로 늘 깨어 살아 있고 역동적이며 4

차원의 영성과 접속되어 있습니다. 그런데 이와 대조적으로, 위 시에서 노래되는, "천둥 치는 하늘에서 조용한 신"이나 "그 아래 평생 동안 서 있는 그리스도"는 인간사에 무관한 비인격적 실재인 이신론적 신에 다름 아닌 존재로서 현세에서 '사라진 신'입니다. 따라서 휠덜린이 생각하는 하나님은 '십자가의 예수'의 표상으로만 머물러, 그저 언제나 외롭고 가난하며, 다른 신들을 찾아 신들의 대통합을 고대하는 분으로 그려집니다.

> 아! 우리 안에 계신 하나님은 언제나 외롭고 가난하십니다. 그는 친척을 모두 어디서 찾나요? 한때 거기에 있었고 앞으로도 거기에 있을 자는 누구입니까? 영들의 대통합은 언제 올 것인가?
>
> (휘페리온 단편)

그러므로 시인 휠덜린에게 신은 친근하게 의지할 수 있는 존재가 아닙니다. 신은 그에게 늘 가까이 있는 것같이 느껴져도 언제나 이해하고 파악하기 어려운 존재입니다. 그런 거리감이 가져오는 불안정한 위험 속에서, 시인은 스스로 구원의 힘을 자라게 하는 외로운 구원의 주체자로서 쉬임 없이 고투하는 존재로 살아갈 수밖에 없습니다.

> 신은 가까이에 있으나 이해하기 어렵다. 하지만 위험이 있는 곳에 구원의 힘도 자란다.
>
> (파트모스)

> 그래도 조용히 감사할 일이 남아 있음은 / 땅의 열매이지만 빛의 축복을 받은 빵과 천둥의 신에게서 오는 포도주의 기쁨 / 그 때문에 우리는 때가 되면 다시 돌아올 천상의 신들을 생각하노니 … 주신이 낮과 밤을 화해시키며 … 주신이 남아서 사라진 신들의 흔적까지도

어둠 속으로 끌어내려진 불경건한 자들에게 보내주기 때문에.

(빵과 포도주)

한편 횔덜린에게 이방 신들은 그리스도의 재림처럼 때가 되면 다시 돌아올 신들입니다. 그리고 그 신들의 도래는 자신이 추구하고 희구하는 고대 희랍의 부활 황금시대의 재개를 통해 이뤄질 것입니다. 횔덜린의 온 마음속엔, 일찍이 황금빛 시대에 살았던 따뜻한 신들의 멸망을 애도했던 실러의 탄식이 함께 메아리치고 있는 것 같습니다.

모든 꽃들이 졌다 북쪽의 겨울 바람에서. 모든 신들 중 한 신을 풍요롭게 하기 위해,
이 신들의 세상은 멸망해야만 했다.

(실러, 그리스의 신들)

요컨대 횔덜린에겐 '임마누엘' 신앙, 즉 '살아 계신 예수가 그와 늘 함께 계신다'는 신앙이 없습니다. 그러므로 횔덜린은 그리스도가 전 인류의 구원을 위해 십자가에서 죽으심을 기념하는 성찬에서, 포도주로 상징되는 예수의 구속의 피가 낮과 밤, 하늘과 땅, 곧 하나님과 인간, 인간과 인간을 화해시킨 것을 모르는 채, 포도주의 신(주신)을 대신 이들의 화해자로 노래하고 있습니다.

성경은 말씀합니다.

*전엔 하나님을 멀리 떠나 있던 사람들이 예수님 안에서 그의 피로 하나님과 가까워졌습니다. 오직 예수님의 십자가의 보혈을 통해서 하늘에 있는 것이나 땅에 있는 것이나 분리를 가져오는 모든 담이 허물어지고, 하나가 되는 평화가 임합니다(엡2:13-14; 골1:20).

신을 잃어버린 인간들에게 필요한 것은 '주신(酒神)'이 보내 주는 '신들의 혼적'이 아니라, '성령'을 통한 거룩한 하나님의 '분명한 임재'입니다. 우리는 경건한 마음가짐으로 성경 말씀을 읽는 동안, 전심으로 기도하는 동안, 또 온 영으로 찬양을 부르는 동안 초자연적인 주님의 거룩한 임재를 반드시 체험할 수 있습니다. 너무도 강력한 주님의 임재를 체험한 후, 이방인들을 위한 사도로 부르심을 받아 생명을 아끼지 않고 복음 전도에 올인했던 사도 바울은 "내가 내 몸에 그리스도의 혼적을 지녔다(갈 6:17)"고 고백했습니다. 사도 바울이 말한 '그리스도의 혼적'은 주님이 겪으신 '십자가 고난의 혼적'과 같은 의미입니다. 이는 전 존재로 십자가의 인고의 삶을 치열하게 살아 내는 신앙입니다. 그리스도를 믿는 신앙은 사라져 간 '신들의 혼적', 신들의 실루엣을 더듬는 것과 같은 몽상적이고 관념적인 신앙이 아니라, 자기 안에 '언제나 살아 계신' 그리스도 예수의 '십자가의 혼적'을 삶 속에서 구체적으로 체득하며 전진하는 삶입니다. 그러나 휠덜린은 안타깝게도 그리스도, 즉 성령의 임재를 전격 체험하지 못했기에, 그에게 그리스도는 다만 그리스 신들의 혼적과 같이 희미한 기억일 뿐입니다.

> 오 아버지 에테르시여! … 당신은 나를 부드럽게 껴안고 천상의 음료를 내게 부어주셨고 거룩한 숨결을 처음으로 싹트는 내 가슴에 불어넣으셨습니다… 그리고 당신의 영원한 충만함으로부터 불어넣으시는 신성한 숨결이 모든 생명체의 맥을 관통하여 흐릅니다.
>
> (천공에게)

> 그대 침묵의 에테르시여! 당신은 항상 고통 중의 내 영혼을 아름답게 지켜주시고… 그대 선한 신들이여! 당신을 모르는 사람은 가난합니다… 오직 그대만이 그대의 영원한 젊음으로
>
> (신들)

횔덜린의 '아버지 에테르'는 인간과 모든 생명체를 공히 관통하는 신성한 공기입니다. 비인격적이고 다른 이방 신으로도 대체되어지는 '아버지 에테르'의 숨결은 성경의 인격적 "성령"과는 근본적으로 다른 것입니다. 그에게 '신'은 곧 '자기 자신'이고(God is selbst), '생명의 존재(Being of life)'입니다. 횔덜린이 세계의 갈등을 해결하고자 자연과 우리 자신을 하나의 무한한 전체로 통합하려 하고, 이런 가장 큰 가능한 단일체를 '모든 존재'나 '하나님'으로 부르는 것은,[90] 횔덜린이 믿는 아버지는 인격적인 창조주 하나님이 아니라 '에테르'인 '천공', 즉 '무(無)'이기 때문입니다.

> 가장 높으신 분의 아들, 그 시리아인이 횃불을 휘두르며 그늘의 세계
> 로 내려오리라. 축복받은 현자들은 그것을 보리니… 갇힌 영혼에게서
> 는 미소가 빛나고, 그들의 눈엔 부드러운 빛이 감돌게 되는 것을…
>
> (빵과 포도주)

'가장 높으신 분의 아들 그 시리아인'은 고대 시리아어인 아람어를 사용했던 '그리스도'를 가리킵니다. 그는 그리스도가 횃불잡이가 되어 그늘의 세계로 내려오면 사로잡힌 영혼이 미소 짓고 굳었던 눈이 빛 받아 풀리리라고 노래합니다. 그러나 그리스도의 재림은 알곡신자들의 '생명의 부활'과 가라지 신자들과 불신자들의 '심판의 부활'과 직결되어 있습니다(마태25:31-33; 요5:25-30). 말세엔 초자연적인 기사와 이적을 통해서만이 아니라, 미혹케 하는 영과 귀신의 가르침을 쫓아감으로 인해 '택하신 자들'도 미혹당하는 일이 일어난다고 성경은 경고하고 있습니다(마태24; 딤전4:1-2).

> *세상의 마지막이 가까왔으니 정신을 차리고 자제하여 기도하십시오
>
> (벧전4:7).

---

90) '가장 큰 가능한 단일체'는 슐라이어마허의 "알려지지 않은 신"과 유사하다.
  Ogden, Mark. The Problem of Christ in the Work of Friedrich Hölderlin, London. P. 94

안타깝게도 횔덜린은 그리스 신들의 영과 범신론의 가르침에 미혹되고 말았기에, 주님의 재림 시 들림 받는(휴거) 성도들의 '어린 양의 혼인 잔치'를(계시록19) 그는 '우라니아 여신'과의 혼인 잔치로 대체했습니다.

> 옛 혼돈의 파도 위에 좌정하여 그대는 위엄 있게 웃으며 손을 흔드는도다 / 그리고 야생적인 생물들 그대의 손짓을 향해 사랑스럽게 날아간다 / 축복된 혼례 시간을 기뻐하며 존재에서 존재로 얽히어 휘감긴다.
>
> (조화의 여신에게 바치는 찬가)

그러므로 신자는 늘 바른 복음으로 무장하고 성령 안에서 깨어 있어야 합니다(마태25:13). 시인이 말하는, 애석하게도 횔덜린 그 자신을 말하는 듯한 '사로잡힌 영혼'의 상태와 빛 없이 '굳은 눈'의 상태로는 신랑 예수님을 영접할 수 있는 '그리스도의 신부'가 될 수 없습니다. '그리스도의 신부'는 영혼이 자유하고, '영의 눈'이 빛나고, 맑고, 투철해야 합니다(마25; 고후11:2; 계19:7). 자유로운 영혼은 어떤 영혼입니까? 세상의 트렌드를 쫓아가고 이 세대를 본받아 제멋대로 사는 삶을 추구하는 낭만적 영혼입니까? 진정 자유로운 영혼은 마음이 새롭게 변화되어, 오직 하나님의 선하시고 기뻐하시고 온전하신 뜻에 따라 사는 삶을 추구하는 영혼입니다(롬12:2). 복음의 진리는 우리를 '죄와 사망'에서 '해방'시켜 줍니다(롬8:2). 그러므로 '그리스도의 영'이 있는 곳엔 '자유함'이 있습니다(고후3:17). 영혼적으로, 육신적으로 포로되고 눌린 자들에게 성령이 임하면 참 자유와 구원의 기쁨을 누리게 됩니다(눅4:18). 이것이 바로 '복음(좋은 소식)'인 '가스펠(Gospel)'입니다.

횔덜린이 표현한 '횃불잡이' 그리스도는 세상의 개혁가가 아닙니다. 그는 근본 하나님의 '본체'로서(빌2:6) '하나님의 영광을 아는 빛'을 우리에게 비춰 주시는 '참빛(True Light)'이십니다(고후4:6). 예수 그리스도를 영접함으로써 '참빛'이 비추어진 우리는 '빛의 자녀'로서 '세상을 비추는 빛'으로 살아가는 존재들입니다(마5:14). 빛의 열매는 '진실함과 선함과 의로움'입니다(엡5:8-9). 어떤 의로움이겠습니까? 죄인 된 우리를 그리스도의 십자가 구속의 은혜로 인하여 '의롭다고 여겨 주시는' 하나님의 의로움입니다(롬5:18-19). 빛의 열매가 '진선미'가 아닌 '진선의'임을 주목하십시오! 그리스도의 아름다움은 플라톤의 '에로스'적 미가 아니라, 하나님의 '아가페'적 아름다움 즉 그리스도의 '십자가'의 아름다움이기 때문입니다.

> *그는 연한 순처럼, 마른 땅에서 나온 줄기처럼 주 앞에서 자랐으니 그에게는 풍채나 위엄이 없고 우리의 시선을 끌 만한 매력이나 아름다움도 없도다. 그는 사람들에게 멸시와 천대를 받고 슬픔과 고통을 당하는 사람이 되었으니 사람들이 그를 외면하고 우리도 그를 귀하게 여기지 않았도다(사53:2-3).

횔덜린은 인간과 그리스도가 아닌, 인간과 제신들의 근원적 일치를 주장합니다. 신들과 인간들 모든 존재를 하나로 만들어 주는 힘은 '사랑'이라며, 이 '사랑'은 그에게 모든 것을 결합케 하고 영혼의 조화를 가능케 하는 '우주적인 원리'가 됩니다. 그가 튀빙겐 시절, 시인결사를 맺고 동인지를 발행했을 때 그가 쓴 '우정의 노래', '사랑의 노래'엔, 인간의 본질을 우주 전체와의 조화에서 발견하고, 우주 삼라만상을 결합시키고, 침투하는 우주적인 힘의 하나로 사랑을 파악하고 있습니다.[91]

> 그러나 무엇보다도 내가 그대를 선택했어요. 멀리서 떨면서 그대를 바라보면서, 떨면서 나는 그대에게 사랑을 맹세했어요, 세계의 여왕!

---

91) Ogden, Ibid.

우라니아여… 나의 세계는, 오 아들이여! 조화로다… 자, 오 영혼들이여! 태초에 우리를 창조하신 여신의 이름으로, 엄숙한 경의를 표하러 오세요. 그녀의 씨의 후손인 우리들, 그녀의 영광의 상속자인 우리들, 신들의 모든 힘을 입은 영혼으로, 최고의 열정으로 영원히 창조하고 창조하시는 그 여신 앞에서 맹세하세요… 바다의 파도처럼 자유롭고 강하며, 엘리시움의 강물처럼 순수하게, 여신의 성전 문지방에서 섬기는 자로. 진리의 대제사장이 되십시오. 낡은 망상을 무너뜨리며!

(조화의 여신에게 바치는 찬가)

그러나 인간과 제신들과의 결합을 유도하는 힘은 사랑이 아니라 '미혹의 영'의 술수입니다. 이 '미혹의 영'적 존재는 인간이, 그 자체로 완전한 사랑이신(요일4:16) 인격적인 창조주 하나님과 개인적인 친밀한 관계를 맺고 소통하는 것을 방해하기 위해 자신을 '사랑'으로 위장했습니다, 그러나 그 자체로 결코 사랑일 수 없는 사탄은 자신의 정체를 가리고자, 사람들로 하여금 이 '사랑'이 우주적인 '원리'나 '힘'인 것처럼 믿게 만들었습니다. 이 책략은 주효하게 사람들의 탐구열과 창작욕을 북돋움으로써 이성과 감성을 다양하게 자극하여 사람들로 하여금 사고에 분주하고 흥분하며 꿈꾸게 만들었습니다. 그러나 최초에 하나님의 형상으로 창조된 인간 안엔, 하나님의 속성의 하나인 관계성에의 욕구와 절대자를 향한 경배에의 욕구가 내재되어 있기에, 우주적인 '원리'나 '힘'만으론 인간 본연의 영적인 욕구가 충족될 수 없었습니다. 이로 인해 인간은 '원리'나 '힘', '진선미의 덕' 같은 추상적인 관념들로 이데아의 화신들을 만들게 됨에 따라 자연 우상 숭배에 빠져드는 결과를 가져왔습니다. 실로 범신론은 인간 세상에서 사탄의 가장 책략적인 지략인 것으로 그들의 진영 쪽에서 괄목할 만한 수확을 거두어 온 셈입니다.

요한계시록 13장엔 '안티 크리이스트(적그리스도)'의 대언자인 '거짓 선지자'가 등장합니다. 이 거짓 선지자는 잘못된 기독교 교리나 종교적 학설을 가지고 사탄과 적그리스도를 대변하는 종교인입니다. 거짓 선지자의 역할은 세상 사람들로 하여금 그리스도처럼 위장한 적그리스도를 경배하게 하고 그것의 우상을 만들어 섬기게 하는 것입니다. 거짓 선지자는 예수의 신성을 부인하는 자유주의 신학자나 목사, 허탄하고 망령된 철학자와 광기 어린 범신론적 종교 예술인의 상징입니다.

실로, 성경이 말씀하는 인간의 본질은 우주 전체와의 조화에서 발견되는 것이 아니라, 창조주 하나님 앞에 선 단독자로서 발견됩니다.

*아담아 네가 어디 있느냐?(창3:6)

인간은 하나님의 형상으로 지음 받았으나 타락한 존재로서 타락으로 인해 훼손된 하나님의 형상을 죽기까지 회복하여 가는 존재입니다. 만물은 창조주의 본체이신 예수 그리스도 안에서, 그로 말미암아, 그를 위해 창조되었고, 그로 말미암아 존재를 유지하며, 그는 말씀으로 만물을 붙들고 계십니다(히1:3). 우주 삼라만상의 질서를 유지 시키고 총체적인 조화를 이루고 침투하는 우주적인 힘의 근원은 '조화의 여신'이 아니라, 오직 '예수 그리스도' 한 분입니다. 성령은 우주적 힘 같은 물리적 힘이 아니라, 하나님과 그리스도의 능력을 드러내시는 '인격'이십니다. 성령 하나님은 영원한 사랑도, 조화도 아닙니다. 그분은 우리와 개인적인 관계를 맺을 수 있는 분, 우리가 기도할 수 있고, 우리의 기도를 도우시는 분입니다.

성령님도 우리의 연약함을 도와주십니다. 우리가 어떻게 기도해야 될지 모를 때 성령님이 말할 수 없는 탄식으로 우리를 위해 기도해 주십니다(롬8:26).

그러니 기다리며 무엇을 해야 할지, 무엇을 말해야 할지 모른다.
이렇게 궁핍한 시대에 시인의 존재가 무슨 소용이 있는가?
그러나 당신은 그들이 거룩한 밤에 나라에서 나라로 이동하는
포도주 신의 거룩한 제사장들과 같다고 말하리라.

(빵과 포도주)

신들은 시인들의 땅으로 할일없이 돌아갔다

(쉴러, 그리스의 시인들)

"궁핍한 시대에 시인의 존재가 무슨 소용이 있는가?"라는 시인의 반문
은 세상에 쓸모없게 된 신들이 돌아간 시인의 땅에서 해답을 찾습니다.

마법의 뮤즈여, 당신에게 사랑과 충성을 맹세하지 않았나요? … 그곳
에서 그 찬란함을 만끽하고, 거기 창조의 여신에게 다가가기 위해

(미에 바치는 찬가 2)

휠덜린에게 '시인'의 과제는 '사제'로서 여신과 세계의 조화를 본받는 일
이고, 시인은 세상에선 고독하나 신적이고 즐거운 자로서 신의 메시지를
받는 자이며, 뮤즈의 여신에 사로잡혀 시어를 창작함을 통해 비밀스러운
신의 메시지를 세상에 알리는 자입니다.

자, 그러나 참다운 사제적 시인의 과제는 주신과 데몬들을 섬기고 본
받는 일이 아니라, 온 피조 세계의 구원을 위하여 예수 그리스도 한 분만
을 찬미하고, 충성스럽게 섬기고, 본받는 일입니다. 시인은, 뮤즈의 여신
이 시인의 영혼에 불어넣는 신성한 광기에 사로잡혀 시어를 창작하고 신
적인 메시지를 받아 비밀스러운 신의 메시지를 세상에 알리는 자가 아니
라, 성령에 사로잡혀 주님의 음성을 듣고 주님의 말씀인 복음의 비밀을
세상에 알리는 자여야 합니다(사도행전20:24; 고전9:16).

　지금껏 보아 온 일련의 시에서 횔덜린의 영혼의 상태는 '성령'과의 교제보다 오히려 '정령'들과의 교제를 꿈꾸고 있는 것 같습니다. 그러나 그의 후기 시 「유일자 1」를 보면, 그리스도의 형상은 때때로 그리스 신들과 영웅들과 합쳐집니다. 그에게 그리스도는 고대 신들의 마지막 자손이나 여전히 헬라 신들의 "최종적이고 가장 완전한 대표자"입니다.[92] 우리는 여기서 횔덜린의 영적 딜레마를 감지하게 됩니다.

　　그대 오랜 신들과 모든 신들의 용감한 아들들이여, 나는 아직 그대들 가운데 내가 사랑하는 유일자를 찾고 있습니다. 그대들이 그대들의 종족의 마지막인 자, 가문의 보물을 외국인 손님인 내게서 숨기고 있는 그곳에서. / 나의 거장, 주님! 아, 그대 나의 스승이시여! 왜 당신은 멀리 떨어져 머물러 계시나요? 그런 다음 내가 고대인들과 영웅들과 신들에게 물었을 때 왜 당신은 그 자리에 없으셨나요?

　횔덜린은 그 자신의 통일된 비전에 따라, 그리스도가 다른 신들처럼 신성한 본질의 다양한 표현으로써 다른 신들과 연결되어 있음을 공언했지만, 이제 그는 이방 신들과 그리스도의 공존이 불가능함을 감지하고는 불안해합니다. 이는 그의 무의식적인 영혼이 창조주와 피조물과의 존재론적 상이함을 일깨우는 것이기에 그로서는 불가항력적입니다.

　　그는 보이지 아니하는 하나님의 형상이시요 모든 피조물보다 먼저
　　나신 이시니(골1:15)

---

92) Unger Richard, Hölderlin's Major Poetry. London: Indiana University Press, 1975, P. 174

이제 그는 슬픈 혼란 속에서 다른 헬라의 신들이 그리스도를 섬기는데 방해가 될 것임을 감지합니다.

지금 내 영혼은 슬픔으로 가득 차 있습니다.
내가 유일자를 섬기면 마치 다른 신들을 빠트린 것으로 신들이 질투하는 것 같기에.

여기에서 "애도"는 시인의 심각한 영적 소외감과 상실감을 나타냅니다. 고대 신들은 이제 자신들도 여호와처럼 배타적인 강한 소유욕을 드러내며, 그들 자신과 그리스도 사이에서 양자택일을 하라고 주장하는 걸로 보여, 양쪽 신들 모두를 섬기려는 시인의 열망을 좌절시킵니다. 횔덜린의 신성에 대한 이해는 전적으로 모든 것을 포괄하는 것이기에, 신성에 대한 배타적 선택에의 불경한 강요보다 더 그를 낙담시킬 수 있는 것은 없습니다.[93] 이제 그는 교착 상태를 스스로 분석하기 시작합니다.

하지만 그건 내 잘못이라는 걸 알아요! 오 그리스도여, 비록 당신이 헤라클레스의 형제이시더라도 나는 당신에게 너무 애착을 갖고 있습니다. 그리고 당신은 또한 감히 고백하건대… 에비에(디오니소스)의 형제임을.

그가 신들 가운데서 그리스도를 찾을 수 없는 것은 신들의 질투 때문이 아니라, 그리스도에 대한 자신의 편애 때문이라고 스스로 자책하며 고백합니다. 왜냐하면 그리스도에 대한 그의 과도한 사랑은, 그가 추구하는 모든 형태의 신에 대한 통일되고 조화로운 비전의 구원을 달성할

---

93) Ibid., P. 175

수 없게 만들기 때문입니다.[94]

> 하지만 수치심은 내가 당신을 세상인들(신들)과 비교할 수 없게 만듭
> 니다.

횔덜린의 번민은 모든 신들이 그리스도와 동등하게 한 아버지의 아들이
라는 개념적 확신에도 불구하고, 그리스도를 그들과 비교하는 데 스스로
수치심을 느끼는 것에 있습니다.[95] 그는 자신이 "튀빙겐의 묘혈"이라 표현
했던 자신의 본래적 정통 기독교 신앙과, 바야흐로 범신론을 통해 이루려
는, 시대 개혁적 사명 사이의 갈등을 해결할 수 없었던 것으로 보입니다.

세린은 초등학교 6학년 시절, 튜터링을 하던 두 자매로부터 구애를 받
고 두 여인 사이에서 번민하다 정신 이상이 된, 보기 드문 수재였던 인척
오빠를 본 적이 있었다. 그는 외모도 훌륭했으며, 매너도 신사적이었고,
말씨도 교양이 있었다. 단 한 가지, 늘 앉아서 한쪽 앞 머리카락을 손으
로 꼬는 버릇이 있었던 걸 제외하면…

> *이스라엘 왕국은 여호와를 섬기면서도 여전히 그들의 우상을 섬김
> 으로써 멸망하게 되었다(열하17:41)

> *너희는 나 외에 다른 신을 섬기지 말아라.
> 너희는 하늘이나 땅이나 땅 아래 물속에 있는 어떤 것의 모양을 본
> 떠서 우상을 만들지 말며 그것에 절하거나 그것을 섬기지 말아라.
> 나 여호와 너희 하나님은 질투하는 하나님이다(출20:3-6)

---

94) Ibid., P. 176
95) Ibid., P. 177

'여호와 하나님의 질투'란 세상적인 성격의 질투의 의미가 아닌, 섬김과 예배의 대상에 있어서 창조주 하나님 외에 다른 어떤 것도 허용치 않는 절대적인 명령을 의미합니다. 성경엔 하나님의 말씀에 순종치 않을 때 따르는 저주의 경고들 중, 불안하고 절망적인 마음과 미치게 되거나 눈이 멀게 되고 두려움과 공포심 등이 열거되어 있습니다(신명기28). 그러나 우리가 하나님을 충성되게 섬길때, 하나님이 우리에게 주시는 것은 두려워하는 마음이 아니라, 오직 능력(힘)과 사랑과 절제하는 마음입니다(딤후 1:7).

세린이 말했다.

"횔덜린이 기독교에서 범신론으로 전환한 가장 근본적인 원인은 기독론에 대한 잘못된 이해가 가져온, 정통 신앙에 대한 불확실성에 있는 것 같습니다. 그는 그리스도의 완전한 신성을 믿을 수가 없었던 것이죠."

브라이언 박사가 입을 열었다.

"혹자는 말했소. 그로 하여금, 유대인보다 더 나쁘게 성경을 그리스도를 죽이는 죽은 공식으로 전락시키고, 영혼의 구원이 교리에 맹목적으로 복종하는 것에 달린 것 같은 형식적 종교에 만족할 수 없게 만든 것은, 바로 그의 강한 종교적 감정의 성실함이었다고 말이오."[96]

세린이 이에 말했다.

"그러나 기독교의 핵심은 종교적 감정의 성실성의 유무에 달린 것이 아니라 회심의 영적 체험의 유무에 달린 것이 아닌가요? 그는 안타깝게도 성경 말씀의 체험 없이 범신론적 사상으로 빠져들어, 스스로 축복받은 불멸에 참여한 것으로 믿었던 것이고요."

로레인이 말했다.

"그는 그리스 신들을 포용하고, 그것들과 결합하고, 그의 모든 감각을

---

96) Benn, M.B. Hölderlin and Pindar, The Hague, The Netherlands: Mouton & Co., Printers, 1962, P. 61

통해 그것들을 흡수하려는 열정적인 열망에 있어서 참으로 신비적이었습니다."

> 나는 죽음을 미워하듯이 뭔가 있음과 아무것도 없음의 모든 불쌍한 중간을 미워한다. 나의 온 영혼은 본질이 결여된 것에 저항한다.
>
> (휘페리온 단편)

> 나에게 전부가 아닌 것, 영원히 전부인 것은 나에게는 아무것도 아닙니다.
>
> (휘페리온 단편)

"결국 횔덜린이 일관성 있게 추구하는 것은 '하나이자 전체(Ein und Alles)'인 범신론적 사고인 것이죠."

세린의 말에 브라이언 박사가 응수했다.

"그렇소. 그는 「휘페리온 단편」 서문에서 가장 큰 것에 국한되지 않고 가장 작은 것에 담겨 있는 것이 신성이라는(non coerceri maximo, contineri tamen a minimo) 로욜라의 말[97]을 인용하면서, 인간은 모든 것 안에 있고 모든 것 위에 있기를 원한다고 말했소."

"전 횔덜린의 신앙적 딜레마가 인간의 본질, 그러니까 그 자신의 본질에 대한 딜레마를 심화시켰다고 느껴져요."

"일리가 있는 말이오. 사실 횔덜린은 인간 삶의 두 가지 측면, 즉 '모든 것을 욕망하고 모든 것을 예속시키는 인간의 위험한 측면'인 자유와 '인간이 이룰 수 있는 가장 아름다운 상태'인 통일이 인간 상태의 본질을 나

---

97) 1640년 예수회 창립 100주년을 기념하여 로욜라의 이냐시오(Ignatius of Loyola)에게 적용되었던 말임.
"not to be restrained by the greatest, yet to be restrained by the least."

타낸다고 본 것이오.[98] 경험세계에서 사랑하고 소유하려는 자유로운 삶은 근원적으로 통일체적 존재인 인간으로 하여금 존재의 더 큰 통일을 위한 이상을 추구하게 한다는 거요. 그러므로 인간에겐 이 양극을 통합하는 과제가 주어진 거란 생각이요."

"그렇다면 신성적 통일체인 인간은 자기 안에, 모든 것 위에 있길 원하는 내재성과 초월성을 동시에 지니게 될 것인데, 이것이 인간의 자유의지에 의해 실현될 수 있다는 그의 생각은, 모든 것을 스스로 욕망함으로써 -신들의 높이로 올라서고자 하는- 지고에 도달코자 하는 미적 환상이 요구하는 추진력과, 모든 것이 자신의 삶 안에서 처음부터 하나로 연합되어 있다는 본래적 당위성에의 신념 간의 충동과 긴장으로 이어져 결국 스스로 파국에 이르는 결과를 가져온 게 아닐까…? 이 모든 불행의 원인은 인간의 본질적 한계와 그리스도의 신성을 간과한 탓이죠!"

"으음, 그렇구려. 혹자는 횔덜린의 그리스 신들에 대한 숭배 안엔 기독교적 신성이 내재되어 있다고 보고, 그를 에크하르트의 신비주의와 연결시키려고도 하지요. 교회와 기독교 교리에 대한 혐오 때문에 후기에 가서야 그의 시에 그리스도가 등장했다는 거요."

뉴세린이 말했다.

"그러나 그런 의견은 종교적 관점에서 용인되는 말일는지는 몰라도 성경적 관점에선 결코 합당하지 않은 말입니다. 성령은 다른 종교의 옷을 입고, 즉 '다른 영'을 통해 결코 역사할 수가 없으니까요. 성경은 그리스도와 신자의 연합을 남편과 순결한 처녀의 약혼으로 표현합니다.[99] 그러므로 신자는 그리스도에 대한 진실과 순결을 지켜야 할 의무가 있습니다. 그러므로 횔덜린의 시를 중세 말 신비주의와 연결해서 개인의 내적 영적 체험 운운한다는 것은 어불성설인 것이죠."

---

98) 휘페리온 단편
99) 고후11:2-4 "다른 예수", "다른 영", "다른 복음"에 대한 경계가 나온다.

*의와 악이 어떻게 하나가 되며 빛과 어두움이 어떻게 어울릴 수 있 겠습니까? 그리스도와 마귀가 어떻게 조화될 수 있으며, 믿는 사람 과 믿지 않는 사람이 어떻게 상관하며, 하나님의 성전과 우상이 어 찌 일치가 되리요(고후6:14)

— 예언자적 사명 —

뉴세린이 이어 말했다.

"휠덜린은 그 시대의 계몽주의자들이나 요즘 시대의 사람들처럼 교회 나 기독교 교리의 형식성과 경직성을 격렬하게 비판했지만, 정작 그 자신 은 기독교 신앙의 핵심에 진입하지 못했던 것입니다. 진정한 크리스챤의 요건으로써 성경의 권위와 성령의 세례와 충만함이 요청되는 이유가 바 로 여기 있는 것이죠. 성경은 여러 가지 헛된 이론과 하나님에 대한 지식 을 대항하는 온갖 교만한 사상을 무너뜨리고 사람들의 마음이 그리스도 에게 복종하도록 하라고(고후10:5) 분명히 말씀합니다."

브라이언 박사가 말했다.

"으음, 그렇구려. 물론 개인적인 신앙도 주요인이겠지만, 당시 국가사회 적 상황도 휠덜린에게 크게 작용한 것 같소. 당시 프랑스에서처럼 프랑스 혁명에 대한 열광이 환멸과 불안으로 바뀌고 공포가 절정에 달했을 때, 많은 독일 작가들은 독일 내의 정치적 좌절감을 직시하였소. 그런 상황 에서 "독일은 어디 있습니까?"라고 괴테와 실러가 물었던 거요.[100] 당시 독일은 국가를 하나로 묶는 정치적 역량뿐만 아니라 종교적 신앙도 없었 소. 그러다 예나에서 소수의 위대한 문학 철학적 운동 천재들에 의해 시

---

100) The German question and Europe : a history(https://searchworks-lb.stanford.edu/ view/4380556)

작된 뒤늦은 독일 르네상스를 횔덜린은 목격하였던 것이오. 예나는 두 개의 위대한 독일 문화 흐름인 철학적 이상주의와 문학적 고전주의가 만나는 지점이었소."

세린이 말했다.

"그러고 보니 전쟁 세력 간, 또 개인 내부의 분열에 대한 생생한 이미지가 당시 횔덜린의 핵심적 비판이 되었던 이유를 알겠군요. 또 횔덜린이 그토록 예나 시절을 그리워했던 이유도요."

> 난 독일인보다 더 분열된 민족은 없다고 생각한다. 장인들은 보지만 인간들은 볼 수 없고, 사상가들은 보지만 인간들은 볼 수 없고, 성직자들은 보지만 인간들은 볼 수 없다… – 손과 팔과 모든 팔다리가 서로 토막 난 채 놓여 있고, 흘려진 생명의 피가 모래 속으로 도망치는 전쟁터와 같지 않은가?
>
> (휘페리온)

브라이언 박사가 이에 덧붙여 말했다.

"횔덜린의 시기는 기독교 사상과 기독교적 느낌을 중시하면서도 더 이상 교회의 지배를 받지 않았소. 사람들의 종교성은 삶을 재해석하기 위한 최대한의 표현을 철학과 예술에서 찾게 만들었고, 그에 따라 점점 더 세속적인 채널로 향했던 거요. 특히 범신론이 18세기 미학 이론에 상당한 영향을 미쳤던 것도 간과할 수 없소. 학생 시절 횔덜린은 이러한 영향을 받았던 거요.[101] 횔덜린은 종교 기관에 대해 회의를 느끼고, 전문 신학자를 경멸하면서, 그 시대의 진정한 사제의 길을 작품을 통한 시인의 사명에서 찾았던 거요. 그는 그리스 유대교 전통으로부터 시인-예언자에 대한 개념을 취했을 것 같소만, 그에게 시인은 신과 인간 사이의 중개자,

---

101) Salzberger., PP. 26-29

예언자, 진정한 제사장이었소.[102] 고대 그리스에선 시인들이 신학을 설명하고 신화를 해석했을 뿐만 아니라, 엠페도클레스와 플라톤과 같은 선견자와 시인 철학자도 있었으니 말이오. 실제로 휠덜린은 자신이 신성한 영감을 받은 메시지를 전하는 시인이자 예언자로서 온 세상 앞에 선 것으로 믿은 것이오."

세린이 말했다.

"실로 종교, 민족의식, 사회 질서의 영역에서 혁명의 시대였군요. 가치적 격변의 시대에서 그는 나름 자신의 사명, 즉 자신의 시대에 비추어 기독교와 고전적 이상을 융합하고 재해석하는 사명을 강렬하게 의식했던 것 같군요. 계몽주의자들의 생각처럼 말이죠."

브라이언 박사가 말했다.

"그는 자신의 시대에 하나님의 임재의 징조를 찾고 있었고, 시를 하나님의 계시 방식 중 하나로 보았던 거요."

뉴세린이 말했다.

"그러나 원죄나 십자가조차도 그의 영적 우주에 설 자리는 없었던 것 같군요. 그에게 그리스도는 피안의 세계에 머물러 있는 존재일 뿐, 그의 삶 속에서 살갑게 체험되어진 신이 정녕 아니었어요.

> 생전에 신성한 권리를 받지 못한 영혼은 음부에서도 쉬지 못하리니…
> 내 한 번 신들처럼 살았으므로 더 이상 부족함이 없기에
> 하지만 언젠가 내 마음에 가까운 거룩한 것, 나의 시를 이룰 때,
>
> (운명에게)

그리스도의 신성을 체험치 못한 그가 택한 것은 그리스적 신성과 교감하는 시 창작을 통해 신성한 권리를 받고자 한 것이죠. 그러고 보니 신

---

102) Ibid., P. 10

학자로서의 소명을 문학에 대한 신학적 통합에 두었던 과르디니(Romano Guardini, 1885-1968) 신부가 생각나는군요. 그는 단테, 괴테, 셰익스피어, 도스토옙스키 등에 관심을 가졌을 뿐만 아니라, 횔덜린을 파고드는 데 치열한 열정을 쏟았다고 해요. 그 또한 젊은 시절의 횔덜린처럼 칸트에 의해 순수한 믿음이 산산조각이 났었지만, 결코 그리스도의 진리에서 벗어날 수 없다는 생각에, 아마도 횔덜린을 반면교사 삼았을까요? 그는 교회나 교회적 인물에 대해 원한을 품지 않고 엄격한 교회 교육에 반항하지 않는 것으로 자신을 다잡았다는군요.[103] 그는 전후 시대에 기독교의 가치를 증명하기 위해선 지적 잠재력을 가진 기독교가 근대성에 적합한 새로운 형태와 개념을 찾아야 한다고 확신했다니,[104] 그 또한 계몽주의자처럼 이성과 신앙의 조화를 꿈꾸었던 것일까요? 그런 그는 살아 있는 영성을 표현하고, 그 심오한 영향을 보여주기 위한 종교적 증인을 기존의 종교적 신념을 고집하지 않는 위대한 작가들의 글에서 찾으려 했다니,[105] 하하 어딘가 뉘앙스가 이상하지 않습니까? '살아 있는 영성'을 가진 '종교적 증인'의 조건이 '기존의 종교적 신념을 고집하지 않는' 작가여야 한다는 게요. 아무튼 그는 플로티누스나 라이프니츠의 유산인 양 계몽주의 문화운동 속에서 창조적 예술가에게 '천재개념'을 적용했던 것처럼, 작가들을 예리하고 심오한 예언자적 재능을 구비한 자들로 보았다는군요. 그는 횔덜린의 작품이 신의 음성을 경험하게 한다고 평가했지만, 그리스의 다신교를 재현한 횔덜린의 시에서 기독교적 신앙의 영성을 파악하기는 곤란했겠죠. 아무튼 과르디니에겐 횔덜린도 그리스 작가인 핀다로스[106]나 단테처럼 같은 선견자인 것이죠. 요컨대 횔덜린이나 과르디나 공히

---

103) https://opus.bibliothek.uni-augsburg.de/opus4/frontdoor/deliver/index/docId/56310/file/009_knox_chapter2_langenhorst.pdf

104) Ibid.

105) Ibid.

106) 고대 그리스의 합창시 작자로서 신과 영웅과 귀족들을 찬양하던 그는 왕후 귀족들의 몰락 후, 잃어버린 세계의 고귀한 영혼의 부활을 부르짖음.

그들의 시대상이 요청하는 신의 증인 혹은 신의 증인의 증인이 되고자 시인으로서 신학자로서 나름 노력을 경주했지만, 정작 그들이 몰랐던 것은 시대를 막론하고 인간을 '그리스도의 증인'이 되게 하는 유일한 근거는, 오직 '성령'이 그들 안에 임하셔야 한다는 사실이었던겁니다."

> 성령이 너희에게 임하시면 너희가 권능을 받고 예루살렘과 온 유대
> 와 사마리아와 땅 끝까지 이르러 내 증인이 되리라 하시니라(행1:8)

우리는 횔덜린이 스스로에게 부여한 예언자적 시인으로서의 성격을, 밀턴과 클롭스톡 같은 예언자적 시인들과 동류로 놓을 수 없음은 너무도 당연합니다. 횔덜린은 헤르더나 슐라이어마흐나 실러나 당대의 많은 계몽주의자들처럼 기독교적 가정에서 성장하면서 하나님의 부르심에 귀를 기울였지만, 결국 그 부르심에 그 자신 결정적인 회개로 응답을 드리지 못하였기에, 성령과 빛의 세례를 받도록 선택될 수 없었던 겁니다. 그러므로 예수께선 '많은 사람이 부르심을 받았지만 택함을 받은 자는 적다'라고 말씀하십니다. 구약시대의 사제는 하나님으로부터 특별한 일을 위해 부름을 받아(히5:4) 하나님의 목적을 위한 삶을 살도록 선택된 자였습니다. 신약시대의 바울과 모든 사도들은 하나님으로부터 사도로 부름을 받아 '복음'을 위해 택하심을 받고 '복음 사역자'로 세움을 받았습니다(롬1:1-2). 오늘날, 풀타임 사역자나 일반 교인 사역자들도 마찬가지입니다. 그러니 하나님의 부르심과 복음을 위한 택하심과 세움을 받지 못한 횔덜린이 받은 신성한 영감의 정체는 무엇이고, 그가 전한 메시지는 과연 무엇이겠습니까?

> 내가 달려갈 길과 주 예수께 받은 사명 곧 하나님의 은혜의 복음을
> 증언하는 일을 마치려 함에는 나의 생명조차 조금도 귀한 것으로 여
> 기지 아니하노라(행20:24).

자, 그러니 혹자가 주장하듯, 그리스도에 대한 횔덜린의 배타적 애착이, 즉 신성한 생명이 그리스도를 통해서만 얻어지도록 그리스도의 신성한 임재에 초점을 집중시킨 것이 그에게 큰 위험을 초래한 것은 아닙니다. 그럼 다른 혹자가 주장하듯, 포괄적 신성의 본질에 참여하려는 그의 영적 갈망이, 그의 부단한 각고의 노력에도 불구하고 번번이 충족되지 못함으로 인해 굴욕과 좌절을 맛본 탓일까요?

자, 그럼 많은 이들이 갈피를 잡지 못하고 있는 횔덜린의 영적 상태를 한번 들여다보십시다.

– 「휘페리온 단편」 –

「휘페리온 단편」에서 '디오티마'의 전신이라 할 수 있는 '멜리타'[107]는, 천상의 영적 존재로서 순수하고 거룩한 단순함으로 하늘의 말씀을 많이 전하는 신성한 존재이며, 휘페리온의 내면에 빛을 비추고, 그가 그토록 사랑하고 닮고 싶어 하는 존재입니다.

> 그녀가 내 안에, 내 주위에, 그리고 나를 위해 그녀가 내 것이 되지
> 않으면 나는 그림자보다 더 가난해질 것이라는 것을 너무 빨리 느꼈
> 습니다… 그녀가 나에게서 물러나면 나는 아무것도 되지 않을 것이
> 라고…

그는 죽음에 대한 두려움과 의문을 가지고 멜리타를 대하는 동안, 멜리타가 전하는 하늘의 용서의 말씀에 큰 위안과 기쁨을 느끼지만, 그녀

---

107) Zeus와 Neda 사이에서 태어난 4명의 뮤즈(the Muses) 중의 한 사람으로 명상(瞑想)의 신(the Muse of meditation).

에게 가까이 갈수록 점점 불안을 경험합니다. 그리고 마침내 이렇게 되뇌입니다.

> 오 맙소사! 그녀의 거룩한 평화의 모든 미소, 그녀가 느끼는 천상의 자족감이 배어난 그녀의 음성과 모든 말은 나에게 죽음의 사자임에 틀림없었습니다. 내가 사랑한 그녀는 너무 영광스러워서 날 필요로 하지 않는다는 절망이 나를 덮쳐왔습니다.

그는 자신이 내면적 황량함과 죽음에 대한 공포 때문에, 타인에게 집착하며 타인을 통해 내적 황량함을 채우려는 것과 달리, 멜리타가 스스로 마음의 천국을 누리고 있는 것에 괴리감과 분노를 느끼며, 다시금 다음과 같이 고백합니다.

> 용서해주세요, 나는 종종 그녀를 발견했을 때를 저주했고, 천상의 피조물에 대해 마음속으로 분노하며, 그녀가 위엄으로 나를 다시 짓밟기 위해 나를 삶으로 깨운 것뿐이라고 말했습니다. 인간의 영혼에 그렇게 많은 비인간성이 들어올 수 있을까요? 용서해주세요… 오! 나는 그녀의 가장 신성한 것, 즉 이 평화, 이 천상의 만족을 불쾌감으로 모독했고, 비열한 분노로 그녀의 낙원을 부러워했습니다.

자, 우리는 여기서 횔덜린의 기독교 이해의 또 다른 단면을 엿볼 수 있습니다. 멜리타는 그에게 예수의 역할을 대신하는 존재로 보이지만, 멜리타를 통해 반영되는 그리스도는 그에게 죽음에 대한 두려움과 의문을 해결해주거나, 안정감과 평안을 끼치는 믿음의 대상이 되지 못합니다. 초기 수도원 시절, 그의 신앙의 갈등과 함께 대상과의 거리 유지에 있어서 불안한 집착의 징후가 나타났던 것이 다시금 상기되는 대목입니다. 더구나 소설이 쓰인 시기는 그의 소싯적 정통적인 기독교 신앙이 범신론적 신앙에 상당히 잠식된 뒤인지라 신과 인간과의 존재론적 경계가 허물어진 상태입니다. 우리는 여기서 실러의 「그리스 신들」에 나오는 공허한 탄식을 떠올리게 됩니다.

> 나는 슬프게도 별이 빛나는 아치를 찾는다, 너, 셀레네, 나는 더 이상
> 거기에 없다는 것을 안다

휘페리온을 괴롭히는 멜리타에 대한 감정은, 상대적인 영적 열등감에서 비롯된 심리적인 거절감과 소외감이 낳은 불쾌감과 절망감입니다. 더욱 간과할 수 없는 것은, 불안한 집착이 낳은 그의 절망감은 나아가 저주심과 왜곡된 피해의식이 서린 분노감으로까지 비화된다는 점입니다. 곧이어 그는 자신이 범한 신성모독 때문에 자괴감과 죄의식에 빠져듭니다. 이런 그의 모습은 문득, 대제사장 집으로 끌려가는 예수를 멀리서 몰래 따라가던 베드로가 스스로 생명의 위협을 느끼고 예수를 세 번 부인했을 때, 저주의 맹세를 했던 것을 떠오르게 하는 면이 있습니다. 베드로의 저주는 자신의 보호본능 때문에 비겁하게 내뱉은 자구책의 발로만이 아니라, 그 이면엔 예수의 신성에 대한 절대적 믿음의 균열이 가져온 절망감 -이는 곧 신성으로부터의 거절과 소외와도 통합니다-의 표출일 수도 있습니다. 그 후 베드로에게 따라온 것 역시 자괴감과 죄의식이었습니다. 부활하신 주님께서 전격 베드로를 찾아오시기 전까지는 말입니다. 그런데 횔덜린의 자괴감과 죄책감은 베드로와는 달리 중의적입니다. "주는 그리스도요, 살아 계신 하나님의 아들(마16:16)"이라는 자신의 신앙고백이 베드로에게 있어서 '신성'에 대한 유일한 정의라면, 횔덜린에게 있어서 '신성'은 '처음부터 영원히 하나'인 영혼의 불가분성에 대한 친밀감과 불멸의 느낌인 것이기에, 그의 '신성'은 반드시 예수나 구체적인 한 대상에만 초점이 맞춰져 있지 않습니다. 한편 횔덜린의 기독교에 대한 시각은 그의 삶의 자취와 무관하지 않은 듯 보입니다. 그의 잠재의식엔, 소싯적 빼앗

겼던 부성애를 담보할 수 없는 남성성의 그리스도보다는, 확실한 모성애를 담보할 수 있는 여성성의 그리스도인 멜리타가 더 안전하게 느껴졌는지 모릅니다. 그러나 이것은 어디까지나 다만 외피적인 그의 신앙적 안전판일 뿐, 신앙의 내피에 있어선, 소싯적부터 유독 신앙심이 진지했던 그였기에, 신의 아들의 신성을 붙들고 싶은 영적인 갈급함이 있었을 겁니다. 그러나 멜리타를 통해 반영되는 그의 예수상(像)은 그의 교리적 지식에도 불구하고 그가 전폭적으로 의지할 수 있도록 온전한 신성을 지닌 대상이 되지 못합니다. 멜리타가 전하는 하늘의 용서의 말씀은 그리스도의 '보혈의 능력'이 빠진 용서의 말씀이기에, 그가 느낀 위로와 기쁨과 평안은 결국 피상적이고 찰나적일 수밖에 없습니다.

> 그녀의 말과 표정을 통해 종종 나에게 잠시 전해주었던 그녀의 마음의 신성한 평화, 나는 다시 또 어린 시절의 황량한 낙원을 걷고 있는 것처럼 느꼈습니다…
> 나는 종종 그녀의 이름을 조용히 나 자신에게 불러주었고, 그 이름으로 인해 내 고통이 치유되는 것 같았습니다. 그러나 그것은 더욱 냉혹하게 돌아왔을 뿐입니다. 아! 세상 어디에서나 나에게는 평화가 없었습니다!

> 당신의 거룩한 광선이 사람들에게 부드럽게 다가왔다, 오, 젊음이여!
> 아아! 그러나 더 어두운 그림자가 당신을 에워쌌다, 말씀의 한가운데서 끔찍하고 결정적인 치명적인 운명. 천상의 모든 것은 너무 빠르고 무상하다; 하지만 헛되지는 않다;
> 항상 그 척도를 아는 신은 사람들의 거주지를 잠깐만 만진다
>
> (평화의 축제)

시인에게 그리스도의 존재는 한때 따스하게 인간을 어루만지던 '성스

럽고 부드러운 광선'이었으나, 그는 너무도 빠르게 더욱 어두운 죽음에 이르고 만 숙명을 지닌 무상한 존재였듯이, 멜리타 또한 잠시 잠깐 그의 곁에 머무르다 사라지는 무상한 존재입니다. 굳건한 믿음의 대상이 없는 그가 자신이 겪는 시련을 통해 인내(약1:3)를 만들어낼 수 없는 것은 당연합니다. 불행하게도 그리스적 신성에 물든 그로선, 영원한 '속죄주'를 보내신 하나님의 변함없는 사랑에 대한 체감적이고 심정적인 '앎'이 모자랍니다. 우리에게는 그리스도의 사랑에 대한 감격적 '앎'과 굳건한 '믿음'과 순종적인 '행함(요이1:6)'이 따를 때, 우리 안에 비로소 하나님의 사랑이 온전케 되어(요일4:17) 우리는 담대하고 떳떳하게 은혜의 보좌로 나아갈 수 있습니다(히4:16). 사랑의 척도는 무엇보다 친밀감일진대, 우리가 그리스도와의 관계에서 불변의 친밀한 사랑의 교제가 주는 기쁨을 누리게 될 때, 우리는 비로소 근원적으로 형벌인 두려움으로부터 자유로울 수 있습니다(요일4:18). 그리고 그리스도와의 항존적인 친밀한 교제는 성령 안에서 말씀을 통해 유지되고 강화되기에, 주님께선 우리가 주님을 사랑하면 무엇보다 우선적으로 '주님의 말씀'을 지키게 된다(요14:15)고 말씀하신 것입니다. 반면에, 휘페리온의 멜리타를 향한 친밀감에의 갈구는, 조화와 연합을 지향하는 범신론적 신성 안에서, 미적 신비스런 대상을 향한 질풍노도적 로맨티시즘과 섞여 있는 탓에, 그의 내면은 멜리타를 통해 결코 인내를 통한 성숙이나 사랑의 온전함을 이루어 두려움에서 자유로울 수 없습니다. 결국, 신성적 '평안'에 대한 휘페리온의 애착과 절망과 분노 서린 저주감과 피해의식은, 그의 흔들리는 기독교 신앙의 터전 위에 드리워진, 성령으로 채움받지 못한 궁핍한 영혼 안에 서린 감성적 결핍의 반영으로 보입니다.

과거는 길고 끔찍한 사막처럼 내 앞에 놓여 있었고, 나는 지옥 같은 분노로 한때 내 마음을 키우고 고양시켰던 모든 남은 것을 파괴했습니다. 그런 다음 나는 나 자신과 모든 것에 대해 맹렬하게 조롱하면서 다시 시작했고, 끔찍한 메아리와 밤새 사방에서 나에게 들려오는 차칼의 울부짖는 소리를 즐겁게 들으며 무너진 내 영혼을 정말로 위로했습니다. 이 파괴적인 시간 뒤에는 지루하고 끔찍한 침묵이 이어졌습니다. 그야말로 죽음의 침묵이었습니다! 나는 더 이상 구조를 찾고 있지 않았습니다. 나는 아무것도 신경 쓰지 않았습니다. 나는 푸줏간 주인의 손에 있는 짐승과 같았습니다. 내 눈은 다시 그녀에게 머물렀고, 나의 사랑과 고통은 그 어느 때보다 더 강력하게 나를 사로잡았습니다. 나는 참으려고 헛되이 노력했습니다. 나는 떠나야 했습니다. 내 슬픔은 정말 끝이 없었습니다. 나는 멜레스 강으로 내려가 강둑에 몸을 던지고 큰 소리로 울었습니다… 내가 그토록 이름 없이 사랑했고 그토록 이름 없이, 말할 수 없을 정도로 부끄럽게 괴롭혔던 그녀와 가까이 있는 것과 멀리 있는 것은 모두 똑같았다! 둘 다 나에게 지옥이 되었다! 나는 그녀를 보낼 수 없었고, 그녀와 함께 있을 수도 없었습니다! … 이 소란 속에서 나는 머틀 사이로 뭔가 바스락거리는 소리를 들었습니다. 나는 몸을 일으켰습니다. – 그리고 오, 천국! 멜리테였습니다!

우리는 여기서 유사한 실러의 절망적인 탄식을 떠올리게 됩니다.

> 들판은 멸종을 애도하고, 내 시선에 아! 그 따뜻하고 살아 있는 이미지의 신은 나타나지 않는다. 오직 해골만이 내게 남았다.
>
> (그리스의 신들)

멜리타는 휘페리온에게 말합니다.

당신은 좋을 때는 아주 다른 사람입니다. 고백건대, 당신이 너무 어둡게 우울하고 폭력적인 것을 보면 두렵습니다.

필시 횔덜린에게 내재한 우울증은 소싯적 가정환경으로부터 유래한 것 같습니다. 자신의 내면에 깊이 골이 패인 어둠의 심연은 분노와 파괴의 잠재력을 가집니다. 멜리테는 애도하는 마음으로 다시금 휘페리온에게 평화의 메시지를 전합니다.

> 당신은 자신에 대한 힘을 가지고 있습니다. 나는 그것을 알고 있어요. 당신이 자신에게 평화를 주지 않는다면 당신 자신 밖에서 평화를 구하는 것은 헛된 일이라고 마음에 말하십시오. … 그것은 내 아버지의 말씀이요, 그가 말씀하신 대로 그의 고난의 열매입니다. 이 평화를 자신에게 주고 행복하세요! 당신은 할 것입니다. 내가 당신에게 이 조용한 축하를, 내면의 이 거룩한 평화를 되돌려줄 수 있다면, 영혼의 깊은 곳에서 나오는 아주 작은 소리도 들을 수 있고, 외부와 하늘과 가지와 꽃에서 나오는 아주 작은 접촉도 들을 수 있는 이 거룩한 평화를 여러분께 돌려드릴 수 있다면요. −신의 본성 앞에 서서 제 안에 있는 세상의 모든 것이 조용해졌을 때, 제가 얼마나 자주 느꼈는지 표현할 수 없습니다. 그러면 그 보이지 않는 존재인 분은 우리에게 너무나 가까이 계십니다!

그리스도의 고난의 열매가 평화라는 것을 전하는 멜리테의 메시지에서, 정작 그에게 평화를 주는 주체는 그리스도가 아닌, 휘페리온 자신의 힘과 의지와 영원무궁하고 신적인 자연의 비밀스런 힘인 것이지, 성령의 임재와는 무관한 것 같습니다. 아, 우리가 그리스도의 고난을 통해 얻는 마음과 영혼의 평화는, 상한 마음으로 통회하고 자복하는 심령(시51:17) 안에서, 예수께서 십자가에서 흘리신 보배로운 피가 우리의 마음에 뿌려져 악한 양심이 씻김 받고, 말씀을 통해 영생토록 솟아오르는 맑은 '생명의 물(요4:14)'로 채움을 받음으로써, 진실한 마음과 확고한 믿음으로 하나님께 나아갈 때 주어지는 것입니다(히10:22).

평안을 너희에게 끼치노니 곧 나의 평안을 너희에게 주노라 내가 너희에게 주는 것은 세상이 주는 것과 같지 아니하니라 너희는 마음에 근심하지도 말고 두려워하지도 말라(요14:27)

　온 영혼으로 상처와 허무와 죽음을 체험한 자는, 횔덜린이 생각하듯, 지고한 정신과 신들 가운데서 요행스럽게 소생하는 것이 아닙니다. 또 그가 노래하듯, 아테네 신상들(Götterbilder)의 친절한 이미지의 사랑스럽고 맑은 평화에 의해 사악한 혼란이 속죄되거나, 우라니아의 사랑과 선으로 새로운 창조, 새롭게 창조된 자아가 탄생하는 것이 아닙니다.[108] 온 영혼으로 상처와 허무와 죽음을 체험한 자는, 자신의 상처와 허무와 죽음을 주님의 십자가 앞에 다 내려놓고, 자신의 정욕을 십자가에 못 박고 주님과 함께 자신을 장사 지냄으로써, 성령의 능력으로, 죄와 사망의 권세를 이기신 예수 그리스도의 생명의 부활을 입음으로써 소생케 되는 것입니다(롬8:1-2; 빌3:10). 이를 통하여 영육 간에 치유와 평화가 자신에게 주어지면, 우리는 하나님의 의와 진리의 거룩함을 좇아 사는(에베소서4:24) 새로운 피조물(고후5:17)로 변화됩니다. 이 치유와 평화는 횔덜린이 경험하듯, 고통이 치유되는 것 같다가도 더욱 냉혹하게 돌아올 뿐인 그런 치유이거나, 잠시 머무르다 사라지고 마는 그런 평화가 아닙니다. 왜냐하면 예수 그리스도께선 하나님께 자신의 몸을, 인간의 죄의 용서를 위한 희생제물이자, 하나님과 원수 된 인간을 하나님과 화목케 하기 위한 화목제물로서, 십자가 위에서 '단 한 번의 제사로 드리심으로써 죄인 된 우리가 '영원히 온전하게' 거룩함을 얻게 하셨기 때문입니다(히10:10, 14). 실로 '복음'이란 지식이 아니라, '능력'과 '성령'과 '큰 확신'으로 우리에게 역사하는 기적적 사건인 것입니다(데전1:5)!

---

108) 독일의 노래(Gesang des Deutschen)

한편 성경은 우상숭배와 관련하여 우리의 마음과 영혼의 상처를 '쓴(쑥) 뿌리'와 '독초'로 비유하여 다음과 같이 경고합니다.

너희 중에 남자나 여자나 가족이나 지파가 오늘 여호와 우리 하나님을 떠나 '다른 민족들의 신들'을 섬기지 않도록 하라. '우상'을 섬기는 자는 쓰고 독한 열매를 맺는 독초의 뿌리와 같은 자들이다. 그가 이 저주의 말을 듣고도 스스로를 축복하여 이르기를, 내가 비록 내 '마음의 상상'대로 행하여 죄악을 물같이 마실지라도 나는 평안을 얻을 것이다 하나 여호와께서는 이런 자를 절대로 용서하지 않으실 것이며 분노와 질투의 불을 그에게 쏟고 이 책에 기록된 모든 저주로 그를 소멸해버릴 것이다(신29:18-20).

위 말씀 중 "마음의 상상"은 두 시인의 '그리스적 황금시대의 꿈'을 떠올리게 하지 않습니까?

아름다운 세상은 나의 올림푸스입니다. 그 안에 당신은 살 것이며, 세상의 거룩한 존재들, 자연의 신들과 함께 당신은 기뻐할 것입니다.

(휘페리온 단편)

아름다운 세상, 너는 어디에 있니? - 돌아와, 아름다운 꽃이 만발한 자연의 시대!
아! 오직 노래의 요정 나라에서만 너의 황금빛 흔적이 여전히 살아 있나.

(실러, 그리스의 신들)

결국 횔덜린의 정신을 분열시키고 그의 영혼을 파멸로 이끈 것은, 그의 초기 순수했던 기독교 신앙이 격변기의 시대적 사상적 조류에 휩쓸려, 극히 인본주의적인 범신론적 사상에 경도됨으로써 제대로 복음의 말씀이 뿌리를 내리고 싹을 틔우지도 못한 채 고사된 탓입니다. 그 자신, 애틋한 그리스도 신앙의 추억으로 인해 신앙 양심적 불안과 갈등과 좌절과 번민을 거듭할 수밖에 없었던 것은, 역설적이게도 그의 신앙 또한 그가 그토록 싫어했던 교리적 수준에 머물렀던 탓입니다. 요컨대 그는 실러처럼 그리스도의 사랑을 체험하지 못했기에 구원의 기쁨과 확신과 자유함이 없었던 것입니다.[109] 그런 횔덜린은 「자유의 찬가(Hymne an die Freiheit)」에서 다음과 같이 노래합니다.[110]

> 아무도 신성한 부름을 느끼지 못했다 검은 폭풍 속의 영혼 앞에서,
> 보복하는 심판의 칼 앞에서
> 이렇게 눈먼 노예는 떨기를 배웠고, 그는 자신의 무의미함에 대한 공포에 빠져 죽어갔다.

무장하지 않은 그의 연약한 영혼에 갑작스레 재난이 임한 듯, 오랜 여생을 그가 어둠의 터널 속에 갇히게 된 것은 영적인 관점에서 진단할 가치가 있을 겁니다. 만일 발병 전, 그의 근심이 하나님의 뜻대로 하는 근심이었다면, 그가 가진 근심은 그를 구원에 이르는 회개로 이끌었을 겁니다(고후7:11). 만일 그의 영혼이 '다른 영'에 절망적으로 오염되지 않았었다면, 그 안에 하나님을 두려워함으로, 주님에 대한 열심과 간절함이 있었을 것이

---

109) P. 27 참조
110) 실러의 시, 「사임(Resignation)」 참조

므로 그에겐 돌이킬 수 있는 여지가 있었을 겁니다. 그러나 그의 영혼은 너무도 깊이 이방 신들과 결속이 되었을 뿐만 아니라, 그는 성경이 말씀하는 아버지 나라가 아닌, 자신이 지향하는 아버지 나라를 끝까지 포기할 수 없었기에, 불행히도 그는 결국 어둠의 미궁 속으로 떨어질 수밖에 없었던 것입니다.

뉴세린이 입을 열었다.

"한편으로 전 휠덜린이 어렸을 적 계부의 사망과 모친의 비애를 목격한 후, 갈수록 심화된 그의 우울한 진지성과 신앙적 엄숙성이 빚은 기질적 중압감에서 놓여 나고 싶은 욕구도 한몫을 한 게 아닌가 생각됩니다. 그의 시에서 성스러운 삶을 자유롭게 살고 있는 세계는 그리스 신들이 활보하고 있는 올림푸스적 세계로 그려지고 있습니다.

> 그러나 사랑하는 그대들, 오 순수한 나날이여,
> 사랑하는 여러분, 오늘도 축제를 벌이세요!
> 그런 다음 인간들과 신들은 신부의 혼인 잔치를 올릴 것이니.
> 살아있는 모든 생명체는 축제를 합니다.
>
> (휘페리온)

이외에도 그의 후기 시, 「평화의 축제」나 「라인강」을 보면 그의 축제에 대한 강력한 열망을 읽을 수 있습니다. 고대 그리스 신화적 종교의 축제 분위기는 휠덜린의 내면의 억압되어 온 정서적 욕구에 부응하는 것이었을 겁니다.

> 세상은 자유롭게 거룩한 삶을 살고 있도다
> 일자(一者), 유일자만이 떨어져 지옥의 수치의 흔적을 지니고 있다…
> 아, 그는 존재 중 가장 신성한 존재
>
> (자유에 바치는 찬가)

사로잡힌 독수리가 지상을 거닐었고, 그리고 그(예수)가 최선을 다하
는 동안에 그를 보았던 많은 사람들 두려워했다. 아버지와 그의 최
선의 진력이 인간들 중에 실제로 역사하였기 때문에.
그리고 신의 아들도 그가 승천하기까지 매우 슬펐다
이와 같이 영웅들의 영혼도 사로잡혀 있으리. 지적인 사람들인 시인
들조차도 세상적이어야 하리.

(유일자 1)

이에 반해, 그가 가장 신적인 존재라 믿는 그리스도는 그에겐 혼자 떨
어져 지옥의 치욕의 흔적을 지니고 있는 유일자이거나, 사로잡힌 독수리
같이 오랫동안 상심하며 지상에서 거닐던 간힌 영웅 같은 존재이거나 고
통을 받으며 모든 것을 붙들어야만 하는 존재인 것입니다. 횔덜린의 그리
스도는 하나님의 진노의 심판의 불 세례를 받으며 십자가에서 외롭고 혹
독한 지옥의 고통을 당하고 있는 그리스도입니다. 물론 그 그리스도가
무덤 속에서 사흘 만에 부활한 것을 그는 배웠고 알고 믿는다 생각했을
지라도, 그가 그의 생애에서 결정적으로 십자가의 그리스도를 똑바로 바
라본 때는, 그가 그토록 사랑을 받았고 또 본받고 싶어 했던, 천사와 같
은 계부의 죽음을 목격해야 했던 여덟 살의 어린 나이였던 것입니다. 아
마도 그때 십자가에 매달린 그리스도에 대해 그가 받은 인상은, 은혜와
감격의 무드와는 거리가 먼, 저주와 공포의 느낌으로 어린 소년의 처참
한 상실감과 슬픔과 맞물려 공명되었을 겁니다. 아, 십 대의 횔덜린은 그
의 시에서 이렇게 부르짖습니다.

그 고통스런 비애의 장소! 제겐 아직도 보입니다. 그 검은 죽음의 날,
영원히 제 앞에 맴돕니다.

(나의 일가)

그때 아버지의 품에 -사랑이 많으시고 사랑해 마지않는 아버지- 그
러나 교살자가 왔다.
우리는 울고 애원했지만, 그 교살자 화살을 쏘았다; 그리하여 우리의
지주 가라앉았다.

(과거와 지금)

어려서의 트라우마는 치유되지 않으면 성인이 되어서도 여전히 현재
진행적으로 기억이 됩니다. 그는 성장기에 자신의 그런 트라우마를 달래
주고 경감시켜 줄 영적 환경을 제공받는 대신에, 몹시도 고통스럽게 엄격
하고 계율적인 수도원 교육을 받아야 했습니다. 성인이 된 시인은 자신의
내적 상태에 대해 이렇게 고백합니다.

나는 내 안의 따뜻한 삶이 그날의 얼음처럼 차가운 역사 때문에 식
어버릴까 봐 두렵습니다. 그리고 이 두려움은 내가 어린 시절부터 나
에게 닥친 모든 파괴적인 일에 다른 사람들보다 더 민감하게 반응했
기 때문에 생깁니다.[111]

만성적인 불안과 두려움은 영적인 경각심을 둔화시킵니다. 그에 따른
영적인 해이함의 표징은 '말씀'에 대한 소홀함으로 나타나고, 이는 결국
'말씀'에 대한 '기근'[112]으로 이어져(암8:11) 영적인 저주를 초래합니다.

그것은 씨 뿌리는 사람이 삽으로 밀을 잡고, 타작마당 위로 휘두르
며 맑은 곳으로 던지는 것이다. 껍질이 그의 발 앞에 떨어지지만, 결
국 곡식이 나오듯, 어떤 것을 잃어버리고 말씀의 생생한 소리가 사라

---

111) Hölderlin, F., Briefe. An Christian Ludwig Neuffer, 12. November 1798
112) P. 161 참조

져도 나쁘지 않다. 신성한 일도 사람의 일과 같기 때문이다. 지극히
높으신 분은 한꺼번에 모든 것을 원하지 않으신다.

(파트모스, 홈부르크)

"말씀의 생생한 소리"가 사라짐은 '말씀'이신 '그리스도'의 영, 곧 '성령'
이 소멸됨을 의미합니다. 그 빈 자리에 다른 '세상 영'이 들어서는 것은 너
무도 쉬운 일입니다. '말씀'인 '성령의 검'이 녹슬 때 우리는 '악한 영'으로
부터 날아오는 불화살의 표적이 되고 막을 힘이 없게 됩니다.

> 모든 것 위에 믿음의 방패를 가지고 이로써 능히 악한 자의 모든 불
> 화살을 소멸하고 구원의 투구와 성령의 검 곧 하나님의 말씀을 가
> 지라(엡6:16-17)

그의 시에서 상처받은 치유자로서의 그리스도는 읽히지 않습니다. 횔덜
린이 느끼는 그리스도는 사람들에게 친절하고 진지하게 헌신했던 분으로
서 겸손하며, 눈을 낮추고, 잊히고, 약간 그늘지고, 널리 알려진 친구의 모
습입니다.[113] 그리스도처럼 그의 안에 계신 하나님도 언제나 외롭고 가난
하십니다.[114] 에크하르트의 하나님이 사랑이 넘치는 풍요로운 하나님인 것
과도 다릅니다. 그러기에 그의 젊으나 외로운 영혼은, 한편엔 소싯적 양부
의 기억처럼 다정다감하나 다른 한편엔, 실러가 노래하듯, 고압적이고 냉
혹한 심판자로 인식되는 하나님과 고행적인 그리스도의 기억으로부터 벗
어나서, 멜리타와 같이 모성애를 느낄 수 있고 자유롭고 쾌활하게 미학적
으로 로맨틱하게 교감할 수 있는 그리스의 여신에게 빠져든 것 같은 생각
이 듭니다. 왜냐하면 그가 추구하는 영원한 아름다움은 기쁨이 없이는 그

---

113) 「평화의 축제」 참조
114) 휘페리온 파편

의 안에서 꽃피울 수 없는 것이었고,[115] 그에게 신앙은 명령적인 것이 아니라 자발적인 사랑에 의해 이끌림 받는 것이어야 했기 때문입니다.[116] 이제 시인에게 마땅히 오직 하나여야 하는 아름다움은, 모든 것을 포용하는 하나의 신 안에서 인류와 자연이 연합하는 아름다움이 되었습니다.[117] 이로써 그는 모든 것과 하나 되는 신의 생명을 누릴 수 있게 되었고, 내면에 신성의 풍요로움을 느낄 수 있기에[118] 아무런 부족이 없이 신처럼 살고 있다고 말합니다.[119] 실러에 비해 횔덜린의 찬가는 보다 섬세하고 여성적입니다. 그러면서도 그의 깊은 심상 속엔 본원적으로 저항할 수 없고, 지울 수 없는 그리스도가 상흔처럼 각인되어 있었을 겁니다. 트라우마로 기억되는 그리스도이자, 자신의 연약함으로 인해 잊혀져가는… 남모를 영혼의 눈물 같은 애틋한 그리스도가… 그는 성경적 경건함에 반(反)하면서도 기독교 자체를 포기할 수는 없었던 것으로 보입니다.

하늘에 계신 좋으신 아버지, 저를 사랑하시나요? 저는 묵묵히 물었고, 너무나 행복했고 그의 대답을 제 마음속에 확신했습니다. 하늘과 땅의 창조자라고 불렀던, 별들 위에 있는 분처럼 제가 불러내고 싶은 당신, 제 어린 시절의 다정한 우상, 당신은 제가 당신을 잊어버렸는데도 화를 내지 않을 것입니다! - 왜 세상은 사람들로 하여금 그 밖의 실체를 찾도록 만들지 않는 것일까요? 오, 만약 자연이 아버지의 딸이라면, 영광스러운 자연이라면, 자연의 마음은 아버지의 마음이 아닐까요? 자연의 가장 내밀한 자아는 신이 아닐까요?

(휘페리온 단편)

---

115) Hölderlin, F., Briefe. An Neuffer, Juni 1796

116) Ibid., An seine Mutter, Januar 1799

117) Ibid., An seine Schwester, 23. Februar 1801

118) Fragment

119) Hölderlin, F., Gedichte. Aus: An die Parzen

유독 감수성이 예민했던 유년기로부터 시인의 심상에 깊숙이 각인된 모친에 대한 이미지는, 경건성과 비애감 어린 연민, 그리고 온유한 모성애에 대한 감사와 존경심이었던 것 같습니다. 시인이 그리스도에 대해 느끼는 비애스런 경건함과 우울한 진지함이 모친에 대한 이런 심리의 부분적 투영이라면, 그리스 여신들에게 느끼는 경건함과 모성애에 대한 감동과 숭배심 또한 이런 심리의 또 다른 쪽의 투영이라 할 수 있겠습니다."

그대는 이렇게 지상에 내려오신다, 빛의 의복을 입은 여왕님! 미소 지으라! 뺨의 우아함으로! 순결하고 온유한 신들의 눈이여! 당신의 고귀함을 노래에 실려주세요… 어머니! 아들들은 대담한 사랑으로 당신을 멀리서 가까이에서 발견했어요. 사랑스러운 베일 속에서… 난 그대를 알고 있었어요, 우라니아!

(미에게 바치는 찬가)

그녀 자신, 온화한 키프리아, 불의 왕관으로 빛난다 / 그리고 성숙한 아들 앞에 섰다. / 공개 - 우라니아로; 인류의 존엄성은 당신의 손에 달려 있어요. 그들을 보존하세요! 대단한 조화! 가장 자유로운 어머니의 가장 자유로운 아들, 확고한 얼굴로 날아올라라 가장 높은 아름다움의 빛나는 자리로

(실러, 예술가 Die Künstler)

하! 한 번도 경험하지 못한 새로운 삶 새로운 빛나는 결의를 만듭니다! 광기와 오만함을 넘어
달콤하고 표현할 수 없는 기쁨! 그녀의 팔이 나를 먼지 속에서 건져 냈습니다. 내 심장은 너무나 대담하고 행복하게 뛰고 있습니다. 그녀의 신성한 키스에 불타오르며 내 뜨거운 뺨은 여전히 빛납니다. 그녀의 마법의 입에서 나오는 모든 소리, 새롭게 창조된 내 마음을 고귀

하게 합니다 -

들어라, 오 영혼들이여! 내 여신의 소식을, 듣고 통치자 여신에게 경
의를 표하라!

(자유의 찬가)

우라니아가 영혼에 다가올 때, 눈에 띄게 고귀하게 만들고…
그들 속에 평온함과 용기와 행동을 심어주고, 거룩한 환희의 눈물
흘리게 하도다. 보라, 교만과 다툼이 무너지고, 미혹도 사라지고 맹
목적인 거짓도 침묵하도다. 빛과 어둠은 엄밀하게 걸러지고, 순수한
진리는 고요한 성소로다. 우리 정욕의 싸움은 끝났고, 치열한 싸움
은 하늘의 평화에 도달했도다.

(조화의 여신에게 바치는 찬가)

이를 가만히 듣던 브라이언 박사가 말했다.

"으음… 그래선지 휠덜린의 시를 열렬한 믿음의 표현에도 불구하고
불안과 모순과 갈등이 뒤섞여 싸우는 전장으로 평가한 이들이 많이 있
었소."[120]

세린이 명상하듯 조용히 말했다.

"그의 시를 보면, 십 대 중기의 정통 기독교 신앙으로부터 후기로 갈수
록 읽혀지는 신플라톤주의적 사상의 유입, 이십 대의 찬가와 「휘페리온」
에서 현저하게 노골화된 범신론적 사상, 쥬제테와 사별 후, 그의 시작 연
대기 말기인 삼십 대에 가서야 기독교적 시에 대한 오랜 공백을 깨고 비
로소 등장하는, 「빵과 포도주」, 「파트모스」와 「유일자」… 이 안에 엿보이
는 시인의 그리스도에 대한 고뇌에 찬 갈등적 상황… 부단한 사상적 변

---

120) Salzberger

휠덜린, 니체, 고흐

화 속에 내재되어 온 횔덜린의 그리스도론적 관심은 신학적인 문제뿐만 아니라 강렬하게 느낀 개인적 딜레마를 반영하는 듯합니다. 사실 횔덜린에겐 실러나 쥐제테와의 관계에서 보이듯, 인간관계와 종교에 대한 태도 모두에서 지나치게 열광하는 경향이 있었답니다. 실로, 외적으론 조용하나 내적으론 불타는 기질을 가졌던 시인 횔덜린의 불안정하고 갇힌 영혼이 진정 희구했던 것은, 항시 타오르는 불같은 성령의 충만함과 그의 '영혼의 감옥'을 무너뜨릴 수 있는 '성스러운 폭풍' 같은 성령의 세례였던 것입니다(사도행전 2장)."

> 폭풍 중 가장 거룩한 폭풍 중에 나의 감옥 벽 무너지게 하소서,
> 그리고 나의 영혼 더욱 찬란하고 자유롭게 미지의 땅으로 흘러들어
> 가기를!
>
> (운명)

횔덜린의 지친 영혼이 진정 원했던 것은 세상이 줄 수 없는 안식과 위안이었습니다. 그가 진정 그리스도의 임재와 평안을 체험했었다면 얼마나 좋았을까요? 그의 소싯적 간구의 시가 늘 가슴 아픈 이유입니다. 휘페리온에서 미의 화신인 디오티마의 죽음이 주인공으로 하여금 현실감을 상실하고 불확실한 혼란에 빠트렸듯, 현실에서 그의 사랑의 우상이었던 쥐제테 콘타르와의 절연에 이은 그녀의 갑작스런 죽음은 그에게 건강의 악화와 정신 착란증을 발병케 했습니다. 그로 인해 36세부터 또 다른 36년간 기묘한 내면적 침묵의 세월을 보내야 했던 횔덜린… 사망이 년 전부터 자신의 시에 "스칼다넬리(Scardanelli)"로 서명하였던 횔덜린…. 끝내 그는, 재판관의 자리에 앉아 인류의 유대감을 찢어버린 '오만한 신'을 피해, 빼앗긴 사랑의 즐거움을 선사하는 '자연의 어머니'의 품으로 들어간 것일까? …그리하여 그는 신성한 '자연의 여신'을 찬양하며 자신

이 꿈꾸는 창조의 새로운 시간 안에서[121] 디오티마를 찾아 '나비족'인 '스칼라넬리'로 태어 난 것인가…?

> 나는 기꺼이 신들의 게임을 바꿨습니다 / 내 아이들의 고요한 천국
> 으로

(자유의 찬가)

> 우리는 미지의 밤, 다른 세계의 차갑고 기묘한 곳으로 우리 자신을
> 내던지는 것을 좋아하며, 가능하다면 태양의 영역을 떠나 혜성의
> 궤도 너머로 달려갈 것입니다.

(휘페리온)

그에 관한 목격자들의 공통적인 평, 근본적인 기품과 고상함과 단정한 품성 그리고 영혼에 가득 찬 몹시도 아름다운 눈…. 그러나 점점 집중력과 응집력이 결여되어가던 눈길…. 점차 주관적인 색채와 긴장을 잃어가고 마야처럼 객관성과 그림자로 진척되는 삶….

> 죽음은 우리가 오랫동안 태양을 바라볼 때 눈앞에서 떨리는 색깔과
> 같은 환상입니다!

(휘페리온)

그가 남은 생애 동안 홀로 서 있던 곳은 황량하고 낯선 광야였을까? 공허하고 적막한 관조의 거리였을까? …아, 부디 모든 대립되는 것들이 화해하여 원형의 미궁 속으로 명멸해가는 환영 같은 존재의 블랙홀이 아니었기를…! 지상에서의 마지막 순간까지 이십여 년의 세월 동안, 말 없는

---

121) 「자유의 찬가」 참조

아들을 위해 온몸이 눈물이 되어 기도했을 그의 어머니… 그 어머니의 기도를 들으신 친밀하신 구세주께선(ein Freundlicher Retter) 침묵하는 아들의 영혼을 만져주시길 그 얼마나 간절히 원하셨을 것인가! 그가 오랜 세월 신성한 것으로 끌어안았던 우상들을 버리고 다시금 아버지 하나님만을 바라보았더라면! … 그랬다면 해방자(der Befreier)께선 아들에게 오셔서 옛 사람의 이름 대신 새 사람의 이름을 기꺼이 주실 수 있었으리…

「파트모스」나 「유일자」와 비슷한 시기에 쓰인 「눈먼 시인(Der blinde Sänger)」은 휠덜린 자신의 영적 자화상에 대한 자각 내지 반성을 시사하는 느낌의 제목인 것인데, 이 시에 나오는 "보시는 분(der Sehende)"은 "눈먼 시인"과 유의미하게 대조를 이루는 시어입니다. 이는 시인의 영적 변화 - 성령의 눈뜨게 하시는 역사(役事)에 대한 잠재적 가능성과 희망을 어느 정도 시사한다고 느껴지기에 더욱 더 안타까운 마음을 금할 길이 없는 것입니다.

그대는 어디에 있는가, 빛이여! 내 마음은 다시 깨어 있지만, 끝없는 밤은 항상 나를 매혹시키고 붙잡아둔다… 나는 멀리서 귀를 기울여 친절한 구세주(ein Freundlicher Retter)가 내게로 오실지 보려고 한다 … 그때 나는 종종 천둥 치는 자의 음성을 듣는다… 한낮에 청동 같은 자가 다가올 때, 그의 집이 흔들리고 그 아래 땅이 울리고 산이 그것을 메아리칠 때… 그럴 때 나는 밤에 구세주(Der Retter)의 음성을 듣는다, 그 해방자(der Befreier)가 죽이고 소생시키는 소리를… 나의 노래의 근원이 시냇물을 따라가듯이, 그가 생각하는 곳마다 나도 가야 하고 잘못된 길에서 안전한 자(der Sicheren)를 따라가야 한다… 어디로? 어디로? 나는 여기저기서 그대를 듣는다… 그대 영광스러운 자여! 그리고 그것은 온 지구에 울려 퍼진다… 낮이여!(Tag!) 낮이여! 당신은 떠가는 구름 위에 있습니다! 어서 저를 환영해주세요!

내 눈은 당신을 위해 피어납니다. 오 젊음의 빛이여! 오 행복이여! 예전 그대로 다시금! 그러나 더욱 영적으로 당신은 흘러내립니다… 그대 거룩한 잔에서 나오는 황금빛 샘물이여! 그리고 그대, 푸른 땅이여, 평화로운 요람이여! 그리고 그대 내 조상들의 집이여! 그리고 한때 나를 만났던 그대들 사랑하는 이들이여, 내게로 가까이 오세요… 오, 그대들의 기쁨이 되게 하소서.

그대들 모두를, 보시는 분(der Sehende)이 그대들을 축복하시길!

오, 내가 견뎌낼 수 있도록, 내 생명을, 내 마음에서 이 신성한 것을 나에게서 거두어가소서

(눈먼 시인)

「나의 소유물」에서 신성한 힘에 사로잡혀 '낮의 빛' 속에서 영혼이 타버린 소년이 '시작(詩作)'을 정주지로 삼은 것과는 달리, 이 시에서 시인은 '잘못된 길'에서 돌이켜 구세주(Der Retter)인 '안전한 자(der Sicheren)'를 따라가려 하고, '낮(Tag)'이신 주님을 부르며 자신이 주님께 '환영받길' 간구합니다. "어서 저를 환영해주세요! 내 눈은 당신을 위해 피어납니다."에 이어지는 "예전 그대로 다시금!"은 시인이 소싯적 주님과 가졌던 행복한 관계의 축복을 다시금 누리길 갈구하는 마음의 표현인 것입니다. 그런데 뒤따르는 "그러나 더욱 영적으로 당신은 흘러내립니다"의 시행은 범신론적 뉘앙스이며, 다음 연에 이어지는, 자연과 조상을 신성시하는 내용이 이를 더욱 노골화합니다. 그리고 종국엔 그 모든 '신들' 위의 '신'인 '보시는 분'이 그들 모두를 축복하길 기원합니다.

내가 네 행위를 아노니 네가 차지도 아니하고 뜨겁지도 아니하도다 네가 차든지 뜨겁든지 하기를 원하노라 네가 이같이 미지근하여 뜨겁지도 아니하고 차지도 아니하니 내 입에서 너를 토하여 버리리라

(계3:14-16)

아, 오래전 유년시절, 어머니를 위한 어린 아들의 영혼의 부르짖음을
들으셨을 아버지 하나님의 비탄스런 가슴…!

오 선한 분이시여 지금까지 도와주신 것처럼 어두운 나날에 그처럼
도와주세요.

아버지! 사랑의 아버지! 오 나의 어머니가 모든 삶의 짐을 견디도록
도와주세요.

그녀 홀로 부모됨의 근심을 맡고 계십니다! 외롭게 그녀의 아들의
매걸음을 헤아리고 계십니다.

매일 저녁, 매일 아침 아이들을 위해 -

오! 그리고 종종 당신 앞에 눈물의 제물을 바칩니다!

그렇게 많은 우울한 시간 속에서 그녀는 과부들을 괴롭히는 자들
때문에 조용히 우십니다!

그리고 다시 찢기어 모든 상처에서 피 흐르고 슬픔의 모든 기억 하
나로 뭉칩니다!

그녀는 종종 검은 장례 행렬로부터 그의 무덤을 너무도 고통스럽게
바라보곤 합니다!

모든 눈물이 말라가는 그곳에, 모든 걱정과 불평이 떠나가는 그곳에
있길 바라십니다.

오 선한 분이시여! 지금까지 도와주신 것처럼 어두운 나날에 그처럼
도와주세요!

아버지여, 사랑의 아버지여, 도와주세요, 그녀가 견딜 수 있도록!

보십시오! 그녀가 울고 있습니다, 삶의 모든 짐을 지고!

세계의 위대한 아침의 한 날이 오면 그녀에게 보답하소서,

그녀의 모든 온화함, 모든 충실한 보살핌,

모든 걱정, 모든 모성애적인 돌봄,

외로움 속에 흘린 모든 눈물에 대해.

이 지상의 삶에서 사랑스런 그녀가 우리에게 행했던 모든 것에 보답
하소서.

오! 저는 기쁨으로 압니다. 당신은 하실 수 있고, 그리 하실 것임을.

당신은 언젠가 제가 간구한 것을 성취해주실 것임을.

그녀의 아들과 딸들 손주들이 그녀를 둘러싸고 서는 날,

하늘 향해 두 손을 펴고,

지난 세월의 아름다운 광선을 되돌아볼 때

그녀에게 천상의 밝은 표정 어린 눈길을 주옵소서…

그리스도에 대한 사랑과 하나님에 대한 경외심, 그 얼마나 아름다운
지요!

그녀에게 당신의 지혜의 순수한 지복을 보여주소서.

그것이 두려운 폭풍의 밤을 얼마나 더 숭고하게 만드는지

당신의 하늘을 더욱 밝게, 당신의 태양을 더욱 아름답게

또 별들을 당신의 보좌에 더 가까이 가게 하는지를…

어떤 비탄도 더 이상 영혼을 우울하게 하지 않게 하소서.

헤르더

브라이언 박사가 말했다.

"프랑스혁명 과정과 나폴레옹 전쟁 이후 왕정이 복고되는 정치 환경
속에서, 인간 이성에 대한 회의와 환멸은 인간 내면의 주관적인 열정과
직관적인 경험에 의지하는 낭만주의를 낳았소. 이는 자연을 신비롭고 자
유로운 인간 정신의 무한한 원천으로 상상하고, 사회적 관습을 거부하고
개인주의적이고 도덕적인 관점을 선호하고, 과거의 아테네 문명을 인류가
성취한 최고의 문명으로 이상화해서 유럽 문화의 원류라 간주된 그리스

적인 것에 매료된 거요."[122]

세린이 말했다.

"과연 횔덜린의 정치철학만 보더라도 낭만주의적이라 할 만하네요."

이에 브라이언 박사가 대답했다.

"거기엔 헤르더와 피히테의 영향을 받은 독일 민족주의와 쉴레겔의 낭만주의, 또 튀빙겐 학파 특유의 관념적 변증법적 사조가 포함되어 있소. 이들 모두는 자아의 자기 확립을 주장하고 주체의 힘을 강조한 피히테의 철학을 흡수하고 쉴레겔 형제와 문학과 철학에 대한 사유를 나누던 자들이었소."

세린이 말했다.

"피히테야 워낙 '독일 국민에게 고함'으로 잘 알려져 있지만 헤르더라면 혹 질풍노도의?"

브라이언 박사가 말했다.

"그렇소. 헤르더는 유럽을 여행하면서, 다양한 이 문화 체험을 통해 타자에 대한 인식을 하게 되면서 칸트의 세계시민적 보편성보단 시대적, 민족적 개체성을 주장하였소. 독일 국가가 존재하지 않았던 18세기 중반의 독일 지식인에게 헤르더가 강조한 '민족적 영혼(Volksseele)'의 개념은 매우 중요한 영향을 미쳤소.[123] 그는 철학과 사상에 역사의식을 일깨운 역사주의 창시자로서 그의 역사철학은 지배나 전쟁같이 비도덕적 역사적 사건에 초점을 맞추는 계몽주의 사상가들과는 달리, 세계주의적이고 평등주의적인 입장에서 타 문화들 간 개념과 가치의 차이를 고려하고, 역사 속 인간 삶의 '내면성'에 초점을 맞추는 데 의미를 두었던 거요.[124] 헤르더

---

122) Romanticism, Wikipedia

123) "Johann Gottfried von Herder", Stanford Encyclopedia of Philosophy, First published Tue Oct 23, 2001; substantive revision Thu May 19, 2022

124) Ibid.

에게 역사발전의 목적은 인류의 진보의 최종 이상향인 그리스적 '인간성(Humanität)'의 증진을 위한 것이었소. 그는 스피노자적 범신론 입장에서 칸트를 비판하는 등 세 사람에게 영향을 끼쳤소. 목사의 신분으로서 '슈트름운트드랑' 문예운동을 일으킨 낭만주의자였던 헤르더는, 괴테와 루터교 목사의 아들이었던 슐레겔 형제 등 낭만파 사람들과 교우하면서 신앙과 사상 사이의 모순에 고민한 것으로 알려져 있어요…"[125]

세린이 이에 덧붙여 말했다.

"아, 슈트름운트드랑이라면, 기존의 합리주의적인 식의 경직성에서 벗어나 자유분방하게 강력한 감정을 표현한 매우 감성적인 운동이잖아요?[126] 『젊은 베르테르의 슬픔』과 『군도』가 생각나는데, 헤르더가 목사였다니 실로 놀랍군요! 그런데 그가 그럴 만한 이유가 있었겠군요. 그에겐 지배적이고 오만한 '부르주아'보단, 가식 없는 문학과 예술을 통해 소시민적 '보통 사람들'과 공감하는 친밀성이 더 가치가 있었을 테니까요. 그러나 그리스도와는 별도로 그리스적 인간성의 완성에 무한한 희망을 두었던 그 역시 계몽적 범신론자이자 진보적 이상주의자였군요. 하하. 아무튼 성직자이면서 민족주의적 역사의식을 가진 헤르더의 영향력이 정말 엄청났겠군요…. 그런데 실로 그 시대만큼 목사라는 직분이 정체성의 위협으로 다가오는 경우도 없겠다는 생각이 드는군요. 칸트가 성직자와 신학자를 분리하고 각자의 임무를 부여했지만 헤르더 같은 제3의 유형 - 사회적 신분으론 성직자이나 성직자로서의 확신이 결여된 채 신학자나 계몽사상가나 문예운동가로서 현저하게 활동하는 이들이 나올 것은 예견하지 못한 셈이로군요. 성직자로서의 소명이 없어서 에라스무스처럼 도중에 사제직을 면제받거나 횔덜린처럼 처음부터 임직을 받지 않은 이들은 차라리 정직한 부류에 속하지만요…. 근데 전 오늘, 내재적 신을 주장

---

125) Ibid.
126) Sturm und Drang, Wikipedia

하는 스피노자의 범신론이나 초월적 신을 말한 칸트의 이신론이나 결국 인격신을 믿지 않는단 면에서 인프라가 같다는 것을 깨닫게 됐어요. 이 두 사상이 믿는 것은 자연의 법칙인 것이고 명목상의 신일 뿐, 무신론적으로 귀결이 되거든요."

브라이언 박사가 웃으며 말했다.

"세린 씨의 통찰대로 두 사상 간의 공통점이 있어선지 니체는 이들을 노회한 간계적 도덕이니 기괴한 술책의 허약한 가면이니 하며 조롱하지 않았겠소? 하하."

세린이 다시금 입을 열었다.

"루터가 그토록 에라스무스에게 격노했던 것은 구원의 문제를 온전히 하나님의 절대 은총에 맡기지 않는 한, 인간에게 부여하는 보편적 선의 씨앗이나 적은 양의 자율권이라도 결국은 누룩처럼 부풀어 창조주를 저버리게 될 것을 내다봤기 때문이 아니었을까요? "신들의 높이로 스스로 일어서는 자유로운 영혼을 추구하기 마련"이란 횔덜린의 시구가 말해 주듯 말이죠…"

브라이언 박사가 말했다.

"으음… 세린 양의 생각대로라면 에라스무스에게 훗날 자유주의의 빌미를 제공한 책임이 씌워질 판이로군…. 그러나 루터 또한 경직된 죽은 정통주의를 초래케 한 책임으로부터 자유로울 순 없을 것이오. 이 둘에 대한 이슈는 몇백 년이 흐른 지금도 여전히 쟁점화되고 있는 형국이니 말이오."

세린이 말했다.

"그렇다면 루터와 에라스무스의 대립은 언제까지나 본질적으로 평행선을 그을 수밖에 없는 것이 아닐까요? 원칙과 관용! 그러므로 "본질에는 일치를, 비본질에는 자유를, 모든 것에 사랑을!"이란 도미니스의 격언이 아직도 울림을 주는 것인지도요…"

세린의 연이은 발언에 잠시 대화가 곁길로 빗나간 듯 멀쑥했던 세 사람은 이젠 세린에게 익숙해지고, 두 사람 간의 대화는 브라이언 박사로 인해 자연스레 본론으로 되돌아갔다.

"아무튼 헤르더는 칸트와 같은 대학에서 공부했을 당시 칸트가 그의 뛰어난 지적 능력에 특권을 부여했던 인물로서 언어철학, 역사철학, 정신철학, 미학, 종교철학 등 저서와 에세이를 출판했소. 그는 괴테를 위시해 실러, 헤겔 등 튀빙겐 삼총사와 슐라이어마허, 노발리스, 쉴레겔 그리고 니체, 딜타이, 푸코에 이르기까지 큰 영향을 미쳤소.[127] 계몽주의에서 낭만주의와 독일 관념론의 문이 열린 것이오. 헤르더는 역사 안에 자연법칙이 들어 있고, 자연 속의 신은 역사 속의 신과 같다는 생각을 했소. 이것은 현대신학의 역사적 범신론의 모태라 할 수 있소."

세린이 말했다.

"헤르더가 말하는 역사의식과 그리스적 인간성… 역시 휘페리온의 주제와도 흡사하군요."

"헤르더는 주장했다오. 스피노자에겐 '신'이 첫 번째와 마지막의 이념인데, 스피노자를 무신론자로 비난하거나 매도하는 것은 터무니없다, 하고 말이오."[128]

"하하, 말하자면 헤르더는 계시록의 "알파와 오메가", 신이 스스로 "나는 알파요 오메가"라고 계시한 말씀을 인용해서, 스피노자에게 있어서 신이란 알파와 오메가의 이념이라고 말한 거로군요. 그렇다면 이보다 어떻게 더 자명하게 살아 있는 신과 관념적인 신의 차이를 드러낼 수 있겠는지요? 땅의 기초를 놓고 새벽 별과 천사들의 찬양 속에서 광명의 길과 흑암의 길을 알리시는 신(God)(욥38), 천지 창조와 종말의 주관자이며 인간사에 개입하는 인격적인 신(God)이 직접 자신을 "알파와 오메가"라고 인간에게 선포하는 말씀의 울림과, 이에 비해 천지 만물과 동일하다고 여겨지는 신이 알파와 오메가이겠거니 라고 생각하는 스피노자의 이념과 말이죠!"

---

127) Herder, Stanford Encyclopedia of Philosophy
128) Ibid.

브라이언 박사가 이어 말했다,

"헤르더는 라이프니츠가 지고유일한 실체(본질)인 신이 현상적 사물과 동일시될 수 없고 모든 만물의 에너지원으로 주장한 것을 근거로, 야코비의 멘델스존과의 무신론 논쟁에서 야코비의 반론을 약화시키고 자기가 존경했던 레싱을 옹호했던 거요. 그는 스피노자가 세계와 신을 동일하게 간주했다는 가설을 부정하고 스피노자는 모든 사물 속에서 오로지 "신의 에너지"를 고찰했다고 두둔했소."[129]

"아무튼 신이 에너지가 되는 한 성경적 인격신은 아닌 거죠."

"헤르더는 기독교가 신인동형설에 근거해 신을 의인화하고 신의 본성을 인간적 차원에서 해석함으로써 신의 무한성을 제한하고 인간적 감정을 지고의 신에게 투영하여 만물 속에 깃든 일원성을 제거해 버렸다고 생각한 것이오."

세린이 말했다.

"성경은 신의 본성을 인간적 차원에서 해석한 것이 아니라 인간의 본성이 원래 신의 성품으로 창조된 것을 말씀하는 거지요. 피조물인 자연에 대해 내적 완전성이니 신의 본성이니 거론하는 자체가 자연을 신격화하는 게 아니고 무엇인가요? 계시적인 신을 믿지 않으니 신을 인간이 인식할 수 없다고 규정하면서, 도리어 자연 속에서 신의 에너지를 간파하라고 독려하고 있는 격이죠!"

노발리스

브라이언 박사가 말했다.

"헤르더의 영향을 받은 노발리스는 아예 스피노자를 무신론자로 간주

---

129) Herder, Ibid.

했던 기성세대의 견해를 뒤집어 버렸소. 왜냐면 노발리스는 스피노자가 '신에 취한 사람'이라고 반박했기 때문이요."

이에 세린이 웃으며 대답했다.

"하하, 밤의 신에 취한 노발리스다워요. 노발리스는 당시의 계몽의 빛을 분열적인 것으로 가치 절하하고, 연인 소피의 죽음을 통해 밤과 죽음을 사랑과 동경과 통합적인 마법의 시간으로 끌어올렸으니까요. 뮤즈의 환생인 듯한 '푸른 꽃'과 하인리히와 마틸데를 이어 주는 사랑과 도덕과 시와 음악의 정신…. 아, 스피노자도 나름 신에 취한 것은 맞죠. 두 사람모두 자연 속에 내재된 신에 취했으니까요. 문제는 어떤 신에 취하느냐? 성경에 계시된 참신이냐는 거겠죠."

문득 세린은 지난날 밤을 새며 번역했던 노발리스의 '밤의 찬가'와 미완의 소설에 나오는 '푸른 꽃'이 회상되었다.

> 살아 있는 생명체치고 감성을 부여받은 자치고 그를 둘러싼 넓은 공간의 모든 기적 현상 속에서, 대낮에 광선과 파도와 빛깔과 온유한 모든 현 존재를 지닌 환희에 찬 빛을 사랑하지 않을 수 있을까? 가장 내밀한 영혼, 빛의 푸른 창공에서 헤엄치는 부단한 일월성신의 거대한 세계는 빛을 호흡하며, 불꽃 튀는 돌과 정지한 식물과 생명체인 동물들의 여러 가지 모양들과 항상 움직이는 힘은 빛을 호흡하며, 다채로운 구름과 공기 특히 슬기로운 눈을 가진, 껑충거리는 걸음을 하는 읊조리는 입을 가진 화려한 인간들은 빛을 호흡한다. 지상의 자연의 왕처럼 빛은 수많은 온갖 변화력을 불러내며 그리고 오직 빛의 현존은 현세의 경이로운 영광을 계시한다……[130]

브라이언 박사가 말했다.

---

130) Novalis, Hymnen an die Nacht, 저자 역

"이 시기 스피노자에 첫 번째로 열광했던 사람들이 시인들이었다는 것이 괄목할 만하오. 낭만파의 창시자인 콜리지나 워즈워스도 스피노자 철학 체계의 각론을 받아들이지는 않았지만, 그들은 신과 자연을 동일시함에 의해 영감을 받았고, 기하학적 설명에 강한 흥미를 느꼈던 거요. 그들은 또 스피노자가 파문을 당한 후 박해받고 소외된 삶 속에서도 마음의 동요 없이 자신과 신과 사물에 대해 사색하며 정신의 진정한 만족을 누리며 단순하게 살아간 삶에 감동을 받았던 것이오. 시인 블레이크, 바이런, 존 키츠, 에머슨…. 소설가 스탕달, 발자크, 위고…. 계몽주의와 낭만주의를 화려하게 꽃피운 근원이 그로부터 한 세기 전 다락방에서 고독하게 렌즈를 깎으며 저주와 형벌의 삶을 마친 네덜란드의 한 청년이었던 거요."

뉴세린이 입을 열었다.

"아, 규율과 관습 모든 억압으로부터 벗어나 자유로운 정신으로 상상력을 발휘하며 아름다움에서 늘 영감을 얻게 되는 시인들의 기질 위에 신성이 곁들여진 자연이란 그야말로 피할 수 없게 매혹적인 흡인력으로 작용했겠군요! 물론 이런 신성의 추구란 주관적이며 초월적이고, 신비스러운 미의 이념의 추구이겠지요…. 아, 그러나 주님의 십자가의 사랑과 비견할 만한 아름다움이 천지간 우주 전체 중 그 어디에 있겠는지요?"

모든 육체는 풀과 같고 그 모든 영광은 풀의 꽃과 같으니 풀은 마르고 꽃은 떨어지되 오직 주의 말씀은 세세토록 있도다(벧전1:24-25)

브라이언 박사가 말했다.

"그로부터 한 세기가 지나 니체가 스피노자의 에티카를 처음 접하고 "그는 선구자, 진정한 선구자!"라고 흥분해서 탄성을 발했던 것도 유명한 일화요. 프로이트도 스피노자에 매료되었고, 삶을 왜곡시키고 파괴하는 기성 기독교의 모든 초월적 가치와 도덕에 반대하는 '내재성의 철학'으로 간주했소. 개체를 독립체가 아닌 끊임없이 생성되는 과정의 일부로 보는 들뢰즈는, 스피노자야말로 이제까지 우리에게 알려지지 않았던 새로운 유물론자라고 했다오."

세린이 말했다.

"유물론자란 곧 무신론자인 것이죠. 노발리스를 신실한 그리스도인으로 예찬한 슐라이어마허 역시 같은 계열이고요."

들뢰즈

브라이언 박사가 말했다.

"들뢰즈가 한 말이오.

> 그는 신에서 시작했지만, 실제로 그는 무신론자였다. 그는 마치 자기가 자신의 적인 양 거기(적의 사령부)에 자리 잡았고, 따라서 그들의 불구대천의 원수라는 혐의를 받지 않으면서, 마치 점령군의 대포를 점령군 자신을 향해 놀려놓는 것처럼 적의 이론적 요새를 완전히 돌려놓는 방식으로 재배치하였다.[131]

아, 물론 들뢰즈는 기독교에 반대하는 입장에서 말한 것이었지만 그의 분석적 표현만큼은 탁월하군요. 사실 스피노자의 적은 자신이었거든요. 자신 안에 불신의 적을 둔 그는, 교묘하게 유일한 세계 내 실체란 표현으로 기독교의 유일신인 양 위장해서, 기독교계 내에서 불구대천의 원수, 즉 안티크리스찬이란 혐의를 받지 않으면서, 내재적이고 초월적인 기독교 신을 조준하기 위해 기독교 진영으로 잠입한 것이죠. 그리곤 점령

---

131) Gilles Deleuze, Wikipedia

군인 자신의 정체를 숨기고 적의 사령부, 즉 유일신론의 요새에 잠입하여, 기독교 신앙의 핵심인 하나님의 내재성과 초월성을 범신론적으로 돌려놓은 겁니다. 그 위장 전술에 넘어간 헤르더나 레싱이나 피히테나 노발리스가 그를 두둔하고 나설 만큼, 스피노자는 유일신의 핵심인 초월적이자 내재적 신성을 교묘히 세계 내적 신성으로 교체하는 방법으로 해체를 시켜 버린 거예요. 모든 것이 신이란 주장은 신이 부재하단 주장과 하등 다를 것이 없는 것이 아니겠어요? 그러니 '위장된 무신론'이나 혹은 '매력적인 무신론'이란 말을 듣는 것이죠!"

나다니엘이 범신론에 대한 구절로 유명한 파우스트의 한 구절을 읊었다.

"'당신은 신을 믿으시나요?'라고 묻는 마르가레테에게, 파우스트 박
사는 답한다. '그것을 행복이라고, 마음이라고, 사랑이라고, 신이라고
부르시오! 나는 그것을 나타낼 이름을 모르오!'"

세린은 속으로 생각했다. 행복을 신처럼, 마음을 신처럼, 사랑을 신처럼 믿는 삶이란 그 얼마나 애달프고도 허무한 것일까…! 실체적인 신(God)을 경험치 못한 인생들이 다 그러하리니, 그 깊은 실망과 쓰라림과 환멸을 안고도 인생들은 또다시 언제나 신기루 같은 신(God)을 찾아 길을 떠난다.

세린이 말했다.

"신에 대해 이신론은 조심스레 이성을 떼어 놓는 척 하는 반면, 범신론은 은근히 이성을 의뢰하는 태만함이 배어 있는 거 같네요. 하하 그러나 그 둘은 결국 과학을 신봉하는 자연주의에서 손을 맞잡게 되는군요."

브라이언 박사가 대꾸했다.

"모든 것을 의심하라고 외친 칸트의 이성에 대한 맹신을 겸허하다고 볼 수는 없는 것이오. 불가지론이 어느 면에선 무신론보다 더 무기력하

다고 볼 수 있으니 말이오. 이는 신의 존재 유무에 대해 결정을 보류하고 입증 가능성조차 열어 두지 않는 것이 아니겠소? 그런 회의적 자세란 결국은 오만함과 통하는 것일 거요.”

브라이언 박사에 이어 C 목사가 말했다.

“스피노자가 포이어바흐나 엥겔스, 니체에 의해 존경과 극찬을 받았듯이, 인간성의 발전을 증진시키는 자연법칙이 내재한다고 본 헤르더의 낙관적인 역사철학은 헤겔과 마르크스, 딜타이의 역사철학으로 이어졌어요. 이것이 막스에 이르러서는 현실과 법철학의 비판으로 전환되더니 막스식 유토피아를 건설케 된 거지요.”

세린이 말했다.

“천국 신앙과 정통 보수 신학을 거부하고 인간 스스로 정점에 도달할 수 있다고 낙관하면서, 이성을 교두보로 정의니 지혜니 선이니 고귀함이니 순수한 행복이니 하는 것에 무한 신뢰를 두었던 것이 결국은 막시즘으로까지 이어진 거로군요…”

브라이언 박사가 말했다.

“마르크스의 부친은 유대교에서 개신교로 개종했지만 그는 칸트와 볼테르에 관심을 기울인 세속적 계몽주의자이자 고전인문주의자였어요. 마르크스는 루터교회에서 세례를 받았고, 대학 시절, 시인 동호회에 가입했던, 철학과 문학을 좋아하고 단편 소설과 희곡도 쓴 문학청년이었다오. 결국 나중엔 바우어와 함께 무신론자가 되었지만…”

세린이 쓸쓸히 말했다.

“자유와 이성과 사랑과 화해가 실현되는 통합의 나라를 꿈꾸며 유물사관론적이건 관념론적이건, 인간의 이성에 무한 신뢰를 두었던 결과는, 항상 모래 위에 지은 성 같은 거로군요.”

세린은 횔덜린과 전혀 동떨어진 느낌만의 마르크스가 아니란 생각이 들어 잠시 두 눈을 감았다. 시간적 차이를 넘어서 두 소년이 함께 강변가를 뛰노는 것 같은 환상이 일순 그녀 안에 떠올랐다. 그러자 어린 시절 휠덜린의 순수하고 천진하고 경건한 열정이 흐르던 시구가 한 폭의 수채화처럼 그녀의 가슴을 파고들었다.

> 착한 칼! – 그 아름다운 시절에 한때
> 내 너와 함께 네카 강변에 앉아 있었지.
> 우리는 파도가 강안에 부딪히는 것을 행복하게 지켜보았고
> 작은 시냇물은 모래를 타고 우리에게로 흘러들었지.
> 이윽고 난 눈을 들어 보았네. 어슴프레한 저녁 빛 속에
> 강물은 멈춰 있었지.
> 어떤 거룩한 감동이 내 가슴을 전율케 했고 난 농담을 멈추었네.
> 갑자기 놀이를 치우고 난 진지하게 자리에서 일어났었지.
> 떨면서 나는 속삭였네: 우리 기도드리자!
> 우리는 수풀 속에 수줍게 무릎을 꿇었네
> 우리 소년의 가슴이 말한 것은 순진함과 무죄함 그것이었네.
> 사랑하는 하나님! 그 시간은 너무도 아름다웠습니다.
> 얼마나 부드러운 소리로 당신을 아바라고 불렀는지요!
> 어떻게 어린 둘이서 서로를 껴안았는지요! 하늘을 향해 어린 손들을 내뻗었는지요!
> 두 어린 가슴은 자주 기도를 드리자는 맹세 속에 얼마나 부풀었는지요!
>
> (나의 가족)

야코비

무(無)인가 아니면 신(神)인가 (das Nichts oder einen Gott)213

브라이언 박사가 말했다.

"그 당시 독일 지성계를 강타한 '범신론 논쟁'의 두 주인공은 프리드리히 하인리히 야코비와 모세 멘델스존이었소. 야코비는 스피노자 철학에 처음엔 큰 매력을 느껴 빠져들었지만, 결국 문제점을 느끼게 된 터에 계몽주의자이자 무신론자로 알려진 극작가 레싱으로부터 자신이 스피노자주의란 고백을 들었던 거요. 레싱이 죽자, 야코비가 레싱과 절친이었던 유대계 철학자 멘델스존에게 서신을 통해 그 사실을 밝힌 것이 1785년에 출판됨으로써 이 논쟁이 야기된 것이오."

세린이 이에 화답하듯 말했다.

"아, 이때가 횔덜린이 중학교 시절로 실러와 클롭스톡의 시를 처음 접하고 작시를 시작했던 시기거든요. 그의 시가 초기 정통신앙적 성격으로부터 왜 점점 범신론적으로 기울어져 갔는지 이제야 이해가 되네요!"

브라이언 박사가 대답했다.

"그렇구려. 사실 멘델스존은 스피노자주의가 아니었고 전통적인 종교를 옹호했지만, 종교에서 이성의 역할이 반드시 필요하다는 점에 한에서 스피노자를 지지했소. 하지만 야코비(Jacobi)는 스피노자가 모든 자연과 신은 확장된실체일 뿐이라고 말했기에 스피노자(Spinoza)의 교리가 순수한 유물론이라고 주장했던 거요."[132]

물질의 확장이 아닌 본질의 확장으로 해석하면 범신론이 되는거고요. 어쨌든 스피노자는 데카르트를 배반했군요!"

"그런셈이요. 야코비는 스피노자주의가 인과율과 일관된 체계성을 지녀 숙명론적이고 무신론이나 범신론으로 귀결된다는 사실을 지적한 것이오. 야코비에게 스피노자의 철학은 현존에 대한 근원적 경험을 놓친 것이었소. 그래서 그는 개념의 구름 속을 헤매는 것으로 보이는 레싱에게, 과감하게 직접 신으로 비약하는 '공중 점프'(살토 모르탈레(a salto mor-

---

132) Walter Ott, Ibid.

tale)를 하란 충고를 했던거요. ("Über die Lehre des Spinoza in Briefen an den Herrn Moses Mendelssohn", 20-30)"

"칸트 철학도 마찬가지라 생각됩니다만…."

"으음… 야코비에게 인식과 대상은 분리됨 없이 동시적으로 즉각적으로 자신 안에 현존하는 것이오. 그러나 인식의 주체와 대상인 객체를 분리하는 칸트의 인식론에선 현상들만이 작용하므로 현상들의 근거인 실재가 동반되지 않는다는 점을 지적한 것이오."

"그럼 나란 존재는 한갓 신기루나 유령 같은 존재가 되고 마는 것이 아닌가요?"

"바로 그 점을 야코비는 비판한 것이오."

"얼핏 불교의 '마야'가 떠오르지만, 마야는 본질의 재현이란 점에서 성격이 다르겠군요."

"그러니 야코비가 보기에 칸트의 순수이성 비판은 있지도 않은것의 비판이 되고 만 거요. 본질적 실체성이 없는 칸트의 주체는 단지 확장된 대상이므로, 칸트주의도 유물론적이고 역전된 스피노자주의란 거요. 야코비는 '신적 이성'과 무관한 칸트의 '자기입법적 이성'의 도덕적 자유야말로 "동물적 선택의지(Arbitrium brutum)'요.[133] 이성의 지배에 의해서만 세상 모든 것이 통치된다고 맹신 하는 '철학적 복음'이라고 비판을 한 거요. 야코비에게 이는 신성에서 벗어난 '이성의 독재'요, 감성과 무관한 '훼손된 이성'인 것으로서, 이런 자들은 편협한 이성에 경도되지 않도록 중심을 잡아주는 보편 공정한 이성인 '계시'를 못 본 다는 거요."[134]

세린이 다시금 입을 열었다.

"야코비가 주장하는 이성은 신에 대해 불가지론을 가져오는 칸트식의

---

133) Friedrich Heinrich Jacobi, Epistel über die Kantische Philosophie(1791), PP.150-165, Arbitrium brutum: 칸트가 인간의 "자유로운 선택(Arbitrium liberum)'과 대조적으로 사용한 용어.

134) David Hume über den Glauben oder Idealismus und Realismus: ein Gespräch(1787), PP. 93-96, file:///C:/Users/samew/OneDrive/Desktop/KCI_FI001980054%20(1).pdf

도구적 논쟁적 이성이 아니라, 실제적이고, 목적적이고, 포괄적인 이성 같군요."

브라이언 박사가 이에 대답했다.

"그렇소. 요컨대 야코비에게 이성은 인간이 소유하는 것이 아니라 신으로부터 주어진, 근원을 포착하는 감각을 동반한 신적 이성인 것이오. 이 신적 이성은 초월적인 것에 대한 직관적 지식을 지녔기에, 신앙이나 계시는 논증과 설명이 불가능한 직접적인 사실이라는 거요."(각주144참조)

"이성을 통해 형이상학을 증명할 수 없는 근본적인 진리와 앎의 토대의 학문으로 다시 세우고자 하는 게 칸트의 목표였다니, 야코비에게 이는 기독교 진리에 대한 간과할 수 없는 도전이었겠군요."

"으음… 칸트적 이원론의 한계를 부각시킨 야코비의 영향으로, 칸트의 이원론을 극복하려는 시도에서, 피히테와 셸링과 헤겔 등에 의해 스피노자적 일원론 경향이 부상된 것이오. 피히테는 초월적 주체(물자체)를 통해 실천이성의 가능성을 설명하는 칸트를 비판하면서[135] 자의식을 도덕의 근원으로 삼고, 신의 존재보다 더 확실한 것은 없다고 했소."[136]

"그렇다면 피히테의 사고의 출발점은, 도덕을 위해 필요한 가설적인 칸트의 신과 달리 도덕적 행위가 곧 절대적 신의 존재의 확증인 셈이로군요."

"그렇소."

---

135) '물자체'는 인간이 인식할 수 없는 대상으로서 자유, 영혼, 신 등에 해당된다. 칸트에게 인간은 인식능력의 한계와 함께 현상 너머의 초월적 사고를 가능케 하는 이성능력을 가진 초월적 존재이다.

136) 칸트의 "물자체"는 인간이 인식할 수 없는 현상 너머의 대상으로서 영혼, 신 등에 해당된다. 칸트에게 인간은 인식 능력의 한계를 지닌 동시에 현상 너머의 초월적 사고를 가능케 하는 이성능력을 가진 초월적 존재이다. 그러나 야코비는 칸트의 "선험적 판단"은 미지의 주/객체를 가정하므로, "나"란 주체는 가정적 체계 안에선 초월성을 지닌 유의미한 존재가 되나, 현실에선 자신을 부정하게 되는 모순을 지니게 됨을 지적한다: "사물 자체에 대한 전제 없이는 칸트의 체계에 들어갈 수 없고, 전제가 있으면 그 안에 머물 수도 없다(Ohne die Voraussetzung von Dingen an sich kommt man nicht in das Kantsche System hinein, mit ihr kann man nicht darin bleiben.)"

둘의 대화를 묵묵히 듣고 있던 C 목사가 말했다.

"처음에 야코비는 무신론 논쟁에 휘말린 피히테를 도우려다 피히테 철학이 전도된 스피노자주의임을 밝히게 된 거라죠?"

"왜냐면 피히테는 이성에 대한 칸트적 환상의 근거를 없앴지만, 신을 절대 자발적 자아에 가두고 세계의 도덕적 원칙 외에 아무것도 아니라고 주장함으로써 무신론 논쟁을 일으키고 말았던 거요.[137]"

"살토 모르탈레! 제겐 야코비가 던진 이 표현이 구체적 현실에 발을 딛고 선 실제적 자아로서 현존하는 신 존재를 붙들라는 메시지로 읽혀져요. 그러나 이들은 오히려 스피노자 이론에 경도되어 '코람데오(Coram Deo)'적 자아의 신분을 망각하고 추상적인 논쟁과 비인격적 신으로 대체하는 역효과만을 낳게 되었군요!"

세린이 다시 말했다.

"아, 결국 기독교 신앙은 삶의 관점을 떠난 사변적 관점으론 도저히 인식이나 증명이 불가능하단 결론인 것이죠. 계몽주의의 합리주의적 신이 무신론으로 이어질 것을 간파하고 예견한 야코비의 식견이 탁월하군요!"

"으음, 피히테의 주관적 관념론은 정반합적 관념론의 토대를 마련한 것인데, 나중에 피히테의 신은 도덕적 차원을 넘어선 계시적 존재가 되었소."

"하하, 도덕적 신이 계시를 입으면 범신론적 신이 되어가는군요. 요는 그리스도의 계시인가가 중요한 것이죠!"

브라이언 박사가 이에 덧붙여 말했다.

"으음… 또한 스피노자와 튀빙겐 삼총사와 관련해서 빼놓을 수 없는 인물이 바로 셸링이오. 그가 한때 인기를 누렸던 것이 주객 간 구별을 없

---

137) https://plato.stanford.edu/archIves/spr2016/entries/friedrich-jacobi/

앤, 자연과 신을 동일시한 '동일성 철학'[138]인 것인데, 사실 이것은 스피노자 이론의 복제 위에 유신론적 채색을 더한 것이라오. 스피노자의 '자연'이 외적이고 기계적 '자연'으로서 필연적 제약의 사슬 속에 묶여 있다면, 셸링은 이 '자연'에 자유와 인격성을 부여한 것이오."

세린이 말했다.

"철학적 이론의 전개는 항상 전제를 설정함으로써 가능한 것이니 이번엔 어떤 전제일지 사뭇 궁금하군요."

브라이언 박사가 말했다.

"하하, 과연 그렇소. 셸링이 '신'을 '자연'이라고 말한 것은 '신'의 본성을 '자연'으로 칭한 것이오. 이 본성인 '자연'은 중립적 가치를 지닌 것으로 창조를 통하여 자기확산적이며 본질의 존재 근거란 거요."[139]

"그런데 본질 자체인 신에 대해 그의 존재 근거라니… 어쩐지 자연에 창조적 신성을 입히기 위한 셸링의 억지춘향식 이종접합이란 느낌이 …"

"사실 셸링이 인격적 신의 실존을 증명할 필요성을 느낀 것은 자신의 동일성 철학을 비판한 헤겔을 반박하기 위해서였소. 셸링은 인간의 본성에서 가장 어둡고 깊은 것을 갈망으로 보았고 이는 마음의 내면의 중력으로서 우울한 것이었소. 그러므로 그는 인간의 자아는 내부에 난립하는 어두운 의지들을 통합하여 도덕적 인격으로 이끌리기 위해선 빛의 이성이 필요하다는 주장을 폈소.[140] 여기서 셸링은 칸트식 계산에 의한 신의 요청이 아니라, 인간 자아의 본성상 마음에서 우러나온 필요성에 의해 실존하는 인격신의 존재를 믿는 것이라 주장했던 거요."

"셸링이 헤겔의 절대정신에 대해 '인격적 신의 실존'으로 대응한 것은

---

138) James Lyndsay,The Philosophyof Schelling,, Vol. 19, No. 3 (May, 1910), PP. 259-275 지적 직관을 통해 전체와 하나의 동일성을 식별하는 것 Schelling, Darstellung meines Systems der Philosophie, PP. 200-205 / Denkmal, PP. 25-105

139) Ibid.

140) file:///C:/Users/samew/OneDrive/Documents01/FeedbackHub/admin,+Amora.pdf

상당히 신앙적으로 고무적인 일이었네요. 그러나 '신성'과 공유하는 동일성 철학 내의 '자연'에 어두운 요소가 있다는 것은 결국 범신론적 신관일 수 밖에요…"

"으음… 그래서 야코비에게 셸링의 '자연' 역시 초월적 신성이 부여되지 않은 내재적이고 자립적인 자연으로서 피히테의 유물론적 관념론을 한 층 명확히 했을 뿐인거였소. 야코비에게 '자연'이란 신 외에 유한한 것의 총체이니, 인간 안의 '자연'도 유한한 속성을 지닌 것이기 때문이오. 그러나 동시에 인간은 "신의 숨결"이 불어넣어진 존재이므로, 인간의 정신은 '자연'과 대립되지 않으며, 자기 안의 자연적 본성을 넘어 경건한 삶을 추구할수록, 창조된 자연속의 신성이 계시된다는 생각인 거요."[141]

세린이 입을 열었다.

"아, '신의 숨결'에 속하는 존재란 자기 안에 거하시는 초자연적인 성령의 감동과 인도함을 받는 존재이죠. 우리가 신에게 고양될 수 있는 것은 성령으로부터 '지혜와 계시의 정신'을 받음으로써 가능한 것이고요(에베소 1:17). '창조된 자연속의 신성'이라니, 문득 로마서의 그 유명한 구절이 떠오르네요!

> 하나님이 세상을 창조하신 그때부터 보이지 않는 그의 속성, 곧 그
> 의 영원하신 능력과 신성이 그가 만드신 만물을 통해 분명히 나타
> 나서 알게 되었으니 이제 그들은 변명할 수가 없습니다.
>
> (롬1:20)

---

141) F.H. Jacobi, Von den göttlichen Dingen und ihrer Offenbarung(On the Divine Things and Their Revelation), Werke, Bd 3, PP. 11-40, 100-105

신의 영원하신 능력은 창조뿐만 아니라 구원에까지 이르는 능력이죠. 신성은 신의 본질을 의미하고요. 신의 본질은 셸링식의 중립적이고 도덕과 무관한 회색지대적인 본성을 근거로 한 본질이 아니라 신의 성품을 포함하는 것이죠. 베드로서의 '신의 성품'. 곧 생명과 경건에 관계된 믿음과 선과 지식, 절제, 인내, 경건, 형제 우애와 사랑에 대한 권면은 야코비의 '자기 안의 자연'에게 적용될 수 있겠지요?"

브라이언 박사가 말했다.

"그렇구려. 그렇듯 야코비는 인간은 자유로운 정신을 통해 자연을 창조의 대상으로 삼아 초 자연적인 것으로 끌어올릴 수 있지만, 초자연적인 것이 자연적인 것이 될 수는 없다는 생각인 거요. 그러니 야코비로선 셸링이 유한한 자연에 반신적인 의미를 부여한 것은 자연철학을 자유로운 주체의 선험철학과 작위적으로 연결시키려는 의도로 생각된 거요. 곧 '자연'이라는 빈약한 하나의 원리에 기대어 유신론적 자연주의를 만들려는 계산이란 거요. 왜냐하면 야코비에게 자유로운 인간의 창조적 정신은 셸링식의 자연에서 진화 하는 것이 아니라, 신으로부터 직접적으로 부여받은 신적인 본성에 의한 것이니 말이오."[142]

세린이 뒤이어 말했다.

"어쩌면 야코비에게 셸링은 창세기를 다시 쓰려는 것처럼 무모한 작업을 벌이는 걸로 보였을 것도 같군요. 자연과 신이 동일한데 인격신이라니 말이죠…"

이에 브라이언 박사가 말했다.

"셸링은 자신이 끌어들인 범신론적 신과 인격신의 상반성에 대해선 바울이 한 말을 인용했어요. "바울 자신도 '우리는 신 안에서 살며 활동하고 존재한다'고(행17:28) 언명하고 있지 않은가?"라고 말이오."

세린이 웃으며 화답했다.

---

142) Ibid., PP. 75-80

"하하, 설마 셸링이 바울의 신을 제우스와 동일한 신쯤으로 여긴 것은 아닐 테지요?"

브라이언 박사가 말했다.

"하하, 아무튼 야코비로선 셸링이 자연에 대한 철학적 탐구를 통해 신 인식에 도달하려 하는 것은 학문의 한계를 모르는 우를 범하는 것으로 여겨졌소. 그래서 야코비는 "사다리를 놓기 전에 사람은 어디로 오를건지를 미리 알아야 한다"[143]라고 말한 것이오. 곧 살아 있는 신에 대한 학문적 증명이 불가능함을 지적했던 것이오."

"하하, 아주 적합한 비유입니다. 철학자들은 저마다 빈약한 전제에 기대어 사다리를 세우기에만 바쁘지 정작 오르려는 지점에 대해선 책임지려 하지 않으니까요."

"하하, 동감이오. 그러자 셸링은 참된 유신론자라면서 자연주의를 포용하지 못하는 야코비식의 불경건하고 배타적이고 무력한 태도가 유신론을 부패하게 하고 무신론에게 문을 열어준다며 맞공격을 하였소. "부자연스런 신"과 "신이 없는 자연"만을 보는 오류라고 말이오."[144]

"자연주의를 아우르는 신적인 태도라… '부자연스런 신'과 '신이 없는 자연'만을 보는 오류라… 하하, 그야말로 창조주와 피조물의 존재적 차이를 전적으로 인정치 않으려는 기발하게 기술적인 표현이로군요!"

"하하, 야코비도 만만치 않았소. 야코비에게 셸링의 무차별적 절대자는 창조자와 피조물을 동등하게 만들기에 "무성생식의 암수한몸적 동침"에 지나지 않는 거였소. 존재와 비존재, 선과 악의 차별없이 중심에 서는 신은 진정한 생성의 열매도 희망도 도덕도 없는 신들이란 거요."[145]

"야코비의 은유는 깊은 영적인 통찰력을 갖고 있군요! 신의 아들은 온 인류를 영원한 사망에서 영원한 생명으로 이르게 하기 위해 개개인의 거

---

143) Ibid., 39

144) F.W.J. Schelling's Monument to Jacobi's Work on the Divine Things (1812)

145) F. H. Jacobi, Drei Briefe an Friedrich Köppen. PP. 352-360

듭난 영혼을 위한 생성의 결실과 천국의 소망으로 이끄는 대추수꾼이니까요(계시록14:14-16)."

브라이언 박사가 고개를 끄덕이며 입을 열었다.

"으음, 그렇구려. 그리고 이미 야코비에 대해 알고 있었던 헤겔은, 학문적 논증이 가진 필연적 유한성과 제약성을 거론한 야코비의 의견을 고려하여, 자연철학과 정신철학의 체계 내에서 개인과 사회와 역사, 이 모든 세계가 상호 영향을 교류하면서 유한한 정신이 자기 지양하는 과정을 통해 무한자인 절대본질-절대정신을 구현해 나가는 하나의 운동으로 전개하였소. 헤겔에게 절대자는 정신이며 참된 것은 오직 전체로서만 존립이 가능한 거요. 헤겔은 개념과 대상, 주체와 객체, 무한성과 유한성, 인식과 신앙을 통일하는 것이 인륜적 아름다움을 성취하는 거라 믿었소."

"횔덜린의 존재에 대한 정의도 주체와 대상의 절대적 통일이었죠. 횔덜린은 철학에 환멸을 느끼고 오히려 시적 형태로 존재의 더 큰 통일성을 보여주고자 했지만요."[146]

"칸트 철학의 허구성을 지적하고 변증법의 초안을 마련해준 이는 횔덜린이니 이들이 다 같은 생각의 뿌리인 거요."

세린이 말했다.

"결국 이들의 관념론은 모두 인간의 자의식에서 출발하여 신적인 사상의 실현을 추구하려는 다양한 모색인 것으로 범신론 계열이군요. 결국 셸링이나 헤겔이나 자연 속의 신과 역사 속의 신의 동일성을 주장한 헤르더의 범주 안에 있는 셈이로군요."

브라이언 박사가 말했다.

"으음… 그들의 학문적 목적은 신과 세계(피조물)를 화합시켜 하나의 결속된 전체를 존재하게 하는 사유의 탄생에 있었소."

이에 세린이 대답했다.

---

146) https://iep.utm.edu/holderli/

"결국 그들에게 기독교의 교리란 단지 낡은 사유의 하나로 취급된 셈이었군요. 새롭게 창조된 학문적 사유로 대체되어야 할… 결국 이들은 인간의 타락이나 죄를 인정치 않은 것이지요. 이들에게 성경은 일반적인 세상 책들과 하등 차별이 없는 인간적 사상의 산물이었군요. 그런데 말이죠… 인간의 타락에 관해서 생각해 볼 때, 성경 첫 창세기에서부터 선악과에 대한 언급이 나오는 이유는 선악의 구분이 하나님의 독점적이고 절대주권적 영역에 속하는 것으로 그만큼 중요하기 때문이 아니겠습니까? 이는 구원의 가부를 결정하는 최후의 심판과 직결되어 있으니까요. 인간에겐 본시 선악을 아는 권한이 주어지지 않았고, 하나님의 명령(말씀)에 순종하느냐 불순종하느냐의 선택만이 주어졌던 거지요. 결국 첫 인간의 창조주 하나님의 명령에 대한 불순종은 공교롭게도 하나님의 독점적이고 절대주권에 대한 침범의 결과를 낳았습니다. 이로써 인간은 어설프게 또는 노골적으로 하나님 행세를 하게 된 것이죠. 자의적으로 판단하고 결정하고 행하는 존재로 말입니다. 따라서 이들이 기독교가 신과 세계를 대립시키는 걸로 본 것은 그 생각의 출발부터가 월권적인 것이죠. 한마디로 선한 신과 악한 세상의 대립구도적 설정이 잘못됐다는 자의적 판단을 하는 거니까요. 그래서 신과 세상을 연합시키기 위해 그들이 고안한 것은, 자율적 의지를 지닌 창조주인 인격신을 제거하고 비인격적 맞춤 신을 만든 것이죠. 따라서 천지 만물을 목적적으로 지으신 하나님의 뜻은 인과율을 예지계에 적용하는 불합리한 것으로 기각되고, 천지 만물을 운행하시는 하나님의 전능함은 생산하는 자연의 맹목적인 활동력으로 대치되고 말이죠. 세월이 갈수록 인간의 오만은 극에 달해 이성의 현미경을 들이대고 하나님의 존재를 탐색한다는 명분으로 저들은 하나님으로부터 점점 멀리 떠나갔습니다. 그러나 성경은 무어라 말씀하나요? 성경은 인간의 타락 이후 피조물들도 같이 타락의 영향권에 들게 되었다고 말씀하죠. 그 결과 천체와 자연계의 각 피조물은 본래의 영광을 잃고 인간과 대립 관계에 놓이게 되었고, 자기들의 회복을 고대하며 탄식하는 상태이지요. 전 우주가 본래의 질서를 회복하고 피조물들이 각기 자기의 영광된 위치를 회복하게 되는 것은 주님의 재림 시, 궁극적으로 성취될 구원의 완성을 통해 인간이 하나님의 자녀로서의 지위를 다시 회복하게 될 때입니다(롬8:19-23). 그때엔 이리가 어린양과 함께 거하며 표범이 어린 염소와 함께 누우며 송아지와 어린 사자와 살진 짐승이 함께 있어 어린 아이에게 이끌리는 그런 평화와 자유가 회복되는 영광이 도래합니다(이사야11:6-9). 타락한 인간을 위시한 피조세계의 구원을 위한 신의 방법은 오로지 예수 그리스도가 지신 십자가의 희생을 통한 사랑의 방법이었어요. 결국 신과 피조세계를 화해시켜 하나의 결속된 전체를 존재하게 하는 것은 오로지 예수 그리스도의 대속적 은총인 것이죠. 즉, 그리스도 안에서 만물이 통일되는 것입니다(엡1:7)."

브라이언 박사가 말했다.

"으음… 그렇구려. 그런데 헤겔이 보기에 신앙의 직접적 확실성을 중요시하는 야코비는 비철학적 의식을 가진 주관적 신앙인인 것이오. 추상적이고 영원한 것의 직관과 인식에서 벗어나서 구체적 유한성에로만 몰입하는 이성에게 남는 것은, 신에 대한 무지와 동경과 예감의 주관성만으로 지식의 공백을 채우는 것이고, 이는 "철학의 죽음"을 가져온다는 거요."[147]

세린이 말했다.

"하하, 영원한 평행선이랄까, 동상이몽식이랄까…. 헤겔이 야코비의 신적 이성을 전혀 이해하지 못한 소치로군요. 야코비가 보기엔 헤겔의 인간적 이성이 말하는 무한성이나 영원한 것의 직관과 인식 은 슐라이어마허식 절대의존적 직관적 감정과도 다른, 논증적 이성에 갇힌 폐쇄적 이성일 뿐인 것이고, 신과 다른 세계를 보고자 노력할수록 결국 아무것도 보지 못하는 이성일 따름인 거겠죠."

---

147) Hegel, Glauben und Wissen, P. 316, 322, 385

"으음… 그래선지 야코비는 "철학의 죽음"은 자발적으로 적시에 이루어 진다면, 철학적으로 정당하다고 응수했소. 야코비는 헤겔에게 헤겔 자신 이 '유한성의 절대성을 없애는 것이 참된 철학'이라 말했던 것을 상기시키 면서 참된 철학은 죽음으로써 가능하다는 것을 말한 것이오. 왜냐하면 신앙은 지식을 추구하는 철학이 죽음에 이르러서야 비로소 가능해지기 때문이고, 신은 인간이 지닌 최고의 지식을 아무것도 아닌 것으로 만드 는 그런 존재란 거요."[148]

　"아, 사도 바울의 유명한 고백이 생각나는군요! 유대인으로서 혈통이나 율법의 지식이나 실천신앙에서 최고의 수준으로 흠이 없던 그가 자신에 게 유익하던 모든 것을 쓰레기처럼 여기고 자진해서 다 버린 것은, 그에게 그리스도 예수님을 아는 지식이 훨씬 더 가치가 있기에 그리스도를 얻고 그리스도와 완전히 하나가 되기 위한 것이란 고백 말입니다(빌3:7-9)."

　"그렇구려. 야코비가 인용한 헤겔의 유명한 "사변의 수난일(speculativen Charfreytags)"은 자유로운 신(God)이 인식의 사슬 속에서 수난을 겪을 수밖 에 없는 숙명, "사변철학적 사고"가 신을 "죽음"으로 몰고갈 수밖에 없음을 의미한 것이오. 야코비는 사변철학적 사고가 신(God)을 십자가에 못 밖고 죽였다는 양심의 무한한 고통을 최대한 느낌으로써 자신들의 "신성모독 (Gottlosigkeit)"을 뉘우치고 "온전한 진리"로 회복한 후에야 비로서 온전한 신앙의 신이 "부활"할 것이란 주장을 한 것이었소.[149]

　"아, 결국 야코비의 사신 신학에 대한 예언이 니체에 의해 성취되고 말 았군요! 유명한 니체의 '신은 죽었다'란 표현의 출처는 다름 아닌 야코비 의 표현이었군요! 물론 두 사람이 말하고자 한 내용은 전혀 상반된 것이 죠. 야코비의 '신(God)의 죽음'이 신의 죽음을 초래할 수밖에 없는 사변철

---

148) Ibid., PP. 371-384
149) Ibid., PP. 413-14 Jacobi, Drei Briefe an Friedrich Köppen, PP. 343-344

학에 대한 선지자적 호소 내지는 폭로성 메시지라면, 니체의 '신의 죽음'은 바라바(마27:16-17) 같은 사변철학을 풀어 주고, 대신 신(God)을 십자가에 못 박으라고 외친 세상 사람들의 고함 소리일 테니까요…."

브라이언 박사가 골똘하는 듯한 얼굴로 입을 열었다.

"으음, 야코비는 인간의 모든 "지식"은 불완전하다며 인간의 학문을 "무지의 학문"으로 여기고 "아는 무지(ein wissendes Nichtwissen)"라고 규정했다오.[150] 야코비에게 참된 유신론은 학문적 이성을 통해서가 아니라 '무제약자(신)에 대한 저항할 수 없는 느낌'의 경이로움과 그 경이로운 신에 대한 믿음을 통해서 성립되는 것이오.[151] 요컨대 야코비에게 신앙과 계시란 감성과 이성이 동반된 직관을 통해, 현존 경험 그 자체를 확실히 붙들면서도 증명할 수 없기에 믿을 수밖에 없는, 그런 믿음에로의 도약을 통해 인식되어지는 것이오."

"실로 야코비는 관념적 신앙이 아니라 붙잡거나 붙잡히는 신앙, 그러니까 보고 듣고 만져지는, 살아 있는 신앙에 대한 열망이 있었던 사람인 것 같아요! 그런데 야코비의 "공중제비"는 키엘케골의 "믿음의 도약"에 영향을 주었군요! "공중제비"를 통해, 늘 자신을 끌어내리는 이교도적 오성의 가파른 절벽과 어둔 심연을 뛰어넘어, 늘 환하고 푸르게 자신을 고양시키는 그리스도교도적 온 심정에 깃드는 신적 평화와 사랑의 삶을 향유케 하는 신앙의 지반 위에 확고하게 서기를 밤낮으로 갈망했을 야코비의 심정이 제게도 느껴지는 것 같아요."[152]

일순 세린은 울컥하는 마음이 들어 목이 잠긴 낮은 음성으로 이어 말

---

150) Leo Strauss, The Epistemological Problem in Philosophical Teaching Jacobi, P. 258

151) Ibid.

152) Jacobi an Reinhold, 8. Oktober 1817, philosophisch-literarische Streitsachen(Jacobi가 Reinhold에게 보낸 편지, 1817년 10월 8일, 철학-문학 논쟁)

하기 시작했다.

"야코비는 복음의 변증을 위해 최대한 이성을 사용해서 나름 최선의 노력을 경주했군요. 야코비의 내적인 고뇌가 충분히 전달되는 것 같아요! 영적인 진리는 영적인 말로 밖엔 설명이 안 되기에(고전2:13), 야코비가 살아 있는 신은 구체적 현실처럼 결코 학문적 증명의 대상이 될 수 없음을 알면서도, 맹신적 이성에 사로잡혀 살아있는 신을 박제화 내지는 무력화시키려는 자들에게 학문적으로 응수하며 온갖 비난을 무릅쓴 것은 나름 십자가의 길을 걷는 것이었을 테니까요…"

세린은 메마르고 황량한 사막에서 오아시스라도 발견한 듯 야코비의 존재가 생각할수록 마음에 들었다.

> 내가 지혜로운 사람들의 지혜를 없애고 총명한 사람들의 총명을 쓸모없게 할 것이다.'라고 기록되어 있습니다. 그렇다면 지혜 있는 사람이 어디 있으며 학자가 어디 있습니까? 이 시대에 철학자가 어디 있습니까? 하나님께서는 세상의 모든 지혜를 어리석게 하지 않았습니까(고전1:19-20)?

튀빙겐 신학

> 우리가 보다 일찍 성서로 되돌아갔더라면! 나는 성서를 지금까지 마치 한 번도 읽어 보지 않은 것처럼 읽기 시작했다
>
> – 바르트

브라이언 박사가 말했다.

"횔덜린이 튀빙겐 신학교에서 수학한 교재는 교리신학(dogmatic theology)에서 취해진 것으로 살토리우스(Sartorius)의 교의신학 개요(Compendium Theological Dogmatic of C.F.Sartorius)였어요.[153] 살토리우스의 성경관은, 예수를 자연이성의 빛에 따라 가르침을 베푼 현자로서 보는, 18세기 계몽주의적 해석을 따르길 거부한 내용이었어요. 인간은 하나님의 형상으로 창조되었으나 원죄로 인해 하나님의 거룩한 형상을 잃고 심히 부패하여 영적인 선으로부터 잘려 나간 걸로 보았어요."

이에 세린이 대답했다.

"그럼 이들 삼총사가 튀빙겐 신학교에서 공부를 했을 땐 분명 성경의 계시와 초자연성을 강조한 신학 강의를 들었을 텐데도 철학에 더 기울여졌던 거군요."

"그렇소. 실로 이들은 스콜라 철학을 도외시했고, 칸트에 온통 기울어져 칸트의 인식론의 한계를 탐구했어요. 그래서 결과적으로 내놓은 것이 이성에 대한 무한한 확신인 변증법적 방법론이 아니겠소?"

"그러니까 횔덜린 시대엔 칸트 열풍과 역사적 성경비평의 부상으로 인해 정통신학의 구원계획에서의 그리스도의 역할의 중요성이 감소된 거군요."

"그렇소. 자, 이제 우선 횔덜린과 헤겔, 셸링 삼총사가 튀빙겐의 루터 신학원에 입학하기 전 그곳의 분위기를 보자면 스토르(G. Ch. Storr)교수 중심의 정통보수파와 계몽주의 합리주의 칸트파 지지자들이 불편한 관계를 맺고 있었소. 1772년에 튀빙겐대의 철학과 신학 교수가 된 스토르에게 계시는 초월적이며 철학과는 질적으로 다르게 월등한 권위를 가진 것이었소. 스토르의 제자인 필라트(J. F. Flatt)는 횔덜린이 수학한 5년 중 3년 동안 주요 교사 중 한 명이었는데, 그는 계몽주의의 자연종교를 거부하고 성서무오설과 계시의 권위에 대한 수호자였기에 성서의 초자연적 내용을 이론적으로 방어하고자 했던 거요.[154] 그래서 그는 삼위일체

---

153) Salzberger, L.S. Hölderlin. Cambridge, Bowes&Bowes, 1952

154) Ogden, Mark. The Problem of Christ in the Work of Friedrich Hölderlin, London: The Modern Humanities Research Association for The Institute of German Studies. University of London, 1991

와 성육신과 부활 등을 칸트의 실천이성의 요청이라고 해석하였는데, 이는 오히려 세 젊은이들에게 환멸감만 안겨 준 결과를 낳았소. 삼총사들은 이미 칸트와 칸트를 비판한 피히테의 철학에 심취해 있었기에, 스토르와 필라트가 기독교의 독단주의와 교조주의를 은밀하게 수호하려고 칸트의 도덕신학을 악용한다는 공격을 했던 거요. 더군다나 필라트야말로 전에 칸트를 공격했던 장본인으로서 칸트가 실천이성적 근거, 즉 도덕이나 이성적 필요에 의해 신앙을 정당화하는 것은 잘못이라고 비판을 했었다오. 이는 인과률을 어떻게 예지계에 적용하느냐는 항의로 무조건적인 신을 어떻게 조건들 속에서 추론하는냐는 비판이었소. 그랬던 필라트가 나중에 신의 존재에 대한 도덕신학을 인정하니까 공격을 당한 것이오."[155]

세린이 웃으며 말했다.

"하하, 루터가 그토록 경계하고 염려했던 것이 현실로 드러나게 된 거네요. 정말 필라트로선 그런 궁색한 방법 외엔 다른 수가 없었나 봐요? 잘못된 수단이 목적을 정당화할 순 없는 것이겠죠. 삼총사에겐 필라트 교수가 비열하게 마저 보였겠군요. 결국 신앙을 이성으로 해석하려는 시도는 자가당착의 결과만을 가져올 뿐인 것 같군요."

"그러나 끝까지 자신들의 이성을 전적으로 신뢰하던 세 젊은이들은 기어코 이성으로 신학을 해석하려 한 것이오. 횔덜린은 튀빙겐 신학교에서, 역사가 헤로도토스가 호메로스와 함께 그리스인에게 신을 만들어 준 자로 인정했던 헤시오도스와 플라톤을 이사야서와 함께 공부했소. 설교를 작성하고 호머와 루시안을 번역했을 뿐만 아니라, 솔로몬과 헤시오도스, 이사야와 플라톤, 복음서와 그리스 비극의 작가들, 시편 기자와 호메로스를 나란히 놓고, 이들이 하나의 신적 영감의 이상을 구현한 것으로 간주하였소. 뮤즈가 시인의 영혼에 불어넣는 신성한 광기에 대한 플라톤의

---

155) Ibid.

설명이 그들에겐 성령에 의한 영감의 교리와 동등한 것처럼 보였던 거요. 튀빙겐의 저명한 오리엔탈리스트 교수인 쉬너(Christian Friedrich Schnurrer) 에게 헌정된 셸링과 횔덜린의 에세이를 보면, 성경 본문과 이교도 작품 사이에 실질적인 차이가 없다는 생각이 나타나 있어요. 이 젊은 슈바벤 인들은 정치적 폭정에 반대했을 뿐만 아니라, 신학교에서 가르치는 신학 적인 교리에 대해서도 반란을 일으켰던 것이오!"[156]

세린의 동공이 순간 크게 흔들리는 듯했다.

"아, 역시 그랬군요! 볼테르의 영향력이 그토록이나…"

그러자 C 목사가 지긋이 웃으며 혼자 중얼거렸다.

"하긴 초기 교부인 터툴리안(Tertullian)은 하나님을 "계절과 그 경로를 정하여 세상에 질서를 주신 참된 프로메테우스"라고 그리스-로마의 신화 를 기독교와 나란히 하여 변증을 했소만…"[157]

세린이 말했다.

"그렇다면 터툴리안은 그리스-로마 신화를 그들의 독립적인 문화 코드 로만 이해했지, 영적인 코드로 읽은 것은 아니었기 때문이겠죠. 마치 단 군을 그리스도로라고 가르치는 격인 거죠. 그런 부주의가 세월이 흐른 후 결국 볼테르의 참사를 빚은 것이 아니겠어요?"

세린은 자신이 마치 그 역사적 시간의 현장에 증인으로 서 있는 것처 럼 가슴이 철렁 내려앉았다. 브라이언 박사의 설명이 이어졌다.

"이 세 사람과 슐라이어마허의 영향을 받아 등장한 차세대의 급진적인 바우어와 슈트라우스가 튀빙겐 학파의 모태가 된 거요. 튀빙겐 학파란 전통적 신학 방법을 버리고 헤겔의 변증법적 철학을 적용하여 신약성서 를 해석하여 붙여진 이름이오. 이것이 소위 자유주의 신학인 것이오. 이 는 기독교 해석의 궁극적 권위를 성서에 두지 않고 인간의 주관적 이성,

---

156) Ibid.

157) https://core.ac.uk/download/pdf/155818013.pdf

횔덜린, 니체, 고흐

감정, 경험이나 현대적이고 세속적인 지식이론으로 대체하려는 것으로, 성서의 권위로부터의 자유를 주장하는 입장이라오. 이에 따라 성경의 본문을 성서비평, 역사적 예수, 과학적 방법을 통해 검증하는 학풍이 생겨난 거요. F.C. 바우어는 기독교는 결코 통일적이고 일관성 있고 권위적인 신앙이 아니라고 주장했는가 하면, 슈트라우스(1808~1874)가 1835년에 출판한 『예수의 생애, 비판적으로 검토됨(Das Leben Jesu, kritisch bearbeitet)』은 센세이션을 일으켰어요.[158] 슈트라우스는 헤겔의 사상으로 복음서를 분석하고 '역사적 예수'를 '신앙적 그리스도'와 구별해 예수의 신성을 부인하고 복음서의 기적을 사실적 근거가 거의 없는 신화라고 주장함으로써 성경 비평의 문을 연 것이오. 슈트라우스는 튀빙겐 신학교에서 셸링과 헤겔과 슐라이어마허에게서 배웠는데, 그의 저서는 당시 "우리 시대의 배반 행위"니 "지옥의 입에서 나온 가장 역병적인 책"이란 비판을 받았어요.[159] 한편 슈트라우스의 '예수의 생애'를 보는 헤겔주의자들의 견해는 슈트라우스의 관점을 액면 그대로 따르는 좌파와 중도와 우파의 세 갈래로 나뉘졌소. 포이어바흐와 마르크스와 무신론 사상은 헤겔 좌파인 슈트라우스와 바우어로부터 전개된 것이오."[160]

"이 자유주의와 보수주의의 투쟁은 횔덜린 시대 이후 오늘날까지도 계속 맥이 이어지는 것 같군요."

"맞는 말이오. 슐라이어마허, 리츨, 슈트라우스, 바우어, 하르낙, 슈바이처의 자유주의는 19세기 말에서 20세기 초에는 다원주의와 성서비평학, 사회복음주의를 수용한 신학으로 널리 알려졌소. 그러나 인간중심의 자유주의 신학은 양차 세계 대전을 통해 드러난 인간의 야만성으로 인해 이성숭배에 대한 의문이 제기됨으로써 크게 위축되었소. 대신 칼

---

158) The Life of Jesus, Critically Examined, David Strauss, Wikipedia

159) 영국의 샤프베리 백작(the earl of shaftesbury)의 비평.
   https://www.cslewisinstitute.org/resources/shaftesbury-the-great-reformer-part2/

160) Ogden, Ibid.

발트, 불트만, 틸리히, 몰트만의 신정통주의 신학이 대두된 것이오. 이어 해방신학의 등장과 헤겔에서 베르그송, 화이트헤드와 존 캅으로 이어진 과정신학이니 니체가 죽은 후 백 년이 지나 부활한 사신신학이나 생태신학, 진리의 상대성을 주장하는 포스트모더니즘 영향 안에서 후기 자유주의라 일컫는 진보기독교(Progressive Christianity), 이 모두가 현대신학의 정통을 형성하게 된 것이오. 신학의 이름이야 시대에 따라 다양하게 변천해 왔지만 그 기본 사상은 그리스도 없는 하나님을 주장하거나 하나님 없는 그리스도를 주장하는 것, 이 두 가지로 요약이 되는 것이오."

"전 바르트가 이에 관한 해답을 명쾌하게 내놓았다고 생각됩니다만, '나는 기독교 교리는 배타적으로 그리고 지속적으로 예수 그리스도의 교리여야만 함을 배웠다. 예수 그리스도는 우리 인간에게 말해진 하나님의 살아 있는 말씀이다'라고 함으로써요."[161]

"모더니즘이 전근대적인 질서를 무너뜨린, 데카르트 이후에 전개된 계몽주의적 세계관을 가리킨다면, 포스트모더니즘은 모더니즘인 계몽주의, 합리주의, 실증주의에 대한 반발에서 나온 것이오. 이는 보편타당한 진리나 신념, 이성주의 등의 전통적 진리체계와 지식과 권위를 해체하고 상대화해요. 기독교에 관해서는 초자연적 계시의 절대성을 부인하고, 기독교 형성 과정에서 작동한 모종의 의식적 무의식적 편견, 권력의 역학이나 힘의 타협이 있음을 폭로하고 맹점을 드러내는 시도를 통해 절대적 진리의 기반을 무너뜨리고 상대화하는 거요. 이성의 가면 뒤에 숨겨진 욕구 의지 감성이 인간의 최종적 근거란 거요. 진리 추구적 이성보단 욕망 충족의 본능이 더 자연스럽고 솔직하단 생각이 팽배하게 된 거요."

"그럼 다시 이 시대는 스피노자의 코나투스나 니체의 힘에의 의지로 환원하는 풍조가 만연되어 가고 있군요! 혹자는 이런 현상이 이성과 과

---

161) 바르트, 교회교의학

학을 내세워 기독교를 괄시해 온 모더니즘의 쇠퇴라고 박수를 칠지 모르지만, 결국은 범신론적 사상이나 니체적 정신신경증적 무신론으로의 환원인 셈이죠."

세린은 문득 교회가 기독교를 변증하는 데 열을 올리는 대신, 세상 사람들에게 그들을 사랑하시고 부르시는 하나님에 대한 믿음으로 도약하도록 도와야 할 것을 역설하였던 키엘케골이 떠올랐다. 예수 그리스도가 세인들에게 부딪히는 돌과 걸려 넘어지게 하는 바위가 된 것은(이사야8:13-15; 벧전2), 신(God)이 사람의 모습으로, 그것도 비천한 종의 신분으로 세상에 등장했기 때문이다. 그런데 지금 이 세대나 이백여 년 전 키엘케골이 살던 시대나, 교회나 신자들이 교계에서나 세인들에게 부딪히는 돌과 걸려 넘어지게 하는 바위가 되고 있는 것은, 교회나 신자들이 군림하는 신의 행세를 하기 때문이 아닌가?

세린이 다시금 입을 열었다.

"그러니까 대안적으로, 근대에, 이성 안에 지적이고 영적 차원의 가치를 심어둔 오리겐이나 에라스무스로부터 모더니즘 시대에 이르기까지, 기독교 세계관이 교리 정립에 중점을 두어왔다면, 포스트모더니즘 시대엔 인간의 욕구와 의지와 감성을 신중히 살펴서 심리적 치유와 동기 부여와 믿음의 결단적 행동을 유발하는 의지적 변화에 초점을 맞추는 전략이 필요할 것 같군요."

브라이언 박사가 대답했다.

"으음, 일리 있는 생각이오. 사실 포스트모더니즘이 20세기 후반에 등장한 걸로 말들을 하지만, 실은 슐라이어마허가 1821년 "기독교 신앙"에서 개혁주의 신앙고백을 포스트모던식으로 대체했을 때 이미 시작된 거나 마찬가지인 거요. 그에 의하면 모든 사람들은 신에 대한 의식과 신에 대한 망각을 가지고 있는데, 예수의 '신성'은 다름 아닌 그의 완전한 '신 의식'이란 것이오. 죄는 자기 의식과 신 의식 연합의 결여이며, 구원은 예수를 통한 신 의식의 갱신이고, 예수는 참다운 신인(神人) 관계의 모범을 보여 준 인간이란 거요. 그에 따르면, 신의 새로운 창조란, 성령의 역사와 무관하게 자연에서 일어나는 보편적인 것을 의미하는 거란 거요. 슐라이어마허는 사역을 영적 소명이 아닌 공동체의 지도자가 될 수 있도록 준비시키는 "직업"으로 제안을 했었소."

"하하 슐라이어마허의 '신 의식'이란 보편적 인간 안에 내재한 '종교성'을 지칭하는 따름인거죠. 성령에 대한 이해나 감동이 없으면 콜링이 부재할 테니 성직도 일반 직업군의 하나로 간주할 수밖에요."

불트만

C 목사가 입을 열었다.

"자유주의 신학이라면 20세기의 불트만의 비신화화를 빼놓을 수 없습니다. 신약성서의 신화적 표현을 실존론적으로 해석함으로써 복음의 핵심인 기적적인 요소 예수의 동정녀 마리아 탄생, 예수의 부활, 예수의 재림과 성도의 부활 등을 제거했어요. 그는 신약성서를 비신화화하는 것이 복음 전도에 현대인을 소외시키지 않는 자신의 전도 과업이라고 생각한 거지요."

브라이언 박사가 말했다.

"불트만은 자유주의 신학이 '하나님의 나라'를 인간적이고 윤리적 가치로 간주하고, 인간과 역사에 무한한 신뢰를 둠으로써 하나님의 초월성을 세계 내적인 것으로 축소시키고 마는 맹점을 비판하고, 계시의 초월성에 대한 강조를 하였소. 불트만과 같은 맥락에서 하나님의 현존과 활동은 이 세계의 원인-결과의 연쇄 과정에서 파악될 수 없다고 주장한 고가르텐의 "시간 사이에서(Zwischen den Zeiten)"는 변증법 신학운동의 출발점이 되었소. 이것의 결정적 기념비가 하나님과 세상 사이의 무한한 질적 차이를 증언한 바르트의 '로마서 주석' 제2판(1922)인 것이오. 그러나 불트만은 바르트가 역사적 비판과 언어적 비판을 소홀히 하기 때문에 결국에 그릇된 초자연주의에 빠지게 된다고 지적했고, 이에 대해 바르트는 불트만이 자유주의 신학의 역사주의로 회귀하려 한다고 응수함으로써 두 사람은 결렬했어요."[162]

세린이 입을 열었다.

"전 하나님과 계시의 초월성을 강조했다는 불트만이 성경을 비신화적으로 해석했다는 것이 정말 이해가 안되는군요. 전도과업이 뭐니 하는 말도요. 불트만이 신학에서 역사적 비판적 방법의 필요성을 주장하면서도 슈바이처의 역사적 예수 연구에 대해선 불필요성을 주장하는 등 상충된 주장을 한 것은 그에게 그리스도 예수에 대해 일관성 있는 믿음의 확신이 결여됐기 때문이 아닐까요? 성경의 권위에 대해 온전한 신뢰가 없다면 역사적 예수를 성육신한 그리스도로 믿을 수가 없는 것이죠."

이에 브라이언 박사가 말했다.

"불트만이 제기한 신약성서의 비신화론적 해석은 오랫동안 격렬한 논쟁의 대상이 되었소. 신화는 그의 정의에 의하면 신적인 활동을 인간적 행위에 유비하여 서술하는 방식이요. 그는 주장하길, 신약성서의 신화는 그 당시의 세계상의 산물로서 현대의 과학적 사고에 모순되므로 신약성서의 신화를 믿게 하는 것은 지성의 희생(sacrificium intellectus)을 강요하는 것과 같은 오류라는 거요. 그래서 그는 신약성서의 신화는 실존론적으로 해석해야 한다고 주장하고, 역사적 예수의 말씀을 오로지 참된 실존 이해를 해명하는 데 초점을 맞추어 해석하였던 거요. 불트만의 비신화적 해석은 신화적 요소를 제거한 것이 아니라, 신화적 표현 속에 감추어져 있는 실존론적 의미를 밝히는 것을 의미하오."[163]

세린이 고개를 끄덕이며 말했다.

---

162) DEMYTHOLOGIZING THE DIVIDE BETWEEN BARTH AND BULTMANN(https://fireandrose.blogspot.com/2008/06/demythologizing-divide-between-barth.html)

163) Ibid.

"아하, 그렇다면 불트만에 있어서 성경의 절대적 권위성은 무너지고 본래적 성경은 그야말로 신화로 격하돼 버린 셈이로군요! 말씀을 믿으려면 지성이 희생되어야 하니 이 지성을 보존하기 위해 대신 말씀을 희생시켜 새롭고 실존적인 언어로 교체할 필요성이 대두됐고요. 이런 관점에서 보면 성경이 실로 그리스-로마 신화와도 얼마든지 사촌지간처럼 가깝게 느껴질 수도 있겠네요!"

세린이 무릎을 치며 놀라움을 감추지 못하고 외치듯 말했다.

"아, 왜 횔덜린이 그의 시마다 희랍의 신들과 정령들을 어떻게 그리도 친근하고 살갑게 불러낼 수 있었는지 이제야 비로소 이해가 되네요. 아, 정말 놀랍군요! 성경에 희랍신화를 당당히 들여놓게 한 그 발칙스러운 이성이라니…."

브라이언 박사가 말했다.

"루터교파적 가문의 분위기 때문인지 불트만이 자유주의 신학의 내재적 신관의 오류를 지적하고 계시의 초월성을 주장하였다는 점에선 루터교회의 전통을 이은 것 같소. 그러나 불트만이 주장한 것은 다만 '보편적 진리'였소. 즉, 그리스도 안에서 하나님께서 인류의 유익을 위해 일해 왔다는 거요."

세린이 묘한 미소를 지으며 말했다.

"예수가 제자들에게 내가 아버지 안에, 아버지가 내 안에 계신다는 것을 믿으라며, 못 믿겠거든 내가 하는 일을 보고 날 믿으라고 호소했던 말씀이 생각나는군요(요한14:11). 불트만의 믿음은 선택적 믿음인 셈이군요! 자유주의나 현대신학자들 중 많은 이들이 제겐 스피노자란 말을 타고 칸트의 채찍을 휘두르다 슐라이어마허에게 윙크를 하는 자들 같이 느껴지는군요! 튀빙겐 학파의 흐름이 결국 자유주의 신학과 현대신학에까지…"

세린의 말에 스타카토 웃음을 웃던 C 목사가 말했다.

"그래도 불트만은 존재나, 실존의 결단, 만남의 경험 차원에서 볼 때 기독교 신학에선 철학 범주보다 위에 있는 독특한 무언가를 말한다는 것에 동의를 했다고 해요."

세린이 뒤이어 말했다.

"불트만이 인정했다는 계시의 초월성이란 다만 철학 범주보다 위에 있는 '독특한 무언가'로 막연히 표현되고 있군요. 불트만 자신의 신앙고백인지도요…. 성령의 체험이 없으면 그럴 수밖에 없겠지요."

쇼펜하우어[164]

> 인간의 가혹하고 불쌍한 많은 운명 중에서 가장 안타까운 것은 우리가 어디로 가고, 어디에서 왔으며, 무엇 때문에 존재하는지 알지 못하고 살아간다는 점이다.
>
> (쇼펜하우어)

C 목사가 입을 열었다.

"그런데 튀빙겐 삼총사와 동시대인이며 역시 칸트의 영향을 받은 쇼펜하우어는 진정한 철학자는 이성의 빛만을 따라가야 한다고 생각했지요. 칸트의 이성 비판이 계시적 신을 철학적으로 증명하려는 시도에 쐐기를 박은 것이어서 쇼펜하우어는 이것이 마음에 들었소. 그래서 헤겔의 '절대정신'에 대해 이성의 능력으로 초감각적인 절대자를 인식한다는 것을 말이 안 된다고 본 것이오. 그러므로 칸트가 윤리학에서 신을 끌어들인 것은 그의 맘에 안 들 수밖에 없었소. 그래서 어떤 증명도 없이 절대적 당위의 정언명령을 말하는 것은 신학적 전제가 없인 가능치 않다는 주장을 편 것이오. 쇼펜하우어에게 윤리의 문제는 경험에 기초하는 것으로, '이

---

164) Arthur Schopenhauer, Wikipedia & Critique of the Kantian philosophy, Wikipedia

기주의'가 보편 법칙이란 거요. 그는 인간은 이기주의적 동기에서도 칸트가 정언명령에서 말하는 보편성의 원리를 받아들일 수 있다며, 그 이유는 타자인 피해자의 입장에 설 수 있기 때문이란 거요. 쇼펜하우어는 도덕의 기초를 '이성과 법칙'으로 보는 칸트와는 달리 '동정심'을 도덕의 기초요 인간이 지닌 참된 도덕적 동인으로 여겼소. 고통받는 타자 속에서 나 자신을 인식함으로써 상대의 고통을 함께 느낄 수 있다는 거요. 이기적인 인간이 자기 희생에까지 이를 수 있는 것도 나와 타자(타인)의 동일화를 통해 가능하다는 거요. 그리고 이 동인의 출처는 수많은 개별자의 배후에 동일하게 존재하는 본질에 연유한다고 주장했소. 따라서 이기심을 전제하더라도 정의와 인간애의 덕이 도출될 수 있다는 거요. 결과적으로 쇼펜하우어에겐 칸트의 무조건적인 정언명령도 가언명령, 즉 목적 달성 수단의 조건부적인 명령이 되고 마는 것이오. 따라서 인간에게 스스로 입법하는 자율적인 의무란 없는 것이고, 타율적인 의무만 있을 뿐이란 거요. 요컨대 쇼펜하우어에게 인간의 존엄성이란 과장된 설명이고, 가치는 상대적 개념일 뿐인 것이오."

다음은 쇼펜하우어에 대한 세린의 의견이다.

"일견 수긍이 가는 주장이지만 쇼펜하우어는 동정심을 너무 단순히 해석하고 있군요! 일반적으로 동정심은 보편적 양심에 기초한다고 보는데, 성경은 이 양심에 대해 '청결한 양심'과 '더럽고 화인 맞은 양심'으로 구별하는 걸로 볼 때(딤전3:9, 4:2; 딤후1:3; 디도1:14), 인간의 양심이란 완전하지 않은 것임을 알려 주잖아요? 동정심을 유발하는 요인인 공감 능력도 사람에 따라 정도에 차이가 있고, 심리학자에 따라선 공감을 타고난 기질로 보거나 자기 의지와 무관한 무의식적인 반사 작용으로 보기도 해요. 그런데 어떤 사람들은 사전에 동정심이 생기지 않도록 아예 의지적으로 감정을 차단하거나 외면하고 살아갑니다. 한편 이성적인 판단과 합리적인 절제가 결여된 과도한 동정심은 차별의 문제를 일으키는 부조리를 낳기도 하죠. 그러므로 감성이 결여된 칸트의 이성적 법칙이나, 이성적 판단과 사고 능력이 결여된 쇼펜하우어의 동정심을 도덕의 기초로 삼기엔 공히 부족한 면이 있는 것이 아닐까요? 그런데 감성과 이성이 동반된 이상적인 도덕성의 예문은, 불쌍한 사람을 도울 때 오른손이 하는 것을 왼손이 모르게 하여, 착한 행실이 남의 눈에 띄지 않게 하라는 예수의 말씀에서 발견됩니다. 동정심을 베푸는 과정에서도 무고한 자에게 피해가 가지 않도록 해야겠지만 그것이 용이하지 않은 현실입니다. 예를 들어, 지체가 부자유한 자식을 둔 부모가 그 자식에 대한 동정심 때문에 다른 정상적인 신체를 가진 또래의 자식을 차별한다면, 다른 자식은 무고하게 정서적인 피해를 입는 것이 아니겠어요? 이타주의의 근본이 이기주의란 주장을 펴고 있는 쇼펜하우어에겐, 네 이웃을 네 몸과 같이 사랑하라거나 남에게 대접받고 싶은 대로 남을 대접하란 예수의 말씀도 이기심에 뿌리를 둔 타자와의 동일화의 결과일 뿐인 것이죠. 그런데 바로 여기에 결정적인 인식의 오류와 맹점이 있는 겁니다. 성경의 가르침은 구만리 장천 하늘 위에서 팔짱을 낀 채 세상을 내려다보고 있는 칸트의 초월적 신이나, 세상 만물 안에 똑같이 존재하는 본질로서의 개념적 신의 가르침이 아닙니다."

"성경의 하나님은 구체적 사람의 모습으로 이 땅에 오셔서 사람들의 성정에 맞춰 실제적인 이해를 돕는 방법으로 영적인 가르침을 베푸신 예수 그리스도이셨습니다. 성경에서 '자기 몸의 사랑'은 이기적인 사랑을 함의하는 것이 아니라 '성령의 전'으로서의 자기 몸의 사랑을 의미합니다. 이웃 사랑의 연장인 남을 대접하는 것도, 하나님을 섬기듯 대가를 바라지 말고 순전한 마음으로 성심껏 섬기란 의미입니다. 기독교의 진수는 하나님의 인간에 대한 연민적 사랑인 것이고, 이 연민적 사랑의 진수는 예수의 십자가인데, 십자가를 진 신(God)의 아들의 심정은, 우리 인간들과 같이 이기심에 뿌리를 둔 것이 아니라, 온전한 내어 줌 자체였습니다. 혹자는 구원에 대해서 말하길, 신(God)이 인간을 자기 백성을 삼으려는 목적 때문이라거나 혹 인간 편에 믿음이란 조건을 걸었다고 말하는지도 모르겠습니다. 그러나 화재 현장에서 화마 속에 있는 피해자를 구출하기 위해, 피해자에게 어떤 지시를 내리며 불 속에 뛰어드는 소방관에 대해 조건부 구출이라고 말할 수 있겠습니까? 언어도단이지요! 신의 아들은 지옥의 불길 속에 떨어질 인류의 구원을 위해, 십자가라는, 인류의 죄악을 향한 신의 진노의 불길 속에 몸소 뛰어드셨던 겁니다. 생명을 구하기 위해 생명을 내어줌은 그 자체로서 온전한 것입니다! 개인적 관계에서의 세상적 사랑도 그러할진대, 하물며 전 인류의 구원을 위한 하나님의 아들의 희생적 사랑이란! 우리는 이를 '아가페'라고 부릅니다. 세상 사람들 사이의 동정심이란 이 완전한 아가페적 사랑의 부스러기나 희미한 그림자와 같은 것입니다. 예를 들어, 어떤 사람이 도움의 손길이 필요한 자를 도울 때 그 사람의 내면엔 많은 생각들이 서로 교차될 수 있겠지요. 처음엔 그의 내면에 본능적이라고밖에 달리 표현할 수 없을 만한 즉각적인 동정심의 발로로 도움의 손길을 폈지만, 그런 과정에서도 또 그 직후에도 그는 자신의 동정심이 정말 순수한 것인가에 대해 반성을 거듭하게 될 수도 있어요. 내가 인색하진 않았나? 좀 더 도울 수 있진 않았을까? 내가 도운 동기가 신의 눈을 의식하여 죄책감에서 벗어나기 위한 자구책이었나? 내가 천국에 가려고 또 천국에 가서도 형편없는 상급을 받을까 봐 두려워서 도운 것인가? 등등 말이죠. 맨 처음 그의 안에서 발로된 즉각적인 동정심을 성경은 하나님의 형상을 받은 인간의 양심이나 품성으로 일컫고 있는 반면, 칸트는 자기입법적 정언명령으로, 쇼펜하우어는 수많은 개별자의 배후에 동일하게 존재하는 본질이라 표현한 것입니다. 즉, 동정심이 일어나는 첫 단계엔 이기주의가 개입될 여지가 없이 반사적인 그 무엇이 작용하는 것이라 할까요? 타락한 인간의 부패한 양심은 쇼펜하우어의 주장대로 이기성에 근거한 이타주의를 벗어날 수 없을지라도, 동정심의 근원은 분명 신적 성품에서 연유한 것입니다. 완벽한 이타주의적 동정심의 원형은, 인간을 향한 사랑 때문에 자신의 하늘 보좌를 버리고 마구간의 아기 예수로 탄생함으로써, 이 땅에 종의 모습으로 성육신 하여 영생의 복음을 증거하다가, 끝내 인간에 의해 죄 없이 십자가에 못 박히고, 돌아가신 후 부활하신 성자 하나님이신 것입니다!"

"한편 쇼펜하우어는 어느 의미에서 철학의 양심을 철저히 고수하려한 매우 정직하고 순수한 사유의 철학자일 거란 생각이 들어요. 전 그가 왜 칸트의 윤리학을 신학적 도덕의 변장이라고 비판했는지, 또 왜 당대의 헤겔 등을 속임수 가득한 사이비 철학이라고 비난했는지 이해가 갈 듯해요. 쇼페하우어는 가치나 법칙이나 의무나 윤리 도덕에 대해 무조건적이고 절대적인 보편성을 철저히 배제하고, 결벽증적으로 상대적 개념에만 근거하여 해석하는 입장이니까요. 쇼펜하우어의 이런 태도는, 신을 배제하고 이성에게 서슬이 퍼런 포도대장의 위력을 부여하고서도, 신성적인 요소를 선택적으로 차용해 적당히 자신의 사상에 얼버무리는 뭇 철학자들의 비겁한 태도와는 대조적입니다. 쇼펜하우어가 칸트 윤리학의 명령적 형식에 선결 문제 요구의 오류가 들어 있다고 비판하면서, 칸트는 아무런 증명도 하지 않은 채로 우리의 행위가 복종해야 하는 법칙이 있다고 전제한다고 일갈한 것이 그 예라 하겠습니다.[165] 이런 모호한 철학자들로 인해 얼마나 많은 세상의 지식인들이 기독교 신앙의 핵심에 진입하지 못한 채, 신앙의 언저리에서 겉돌다 아까운 생을 허비했겠습니까? 쇼펜하우어의 통찰대로 이 세상은 타산적인 이기성에 근거한 법칙만이 존재하기에, 칸트의 정언명령도 이기적인 동기에 근거하는 가언명령일 따름인 거죠. "무조건적이고 비교할 수 없는 가치"라는 인간의 존엄성에 대한 칸트의 정의 또한 같은 맥락에서 그에겐 과장되고 한심하고 부당한 용어일 따름입니다. 신(God)의 형상으로 창조된 인간이라는 신학적인 전제 없

---

165) Critique of the Kantian philosophy, wikipedia

인 도저히 설명될 수 없는 부분들을, 칸트는 신(God)을 배제한 채 도덕적 신 개념으로만 설명하니 예리한 쇼펜하우어로선 얼마나 견딜 수 없는 일이었겠습니까? 지독한 무신론자인 쇼펜하우어에게나 신실한 야코비에게나 칸트의 모호함은 참을 수 없는 것이 되고 만 것이지요. 뜨겁지도 차지도 않은 미지근한 것을 토해 내리란 성경 말씀이 떠오릅니다. 그러나 그토록 이성엔 철저하게 예리한 검열사를 자처한 쇼펜하우어였지만, 감성엔 그 또한 칸트처럼 어쩔 수 없는 허점을 드러내고 만 것 같습니다. 그가 동정심을 도덕의 기초로 제시한 것을 보면 말입니다. 그래도 쇼펜하우어의 주장은 적어도 은근히 신성의 냄새를 피우며 사람들을 난해에 빠뜨리고 혼란케 하던 당대의 관념론자들에 비해 담백하고 솔직한 것 같으니까요. 쇼펜하우어는 자신이 무신론자임을 표명한 독창적인 철학자이죠. 쇼펜하우어가 역시 칸트를 비판한 야코비의 "신을 직접적으로 인식하고 신이 세계를 창조한 방법을 선천적으로 구성하는 이성 능력"을 특이한 발명품인 것으로 간주하고 칸트의 이성비판의 본래적 의미를 왜곡시킨 것으로 비판한 것은, 유신론의 유일한 토대는 어떤 인간적-철학적-과학적 승인도 필요로 하지 않는 '계시'라는 사실을 역으로 천명한 셈이 아닐까요? 하하, 무신론자에게, 아니, 영적으로 소경인 이성에게 신이나 신 인식은 기상천외한 인간의 발명품일 따름인 것이죠! "종교적이지 않은 사람은 철학자가 될 수 없다"는 슐라이어마허의 입장을 "종교 신자는 철학을 공부할 필요가 없고, 철학자가 될 수도 없다"고 응수한 것 또한 좋은 예이죠.[166] "사람들 앞에서 진지한 척하면서 자기도 모르는 '무한', '절대' 같은 헛소리를 심각한 표정으로 지껄여 대는 뻔뻔하고 멍청한 사기꾼 헤겔에게는 후세의 비웃음이 기다리고 있다."[167] 이 말이 틀린 말은 아니잖아요? 무한하고 절대적 신을 바로 알았다면 정반합을 통해 인간이 절대

---

166) Arthur Schopenhauer, Wikipedia

167) Schopenhauer, Arthur - Critica a Hegel

정신을 획득할 수 있다는 몽상을 꿀 수는 없었을 겁니다. 하하, 그런 헤겔도 종교의 본질은 '의존적인 감정'이라고 주장한 슐라이어마허를 향해 "그렇게 이성을 배제한다면 개가 최고의 기독교인일 거"라고 빈정거렸답니다.[168] 그때나 지금이나 기독교의 본질인 십자가와 예수를 깨닫지 못하는 사상가들의 처지란, 사도 바울이 아테네를 방문했을 때 아테네인들과 그곳의 외국인들이 보다 새로운 것을 말하거나 듣는 데만 시간을 보내고 있었던 상황과 별반 다름이 없는 것이 아니겠습니까(행17:21)?"

"쇼펜하우어와는 결이 다르지만 니체 또한 칸트를 위시한 칸트의 후학들과 독일철학 전체를 "간교한 신학"이라 평가했습니다만,[169] 적어도 쇼펜하우어는 그가 한 말대로 인간의 지식엔 한계가 있지만 인간의 어리석음엔 한계가 없다는 사실만큼은 확실히 알았던 철학자 같아요. 그렇기에 그는 모르고도 아는 척하는 사람을 지적할 수 있었을 거예요. 어쩌면 그는 소크라테스적 기질을 많이 닮은 진실된 사상가인 셈이 아닐까요? 지금도 가장 정통신학을 덜 혼란케 하는, 해를 덜 가져다주는 사상, 신학이란 가면으로 정통신학을 유린하는 기만적인 유사 신학 사상들이 아니라, 오히려 쇼펜하우어처럼 자신의 정체를 드러내고 스스로 무신론자임을 노골적으로 표명하는, 철저하게 정직하고 결벽적인 염세주의적 사상일 테니까요. 아이러니하게도 쇼펜하우어에게 인도사상을 접하게 한 사람은 루터교 목사의 아들인 슐레겔이었답니다. 또 처음엔 영원한 고통과 모순인 세계의 속성을 주장한 쇼펜하우어 철학에 매료됐지만, 체념을 최고의 윤리적 이상으로 간주하는 그의 부정의 철학에 맞서 긍정의 윤리학을 내세우며, 쇼펜하우어에게 시체 썩는 냄새가 난다고 독설을 뱉고야 말았던 루터교 목사의 아들 니체는 슐레겔에 비하면 아예 "신은 죽었다!"

---

168) Hegel's criticism of Schleiermacher and the question of the origin of faith

169) Hill, R. Kevin,Nietzsche's Critiques: The Kantian Foundations of his Thought, Oxford University Press

라고 정직하게 커밍아웃을 한 셈이죠."

오랜만에 로레인이 입을 열었다.

"인생을 맹목적인 삶의 의지요 고통 자체로 본 쇼펜하우어는 불교와 힌두교 등의 동양철학을 접했을 때 동서를 초월한 사상의 공감대를 느꼈을 거예요. 그의 "의지와 표상으로서의 세계"를 보면 알 수있죠. 그는 '의지'를 세계 내적인 본질로, 이 의지가 현상세계에 드러난 방식, 즉 본질이 객관화된 것을 세계 외적 '표상'이라 했으니까요."

C 목사가 뒤이어 말했다.

"그에 따르면 이 '의지'는 생명의 근원으로서 욕망 충족을 위한 맹목적인 충동인데, 이 의지가 플라톤적 이데아처럼 완전하고 순수하게 객관화된 이념이 되면 순수인식의 직관이 가능하여 모든 예술의 원천이 된다는 거요."

세린이 말했다.

"스피노자의 코나투스와 플라톤의 에로스의 합과 같군요."

이번엔 브라이언 박사가 말했다.

"인간은 맹목적인 삶의 의지로 인해 자기보존의 이기적인 집착이 생기며 이를 충족할 수 없는 좌절로 인해 존재론적 고통을 겪는데, 인간이 이 의지에서 해방되면 자기 존재의 근원과 세계의 본질과 미적 인식이 가능하다는 거요. 미적 경험의 반복은 순간의 위로와 개별적 자아의 관심을 넘어 세계 전체의 근원을 향해 나가는 마음의 확장을 가져다주어 존재론적 고통의 본질을 인식하고, 의지를 포기하는 진정 효과를 가져다주어 미적인 구원의 순간을 체험케 한다는 거요. 이 구원의 순간은 의지가 멈춘 상태에서 객관적 대상과 합일을 이루는 신비로운 엑스타시의 순간인 거요. 예술과 미적 인식이 인간을 구원하는 방법일 수 있다고 한 것이오."

해 아래 새로운 것이 없다고 세린은 니체의 디오니소스를 자연 떠올리지 않을 수 없었다.

세린이 다시금 입을 열었다.

"아, 쇼펜하우어가 제시한 예술과 미를 통한 구원 방법 역시 횔덜린의 플라톤적 '미의 이데아'와 통하는군요."

말을 하면서 세린은 횔덜린이 소설에서 디오티마라 불렀던 쥐제테 콘탄트와 사랑을 나눌 때의 심리 상태가 범상한 연애 감정과는 다르게 유난히 고양되고 엑스터시적인 무드를 자아내던 느낌을 받았던 기억이 떠올랐다.

세린이 말했다.

"쇼펜하우어가 카톨릭 신비주의자 에크하르트를 좋게 여긴 것도, 자신의 무(無)와 신의 무(無)와의 합일로 완전한 자유에 도달한다는 에크하르트의 생각과 불교의 니르바나 사상과의 유사성 때문일 거예요. 그의 애완견의 이름이 '아트만'이란 사실이 이를 증거해 주는 셈이죠. 나중에 니체는 "신 안에서 무(無)가 신격화되고 무(無)에의 의지가 신성시된다고?" 하면서 경기를 일으켰지만요, 하하. 아, 그런데 그는 불행히도 인생에서 자신의 영혼을 구원할 진실된 그리스도인을 한 사람도 못 만난 것이 아닐까요?"

C 목사가 자기 얘긴지 남의 얘긴지 구분이 안 가게 쓸쓸한 표정으로 말을 흘렸다.

"세린 씨가 본대로 쇼펜하우어의 그런 무타협적 기질이 그를 대인관계에서 점점 고립되게 만들었다고 해요. 사람들에게 인정받고 싶으면 먼저 세상을 인정하라는 괴테의 충고를 그가 무시했던 건지, 실천하기가 어려웠던 건지 모르겠소만…."

그러자 나다니엘이 끼어들었다.

"쇼펜하우어는 18세에 부친의 바람이었지만 정말 자신은 하기 싫은 사업 공부를 한다는 조건으로 부친이 제안한 유럽 여행을 하게 됐다고 해요. 여행하는 동안 강제 노동을 하는 아프리카 식민지 노예들과 파리의 단두대와 런던의 빈민가와 전쟁의 공포에 시달리는 사람들을 보고 충격을 받은 예민한 18살의 청년은 일기장에 이렇게 적었다고 해요. '하나님이 이 세상을 만들었다고? 천만에. 이 세상을 만든 것은 악마야!'"

세린은 그때 그 시절이 떠올랐다. 당시 과거 귀족 명문이라 불렸던 여학교엔 실용주의 바람이 불었었다. 나이가 지긋한 다수의 선생들 속에 가장 젊은 축에 드는 남자 물리 선생은, 짝달만한 키에 얼굴이 까무잡잡하고 촌스러운 인상이나, 도수 높은 안경을 걸친 위로 양미간을 찌푸리며 몰입해서 강하게 말을 하는 편이라 꽤나 진지한 분위기가 있었다. 그래선지 그의 말은 늘 학교나 학생들의 문제의식을 일깨우듯 웅변조로 들렸고, 말의 내용도 나이 많은 구태의연한 선생들과는 달리 나름 변혁적이고 데모적이기까지 했다. 그 물리 선생은 고등학교 3학년 반 중 전교 60등까지로 배정해 놓은 12반, 세린의 담임이기도 한 권 선생의 숭배자였다. 그는 늘 의례를 행하듯 12반 수업 시간에 들어올 때마다 권 선생을 치하하곤 했다.

"너희들 고등학교 선배인 권 선생님, 지금은 연세가 드셨지만서도 너희 나이대에는 얼마나 예쁘셨을까?"

가뜩이나 게슴츠레한 눈을 더 오므리는 물리 선생의 표정은 과히 미학적인 느낌을 자아내진 않았다.

"훌륭한 가문의 며느리이신 데다 지금도 얼마나 기품 있고 멋있으시냐? 키도 크신 데다 이 학교 농구부에서 활약하셨고, 일류대 학벌이시나…"

다시 한 차례 허공에 눈을 던지며 경외감의 분위기가 감돈 다음에야 물리 선생은 수업 자세로 돌아오곤 했다. 그런 물리 선생은 틈만 나면 여학생들에게 문과를 지원하지 말고 이과를 지원하라고 설득을 했는데, 요지는 이러했다. 너희들은 벌써 체력적으로 남학생들과는 게임이 안 돼. 입시는 한마디로 머리싸움이 아니라 체력 싸움이야. 그놈들은 코피 흘리면서 밤새우고 이를 앙다물고 죽기 살기로 덤벼드는 독종들이다. 아, 정신력에서도 도저히 너희처럼 야리야리하고 연약한 여학생들이 무슨 수로 억대우 같은 그놈들을 이길 수 있겠냐고? 그러니 그 무지막지한 맹수 같은 놈들이 대다수 지원하는 문과는 아예 엄두도 내지 마라! 이쯤에서 물리 선생의 브이 자로 패인 양미간의 골이 최대로 깊어져 진지함의 정도가 피크에 달하면, 그는 한 손으로 멧돼지처럼 굵고 짧은 목둘레 밑에 내키지 않게 걸려 있는 넥타이 매듭의 쬠을 히스테리컬하게 좌우로 이리저리 당겨 느슨하게 만들고는 목에 본격적으로 핏대를 세웠다. '솔직한 말로 툭 까놓고 우리끼리 얘길 해 보자. 너희들이 영문과를 나왔다고 하자.' 그의 어감은 마치 영문과 뒤에 '막말로'란 부사가 생략된 듯이 들렸다. '너희들이 영문과를 나오면 시집가서 그걸 뭐에다 써먹겠느냐고? 아닌 말로 너희들이 안방에 앉아 시어머니와 쏼라쏼라 영어로 대화를 할 거냐구? 너희들이? 안 그렇냐고?' 이때쯤엔 물리 선생의 안타까운 표정과 어투에 서린 비장감이 절정에 달해 그 어느 여학생도 제대로 숨소리조차 낼 수가 없는 지경이었다. 듣는 모두가 뭔가 반성을 해야 할 것 같고, 괜히 숙연해지지 않을 수 없는 기분이 되곤 했으니. 그러고도 물리 선생은 스스로의 미션을 거듭 확인하듯 최종 정리로 단속하는 걸 잊지 않았다. '말해 두지만 문과는 여자들에겐 아무 소용이 없다. 그러니 될 수 있는 대로 이과를 지원해라. 바라건대 살림과 직업을 병행할 수 있는 약대를 가라.'이런 요지였다. 고등학교 시절 내내 책가방 속에 대입 참고서 대신 크고 무거운 '세계 대사상전집'을 넣고 다니던 세린은 대학은 한사코 철학과를 지원코자 했다. 그러나 권 선생은 다른 교사를 시켜 설득하게 하는 등 그녀에게 끝까지 비협조적이었다. 합격률이 높은 이과 위주로 학생들을 배정하는 학교 정책상, 약대만을 고집하는 담임 교사의 반대에 부딪혀 관계가 앙숙이 되자 세린은 자포자기 상태가 되었다. 대학 입학을 포기하고 두문불출하고 방안에 누워 있는 그녀를 보다 못한 부친은 세린 모르게 입시 원서 접수 마감일 하루 전에 담임을 찾아가 임의로 과를 정해 대학에 접수를 시킨 것이었다. 결국 한 해만 다닌다고 작정하고 억지로 대학엘 들어가게 되었던 일이…. 그 후 1년이 지나자, 교단 앞에 누르튀튀한 전신 해골을 걸어놓은 강의실에서 해부학 수업을 들어야 했던 악몽이…, 해부학 교실 앞을 지나갈 때마다 건물 내로부터 자욱이 풍겨 나오는 포르말린 냄새를 맡으며 시체 썩는 냄새를 맡는 기분으로 정신이 피폐해지고 한없이 조락하던 일이…. 영혼이 떠나 한갓 물질로 전락해 버린 육체에 대한 지독한 환멸은 그녀가 지탱하고 있는 생의 뿌리마저 위협하는 것이 되어서 그녀의 영혼은 실로 달아났다! 달아나고 말았다! 그토록 신비한 정신적 가치를 지닌 고매한 인간의 육체가, 한껏 찢겨 길가에 버려진 들짐승이나 노상에 질펀하게 펼쳐 놓은 싸구려 잡동사니 물건같이, 해부학적 호기심으로 가득 찬 타인들의 실험용 구경거리가 된다는 사실에, 지독한 구토와 환멸을 넘어 절망과 공포심에 가까운 불안에 시달렸던 일이….

나다니엘이 턱 언저리를 쓰다듬으며 미안하듯이 세린의 눈치를 보며 말했다.

"아마도 그런 쇼펜하우어를 더욱 초라하게 만든 건 그에 대한 니체의 독설이었을 거예요. "선악의 저편"에서 니체는 쇼펜하우어에 대해 매우 교활하고 이중적이라고 폄하했으니까요. '하루 종일 돼지처럼 살아가는 철학자들보다 훨씬 교활하다. 그는 책에서는 여자를 저주했으면서, 이불 속에서는 그녀들을 사랑했다. 한마디 더하자면, 세상을 경멸하는 사람이 도덕을 부르짖고 플루트를 불었단다.' 뭐라고? 이런 사람이 염세주의자라고? 하하하."

니체

고명한 자는 고명한 일을 도모하나니 그는 항상 고명한 일에 서리라

(이사야32:8)

"그런데 아이러니는 말이요…"

브라이언 박사는 오른손의 엄지로 턱을 괴고 검지를 코밑에 댄 채 무언가를 곰곰이 생각하는 모습으로 말했다.

"니체는 슈트라우스의 역사적 낙천주의를 당시 독일의 속물 교양으로 폄하했었는데, 그런 니체 역시 이미 신학교 시절에 슈트라우스의 『예수의 생애』를 읽고 난 후 자신의 신앙을 이미 잃었다는 사실인 거요. 그 때문에 겨우 한 학기 후 신학교를 그만두고 쇼펜하우어와 랑게에 심취하게 됐소만…"170)

세린이 응수했다.

"어쩌면 당연한 결과인지도 모르죠. 인간이 절대적 진리를 일단 부인하게 되면 그 후론 상대적 진리 사슬만 남게 될 테니까요. 자신의 생각을 주장하려면 남의 주장을 밟고 일어설 수밖에 없지 않겠어요? 그 과정에서 야합하고 등을 돌리고를 반복하면서요. 신의 자리를 차지한 이성이 무한하게 진보할 것처럼 허풍을 떨어 왔지만 실은 흔들리는 터전일 뿐인 거죠."

> 자신을 신들로 생각하는 인간들은 알지도 못하고 깨닫지도 못하여
> 흑암 중에 왕래하니 땅의 모든 터가 흔들리도다(시편82:5)

"으음… 세린 양의 말처럼 니체는 처음에 쇼펜하우어를 적극적으로 옹호했고, 쇼펜하우어를 좋아한 바그너와도 친밀히 지냈다고 해요. 그러나 말기에 바그너의 작품이 기독교화가 되자 바그너와 결별하고 결국 쇼펜하우어의 염세주의를 비판하게 되었다오."171)

"어쩌면 니체는 무정부적 희망주의자가 아닐까요? 터전이 없는 희망은 저항적인 외침처럼 강렬하고 특이한 에너지를 발하지만 근원은 흑암인지

---

170) Friedrich Wilhelm Nietzsche, Wikipedia
171) Ibid.

라 스스로를 피폐하고 몰락하게 만들어 갈 뿐이죠. 전 그것이 아마 니체를 극심한 정신 분열 상태로 몰아갔을 거란 생각이에요…"

브라이언 박사가 세린의 말에 고개를 끄덕이며 말했다.

"니체는 세상을 마야(환영)의 베일에 비유한 쇼펜하우어의 사상을 인간 적대적이라 보고 이렇게 항의를 했어요. "사멸적인 모든 것이 한낱 거짓일 뿐이라고? 마땅히 불멸이 아니라 시간의 흐름과 생성에 대해 말해주어야 한다. 일체의 사멸적인 것들에 대한 찬미가 되어야 하고 정당화가 되어야 한다."고 말이오."[172]

세린이 말했다.

"니체가 인간의 찬미를 외친 이유는 신으로부터 유래한 세상의 보편적 가치를 부인하고 상대적 가치만을 인정하는 입장에서 인간을 스스로 가치를 창출하는 창조자의 자리에 올려놓았기 때문이죠."

나다니엘이 니체의 진짜 팬답게 일사천리로 설명했다.

"니체는 쌍방이 지배와 상승을 추구하는 힘에의 의지작용에서 서로 간 긴장이 창조의 힘을 낳는다고 했죠. 인간이 세계를 창조하고 세계 자체의 이성과 이미지와 의지와 사랑을 창조한다는 겁니다."

브라이언 박사가 말했다.

"니체에게 선이란 힘에 대한 느낌, 힘에 대한 의지, 힘 자체를 증대시키는 모든 것인 반면, 악이란 약함에서 나오는 모든 것이요. 힘의 의지엔 선악의 가치가 없고 이 세계는 힘의 의지란 거요. 그런 그에겐 행복이란 것도 힘이 증가한다는 느낌인 거요."

뉴세린이 말했다.

"니체의 힘의 근본과 지향점은 바울이 체득한 힘과는 상이하군요. 바울은 자신의 힘이 약한 데서 전능자의 능력이 최고로 드러나는 진리를 체득했으니 말이죠(고후12:9). 크리스찬의 힘의 출처는 전능한 신이고, 힘

---

172) Research Article Peter Stewart-Kroeker* Nihilism: Schopenhauer, Nietzsche and Now

의 지향점도 전능한 신입니다. 그리스도인은 니체처럼 자신의 의지로 힘을 펌프질해서 생산하는 것이 아니라, 전능자로부터 능력을 공급받습니다. 자신의 힘을 내려놓을수록 그가 받는 위로부터의 능력은 최대치가 되고, 그 능력의 본질은 예수 그리스도를 죽은 자 가운데서 일으키신 전능자의 힘, 즉 부활의 능력입니다."

나다니엘이 다시금 입을 열었다.

"니체는 창조의 기쁨을 통해 지복에 이르는데 만약 세상이 신에 의해 완결되었다면 창작의 즐거움도 희망도 없으니, 자신이 신이 아닌 걸 어떻게 참을 수 있겠냐는 거예요. 그러므로 신들이 있어서는 곤란하다는 거죠. 하하 그러면서 말합니다. 생식과 생성의 의지가 나를 꼬셔서 신과 신들한테서 멀어졌다. 만약 신들이 있다면 창조할 것이 뭐가 있겠는가, 하고 말이죠."

가만히 듣던 뉴세린이 웃으며 입을 열었다.

"하하, 니체의 신은 말하자면 도덕 때문에 요청된 신이 아니라 창조 때문에 거부된 신이로군요. 그러나 신의 이미지로 창조된 인간의 특성 안에는 신의 속성을 닮은 창조성이 있어요. 신은 처음부터 인간을 자유롭게 선택할 수 있는 의지적 존재로 창조하였을 뿐만 아니라 인간사에 자율적으로 개입하여 왔어요. 그러므로 최초의 인간이 살던 에덴동산부터 시작된 세상은 늘 신에 의해 완결된 세상이 아니었고 열린 세상이었죠. 그러나 니체는 이 세상을 기계적 결정론처럼 닫힌 세상으로 보기에 창작의 즐거움도 희망도 없을 거라고 주장하고 있는 것이죠. 니체는 차라리 스피노자에게 항의하는 게 나을 법했죠. 혹 니체가 말하는, 신에 의해 완결된 세상이 그리스도를 통해 하나님의 구원 계획이 완성된 세상이라 하더라도, 역시 그는 칼빈의 예정론을 그저 평면적으로만 이해하고 있는 수준입니다. 그러나 그리스도인은 누구나 열린 세상에서 신으로부터 내려오는 감동과 영감을 입어 자유롭게 창조성을 불태울 수 있고, 창조의 기쁨을 통해 지복에 이를 수 있습니다. 여기서 우리는 니체가 딴지를 거는 것이, 신에 의해 완결된 보편적 가치와 더불어 성경적 가치, 즉 '말씀' 자체임을 알 수 있습니다. 요컨대 그는 스스로 '신'이 되겠다는 겁니다. 그가 겨냥하는 것은 다른 신들이 아닌 기독교, 기독교의 유일신을 전복시키는 것입니다."

세린이 말하는 동안 자리에서 일어나 주위를 서성거리던 나다니엘이 스테이지 위에서 대사를 읊조리는 배우처럼 두 팔을 반으로 접어 세운 채 말했다.

"내 열렬한 창조의 의지는 늘 새롭게 인간에게 몰아친다! 망치가 돌로 몰아친다! 내 망치가 잠자고 있는 이미지, 이미지를 가둔 감옥을 잔혹하게 두들겨 팬다!"

뉴세린이 말했다.

"말하자면 니체는 이 세계를 창조한 신의 기쁨을 누를만한, 자신 안의 어떤 류의 맹렬한 창조 의지가 늘 새롭게 자신에게 몰아친다는 겁니다. 그래서 자신 속에 '신'의 이미지를 가둬 놓고 있는 '돌같이 잠자는 영혼'을 창조의 의지로 두들겨 패서 자신 속의 '신'을 해방시키겠다는 겁니다. 요컨대 자신의 신성을 최고로 마음껏 발휘하겠다는 거지요. 또 그는 이 창조의 의지로, 뭇 인간들 속에 새겨진 창조자의 형상과 세상의 그리스도인들을 위시하여 기존 질서와 가치관의 수호자들을 잔혹하게 두들겨 패고자 한다는 겁니다. 인간들 속의 '신성'을 일깨우기 위해서지요. 하하, 누구 생각나는 사람이 없습니까? 니체의 표현은 횔덜린처럼 양심적이고 미학적이지 않고, 배반적이고 가학적이지만 그의 파운데이션은 다름 아닌 횔덜린입니다. 니체의 영혼 속엔 폭풍우 같은 파괴적인 에너지가 다이노소어처럼 꿈틀거리고 있어요."

세린이 보기에 나다니엘에게서 언뜻 모로의 그림에 있는 프로메테우스의 표정이 스치고 지나가는 듯했다. 표정에 걸맞게 그는 다음 말을 이었다.

"그것은 위버멘쉬요, 사람이라는 먹구름을 뚫고 내리치는 번갯불이다."

뉴세린이 다시금 입을 열었다.

"니체는 세상 인간들에 대하여선 니체 스스로 인간이라는 먹구름을 뚫고 내리치는 번갯불이 되겠다는 겁니다. 니체가 사랑하는 인간이란, 번 갯불이 곧 내려칠 것을 예고하며 파멸해 가는, 먹구름에서 떨어지는 무 거운 빗방울 같은 자들입니다. 또 니체가 뭇 인간들이 되길 바라는 '초인' 이란, 스스로 '사람'이라는 '먹구름'을 뚫고 내리치는 '번갯불' 같은 존재입 니다. 전 여기서 니체가 전능자의 파워를 상징하는 성경의 표현을 차용했 다고 느낍니다. 성경에 나타난 '번개'와 '뇌성'은 그 경이로움과 놀라움 때 문에 신(God)적인 사건, 즉 '하나님의 임재', 권위와 능력과 위엄과 성령의 임재를 나타냅니다.[173] 그러나 니체에게 초인이란 스스로 인간적 한계를 극복하고 자신의 가치를 스스로 창조해 가는 자입니다. 니체의 초인을 초월적 신격이나 인격이 아닌, 이 땅에서 구현되어야 할 현세적 이상이자 목표라고 해석할 수도 있겠지만 어디까지나 그 사상의 중심엔 인간만이 독보적인 세상의 가치의 창조자인 것입니다. 그러므로 니체에게 '초인'이 란 '신성'에 필적하는 위치와 가치를 지닌 존재인 것입니다. 우리는 횔덜린 의 「마치 축제일에서」에 나오는 시 구절을 떠올리게 됩니다.

그러나 우리 시인들이여, 우리는 신의 뇌우 아래 맨머리로 서야 한 다 / 우리 자신의 손으로 아버지의 광선을 움켜쥐고 하늘의 선물을 노래로 감싸 사람들에게 나눠주는 것이 우리의 의무이기에

횔덜린에게 시인이란, 모태에서부터 제우스의 뇌우의 불길을 입고 태 어난 디오니소스의 영인, 신적 번갯불에 감동되어 -그러나 이것은 보다 의지적인 '움켜잡음'을 뜻한다- 창작한 시어를 통해, 사람들 속에 잠자는

---

173) 요한은 성령에 감동되어 비전 가운데, 하늘 보좌에 앉으신 하나님과 그의 보좌로부터 나는 번 개와 음성과 천둥 소리와 충만한 성령의 임재를 목격했으며(계4:5), 또 하늘 성소 안에 있는 언 약궤를 보았을 때 천둥과 번개와 지진 등을 경험했다(계11:19).

신성을 일깨우는 신들의 메시지를 전하는 자인데, 니체는 숫제 횔덜린의 포장과 에봇174)을 벗겨내어버리고, 스스로 디오니소스가 되어버린 것입니다. 하하. 비록 비진리라도 정통을 꿰뚫는 니체다운 면모인 것이죠! 요컨대 망치나 번갯불은 니체 자신의 신적 창조의 의지, 곧 초인적 의지의 은유이고, 돌이나 먹구름은 노예도덕에 지배되어 살아가는 인간을 은유한 것입니다. 그러고 보니 횔덜린에 심취한 과르디니 신부마저 "변형은 우리 자신의 부활의 번개"175)라고 했던 말이 생각나는군요. 자, 여기서 우리는 다시 한번, 하나님의 사람들이 '성령의 불'에 감동되어 '하나님의 임재'를 경험한 성경의 말씀을 생각하게 됩니다. 모세는 임종 전, 이스라엘 자손을 위한 그의 축복의 예언 중, 강림하시는 여호와의 오른손에 성도들을 위한, 번쩍이는 '말씀의 불'이 있음을 보았습니다(신33:2). 다니엘은 환상 중에 여호와가 좌정하신 보좌가 '불꽃'이요, 보좌의 바퀴가 '타오르는 불'이며, '불이 심판을 하시는 보좌 앞에서 강처럼 흘러나오는 것을 보았습니다(단7:9-10). 사도 바울은 '신의 광선'에 의해 눈이 멀었습니다. '여호와의 불'은 '말씀'이요, 권능으로 임하시는 '성령'이요, '정결'케 함과 '심판'을 의미합니다. 이 모든 초자연적인 신의 권능은 신의 주권적 역사(役事)로 인간에게 임한 것입니다. 그러므로 과르디니 신부의 발언 "모든 사람이 하나님과의 직접적인 접촉을 감당할 정도로 강하다는 생각은 거짓이며, 신의 힘의 직접적인 광선 속에 서 있다는 것이 무엇을 의미하는지 잊어버린 시대에 의해서만 생각할 수 있으며, 그것은 하나님의 존재라는 압도적인 현실을 감성적인 종교적 '경험'으로 대체합니다. 모든 사람이 그 현실에 노출될 수 있었고 노출되어야 한다고 주장하는 것은 신성모독적인 일입니다"176)는 지극히 인간적인 사고가 만들어낸 표현들입니다. 하나님의 주권

---

174) 에봇(Ephod): 구약시대에 대제사장이 입던 예복

175) Romano Guardini, The Lord https://www.goodreads.com/work/quotes/499399-the-lord

176) Ibid.

적인 역사에 대해 인간 측이 감당할 능력이나 강함 정도, 또 노출의 가능성 여부를 가늠하는 자체가 가당치 않은 발상이기 때문입니다. '세상의 빛'이신 그리스도 예수를 따르는 자들은 누구나 '생명의 빛'을 얻고(요8:12), 착한 행실로 세상을 비추는 '세상의 빛'으로 살아감으로써 하나님께 영광을 돌릴 의무가 주어집니다(마5:14-16). 신자는 늘 신의 권능의 직접적인 광선 속에 있는 자이며, 하나님의 존재라는 압도적인 현실을 살아가는 자이며, 그리스도를 구원의 주로 영접하면 누구나 이런 현실에 노출될 수 있고, 또 마땅히 노출되도록 경건에 힘씀으로써 하나님의 신성에 영광을 올려드려야 합니다. 다시 본론으로 돌아가, 니체나 횔덜린에게 내린 '불'엔, '그리스도'도, '말씀'도 없기에, '정결함'이나 '구원'이나 '심판'에 관한 메시지와는 무관합니다. 사람들이 '신내림'을 조심해야 하는 이유입니다!"

나다니엘이 이번엔 애매한 웃음을 흘리며 망설이듯 말했다.

"그리고 니체는 이런 말도 했다지요? "대지에 충실하라 초지상적인 희망을 설교하는 자들을 믿지 말라. 그들은 생명을 경멸하는 자들이요, 소멸해 가는 자들이자 이미 독에 중독된 자들이다."라고요."

세린은 십 대 중후반 시절에 니체의 책들을 연거푸 탐독하는 동안, 자신의 뇌 속에서 도파민이 분비되었던 기억을 생생히 가지고 있었다. 그러나 그 시절 자신의 내면은 세상에서 괴리되고 황폐하기 그지없는 황야의 이리 같지 않았던가? 기독 학생회 서클룸에서 나오는 학생들의 표정이 한결같이 세상 걱정 없는 듯 유쾌하고 밝은 것을 보고는, 자기는 차라리 저들같이 배부른 돼지보다 배고픈 소크라테스가 되겠다고 중얼거렸던 순간이 있었다. 그러기에 그녀는 나다니엘의 모습을 보며 안타까운 마음과 아울러 과거 니체의 독설에 무분별하게 중독되었던 자신을 돌아보는 심정으로 담담히 말했다.

"기독교의 진리는 예수 그리스도를 따르는 겁니다. 그리스도는 십자가의 고난 속에서 -니체의 표현을 빌리자면- 자기를 극복함으로써 구원을 창조하신 가장 높은 차원의 인간이자 신으로서의 본을 완벽히 보이셨습니다. 대지에 충실치 않고 지상의 삶에 희망을 두지 않으셨다면, 신이 육신을 입고 지상의 인간을 찾아올 필요가 있었을까요? 인간의 생명을 경멸했다면 어찌 신의 아들이 인간의 영원한 생명을 위해 몸소 십자가에 달려 죽으셨겠습니까? 니체는 지상과 초지상, 삶과 영생에 대한 이원론적 사유의 덫에 갇혔기에 성경에 대해 유기적이고 통전적인 이해가 없는 것입니다. 예수는 자기가 이 땅에 온 것이 인간들로 생명을 얻게 하고 더 풍성히 얻게 하려 함이라고 친히 말씀하셨습니다(요10:10). 실로, 그리스도인들은 생명을 존중하는 자들이요, 번영해 가는 자들이며, 그리스도의 사랑에 중독된 자들입니다."

> 무명한 자 같으나 유명한 자요 죽은 자 같으나 보라 우리가 살아 있고 징계를 받는 자 같으나 죽임을 당하지 아니하고 근심하는 자 같으나 항상 기뻐하고 가난한 자 같으나 많은 사람을 부유하게 하고 아무것도 없는 자 같으나 모든 것을 가진 자로다(고후6:9-10)

나다니엘은 제어 장치가 고장 난 자동차처럼 직진했다.

"지금의 선택에 최선을 다하는 것에 자유와 구원이 있다. 운명을 사랑하라! 아모르파티!"[177]

이를 가만히 지켜보던 뉴세린이 입을 열었다.

"이는 자기 스스로가 주인의식을 가지고 만들어 가는 운명에 대한 사랑을 말한 것이죠. 니체는 5세기 그리스 문명의 중심사상인 카이로스(찬스)적 개념에 철저한 걸로 보입니다만, 그래서 그는 인간의 능력과 노력을 상징하는 이 카이로스가 인간에게 궁극적인 결정권을 부여한다고 생각한 것 같군요. 그러나 개인과 인류의 역사는 인간적 차원에서의 크로노스가 아닌, 신의 절대적 시간이 인간의 역사적 시간과 만나는 순간의

---

177) 이 사람을 보라

카이로스에 의해서 진행되어 온 것이죠. 하나님이 보내신 종들과 노아와 아브라함과 모세와 욥의 생애가 그러하였고, 예수 그리스도의 초림을 위시해서 개인의 회심과 세계사의 진행에 이르기까지 말입니다. 하나님께서 인간의 삶에서 하시는 일이 항상 이해가 되는 것은 아닙니다. 인간은 살아가면서 자신의 힘으로 불가능한 어떤 주권적인 순간을 맞이할 것이나, 인간은 다만 '그분'이 주권자이므로, 현재엔 고난일지라도 자신의 미래에 좋은 일이 일어날 것을 장차 자신에게 나타날 영광을 그 무엇도 막을 수 없다는 것을 철저히 믿어야 합니다(롬8:18). 이 믿음을 통해서만 인간은 자유와 구원을 누립니다. 인간은 막연히 운명을 사랑하는 것이 아니라 그 운명, 즉 섭리 가운데 일하고 계신 신(God)에게 초점을 맞추고 그 신(God)을 사랑해야 하는 것입니다. 기독교는 니체가 생각하듯이 피안만을 지향하고 현재를 무의미하고 무가치한 허상으로 여기는 신앙이 아닙니다. 기독교는 가장 현재적이고, 가장 현실적이고, 가장 구체적인 신앙입니다. 그러므로 성경은 "지금은 은혜받을 만한 때요 보라 지금은 구원의 날이로다"라고 선포합니다(고후6:2). 모든 인류는 현재 이 순간, 예수 그리스도의 손을 붙잡음으로써 현세와 내세에서 영육 간의 자유와 구원이 주어지는 것입니다. 모든 그리스도인이 성령의 기름을 준비한 '슬기로운 다섯 신부'처럼 현재적인 '깨어 있음'을 지속할 때, 그들의 역사적 시간이 하나님의 우주적 구속사적 역사에 맞닿아 새 창조의 부활에 참여하는 놀라운 은총을 입게 됩니다."

나다니엘이 멋쩍은 듯 좌중을 한바탕 둘러보더니 장난기 어린 천진한 웃음을 지으며 말했다.

"니체는 철학자란 존재는 특히 플라톤같이, 인간을 얼마나 고양시킬 수 있는지를 알아보기 위해 극도의 노력을 기울이는 사람이라 말하지 않았습니까?"

이에 뉴세린이 말했다.

"물론 이성적인 관점에선 그렇게 볼 수 있겠지만, 인간존재를 좀 더 높은 차원으로 고양시킬 수 있는 토대나 발판은 성경의 '말씀'뿐입니다. '말씀'을 통해 우리의 영혼은 예수 그리스도의 생명을 입습니다. 하나님이 우리에게 '말씀'을 보내시면 메마른 사막 위 무성한 잡초같이 사변으로 가득 찬 우리 영혼의 황무지가 물 댄 동산같이 비옥하게 바뀌게 됩니다. '말씀'을 받은 자는 존귀한 자요, 존귀한 일을 계획하는 자요, 항상 존귀한 행위로 존귀한 뜻을 펼치며 사는 자입니다. 그러나 어리석은 사람은 어리석은 말을 하며, 그 마음으로 악을 좋아하여 불경건한 일을 하며, 주님을 대적하여 주님에 대해 함부로 말을 하는 자입니다(이사야32:6-8)."

니체의 위버멘쉬: 낙타, 사자, 어린이[178]

"자, 이제 니체가 주장하는 초인이 되어 가는 과정을 살펴봅시다. 이 과정에서 정신의 세 변화에 대한 니체의 주장은 정신이 어떻게 낙타가 되고, 낙타가 사자가 되며, 사자가 마침내 어린아이가 되는가에 대한 것입니다.

첫 번째, 처음 단계인 낙타의 정신은 주인을 공경하고 두려워하므로 억센 정신으로 의무를 다하려 묵묵히 주인의 법의 무거운 짐을 지고 사막을 서둘러 달려갑니다. 이는 하나님을 경외하므로 충성되게 주님의 말씀을 준행하고자 믿음의 선한 싸움을 싸우고 복음 전도의 사명을 감당하며 믿음의 경주를 달리는 성도의 모습을 빗댄 것입니다.

두 번째, 이후 외롭기 짝이 없는 사막에서 낙타에게 두 번째 변화가 일

---

178) How to Become an bermensch-Nietzsche's Three Metamorphoses,The Living
   Philosophy

어나는데, 정신이 사자로 변해야 한다는 겁니다. 사자의 정신이란 주인을 제치고 자유를 쟁취하여 스스로 사막의 주인이 되고자 하는 정신이란 주장이죠. 낙타가 섬기던 주인은 그가 그동안 믿고 숭배해 온 '신(God)'을 가리킵니다. 인간의 타락 후 인간의 자유 의지는 루터의 표현대로 노예 의지로 바뀌었습니다. '성령의 종이냐 악령의 종이냐'로요. 이것을 니체는 교묘히 '노예 도덕이냐 주인 도덕이냐'로 바꿔 놓고 성령의 파워가 아닌 악령, 즉 세상 영의 파워를 전격 부각한 것입니다. 사자의 정신은 이제 로드십을 쟁취하기 위해 '신(God)'에 대적하여 '거대한 용(The great dragon)'과 일전을 벌여야 한다는 겁니다.[179] 여기서 우리는 니체가 '신(God)'과 '큰 용(The great dragon)'을 같은 동지로 놓고 있는 것을 봅니다. 마치 아폴론이 가이아의 신전을 차지하기 위해 큰 뱀 '피톤'을 격퇴하듯이 말입니다. 그리스 신들에 매료된 니체는 볼테르처럼 예루살렘 성전과 델포이 신전을 구분하지 못하는지도 모르겠습니다만, 아무튼 상당한 난센스입니다.

'사자의 정신'이 더 이상 '주인' 또는 '신'이라고 부르기를 마다하는 그 거대한 '용'의 '정체'와 '이름'은 '너는 마땅히 해야 한다.'입니다. 그러나 사자의 정신은 '나는 하고자 한다'고 말하는 존재입니다. 니체가 성경을 읽었는지 안 읽었는지 모르지만 '용'이나 '사자'는 성경에서 '사탄'과 '대적마귀'를 가리키는 표현이므로 성경을 패러디한 것은 분명해 보입니다. 계시록은 여러 군데에서 예수 그리스도의 '정체'와 '이름'을 등가로 표현합니다(계19:11-16). '사탄'에 대해서도 마찬가지인데, 니체는 이 방식을 그대로 따르고 있습니다. 엉뚱하게도 니체는 예수 그리스도와 미카엘 천사장과 성도들이 대적하는 '용', 즉 '사탄'을(계12:7-12) 거꾸로 '차라투스트라'의 입을 통해 '하나님'으로 은유하고 있습니다.

너는 마땅히 해야 한다는 하나님의 계명인, '너는 결코 선악과를 먹으면 안 된다'는 것과 유사한 뉘앙스를 풍깁니다. 이 하나님의 계명이자 예

---

179) 계12:9, 20:2 큰 용은 옛뱀, 마귀, 사탄으로 칭하고 '온 천하를 꾀는 자'를 의미한다.

수 그리스도의 이름인 '말씀'을(계19:13) 니체는 거대한 '용'의 정체와 이름으로 삼고 있습니다. 즉, '하나님'과 '예수님'이 '사탄'이란 것이죠. 그리고 이와 대척점에 나는 하고자 한다는 '사자의 정신'을 놓고 있습니다. 이는 은연중 나는 선악과를 따 먹고자 한다는 것과 같은 뉘앙스입니다.

니체는 설명하길, '용'의 비늘에는 천 년의 역사를 자랑하는 가치들이 찬란하게 빛나고 있고, '용' 가운데서 가장 힘이 센 그 '용'은 모든 사물의 가치는 내게서 찬란하게 빛난다고 거들먹거리는 말을 합니다. 이는 계시록 17장에 나오는 '짐승을 탄 여자'인 '큰 음녀'가 탄 '붉은빛 짐승'의 몸에 '하나님을 모독하는 이름들'이 가득한 것을 연상케 합니다.[180]

'용'의 말은 이겁니다. 즉, 가치는 이미 모두 창조되어 있고 창조된 일체의 가치, 내가 바로 그것이다. 그러므로 진정 '나는 하고자 한다'는 요구는 더 이상 용납될 수가 없다는 겁니다.

'용'들은 세상의 종교들을 가리키고 그 가운데 가장 힘이 센 그 '용'은 '기독교'를 시사한 겁니다. 진리·가치는 단지 상대적 유용성에 의해 만들어진다고 믿는 니체에게 불변의 절대진리·가치란 가소로운 오만에 해당하니까요. 니체는 자신의 주장을 효과적으로 관철시키기 위해 도발적으로 유도성 질문을 던집니다.

형제들이여, 무엇 때문에 정신에게 사자가 필요한가? 짐을 질 수 있는 짐승, 체념하는 마음 그리고 공경하고 두려워하는 마음으로 가득한 짐승이 되는 것만으로는 왜 만족하지 못하는가? 하고 말입니다. 그리고 스스로 대답하길, 그것은 자유를 쟁취하고 새로운 가치를 창조하고 싶은 욕구 때문이란 겁니다. 신(God)을 경외하고 신(God)의 계명과 말씀을 더없이 사랑하고 신성한 것으로 섬기던 정신이, 의무에 대해서조차도 경건하게 '아니오'라고 말할 수 있게 하기 위해서, 또 그 '신(God)'에 대한 사랑이 망상이란 것을 깨닫고 자신의 의미를 찾고 구속된 자유를 되찾기 위해

---

180) 음녀의 이마엔 '큰 바벨론'이란 이름이 기록되었는데 이는 '영적 바벨론'으로 하나님의 백성을 대적하는 사탄의 세력을 가리킨다.

선, 자유를 강탈할 수 있는 '사자의 정신'이 필요한 것이라고 니체는 웅변하고 있는 것입니다.

하하, 차라리 선동이란 게 낫겠죠. '경건한 아니오'라니, 이 얼마나 니체식 억지 주장입니까? 에덴동산에서 하와에게 도전적인 질문을 던짐으로써 사탄의 책략에 넘어간 하와의 반응을 '경건한 아니오'라고 니체는 주장하는 셈입니다. 신에 대한 불순종과 거부에 '경건한'이란 수식어를 붙인 것은, 마치 사탄 자신이 '하나님의 깊은 것'[181]이라도 아는 것처럼 꾸며서 사람들의 영혼을 낚기 위한 언어의 위장술인 것이죠.

요컨대, 니체에게 있어선, 그리스도인의 하나님께 대한 경외와 헌신적 사랑의 관계를 파괴하고, 인간이 자의적으로 판단하고 명령하고 행하는 스스로의 입법자가 되게 하는 것이, 새로운 가치를 위한 권리 쟁취이고 새로운 창조를 위한 자유의 쟁취란 겁니다.

자, 이렇게 해서 결국 '사자의 정신'이 승리를 선언한 것이 곧 "신은 죽었다!"는 선포인 것입니다. 니체가 즐거운 학문에서 "신은 죽었다! 우리가 신을 죽인 것이다! 살인자 중의 살인자인 우리는 이제 어디에서 위로를 얻을 것인가? 누가 우리에게서 이 피를 씻어 줄 것인가? 어떤 물로 우리를 정화시킬 것인가?"라고 했을 때, 이를 살인자의 죄책감으로 해석해선 안 됩니다. '신'을 죽인 '사자의 정신'은 단지 '신'의 존재를 대치하고도 남을 만큼 뛰어난 대체물을 의욕적으로 찾아 나서려는 사냥꾼의 눈알을 굴리고 있을 따름이니까요.

세 번째, 니체의 생각에 '사자'는 강탈하는 짐승의 힘은 있지만 새로운 가치를 창조하는 수준엔 못 미칩니다. 그러므로 강탈을 일삼는 사자는 이제 '어린아이'가 되어야만 한다는 겁니다. 어린아이는 해낼 수 있기 때문이랍니다. 어린아이는 순진무구요, 망각이며, 새로운 시작, 놀이, 제힘

---

181) 고전2:10 성령은 하나님의 깊은 것까지도 통달하신다.

으로 돌아가는 바퀴이며, 최초의 운동이자 거룩한 긍정이란 겁니다. 창조의 놀이를 위해서는 거룩한 긍정이 필요하다는 거죠.

> 달콤한 놀이로 만족한 내 마음이 더 기꺼이 죽을 수 있도록.
>
> (횔덜린, 운명에게)

자, 여기서도 우리는 앞서 '경건한 아니오'처럼 '거룩한 긍정'이라는 니체식 억지 주장을 듣습니다. 어린아이의 긍정은 천진난만한 긍정일지 몰라도, 거룩한 긍정이라 표현하는 것은 상식적으로 무리가 있습니다. 예수님께서 천국이 어린아이들의 것이라고 말씀하신 것은 어린아이들이 자신을 낮추고 겸허하고 복음을 받아들이는 데 있어 단순하고 순박하기 때문에, 그러니까 손에 쥐고 있는 '가능성의 편견 없이 오히려 무지하기 때문에 천국에 들어간다는 의미이지 거룩성과는 무관합니다. 니체가 어린아이를 하나님의 살해자에게 접붙인 것은 마치 순진한 어린아이를 유괴하는 것을 보는 듯 섬뜩한 기분이 듭니다.

니체가 정신의 세 단계에서 마지막에 어린아이를 끌어온 것은 '사자의 정신'이 주체적으로 판단하고 명령하고 행하는 스스로의 입법자가 되는 단계를 지나, 마침내 그가 표현하는 이른바 초월적 자유로 세상을 가지고 노는 단계에서는 놀이 개념에 어린애가 적합하다고 생각했기 때문일 것입니다. 창조주를 제거한 엄청난 비밀의 무한한 해석 가능성을 열어 둔 세계는 그에게 진리를 만들어 내는 즐거운 놀이의 대상으로 엄청난 전율을 느끼게 한다는 겁니다. 우린 여기서 '에덴'에서 자유 선택을 사용한 인간을 '두려움'에 떨게 만든 것은 그가 손에 쥐고 있는 '가능성의 무한함' 때문이라고 주장했던 칸트를 떠올리게 됩니다.[182] 이는 또 한편, 횔덜린이 어린아이를 카멜레온 같은 인간성에 물들지 않은 신성한 존재로서 법과 운명의 힘

---

182) Perpetual Peace: A philosophical sketch (1795), Kant

이 건드릴 수 없고, 그 안에 자유와 평화와 풍요로움이 있으며 죽음에 대해 모르는 불멸의 마음을 지닌 '천국적인 것들'로 노래한 것과도 무관치 않은 듯합니다.[183]

그러나 상상해 보십시오. 자신이 어디서 와서 왜 지금 존재하며, 어디로 가는지를 모르는 우주의 미아가 된 그 어린아이의 허공을 쳐다보는, 무한히 확대된, 호기심 어린 만큼 무방비한 전율스러운 눈동자를…. 끝간 데 없이 펼쳐진 황량한 광야를 바라보며 갈 바를 알지 못하고, 낮의 해 그림자와 밤의 달빛 어스름한 그림자 속에서 홀로 떨고 있는 그 어린아이를…. 노도가 휘몰아치는 심연의 계곡을 홀로 불안스레 내려다보는 그 공포의 눈초리를…. 그리고 허공과 심연 사이에 걸린 밧줄을 매혹적인 환영과 즐거운 가상에 취해 자신의 구원의 줄인 양 놀이 삼아 뒤뚱거리며 걷다 그만 발을 헛디디고 끝없는 나락으로 곤두박질치는 어린아이를…. 신을 죽인 가상의 세계에서 자기 기만적인 속죄의 제의와 야만적인 성스러운 제전을 위해 제물로 바쳐진 어린아이를….

자, 이제 다시 한번 생각해 봅시다. 그리스도인은 주님을 향한 복종과 충성으로 인해 세상의 수고와 무거운 짐을 주님께 다 맡기고, 주님의 가벼운 멍에와 짐만을 진 채, 마치 주인의 등에 올라 주인을 타고 가는 낙타와 같은 존재입니다. 또 그리스도인은 진리를 깨닫고 주님의 은혜에 매임으로써, 진리의 영이신 성령의 인도함에 따라, 세상에 대해 판단하고 명하고 행동하되 섬기는 자입니다. 그리스도인은 외롭기 짝이 없는 사막에 홀로 살아가는 자가 아니라 예수 그리스도 안에서 자신의 참 정체성을 깨닫고 진정 세상을 초월하는 자유를 누리는 가운데 어두운 세상을 비추는 등대와 같은 자입니다. 결국 그리스도인은 예수 안에서 날마다

---

183) Fragment von Hyperion

시마다, '새 마음'과 '새 영'을 입은 '새 피조물'로서 '새 노래'를 부르며 '새 하늘'과 '새 땅'을 사모함으로 도래케 하는 가장 창조적인 자입니다. 결론적으로, 인간은 초자연적 가치이자 자신의 근본인 창조주와 그리스도께 접붙여질 때에만 삶에 대한 긍정과 생성적 의지로, 초극해야 할 숭고한 의무와 능력을 지니게 되는 것입니다.

하나님을 사랑하는 것은 그 계명을 지키는 것입니다. 하나님의 계명은 무거운 짐이 아닙니다.

> 하나님에게서 태어난 사람은 다 세상을 이기기 때문입니다. 세상을 이긴 승리는 이것이니, 곧 우리의 믿음입니다(요15:3-4).

니체의 디오니소스와 아폴로

로레인이 다소 언짢은 표정을 가다듬고 말했다.

"특별히 포도주는 예수가 유월절 최후의 만찬에서 제자들에게 자신의 재림 후 완성될 하나님의 나라에서 마시게 될 것을 말씀했듯(마가14:25), 여기서는 디오니소스의 재림을 무지한 민중에게 기억시키기 위한 것으로 보기도 하죠."

"디오니소스의 재림이라뇨?"

"그리스 신화 속의 디오니소스는 출생 전부터 죽임을 당해 두 번 태어난 신으로서, 삶과 죽음을 초월하는 상징적 의미를 지닌 것으로 해석될 수 있으니까요. 디오니소스는 저승을 넘나드는 그의 성격 때문에 저 세상과 교류하는 신이 된 거예요. 생전에 디오니소스를 따르면 저승에서도 한없이 흐르는 술에 흠뻑 취하여 황홀한 천상의 기쁨을 누리고 영원한 행복함을 만끽할 수 있다고 해요. 그를 '구세주'적인 인물이라고 보기도 하기 때문에…"

"술의 신 디오니소스가 죽음 이후의 삶을 관할하는 구세주 역할을 한다니 정말 의외로군요! 불트만의 비신화화의 시도는 성경이 아니라 그리스 신화에 지대한 공을 세웠군요!"

세린이 어이없다는 듯 말하자 로레인이 부언했다.

"디오니소스의 포도주는 경직되어 있는 현재의 몽매한 인간들의 정신에 천상의 신들에 대한 기억을 일깨우는 매체로서 신을 잃은 자들에게 위안을 가져다주기 위한 것이란 거죠."

"어떻게 포도주가 몽매한 인간의 정신을 영적으로 살아나게 하는지 궁금하기 이를 데 없군요. 포도주가 선사하는 신들의 기억이 술이 가져다주는 위안과 황홀한 만취 상태를 동반하는 거라니요?"

브라이언 박사가 파안대소를 하며 말했다.

"하하, 결국 포도주의 마법이란 주취적 유쾌함과 열정이 아니겠소? 희랍의 신들을 성스러운 기억으로 여기는 횔덜린으로선 시인을 박커스 신의 거룩한 사제들로 만들어 버린 거요. 신의 눈빛을 전하는 노래로써 잠자는 독일민족을 깨워야 하는 사제 말이오."

"그 주신의 눈빛은 충혈된 눈빛이 아닐까요?"

나다니엘의 말에 좌중은 폭소를 터뜨렸다.

세린은 지난 시절 한때 자신의 정열을 바쳤던 사상 책들의 기억이 되살아난 듯 자신도 모르게 외쳤다.

"디오니소스적 정열이라면 아폴로적 이성과 대립시켰던…『비극의 탄생』에서요…. 아무래도 니체는 횔덜린의 영향을 톡톡히 받았을 것 같군요. 니체는 다섯 살의 어린 나이에 잇따른 아버지와 남동생의 죽음으로 조숙해져서 보통 아이들처럼 마음 편하게 어리광을 부린 적이 없었다죠. 너무 신중해서 별명이 꼬마 목사였답니다. 횔덜린의 뮤즈가 엄숙했던 것처럼요…."

그러자 나다니엘이 그의 푸른 눈이 더 짙어져 고뇌가 일렁이는 듯한 그늘을 드리우며 다소 우울한 톤으로 말했다.

"휠덜린이 태어나기 한 해 전에 나폴레옹이 태어났고, 나폴레옹이 죽은 이듬해에 니체가 태어났어요. 그리고 8년 후에 고흐가 태어났어요. 휠덜린, 니체, 고흐, 이 세 사람의 공통점은 부친이 모두 루터교의 성직자였다는 점과 매우 어려서부터 부친이나 형제의 죽음에 대한 기억을 가지고 있다는 점 그리고 모두 정신병으로 생을 마감했다는 것입니다."

세린은 브라이언 박사가 세 사람에게 슬쩍 눈짓을 하는 모양이 마치 이런 말을 흘리는 것 같은 느낌이 들었다.

"나다니엘은 이들의 배경과 공유할 만한 점이 있는 게요…."

세린이 분위기를 바꾸려는 듯 화제를 돌렸다.

"『비극의 탄생』을 읽으면 니체의 의식의 저변은 온통 비극에 기초한 그리스적 세계관에 압도된 것을 느낄 수 있어요."

브라이언 박사가 말했다.

"그렇소. 니체는 그리스적 세계관의 본질에 소크라테스와 플라톤에서 비롯되는 철학적 사유 이외에 비극적 사유가 배태되어 있는 면을 고찰한 것이오."[184]

비극에 관심 많은 나다니엘이 말했다.

"고대 그리스의 비극은 아테네와 그 주변 지역에 디오니소스(Dionysos) 신을 숭배하는 페스티벌의 중심 행사였습니다. 해마다 극작가들이 디오니지아에서 새로운 드라마를 선을 보인 것이죠."

브라이언 박사가 부언했다.

"니체는 디오니소스 신을 비극 상연의 본질적 요소로 보고 예술과 제의와 신화를 연결해서 예술의 신으로서 아폴론과 디오니소스의 역동적 관계를 서술하게 된 거요."

"이 둘의 관계가 궁금해지는군요."

"그러니까 니체는 그리스 신화의 세계 창조적 구도에서 제우스와 가이

---

184) 니체, 『비극의 탄생』

아가 양극적으로 설정된 것처럼, 예술 충동적 차원에서 디오니소스와 아폴론을 양극적으로 설정한 것이오."

이번엔 C 목사가 말했다.

"니체가 스피노자의 영향을 받은 것은 확실하다고 보입니다. 오랜 세월 유럽인의 사상을 지배해 온 형이상학적 이원론과 기독교적 도덕관념을 정면에서 뒤엎고자 했으니까요. 그리스 고전 비극에서 '디오니소스적인 것은 만물의 근원적 일체성으로의 귀일(歸一)이란 말이 이를 충분히 증거하고 있듯 말입니다."

미학에 관심 많은 C 목사는 눈을 빤짝이며 이번엔 강의하는 자세로 세린을 향하여 설명했다.

"빛(태양)의 신인 아폴론은 빛 속에서 형체가 드러나듯 규범을 제공하는 조형 원리이며 균형과 조화를 이루는 미의 신, 예술의 신인 겁니다. 한편 술의 신인 디오니소스는 모든 것이 파괴되는 대자연에서 다시 소생하는 근원적인 생산력을 상징하는 풍요와 술의 신, 황홀경과 공포의 신, 야성의 신인 거지요. 니체는 자연 자체에서 심층적으로 솟구치는 예술적 힘들을 형상화하는 '예술적 충동'에 주목함에 따라 아폴론적인 것에서 조형가의 예술을 향한 충동을, 디오니소스적인 것에서는 음악이라는 비조형적 예술을 향한 충동을 본 거지요."

"그러니까 니체가 보기에 그리스인들은 생의 고통을 잊기 위해 비극을 창조한 것이오."

브라이언 박사가 예술사를 전공한 로레인에게 눈짓으로 배턴을 넘겼다.

"비극에서 아폴로적인 것을 통해 몽환적(夢幻的)인 미(美)의 세계를 구상하였으나, 이것은 순간적인 위안일 뿐이란 거예요. 반면 아폴론과 달리 인간 어머니를 둔 디오니소스는 태어나자마자 조각조각 찢겨진 기구한 운명을 지닌 비극의 주인공입니다. 이 디오니소스의 비극적 도취를 통해 고통스러운 자아가 심신의 일치를 넘어 만물의 근원과 하나 되는 체험을 하는 것이야말로 보다 근원적인 생의 체험이란 것이지요."

이를 듣고 있던 세린이 입을 열었다.

"그러니 빛의 신 아폴로에게로 가까이 감으로써 신적인 정신에 충실하여 운명을 넘어선 자들이 결국 만나게 되는 것은, 휠덜린이 『시대정신』에서 노래한, '포도나무에서 움터 오는 성스러운 힘', '죽어 갈 자들을 쾌활하게 하는 한 신'인 디오니소스신인 것이죠. 그의 시들을 보면 이런 생각이 드는군요. 아마 휠덜린은 외로움을 느낄 때면 포도주에 대한 그리움을 느꼈을 것이고, 와인은 그를 죽음을 의미하는 망각으로 유인했을 겁니다. 그러나 그때마다 그는 스스로 위험을 자각하고 출구를 찾으려는 노력으로 자신에게 영웅적이고 투쟁적인 의식을 고취시킴과 동시에 죽음의 기억을 간직함으로써 시를 향한 그의 정신을 일깨웠을 겁니다."

> 그러나 일순 의식이 돌아오면 나는 하계로 떨어져 버린다. 분별의 세
> 계로 돌아오면 나는 원래대로의 내가 되어 고독하게 되고 현세의 가
> 지가지의 괴로움을 지니게 된다
>
> (휘페리온)

휠덜린의 '거룩한 아침'을 떠올리게 하는 니체의 '위대한 정오'는 역시 "황금빛 포도주"에 취해 잠이 드는 때입니다. 짜라투스트라의 머리 위엔 아폴로 신적인 "태양"이 있고, 디오니소스 신적인 "포도나무"가 둘러싸고 있는 그곳에서 그는 "영혼의 깨어남"과 "확장"을 원하죠. 그에게 잠은 고요함과 은밀함 속에서 휠덜린이 노래하는 "황금빛 행복"과 올림푸스적 "완벽한 세상"을 가져다줍니다.

> 정오의 시간, 차라투스트라의 머리 바로 위에 태양이 있을 때, 그는
> 포도나무의 풍부한 사랑으로 둘러싸여 있고… 잠이 들었을 때 차라
> 투스트라는 마음속으로 이렇게 말했다. "조용한! 조용한! 세상은 완
> 벽하지 않았나요? 나에게 무슨 일이 일어나고 있는 걸까요? … 예,

잠은 나에게 내 영혼을 확장하도록 강요합니다. … 오 행복해요! 오 행복해요! 오 내 영혼아, 노래하고 싶니? 당신은 잔디에 누워 있습니다. 그러나 지금은 목자가 피리를 불지 않는 비밀스럽고 엄숙한 시간입니다… 노래하지 마세요! 조용한! 세상은 완벽하다… 작은 것이 최고의 행운을 가져다줍니다.

(짜라투스트라는 이렇게 말했다)

세린은 로레인이 두 손을 하나로 모은 채 하늘을 우러르듯 경건의 눈 모양을 띄고 있는 모습을 유심히 지켜보며, 문득 지난 그때 그 순간의 고통스러운 자신의 체험들이 주마등처럼 떠올랐다.

밤이었다. 연철은 아무 이유도 없이 그녀를 오랜 습관처럼 어린 두 애들이 보는 앞에서 한밤중에 또 문밖으로 밀어내고 안에서 문을 잠갔다. 노상 "내 집에서 살려면,"이나 "내 집에서 나가!"만 반복해 온 연철인 것이다. 그럴 때마다 고물차를 끌고 밤을 새울 안전한 장소를 찾아 헤매느라 그녀는 얼마나 동네를 누비며 전전긍긍해 왔던가…. 그녀의 선택은 매우 제한적이었고, 그럴 수밖에 없는 것이 그녀는 밤 시력이 약한 데다 익숙한 로컬도로 외엔 운전할 엄두를 내지 못하기 때문이었다. 환한 대낮에는 아무 데나 파킹하고 있어도 그리 남의 시선을 의식하지 않아도 되었고, 전후좌우에 파킹한 차들이 인접하지 않은 곳의 위치만 확보하면 비교적 그녀만의 호젓한 시간을 보내는 데 별 어려움이 없었다. 그러나 문제는 밤 열 시면 모든 상점의 영업이 종료되는지라 파킹장이 한산해지니 몰 주변을 주기적으로 순찰하는 시큐어리티 차의 눈에 띌까 봐 파킹이 용이치 않은 점이었다. 혹 경비 차의 단속이 없다 하더라도 밤이 가진 고유한 두려움 때문에 안전에 대한 이슈도 한몫했다. 결국 처음 동네에서 찾아낸 두 곳이 유일하게 24시간 영업을 하는 CVS 약국 앞 주차장과 새벽 세 시까지 영업을 하는 다이너의 주차장이었다. 두 장소는 2번 도로를 사이에 두고 마주 보고 있어서 세린은 먼저 파킹한 다이너가 닫힐 즈음에 슬며시 맞은편의 CVS 주차장으로 이동을 하곤 했다. 차 문을 잠근 후엔 잠이 들곤 해서 날씨가 추울 때엔 밤새껏 히터를 켰다 껐다 하면서 보냈다. 그러다 불현듯 눈을 떠 경계심 가득히 밖을 살피면, 간혹 약국에 들른 차량이 바로 옆에 주차를 했어도 차 안에 있는 그녀에게 시선을 보내는 사람은 다행히도 없는 것 같았다. 안심을 하면서도 어떻게 남이 자신을 의식하지 않기만을 바랄 수 있겠나 하는 생각도 들었다. 한 집 안에 살면서도 단지 자기 마음에 들지 않는다는 이유만으로, 정말 이유 없이 밤중에 자신을 문밖으로 밀어내곤 하는 연철, 그리고도 밤새껏 안락한 침대에서 자기 혼자 쿨쿨 단잠을 자는 그를 생각하면, 일면식도 없는 타인이, 그것도 깊은 밤중에 약국에 볼일을 보러 왔다 가면서 옆에 주차한 차량 안을 우연히 들여다보기로서니, 그것에 과민한 자신이 이상하다면 이상한 거라고 스스로를 나무라며 신경을 가라앉혔다. 차창이 셰이딩이 되어 있지 않았으므로 책이라도 보려면 앞 천장에 달린 인테리어 등을 켜야 했지만, 밤 시력이 턱없이 부족한 그녀로선 책 한 줄 온전히 읽기도 역부족인 조도였다. 차츰 그녀는 연철의 기분 상태에 따라 두 장소를 선택할 필요성을 느꼈다. 장시간 머물 수 있지만 지붕 없는 한데같이 헐벗은 느낌이 드는 CVS 약국 외에, 단시간 체류 장소로서 집에서 불과 오 분도 안 되는 거리에 위치한, 아담하고 분위기 있는 동네 성당이 눈에 들어왔다. 그녀는 성당의 파킹장을 밤중이나 이른 아침에 한두 시간 정도 머무는 곳으로 요긴하게 이용할 수 있었다. 밤중에 살며시 성당의 입구로 들어서면 아치형인 반원형의 돔 지붕을 한 우아한 비잔틴 양식의 흰 대리석 성당 건물이 수은등의 조명으로 더욱 신비롭게 빛을 발하곤 했다. 그러면 세린은 신의 눈을 살짝 비켜나기라도 하듯 조명이 비교적 덜 닿는 곳에 차를 파킹시킨 후, 운전석에 기댄 채 두근거리는 가슴 위에 두 손을 얹고 안도의 한숨을 쉬 곤했다. 바로 전 연철에 의해 집 밖으로 밀려났을 때 두 애들 때문에 번번이 대항도 못 하고 힘없이 체념하듯 고물

차를 끌고 동네를 빠져나온 일을 회상하면, 엄마의 뒷모습을 쫓던 두 어린 자식들의 불안하고 슬픈 눈동자가 그녀의 눈을 찌르는 가시처럼 눈에 밟혔다. 세린은 둔기로 맞은 듯한 멍한 머리를 두 손으로 감싸 쥐고 자동차 핸들 위에 얼굴을 묻곤 했다. 그녀의 머릿속은 공회전하듯 했고, 한계를 넘어선 고통으로 인해 심신은 어둠의 수렁 속으로 속절없이 낙하하고 있었다. 아, 심연의 밑바닥이란 본시 블랙홀 같은 것이고, 어둠과 하나 됨이란 표현이 더 적절한 것이었다. 오랜 세월 지치고 지친 나머지 신에게 부담을 끼치고 싶지 않은 사람처럼, 신의 이름을 부를 의욕마저 상실한 채 그녀는 신과 적당한 거리를 유지하고 있는 따름인가? 그녀는 마치 더 이상 빛이 닿지 않는 심해의 해저에서 온갖 생물의 유해 위로 스스로 빛을 밝히며 헤엄치는 물고기처럼 자신의 안에서 신음하는 언어의 편린들을 비통하게 길어 올리려는 듯 휴지 위에 뭔가를 긁적거렸다. 자신이 최소한 살아 있는 것을 확인하기 위해선 뭔가를 하지 않을 수 없다는 듯….

그대는 보았는가? 죽음도 위로가 될 수 없는 그러한 어두움을,
불빛도 밤에 의해 시들어 가는 그러한 밤을, 절망도 용납될 수 없는
그런 고통을,
존재 의식이 무효화되는 그런 한계,
나를 뛰어넘지 않고서는 도저히 지탱될 수 없는 무상의 절벽,
밤낮의 경계가 허물어져 버린 그런 세계로 나는 떠내려왔다.
나는 이미 내 숨을 쉬고 있지 않다. 나는 이미 내 눈으로 보고 있지
않다.
나는 이미 내 귀로 듣고 있지 않다. 아, 마비에서 깨어나는 황홀한 비약이여,
황홀함은 고통으로 인하여 더욱 가치가 있구나.
그러나 나는 망설인다. 이 슬픈 쾌락을 쉽게 내 것으로 삼지 않기 위해….

무엇 때문에 유보하는가? 그 밤을 넘어 밤으로,

밤으로 더 끝없는 밤으로 가고자 죽음도 절망도 거부하는 하이얀

밤으로….

세린은 후에 생각하곤 했다. 그녀가 그때 그 순간 체험한 것은 부분적으로 디오니소스적 비극적 도취가 아니었나 하고…. 밤낮의 경계가, 어둠과 빛의 경계가 허물어진 세계로 떠내려온 의식…. 그곳에서 고통으로 인한 의식의 마비가 황홀함과 또 그 황홀한 마비로부터 깨어나는 황홀한 비약을 가져다주지 않았던가…. 그러나 그녀는 말할 수 있었다. 그 순간 분명 망설였노라고…. 노도가 휘몰아치는 심연의 계곡을 홀로 불안스레 내려다보며 그 슬픈 쾌락의 노도에 자신을 맡기길 거부하였노라고…. 그녀는 훗날 깨닫게 되었다. 자신을 붙잡고 있던 거룩한 손이 있었기에 자신을 방만한 고삐 풀린 의식에 던질 수가 없었던 거라고…. 만약 그렇지 않았다면 어느 슬픈 시인의 어린 시절, 무장하지 않은 허약한 영혼의 밤에, 거룩한 존재인 양, 만물의 근원인 양 그에게 눈짓했던 수상한 신성의 속삭임에 귀를 기울였을지도 모른다고….

브라이언 박사가 말했다.

"니체에겐 오이디푸스나 프로메테우스가 겪는 고통 또한 디오니소스가 겪는 고통 안에 포함된 걸로, 그 모두는 모두 고귀한 인간의 고통인 것이오. 근데 니체의 만물의 근원과 하나 됨의 체험은 망아의 황홀경의 상태에서 끝나는 것이 아니라, 자신의 고유한 무한성에 자유를 느끼는 삶의 의지, 즉 노예가 아닌 스스로가 삶의 주인이 되는 인간으로까지 나가는 것이오. 이것을 그는 '디오니소스적'이라고 불렀고 비극 시인의 심리에 이르는 다리로 파악했소."[185]

---

185) 「니체 철학과 문화, 신화」, 이주향

나의 이상한 영혼이여. 영혼은 이미 좋은 것을 너무 많이 맛보았고, 이 황금빛 슬픔이 영혼을 짓누르며 입을 비틀었다… 가장 조용한 만에 떠 있는 지친 배처럼, 그래서 나 역시 지금 땅 가까이에서 충실하고 신뢰하며 기다리며 가장 희미한 실로 땅에 묶여 쉬고 있습니다 … '다행히 작은 것만으로도 행복하다!' 나는 한때 그렇게 말했고, 나는 똑똑하다고 생각했다… - 그러나 그것은 신성모독이었다… - 나에게 일어난 일: 들어보세요! 시간이 빨리 지나갔나요? 나는 넘어지지 않는 걸까? 내가 넘어지지 않았다면 - 들어보세요! 영원의 우물로? … - 나에게 무슨 일이 일어나고 있는 걸까요? 조용한! 그것은 나를 찔렀다 - 아아 - 마음에? 마음속으로! 아, 무너져라, 무너져라, 마음이여, 그런 행복 뒤에, 그런 고통 뒤에! … (그런데 그는 다시 잠이 들었고 그의 영혼이 그를 대적하여 반격하고 다시 누웠습니다) … "이 작은 도둑아, 낮의 도둑아! 어떻게? 아직도 스트레칭을 하고, 하품을 하고, 한숨을 쉬고, 깊은 우물에 빠지고 있습니까? 누구세요! 오 내 영혼이여!"(여기서 그는 하늘에서 햇빛이 그의 얼굴에 떨어졌기 때문에 겁을 먹었습니다) … 끔찍한 한낮의 심연! 언제 내 영혼을 다시 마셔주실 건가요?

차라투스트라는 이렇게 말하고 마치 이상한 술에 취한 듯 나무 옆 침대에서 일어났다. 보라, 태양이 여전히 그의 머리 바로 위에 있었다.

(짜라투스트라는 이렇게 말했다)

긴 여행과 불확실한 바다 같은 인생에 지쳐서 더 신뢰할 만한 땅에 희미하게 기대어 있던 짜라투스트라에게, 이율배반적이게도 황금빛 행복이 황금빛 슬픔과 맞물려 있는 그의 모순된 영혼은 -멜리타에 대한 휘페리온의 양가적 감정을 떠오르게 하지 않나요?- 깊은 "영원의 우물(Brunnen der Ewigkeit)"에 빠져 있는 그 자신을 "신성모독"으로 대적하고 반격하며 "낮의 도둑"으로 몰아댑니다. 이제 그에게 뜨거운 정오의 햇빛은 어느

덧 두려움을 주는 끔찍한 "한낮의 심연(Mittags-Abgrund)"이 되고, 그는 이상한 술에 취한 자처럼 잠에서 깨어 일어납니다. 결국 니체에겐 외롭고 방황하는 그의 영혼이 정주할, 안정된 평화의 정원이란 어디에도 없습니다. 괴테의 '파우스트'처럼 영혼의 정주는 곧 그에게 신성모독이 됩니다. 그가 원하는 것은 디오니소스적인 엑스타시가 아니라 초인처럼 쉬임없이 전진하며 솟구치는 재창조의 연속적 과정이기 때문입니다.

세린은 문득 십자가 위의 예수를 떠올렸다. 예수의 고통에 비극적 도취가 있었겠는가? 예수는 고통 속에서 처절하게 부르짖었다. "엘리엘리 라마 사박다니 나의 하나님, 나의 하나님, 어찌하여 나를 버리셨나이까.(마27:46)" 참된 고통의 절정은 결코 도취가 아니다. 그것은 진리 자체이신 절대자로부터의 절대적 분리이며, 생명의 근원으로부터의 절대적 분리 상태이다. 그것은 절대 거짓의 길, 절대 죽음의 길로 들어선 저주의 상태를 의미한다. 결코 자신을 잃는 일이 없기에 고통에 대한 자각이 처절하게 선명한! 그러므로 도취니, 망아니, 황홀경이니 하는 것들은 절대 거짓과 절대 죽음의 가면인 것이다. 디오니소스적 고통의 비극적 도취는 인간들이 자신을 잃어버리고 어둠의 심연으로 끝없이 떨어지게 함으로써 어둠의 왕과 하나가 되게 만든다. 결국은 인간 스스로가 삶의 주인임을 선포하는 어둠의 왕의 보좌, 죄와 사망의 권좌에 앉도록! 그러므로 유한한 인간이 극한 고통 속에서 자아감을 상실치 않고, 십자가의 예수를 붙드는 일은 결정적으로 중요하다. 왜냐하면, 예수는 평생 고통과 사망의 두려움의 노예가 되어 있는 인간들의 해방을 위해, 십자가 위와 무덤 속에서 신과의 절대적 분리와 절대적 사망 가운데 계셨으나, 전능자 하나님의 능력으로, 어둠의 권세를 물리치시고 부활하셨기 때문이다. 요컨대 유한한 인간은 생명의 근원이 되는 그리스도 예수께 접붙임이 되어야만(요15:4-5), 무한한 생명의 수액을 영혼 안에 공급받고 참자유를 누릴 뿐만 아니라 목적 있는 삶의 의지를 가지고 신 앞에 청지기적 삶을, 세상에 대해선 섬기는 주인으로서 당당히 살아갈 수 있는 것이다.

세린이 말했다.

"니체의 '위버멘쉬' 사상이로군요. 인간은 매 순간 극복되고 스스로 존재하는 모든 것 중 최고 유형이라 한…."

이에 브라이언 박사가 대답했다.

"그렇소. 니체는 도덕의 계보에서 군주·주인 도덕과 노예 도덕을 구분하면서 기독교적 교리가 노예 도덕의 파생물이라고 주장했소. 즉, 본시 고대 유럽 노예들인 유대인들이 후에 기독교를 만들어 교리 안에 노예도덕을 투사한 것이란 주장이오."

C 목사가 뒤이어 입을 열었다.

"건강한 도덕인 주인 도덕'의 본질은 진취성, 결단력, 창조력 등인 반면, 원한에서 생겨난 병든 노예 도덕의 본질은 순종, 겸손, 근면 등이란 겁니다. 차후 기독교가 세계적 종교가 됨에 따라 이런 노예 도덕적 도덕 관념이 마치 선이자 보편 도덕인 것처럼 자리 잡아 '병든 사회'를 낳게 된 거란 주장입니다. 따라서 기독교의 데카당스(타락)란, 인류가 현실을 추구하는 '건강한 인간'이 아닌 현실을 도피하고 허구 세계를 추구하는 '병든 인간'을 만들어 내고, 마치 이것이 '구원', '덕' 등의 신성한 이름인 양 행세한다는 것이에요."[186]

나다니엘이 말했다.

"같은 맥락에서 니체는 기독교의 핵심인 '연민'을 생명 에너지를 하락시키고 삶을 부정하는 허무주의적이고 니힐리즘적인 시각에서 해석하고 있어요. 니체가 보기에 세상에서 몰락하고, 박탈당하고, 단죄받고, 실패한 자들을 보존키 위해 싸우는 것은 인간의 본능을 포기하고, 불쾌하고 해로운 것을 선택하고, 선호하는 허무주의적 가치를 퍼뜨리는 것이고, 이를 신성한 양 포장하는 것이란 거죠. 이것이 데카당스, 즉 타락이란 겁니다."

---

186) George de Huszar, Nietzsche's Theory of Decadence and the Transvaluation of all Values(니체의 쇠퇴론과 모든 가치의 전가)

우리는 더 이상 살 수 없고 날 수 없는 것, 지치고 부서지기 쉬운 것
만을 불멸화한다!
그리고 지금은 당신의 오후일 뿐

(니체, 선악의 저편 Jenseits von Gut und Böse)

니체에게 기독교는 "더 이상 살 수 없고 날 수 없는 것, 지치고 부서지기 쉬운 것" 즉, 생명력도 도약하는 힘도 없이 무기력하고 허약하기 이를 데 없고 잊힌 종교인 것이죠. 그는 이를 "당신의 정오"가 아닌 "당신의 오후(dein Nachmittag)"라고 부르죠. 니체는 『선악의 저편(Jenseits von Gut und Böse)』의 마지막 노래(Nachgesang)인 "높은 산에서(Aus hohen Bergen)" 다음과 같이 노래합니다.

오늘 빙하의 회색이 장미로 장식된 것이 너 아니었니? … 나는 사는 법을 배웠어, 아무도 살지 않는 황량한 북극곰 지대에서, 잊힌 인간과 신, 저주와 기도? 빙하 위를 걷는 유령이 되었어? … 사랑이 한때 그 안에 썼던, 지금은 사라져가고 있는데? 나는 그것을 양피지에 비유하는데, 손이 만지는 것을 두려워하는 양피지, 마치 갈색으로 변하고 타버린 것처럼. 더 이상 친구가 아니야, 그들은 –뭐라고 부르지?– 그저 친구의 유령일 뿐이야! 여전히 밤에 내 가슴과 창문을 두드리고, 날 바라보며 "우리였지, 그렇지?"라고 말하는 것, – 한때 장미 향이 났던 시든 단어여!

그에게 기독교는 예전엔 장미로 장식된, 아름답게 살아 있는 실체였으나 지금은 회색빛 황량한 빙하 위를 걷는 유령처럼, 잊혀진 인간과 신의 저주스런 퇴물이란 겁니다. 그에게 한때 성경은 사랑으로 기록된, 다정한 친구같이 느껴지는 생명의 향기였으나, 이젠 만지기조차 꺼림직하게 퇴색하고 타버린 시든 단어가 되어, 가끔씩 밤중에 지난 추억처럼 희미하게

떠오르는, 사라진 친구의 그림자 같은 존재일 따름입니다. 그런 니체가 고독하고 냉랭하고 허무한 존재적 상황에서 배웠다는 "사는 법"이란 대체 무엇일까요?

> 오직 변하는 자들만이 나와 관련이 있다. 오, 삶의 정오! 두 번째 청춘! 오, 여름 정원! … 마술사가 해냈다, 적절한 시간에 친구가, 정오의 친구 -아니! 누구인지 묻지 마라- 한 사람이 둘이 된 것은 정오 무렵이었다… 이제 우리는 축하한다, 연합된 승리를 확신하며, 축제의 축제: 친구 차라투스트라가 왔다, 손님의 손님! 이제 세상은 웃고, 무서운 커튼은 찢어지고, 결혼식은 빛과 어둠을 위해 왔습니다…
>
> (니체, 높은 산에서 Aus hohen Bergen)

그것은 다름 아닌 '변화'를 추구하는 인간입니다. 그 변화는 기존의 기독교적 가치체계를 무너뜨리고, 하나가 둘이 되고 둘이 하나가 되는, 일치와 연합의 범신론적 가치체계를 가져오는 "마술" 같은 변화를 의미합니다. 실러가 「환희의 찬가」에서 "잔악한 세상이 갈라놓았던 자들을 그대의 마법의 힘은 다시 결합시킨다"라고 노래했듯이 말이죠. 이 변화의 시간은 니체에게 "인생의 정오(Lebens Mittag)"를 의미하며, "엄숙한 시간"이자 "여름 정원"에서 "정오의 친구"와 함께하는 "축제의 시간"입니다. 예루살렘 지성소의 커튼이 찢어진 구속사적 사건은(마27:51; 히10:20) 그리스도의 십자가상 대속적 죽음을 통해, 죄성(어둠) 때문에 신(빛)으로부터 격리되었던 인류가 하나님께 직접 나아갈 길이 열린 것을 의미하는 구속사적 사건입니다. 니체가 이를 "무서운 커튼"이라고 표현했을 때 '무서운'의 방점은, 인간의 죄성과 그 죄성이 가져온 결과에 있는 것이 아니라, 기독교에 대한 그의 이원론적 인식이 낳은 부정적 감정에 있는 것입니다. 그리스도가 우리를 위해 몸소 자신의 '육체'인 '휘장'을 찢고 열어놓은 '생명의 길'은 (히10:19-20) 니체에 의해 그리스도와 무관하게, '빛과 어둠'의 '결합'을 상징하는 것으로 왜곡되고 대체되었습니다.

세린은 이십 대 후반의 니체의 사진 속 얼굴에서 묻어나오는 욕지기스러울 만큼 혐오적이고 지독한 거부감을 드러내는 불쾌한 인상과 아울러, 연철의 냉혹하고 고압적이고 굴속같이 검은 기운이 뿜어나오는 눈과 표정이 오버랩 되는 느낌이 들었다. 그날 세린의 부친은 병원에 모셔다드리기로 했던 연철이 고의적으로 귀가하지 않음으로 인해 밤새 그를 기다리며 당뇨 때문에 썩어 가는 발의 통증으로 처절히 신음해야 했다. 결국 부친은 새벽에 엠블런스에 실려 갔고, 당일 한쪽 다리 무릎 아래를 절단하고 병실에 입원 중이었다. 연철은 자신의 부친이 생전에 장인과 흡사한 고통을 겪은 것을 익히 잘 아는 터였다. 그의 기억 속에 있는 부친의 존재란 학교에 갔다 오면 늘 무기력하게 같은 자리에 누운 채 자신을 향해 말없이 미소만을 지어 보이는 것이 전부인 그런 모습이었다. 그랬던 그가 갓 대학생이 되었을 때, 그러니까 그의 부친이 작고하기 일 년 전쯤에 겪었던 일은 그에겐 평생 잊지 못할 악몽이 되었다. 어느 날 부친의 지인이 그를 찾아왔단다.

"자네 편찮으신 부친이 아픈 다리를 이끌고 밤마다 회사에서 수위 일을 보신다네. 근데 밤새 고통으로 신음하며 앓는 소리가 어쩌나 심하게 들리는지, 주변에서 너무들 딱하게 생각을 하니 자네가 부친을 좀 도와드리게나."

그 말을 들은 순간, 그는 말했다, 별안간 숨이 막히는 듯한 충격을 받았노라고…. 그런데 그 전날 무슨 일이 있었던가? 연철은 생활비 몇 푼을 타러 간 세린에게 회사 앞 은행 앞에서 직접 손으로 돈을 건네주는 대신, 재빨리 차를 타더니 운전석 차창 너머로 지폐를 날려 흩뿌리고는 달아났었다. 생활비에 대한 이해가 전무한 그는 집안에서도 세린에게 단 몇 푼이라도 줘야 할 때면 마룻바닥에 띄엄띄엄 지폐를 떨어뜨려 놓곤 했다. 화가 나도 그녀는 줍지 않을 수 없었다. 이튿날 마지못해 세린과 아들 애를 태우고 병원에 도착한 연철은 파킹장에 차를 세워 둔 채 도무지 병원 안으로 들어가려 하지 않았다. 마침내 연철을 재촉하는 것을 체념한 세린이 아들과 함께 병원 안으로 들어가려 하자, 연철이 온몸으로 어린 아들을 막아서며 무섭게 아이의 눈을 노려보았다. 결국 세린은 아들을 놔둔 채 혼자 병실에 들어가야 했다. 절단 수술 동안 마취가 듣지 않아 사경을 헤맬 만큼 고통스러운 쇼크를 겪었던 부친은 안색이 창백했고, 눈에 힘이 풀려 있었다. 부친은 말했다, 고통 중 조용기 목사님을 보았다고. 얼마쯤 있다 아들아이가 잔뜩 주눅이 들린 표정으로 병실 문을 열고 쭈뼛쭈뼛 들어서자, 부친은 손자의 힘없는 얼굴을 물끄러미 바라보더니 손자의 손을 말없이 꼭 쥐었다. 한동안 하염없이 측은한 눈길로 손자의 눈을 바라보던 부친의 눈에서 눈물이 흘렀다.

세린이 말했다.

"칸트는, 말하자면, 니체 같은 사람의 심리를 분석하고 처방전을 내놓은 셈입니다. 니체는 초인사상을 주장하기 위해 그 자신, 칸트적 의미에서, 자발적으로 보편적인 도덕을 지향하는 초월적 자아의 의식을 왜곡시키고 말았어요.[187] 니체의 인격은 균열과 해체의 길로 들어선 겁니다. 칸트에 의하면 일반적으로 미덕이 부족한 사람은 오성 사용이 약하고 감정적이지만, 선한 의지가 없는 것은 아니라고 했어요. 선한 의지를 가진 사람도 얼마든지 덕이 없을 수 있다는 겁니다. 미덕은 시간이 지남에 따라 발전하기 때문이란 거죠. 미덕에서 중요한 것은 도덕 감정과 양심인데 인간은 자기입법적 의무를 행할 때 기쁨을 느낀다는 겁니다. 극히 당연한 말이죠. 그러나 보편적 가치와 도덕을 무시하는 니체로선 칸트식 노예도덕법은 불쾌하고 해로운 데카당스일 뿐이니 작동하기가 만무 아니겠습니까? 그런데 칸트는 말하길, 이웃에 대한 사랑 실천은 사랑의 감정이 먼저 생기고 난 후

187) 박은애, 「칸트(I. Kant)의 초월적 자아에 대한 연구」, https://s-space.snu.ac.kr/handle/10371/127452

에 돕는 게 아니고, 자주 선을 먼저 행하면 그 사람에 대한 사랑의 감정이 생겨나 자연 도덕 감정도 자라난다는 겁니다. 저는 이 칸트의 방식을 통해 많은 감정 장애자들이 점진적으로 개선될 수 있는 희망이 열렸다고 봅니다. 물론 성령의 만지심이 함께 임하면 그 효과는 더더욱 클 것입니다. 성령의 치유 역사를 인간은 점진적으로 회복되어 가고, 성화란 태초에 지음 받은 하나님의 형상을 회복하는 과정이기 때문입니다."

세린은 감정이 복받친 상태에서 격정적으로 말을 쏟아 내었다.

"기독교는 역설 중의 역설인 종교입니다. 죄진 인간에게 벌을 내려야 할 신(God)이 대신 벌을 받고, 신의 아들의 십자가 위의 패배가 마귀에 대한 승리로 이어져, 신의 아들의 멸망적 죽음이 승리적 부활을 가져온 신앙이니까요. 그러므로 신자들도 삶 속에서 신의 아들처럼 나날이 십자가를 지고 죽어야만 나날이 영혼이 새롭게 부활되는 승리의 삶을 사는 것입니다. 그러나 니체의 기독교 이해는 횔덜린의 경우처럼 십자가 고난에서 멈춘 것 같습니다. 니체는 단지 골고다 언덕 위 흙먼지를 날리는 황량한 바람 속에 우뚝 선 채 십자가에 매달린 패배한 예수만을 -물론 세상적인 가치 기준으로 볼 때- 두 눈을 부릅뜨고 뚫어지게 바라보고 있는 겁니다. 혹 그가 네 살 때 뇌 질환으로 죽은 아버지를 바라보던 심정이었을까요? 그가 바라보고 있는 십자가 위에 달린 비참한 예수, 횔덜린의 계부처럼 니체의 친부를 일으킬 수 없었던 무력한 예수, 그러나 한편 세상 인간을 한없이 연민하다 한 점 흠 없이 눈꽃같이 사그러져 간, 범상치 않게 신비로운 그 유대 청년, 그 예수는 세상에서는 몰락하고 박탈당하고 단죄받고 실패한 데카당스로 보였으나 한편 예민한 철학자 니체의 가슴이 뭉클하도록 이를 데 없이 고귀한 삶의 방식을 실천하였기에, 니체는 분명 인간 예수에 대한 양가감정을 느꼈을 겁니다. 니체가 디오니소스와 프로메테우스에 열광적으로 집착하는 이유도 바로 이 때문일 겁니다. 니체는 디오니소스에게서 예수의 고난에 대한 자신의 극한 연민적 공감의 우물을 길어 올리지만, 정작 예수의 고난의 구속적 은총의 의미는 부인하므로, 예수의 고난에 동참함으로써 얻게 되는 감격과 평안과 힐링을 맛보지 못합니다. 십자가의 고난에 동참함은 우리가 우리 자신을 온전히 부정하고 포기할 때만 가능한 것입니다. 그럼으로써 그리스도 예수의 측량하기 어려운 연민의 심정이 우리의 심부 깊숙이 전이되고, 그분의 생명 에너지가 우리의 전 존재에 스며들게 되면서 그분과의 신비한 교제와 연합에 이르게 되는 거니까요."

뉴세린은 자신의 체험을 떠올리며 말했다.

"한편 니체는 이런 자신의 데카당스 지론에 반하는 자기모순적 딜레마를 해결하기 위해 프로메테우스에게선 인간의 한계를 넘어선 권력의지를 자구적으로 주장하게 된 것입니다. 다분히 니체식의 자기 최면적이고 자기폭로적인 성격을 띤 것 같지 않습니까?"

세린은 일찍부터 연철에게서 지나치게 강철같은 이상심리가 있다고 느껴 온 터였다. 대장의 폴립을 제거하는 수술을 받을 때마다 그는 완강한 표정으로 한사코 세린의 라이드를 거부함으로써, 수술 직후 반드시 보호자가 운전하는 차량으로 귀가토록 정해진 병원의 지침을 어기고서라도, 마취가 다 풀리지도 않은 상태에서 자기가 직접 운전을 하고 귀가했다. 마치 초인다운 면모를 과시라도 하는 듯…. 그리곤 다음날은 늘 배가 아프다고 불평을 해 댔다. 그런 그는 간혹 세린이 아프다고 할 때면 예외 없이 내뱉었다.

"안 죽으니까 엄살 떨지 마!"

그럼 그는 죽은 후에야 돕겠다는 말인가? 그는 실로 보편적 상식이 지배하는 사회에서 창조적으로 명령하는 자며 창조적인 입법자 같았다. 그의 판단의 기준은 보편성에 있지 않고 철저하게 자기 개인에게만 맞춰있었다. 그는 가정에서 자신을 세린과 아이들에게 처음으로 가치를 부여하는 자로서 인식했다. 니체가 물리적이고 물질적인 힘의 추구에 대해선 도리어 강하게 비판했던 반면, 연철의 진리는 어느 상황에서나 오직 물리적이고 물질적 힘에의 의지로 나아가는 것이었다. 그는 늘 자기의 관점에서 '이렇게 되어야 한다!'라고만 말해 왔다. 그리고 그는 니체와는 다르게 개인마다 각자의 관점이 있다는 것에 대한 기본적인 인식이 없었다. 그는 세린의 더 나은 의견을 받아들여야 할 땐 늘 "그게 아니고!"라고 세린의 말을 부인하는 것처럼 말하고, 방금 들은 세린의 의견을 그대로 카피해서 제 의견인양 말했다. 언젠가 세린이 주일에 한 노인 요양원에서 예배를 인도하게 되었을 때였다. 세린이 연철에게 두 아이들과 함께 요양원 예배에 참석하길 권유하자 그는 말했다.

"난 그런 덴 절대 가고 싶지 않아! 힘없고 병들고 늙은 약자들을 보는 것은 내 인생에 마이너스가 될 뿐이야!"

그로부터 나오는 상식 밖의 엄청난 그런 몰인정한 언행에 그녀는 얼마나 가슴에 심한 충격과 통증을 느껴야 했던가! 어디 통증뿐인가? 분명 미움과 분노도 같이 따라왔다. 일반적으로 사람들은 약자에 대해 동정하고 베푸는 마음을 갖는 것을 상식적이고 보편적인 덕으로 여긴다. 그러나 보편적인 기준선에서만 판단할 때 개체적인 특수성은 무심히 간과될 수 있는데, 이런 상황에서 '자기 의'는 보란 듯이 존재감을 드러내고 활개를 치기 마련인 것이다. 어느 날, 그는 몹시 몸이 아파 몸져누운 상태였다. 그녀가 그의 상태를 물어봤을 때 그는 두 눈을 부릅뜨고 허공을 향해 혼자 외치듯 중얼거렸다.

"내 사전에 죽음이란 없어! 죽음도 날 이기지 못해!"

그런 그의 모습을 보자니 막상 죽음이 목전에 와도 그는 그렇게 외칠 것만 같았다. 세린은 문득 다섯 살의 나이에 부친과 남동생의 죽음을 목격해야 했던 어린 니체의 심정과 소싯적부터 극한 가난 속에서 허덕이다 부친의 부고를 이십 대 초반 군 복무 중 들어야 했던 연철을 떠올렸다. 시대와 문화와 정도가 달라도 자녀에게 부모의 병환과 죽음은 물질적 궁핍 못지않게 큰 타격임이 분명할 것이었다. 그런 어두운 경험에 따른 슬픔과 수치와 우울함과 분노와 원망의 이면엔 유한하고 연약한 생에 대한 서러움과 자기연민과 회한과 불안과 공포심이 깊게 깔려 있는 것인지도 몰랐다. 기질상 진취적이고 목적지향적이고 남성적인 에너지가 강한 자들에 따라선, 그런 자신의 내적 연약함을 감추고 극복하기 위해, 의도적으로 과할 정도로 자신의 정신을 철통같이 무장시키고, 스스로에게 초인성을 고취시키는 방향으로 나아가게 되는 것인지도 몰랐다. 그토록 연민을 생명 에너지를 하락시키는 데카당스 시각에서 바라보고 보편적 도덕적 덕성을 노예도덕적 관점으로 비틀던 니체가 아니었던가? 그런 니체가 어느 날 주인의 명령을 따르느라 속절없이 채찍질을 당하며 괴롭힘을 겪는 불쌍한 말을 보곤 연민을 주체하지 못해 큰 충격을 받은 나머지 자기의 몸을 던지다시피 마부를 가로막고, 말의 목을 부둥켜안고 목 놓아 울다가 정신을 잃었다는 일화는 그 진위 여부를 떠나 세린에겐 충분히 그럼직한 니체적 내적 정황으로 여겨졌던 것이다.

"만약 니체가 인간 예수를 넘어서 부활한 성자 예수의 영광을 체험했더라면 얼마나 좋았을까요? 한 알의 연민의 밀알이 결국 생명에서 생명으로 나아가는 부활생명 에너지로 이 세상을 충만케 함을 깨달을 수 있었을 테니까요…"

세린의 연민 섞인 말이 채 끝나기도 전에 나다니엘이 무슨 생각을 곱씹는 표정을 지으며 입을 떼었다.

"그런데 말이죠… 제게 니체란 인물은 해변가 파라솔이 달린 비치 체어에 앉아있거나 보트에서 노를 저으며 명상에 잠기는 스타일이라기보단 수상스키나 헹글라이더를 즐기는, 말하자면 역동적인 모험가적 기질의 사람같이 느껴지거든요. 그는 두 번 군대에 소집되었죠. 그가 프로이센 군대에 소집되어 야전포병대 기마부대 사병으로 복무했던 경험은 그에겐 지옥 같은 트라우마였다고 해요. 뒤에 프랑스 프로이센 전쟁 시 위생병으로 복무했을 땐 전염병에 걸려 귀환하게 됐지요. 아마 군 복무 동안 니체는 그가 말하는 '거대한 고통'을 견디는 훈련의 의미에 대해 깊이 숙고했을 겁니다. 그의 표현대로 고통 견딤을 통한 인류의 고양과 영혼의 힘의 강화, 불행 속에서 영혼의 긴장과 위대한 파멸 앞에서의 전율, 불행을 해석하는 영혼의 독창성과 용기, 위대함 등등 말이죠[188]…. 고귀한 영혼은 자기 자신에 대한 경외심을 품고 있다고 말하는 니체에게서 전쟁의 포화 속, 죽음의 최전방 앞에서 자신을 전적으로 비움으로써 자신의 영혼을 신의 손에 의탁하는 식의 자세를 기대하기란 만무한 것이겠죠. 제가 보기에 니체는 한마디로 모험적인 독주자 게이머인 것입니다. 그 자신 비록 기독교를 가상이요 망상으로 폄훼하고 있지만, 실은 그 자신부터가 매혹적인 환영과 즐거운 가상 현실 자체를 좋아하므로 예수도 자기 식으로 해석하는 겁니다. 그는 예수를 위대한 상징주의자로 간주해요.[189] 따라서 니체는 예수가 주장한 진리란 내적 실재일 뿐이고, 세상적이고 역사적인 것은 비유 수단으로만 삼은 걸로 봅니다. "인자", 즉 "사람의 아들"인 예수를 역사 속의 구체적인 인물이 아니라 어떤 영원한 사실이나 심리적 상징으로만 보고 싶어 하는 거죠. 즉, 그에게 예수란 영웅은 현실 속에서 완벽한 무저항적 덕을 실천한 인물인 것이고, 예수와 결이 다른 위버멘쉬인 니체 자신은 고통의 극복과 싸움(놀이)을 추구하며 성장한다는 느낌에서 행복해하며 새로운 삶, 새로운 놀이를 위한 용기와 피와 활력을 느끼는 영웅인 것입니다. 초인은 자신이 만든 '가치'를 추구하는 사람, 그 '창조적인 힘'으로 끊임없이 몰아치는 가혹한 삶의 고통과 허무를 매번 노래하고 춤추는 마음으로 극복하려는 의지를 가진 사람이란 거죠.[190]"

아, 그러나 니체는 기독교 신앙을 단념하고 새로운 무엇을 창조할 것이라고 말했으나, 또한 자신이 번뇌로 멸망할 것임을 예고했다고 한다. 지인에게 보낸 편지에서 그는 내가 왜 삶의 비극적 파국을 서둘러야 하는지에 대한 이유를 알 수 없다고 적었다고 한다. 새로운 가치의 근거로서 스스

---

188) 『Jenseits von Gut und Böse(선악의 저편)』

189) 『Der Antichrist(안티크라이스트)』

190) 『Also sprach Zarathustra(짜라투스트라는 이렇게 말했다)』

로 진리가 되어야 할 자로 생각한 니체… 그 니체가 말년에 정신 이상이 되어 여동생의 집 이 층에 기거하는 동안, 아래층에선 매일 유명해진 니체를 환호하는 방문객들이 모여들어 파티가 벌어지고 있었고, 이 층에선 매혹적인 환영과 즐거운 가상의 광기에 사로잡혀 괴성을 지르며 난동을 피우고 노래하고 춤추고 있었던 니체… 자신을 '디오니소스' 혹은 '십자가에 못 박힌 자'라고 서명한 편지를 잇달아 지인에게 보냈고 '내가 신의 후계자'라고 중얼거렸다던 니체… "모든 신은 죽었다. 이제 위버멘쉬가 등장하기를 우리는 바란다. 이것이 언젠가 위대한 정오를 맞이하는 우리의 최후의 의지가 되기를!"[191] 니체의 공허한 울림이 거라사 지방의 광인이 살던 무덤가를 한바탕 소용돌이치며 지나가는 광풍의 여운처럼 더없이 황량하고 을씨년스럽다(마가5). 늘 삶의 긍정을 주장했지만 실은 늘 삶의 파국을 운명처럼 벗하고 살 수밖에 없었던 니체(에베소서2)… '정오의 태양'처럼 완전한 의요, 진리인 창조주와 예수 그리스도를 외면하고 그 자신, 불완전하고 의롭지 못한 연약한 인간으로서 스스로 진리와 의가 되고자 했기에… 그 결과, 하나님과 원수요, 본질상 진노의 자식으로서 사망으로 좇아 사망에 이르는 냄새인 무덤 사이의 광인으로 살아갔던 니체… 아무도 거라사의 광인을 묶어 둘 수가 없었고, 쇠사슬로도 그의 힘을 당하지 못하였듯이, 세상은 니체의 지식과 사변과 주장을 제어하고 당해낼 수 없었기에 늘 그저 휘둘리고 이용당하고 매료되어만 갔다… 귀신 들린 사람이 늘 소리 지르며 돌로 제 몸을 상하게 하듯이 니체가 가진 힘은 결국 그 자신을 파괴해가는 힘으로 작용하고 말았던 것이다.

자, 그럼… 횔덜린의 '낮의 해'가 그에게 영혼의 고양을 주었으나 끝내 영혼의 소진을 안겨주게 된 것처럼, 니체의 '낮의 해'가 잠시 그에게 황금빛 행복을 주었으나 끔찍한 고통으로 변하고 만 근본적인 이유는 무엇일

---

191) Nietzsche, Friedrich: 『Also sprach Zarathustra』 "Todt sind alle Götter: nun wollen wir, dass der Übermensch lebe." -diess sei einst am grossen Mittage unser letzter Wille!-

까요? 그것은 그들이 추구한 신성적인 것이 불변의 진리적 실체가 아니라, '유한한 인간성의 신성화'란 찰나적 우상이거나 '세계 영혼의 통합'이라는 허구적 망상이었기 때문입니다. 그들의 우상과 망상은 '광명의 신'으로 위장한 거짓된 '낮의 해'로써 결국 그들의 영혼의 눈을 찌르고 멀게 만들었습니다. 신자는 영혼의 눈이 뜨인 자입니다. '하나님의 영광의 광채'이신 그리스도 예수만이 우리 인간에게 '생명의 빛'을 심어주시고(요8:12), 우리를 모든 위험에서 보호하시고 영원히 지켜주십니다.

> 나는 성안에서 성전을 보지 못했습니다. 이것은 전능하신 주 하나님과 어린 양이 그 성의 성전이 되기 때문입니다. 또 그 성에는 하나님의 영광의 광채가 비치고 어린 양이 그 성의 등불이 되시기 때문에 해와 달이 필요 없습니다. 세상의 모든 민족이 그 빛 가운데로 다닐 것이며 땅의 왕들이 영광스러운 모습 그대로 이 성에 들어올 것입니다(계21:22-24).

세린이 말했다.

"니체는 「시인의 소명(Dichters Berufung)」이란 시에서 시인이란 숲속에서 무엇을 기다리며 강도처럼 매복하는 중 갑자기 그 뒤에서 덮쳐 오는 시의 격정스러운 운율을 시구로 요리하는 자처럼 노래했어요. 횔덜린을 사로잡은, 한밤중에 시인을 웃게 하는 충동적인 광기의 뮤즈가 니체에겐 숲속에 매복한 강도의 기습과 같이 덮쳐 온 것이죠. 니체는 자신을 디오니소스신의 마지막 제자이자 정통한 자라고 했으니까요. 횔덜린은 주제테의 부고를 접한 후 처음 그의 정신의 혼란이 착란의 징후를 보였을 때, 친구 뵐렌도르프에게 보낸 편지에서 "아폴론이 나를 내리쳤다!"고 썼다고 합니다. 니체는 유사한 상황에서 자신을 "디오니소스"나 "십자가에 못 박힌 자"라고 썼답니다. 횔덜린에게 임한 디오니소스적 광기는, 니체에게 임한 광기가 초인적 에너지로 망치를 거머쥔 위용을 발산했던 것과 달리,

창조성을 고무하는 우아하고 황홀한 아폴론적 빛으로 흡수된 것 같군요. 마치 끔찍한 한낮의 심연 속에서 언제 내 영혼을 다시 마셔주실 건가요? 하고 니체가 스스로에게 묻고 있는 동안, 횔덜린은 시작(詩作)으로 영혼의 정주지를 삼았듯이 말입니다. 어쨌거나 결과는 양자가 똑같이 오랜 광기의 세월을 보낸 후 생을 마감했다는 겁니다."

브라이언 박사가 말했다.

"니체는 『안티 크라이스트』에서 그리스도교를 비판하면서 복음서나 바울서신에 나오는, 믿음과 경배의 대상인 그리스도 예수가 축소된 예수라고 주장했소. 니체는 영원한 신성을 가진 예수가 아니라 이 땅에서 고귀한 삶의 방식을 실천적으로 보여 준 예수, 우리의 따라야 할 유한한 예수에 대해서 말하고 있는 것이오."

세린이 말했다.

"영원한 신성을 가진 예수가 축소된 예수란 주장엔 다분히 계몽주의적 냄새가 나네요. 우주적 신성을 보편적 이성의 수하에 두려는… 여기엔 또 어떤 이성의 음모가 들어있을까요…?"

C 목사가 말했다.

"『안티 크라스트』에서 니체가 생각하는 기독교는 이렇습니다. 과거 구약 시대에 이스라엘 민족과 하나가 되었던 전쟁의 신이요, 정의의 심판자로 활약했던 야훼가 앗시리아의 침략에 의해 이스라엘이 멸망한 후 예전 같은 역할을 못 하게 되자, 사제들이 신의 개념을 자신들의 존재와 권력 유지를 위한 도구로 바꾸어 버렸다는 겁니다. 죄와 벌, 경건과 보상이라는 어리석은 구원의 메커니즘으로요."

세린이 말했다.

"하하, 종이 호랑이가 된 신… 니체는 예수의 십자가 죽음을 납득시키는 장치로 억지 교리적 해석의 역사가 시작된 것이란 상당히 독창적 발언을 한 셈이로군요. 이는 다만 기독교의 핵심인 예수 그리스도의 십자가 대속의 구원의 은혜를 부인하려는 주장인 거죠. 그런데 시몬느 드 베이유는 니체 바로 다음 세대를 산 철학자로서 플라톤과 막스의 영향을 받았다고 알려졌지만, 그녀의 구약성서의 대한 견해는 가히 니체의 분신이라 할 만하죠. 베이유는 그 어떤 인간 존재보다 더 밀접하고 더 확실하고 더 현실적인 그리스도의 현존을 보는 신비 체험을 했다고 주장했지만,[192] 그녀의 성경에 대한 이해는 놀랍게도 니체의 주장과 조금도 다르지 않습니다. 구약의 야훼를 권력의 신이요 타민족을 학살하는 전쟁의 신으로 말하며, 심지어 우상이라고 일갈하니까요. 그녀가 본 영적 존재가 그리스도라면, 독생자 예수를 이 땅에 보내신 야훼 하나님의 존재와 그의 말씀을 부인할 수 없지 않겠습니까? 영 분별이 없는 그녀의 자유로운 영성은 슐라이어마허의 뿌리에서 나온 종교적 영성일지언정, 결코 기독교의 영성이 아닙니다. 예수 그리스도와 고대 이집트의 오시리스, 그리스의 디오니소스, 힌두교의 크리슈나, 불교의 붓다, 도교의 도를 동일하게 무한히 선한 신으로 인식하는 베이유는 도대체 무엇을 기준으로 자신이 본 신이 그리스도라고 주장하는 것일까요? 기독교의 역사는 그리스도가 밝힌 그 진리를 배반해 온 역사라며, 그 역사의 근원에 유대교와 구약성서가 있다고 비난하는 그녀는, 안타깝게도 말씀 체험과 성령 체험이라곤 하지 못한 것 같습니다. 야훼 하나님이 역사의 한 정점에서 이스라엘이란 한 민족을 택하시고 그들에게 계시의 말씀을 주시고 그 말씀을 지키도록 철저히 훈련하신 것은, 바벨탑 이후에 세계 곳곳에 흩어져 살면서 창조주 하나님을 모르고 우상을 섬기는 영적소경으로 살고 있는 인류를 전격 구원코자 하심이었습니다. 그 핵심은 구원의 주로 오신 그리스도 예수입니다. 그런데 베이유가 그리스도의 가르침을 모든 경계를 초월하는 보편적 사랑의 가르침으로 해석하고, 비록 방법과 과정에 있어서 허물이 있었다 하더라도, 그리스도의 복음이 전 세계에

---

192) https://www.hani.co.kr/arti/culture/book/1134346.html

전파된 것을 타민족들의 고유한 신앙의 뿌리를 뽑은 것으로 성토한 것은, 사도행전적 역사에 무지한 계몽주의자들의 견해와 일치합니다. 인본주의적 막스식 유토피아를 꿈꾸던 베이유가 신비스러운 체험 후, 종교적으로 선회하여 사랑의 광기와 자유를 운운한 것으로 보아 그녀의 영성은 니체의 그것과도 닿아 있는 겁니다. 성경을 살아있는 하나님의 말씀으로 체험치 못한 이들은 베이유처럼, 구약의 야훼 하나님의 말씀을 마치 보복하고 벌주길 좋아하는 심술궂은 신이 인간을 구속하기 위해 씌워 놓은 굴레처럼 주장하는 경우들이 많이 있습니다. 그런데 이런 경우 그들은 엉뚱하게도 자신들의 몰이해의 대변인으로 예수를 내세우는 해프닝을 곧잘 벌이곤 하는데, 여기서 그들이 이해하는 예수는 물론 구약 때부터 예언되어온 메시아가 아닙니다. 그들의 예수는 구약 율법의 급진적인 타도자로서 골동품이나 전쟁의 신으로 그들이 이해하는 구약의 하나님과 단절한 인본주의적 신약 질서의 혁명적 전사로 묘사됩니다. 그들에게는 그리스도가 하신 말씀 "내가 율법을 폐하러 오지 않고 완성하러 왔다(마5:17)"든가 "나를 본 자는 아버지를 보았느니라(요14:9)" 또 "나는 내 뜻대로 하지 않고 아버지께서 하라고 하시는 대로 심판한다(요5:30)"를 들을 귀가 전혀 열려 있지 않은 것입니다."

브라이언 박사가 천천히 입을 떼었다.

"기독교인이 니체에게 관념적인 예수 사상이라 비판을 한다면 니체 역시 기독교인에게 관념적인 신앙일 뿐이라 응수할지도 모르겠소. 니체에게 그리스도인이 되는 것은 구원신앙이 아닌 실천 행동에 의해서요. 예수가 인류에게 남긴 것은 십자가 위에서의 태도를 통한 실천이란 거요. 무저항, 무변호, 무조치, 무방어, 무분노, 책임 묻지 않음, 오직 악을 행하는 자들과 더불어 그들 자신이 되어 간구하고 괴로워하고 사랑한다. 그리고 악인에게마저도 저항하지 않고 그를 사랑하는 거란 거요. 그러므로 그리스도를 통해 구원받으리라는 신앙은 잘못된 것이며, 신에게 이르는 길은 '회개'도 아니고 '용서를 구하는 기도'도 아니란 거요. '복음에 따른 실천'만이 신에게 인도해 주며, '실천'이 바로 '신'이란 말이오."[193]

세린이 말했다.

"철학에서의 신 개념은 추상적이고 실체가 없으므로 모든 인본주의자들은 다 똑같이 실제 삶의 자리에서 도덕적 헌신을 통해 살아 있는 원리로 신을 증거해 보이라고 닦달을 하고 있는 겁니다. 하하 니체의 병적인 히스테리가 안 느껴지나요? 이성의 한계 안에서의 종교라고 말하지만, 사실 철학자들이야말로 이성의 한계라곤 모르는 사람들이 아닙니까? 이성의 한계를 모르는데 어떻게 인간의 한계를 알 수가 있겠나요? 결국 니체의 기독교는 경배의 대상을 필요로 하지 않고, 예수란 생명의 다리도 필요 없이 스스로 실천에 의해 득도를 하라는 거군요. 그렇다면 '피안'이나 '신'이나 '참된 삶'이나 또는 열반, 구원 이런 것들이 그에겐 차별 없는 매한가지 개념이 되겠군요."

말끝에 세린이 무릎을 치며 통쾌하게 웃었다.

"하하, 치열하게 감성적이고 완벽주의적인 니체가 예수 그리스도는 오직 단 한 명의 그리스도교인으로서 십자가에 죽었고 복음도 죽은 것이라 말했다면[194], 당연 신은 죽었다는 함의인 거죠. 세상 사람들은 그동안 '신은 죽었다'라는 니체의 센세이셔널 한 발언에 대해 반어적이거나 역설적으로 혹은 다중적으로 해석을 하는 수선을 떨어 왔지만, 제가 보기에 니체는 단지 철저하고도 공격적인, 신을 시해할 만큼 실천적인 무신론자였을 따름입니다."

---

193) 『Der Antichrist(안티크라이스트)』
194) Ibid.

니체와 칸트의 차이

세린이 물었다.

"그러면 니체와 칸트의 차이가 무엇일까요? 신을 피안의 세계에 감금하고 이성을 무기로 모든 것을 의심하고 초극적으로 전진하라고 궐기한 칸트나, 이성주의에 반기를 들면서 신을 생매장하고 초긍정과 내적 무한성의 자유와 자기극복적이고 자기통일적인 위버멘쉬, 즉 슈퍼맨을 내세운 니체나, 둘 다 기독교적 관점에서 보면 강력한 인본주의적 파워가 느껴지지 않나요? 그러나 양자의 무드랄까, 이미지는 사람들에게 사뭇 다르게 전달되는군요. 칸트가 온화하고 침착하고 냉철한 이신론적 경건주의자라면 니체는 과격하게 독설적이고 충동적으로 정열적이고 낭만적 광인이랄까…"

브라이언 박사가 말했다.

"비유를 하자면 칸트는 대기업의 총수인 부친의 두 손을 묶어 뒷방 늙은이 신세로 전락시켰지만, 자신은 그래도 부친의 사훈을 잘 이어받아 기업을 건전하고 안정되게 운영하는 것처럼 보이고 싶은 재벌 2세인 격이오. 그러나 니체는 북한의 김씨 부자처럼 총수인 부친의 존재의 기억을 대중으로부터 퇴출시키고 자신만이 새롭게 탁월한 영도자로서 돋보이고 군림하고 싶은 리더인 것이오."

이어 세린이 말했다.

"하하 그렇군요! 두 사람의 분위기가 상반되게 느껴지는 또 다른 원인이 있다면 도덕관념의 유무도 한몫할 거예요. 칸트가 최고선의 구현을 위한 도덕 법칙을 신의 명령으로 받아들인 반면, 니체에게 도덕은 분쇄되어야 할 파렴치한 것이었으니까요. 자신을 최초의 비도덕주의자이며 파괴자 중의 파괴자로 자처한 니체는 말하길, 루터는 그리스도교를 부활시켜 도덕을 부활시킨 나쁜 사람이고 기독교는 르네상스의 덕을 부패시키고 고대의 위대한 가치를 파괴한 주범이란 거죠."

세린은 니체가 고대의 위대한 가치라 주장하는 그리스 아테네의 아레오바고 광장에 서서, 우상이 가득한 도시를 보고 격분한 마음을 추스르며 그리스인들을 향하여 복음을 전하던 바울의 심정을 생각해 보았다. 다음은 바울의 유명한 이때의 연설인 '아레오파지티카'이다.

"아레네시민 여러분, 내가 보기에 여러분은 모든 면에서 종교심이 많은 분들입니다. 내가 이리저리 다니며 여러분의 예배처를 살피다가 '알지 못하는 신에게'라고 새긴 제단도 보았습니다. 그래서 여러분이 지금까지 모르고 예배해 온 그 신을 내가 알려 주겠습니다. 그 신은 바로 천지 만물을 창조하신 하나님이십니다. 그분은 하늘과 땅의 주인이므로 사람의 손으로 만든 신전에서 살지 않으시며, 또 무엇이 부족한 것처럼 사람이 드리는 것을 받지도 않습니다. 그분은 모든 사람에게 생명과 호흡과 만물을 직접 주신 분이시기 때문입니다… 하나님이 이렇게 하신 것은 사람들이 그분을 더듬어 찾게 하려는 것입니다. 사실 하나님은 우리에게서 멀리 떠나 계신 것이 아닙니다. 우리는 그분 안에서 살고, 움직이며, 존재합니다. 여러분의 시인 가운데 어떤 사람이 말한 것처럼 '우리도 그분의 자녀입니다'. 이와 같이 우리가 하나님의 자녀가 되었으니 신을 사람의 생각과 기술로 금이나 은이나 돌이 새긴 형상 따위로 여겨서는 안 됩니다. 알지 못하던 시대에는 하나님이 그대로 내버려 두셨지만, 이제는 각처에 있는 모든 사람에게 회개하라고 명령하십니다… 이것은 하나님이 정해 놓은 사람을 통해 세상을 정의로 심판할 날을 정하시고, 그분을 죽은 사람들 가운데서 다시 살리셔서 모든 사람에게 믿을 만한 증거를 주셨기 때문입니다(행17:22-34)."

세린이 말했다.
"신(God)이 모든 사람에게 생명과 호흡과 만물을 직접 주신 이유는 사람들이 그분을 더듬어 찾게 하려는 것'이라고 바울이 말한 것처럼, 바르트는 하나님은 그를 찾는 사람에게 탐구 가능하며 인식 가능한 존재라고 말했다죠? 우리 모두는 말씀을 통해 하나님을 탐구할 수 있으며, 말씀과 함께 기도하는 삶 속에서 하나님의 존재와 일하심과 섭리를 인식할 수 있습니다."

영지주의

"고대의 위대한 가치라…"

브라이언 박사가 중얼거리며 로레인 쪽으로 고개를 돌려 말했다.

"그러고 보니 로레인 양이 전에 박사 과정에서 인도사상과 함께 다뤘던 그리스 종교가 생각나는구려. 아마 오르페우스교가 아니었던가?"[195]

"네, 맞아요. 오르페우스교는 기원전 8세기경 트라키아 지방에서 성행하던 디오니소스의 숭배가 그리스지역으로 전파되면서 생겨난 종교예요. 오르페우스는 태양신 아폴로와 카리오페 사이에서 태어난 아들이죠. 오르페우스교에서는 인간이 영혼과 육체로 이루어져 있으며, 전자는 선의 요소를 후자는 악의 요소를 각각 대표해요. 인간은 '티탄'인 악·육체와 '디오니소스'인 선·영혼의 결합으로 태어났기 때문인 거죠."

"철저한 이원론적 사고군."

브라이언 박사의 대꾸에 이어 로레인의 설명이 계속됐다.

"맞아요. 그래서 플라톤의 이데아적 관념론과 이원론은 오르페우스교의 영향을 받은 걸로 보는 거예요. 이것은 페르시아 영지주의 종교인 마니교에게도 큰 영향을 끼쳤을 뿐만 아니라 후에 기독교의 천국의 원형도 만든 거라 보는 거죠."

---

195) Orphism (religion), Wikipedia

"그런데 오르페우스교가 특이한 것은 죽은 인간이 하데스에 내려가 소멸되어지는 일반적 그리스 신화에서 볼 수 있는 내용과는 다르다는 사실이에요. 원래 인간의 영혼은 완전한 존재로서 신들 가운데 하나였지만 죄를 지어 그 벌로 육체라는 감옥에 갇히게 된 거란 거죠. 그래서 지상에 태어난 인간은 죄를 완전히 씻을 때까지 계속해서 지상에서의 삶을 반복해야만 한다는 사상이죠."

"그럼 윤회사상이 아닌가요?"

로레인이 세린의 말에 맞장구를 쳤다.

"맞아요. 죽음으로써 영혼은 육체의 감옥에서 벗어나지만, 그것으로 원죄가 완전히 사라지는 것이 아니기 때문에 다시 육체 속으로 계속해서 되돌아올 수밖에 없다는 거예요. 하지만 죄를 완전히 씻어내면 마침내 불멸의 본질로 복귀한다고 믿었어요. '슬픔의 고리'라 부르는 윤회와 환생을 통한 영혼 정화, 환생의 굴레를 벗어나 영원한 행복에 이르는 내용 등이 인도의 윤회사상과 상당히 닮았죠."

나다니엘이 끼어들었다.

"이런 윤회사상은 파이돈에서 케베스의 물음에 대한 소크라테스의 답변에서도 드러나요. 그는 죽은 사람의 영혼이 저 세상에 있다가 다시 이 세상에 돌아와 산사람을 통해 되살아남을 설명했으니까요."

이어 C 목사가 나섰다.

"피타고라스 역시 수학의 원리로 우주를 설명하면서 철저하게 윤회를 인정했다죠? 오르페우스교와 피타고라스 학파가 결합된 신피타고라스파는 플라톤적인 이원론을 극단적으로 강조했다고 해요."[196]

세린이 이의를 제기했다.

"그런데 어떻게 오르페우스교나 플라톤의 이원론 또 영지주의나 윤회사상이 기독교와 접점을 찾을 수가 있을까요? 기독교의 인간은 영혼육의

---

196) Neopythagoreanism, Wikipedia

통일체로 선하게 지음받았기에 이원론과는 거리가 먼데요?"

브라이언 박사가 대답했다.

"그렇소. 사실 영지주의는 초대 기독교 이단 속에도 스며들어 있었지만, 애초에 기독교와 영지주의는 번지수가 다른 것으로, 그리스적 이원론과 유대교의 유일신론이 신비주의적으로 접합되면서 생겨난 산물인 거요. 영지주의는 일관된 하나의 신앙 체계가 아니라, 당시 그리스도교가 퍼진 여러 지역에서 이원론을 바탕으로 한 다양한 신앙체계들을 통칭한 거요. 특히 물질을 악마·하위 신의 창조물이나 그 부산물로 여기는 경우가 흔히 말하는 영지주의예요. '인간의 육체는 물질이니 사악한 것이며, 이 더러운 육신 안에 영혼이 갇혀 있다.' 따라서 구원에 대한 영적인 앎(gnosis)을 통해 영혼을 육체와 물질세계로부터 탈출시켜야 한다는 거요."[197]

C 목사가 말했다.

"영지주의는 하위 신을 기독교의 야훼 하나님이나 사탄, 또 그리스의 제우스 신에 대입하기도 해요. 하위 신을 최고 신에서 나와 최고 신의 속성을 가지지만 불완전하고 열등한 전제적 신으로 보고, 야훼 하나님에 대입하거나, 하위 신을 최고 신과는 별개의 독립적 창조자로서 신성에 무지하거나 반하는 존재로서 악마에 대입하는 식입니다."

세린이 말했다.

"오 맙소사! 하나님의 완전계시인 성경 말씀을 떠나 인간이 스스로 신을 관상한다는 발상 자체가 이렇듯 위험한 결과를 낳는군요! 영지주의자들과 정통파 기독교인들과의 가장 큰 차이점은 믿음이 아니라 앎(그노시스)이 구원의 수단이라고 여긴다는 점이라고 말들 하지만, 실제는 믿음과 앎의 대상이 되는 근본 교리부터가 다르군요. 영지주의자들에겐 인격적 유일신인 창조주 하나님의 개념이 숫제 없는 것이니까요."

"그런 것 같죠?"

---

197) Gnosis, Wikipedia

C 목사가 애매하게 웃으며 부언했다.

"어거스틴이 한때 빠졌었다는, 조로아스터교의 한 분파로부터 영향을 받은 마니교는 각각 빛과 어둠, 동등한 권능의 두 신적인 힘의 존재를 전제하고 이 두 힘이 우주적인 전쟁을 벌인 끝은 빛의 승리로 끝날 것이라는 교의입니다."[198]

"비교하자면, 이원론에 기초를 두고 있는 동양철학의 음양사상이 상호조화적인 데 비해 영지주의의 이원론은 철저히 대립적이라고 볼 수 있어요."

로레인의 부언에 이어 세린이 말했다.

"기독교에서 악한 어둠의 영은 어디까지나 창조주 하나님의 타락한 피조물로서 야훼의 주권 아래 잠정적으로 활동을 허락받다가 종국엔 영원한 파멸에 던져지고 마는 존재들이 아닙니까?"

나다니엘이 흥미로운 표정을 지으며 말했다.

"그런데 롤란드 베인턴의 『세계교회사』를 보면 영지주의적 창조관에 대한 특이한 기술이 나옵니다. '지혜(소피아)는 플레로마(모나드, 뷔토스 최고신)의 비밀을 알려는 과도한 호기심에 잔뜩 사로잡혀 있다가 고통 속에서 물질을 발산했는데, 이 물질이 데미우르고스(하위신demiurge)의 도움으로 이 가시적인 세계로 조성되었다'는 겁니다. 최고 신은, 비록 자신이 창조하지는 않았으나 비참한 상태에 있는 인간들을 가련히 여겨 예수를 내려보내게 되고, 소수의 선택받은 자들은 예수를 통하여 영지를 깨달음으로써 사악한 물질세계로부터 탈출하여 빛의 세계로 갈 수 있다는 내용입니다."

세린은 '소피아'의 호기심과 '이브'의 호기심 사이에 모정의 연관성이 있는 것 같은 생각이 들었다. 두 여성명사의 호기심이 만들어 낸 가시적인 세계…

---

198) Manichaeism, Wikipedia

세린이 담담한 표정으로 말했다.

"영지주의에서 예수는 인간들과는 한참 먼 곳에 있는 신이 파견한 자로서 구약의 어느 선지자와도 비슷하게 느껴지겠군요. 그러니 창조주 아버지의 죄인 된 자녀를 향한 애끓는 심정이나 성육신적 사랑이나 예수의 보혈을 통한 죄 사함과 구원의 은총과는 거리가 먼 신앙인 거지요. 마치 힌두교에서 세상을 관장하는 비슈누와 시바신이나 불교의 중생구제를 위한 보살과도 같겠군요. 그래선지 많은 신플라톤주의자들과 영지주의자들이 윤회사상을 믿었다고 하잖아요?"

세린은 과거 횔덜린을 공부하는 동안 우연히 에크하르트에 흥미를 느낀 적이 있었던 것을 상기하고 다시 말을 이었다.

"에크하르트의 신비주의가 다시 떠오르네요.[199] 정적 속에서 신의 임재를 기다리며 무(無)의 경지를 추구하고 무한에 몰입하는 가운데, 신과 자신의 합일을 통해 완전한 자유에 도달한 후 마침내 신마저도 버리는 상태…. 그는 이를 "영혼 안에서 신이 탄생"한다고 표현했죠? 이야말로 동양사상에서 추구하는 해탈의 경지에 이르는 불교사상의 방법론과 하등 다를 바가 없는 것이죠."

브라이언 박사가 말했다.

"에크하르트는 '신의 친구들(The Friends of God)'이란 평신도 그룹과 활동했던 사제였는데 독일 신비주의와 셸링과 헤겔을 포함한 독일 관념론자와 낭만주의, 현대의 하이데거에 이르기까지 엄청난 영향을 끼쳤다고 하오. 그는 말하자면 기독교라는 특정한 종교적 전통과 의식을 뛰어넘어 절대자 신에게 도달하는 길을 찾으려 했던 거요."

"특정한 종교적 전통과 의식을 뛰어넘어 절대자 신에게 도달하는 길이라…."

---

199) Meister Eckhart, Wikipedia

신비주의자들

"신의 친구들이라…. 하하. 성경엔 예수님이 우리를 친구로 여기신단 말이 나오지만 '신의 친구들'이란 표현은 아무래도 이상하군요. 보편적 신성을 추구하다 보면 자칫 피조물인 인간이 신격으로 비약하는 게 아니겠는지요?"

그러자 브라이언 박사가 말했다.

"17세기 독일은 슈페너의 기독교 개혁으로 경건주의 사상이 전파된 이래 백여 년간 방향이 사뭇 다른 신비주의 사상들이 만연한 상황이었소. 신비주의는 신성한 존재의 임함(Divine Presence)을 직접적으로 친밀하게 체험하는 것에 중점을 두는 종교요. 당시 독일인들 사이에서 신비주의에 영향을 미친 신플라톤주의와 연금술과 점성술을 포함한 헤르메스주의 신학[200]은 매우 친숙한 상황이었소. 파라셀수스, 헬몬트, 바이겔, 슈벤크펠트와 재세례파, 아른트 등…."

"괴테는 젊은 시절에 앓고 있던 중병 치유를 목적으로 수잔나 클레텐베르크 수녀와 메츠 박사와 함께 신비로운 연금술 연구와 학습에 참여하게 되었소. 그 후 그는 연금술의 마법을 정당화한 아놀드(Gottfried Arnold)의 『비당파적 교회와 이단자 역사(Unparteiische Kirchen- und Ketzer-Historie)』를 읽고 크게 공감함에 따라 아놀드가 소개한 야콥 뵈메(Jakob Böhme)의 영향도 자연 받게 되었소.[201] 아놀드의 종교관은 영구불변한 기독교의 전통적 요소와 부단히 변화하는 개인의 신비적 요소를 조화롭게 결합시키는 것이었는데, 후자에 더 역점을 두었기에 문제가 된 거요. 본시 독실하

---

200) Hermeticism: 신성한 진실은 다양한 종교 및 철학적 전통에서 발견될 수 있다는 개념. 연금술, 점성술, 신비주의의 측면을 포함한 광범위한 밀교적 지식을 포괄하며, 역사 전반에 걸쳐 영지주의 등 다양한 신비주의 및 오컬트 전통에 상당한 영향을 미쳤음.

201) https://core.ac.uk/download/pdf/29154858.pdf, P. 4, 11, 41

고 경건한 슈페너[202]의 제자였던 아놀드는, 신학대학의 교수로 활동하는 동안, 개인적으로 구세주와의 교제나 '내면의 그리스도의 삶'이 파괴되는 경험을 하고는 교수직을 사임한 후 은둔생활을 선택했소.[203] 그 후 아놀드는 슈페너와는 크게 다른 '신앙 무차별론(indifferentism)'적 경건주의를 발전시킨 고로 이단자로 불리게 된 거요. 아놀드에 따르면, 모든 구원의 근거이자 척도인 '타고난 내면의 빛' 또는 '우리 안의 그리스도'는 개종한 그리스도인뿐만 아니라 모든 비기독교인, 유대인, 이교도, 터키인에게도 속한다는 거요.[204] 아놀드는 교회가 사도들의 시대 이후로 진리의 기관으로서 역할을 제대로 해오지 못했다고 주장하면서, 진리는 특정 가시적 교회가 아닌, 비가시적 보편적 교회에 속한 경건주의자들에게서 찾을 수 있다는 견해를 피력했소.[205] 자신의 그런 판단을 그는 '비당파적'이라고 표현한 것이오. 아놀드에 전격 공감한 괴테는 교회나 신조에 얽매이지 않는 그의 새로운 교리를 흡수하여[206] 스스로를 반기독교인이 아닌 '비기독교인'으로 자처하게 된 거요."[207]

"모든 자들 안에 그리스도라고요?"

"모든 존재의 창시자인 '신'이 자신의 '영혼의 빛'을 모든 자에게 발산하므로 각 사람에게는 같은 '타고난 내면의 빛(영)'이 있다는 거요.[208] 그러므로 그리스도와의 교제는 누구든지 '신에 대한 명상'에 몰두하게 되면 가능하다는 거요."

"아하, 그렇다면 아놀드의 하나님은 그리스도 예수 안에만 계시된 하

---

202) Philipp Jacob Spener, 루터교 신학자, 경건주의 창시자

203) Ibid., P. 6

204) Ibid., P. 7, 9

205) Ibid., P. 8

206) Ibid., P. 36

207) Wikipedia, 인용문# 66, "not anti-Christian, nor un-Christian, but most decidedly non-Christian"

208) https://core.ac.uk/download/pdf/29154858.pdf, P. 27

나눔일 필요는 없겠군요! 그런 의미에서 보편적 교회를 주장한 것이고요.
보편적 교회에 속한 경건주의(?)자라면… 그럼 아놀드에겐 그리스도의 영(
성령) 또한 보편적인 영이란 말인가요?"

세린에겐 예수와 기독교를 구분하고 기독교의 교리를 초월하여 전 인
류의 마음속에 보편적으로 내재한 자유 정신이나 신성을 주장한 레싱이
떠올랐다. 슐라이어마허의 '자기 의식 안의 신 의식'과 '본래적 내면의 광
선' 도…그뿐만 아니라 전에 리사가 권했던, 페이지 페이지마다 내용과 무
관하게 꼬박꼬박 '성령'과 '예수 그리스도'라는 표현을 차용한 그 불쾌했던
책 또한….

"으음… 홍미로운 것은 아놀드의 책에 소개된 뵈메는, 신이 발산 과정
을 통해 우주를 창조했다는 헤르메스주의 사상을 구체화했는데, 그는
창조를 처음과 마지막이 있는 하나의 완성된 행위가 아닌 지속적인 과
정으로 보고 '원'으로 말했소.[209] 뵈메에 따르면, '신은 자기 포괄적이고,
항상 스스로 창조하는 자로서 그 자체 안에 삼위일체로 나타나는데, 사
랑의 욕망은 아들을 낳고 그 사랑의 표현이 성령'이라고 말이오."[210]

"원이라고요? 성경 말씀 안에서 신을 이해하지 않고, 인간적 사고를 통
하면 한결같이 범신론적으로 빠지는군요! 신이 애욕으로 아들을 낳았다
고요? 하하. 그리스 신을 닮아가네요? 신의 애욕적 표현이 성령이라니,
뵈메에게 그런 성령은 얼마든지 보편적인 영이 될 수도 있겠군요!"

"으음, 종교와 점성술 서적, 파라셀수스와 바이겔의 저서에 심취했던
뵈메[211]의 이론은 플로티누스의 발산에 대한 이론이기도 한데, 각 창조는
그 이전 것에 의존하고 중심 근원은 간접적으로만 관여한다는 거요. 그
에 따르면, 자연과 모든 물질적 존재의 정신이 나오는 '신의 일곱 영'이 있

---

209) Ibid., P. 34
210) Ibid.
211) Ibid., P. 33

다는 거요."[212]

"흥미롭군요. 계시록에 나오는 '일곱 영(계1:4)'은 '성령 하나님' 혹은 '하나님의 영'의 다른 이름들을 함의한 것으로 이해하는데요? 뵈메는 성령의 창조 사역을 간접적인 것으로 말하고, 다른 '일곱 영'이 직접적인 물질 창조의 역할에 관여하는 걸로 말하다니요… 뵈메의 삼위일체관이 궁금하군요."

"뵈메는 세상이 '외래 물질'에서 창조되지 않고 '신의 본질'에서 창조됐다고 말하오. 그는 삼위일체에 대해 말하길, 신(신성한 원초적 의지)은 자신에게 객관적이 되어 자신을 창조된 존재로 구성함으로써 삼중적 측면을 취한다는 거요. 그로 인해 '대천사(미카엘, 루시퍼,[213] 우리엘)'라고 불리는 세 가지 다른 자의식적 신성한 힘이 생겨난 것이고, 이는 삼위일체의 세 유형을 나타낸다는 거요."

"그렇다면 대천사는 단순히 신을 섬기는 종의 신분이 아니라 신격을 공유하는 신성한 신분이로군요."

"그런 셈이요. 그에 따르면, '일곱 영'에 상응하는 다른 천사 군주들의 존재가 가브리엘과 라파엘 등의 천사들이고, 천사들은 모두 처음의 원리로 창조되었는데, '움직이는 영'에 의해 형성되고 육체화되었소, 그들 천사는 모두 하나님의 빛에 의해 조명을 받았는데, 각 천사는 자신 안에 '일곱 원시 영'의 힘을 가지고 있다는 거요."[214]

"그렇다면 뵈메는 천사들에게도 창조력을 부여한 거군요. 하지만 절대적 신의 존재를 객관화된 대상인, 창조된 존재로 구성하는 발상 자체부터

---

212) Ibid., PP. 37-38

213) Lucifer=금성(Venus)=계명성=샛별=새벽별, KJV을 통해 '타락한 천사장'인 '사탄'의 이름이 됨. 구약의 에스겔서에서 '두로왕'이 '사탄'으로 비교(28:11-19)되듯, 이사야서에선 '바벨론 왕'이 사탄으로 은유됨(14:12). 한편 성경은 예수 그리스도를 '샛별'과 '광명한 새벽별'로 상징하므로(벧후1:19; 계22:16) 혼돈하지 말 것! 고후11:14 참조: "이것은 이상한 일이 아닙니다. 사탄도 자기를 광명의 천사로 가장합니다."

214) https://sacred-texts.com/eso/ldjb/ldjb08.htm

방문

415

가 신의 지경을 넘는 일인 것이죠! 신의 피조물인 대천사들을 신의 자의식적 신성한 힘이나 삼위일체의 유형으로 말하는 것이니까요. 결국 하나님의 영(성령)과 독립적으로, 신격화된 피조물의 창조적인 활동을 설정함으로써, 천사를 비롯한 만물의 신성화로 흐르는 맥락으로 이어진 거로군요! 그렇다면 인간의 창조에 있어서도 신의 관여는 간접적이고 천사가 직접적으로 관여한 것이란 말인가요?"

"뵈메는 말하길, 천사들을 창조한 대천사 '루시퍼'는 인간의 창조에도 영향을 미쳤지만, 인간의 영혼은 성령으로부터 직접 온 것이고[215] 인간은 본시 천사나 타락한 루시퍼보다 온전한 존재로 지음받은 피조물이란 거요."

"창조자 루시퍼라고요? 하하."

"뵈메에 따르면, 루시퍼는 자신이 천사들을 창조한 영광 때문에 자신의 기원을 망각하고 자신이 무한한 힘을 소유했다고 믿었소. 그는 신격의 핵심적 큰 부분으로서 신의 뜻을 알면서도 신의 뜻과 신의 아들을 배격했고, 신의 빛을 멸시함으로 인해 신으로부터 떨어져 나가 피조물의 위치로 강등된 것이란 거요."[216]

"그러면 뵈메의 글에서 인간의 죄나 구원, 그리스도의 사역은 어떻게 설명되고 있나요?"

브라이언 박사가 둥근 콧등에 주름을 모으고 코 밑을 검지로 슥슥 비비며 말했다.

"루시퍼가 교만과 이기적인 욕망으로 배은망덕하게 신의 뜻을 거역한 결과가, 루시퍼의 존재를 신격에서 피조물의 자리로 제대로 돌아가게 한 것처럼, 아담이 계명을 어기고 에덴에서 쫓겨난 것은 불명예스런 것이 아니라, 그가 세상에서 하나님의 자리를 차지하기 위한 필연성에서 비롯된 거란 거요."[217]

---

215) https://core.ac.uk/download/pdf/29154858.pdf, P. 38
216) Ibid.
217) Ibid., P. 28

횔덜린, 니체, 고흐

"하하, 하나님의 자리를 차지하기 위한 명예로운 필연성이라고요?"

하와에게 하나님같이 될 수 있단 욕심을 불러넣어준 사탄과 그런 희망에 조금도 양심에 거리낌을 느끼지 않았던 아담과 하와… 사탄은 인류 역사 내내 인간들을 그런 식으로 부추키고 고무해오지 않았던가!

"으음, 선은 악에 대한 지식 없이는 알 수 없다는 의미에서 필연성이란 거요."

"선악을 아는 일에 하나님과 같이 되었다는 성경의 말씀(창3:22)에 상응한단 말이죠? 하하, 그야말로 선악과 범죄가 낳은 결과답군요. 마약을 안 먹는 것이 좋다는 것을 알기 위해선 마약을 먹어봐야 한다는 논리가 아니겠어요? 선악과가 낳은 이성과 지혜란 다 그런 류의… 그 무엇보다 선악과 죄악의 가장 악한 열매는, 이성의 밤낮 없는 분주한 활동 때문에 '사람이 선악을 아는 일에 우리 중 하나같이 되었다'라고 탄식하시는 신의 애통한 심정을 헤아릴 겨를이 없게 된 것이 아니겠어요?"

"으음, 그렇구려… 그런데 뵈메의 생각엔 모든 존재는 신의 뜻과 사랑의 계시이므로 원래의 악은 있을 수 없다는 거요. 예를 들어 어둠이 단순히 나쁜 것만을 표현하는 것이 아니듯이 말이요. 죄나 악이란 단지 하나님 없이 독립적으로 무언가를 성취하려는 모든 시도란 거요."[218]

"그렇다면 이념의 세계에서 이성을 더 높은 원리로 본 플로티누스가 '악'의 시작은 '이성'에 의해 '일자'로부터 분리되는 행위로 본 것과 유사하군요. '악'을 '빛의 부재'나 '선의 결핍'으로 여겼던 거죠. 그리고 보니 어거스틴과도 연관이 되는군요. 물론 어거스틴은 죄와 싸우기 위해 철저히 그리스도로 옷 입고 하나님의 은총에 의지하는 모범을 보인 성자란 면에서, 인격적 그리스도의 영과는 무관한 플로티누스와는 필적이 되는 상대가 아니지만요. 아무튼 이들이 악의 실체를 부인하는 이유는 '선한 신'이 악의 창시자가 될 수 없다는 생각이 아니겠어요? 물론 신은 악을 창조

---

218) Ibid., P. 35, 40

하지 않았고 인간 창조에 사용한 물질도 악이 아니죠. 그러나 악은 선의 모자람이 아니라 독자적인 악한 구성 요소를 명확히 가지고 있는 것입니다. 부패한 음식을 우리가 싱싱한 음식의 결핍으로 여기지 않는 것처럼 말입니다. 음식물이 부패하는 것은 세균 때문인데 이 세균들 중 대부분은 평소 인체에 상주하여 유익한 역할을 합니다. 그러나 이러한 상재성 박테리아라도 특정 조건하에서 독소를 생성하거나 조직을 침범하는 병원체로 기능하게 되면 인체에 치명적인 위협이 되죠. 그런데 이런 질환이 생겼을 때에, 어둠이 단순히 나쁜 것만을 표현하는 것이 아니듯, 평소 인체에 끼치는 박테리아의 유익함을 생각해서 적당히 얼버무리고 넘어가야 할까요? 아닙니다! 반드시 병원균은 사멸되어야 하고 특정 조건도 제거되어야 합니다. 광야에서 이스라엘 백성에게 만나를 내려주셨던 하나님은 그들에게 만나에 대한 규정을 주셨으나, 그들이 그 규정을 지키지 않았을 때 만나에 벌레가 생기고 냄새가 났습니다(출16). 하나님께서 인간에게 주신 만나는 분명 '선한 것'이었으나, 벌레가 생기고 냄새가 나는 '악한 결과'를 초래한 특정 조건은 다름 아닌, 그들의 '불순종'이었습니다. 그러면 이와 같은 영적 상황에서 우리는, 어둠이 단순히 나쁜 것만을 표현하는 것이 아니듯, 하나님이 부패균을 주시지 않았다는 이유를 들어 부패균에 대해 관대해야겠습니까? 아니죠. 우리는 우리의 영혼의 축복에 위협이 되는 불순종을 제거하고 영적 부패균을 퇴치할 의무가 있습니다. 그렇기에 언제나 우리의 영혼은 예민하게 영적으로 깨어 있어야 합니다. 우리 안의 분투적이고 진취적이고 창조적인 기질이 우리의 삶에 에너지를 공급하고 윤택하게 한다고 자부할지라도, 하나님의 계명에 불순종하는 조건에서는, 우리의 내면에 교만이라는 독소를 생성하여 우리의 영적 생명의 조직을 파괴하므로, 우리가 구원의 길에 이르는데 치명적 위협이 될 수 있습니다. 이것을 깨닫도록 말씀과 함께하는 삶 속에서 날마다 근신하고 경성하는 것이 바로 '경건의 연습'인 것입니다(딤전4:8)."

　그럼 '선한 신'과 그 '선한 신'이 만든 '선악을 알게 하는 나무'는 대체 어떤 관계일까요? '선악을 알게 하는 나무'란 이름이 시사하듯, 창조주인 '선한 신'은 이미 피조세계의 '선과 악'의 실체를 아시고 계셨습니다. 뵈메의 말처럼, 만물의 존재가 신의 선하신 뜻과 사랑의 계시로 창조되었다고 할 때, 창조주인 신의 선한 속성은 인간의 선함과는 차원이 다른 것이 아니겠습니까? 전지전능하신 신의 선하심은, 만물을 통치함에 있어서 '신의 기준'에 따라 선악을 판단할 뿐만 아니라, 만물 속에 파생된 악을 통제하고 진멸하는 것을 포함하는 선하심이기 때문입니다. '선'에 대한 신의 기준은 개별적이고 부분적인 차원뿐만 아니라 '모든 것이 협력하여 이루는 선'의 전체적 차원도 포괄하기에 인간의 판단 차원을 벗어납니다. 그리고 '신'의 이 모든 '선'의 판단 기준은 구속사적 목적에 기반하고 있습니다. 그러므로 우리는 "선악을 아는 일에 하나님과 같이 되었다(창3:22)"는 신의 말씀에 대해, 인간의 선악의 앎이 신과 동등한 수준인 것을 의미하는 것으로 오해해서는 안 됩니다. 이 말씀 속에는 인간의 교만에 대한 창조주 신의 통탄의 심정이 녹아 있습니다. 이 말씀 가운데서 천지가 무너지는 것 같은 신의 큰 한숨 소리가 들려오지 않습니까? 신의 눈물이 보이지 않습니까? 신의 아픔이 느껴지지 않습니까? 어느 만큼이겠습니까? 바로 그리스도 예수께서 십자가에서 겪으신 그 고통만큼인 것입니다! 애초 선악과는 신의 '규례(말씀)'와 함께 탄생하고 존재한 것이며, 그 '말씀'의 메시지는 '순종'이며, 신의 '말씀'은 '의'와 '지혜'를 포함하는 '생명나무'입니다(잠3:18, 11:30). 그러므로 '선악과'와 '생명나무'는 본래 불가분의 관계인 것입니다. 만약 인간이 에덴에서 선악과에 욕심을 품지 않았다면 생명나무는 순리적으로 인간에게 주어졌을 겁니다. 범죄 전 에덴에서의 삶은 '신의 규례(말씀)'에 따른 '선'이 존재했기에 빛 가운데 완벽한 평안과 기쁨이 있었습니다만, '신의 규례(말씀)'를 자의적으로 저버린 인간은 '무법'한 자가 되어, 불의와 어리석음이 따르는 혼돈 가운데서 어둠의 삶을 살 수밖에 없게 되었습니다. 결국 인간은 '선악과'를 저버린 것입니다. 그와 동시에 '생명나무'도 떠나가고 말았습니다. 그 결과, 근본 '빛'이시고 '의(義)'이신 신은 어둠과 불의에 물든 인간과 더 이상 공존할 수 없게 되었으므로(요일 1:5; 고후6:14), 부득불 에덴에서 인간을 추방할 수밖에 없으셨던 겁니다. 바로 여기에 자신의 형상대로 인간을 창조하신 아버지 하나님의 통절한 슬픔이 있는 것입니다!

선악과 사건 이후, 인간의 선악에 대한 앎은, '선악을 판단할 수 없는(마 7:1-2) 한계 내에서의 선악에 대한 앎'이 되었습니다. 따라서 인간의 세상은 본질적으로 안다고 하나 모르는 것이 될 수밖에 없고, 옳다고 하나 그른 것이 될 수밖에 없는 운명에 처하게 되었습니다. 바로 이것이 신과 같이 되고자 선악과를 먹은 인간의 실제 상황인 것인데, 어리석은 인간들은 이를 깨닫지 못하고 선악에 대해 전권을 쥔 것처럼 휘둘렀습니다. 이는 인간이 사탄의 계략대로, "하나님이 정말 너희에게 동산에 있는 모든 과일을 먹지 말라고 하셨느냐?(창3:1)"라는 유도질문에 넘어가, 신의 금기를 보이지 않는 '신의 규례(말씀)'에 대한 '불순종'에 둔 것이 아니라, 보이는 열매인 '물질'에 두었기 때문에 생긴 결과입니다. 그들에겐 금단의 열매가 자신들의 육체에 미칠 악영향의 여부만이 초미의 관심사였는데, 정작 그들이 경험한 것은 오히려 자신들의 눈이 밝아진 '계몽'이었습니다. 즉 영안은 멀고 육안이 밝아진 것입니다. 그 순간, 아담의 마음속엔 전에 없이, 물질에 대한 자신감과 정복욕이 솟아났습니다. 이후, 아담의 후예들은 보이지 않는 '그 무엇'보다, 보이는 '물질'에 대한 생래적인 의욕과 호기심을 가지고, 우주 만물의 구성 요소에 관심을 쏟게 되었고, 가시적인 것으로부터 보이지 않는 '그 무엇'을 찾고자 세상의 물질 탐구에 전력을 기울이기 시작했습니다. 또 다른 한편에선, '불완전한 선악'의 세상에 만연한 '선악'의 허점과 모순을 간파하게 된 영민하고 예리한 소수의 부류들이 있어서, 이들은 '선악'에 대한 '구별과 판단'이 없는 '조화와 통합'의 진리만이 이 혼돈된 세상을 구원할 수 있다고 목소리를 높여 주장했습니다. 이들로부터 '선악'을 초월한 '원리적 신'의 개념이 출현한 것은 그리 놀라운 일이 아닐 겁니다. 결과적으로 에덴에서의 선악과가 지닌 본래적 '선악'의 의미가 '신의 규례(말씀)'에 따른 '선악'임을 여전히 깨닫지 못하는 이들은, 선악과 범죄자의 후예답게 만물을 '신'으로 만들었고, 여기서 나온 '인간 신'들은 에덴동산의 '죽은 선악과'를 세상에 옮겨 와서 신상처럼 금도금을 하고 그로부터 여러 모양의 사상과 종교의 신들을 만들어서 우상화하기에 이르렀습니다. 그들이 만든 다양한 우상들은 제각기 다른 주장을 하는 것 같지만, '죄'와 '악'의 개념을 희석하거나 무력화시키고 인간을 '신'으로 만드는 데엔 이견 없이 대동단결했습니다. 결국 에덴에서의 첫 계몽을 맛보았던 인간의 흥분스런 경험은 유구한 인류 역사의 조류를 타고 '계몽주의'란 이름으로 만개되어 사람들은 서슴없이 심판대에 앉은 '신'과 나란히 어깨를 겨루며 '신'을 향해 조롱 섞인 비난의 손가락질을 하기에 이르렀습니다. 이후, 과학 문명의 눈부신 발전에도 불구하고 세상은 갈수록 무법천지로 점점 더 흉흉해지고 미덕을 찾아보기 힘들 만큼 쇠락되어갔습니다.

자, 이제 세상의 문제를 위한 긴요한 해결책은 무엇이겠습니까? 그것은 바로 인간들이, 에덴에서 저버린 '선악과'에 대한 참회의 심정으로 '말씀'이신 주님을 전격적으로 붙드는 결행입니다. '생명나무'이신 그리스도께선 에덴에서 '선악과의 본질(말씀)'을 저버린 인간을 위해 육신을 입으신 '말씀'으로 이 세상에 오셔야 했습니다. 각인의 심령 안에 '말씀'이 찾아오시는 초자연적 역사는, 물리적 시간이 아닌 하나님의 시간대에 이루어지는 현재적 은총입니다. 우리 모두는 선악과의 비극적 사건의 전모와 그 본래의 참 의미를 진지하게 되새기는 가운데 미완의 '선악과'의 본체이신 '그리스도'를 감사와 감격 속에 붙들고 '말씀'으로 굳건히 무장해야 합니다."

브라이언 박사가 차분히 미소를 지으며 말했다.

"으음… 만나에 대한 규례와 부패균… 퍽 흥미로운 예시인 것 같소."

"결국 그런 뵈메의 전제로 루시퍼에게까지 그렇게 관대한 해석을…. 루시퍼가 타락 전에 아무리 빛나고 아름답고 지혜롭고 완벽한 천사였더라도 (겔28:12-17) 원래 '천사들은 모두 섬기는 영들이며 앞으로 구원받을 사람들을 섬기라고 하나님이 보내신 일꾼에 불과'하다고 성경은 말씀하죠(히1:14)."

> 내가 그 천사의 발 앞에 엎드려 경배하려고 하자 그는 이렇게 말했습니다. '그렇게 하지 말아라! 나도 너와 예수님을 증거하는 네 형제들과 마찬가지로 하나님의 종에 불과하다. 예수님을 증거하는 것은 다 예언의 영을 받아서 하는 것뿐이니 너는 하나님에게만 경배하여라(계19:10).'

"그럼 도대체 뵈메에겐 '죄악'은 궁극적인 신의 심판의 대상이 아니란 말인가요?"

"으음, 이들에게 '죄악'이란 '불순종'의 개념이 아니라 '부조화'의 개념이란 점에 유의해야 하오. 원래의 '악'의 존재의 가능성을 부인하는 뵈메는, 삶의 세 가지 원리를 빛과 어둠과 이들의 결합으로 보았소. 말하자면, 빛과 어둠의 지속적인 결합과 분리, 영원한 끌림과 밀어내기, 사랑과 분노, 자비와 심판 - 이런 반대의 법칙이 삶에 필요한데, 이런 모든 반대되는 것들은 혼돈 안에서 사랑에 의해 함께 유지된다는 거요. 따라서 그는 '악'을 피조계에서 삶의 반대 원리들 사이의 '균형 부족'으로 해석을 하는 거요."[219]

"그렇다면 신은 우주의 첫 번째 원리가 되는 것이겠고요, 모든 다름 위의 통일이겠군요. 듣고 보니 자연을 창조자로 인식하는 음양오행의 조화

---

219) Ibid., P. 35

사상[220]이 절로 떠오르는군요. 뵈메는 인간 세상의 현상적 법칙을, 그러니까 신이 마련한 피조 세계의 원리로부터 도출된 이론을 -그것이 과학적이든 형이상학적이든 간에- 신의 은혜와 심판의 법으로까지 확장해서 적용한 셈이로군요. 분명 월권인 것이죠! 신과 인간과의 수직적인 위계질서에 적용되는 '순종'과 '불순종'의 개념을 제해버리고, 단지 수평적 차원에서, 피조세계에서 일어나는 '이기심'과 '배은망덕' 등의 악덕들을 빛과 어둠의 조화나 부조화라는 관점에서만 바라보면, 자연히 유연하고 아량 있는 해석으로 들리겠지요. 결국 뵈메는 범신론자처럼 조화와 균형을 평화롭게 유지하는 것만이 관건인 것 같군요!"

"뵈메에 따르면, 영혼의 평화와 마음의 조화는 하나님 안에 사는 사람에게 오기 때문이란 거요."

"그렇다면 굳이 그리스도를 통한 속죄가 필요한 게 아니겠죠. 평화와 조화의 추구는 타 종교들도 공유하는 것이니까요. 그러나 크리스찬에게 중요한 것은, 화목제물로 오신 그리스도 예수로부터만 오는 평안이어야 하는 것이죠!"

평안을 너희에게 끼치노니, 곧 나의 평안을 너희에게 주노라(요16:33)

"그런데 당시의 죽은 기독교에 대항하여 신비주의적 기독교를 지지하는 사람으로 사후에 알려졌던 발렌틴 바이겔은 인간은 성령과 함께 신의 영감을 통해 영원한 영혼을 가지고 있으므로 천상의 지혜도 인간 안에 있다고 했소.[221] 따라서 신성한 것에 대한 모든 지식은 성경에서 가져온 것이 아니라, 인간 자신에게서 성경의 문자로 흘러들어간다는 거요.[222] 인간은 자연의 정수이자 소우주이기 때문에 '자신에 대한 지식'

---

220) 『황제내경』
221) https://core.ac.uk/download/pdf/29154858.pdf, P. 46
222) Ibid., P. 47

이 세상에 대한 열쇠라고 생각했소. 모든 지식의 실체는 자신에게 있기에 우리가 '타고난 내면의 빛'을 통해 신에 대한 명상을 할 때, '원래의 근원과 창조적인 아이디어' 안에서 영혼에게 직접 말씀하시는 신의 음성을 듣게 되어 '신'과 모든 것을 알 수 있다는 거요.[223] 그렇기에 바이겔은 사람은 자신으로부터만 배우고, 자신의 활동을 통해 모든 것을 자신 안에서 개발해야 한다고 주장한 거요.[224] 그런데 이와 같은 바이겔의 믿음은 괴테가 '자기 안에서 찾는 지식'에 대해 온전한 신뢰를 두는 것과 일치하는 것이라오."[225]

"그렇다면 바이겔의 '천상의 지혜'나 '신에 대한 지식'은 세상의 지식창고의 열쇠를 쥔 소우주적 자신이, 영원한 신성을 주체적으로 묵상하는 동안 생성되는 '창조적인 아이디어'의 활동이 빚은 결과물인 것 같군요. 그러나 성경과 무관하게 받는 '신의 영감에 의한 영원한 지혜'나 그 '창조적인 아이디어'란 것이 상당히 불안하게 느껴지네요. 창조적 아이디어의 원천인 상상이란 주관적이고 임의적인 것이니까요…. 그러나 바이겔에겐 성경과 성령과 별개로 자신의 영혼이 깨달은 신성한 지혜와 지식이 더 중요한 것 같군요."

> 나는 신이 창조하지도 않았고 인간도 생각하지 못한 생명을 내 안에서 느낍니다. 나는 우리가 우리 자신을 통해, 오직 자유로운 욕망을 통해서만 우주와 매우 밀접하게 연결되어 있다고 믿습니다.
>
> (휘페리온)

"그러나 은밀히 감추어진 신성한 지혜는, 모든 것과 하나님의 깊은 것까지 통달하시는 '진리의 성령'을 통해서만 얻어지는 것이죠(고전2:10). 하

---

223) Ibid., P. 27, 29, 32
224) Ibid., P. 28
225) Ibid., P. 46

나님의 생각은 하나님의 성령만이 아실 수 있으니까요!(:11). 그러므로 신성한 것에 대한 모든 일을 말할 땐 인간의 지혜가 아닌, 오직 '성령'께서 가르쳐주신 말씀으로 해야 합니다. 영적인 일은 영적인 것으로만 '분별'이 되기 때문이죠(:13). 아놀드와 뵈메와 바이겔 등 모든 신비주의자들이 반드시 중요하게 여겨야 했던 것은, '말씀'을 기준한 '영적 분별력'이었습니다! 말씀에 따르면, 가장 신성한 지혜는 '복음의 비밀(엡3:3-11; 골1:27)'을 깨닫는 것이고, 이는 곧 그리스도 예수의 십자가 지심과 죽으심과 부활하심을 통한 '인류 구원에 관한 소식'인 것입니다. 요컨대, 신성한 모든 지식과 지혜의 계시의 목적은, 구원의 복음을 통해 오직 '그리스도 예수의 영광(요16:14; 골1:27)'을 드러내는 이 한 가지로 귀결이 되는 것입니다."

> 그러나 진리의 성령이 오시면 그분이 너희를 모든 진리 가운데로 인도하실 것이다. 그분은 자기 생각대로 말씀하시지 않고 들은 것만 말씀하실 것이며 앞으로 일어날 일도 너희에게 말씀해주실 것이다. 그분은 내가 말하는 것을 받아 너희에게 알려줌으로써 나를 영광스럽게 하실 것이다. 아버지께서 가지신 모든 것은 다 내 것이다. 그래서 나는 그분이 내 말을 받아 너희에게 알려주실 것이라고 하였다
>
> (요16:13-15)

세린은 연철이 전에 켄터키에서 이사 문제나 직장 문제로 금식기도를 한다면서, 성경을 읽는 것을 등한시한 채, 지하실 방에서 촛불을 켜놓고 그 촛불에 초점을 맞추고 집중해서 여러 날 동안 기도하는 동안, 자신이 믿는 바, 성령의 음성대로 정확히 일이 진행되었던 경험을 종종 한 적이 있었다. 그러므로 그녀는 그의 기도가 하나님께로부터 응답받은 걸 추호도 의심치 않았다. 그러나 이상하게도 그는 기도 응답을 받은 후엔 언제나, 근신하면서 기도하던 때의 모습과는 180도 다른 이전의 기고만장한 모습으로 재빨리 되돌아가곤 했다. 그것의 대비가 너무도 심해서 그

녀는 도무지 그의 신앙이 이해가 되지 않았다. 일반적으로 기도 응답을 받으면 더 신앙이 돈독해지지 않는가 말이다. 후에야 그녀는 그가 받은 응답이 과연 성령을 통한 것일까 하는 의문을 품게 되었다. 교계에도 직통계시에 대한 이슈가 회자되는데, 위 성경의 말씀에 따르면, 하나님과 그리스도의 말씀은 같은 것이고, 성령은 그리스도로부터 들은 말씀을 받아 우리에게 장래 일을 말씀해주시는 분이시다. 그러므로 신자로서 영 분별을 위해서는 기도에 앞서 말씀에 대한 충분한 지식과 성령의 감동 안에서 말씀을 깨닫는 지혜가 반드시 선행되어야 한다.

"그러니 바이겔의 구원관은 그리스도를 통하지 않고서도 직접 신과 대면할 수 있단 입장이겠군요?"

"바이겔은 말하길, 신은 자신을 통해 자신을 보고, 우리 안에서 자신을 알고, 우리는 신 안에서 자신을 안다고 했다오. 신이 인간 안에서 통치할 때, 인간은 구원받는다고 말이오. 그것은 개인의 의지를 포기하는 문제여서 그는 파라셀수스의 가르침인, 신과의 합일을 향한 세 가지 단계를 강조했소. 감각적 지각의 삶에서 물러나 조용한 평온함에서 열광적인 관상으로, 이러한 정화 과정을 거쳐 신과의 합일로 말이요."[226]

"신이 우리 안에서 자신을 알고, 우리는 신 안에서 자신을 안다는 말을 들으니 예수 그리스도가 하신 말씀이 생각납니다."

> 내가 아버지의 계명을 지켜 그의 사랑 안에 거하는 것같이 너희도
> 내 계명을 지키면 내 사랑 안에 거하리라 (요15:10)

"인간과 신과의 관계성의 매개는 오직 '말씀'인 것이고 '말씀'이 육신 되어 오신 '예수 그리스도'인 것이지, 소우주적 '자신에 대한 지식'이나 신에

---

226) Ibid., P. 29, 32

대한 '명상'을 통한 것이 아닌 것이죠. 아무리 '영원한 근원인 신'이니, '신성한 원초적 의지'니 '믿음의 빛'이니 '영혼의 절대적 평온함'이니 하여도, '그리스도의 십자가'가 없는 신에 대한 명상이란 결국, 인간의 '이성'을 자의적으로 '신성화'한 것에 지나지 않으니까요! 그 위험이란 말하자면 이런 것이죠. 우리가 신 안에서 자신을 알고 신의 통치를 받음으로써 우리의 의지를 포기하고 신과 연합한다고 할 때, '신이 우리 안에서 자신을 안다' 라는 것은 무엇을 의미하는 것이겠는가 하는 것이죠. 신이 인간의 통치를 받음으로써 자신의 의지를 포기하고 인간과 연합한다는 말은 이상하지 않나요? 신의 의지를 다스리는 제3의 의지의 정체가 있다면 그것이 무엇이겠습니까? 바로 신성화된 인간의 '이성'이 아니겠습니까? 넌센스죠! 그러니, 바이겔식으로 말하자면, 인간과의 연합을 위한 신의 의지를 다스리는 제3의 의지의 정체는 '그리스도 예수의 십자가'밖엔 없는 것입니다! 결국 '그리스도의 십자가' 없는 신과의 연합이란 거짓인 것이죠!"

"으음, 하긴 바이겔이 궤도를 벗어난 느낌을 부인할 순 없을 듯하오. 그는 '신성한 지혜' 혹은 '천상의 이브'가 천상에선 삼위일체 안에 성자를 품고 있는 신격의 일부요, 세상에선 모든 산 자의 영혼의 어머니로서 처녀인 마리아로 태어나 그리스도를 낳았다며, '신성한 지혜'를 받아들이는 신실한 자라면 결혼을 금해야 하는 것으로 말했으니 말이요."[227]

'신성한 지혜' 혹은 '천상의 이브'… 영지주의의 소피아… 실러와 휠덜린의 '우라니아'와 '신성한 불꽃'…

하나님의 고귀한 딸이여! 정의여, 처음부터 거룩하신 삼위일체 주위에서 빛나셨고, 심판의 엄숙한 나팔의 날에 그의 주위에서 빛나실 분이시여… 신성한 불꽃이 우리 안에서 빛난다 / 신들의 신께서 자신

---

227) Ibid., P. 32

의 세상을 영광스럽게 하시려고 자신을 낮추시고, 아담의 종족의 심
장으로 들어가셨도다. 하나님의 딸들에게 합당한 아들이 되는 영광
스런 기쁨보다 더 큰 것이 무엇이겠느냐? 여신들의 성소에서 걸으며
그들을 위해 견디는 자부심보다 더 큰 것이 무엇이겠느냐?

(횔덜린, 남아들의 환호.)

"아하, 그토록 횔덜린에게 그리스의 여신들이 위풍당당한 대접을 받은
이유가 그리스도보다 한층 높은 위격인 탓이었군요! '인간 내면의 신성한
불꽃은 그리스도의 구속의 십자가 없이도 프로메테우스의 불처럼 인류의
심장에 선물로 옮겨진 거고요! 그러니 인간들에게 주어진 과제는 그리스도
를 위해 견디는 일이 아니라 여신들을 위해 봉사하고 견디는 일이겠군요."

자신에 대한 지식… 자신 안에서 찾는 지식… 세린은 저절로 다시금
리사의 책의 내용이 떠올랐다.

— 『기적의 핵심(Course in Miracles)』 —

『기적의 핵심』[228]은 한 심리학자가 내면의 지시 과정을 받아 기록한
영적 가르침이라고 소개가 된 책으로서 개요를 요약하자면, 인간에겐 지
각과 지식의 사고체계만 있는데, 전자는 현상세계에 바탕을 둔 것이고,
후자는 영적 시각을 통해 진실을 보게 하는 것이다. 지각적 사고체계는
에고적이고 육체적이며 환상적이라 비사실적인 해석에 의존하는데 저자
는 엉뚱하게도 이런 사례로 성경을 든다. 즉 성경은 인간에게 '신으로부
터 분리'되어 있다는 잘못된 믿음을 줌으로써 두려움과 죄책감을 갖게

---

228) 『기적의 핵심(A Course in Miracles)』, https://www.miraclecenter.org/wp/about/
a-course-in-miracles

한다는 것이다. 반면 '지식적 사고'체계는, 불변의 초월적인 신의 생각인, 사랑과 무죄와 풍요와 통일성의 세계이다. 그러므로 악과 죄, 죄책감은 잘못된 인식이라는 것이다. 왜냐하면 죄는 사랑의 부족이므로, 죄책감과 처벌보다는 시정과 사랑을 요구하는 실수로 간주되어야 하기 때문이다. 그러므로 우리는 왜곡된 '지각적 사고'를 바로잡기 위해 인식의 변화인 기적을 거쳐야 한다고 저자는 주장한다. 저자에 따르면, '용서'는 '죄'에 대한 사실 자체를 말소시키는 '사랑의 확장'이나 '사랑의 부름'이어야 하므로, 이를 위해선 우리가 '신의 음성', '성령'을 경청하도록 훈련을 해야 하는데, 이 과정은 우리가 '신의 마음'의 확장을 통해 우리 자신의 '내적 스승'에게 의지하여 가이드를 받는 방법이라는 것이다. 『기적의 핵심(A Course in Miracles)』의 개요 마지막엔 이렇게 쓰여 있다.

> 이렇게 우리가 에고의 세계에서 사랑의 세계로 인도됨에 따라, 신으로부터 분리된 사람으로서의 우리 자신에 대한 인식이 교정되고, 우리는 더 높은 자아 또는 참된 자아를 기억한다. 우리는 우리가 신의 자녀로서 신에 의해 창조되었다는 것을 기억하고, 우리는 내면의 그리스도를 받아들이고, 그리스도의 비전으로 볼 수 있는 능력을 얻는다. 우리는 신, 자아, 그리고 모든 형제와의 일체성을 인식하고, 마침내 '사랑만을 가르칠' 수 있는데, 이것이 신의 자녀로서의 우리의 진정한 기능이다.

요컨대 『기적의 핵심』은 아놀드나 뵈메나 바이겔처럼 우리 모두가 신의 자녀임을 주장하면서, 범신론적 '지식적 사고체계'에 의존하여 '비성경적인 지식'을 '영적인 진실'로 포장함으로써 다분히 다원주의적 냄새를 풍기고 있다. 신의 계명을 지키지 않은 불순종의 죄로 인해, 신과의 영적 소통이 단절된 인간의 부패한 심령을 통촉하는 성경 말씀에 대해 '에고적 지각적 사고'라고 엽기적인 폄훼를 서슴지 않으면서, 인간과 신과의 관게 회복을 위해 '생명의 다리'로 오신 그리스도 예수의 '아가페적 사랑'을 폐기시키고, 아놀드식의 '내면의 그리스도'와 뵈메식의 '죄와 악의 존재에 대한 부정'과 바이겔식의 '신성에 대한 개인적 지식'을 앞세워 '더 높은 자아'니 '창조된 신의 자녀'니 '그리스도의 비전'이니 '사랑의 세계'니 열거하고 있다. 즉 '다른 예수'와 '다른 영'과 '다른 복음'(고후11:4)을 전하고 있는 것이다. 한마디로 인간이 구세주를 자신의 삶에 초청하는 것을 거절해야 더 높은 자아로 나아갈 수 있다고 부추기는 셈이다. 그러나 인류에겐, 십자가 앞에서의 참된 회개와 죄 사함과 구원의 은총에 대한 감격이 없이, 자의적인 인식의 변화를 통해 신과 같은 차원의 용서를 베풀거나 더 높은 자아를 구현할 수 있는 방법이라곤 없다. 저자가 제시하는 바, '신의 음성', '성령'을 경청하기 위한 훈련 과정이, 우리 스스로 '신의 마음'을 넓혀 가도록 자신의 '내적 그리스도' 혹은 '내적 스승'에게 의지하여 인도를 받으란 것이나, 여기서 '내적 스승'은 아놀드의 '타고난 내면의 빛/그리스도'나 바이겔의 '자신에 대한 지식' 또 괴테의 '자기 안에서 찾는 지식'과 무엇이 다르겠는가? 우리가 '신의 음성', '성령'을 경청하기 위한 훈련 과정은 성경 말씀을 읽음과 묵상을 통해 성령의 인도를 받아 마음에 깨달음을 얻는 일이다. 요컨대 '사랑의 확장'이나 '신의 마음의 확장'은, 오직 우리가 그리스도 예수의 십자가의 사랑을 묵상하고 그 사랑의 깊이와 높이와 넓이를 깨달을 때, 우리에게 넘치도록 부어지는 성령의 충만하신 은혜로 얻어지는 것이다.

> 능히 모든 성도와 함께 지식에 넘치는 그리스도의 사랑을 알고 그 넓이와 길이와 높이와 깊이가 어떠함을 깨달아 하나님의 모든 충만하신 것으로 너희에게 충만하게 하시기를 구하노라(엡3:18-19)

결국 이 책의 저자가 의도하는 것은, 기독교적 용어를 차용해 사람들을 영적으로 미혹하여 피조물과 피조물의 경배의 대상인 창조주 하나님과의 경계를 허물고 복음 전도의 길을 가로막는 목적인 것이다. 저자가 시종 "신으로부터 분리된 인간"이란 표현에 그토록 예민하게 반기를 드는 것은, "신의 생각"에 있어 범신론적 연합과 통일성을 주장할망정, 전술한 기독교 신비주의자들처럼, 이 땅에 "신으로부터 분리된 인간"을 위해 화목제물로 오서야 했던 그리스도 예수의 정체성과 당위성을 전면 부인함으로써 다원주의적 신을 끌어들이기 위한 포석이요, 직업상 심리적 서비스를 제공하기 위함인 것이다. 앞서 우리는 뵈메가 '죄'와 '악'의 정의를 신과 '분리'되어 무엇을 하려는 시도인 것으로 내렸음을 기억한다. 그러나 뵈메의 견지에서 죄를 범하는 인간에게 '속죄주(Redeemer)'인 그리스도 예수는 필요하지 않다. 왜냐하면 그 '죄'는 양극성의 통일을 이루는 조화와 균형을 위해 인간에게 필요한 것이기 때문이다.

요컨대 이 책의 저자나 뵈메를 비롯한 신비주의자들에겐 '죄'의 근원이 되는 '유혹자'인 '악의 존재'에 대한 분명한 인식이 부재하다. 성경이 시종 분명히 지목하고 있는 죄의 궁극적 실체인 '사탄 루시퍼'에 대해 뵈메는 어떻게 말하는가? 루시퍼의 배은망덕조차 뵈메는 조화와 균형을 이루는 한 부분으로 치부하지 않았던가? 16세기의 이런 뵈메의 주장은 결과적으로 20세기의 『기적의 수업』을 통해, "신으로부터 분리된 인간"을 향한 신의 간절한 사랑의 부르심을 전하는 구원의 복음의 메시지를 훼방하고 거부하고 성토하는 현상을 낳는 결과를 초래했다 해도 과언이 아닐 것이다. 결론적으로, 양자는 공히 성경의 최종 권위를 무시하며, '내적 빛'에 의지하고, 성경 말씀이 아닌 '신의 음성'만을 신뢰하며, 그리스도를 통한 속죄의 필요성을 부인하고 있음을 볼 때 같은 계열인 것이다.

그러므로 독자들은 '신의 자녀'니, '신에 의해 창조'되었다느니, '그리스도'니, '일체성'이니, '사랑의 세계'니 하는 걸 표현들만을 보고 복음적 메시지인 것으로 부디 착각하지 말길 바란다! 이 모든 미혹에서 벗어나는 방법은 오직 하나, 여러분이 진리의 실체인 '성경 말씀'을 바로 알고 깨닫고 말씀으로 무장하는 것이다.

– 마법 –

브라이언 박사가 말했다.

"그런데 말이오, 바이겔이 고요한 영혼의 평온함 속의 명상과 함께 '자연의 책'에 대한 열렬한 연구(마법)를 지혜의 근원으로 삼은 것은 괴테에게도 전수되었소.[229] 바이겔에게 자연은 자연의 중심인 하나님의 한 영에서 나오는 가장 높은 지혜의 책인 거요. '마법'이란 인간에게 자연을 다스리는 능력과 자연에 물질을 창조하는 능력을 부여하는 거라오."

"하나님을 아는 것이 아니라 자연을 아는 것이 지혜의 근본이란 말 같군요. 인간으로 하여금 창조주 대신 자연을 신의 위치에 갖다놓게 하고, 또 인간에게 자연인 신을 다스리는 능력을 부여하는 마법의 존재라… 하하. 에덴에서 하와에게 속삭이던 사탄의 음성이 들려오는 것 같지 않나요? 인간을 상대로 마음껏 우롱하며 장난을 치는… 자연을 다스리는 그리스도의 신성적 능력을 인간에게 전수하겠다는 '마법'의 정체란 그리스도를 배격하는 루시퍼 같은 존재가 아니면 무엇이겠어요?"

그러자 나다니엘이 숨은 사실을 밝히듯 말했다.

"사실 파우스트에 나오는 '호문클루스'를 탄생시킨 실험을 한 사람은 16세기 연금술사이자 의사인 파라셀수스였죠!"

브라이언 박사가 크게 고개를 끄덕이며 말했다.

"괴테는 인간 정신의 위대성과 영원불멸성과 올바른 인식에 의한 만능성을 주장한 파라셀수스로부터도 영향을 받았소. 파라셀수스는 타락 후

---

229) https://core.ac.uk/download/pdf/29154858.pdf, P. 32

에도 인간 안에 남아 있는 하나님의 참된 씨앗인 '믿음의 빛'과 영혼의 '절대적 평온' 속에서 신과 직접적으로 접촉함으로써, 영혼을 불러일으키고 통제하고, 자연의 힘을 자신의 의지에 복종시킬 수 있도록 하는 것을 신성해진 것으로 여겼소.[230] 그는 감정이 고양되어 깨달을 때 완벽한 상상으로 열정적인 황홀경 상태에서 천재적 창조 활동이 탄생된다는 주장을 했던 것이오."[231]

"크리스찬이 하나님의 능력을 가지고 대적하는 대상은 자연이 아니라 사람 속에 있는 교만의 영인 것이죠. 이는 성경의 '말씀'을 대적하는 모든 인본주의적 이론과 사상과 철학을 의미하는 것이니 마법도 이에 해당되죠. 신자의 능력이란, 성령을 힘입어 사람 속에 있는 모든 교만한 생각들을 '말씀'으로 무너뜨리고, 사람들의 생각을 사로잡아 오직 그리스도께 복종시키는 능력을 의미하니까요(고후10:3-5)."

세린의 머릿속에 문득, 성공학이나 자기 계발의 붐을 일으킨 '긍정적 사고방식'이나 한동안 초능력자로 세계인의 이목을 끌었던 마술사 유리겔러가 떠올랐다.

"아무튼 파라셀수스에겐 상상력이 매우 중요한 요소였군요!"

"그렇소. 그는 상상력에 큰 힘이 있다고 믿었소. 인간의 상위이성이 성령이라면, 상상력은 인간의 하위이성인데, 상상력은 인간의 영혼이, 보이지 않는 하나님인, 신성한 존재인 '별'[232]의 영과 소통하는 능력이란 거요."[233]

"점성술이로군요! 성경이 미혹되어 신성시하거나 섬기지 말라는(신4:19) …."

"아놀드 또한 천재의 무의식적이고 진정한 창조적 활동으로서의 상상

---

230) Ibid., P. 32, 41

231) Ibid., P. 48

232) Ibid., P. 18

233) Ibid., P. 43

력의 힘을 말했으니, 괴테에게 있어 슈투름운트드랑 운동은 헤르더에게 서뿐만 아니라 부분적으로 아놀드에게서도 영향을 받은 거요."[234]

"결국 그 시대의 '천재성'이란, '인간 이성'을 전능자로 모시고 '내면의 신성한 본성'을 초청하여 섬기는 자들에게 있어서, 인간 행동에 힘과 고귀함과 사랑과 형제애를 가져다주는 요소였군요! 레싱의 형제애, 괴테의 노력하는 정신이나 실러의 자유를 위한 투쟁, 횔덜린의 사제적 시인…."

그러자 나다니엘이 익살맞은 표정에 웃음을 가득 머금은 채 말했다.

"하하, 상상력이란 확실히 힘이 있는 인간의 정신적 능력이죠! 없는 것도 있다고 믿고 비사실적인 것도 기정사실로 자기 최면을 걸면 자기도 속고 남도 속으니까요. 영화 '캐치 미 이프 유 캔'의 원저자이자 사기의 달인인 프랭크 애버그네일(Frank Abagnale)의 과거 사기 비법이 뭔지 아세요? 그것은 자신의 천재성을 자신하고는 자신의 사기극이 일어나는 현실적 상상에 대해 일말의 두려움이나 실패할 거란 생각을 추호도 갖지 않았던 거예요. 그야말로 그는 의지적으로 담대하고 확고한 믿음의 힘을 사용한 것이었어요. 파라셀수스나 아놀드와 괴테가 애버그네일과 다른 점이 과연 뭘까요?"

좌중에 잠시 얼떨떨한 침묵이 감돌자 나다니엘이 이어 말했다.

"인간이 신성을 매개로 우주 만물을 다스릴 수 있다는 영적인 원리에 대한 파라셀수스의 생각은 과학적인 탐구를 가져와 결국 화학과 의학 분야에 업적을 남겼죠. 생각의 힘이 물질을 다스린다는 파라셀수스의 생각은, 현대의 양자 물리학에선 생각하는 뇌에서 방출되는 에너지 파장이 우리 자신과 주변 세계에 실질적인 영향을 미친다는 것으로 설명이 되고 있잖아요? 요사이 뇌-컴퓨터 인터페이스(BCI)와 같은 획기적인 기술로 이어졌듯이, 생각의 이미지인 상상에 작용하는 운동에너지는 그 상상을 어떤 행동으로 전환시키고 변화를 만들어내죠."

---

234) Ibid., P. 53

세린이 정면으로 나다니엘의 눈을 응시하며 말했다.

"중요한 것은 맨 처음 어떤 생각을 낳는 특정한 에너지적 실체가 무엇인가 하는 것이죠. 크리스찬에게 필요한 영적인 분별은 바로 이것입니다! 성경은 이것을 '진리의 영'과 '거짓의 영'으로 구분해요. 파라셀수스가 우주 만물을 다스린다고 말하는 신성이나 영적 원리나 생각의 힘, 상상력 등은 '진리의 영'과는 거리가 먼 것이죠. 파우스트는 상상력의 창조적인 힘인 '마법'으로 마음껏 육체의 욕심을 채우기도 하고 명예를 누리기도 하고 공로를 쌓기도 했어요. 프랭크 애버그네일의 사기적 수법과 별 차이가 없는 것이죠. 파우스트와 프랭크의 상상력을 불러일으킨 처음 '생각'의 에너지는 '세상적'이고 '정욕적'이고 '마귀적'인 에너지였습니다. 에너지화한 상상력을 어떻게 사용하느냐에 따라 자연 도덕 가치도 따르는 것이죠. 인간사회에 유익을 주느냐 해를 주느냐의 기준에 따라 말이죠. 괴테가 파우스트의 구원을 허락한 것은 이런 기준을 적용한 것이었겠죠. 그러나 크리스찬에게 중요한 것은 '도덕' 그 이상의 '양심'의 법과 '영생'의 가치인 것입니다. 하나님 앞에 청결한 양심과 영생의 가치를 지키기 위해선, 우리가 소망하는 것이 우리 자신의 '정욕'을 위한 것이 아니라(약4:3), 그리스도의 의로운 통치를 위한 복음 전파를 위한 것이어야 하는 것이죠(마6:33; 롬 10:4). 성경이 '믿음'을 '바라는 것의 실상'으로 규정할 때의 '믿음'은 '유일신 창조주'에 기반한 믿음이고, '아직' 우리가 바라는 것이 주어지지 않았어도 '이미' 얻은 것으로 믿는 믿음을 의미합니다. 이때 '바라는 것'과 '얻은 것'은 모두 우리의 '상상'을 필요로 한다는 점에서, 성경적 믿음이나 신비주의적 믿음이나 세속인의 기만적 믿음이나 차별이 없는 것이겠죠. 그러나 크리스찬이 상상을 지속적으로 유지하기 위해선 '믿음의 연료'가 필요하고, 믿음이 받쳐주는 상상은, 성령 안에서 기도와 말씀을 통해 운동력을 가지고 창조적 활동과 결과로 나타나게 됩니다. 성경은 특별히 우리가 믿음으로 선포하는 '언어'를 중요시합니다. '상상'보다 중요한 것이 믿음의 언어인 '말씀'인 것이죠. 하나님께서 천지를 창조하신 것은 '상상'에 의해서가 아니라 '말씀'에 의해서였듯이(창1), 우리의 언어엔 창조적 능력이 있기 때문입니다. 성경은 이를 '믿음의 역사'라고 말하죠(마21:19-22). 그러나 '말씀의 능력'을 등한시하는 신비주의자들에겐 방법론적 행위나 자의적인 '상상'만이 능력인 것입니다. 창조적 힘을 발휘하는 크리스찬의 '믿음'의 '대상'이자 '원천'은 피조물인 '별'이나 '이방신들의 영'이나 '자신의 신성'이 아니라 오직 '성령'이고 '말씀'입니다. 그러므로 성경은 신자에게 '영 분별'의 필요성을 강조하고 이에 대한 실례를 곳곳에 예시하고 있습니다. 마음에 회개 없이 하나님의 성령을 안수 행위와 돈으로 살 수 있다고 생각한 마법사 시몬에게 내려진 저주(행8:9-24)와 주 예수와 말씀에 대한 믿음도 없이 사도 바울의 흉내를 내려고 예수의 이름만을 이용하여 귀신을 쫓아내는 능력을 행사하려 했다가 도리어 귀신에게 봉변을 당한 퇴마사와 마술사들(행19:11-20)… 모세와 겨루던 애굽의 마법사들(출7-9), 엘리야와 바알 선지자들의 대결(열상17, 19), 미가야의 뺨을 친 거짓 선지자 시드기야(열상22:24)… 우리의 믿음의 대상이 오로지 '말씀'이신 '그리스도 예수'여야 하는 이유는, 우리의 믿음의 결과가 맺는 열매가 궁극적으로 개인과 세계의 구원과 직결되기 때문입니다."

> 자기 두루마기를 빠는 자들[235]은 복이 있으니 이는 그들이 생명나무에 나아가며 문들을 통하여 성에 들어갈 권세를 받으려 함이로다 개들[236]과 마술가들과 음행하는 자들과 살인자들과 우상 숭배자들과 및 거짓말을 좋아하며 지어내는 자는 다 성 밖에[237] 있으리라(계22:14-15)

---

235) "두루마기를 빠는 자들"은 "흰옷 입은 자(계7:13) 즉 "어린 양의 피에 그 옷을 씻어 희게(:14)" 한 자들로서 죄로 인하여 더럽혀진 마음과 행실을 그리스도의 피로 씻어 영생의 구원에 참여하는 것을 의미한다.

236) "개들"은 하나님의 뜻과 통치하심을 거부하고 대적하는 자들을 가리킴을 시사한다.

237) "성 밖에"는 "거룩한 성 새 예루살렘(계21:2)'에 들어가지 못하며 "둘째 사망"에 참여하는 자들이다(20:13-15).

세린은 전에 초등학생들에게 그토록 선풍적인 인기를 끌었던『해리포터』와 함께 미국 고등학교 학생들에게 인기를 끌었던『알케미』란 소설에서, 주인공 소년이 현명한 연금술사를 만나 진정한 자신을 깨닫는 법을 배운다든가, '세상의 영혼'과의 일체감을 보여야 한다는 내용이 들어 있던 것이 떠올랐다.

"판타지 소설의 매력과 위력은 괴테로부터 금세에 이르기까지 대단하다고 할 수밖에 없겠군요! 판타지 소설에 내포된 영적 실체를 세상 사람들은 알 수가 없겠지만요… 판타지 소설에 종종 등장하는 '현자의 돌(philosopher's stone)'이란 무엇인가요?"

"연금술사들은 화학적으로 복잡한 물질을 분해하여 물질의 정수를 발견하려 했고 그것을 '현자의 돌'이라 불렀소. 그 '현자의 돌'로 비금속을 귀금속으로 변화시키고 불로장생의 영약(靈藥)을 만들려고 했던 거요. 그들은 '현자의 돌'에 재생된 세상의 의미를 두고 이로써 세상의 조화를 회복하려 했던 거요.[238] 그들에게 우주의 평형을 유지하는 조화는 우주를 지배하는 반대의 법칙, 즉 서로 끌고 미는 양극성과 상승을 향하는 통일성의 상태인 거요. 창조가 일어나는…"[239]

"그렇다면 연금술엔 철학과 과학의 혼재적 의미가 담겼군요. 플로티누스가 영혼의 절대적인 조화를 통해 모든 사물은 더 높은 힘인 인간의 영혼에 의해 통제될 수 있다고 생각한 것과도 통하고요. 횔덜린이 헤겔에게 준 변증법적 아이디어도 플로티누스에서 근원이 된 게 아닐까요?"

"타당한 생각이오. 헤겔 자신도 플로티누스 철학을 해석했지만, 그의 철학 체계엔 분명 신플라톤주의와의 연관성이 자리 잡고 있소.[240] 그런데 바이겔 시대에 루터파 신비주의자인 요한 아른트는 특이하게도 루터

---

238) Ibid., P. 31

239) Ibid., PP. 51-52

240) https://www.researchgate.net/publication/324071115_Hegel_Plotinus_and_the_Problem_of_Evil

의 업적을 완성한 사람이라는 평판과 이단자라는 평판을 동시에 누렸소.[241] '진정한 기독교'에 대한 그의 저작은 토마스 아 켐피스의 『그리스도를 본받는 것』과 같은 인기 있는 종교 논문이었다오. 아른트에게 삶의 가장 큰 선은 '하나님의 아름다움'을 느끼는 것이었는데, 그는 이를 성취하기 위한 세 단계로, 회개와 깨달음, 그리고 사랑을 통한 하나님과의 연합을 제시했소. 그에게 이러한 '신비주의적 통일'은 '그리스도의 신부로서의 사랑'을 의미하는 거였다오."

세린은 문득 전에 그토록 감명 깊게 읽었던 『잔느 귀용』이 떠올랐다. 그리스도의 임재의 경건하고 신비로운 체험이 실린 은혜로운 영성서가… 결국 영성이란 모름지기 성경적 영 분별을 위해 말씀으로 검증된 것이어야 하는 것이 아니겠는가!

"아른트의 신비주의는 뵈메나 아놀드, 바이겔과 다르게 그리스도에 초점이 맞춰져 있군요! 회개와 그리스도의 십자가의 사랑을 통하지 않는 신과의 연합이라면, 타 종교의 자력적 수행법과 무슨 차이가 있겠어요? 아른트는 경건주의적 영성이라고 느껴져요."

"그렇소. 그런데 아른트 역시 타고난 '내면의 빛'인 믿음을 선포되고 기록된 말씀보다 강조하였던 거요. 그 또한 마법과 연금술에 대해 강한 관심을 가졌었소. 아무튼 아놀드의 영향을 받은 괴테의 철학적 사고에는 마법에 대한 믿음이 포함되어 있었고, 적어도 파우스트를 낳기에 충분한 마술에 대한 관심이 포함되어 있었던 거요."[242]

---

241) https://core.ac.uk/download/pdf/29154858.pdf, PP. 29-30
242) Ibid., P. 41

> 창조물 전체는 아무것도 아니며 떨어져 나가고 원래로 돌아가는 것
> 일 뿐입니다. 그래서 하느님은 선과 악의 지식의 나무를 떠나 자라게
> 하셨습니다. 왜냐하면 영혼과 육체의 위대한 힘이 이것을 일으켰기
> 때문입니다. 그래서 인간은 시험을 받아야 했습니다. 유혹자, 악마 앞
> 에서 자신의 힘으로 서고 싶은지, 영혼이 준비된 존재로서 하느님의
> 영 아래에서 동일한 특성의 일치, 진정한 평온 속에 머물고 싶은지[243]
>
> (뵈메)

괴테에게 영향을 끼친 뵈메의 생각은 이렇습니다. 분리되고 회귀하는 창조물의 본성에 따라, 영육 간 위대한 힘을 가진 인간은 당연스레 선악과를 먹을 수밖에 없었고, 그 결과 선악과로부터 떨어져 성장하게 되었다는 겁니다. 인간이 하나님의 테스트를 통과하는 방법은, 악마 앞에서 인간이 스스로의 힘으로 자립할 수 있다는 것을 입증해 보이고, 하나님의 영과 동일한 성질의 영 안에서 인간 스스로 평온하게 머무는 것을 입증해 보이는 거란 주장입니다. 결국 뵈메나 괴테는 인간이 사는 동안, 하나님의 도움 없이도 자력으로 세상을 헤쳐나가고 평온을 누리는 것이, 악마를 이기고 종국에 하나님께 인정받는 것이란 해괴한 주장을 하고 있는 셈입니다. 이들은 성경의 계시적 말씀 안에서 창조물의 본성을 깨닫는 것이 아니라, 신플라톤적이고 범신론적 사상 안에서 이해하고 있기에, 창세기의 말씀에 대해 칸트처럼 이성적 해석을 적용하게 됩니다. 따라서 괴테의 중심 사고엔 인간 본성의 신성적 위대함이 굳게 자리 잡고 있습니다.

괴테는 바로 이 악의 기원에 대한 질문이 교회 내에서 한 번 이상 분열을 일으켰다고 말합니다.

---

243) Ibid., P. 39

한쪽은 인간 본성의 자산이 몰락함으로써 너무 타락하여, 본성의 가장 깊은 핵심에서도 선의의 흔적조차 찾을 수 없으므로 인간은 자신의 능력을 완전히 포기하고 신의 은혜로부터 모든 것을 기대해야 한다고 주장했습니다. 다른 쪽은 인류의 유전적 결함을 기꺼이 인정했지만, 자연에 특정한 씨앗을 부여하여 신성한 은혜로 활력을 얻어 영적 행복의 즐거운 나무로 자랄 수 있기를 원했습니다. 저는 후자의 신념에 깊이 확신했습니다.[244]

(괴테)

"결국 루터와 에라스무스의 논쟁은 세상 끝날까지 이어지는 것이로군요! 그러나 괴테가 의미하는 '자연 속의 특정한 씨앗'은 파라셀수스의 '하나님의 참된 씨앗'처럼 모든 만물에 깃들어 있다고 믿는 '신의 영'인 것이지요. 괴테는 만물의 근원이 되는 신성으로 인해, 모두가 형제로서 예술과 진보의 근원이 되고, 창조자로서 세상의 영적 재생을 이룰 수 있다는 낙관적인 믿음을 가졌나 봅니다.[245] 그런 괴테가 보기엔, 신의 은혜에 전적으로 의지하는 자들이란, 자신들의 잠재적 능력을 포기하고 많든 적든 두려움을 느끼는 불쌍한 사람들인 것이죠.[246] 결국 괴테는 비교회적 범신론자로 자신의 종교적 정체성을 삼은 것이고, 그렇기에 파우스트는 그레첸에게 보편적 믿음을 가질 것을 독려한 것이죠."

아무리 크더라도 신성한 존재로 (그녀의) 마음을 채우라
모든 마음이 그것에 대해 말합니다. 모든 곳에서⋯ 각자의 언어로

"결과적으로 괴테의 하나님은 그리스도 예수 안에 계시된 하나님이 아

---

244) Ibid., P. 40
245) Ibid., PP. 51-52
246) Goethe, J. W., Gespräche. Mit Friedrich Wilhelm Riemer, im August 1810

횔덜린, 니체, 고흐

니었으니 『파우스트』는 신과 사탄의 대화(거래)라는 형식에서 욥기를 패러디한 것처럼 보이지만, 실제 내용상 성격은 전혀 다르잖아요? 욥기에 나오는 사탄은 신의 허용하에 신이 인정한 신실한 신자인 욥의 믿음을 시험하지만, 욥은 무고하게 당한, 실로 감당할 수 없을 만큼 처참한 재앙 속에서도 하나님의 신실한 종으로서 끝까지 자신의 믿음을 충성되게 지킴으로써 결국 구원받고 현세에서도 큰 축복을 받게 됩니다. 사실 사탄은 무저갱에 갇히는 천년왕국 기간을 제외하고 최후의 심판 전까진(계 20:2-3) 그 누구든 지상에서 유혹할 수 있는 찬스를 가질 수 있죠. 그런데 괴테가, 유일신 창조주의 존재를 시종 깨닫지 못하는 파우스트를, 욥처럼 '하나님의 종'으로 소설에서 설정한 것은, 성경에 빗대어 자신의 비기독교적 종교관을 관철하려는 의도였던 겁니다. 소설의 결말에 악마와의 내기에서 패배한 것 같았던 파우스트의 영혼이, 그레첸의 중재를 통해 신의 구원 섭리를 이룬 것으로 되었다 해서, 예정조화설에 근거한 것처럼 『파우스트』를 해석하는 것은 위험천만한 일이죠. 구원은 인간의 부단한 자기 노력이나 사후 요행처럼 주어지는 신의 가호에 의해서가 아니라, 그리스도의 구속의 십자가를 통한 인간과 신과의 관계 회복에 달린 것이기 때문입니다. 악마와의 내기 내용 또한 납득하기가 어렵습니다. 욥의 경우처럼 하나님을 원망하고 믿음을 저버리는 경우에 악마가 승리하는 내기인 것도 아니고, 파우스트가 현재의 상태에 만족해서 '이 순간에 말하리라. 시간아 멈추어라! 너는 참으로 아름답구나!'라고 외치는 경우 - 즉 인간이 전진적 행위를 멈추는 경우에 악마가 승리한단 내기의 내용 자체가 전술한 바, 창세기 선악과에 대한 뵈메의 오류적 해석을 반영한 것입니다. 즉, 인간이 신의 테스트를 통과하는 방법은, 신에 대한 '믿음' 즉 '말씀'을 지키는 것이 아니라, 악마 앞에서 인간이 자신의 영혼과 육체의 위대한 힘을 쉼 없이 펼쳐 보이는 것이란 주장인 겁니다. 그러나 신자의 경우, 현재의 상태에 만족하는 상태는 태만함이나 성장 거부의 상태가 아니라, 감사와 함께 내적 평안과 자족의 기쁨을 누리며 영혼이 천국의 안식을 누리는 지복의 상태입니다. 그런데도 괴테는 이런 상태가 하나님의 구원 섭리에 역행하는 것이라고 힘을 주어 역설하고 있는 것이죠. 이외에도 괴테는, 자신의 부분적 투영이기도 한 파우스트로 하여금, 단순히 소설을 위한 도구로서의 마법만이 아닌, 마법에 대한 자신의 믿음을 기반으로, 정신을 복종시키는 상상의 힘을 이용해 시공을 초월한 판타지적 모험 행각을 감행하게 함으로써, 비기독교적 신비주의와 헬레니즘과 범신론이 혼합된 괴테식 특유의 종교관을 전개시켜 나갑니다. 파우스트는 고뇌 속에 열망하고 쟁취하면서 끊임없이 자신의 명예, 부, 쾌락을 위한 탐닉과 더불어 자아실현을 위해 노력하는 가운데, 비도덕적 행위를 불사하면서라도 전진해 나아가는 자이죠. 그런 파우스트의 구원의 기준을 괴테가 인간적 열망과 노력적 행위의 지속 여부에 두었다는 점은, 그가 얼마나 인간 정신의 위대성과 영원불멸성과 만능성을 주장한 파라셀수스로부터 큰 영향을 받았는지 충분히 짐작이 되고도 남습니다. 결국 그리스도의 존재를 제처놓은 채, 비기독교적인 괴테 자신이 투영된 파우스트가 믿는 신은 '태초에 말씀이 있었다(요 1:1)'가 아니라 '태초에 행위가 있었다!(Im Anfang war die Tat!)'인 것입니다.[247] 이로써 괴테는 활동과 창조적 행위 속에 존재하고, 지속적으로 목적을 성취하기 위해, 되어가고 변형하는 '신성'이라는 자신의 신성관을 표현한 것입니다.[248]

> 온 혼으로 일하는 자는 결코 잘못을 범하지 않고 이치도 필요 없고,
> 그에게 대적하는 권세가 없다
>
> (횔덜린, 휘페리온)

자, 그러면 성경은, 창조적 행위와 더불어 지속적으로 목적을 성취하

---

247) Ibid., P. 40
248) Ibid.

기 위해 일하시는 하나님에 대해 어떻게 말씀하는지 살펴봅시다. 우리는 하나님의 존재를 성경을 떠나서 임의로 정의해서는 안 되겠지요? 하나님은 활동과 창조적 행위 속에만 존재하는 하나님이 아니심을 우리는 창세기를 통해 알 수 있습니다.

> 하나님이 그 일곱째 날을 복되게 하사 거룩하게 하셨으니 이는 하나
> 님이 그 창조하시며 만드시던 모든 일을 마치시고 그날에 안식하셨
> 음이니라(창2:3)

> 하나님이 지으신 그 모든 것을 보시니 보시기에 심히 좋았더라(1:31)

하나님은 천지창조 시 그가 하시던 모든 일을 그치시고 일곱째 날에 안식하셨기에(창1:2) 안식 속에서도 존재하시는 하나님이십니다. '안식(Sabbath)'의 의미는 '일을 그만두다', '휴식하다', '멈추다'의 의미입니다. 더욱이 하나님은 그 안식일을 각별히 축복하시고, 다른 날들과 구별하여 거룩하게 하셨으며, 그날에 지으신 만물을 보시고 심히 기뻐하셨습니다. 우주 만물을 창조하신 하나님의 목적은, 그 지으신 우주 만물을 통해 스스로 영광과 찬송을 받고자 하심이었습니다(사43:21). 그러므로 하나님은 만물 가운데 유일하게 자신의 형상으로 창조하신 인간과 더불어 첫 안식을 누리시고 특별히 안식일을 거룩하게 지킬 것을 명령하신 것입니다. 안식일에 하나님께선 예배 가운데 임재하셔서 우리가 창조주를 기억하고 감사하고 찬송하고 경배하는 속에서 우리와 기쁨으로 교제하시길 원하시기 때문입니다. 또한 안식일은 하나님의 구속사적 의미를 갖습니다.

> 너희는 지난날을 기억하여라. 너희가 이집트에서 종살이할 때에 너희
> 하나님 나 여호와가 큰 능력과 기적으로 너희를 거기서 구출해 내었
> 다. 그래서 내가 너희에게 안식일을 지키라고 명령한 것이다(신5:15)

구약의 안식일은 신약의 그리스도의 부활로 말미암아 갱신되어 '새 창조'의 역사를 열었습니다. 모든 인류는 '그리스도의 영(성령)' 안에서 '새로운 피조물'로 중생케 되었고 이는 '구속'의 증표가 되기에, 오늘날 주님의 부활을 기념하는 '주일'이 안식일을 대체하게 된 것입니다. '주일'은 창세 전부터 우리를 예정하시고 택하셔서, 그리스도로 말미암아 우리를 자녀 삼아주신 하나님의 은혜의 영광을 찬송하는 날입니다(엡1:4-6). 자, 이제 또 우리는 성경을 통해 일을 행하시고 일을 만들며 성취하시는 하나님의 음성을 듣습니다.

> 일을 행하는 여호와, 그것을 지어 성취하는 여호와, 그 이름을 여호
> 와라 하는 자가 이같이 이르노라 너는 내게 부르짖으라 내가 네게 응
> 답하겠고 네가 알지 못하는 크고 비밀한 일을 네게 보이리라(렘33:2)

하나님의 활동과 창조와 성취의 궁극적 목적은, 하나님께서 택하신 백성들의 죄악을 깨우치시고, 그들로 하여금 하나님께 부르짖게 하심으로써(:3, 5) 그들에게 치유와 회복을 베푸시고(:6), 죄 사함의 은총을 통해 하나님의 영광을 드러내시며(:8, 9), 약속의 말씀대로, 메시아로 오시는 그리스도 예수의 공의로운 통치를 통한 구속사역의 완성에 있는 것입니다(렘33:6-15).

생각건대, 파우스트가 현재의 상태에 만족해서 '이 순간에 말하리라. 시간아 멈추어라! 너는 참으로 아름답구나!'라고 외치는 모습은, 안식일에 하나님께서 창조하신 피조세계를 바라보시며 사랑의 기쁨을 이기지 못하시는 상태를 신성모독적으로 패러디한 느낌을 풍깁니다. 괴테의 『파우스트』가 던지는 메시지는 신약시대인 오늘날, 신자들이 주일 예배를 통해 하나님과 사랑의 교제를 나누는 교회 공동체를 허물기 위한 사탄의 포석인 것입니다.

> 너의 하나님 여호와가 너의 가운데에 계시니 그는 구원을 베푸실 전능자이시라 그가 너로 말미암아 기쁨을 이기지 못하시며 너를 잠잠히 사랑하시며 너로 말미암아 즐거이 부르며 기뻐하시리라 하리라(습3:17)

주인공 파우스트에게선 시종 그리스도 예수를 향한 열망이나 노력이나 헌신은 찾을 수가 없습니다. 마지막에 가서 눈이 먼 파우스트에게 아놀드나 바이겔식의 '내면의 빛'이 나타남으로써 십자가 없는 비기독교적 구원을 시사하는 것 외에는 말입니다. 더군다나 그런 파우스트가 '영원히 여성적인 것'을 연상케 하는 성모 마리아의 은총 아래, 속죄한 영혼으로서 구원받은 연인, 그레첸의 인도를 받으며, '끊임없이 노력하는 자는 구원받을 수 있다'라는 천사들의 합창 속에서 승천한다는 설정은 과연 괴테식 비기독교적 구원송의 피날레인 것입니다. 말하자면, 괴테에게 어필하는 구원의 중재자는 그리스도 예수가 아니라, '영원히 여성적인 것'의 상징인 신비로운 '천상의 이브'나 괴테의 낭만적 연인들의 모델인 '그레첸'이나 고전적 헬레니즘적 미의 여신인 '헬레나'인 것입니다. 만약 괴테가 그리스도의 십자가의 사랑에 대한 진정한 이해와 깊이 있는 깨달음을 얻었더라면, 파우스트처럼 썩을 승리자의 관을 얻으려 향방 없이 허공을 치거나 목표 없이 전진하는 달림이 아니라(고전9:25), 그리스도 예수께 붙잡힌 바 된 그 사명을 향해 달려갔을 것입니다(빌3:12-14). 그럼에따라 '인간은 노력하는 한 방황하는 존재이다'라며 노력을 빌미 삼아 인생의 방황을 해이한 자세로 부추기고 합리화하거나, '여성적인 것'에 그토록 집착하며 환상적인 가치를 두진 않았을 겁니다. 칠십 대 중반의 나이에도 열아홉 살의 처녀에게 사랑을 느꼈다던 괴테… 그가 임종 시에 남긴 말은 '좀 더 빛을… 좀 더 빛을…'이라고 전해지는군요."

나는 많은 것을 참을 수 있다. 대부분의 어려운 일은 신이 명령하신 대로 차분한 용기로 견딘다. 그러나 독과 뱀과 같은 몇 가지는 나에게 혐오스럽다. 그 네 가지는 담배 연기, 벌레와 마늘과 †(십자가)이다.[249]

(괴테, 에피그램)

"결론적으로, 괴테는 성경 말씀을 변개한 종교관을 『파우스트』에 심었습니다! 괴테에게 '말씀'은 '타고난 내면의 빛'에 종속되어 있으며, 절대 유일한 권위를 갖고 있지 않은 것이고, '말씀'보다 앞서는 것이 인간의 '행위'인 것입니다. 그러나 하나님은 '행위'가 아닌 '말씀'으로 천지를 창조하셨습니다(창1). 인간의 타락 후, '타고난 내면의 빛'은 영혼을 밝히는 '생명의 빛'이 아니라 희미한 '이성의 빛'이 되고 말았습니다. 이에 그리스도 예수는 어둠 속에 있는 각 사람들의 '영혼'을 비추시러 '참 빛'으로 이 땅에 오셨습니다(1:9). 그러나 그리스도의 '참 빛'은 누구에게나 보편적으로 비추는 '빛'이 아니라, 우리가 개인적으로 예수 그리스도를 자신의 구원의 주로 반드시 영접하여야만 우리의 영혼을 밝혀주실 수 있고, 우리는 그리스도의 생명 - 곧 영생을 얻는 특권을 얻습니다(1:4, 12). '참 빛'이신 그리스도는 곧 '말씀'이시기에, 우리 인간에겐 '말씀'보다 앞서는 '타고난 내면의 빛'이란 존재치 않으며, '말씀'보다 앞서는 '행위'도 존재치 않습니다. 우리는 바이겔이 말하듯, '지식이 흘러나오는 모든 사람의 내면에 뚫린 빛' 가운데 걸음으로써 실족하지 않는 것이 아니라,[250] 먼저 '말씀'을 지킴으로써 그리스도의 온전한 사랑 안에서 형제의 사랑을 실천할 수 있을 때, '참 빛(the true light)' 가운데 거하는 자로서 든든히 서게 됩니다(요일2:5-10). 우리는 파라셀수스가 말하듯, 타락 후에도 참된 '하나님의 씨'로부터 생명에 이르는 좁은 길을 걷는 것이 아니라,[251]

---

249) https://www.projekt-gutenberg.org/goethe/gedichte/chap191.html. Epigramme. Venedig 1790

250) Ibid., P. 41

251) Ibid.

주님의 '말씀'을 지킴으로써만 생명으로 인도되는 '좁은 문'으로 들어갈 수 있습니다(마7:13-14)."

동양사상

뉴세린이 말했다.

"동양사상에 젖어 있는 이들에게 복음을 전할 때마다 종종 듣는 꾸지람이 있어요. 강을 건넜으면 배를 버려야지, 왜 너희 기독교인들은 하나님을 만났다면서 예수를 못 버리느냐는 조의 힐난이죠. 이들은 부언하기를, '도(道)'를 '도'라고 부를 때 그 '도'는 이미 '도'가 아니니(도가도비상도), 너희의 '도'인 하나님을 깨달았으면 그 하나님도 버려야 하잖느냐고요. 그러나 예수는 이들이 의미하는 '도(물)'를 얻는 수단이나 매개물인 '지식(배)'과 다른 차원의 존재이죠, 성경의 지식 또한 동양 사상의 가르침과는 전혀 다른 차원의 성격입니다.

비유컨대, 예수는 우리가 '약속의 땅'에 도달하도록 '홍해'를 건너게 하고, 그 후에 버려지는 '배'가 아니라, 우리가 비옥한 '물 댄 동산'에 도달할 때까지 우리를 업어 한 몸이 된 채 광야 같은 세상의 노도를 거슬러 헤엄을 쳐 '생명의 강이 흐르는 새 예루살렘성'까지 동행하시는 분이죠. 그분은 종국적으로 우리가 도달하는 목적인 생명 자체가 되시는 분입니다. 그러므로 크리스천들은 '배'라는 매개를 통해 강을 건너는 것이 아니라, 직접 '강의 물길' 속에 뛰어들어 '예수'로 옷 입고 '궁극적인 생명'인 '예수 그리스도'께로 나아가는 것입니다.

요컨대 크리스천에게 있어 '도(道)'는 동양사상의 공회전적이고, 실체 없이 명멸하며 종래는 버려야 할 '도가 아니라, 꼭 붙들어야 하고 내실 있게 충만히 채워야 하며, 실상적으로 증거되어야 할 '십자가의 도'입니다.

결국 저들이 단골처럼 말하는 '예수의 우상화' 운운은 인격적 유일신과 예수의 그리스도적 신성(神性)을 부인하는 범신론적 신관의 무의미한 에코일 따름이에요. 그러므로 우리는 저들에게 기독교는 저들이 빠져 있는 류의 관념적, 사변적인 종교가 아니라, 창조주 하나님의 존재적 계시를 맞닥뜨리는 놀라운 사건의 현재적 체험임을 분명하게 알려야 합니다. 인간의 죄 사함과 구원은 힌두교인들의 의례처럼 '갠지스 강의 똥물'을 통해서가 아니라, 오로지 예수 그리스도의 보혈로 씻김 받아 거듭남으로써만 이루어진다는 사실을 말입니다."

연이어 세린이 말했다.

"성경에서 하나님의 임재는 하나님께서 선제적으로 친히 인간을 찾아오시는 것입니다. 성경 말씀을 읽는 중이나 기도와 묵상 중이나 찬양 중에 혹은 예외적으로 사역과 결부된 행함 가운데 하나님의 임재를 경험하게 됩니다. 그러므로 인간이 자의적 방법을 통해 비움을 추구함으로써 하나님을 불러들인다는 발상은 비성경적인 것입니다. 비워 낸 영혼을 통해야만 '매개' 없이 신과 하나가 되는 신성스러운 체험을 한다고요? 다윗과 욥은 영육 간의 환난 중에 간절히 하나님의 도우심을 간구할 때에 전능자의 임재를 체험했어요. 마리아에겐 은혜 속의 고요한 묵상 중에 하나님께서 선제적으로 찾아오셨지요. 또 주님의 부활 후 50일째 날에 사도들과 제자들이 모여 한마음으로 주님이 약속하신 성령세례를 기다리며 기도하는 중에 성령의 초자연적 세례가 각인에게 부어지는 역사가 일어났습니다."

C 목사가 알쏭달쏭한 표정으로 말했다.

"그런데 말입니다. '이단 논박'을 통해 초대교회 시절 영지주의에 맞서서 초대교회 신학사상을 구축한 교부 이래 나이우스는 영지주의자들의 무도덕적 자유분방주의와 행위를 비난했어요. 그러나 다른 한편에선 영지주의자들이 대체적으로 금욕주의적이었고, 성과 음식에 관해 철저했다고 상반된 주장을 폅니다."

이에 세린이 대답했다.

"전 말입니다, 이 두 경우가 영지주의에 있어 다 부합된다고 생각이 돼요. 왜 그런지 아십니까? 영지주의가 선악의 대립적 투쟁을 전제하고 있다지만 영지주의자들이 말하는, 기독교의 신보다 지고한 신이라는 최고 신 '모나드'와의 연합을 생각해 보십시오.[252] 또 범신론자인 칼 융이 말하는, 모든 대립물(all opposites)-거룩과 저주, 생명과 죽음, 진실과 거짓, 선과 악, 빛과 어둠-이 한 존재 속으로 결합된, 기독교의 신과 사탄보다 더 고차적인 신이라는 '아브라삭스'와의 합일을 생각해 보십시오. 과연 이 둘의 차이가 있기나 하겠습니까? 둘 다 똑같이 인간과 신의 경계가 허물어진 상태인 것입니다. 그 최고 신이 어둠이 없는 온전한 빛인지 아니면 어둠을 흡수해 버린 빛인지 그게 결과적으로 무슨 차이가 있겠습니까? 결국 이들이 말하는 신은 우주적 원리나 에너지 같은 비인격적 신이므로 경배와 경외의 대상이 아니라 개인의 내재적인 신성의 극대화나 내재적 신성의 복원으로 귀착됩니다.

　보십시오. 세속을 멀리하고 금욕과 수행에 전념하는 불교에 선과 악의 대립과 구분이 없어진 차원에서 도덕적 해이와 파계가 일어나는 것처럼, 영지주의자들 또한 동일한 결과로 나타난다고 말할 수 있겠습니다. 물론 저는 기독교에서 부도덕한 행위가 나타나지 않는다는 말을 하려는 것은 아닙니다. 오히려 저는 이 같은 부도덕한 행위를 인간에게 일깨워 주는 신의 음성 - 확성기에 실린 신의 음성에 대해 말하고 싶은 겁니다. 기독교 신앙엔 인간의 경배의 대상인 절대 신이 인간에게 지키라고 명령한 확실하고 준엄한 계명이 있고, 이 계명은 예수 그리스도의 사랑의 새 계명으로 완성이 되었습니다. 인격적인 주님과의 사랑의 관계에서 원죄적 인간이 회개와 함께 도덕 그 이상의 깊이를 가진 주님의 말씀을 준수하는 것을 신에 대한 사랑을 증명하는 것으로 삼지 않는다면 어떻게 될까요? 오직 인간이 그노시스적 환영과 깨달음을 통해 영적 해방감을 체험하는

---

252) Gnosis, Ibid.

것을 구원의 표지로 여긴다고 한다면, 현실에서 과연 인간이 수시로 자신의 허물과 죄성을 돌아보게 만드는 준거가 되거나 두렵고 떨리는 마음으로 그 앞에 무릎을 꿇을 수 있는 경외의 대상이 있느냐는 거지요.

또 한편 육을 영이나 혼과 분리시켜 불결하고 하등한 물질적인 것으로만 간주한다면 자연 육을 경원시하게 되어 도덕적 구속력이 취약할 수밖에 없겠지요. 도덕이 무엇입니까? 사회의 구성원들 간 행위의 이상적인 준칙이나 규범이 아닙니까? 준칙이나 규범은 혼적인 차원인데 혼과 분리시켜 육을 단지 무가치하고 악한 것으로만 여긴다면 말입니다. 그럴 때 혼 없이, 애정 없이 양심 없이 다른 사람의 육을 해하거나 범하는 것이 무슨 대수겠습니까? 결국 자신의 육에 대해서도 그렇게 대하지 않겠습니까? 그럴 때 육의 가치란 한갓 발길에 채인 돌맹이 같은 정도가 아니겠는지요…. 마치 창녀촌에 무심히 드나드는 남자들의 심리처럼요. 인간이 물질과 육에 대한 존중감이 없다면 어떻게 자신의 물질과 자신의 몸을 잘 관리할 수 있겠습니까? 함부로 낭비하고 함부로 먹고 마시고 함부로 정욕대로 몸을 굴리고 함부로 남의 몸을 해치고 이런 현상들이 나타날 수밖에 없겠지요. 이에 반해 그리스도교의 윤리는 어떻습니까? 성경은 세상의 물질에 대해 그리스도인에게 하나님의 소유를 지키라는 청지기의 사명을 부여합니다(벧전4:7-11). 세상 만물의 주인은 하나님이시므로 인간에겐 살아가는 동안 물질을 잘 관리함으로써 하나님의 영광을 위해 사용해야 할 책임이 주어집니다. 또 성경은 우리의 몸을 "성령이 거하시는 성전"이라고 말씀합니다(고전3:16-17). 우리의 몸은 우리의 것이 아니라 주님께서 십자가에 못 박혀 죽으심으로써 죄악된 우리의 영혼뿐만 아니라 우리의 몸도 값을 치르시고 사신 것이니 주님의 소유란 의미입니다. 그러므로 "음행하는 자는 자기 몸에게 죄를 범하느니라."고 성경은 분명하게 경고합니다(고전6:18).

창녀와 결합하는 사람은 그녀와 한 몸이라는 것을 모르십니까? 하나님은 '두 사람이 한 몸이 될 것이다.'라고 말씀하셨습니다.
그러나 주님과 합하는 사람은 주님과 한 영이 됩니다.

여러분은 음란을 피하십시오. 사람이 짓는 모든 죄는 몸 밖에서 일어나지만 음행하는 사람은 자기 몸에게 죄를 짓는 것입니다.

여러분의 몸은 여러분 자신의 것이 아니라 하나님에게서 받은 것으로, 여러분 안에 계시는 성령님의 성전이라는 것을 모르십니까? 하나님은 값을 치르고 여러분을 사셨습니다. 그러므로 여러분의 몸으로 하나님께 영광을 돌리십시오(고전6:16-20).

기독교의 선악의 기준은 하나님의 말씀인 계명에 근거한 것이므로 적어도 '양심의 법정'에선 법적 구속력이 있습니다. 그러나 원죄 개념이 없는 이원론에서 선악은 그 개념조차 설 자리가 없기에 행동의 지침적 준거나 기반이 취약하므로 자연 공중분해가 일어나기 십상입니다. 야코비가 칸트의 자기입법적 이성의 도덕적 자유를 '독재' 내지는 '불구적 이성'으로 비판한 이유입니다. 혹자가 동양철학에서 '선악'의 개념을 '미추'의 개념으로 대신하겠다고 우기는 것도 이와 같은 맥락입니다. 미추는 선악보다 의미가 약하고 상대적이니까요. 결국 도덕의 실종을 가져오는 겁니다."

오리겐

브라이언 박사가 말했다.

"초대 기독교 교부인 오리겐은 기독교를 강력히 위협하던 영지주의 사상을 부인하는 데 앞장서고 아리우스주의와 같은 이단적 사상에 빠지지 않도록 공헌했지만, 플라톤의 영향과 영혼에 대한 개인적 명상에 몰두한 때문인지 영혼의 선재론을 주장해서 고소를 당했소."

"영혼 선재론이라면…"

브라이언 박사의 설명이 이어졌다.

"오리겐은 선하신 하나님은 자신의 선하심을 구현할 대상이 늘 필요했기에 영원으로부터 자유 의지를 부여받은 서로 동등한 지적 존재들을 창조하셨다고 가르쳤소. 그런데 이 존재들이 하나님을 향한 사랑의 관계에서 스스로의 자유 의지로 선택한 사랑의 정도에 따라 타락의 정도가 결정되어 천사와 인간과 사탄으로 구분되었다는 거요. 오리겐은 창세기 1장과 2장에 기술된 창조주의 인간 창조를 두 단계로 구분하여 1장의 창조를 '혼적 인간'의 창조로, 2장의 창조를 '지상적 인간'의 창조로 생각했소. 전자는 천상적 육체를 가진 이상적 인간이었으나 타락 후 후자의 창조에서 물질적 육체를 입게 된 것이라고 말이오. 물론 성경은 물질적 육체의 창조 후에 인간의 타락을 처음으로 기술하고 있소만."[253]

뉴세린이 말했다.

"창조의 구분이라… 참 흥미로운 가설이군요. 그러나 성경을 자세히 읽어 보면 창세기 2장에 나온 창조에 대한 말씀은 창세기 1장에 나온 말씀을 자세히 설명한 것이란 것을 바로 알 수 있죠. 아무튼 오리겐의 주장이 인간 타락의 성격을 사랑의 개념에서 상당히 심도 있게 설명하고 있다는 점은 인정할 만하군요."

뉴세린은 오리겐이 인간의 타락에 대해 불순종이나 죄악 등의 표현 대신 하나님에 대한 사랑의 다소나 강약으로 표현하는 것이 마음에 들었다. 이는 원숙한 신앙의 단계에서 가능한 것이기도 하다.

"오리겐에 따른다면, 에덴동산 이전에 천상적 인간은 하나님에 대해 고급적인 자발적 사랑을 했던 이상적 인간이었는데 그 인간도 결국은 자유 의지의 오용으로 점점 하나님을 향한 사랑에서 멀어짐으로 인해 타락으로 떨어지는 인간이 되었단 말이군요. 또 성경 말씀대로, 에덴동산에서 육이 입혀져 창조된 인간도 마찬가지로 타락을 하고 말았고요…"

---

253) Reading Genesis with Origen, Kuyperian commentary
Origen: Decoding Genesis, Henry Center

뉴세린은 순간 섬광이 스치는 것처럼 한줄기 지혜의 빛이 영혼을 비치는 것을 느꼈다.

"그러니 천상에서의 첫 번째 타락이건 지상에서의 첫 번째 타락이건, 하나님으로선 불완전한 인간의 근원적인 타락의 문제를 해결할 완전한 방법이 필요하셨을 겁니다. 요컨대 하나님은 인간을 위한 눈높이 구원 계획을 세우셔야 했던 것이죠. 그 결과 신은 에덴에서 인간과 맺는 사랑의 관계에서 자연히 처음부터 금지명령 같은 초강수를 둘 수밖에 없으셨던 것이죠. 천상에서 인간이 타락 시엔 사탄의 존재가 없었지만, 이젠 사탄의 존재까지 있는 것이 아니겠습니까? 첫 인간에게 주어진 명령은 선악과에 대한 금기였어요. 말씀의 권위는 주종의 관계이고 상명하복의 관계이고, 섬기고 섬김을 받는 관계이며, 순종과 불순종의 이슈를 포함하고 있는 것이죠. 오리겐의 말대로 혼적 인간이든 지상적 인간이든 간에 인간에 대한 첫사랑에 실망하셨거나 전지자로서 실망할 것을 미리 내다보신 하나님은 인간의 하나님께로 향한 사랑이 늘 불완전한 것을 아시고 계명에 대한 "순종"의 용광로란 연단 장치를 장착하신 것이죠. 용광로에서 제련된 순금처럼 인간의 하나님을 향한 순수한 사랑은 말씀의 순종이란 연단을 통과해야만 온전케 되게끔 된 것이죠. 마치 예수 그리스도가 죽기까지 순종하심으로써 하나님께 대한 자신의 사랑을 확증하시고 그리스도께서 우리를 위해 죽으심으로써 하나님께서 우리에 대한 자신의 사랑을 확증하셨듯이 말입니다(롬5:8)."

이어 세린은 독백하듯 말했다.

"전 사실 선악과 금기 명령에 대한 부분에서 언제나 뭔가 어색한 느낌을 지울 수 없었어요. 신비롭고 은혜로운 에덴에 별안간 딱딱하고 무겁고 차가운 재질의 쇳덩이 같은 것이 덜컥 가로놓인 느낌이랄까요? 조물주와 새 피조물인 인간과의 사랑의 관계의 분위기치곤 퍽 어색하고 경직된 느낌인 것이죠. 성경을 액면 그대로만 수용한다면 말입니다. '선악과'와 '죽음' 이런 단어들은 다분히 악의 존재를 연상케 하니까요. 그래서 전 어떤 어두운 선재적 영적 존재를 곰곰 생각지 않을 수 없었지요. 곧 사탄인 것이죠. 그런데 오리겐에 따르면 에덴동산 이전에 영혼적 인간이 타락한 인간이 되어 에덴동산에 등장했단 말인 거예요. 그러면 하나님은 전과자를 대하신 태도이셨던가요? 하하. 아무튼 제겐 창조주가 악의 존재로부터 첫 인간을 보호하시기 위한 사랑의 조치로서 선악과 금지명령을 내린 것으로 해석이 되었어요."

C 목사가 고개를 모로 저으며 혼잣말하듯 말했다.

"오리겐은 지옥의 형벌은 인간의 정화를 위한 것이므로 점진적인 회개를 통해 마지막엔 하나님께서 인간을 포함해 모든 피조물을, 특이하게 사탄까지도 회복시켜 줄 것이라고 생각했어요. 이것이 가톨릭 교회의 연옥 교리에도 영향을 미쳤다고 보여집니다만."

그동안 듣고만 있던 나다니엘이 오랜만에 입을 열었다.

"한편 말입니다. 에덴동산에서 최초의 인간에게 금지명령과 죽음을 언급하신 하나님은 그의 명령의 내용으로서 인간 사회에 공의의 법을 세우신 것이란 생각이 듭니다. 즉, 하나님의 속성이 '사랑'뿐만 아니라 '공의'이심을 천명한 것이죠. 하나님의 형상으로 지음 받은 인간도 어쩔 수 없이 '공의'에 의해 다스려질 수밖에 없는 존재가 된 것이고요. 지구상에서 인간이 살아갈 미래의 모습을 미리 내다보신 하나님이셨기에 첫 인간의 거주지에 공의의 법을 세우셨던 것입니다."

그러자 별안간 무겁게 가라앉은 뉴세린의 얼굴에 기쁨의 빛이 떠올랐다.

"결국 창조주가 바랐던 완전한 인간상의 구현은 예수 그리스도를 이 땅에 보내심으로써 비로소 가능케 된 것입니다! 사랑과 공의의 완벽한 완성인 예수 그리스도의 십자가를 통해서 말이죠! 인간이 예수를 그리스도로 영접하고 신자가 되더라도 자유의지의 오용으로 인해 늘 타락의 덫에서 자유로울 순 없는데, 그때마다 그 타락을 씻을 길을 예수의 십자가의 보혈이 열어 주었으니 말입니다. 그러므로 종말에 완전한 구원을 이루게 되는 이상적 인간, 즉 창조주의 인간 창조 염원에 영원히 부합된 인간은, 오리겐이 말하는 천상의 혼적 인간도 아니고, 에덴동산을 하나님과 거닐던 아담과 하와도 아니고, 오로지 예수 그리스도의 초림 후 보혈로 씻김 받고 은혜로 구원을 입은 인간, 오리겐의 표현대로라면, 예수의 '사랑의 불화살'을 맞은 인간인 것이고, 바울의 표현대로라면 '그리스도의 혼적'을 지닌 인간뿐인 것입니다!"

"그런데 말이죠…."

뉴세런이 다시 고개를 갸우뚱하며 뭔가 미진한 것을 캐내듯 말하기 시작했다.

"오리겐의 주장에서 간과할 수 없는 문제점은 인간 타락의 제1 원인을 성경이 말씀하는 '사탄'보다 인간의 '자유 의지'의 문제에 돌리는 것입니다. 인간의 자유 의지에 있어서 경향성을 좌우하는 영적 존재에 대한 성찰이 상대적으로 미약하단 말이죠. 그럴 수밖에 없는 것이 오리겐은 '혼적(지성적) 인간'의 상태에서 인간의 처음 타락을, 사탄이 개입되지 않은 순수한 자유 의지의 남용으로 설명하고 있는 셈이니까요. 이때 천사도 인간과 같은 이유로 타락해서 사탄이 되었으니, 타락한 인간을 위한 구원 계획이 있으면 사탄을 위한 구원 계획도 가능하단 설명을 하는 셈이죠. 결국 뵈메처럼 오리겐에겐 사탄이 "절대 악"적 존재가 아닌 것입니다. 이런 맥락에서 보면 오리겐에게 있어선 예수의 보혈의 의미가 퇴색되고, 신자는 영적 전쟁을 수행하는 '그리스도의 군사'라는 개념보단 '그리스도의 신부'라는 개념에 더 가까운 존재인 거죠."

"그럴 수밖에 없는 것이 오리겐에게 '혼(psyche)'은 '자유 의지'가 있는 곳이고, 영과 육체를 통합하는 인간의 인격성이 자리한 인간의 핵심 부분으로, 인간 존재의 본질에 속합니다. 오리겐은 혼이 영으로 나아가면 '영적 인간'이 되고, 반대로 육체적인 욕망으로 나아가면 육적 인간이 되는 걸로 생각해서, 영이 혼을 지배하는 것이 아니라 혼이 영을 지배하는 것으로 보았어요. 사탄은 지성이 결여된 곳에 끼어드는 존재로 그려져 있기에 오리겐의 영성은 매우 지적이라는 평가를 받는 겁니다."[254]

세린이 언젠가 신학교 리포트를 쓰면서 오리겐에 대한 참고 자료를 훑어보았던 내용을 떠올리며 말했다.

"그래선지 오리겐에게 하나님께서 아담과 하와의 범죄 후 그들을 에덴 동산에서 내쫓는 가운데 '벌거벗은 상태'에서 보호해 주려고 입히신 '가죽 옷'은 예수 그리스도의 보혈의 피를 상징하는 것이 아니라 인간이 죄를 지은 이후 갖게 되는 변질된 육체(무겁고 한계를 갖는 육체)를 상징하는 것이 되는 거겠죠."

"오리겐이 '지성(누스)'이 핵심인 '혼(psyche)'이 '자유 의지'의 능력을 가지고 있고 인간의 역동적인 '영(pneuma)'적 진보와 퇴보의 기점이라고 주장하는 것처럼, 후대에 에라스무스는 이성을 지적이고 영적이고 실천적 힘으로 보았고, 칸트와 함께 이성을 교육을 통해 개발하고 성숙하게 만듦으로써 인간의 '자유 의지'를 교정하는 것에 초점을 맞추고 '지성'을 강조하죠. 그러니 오리겐에서부터 에라스무스, 에라스무스에서 칸트까지 가히 이성의 진화라 말할 만하군요! 그러나 성경은 시종 인간의 처음 타락에 있어서부터 사탄의 존재가 주도적인 역할을 하는 것으로 말씀합니다. 사탄은 피조물의 위치를 떠나, 에덴에서부터 하나님의 말씀에 자신도 비등한 권위를 가진 것처럼 정면 도전하여 인간을 위한 하나님의 구원 계획을 의도적으로 방해하는 자입니다. 그러므로 하나님의 아들, 예수가 나타나신 것은 사탄의 일을 멸하려 하심이죠(요일3:8). 성경은 미가엘과 그의 천사들이 온 천하를 꾀는 자인 사탄에 대항하여 싸우는 '하늘의 전쟁'에 대해 말씀합니다(계12:7-17). 사탄과의 싸움은 그리스도와 무관한 것이 아닙니다. 사탄은 그리스도의 탄생과 십자가의 죽음과 부활 때까지의 그리스도의 사역을 방해합니다. 사탄은 그리스도인들을 하나님 앞에서

---

254) The Soul and Spirit of Scripture within Origen's Exegesis (review), https://muse.jhu. edu/article/199025/pdf

밤낮 참소하던 자로서 그의 사자들과 함께 하늘로부터 땅으로 내어 쫓겨 자기의 때가 얼마 못된 줄 알고 있으므로 크게 분노한 상태이죠. 사단의 쫓김과 그리스도인들이 죽음을 무릅쓰고 어린 양의 피와 어린 양의 증거로 사단을 이긴 것은 하나님의 구원과 능력과 나라와 또 그의 그리스도의 권세가 이루어짐을 말씀합니다. 요컨대 사단을 궁극적으로 패배하게 한 것은 '그리스도의 피'였습니다(계12:10). 이로 보건대 사탄은 결코 구원받을 여지가 있는, 긍휼의 대상이 될 만한 존재가 아닌 것이 자명한 것이죠. 히브리서는 심지어 천사들조차 주님의 구속사역의 대상에 포함되어 있지 않다고(2:16) 말씀하고 있지 않습니까?"

> 하나님이 범죄한 천사들을 용서하지 아니하시고 지옥에 던져 어두운 구덩이에 두어 심판 때까지 지키게 하셨으며(벧후2:4)

브라이언 박사가 말했다.

"으음… 매우 성경적이고 좋은 포인트요. 아무튼 오리겐에게 예수는 하나님의 지혜와 진리인 로고스의 화신인 것이고, 그리스도인의 영적 성장을 위한 영적 음료와 음식은 바로 로고스인 그리스도와 성령이오. 오리겐은 말하길, 우리가 성령을 통해 그리스도를 올바로 알고 믿고 소유할 때 하나님의 지혜와 영적 생명인 로고스, 곧 그리스도에 대한 참된 인식과 그분과의 신비한 교제와 합일의 경지에까지 이르게 된다는 것이오. 이런 점에서 오리겐의 영성은 신인합일을 추구하는 영지주의나 범신론적 신비주의와 구별되게 삼위일체적 특성을 지니고 있소.

오리겐의 구원은 인간을 포함한 모든 피조물이 처음 창조된 복된 상태로 하느님께 회귀하는 것인데, 육체 역시 거기에 알맞게 새로운 상태에 이른다는 거요. 그에 따르면 인간은 이 궁극적인 상태에서, 성자 그리스도를 통해 하느님의 자녀가 됨으로써 성자께서 아시듯 성부 하느님을 알게 된다는 거요. 이 상태에서 고유한 한 인간의 개인적인 역사는 보존이 되고요. 신과의 합일은 결코 인간 존재의 소멸이나 그의 '자유 의지'를 배제하는 것이 아니라 자유 의지를 통해 적극적으로 받아들여야 하는 것이므로 여기에는 인간의 책임이 뒤따른다는 말이요."

세린이 마침 중요한 찬스를 잡았다는 표정으로 말했다.

"네, 정말 중요한 포인트라고 생각합니다. 기독교에서 신자 각인의 개체적 자기 인식성과 전인적 명료성은 창조주 하나님과의 관계에 있어선 더없이 소중한 것이니까요. 이는 동양종교에서 우주의 중심인 내가 개체적 자아감을 버리고 만트라를 반복하다 보면 자신을 잊는 순간이 오는데 그때 내가 우주, 즉 신(God)이 된다는 생각과는 현격히 대조적인 것이죠."

브라이언 박사가 마무리하듯 말했다.

"6세기 콘스탄티노플 제5차 공의회에서 오리겐의 영혼 선재론을 이단으로 결정했소. 하지만 오리겐이 피타고라스 학파의 영혼윤회설을 말한 것은 아니요. 왜냐면 오리겐은 각 영혼마다 단지 불멸하는 하나의 육체적 존재가 있을 뿐이어서 죽은 자의 육체는 다시 불멸의 생명으로 부활한다고 가르쳤기 때문이요."

세린이 뒤이어 말했다.

"그렇다면 인간이 죽은 후에 그의 영혼이 다른 육체를 통해 환생(reincarnation)하는 것과는 다르군요. 윤회가 아니라 같은 몸이 살아나는 부활이 되니까요."

"으음, 그런 셈이오."

"그러므로 성경은 하나님이 자기가 원하시는 대로 그 씨앗 하나하나에 본래의 형체를 주신다고 말씀하십니다(고전15:38)."

디오니소스교

"니체의 디오니소스에 대해 말하다가 대화가 영지주의로 흘러왔구려."

브라이언 박사가 로레인을 보며 눈짓을 했다.

"오르페우스교와 깊은 관련을 가진 디오니소스교는 제의에서 행해지는 폭력성 때문에 기원전 1세기 로마에 의해서 탄압을 받았지만, 밀교 형식으로 전해지게 되다 4세기 테오도시우스 황제의 기독교 국교화 선언과 이교 우상숭배 금지정책 이후 그리스신들의 우상이 사라지고 오르페우스교와 함께 종적을 감추게 되었어요."

나다니엘이 이죽거리듯 말했다.

"그리스의 비이성적인 면을 보여 주는 디오니소스교는 현대에 와서 고대 그리스의 연구가 지속됨에 따라 실체가 점점 드러나고 있지요. 호색한과 강간범을 주신으로 모신 종교는 그리스밖에 없잖아요? 사실 그리스는 문란한 섹스와 동성애를 장려한 최초의 문명입니다."

로레인이 말했다.

"호메로스는 남성 간의 사랑을 남녀 간의 사랑보다 훨씬 고상하고 순수한 것이라고 찬양하죠. 플라톤의 "향연"에서도 동성애는 주요 토론 주제였어요. 술 파티인 심포지온(symposion)을 논하면서 성인 남자와 청소년 사이의 동성애 관계가 플라톤의 에로스 이론에서는 가장 높은 형태의 사랑이며, 남자아이의 교육 과정으로 볼 때도 필수적인 요소라고 생각했어요."[255]

세린이 말했다.

"그러고 보니 니체처럼 그리스 고전 문학과 철학에 심취해서 그리스신들의 영으로 충만했던 율리아누스 황제가 떠오르는군요.[256] 콘스탄티누스 왕조의 마지막 황제로서 소싯적부터 아리우스파 그리스도교 교육을 받았다지만 예수의 신성을 인정하지 않는 아리우스파의 가르침이 그에게 회심의 체험을 주었을 리는 만무하고요. 기독교인이었던 사촌 형 콘스탄

255) Homer, Wikipedia

256) Julian (emperor), Wikipedia

티우스 2세의 혈육에 대한 정치 숙청과 집요한 견제에 대한 반감도 작용했으리라 여겨지지만 아무리 그래도 그리스 여신에게 압도되지 않고서야 어떻게 대모신인 키벨레에게 바치는 긴 찬가를 작사하고 하룻밤 동안에 작곡까지 했겠어요?

신들과 인간들의 어머니이시여. 위대한 제우스와 왕위를 공유하는 분이시여. …… 오, 생명을 주시는 여신이시여. 지혜이자 섭리이자 우리 영혼의 창조자이시여. …… 모든 인간에게 신들이 누리는 최고의 행복을 주시고, 로마인들이 스스로에게서 불경스러운 부분을 정화할 수 있도록 해 주십시오.

'신들의 신, 왕, 생명의 수여자, 지혜, 섭리, 영혼의 창조자, 축복의 근원자, 정결케 하는 자 모든 어머니 중의 어머니, 우리들의 기원을 듣는 구세주, 기원이 닿는 분'으로 숭배되었다죠. 이런 호칭들은 유일신 창조주 하나님과 예수 그리스도를 방불케 하고도 남는군요."

나다니엘이 불쑥 말했다.

"하하, 또 흥미로운 것은 키벨레 여신의 열광적인 신봉자들은 의식에 의해 스스로를 거세한 남성들이죠. 그 남성들이 여성의 의상을 입어 사회적으로 여성으로 간주되었으니 오늘날의 트랜스젠더인 셈이죠!"

로레인이 설명했다.

"본래의 여성 사제들은 사람들을 난교 의식에 이끌었어요. 밤새 계속되는 북의 난타와 검과 방패를 쳐 울리는 야성적인 음악, 춤과 큰 소리로 외치는 노래로 여신에 대한 숭배를 나타냈죠. 그리스에서 키벨레의 숭배는 주신 디오니소스보다 앞섰어요."

"난교라면?"

"집단 혼음을 말하죠. 여신은 성교와 임신을 통해 생명이 탄생하는 신비로움에 대한 경외와 찬양의 대상이었어요. 원시 종교에서 풍요나 다산의 신에 대한 제의(祭儀)에는 성교를 하는 의식이 늘 포함되었는데, 그들은 성애를 즐기는 게 신을 기쁘게 하는 거라 믿었어요. 성행위는 신성한 의식으로서 신을 찬양하고 다산과 풍요를 기원하는 종교적 제의였던 거죠. 아프로디테 여신을 숭배하는 아프로디시아 축제나 포도 수확을 기념하고 공물을 바치던 디오니소스 제전에서도 마찬가지였죠. 고대 이집트의 신전에서도 이와 같이 마약과 집단 혼음을 즐기는 만취 축제가 있었어요."

"그야말로 만취와 음탕으로 얼룩진 환락 파티였군요. 여기서 신전 매춘 풍습이 유래된 건가 보죠?"

세린의 시니컬한 어감이 거슬렸는지 로레인이 굳은 표정으로 말을 이었다. 그녀의 딱딱한 표정은 좀전의 상냥한 표정을 온데간데없게 만들어 버려 그녀는 딴 사람처럼 보일 정도였다.

"신전 매춘 풍습은 고대 메소포타미아, 이집트를 비롯해 그리스, 로마, 인도, 바빌로니아, 가나안 등에 전해져 4세기경까지 성행했어요. 그러나 유대교와 중세 교회에서도 신전 매춘이 존재했다는 건 어떻게 생각하세요? 중세 프랑스의 아비뇽과 로마에는 교회 속에 매음굴이 있었으니까요. 수도사들은 매춘으로 독신을 유지하고 교부들마저 매춘을 필요악으로 간주했으니까요. 교회는 매춘 허용으로 교회 재정을 충당하기도 했고 십자군원정 때도 매춘부들을 대동했어요. 그녀들은 매춘 행위가 죄를 씻고 구원을 얻는 길이라고 세뇌를 당했어요. 오늘날 한국의 통일교도 유사한 교리를 펴고 있지 않나요? 오염된 아담의 피를 정화하기 위해 온 교인이 릴레이식으로 재림주 교주와의 성교를 통해 혈통 복귀를 이룸으로써 전 인류가 참부모 밑에 한가족이 되는 것이 그들의 목표이니까요. 오늘날 그루밍 성범죄를 저지른 신부나 목사들이 내담자의 치부를 미끼로 지속적인 성폭력을 가하는 이면도 이런 류의 종교적 권위를 이용한 가스라이팅 수법인 거죠."

잠시 긴장된 분위기가 좌중에 감돌았다. 브라이언 박사가 신중한 표정으로 천천히 입을 열었다.

"글쎄… 일각에서 이스라엘 내에서 신전 매춘이 존재했다고 주장하는 경우도 있지만 고대 근동과 구약 학자들은 성적 일탈 행위를 일부 확인할 수 있을지라도 지금까지 제도적이고 조직화된 신전 매춘에 대한 확실한 문헌적 근거를 확인할 수 없었소. 이스라엘 내 이방 신을 위한 제의가 분향되는 장소에서 개인의 종교적 목적으로 행음하는 사람들을 신전 창기로 일컫는 경우 외에는 말이오. 이러한 행위는 구약의 기록이 여실히 증거하는 바 이스라엘 왕들의 종교 개혁의 대상이 되었던 것이 아니겠소?"

세린은 문득 대학 시절, '원리연구회'란 서클의 회장인 정치학과 형의 권유를 받은 그녀의 여자 친구 H의 제안으로 어느 날 우연히 그들의 엠티에 합류하였던 일이 생각났다. 그들은 원리연구회란 그럴싸한 명칭을 달고 있었지만 가서 보니 '통일교'란 종교 집단이었다. 수련회 일정 중 강의를 듣게 되었는데, 구약 성서 창세기에 대해서였다. 세린은 그때까지 성경을 읽은 적이 없었고 기독교와 통일교의 차이가 뭔지도 알 수가 없었는데, 강사가 하도 열심히 열정적으로 강의를 하는 바람에 그녀도 귀를 쫑긋 세우고 듣게 되었다.

"여러분, 원죄가 뭔지 아십니까? 하와가 하나님이 따 먹지 말라는 명령을 어기고 뱀의 꼬임에 넘어가 선악과를 따 먹은 것이 원죄입니다. 여러분, 잘 생각해 보십시오. 뱀이 그냥 동물을 말하는 거겠습니까? 아닙니다. 뱀은 사탄을 의미합니다. 그리고 선악과는 그냥 과일을 말하는 거겠습니까? 아닙니다. 선악과는 성(sex)을 의미합니다. 즉, 원죄란 하와가 사탄과 섹스를 한 것을 의미하는 겁니다. 결과적으로 하와의 피가 성적으로 오염된 것을 말합니다. 하와로 인해 아담과 아담의 후손인 인류 모두의 피가 성적으로 오염된 것을 원죄의 유전이라고 말하는 겁니다…. 여러분, 귀신들에 대해 잘 아셔야 합니다. 귀신론을 이제부터 말씀드리겠습니다…."

무슨 이유인지 모르겠으나, 그때 세린은 무턱대고 자꾸 강사의 말을 부인하고 싶은 충동에 사로잡혔었다. 그래서 항의조로 자꾸 강사에게 따지고 딴지를 걸었다. 강사는 전례없는 청강자의 생떼에 진땀을 흘리며 세린의 손에 원리강론이란 책을 들려주며 한번 잘 읽어 보라고 구슬렸다. 첫 몇 페이지를 읽어 보니 더욱더 참을 수 없는 반감이 속에서부터 일었다. 그렇게 강의는 세린의 트집으로 엉망진창인 후유증만 남기고 끝나게 되었다. 휴식 시간에 호수에서 보트를 타게 되었을 때 앞에 앉은 두 남성 멤버 중 한 사람이 세린 쪽을 유심히 쏘아보더니 엉뚱한 말을 했다.

"제가 일본 여성들을 꽤 많이 만나서 잘 압니다만, 세린 씨는 얼굴이 꼭 일본 여성형이에요."

당시는 몰랐으나 통일교 내에선 한국 남성들이 일본 여성들과 합동 결혼식을 치르는 일이 빈번한 모양이었다. 수련회 후 귀가 버스 안에서 정치과 선배 형이 크게 너털웃음을 웃으며 세린과 여자 친구 H에게 말했다.

"저도 통일교에 대해선 잘 모릅니다. 다만 세계 철도를 놓겠다는 포부가 정치학이 전공인 제 입장에선 너무 마음에 들었던 거고요…. H 이 친구가 이성적인 사람이라면, 세린 씨는 영적인 사람입니다. 영적인 사람이에요! 하하하."

로레인이 다소 누그러진 표정으로 입을 열었다.

"윤회사상을 믿고, 비밀스럽고, 폐쇄적이고, 신비스러운 종교 사상인 밀교란 점에서의 유사성 때문일까요? 1세기 중반에 나타난 인도 사상의 사조인 탄트라는[257] 남신들의 배우자인 여신들을 숭배하는 '샥티즘'과 아울러 감각적 욕망을 긍정하였다죠? 성적 에너지를 세계의 기초로 여기는 세계관 때문에 성관계를 통한 명상도 실천되었고, 성관계와 죽음 같은 금

---

257) 탄트라, 위키백과

기에 대한 도전으로써 천민 출신의 여성과 소의 대변을 바르고 난교를 하거나 사람을 죽이는 등 극단적인 내용으로 발달했다고 해요. 밀교를 빌미로 여성 제자들을 성적으로 착취하는 힌두교 구루나 티베트 불교 승려들은 여전히 있다네요."

세린은 최근 Mr. D가 그의 중용 강의에서 말하길, "갠지스 강의 똥물이 인간이 만들어 놓은 원죄이므로, 이걸 먹을 수 있어야 진속일체(眞俗一體)와 무분별심을 입증할 수 있다", "인간의 원죄를 똥물을 마심으로 씻어야 해탈한다"라는 류의 궤변을 쏟아 냈던 것이 떠올랐다.

저들이 진리의 본체인 창조자 하나님을 부인하고 허물투성이인 인간을 하나님과 동일시하여 인간의 죄를 자력으로 해결하려는 시도를 하다 보니, 어느덧 진짜 똥물이 인간 속에 들어가도 성수(聖水)가 되어 해탈에 이른다는 착각과 환상에 빠지는가 보았다. '진속일체'처럼, 본질과 현상의 경계를 허물어 버린 동양사상이 가져오는 필연적인 귀결이리라.

그동안 세린과 로레인의 대화를 듣고만 있던 브라이언 박사가 말했다.

"율리아누스는 로마의 몰락 원인을 관용 없는 기독교와 그 제도, 많은 특권과 소모적인 논쟁으로 보았으므로 이단 주교들을 복직시키고 예루살렘 성전 재건 조치등 기독교 세력을 약화시키는 데 주력했어요. 그가 사산조 페르시아와의 전쟁에서 집권 2년만인 32세의 젊은 나이로 죽으면서 죽기 전 "갈릴리 사람(기독교도)아, 네가 이겼다!"는 말을 남겼다고 해요. 아무튼 그의 죽음으로 다신교적인 로마 제국의 역사는 완전히 막을 내리게 됐소."[258]

C 목사가 이어 말했다.

"서로마 제국이 멸망한 시기인 5세기경, 전통 로마의 종교를 받드는 사람들, 예컨대 동로마 제국의 이교도 역사가 조시무스 등은 로마 제국의

---

[258] Julian the Philosopher, Hellenic Faith

횔덜린, 니체, 고흐

쇠퇴는 그들이 전통적으로 섬겨오던 신들을 버리고 기독교화했기 때문이라고 생각했어요. 이에 대해 성 어거스틴을 비롯한 기독교의 교부들은 로마 제국의 쇠퇴는 오히려 기독교를 진실하게 믿지 않는 이교도들 때문이라고 했습니다. 기독교 작가 살비아누스는 "신정론"에서 로마 쇠망의 원인이 죄악과 부정부패에 대한 하늘의 심판이라고 주장했고요. 그 후 중세를 거쳐 르네상스 시대 유명한 서정 시인인 페트라르카는 로마가 당한 모든 해악의 근원을 원천적으로 시민의 자유를 파괴한 황제에게로 돌렸다지요."

아무튼 그리스의 주신 디오니소스가 영적인 미덕의 상징이 되어 플라톤의 이데아적 관념론과 기독교의 천국 원형에까지 영향을 미쳤다는 로레인의 설명이 세린은 여전히 마음에 걸렸다. 어떻게 오르페우스교적 영혼과 플라톤의 영혼과 기독교의 영혼이 하나로 통한단 말인가?

"오르페우스교엔 '디오니소스가 선이고 영혼이며, 영혼은 무조건 선이다'라는 생각이 베이스에 깔려 있군요. 디오니소스는 단지 술의 신이자 황홀경과 공포의 신, 야성의 신이 아닌가요?"

로레인이 정색을 하더니 눈에 야릇한 힘을 실으며 말을 이어 갔다. 세린은 얼핏 그녀의 안광에서 광기 같은 것이 번득이는 것을 보았다.

"디오니소스는 태어나기 전에 죽었다 부활하듯 다시 태어난 비극적인 존재이죠. 디오니소스는 본래 트라키아 지방의 향토신으로서 풍요와 대지의 신이며, 바쿠스(Bacchus)라는 이름의 신입니다. 아폴론과 디오니소스는 세계 질서의 주재자인 제우스의 서자인데 아폴론이 유복한 신이라면 디오니소스는 불행한 신이죠. 아폴론은 땅의 신 가이아 세력의 수호자인 용을 죽임으로써 제우스적 세계질서의 수호자가 되고, 올림포스적 질서의 고지자가 됩니다.

반면 인간 어머니를 둔 디오니소스는 출생 시부터 죽임을 당해 두 번 태어난 기구한 운명으로 그리스 전역을 떠돌며 자신이 참 신이란 걸 사람들에게 설득시켜야 했습니다. 그는 포도주 재배법을 사람들에게 알려주었고, 그가 인도에서 큰 깨달음을 얻은 후 고향 테베로 돌아오자 디오니소스를 숭배하는 밀교가 생겨나 테베에서 온 그리스로 헬라 전역으로 퍼지게 되었습니다."

신과 인간 어머니 사이에서 태어났고, 출생 시 죽음을 경험하고 자신이 신이란 걸 사람들에게 설득시켜야 했고, 포도주와 연관이 있다니…. 피상적이고 단편적으로 보면 언뜻 예수의 느낌이 나지 않는가?

"고대그리스인들은 술에 취하는 것을 디오니소스의 기운이 가득 차는 것으로 믿었어요. 아테네의 시티 디오니지아 축제에서 디오니소스의 여제관들, 바쿠스의 여자 추종자들은 디오니소스신을 기리기 위해 술을 마시고 황홀망아의 상태에서 야간 집회를 가졌어요. 집회 때에는 마음속의 온갖 한을 토해 내듯 괴성을 질렀으며, 심벌즈와 요란한 음악에 맞춰 광란의 춤을 추었습니다. 여사제들이 점점 격정적으로 치달아 한 명씩 한 명씩 무아지경에 이르러 디오니소스신과 교감이 이뤄지면 입신에 들어간 듯 쓰러져 죽은 듯이 잠을 자기도 했어요. 때로 그들은 디오니소스신의 영감을 받은 초자연적 힘으로 괴력을 발휘하여 나무를 뿌리째 뽑든가, 제례의식에서 제물로 바쳐진 황소나 염소를 맨손으로 갈갈이 찢어 죽이고 사람의 사지를 절단했어요. 그리고 피가 흐르는 날고기를 생식했는데, 이는 티탄족에 의해 갈기갈기 찢겨 죽임을 당했다 부활한 디오니소스신의 육체를 상징하는 것으로서 그것을 먹는 행위는 재생을 간구하는 일종의 의식이었습니다. 교회의 성체성사를 연상시키는 면이 있지요."

세린은 앞서 로레인이 했던 말을 떠올리며 경악을 금치 못하고 얼굴을 찌푸렸다.

"아니, 그렇게 끔찍하고 야만적인 디오니소스 제의에서 광란의 도취 중 신접한 저들의 상태를 만물의 근원과 하나가 되는 체험이라고 주장하는 것은 너무도 터무니없는 생각이군요. 만물의 근원, 즉 생명의 근원이 살생적인 건가요? 태어나자마자 조각조각 찢겨진 디오니소스의 고통의 동참에 대해 저들이 접근하는 방식은 타자살해적 방식이군요. 육체의 욕망을 누르고 최고의 정신 활동을 얻고자 하는 종교인들의 고행과도 성격이 다르군요."

잠시 어정쩡한 침묵이 좌중 가운데 흘렀다. 세린이 더는 못 참겠다는 듯 화난 음성을 애써 누그러뜨리며 재빨리 항의성 발언을 덧붙였다.

"아니, 어떻게 술에 취한 광란의 상태에서 귀신의 영에 압도되어 야수와 같이 야만적이고 폭력적이고 잔인한 행태를 자행하는 이들의 의식을 그리스도교의 핵심인 구속의 십자가와 연관을 시킬 수가 있습니까?"

로레인이 그녀의 장기인 듯 냉정하고 차분한 표정과 음성의 톤으로 대꾸했다.

"비록 현상적으로 나타난 폭력적 광기는 후세에 야만적이라 평가받을 만하지만 중요한 건 그런 행위 이면에 있는 원초적 동인이나 지향점이 아닐까요? 디오니소스는 스스로 죽임을 당하고 하계로 내려가 자신의 죽음의 힘으로 죽음의 영역에 든 모든 존재를 새로운 삶으로 깨우며 항상 다시금 새로 이 삶의 영역으로 회귀합니다. 마치 기독교에서 예수가 죽은 후 음부에 내려가 지옥에 있는 영들을 해방시킨 것처럼 말이죠."

세린이 다시금 입을 열었다.

"과연 디오니소스가 가진 죽음의 성격과 죽음의 힘이란 무엇인가요? 디오니소스는 세상의 빛을 보기도 전 타 죽어 가는 모친의 몸에서 떨어져 나온 태아로, 제우스의 넓적다리에서 나왔건, 어린애로서 티탄족에 의해 갈가리 찢겨 죽었다 다시 부활했건, 부친인 제우스의 불륜의 결과로서 태어난 혼외자여서 가정과 혼인 서약의 수호 여신 헤라의 앙갚음의 대상이 된 것이죠. 부모의 죄악이 가져온 가장 참혹한 결과로서 그에게 덮쳐진 사망의 힘이 어떻게 다른 사망의 존재를 새롭게 깨운단 말인가요? 언어도단이에요! 디오니소스에게 덮쳐진 사망의 힘은 연속적으로 타자를 덮친 사망의 힘으로만 작용해 왔을 뿐인 겁니다. 그러나 예수님에게 덮쳐진 사망의 힘은 연속적으로 타자를 살리는 생명의 힘으로만 작용해 왔습니다. 예수님은 죄성의 유전이라곤 전혀 없는 온전하게 거룩하신 분이시죠. 예수님은 성육신 하신 하나님이시고, 예수님의 십자가의 죽음은 죄악된 인류를 위한 대속적 죽음이었지요. 죄 없는 예수님만이 인간의 죗값을 치르실 수 있고, 죄의 삯인 인류의 죽음의 문제를 해결할 수 있습니다. 곧 예수님 자신이 부활의 첫 열매로서 인류에게 영원한 죽음에서 영원한 새 생명을 선물로 주실 수 있어요.

죽은 디오니소스의 영이 하계로 내려가 죽음의 영역에 든 모든 존재를 새로운 삶으로 깨운다는 말은 과연 죽은 자에게 다시 구원의 기회가 주어진다는 카톨릭의 연옥설을 떠올리게 하는군요. 그러나 예수님께서 죽으신 후 주님의 영은, 주께서 십자가 한편 강도에게 "오늘 네가 나와 함께 낙원에 있으리라"고 약속하신 대로, 낙원에 계셨다고 믿습니다(누가 23:43)."

아폴론

로레인의 설명이 이어졌다.

"디오니소스신 외에도 아폴론은 그리스 신화 세계관 내에서는 가히 으뜸가는 신이라고 할만해요. 광명과 예술의 신, 델포이 신전의 신탁을 통해 막강한 영향력을 행사함으로써 절대적 권위를 가지고 있었어요. 아폴론은 태어난 지 나흘이 지나 델포이로 가라는 제우스의 명령을 받았고, 아폴론은 어머니 레토가 임신한 동안 헤라의 명령으로 줄곧 그녀를 괴롭혔던 가이아의 자식인 큰 뱀 피톤을 화살을 쏘아 퇴치했어요. 그런데 피톤인 사탄은 위대한 예언자였기에 아폴론은 보상을 하지 않으면 안 되어서 잠시 템페 계곡으로 도망하여 죄를 씻었지요. 이후 아폴론은 피톤이 지키던 가이아의 신전을 차지하고, 그곳의 이름을 델포이로 바꿔 예언을 내렸어요. 또 가이아의 대변자였던 피톤을 죽였기에 가이아의 미움을 사지 않도록 8년마다 피톤의 죽음을 애도하는 피티아 제전을 열어 이들에게 경기와 제물을 바쳤습니다. 그러나 신전의 이름이 델포이로 바뀌었어도 신탁을 주관하는 여사제들의 이름은 피톤의 이름에서 딴피티아라는 호칭으로 계속 불렸고, 아폴론은 피티아를 통해 사람들에게 신탁을 내리게 되었습니다. 피티아는 환각 작용을 일으키는 김을 들이마시고 신들린 상태에서 모호한 시적인 구절을 전달하였어요. 그 이후 인간은 가이아 대신 제우스의 뜻을 알리는 아폴론의 신탁에 의해 미래에 대해 알수 있게 되었어요. 고대 그리스인들은 어떤 중요한 결정을 해야 할 때는, 델포이에 참배하고 아폴론의 신탁을 받았답니다. 델포이 신탁은 오이디푸스의 끔찍한 운명을 예언했고, 소크라테스를 지상에서 가장 지혜로운 자로 선언했죠. 델포이의 아폴론 신전에서는 '너 자신을 알라', '그대의 정신을 억제하라'는 등의 유명한 금언들이 새겨져 있어요.

아폴론의 화살은 아폴론의 신성을 부정하는 사탄의 세력에 대한 응징인 거죠. 명중되는 화살을 쏘아 보냄으로써 그는 무질서로부터 질서를 회복시킨 셈이랄까요. 이런 의미에서 죽음과 재해를 가져오는 이 신은 동시에 "치유하는 신, 악의 방어자, 의사이자 치유하는 예언자"이죠. "죽음아, 너의 쏘는 것이 어디 있느냐?"란 성경 말씀처럼요."

이를 가만히 경청하던 세린이 입을 열었다.

"치유하는 신, 악의 방어자, 의사 이자 치유하는 예언자라… 이 모두가 예수 그리스도를 지칭하는 말들이로군요. 제우스가 델포이로 보낸 아폴론과 피톤의 대결을 마치 하나님이 보내신 예수와 사탄의 대결과 닮은 꼴로 해석하려는 사람들이 정말 많은 것 같군요. 그래서 이런 신화의 내용이 마치 성경에 지대한 영향이나 끼친 것처럼 주장하고요. 그러나 보세요. 아무리 현상이 엇비슷하다 해도 다른 두 현상을 본질적으로 연관 지을 수 없는 것이죠. 다른 본질이 유사한 현상으로 표현될 수는 있겠죠. 그러나 열이 난다고 다 감기가 아니잖아요? 사람과 사자의 본질, 양과 늑대의 본질은 전혀 다른 거죠. 기독교의 진리는 무엇보다 영적 실체의 규명에 기반합니다.

신약성경 계시록 19장엔, 하늘의 군대장관으로서 백마를 타시고 예리한 '성령의 검'인 하나님의 '말씀'으로써 세상의 사탄과 악에 대항하여 싸우시는 전사의 모습으로 그리스도께서 나타나십니다.

*또 내가 하늘이 열린 것을 보니 보라 백마와 그것을 탄 자가 있으니
그 이름은 충신과 진실이라 그가 공의로 심판하며 싸우더라
그 눈은 불꽃 같고 그 머리에는 많은 관들이 있고 또 이름 쓴 것 하
나가 있으니 자기밖에 아는 자가 없고 또 그가 피뿌린 옷을 입었는
데 그 이름은 하나님의 말씀이라 칭하더라
하늘에 있는 군대들이 희고 깨끗한 세마포 옷을 입고 백마를 타고
그를 따르더라
그의 입에서 예리한 검이 나오니 그것으로 만국을 치겠고 친히 그들
을 철장으로 다스리며 또 친히 하나님 곧 전능하신 이의 맹렬한 진
노의 포도주 틀을 밟겠고 그 옷과 그 다리에 이름을 쓴 것이 있으니
만왕의 왕이요 만주의 주라 하였더라.

그러니 보십시다. 사탄이 위대한 예언자라고요? 광명의 신인 아폴론이 사탄이 가진 예언 능력의 가치를 높이 사서 사탄을 죽인 것에 대해 속죄를 하고 그것으로 보상을 한다고요? 여기서 이미 양자의 영적 실체의 본질이 동류임이 자명하게 드러나잖아요? 속죄 행위로 아폴론이 잠시 권력을 내려놓고 하야함으로써 사탄에 대한 죄를 씻었단 말이로군요. 하하, 마치 세상 속 정쟁처럼 신화 속 신들 사이의 자리다툼, 피워게임일 뿐인 거지요. 그것도 모자라 피톤(사탄)을 죽인 일로 사탄의 어머니의 미움을 살까 봐 두려워 아폴론이 사탄의 죽음을 애도하는 제전을 연다고요? 하하, 결국 제우스나, 아폴론이나, 디오니소스나, 가이아나, 피

톤이나, 티탄이나 다 똑같이 저마다 역할이 다른 한 사탄의 다른 분신들일 뿐인 겁니다.

"죽음아, 너의 쏘는 것이 어디 있느냐?" 고린도전서 15장에 나오는 유명한 말씀이죠. 그다음엔 이 말씀이 이어집니다. "사망의 쏘는 것은 죄요, 죄의 권능은 율법이라." 즉, 사망이 덮치는 것은 죄 때문이란 말씀이죠. 아폴론도 디오니소스와 마찬가지로 불륜녀 레토의 사생아로서 헤라의 명령에 따라 복수를 수행한 피톤을 격퇴한 것이죠. 아폴론의 신성 또한 신들의 혈통에 따라 유전된 것일 뿐, 아무리 그가 젊고, 훤칠하고, 현명하며, 진실하고, 밝고, 늠름하더라도 부친 제우스의 부도덕한 죄악의 결과인 사망의 권세로부터 자유로울 수는 없었던 것이죠. 그러니 아폴론의 화살은, 아무 흠도 죄도 없이 십자가의 대속적 죽음으로써 인류 전체에게 부과된 죄악의 값인 사망의 권세를 물리치시고 부활하신, 예수 그리스도의 보혈의 능력이 묻어 있는 승리의 화살과는 전혀 다른 것입니다. 아폴론의 승리란 개인적 복수의 차원에서 그와 동류급인 원수를 명중시킨 후 신탁권을 거머쥔 영웅적 승리라 할까요?"

"신화에서 보면 예언의 주체가 피톤이든, 아폴론이든 관계가 없는 것입니다. 누가 예언하든 사람들은 탁월한 예언으로 생각하니까요. 중요한 것은 누가 '신탁'의 주도권, 즉 세상을 주도하는 헤게머니를 거머쥐느냐는 거지요. 진실 게임이 아닌 힘의 게임일 뿐입니다. 결과적으로 아폴론은 땅의 신의 수호자인 용을 죽여 세계 질서의 수호자가 되었다는 이야기인데, 이를 요한계시록에 나오는 하늘의 전쟁과 닮았다고 생각하는 사람들이 있다면 전혀 복음에 대한 이해가 없는 것이지요."

"계시록 12장엔 큰 용, 아담과 하와를 유혹하여 타락하게 만든 옛뱀, 마귀라 불리는 사탄과 그 악한 존재들이 결국은 미가엘과 그의 천사들에 의해 내쫓기고, 마침내는 영원한 멸망으로 이어지는 불과 유황 못에 던져지게 되는 말씀이 있습니다(계20:10). 사탄은 세상 사람들을 꾀어 하나님을 대적하도록 만들고, 하나님 앞에서 끊임없이 신자들의 죄악을 고

발하고 중상하는 자이죠. 그러나 믿음의 사람들은 죄 사함의 능력이 있는 예수 그리스도의 피를 끝까지 충성스럽게 증거함으로써 능히 사탄을 물리칠 수 있습니다. 이미 사탄은 예수 그리스도의 십자가의 죽음과 부활을 통해 완전히 패배한 자이기 때문이지요."

제우스

"자, 이제 근원으로 돌아가 봅시다. 이원론자들이 기독교의 야훼 하나님과 단골로 연결짓기 좋아하는 제우스는 과연 어떤 신인가요? 제우스의 아버지 크로노스는 자기 아버지 우라노스를 거세시키고 누이와 결혼하고, 제우스는 신들의 왕이 되기 위해 아버지 크로노스와 그의 형제들(티탄)과 전쟁 후 승리하여 그들을 감금하고 누이와 결혼하고…. 패륜과 근친상간과 불륜과 강간을 일삼는 족보를 가진 제우스신인데 말이죠…. 그런 제우스에게 모든 존재를 꿰뚫는 제우스의 눈이라는 둥, 편재하는 제우스의 시선의 영원한 현재 안에 존재하는 모든 것들이 드러난다는 둥, 이것이 존재의 진리이며 이 진리의 빛 안에서 존재가 유지된다는 둥, 제우스는 세계질서의 주재자로서 이 세계 안에서는 모든 것이 제우스의 질서에 의해 구축되고 떠받쳐지며, 모든 것은 제우스의 안에 있게 된다는 둥…. 인터넷을 보면 이런 허황된 미사여구와 현란한 수식어로 도배를 하고 있지 않은가요? 전 이 모든 무원칙적이고, 반도덕적이고, 비상식적이고, 부조리한 서술에 대해 다음의 몇 성경 말씀을 통해 설명을 하고 싶습니다.

너희에게는 머리털까지 다 세신 바 되었나니(마태 10:30)

내가 주를 떠나 어디로 갈 수 있으며 주 앞에서 어디까지 피할 수 있겠습니까?(시편 139:7)

횔덜린, 니체, 고흐

"모든 것을 꿰뚫는 제우스의 눈"이란 단지 상상의 산물일 뿐인 거죠. 아무런 계명도 없이 모든 것을 꿰뚫는 '매의 눈'으로 제우스가 한 일이란 가계에 유전된 죄성을 증명이라도 하듯 수단과 방법을 가리지 않는 여성 편력으로 도배되어 있을 뿐입니다. 그러나 모든 것을 감찰하시는 '하나님의 눈'은 살아 있고 운동력 있는 하나님의 말씀인 구원의 복음을 통해 인간의 전인격을 꿰뚫어보시는 눈인 것입니다. 하나님께서 인간의 마음의 중심을 감찰하시는 까닭은 전심으로 자기에게 향하고 말씀에 순종하는 자들에게 구원의 능력을 베푸시기 위한 것입니다.

> *지으신 것이 하나라도 그 앞에 나타나지 않음이 없고 오직 만물이 우리를 상관하시는 자의 눈앞에 벌거벗은 것 같이 드러나느니라(히 4:12~13)

"편재하는 제우스의 시선의 영원한 현재"란 위 성경 구절의 모사일 따름입니다. 존재하는 모든 것들은 무소부재, 편재하는 하나님의 시선의 영원한 현재, 즉 어제나 오늘이나 내일이나 영원히 동일하신 하나님의 눈앞에 존재하는 모든 것들은 적나라하게 드러나는 것입니다. 만물을 창조하시고 다스리시는 전능자의 시야에서 어떤 피조물도 감춰질 수 없습니다. 우리 인간의 마음과 뜻을 살피시는 전지하신 하나님의 눈앞에 우리가 은폐할 수 있는 것은 아무것도 없습니다.

제우스는 세계 질서의 주재자로서 이 세계 안에서는 모든 것이 제우스의 질서에 의해 구축되고 떠받쳐지며, 모든 것은 제우스의 안에 있게 된다는 말 또한 다음의 성경에서 본뜬 것입니다.

> 그의 능력의 말씀으로 만물을 붙드시며(히 1:3)

> 이는 만물이 주에게서 나오고 주로 말미암고 주에게로 돌아감이라

영광이 그에게 세세에 있으리로다(롬11:36)

> 태초에 말씀이 계시니라 이 말씀이 하나님과 함께 계셨으니 이 말씀
> 은 곧 하나님이시니라 그가 태초에 하나님과 함께 계셨고 만물이 그
> 로 말미암아 지은 바 되었으니 지은 것이 하나도 그가 없이는 된 것
> 이 없느니라(요1:1-3)

하나님은 만유의 창조자 아버지이시고, 세계 질서의 주재자이십니다. 태초에 하나님과 함께 계셨던 예수님, 근본 하나님이신 "예수 그리스도" 는 만물의 시작과 과정과 끝, 곧 만물의 근원이시며, 세계의 모든 부분들의 조화와 통합과 결속을 이루어나가시는, 만물의 생성 발전의 주관자이시며, 종국적 목적이십니다. 이 세계 안에서 구축되고 떠받쳐지는 모든 것, 즉 만물을 붙드시는 힘의 근원과 삼라만상의 모든 질서를 붙드시는 힘의 근원은 바로 "사랑" 그 자체이신 "하나님"의 "말씀"인 "예수 그리스도" 이십니다."

결론

"결론적으로 오늘날 성령의 감동을 입지 못하여 성경의 진수를 파악하지 못한 많은 자들이 이런 신화류에 아무런 양심의 가책도 없이 점점 예수 그리스도를 제멋대로 끌어들이고 있는 추세입니다. 이런 행태들이 그리스도교 신앙에 미치는 악영향은 생각보다 상당히 염려스러운 것입니다. 세상은 점점 캐주얼한 문화를 지향하고 있고, 부담스럽지 않은 흥미로운 것들을 인스턴트로 소화하고, 그럴싸하게 포장하고, 장식하고 걸치는 것을 멋스럽게 여기는 추세로 나아가고 있으니까요. 성속을 구별하지 않는 힌두교 신자들이 갠지스 강의 똥물을 성스럽게 마시는 것처럼,

그리스 신화의 붉은 복음의 진리를 접하지 못한 세상인들을 미혹하고, 타락시키고, 믿음이 연약한 신자들과 다가오는 세대들에게 예수 그리스도 신앙의 고유한 의미와 거룩성을 점차 훼손시키는 결과를 가져다줄지도 모르니까요."

"그리스 신화의 신들이 기독교의 창조주와 절대로 위상이 같을 수 없는 것은 너무도 당연한 것입니다. 그리스 신화의 창조의 근원은 대지의 여신(가이아)입니다. 이 땅의 여신으로부터 하늘과 만물이 생겨나게 하니까요. 땅에서 생겨난 신들과 거인과 인간은 서로 수평적인 관계로 넘나드는 것이죠. 그러나 성경은 맨 처음부터 천지창조의 주체가 하나님이심을 천명합니다. 땅은 혼돈, 공허, 깊은 흑암의 상태이며 이 상태에서 맨 먼저 빛이 창조되었죠. 이 빛은 빛들의 아버지이시며(약1:17), 피조물들의 생명의 근원이 되시는 하나님의 영광의 빛의 발산입니다. 이 빛을 통해 낮과 밤(4절), 물과 궁창(7절), 바다와 땅의 자연과 각종 생명체와 인간이 창조됩니다. 그런데 인간은 다른 피조물과 달리 하나님의 형상으로 창조되어 신의 숨결이 불어넣어진 특별한 존재로서 창조주와 교제하며, 만물에 대한 전권을 위임받았습니다. 그리고 가장 중요한 것은 창조사역에 참여하신 삼위일체의 하나님께서 -성부 하나님, 로고스인 성자 하나님, 운행하시는 성령 하나님- 인간의 타락 이후, 성자 예수를 이 땅 위에 보내셔서 예수의 십자가를 통한 구원의 은총을 베푸시고 예수의 부활 승천 이후 성령을 통한 구원 사역을 액티브하게 진행하시게 된 것이죠. 기독교인에게 있어서 삼위의 하나님은 경배와 찬양의 대상이며 구원의 절대적 주체입니다."

나다니엘이 무릎을 치며 말했다.

"이제야 왜 니체가 고대의 위대한 가치가 기독교에 의해 파괴되었다는 비판을 했는지 감이 잡히네요. 니체는 디오니소스 축제의 상징보다 더 고귀한 상징을 알지 못한다고까지 말했으니까요. 비밀제의에서 영원한 삶,

삶의 영원회귀의 본능이 종교적으로 체험되고 있다는 것이죠. 그의 영원회귀란 절대적 기독교 신앙뿐만 아니라, 신이 없는 상대적 허무감이나 염세 사상이 배제된 상태에서, 지금 이 순간을 영원처럼 여기고 최선을 다해 스스로 가치를 창조하며 살아가는 것을 의미하니까요."

그러자 세린이 단호한 어조로 말했다.

"사실 기독교 신앙이야말로 지금 이 순간을 영원처럼 여기고 최선을 다해 성경적 가치를 구현하며 사는 것이 아니겠어요?"

세린은 최근 생각해 오던 것을 연이어 말하기 시작했다.

"전 이런 생각을 해 봐요. 하나님의 거룩한 이미지로 지음받고 하나님의 영이 불어넣어진 인간이 자신의 창조 시의 아이덴티티를 잃어버릴 때, 즉 자신의 주인인 하나님을 떠나면 그는 자신을 자연 만물과 동일시하게 되죠. 그가 자연 만물과 일치를 꾀하게 됨에 따라 그는 스스로 자신 안에 신성을 창조하고, 자연 만물에 자신의 신성을 투사하게 됨에 따라 어느덧 그의 의식은 자연 만물과 혼연일체를 이루게 됩니다. 따라서 그들은 자신을 경배하는 만큼이나 인간과 종이 다른 짐승이나 하찮은 미물도 경배의 대상으로 삼게 됩니다. 도덕 개념은 아예 실종됩니다. 니체가 술에 만취한 디오니소스의 난교 파티를 생식과 성의 신비를 통한 수태, 출산 등 총체적 생명의 존속이니 성적 상징이니 하며 미화하고 경외와 경건성의 심오한 의미를 부여하는 것도 다 이런 연유에서입니다. 그런 동물적 야만적 광란의 제의에 대해 창조주 신을 부인한 니체는 영원회귀성이니 종교성이니 하는 회칠을 해 대고 있는 겁니다."

좌중에 감도는 무거운 공기를 덜어 보려는 듯 나다니엘이 익살스럽게 양 입꼬리를 추켜올리며 한 손으로 턱을 괴고, 한 손으로 코를 문지르며 말했다.

"하하 아무래도 비극 공연 후 기분 전환할 사튀르극이 등장해야겠는데요? 사튀르극은 디오니소스 축제에서 세 편의 비극이 공연된 후 등장하는 막간극으로 비극의 소재를 풍자하여 해학적으로 그린 극을 말하죠. 여기에 나오는 주인공 사튀르(사튀로스)들은 디오니소스의 졸개들로서 호색의 반인반염소인데, 사튀르 배우들은 우뚝 선 남근을 찼다고 하죠. 디오니지아 축제의 개막식에선 거대한 남근을 앞장세워 행렬했답니다. 이는 디오니소스신이 처음 그리스땅에 발을 디뎠을 때 그를 무시하는 사람들에 대한 벌로 성욕을 채우지 못하게 했던 것에 연유한답니다. 하하."

"그야말로 늘 술에 취해 있어선지 도색적인 신이로군요!"

니체의 영향

브라이언 박사가 말했다.

"니체의 그리스도교 비판은 오늘날까지 무신론자나 반기독교인들에게 상당한 영향을 끼치고 있는 셈이요. 니체의 사후 백 년 후 그의 "신은 죽었다"는 알타이저의 『기독교 무신론의 복음』의 출판을 계기로 '사신신학'으로 등장하게 됐소.[259] 알타이저는 윌리엄 블레이크의 영향을 받아 초월적 신을 부정한 거요. 블레이크는 성부가 그리스도로 성육신하여 성부도 죽었고, 그리스도도 죽었다며 승천을 부인하였소."[260]

"아, 윌리엄 블레이크가 그런…. 그의 시 '순수의 노래'의 내용이나 『천국과 지옥의 결혼』이란 그의 시집 제목이 시사하듯 범신론 계열인 시인 겸 화가로는 알고 있었어요. 그는 어려서부터 환영을 보았다는데 교회에 비판적이라 교회 출석을 안 했다죠? 스피노자에게서 시작된 범신론이 결국은 사신신학까지 가지를 친 셈이로군요. 모두가 신이란 말은 결국 "신이 없다"라는 말과 통함을 뒷받침하는 강력한 증거가 되고도 남는군요!"

---

259) Thomas J. J. Altizer, Wikipedia
260) William Blake, Wikipedia

그러자 C 목사가 턱 밑을 구부린 한쪽 검지로 천천히 문지르며 흥미롭다는 듯 말했다.

"폴 틸리히는 알타이저에게 자신의 신학의 비밀스런 근거가 헤겔에게서 왔다고 고백했다는데 알타이저는 자신의 급진적인 사신신학이 틸리히에게서 나왔다고 했다죠?"[261]

브라이언 박사가 응수했다.

"틸리히가 알타이저에게 '진정한 틸리히는 급진적인 틸리히이다'라고 털어놓았을 때, 틸리히가 말한 '급진적'의 의미는 '말씀'을 통한 '계시론'과 대립되는 자신의 '존재론' 즉 '주객(主客)'의 구별이 없는 '존재론'을 두고 한 말이었으니… 무한을 유한으로 용해하거나 유한을 무한으로 용해한다는 그의 표현이 말해주듯이… 요컨대 틸리히의 신은 한갓 '존재'나 '인격'이 아니라 실재와 존재를 넘어서는 '존재 자체' 즉 '존재의 깊이와 힘'인 거요."[262]

뉴세린이 말했다.

"신에 대해 존재를 넘어서는 중립성을 부여하고… 존재의 깊이니… 존재의 힘이니… 어쩐지 범신론 냄새가… 틸리히는 말씀과 존재를 분리했군요! 그러나 성경의 하나님은 '말씀적 존재'이시죠! 하나님은 기록되고 선포된 '말씀'으로 계시하실 뿐만 아니라, '존재'로도 계시하시는 분이시니까요. '말씀'과 '존재'는 별개가 아니라 하나입니다(요1:1). 사도 바울이 다메섹선상에서 체험한 예수 그리스도의 계시는 '존재'적 계시이자 그 자체로 '말씀'의 계시이죠. 오늘날 크리스찬들이 체험하는 그리스도의 계시는 '말씀'과 성령의 '임재'를 통해 주어집니다. '존재'적 계시에 해당하는 성령의 '임재'는 정확히 '말씀'과 일치하므로 이것이 영분별의 기준이 되는 것이죠. 크리스찬에게 있어서 계시적 하나님의 존재는 '말씀 자체'이신 존재

---

261) https://www.researchgate.net/publication/304801857_Paul_Tillich_and_the_Death_of_God

262) 20. Biblical Religion and the Search for Ultimate Reality Sci-Hub, https://sci-hub.se>downloads>20-biblical-religio, P. 369

헬덜린, 니체, 고흐

인 것이지, 틸리히가 주장하듯 '말씀을 빼앗긴' 침묵의 존재가 아닌 것입니다![263] 즉, 헤르메스주의자들이 주장하듯 '주객(主客)'이 용해되는 관상(觀想)적 계시가 아니란 말씀이죠. '로고스'와 동떨어져 무한한 어둠의 심연(abyss)[264]으로 묘사되곤 하는 불완전한 계시 같은⋯."

세린은 문득 에크하르트가 말한 신성인 존재 / 어둠의 심연과 영혼의 불꽃, 횔덜린의 신성의 불꽃이 떠올랐다. 아, 그리고보니 슐라이어마허의 모든 감정과 개념의 형태인 '가장 깊은 심연' 결국 이 모두가 '속죄와 구원의 주'이신 '예수 그리스도'(마1:21)가 없는 관상의 열매들이 아닌가!

"틸리히 역시 슐라이어마흐처럼 루터교 목사의 아들로서 자신이 개신교 전통의 신을 '믿고 있다는 강한 의식' 속에서 시작했지만,[265] '성령'과의 교제가 없는 틸리히였기에 신학적 유신론의 하나님을 철학적 사변의 관점에서 이해한 것이죠. 하하, 사실 '성령의 인도함'이 없는 '신학적' 유신론 또한 틸리히의 생각대로 '철학적' 신과 경계가 모호할 것 같은 위험성도 있겠습니다만."

뉴세린은 문득 지난날 매니저 목사와 틸리히에 대해 나눴던 대화가 생각났다. - 틸리히의 하나님은 종교와 비종교, 기독교와 비기독교를 초월하는 해방자⋯.

"틸리히는 자신이 키엘케골적 실존적 불안과 무한한 열정과 관심을 계승한다고 생각했다죠? 그러나 이제 보니 그가 말한 '신앙의 역동성'이니, '궁극적 관심'이니 하는 표현들은 유감스럽게도, 키엘케골적인 '믿음의 도

---

263) Ibid.

264) https://kinginstitute.stanford.edu/king-papers/documents/chapter-ii-comparison-conceptions-god-thinking-paul-tillich-and-henry-nelson

265) https://www.commentary.org/articles/michael-novak-2/the-religion-of-paul-tillich/ APRIL 1967 CHRISTIANITY

약'과는 다른, 그의 신앙의 불확실성을 포장한 표현에 지나지 않은 것 같군요."[266]

계시 체험

세린이 '말씀의 계시'를 경험한 때는 죽음에의 불안을 최대치로 겪고 있던 상황이었다. 딸아이의 출산을 몇 달 앞둔 시점에서 가까운 가족이 출산사고로 세상을 떠난 일로 인해… 그 사건은 세린으로 하여금 자신에게도 그와 같은 죽음이 얼마든지 닥칠 수 있다는 생각을 하게 만들었고, 그런 상황에서 그녀는 무엇보다 먼저, 신 앞에 설 자신의 모습이 전혀 떳떳치 않다는 자각을 여실히 하게 되었다. 그 주된 이유는 바로, 하나님께서 인간 세상에 공평하게, 완전한 계시이자 차별 없는 선물로 남기신 성경을, 자신이 그때까지 한 번이라도 제대로 통독하지 않은 것에 대한 송구함과 자책감 때문이었다. 이건 실로 신(God)에 대한 예의가 아니잖은가! 그러므로 그녀는 백 일간 성경 통독을 위해 아침 금식을 작정하고 창세기부터 성경을 읽어나가기 시작했다. 성경을 읽는 동안 그녀의 내적 상태는, 그야말로 모든 생각과 감정과 의지가 굴복하여 주님의 제단 위에 드려진 속죄의 제물이 된 심정이었으며, 신의 존전에 엎드린 가난한 영혼 그 자체였다. 그러던 어느 날 아침, 사도행전 3장을 읽을 차례였다. 성전 미문에 앉아 매일 구걸하는, 나면서부터 앉은뱅이가 된 자를 베드로와 요한이 나사렛 예수 그리스도의 이름으로 일으켜 세워 걷고 뛰게 하고 찬송하는 장면이었다. 앉은뱅이에게 베드로가 "은과 금은 내게 없지만 내가 가진 것을 너에게 주노니 나사렛 예수 그리스도의 이름으로 걸어라(3:6)!" 하고 외치는 말씀을 읽어나갈 때였다. 별안간 세린의 눈앞에 기적처럼 성경의 말씀이 신

---

266) Ibid.

헬델림, 니체, 고흐

비롭게 살아 움직이기 시작했다. 말씀의 구절이 그녀의 눈앞에 일제히 뾰족한 검이나 창처럼 여기저기서 역동적으로 솟아오름과 동시에, 시공간을 초월하여 빛보다 빠른 것 같은 속도로, 한 순간 그녀의 영적 상태는 이천 년 전 베드로가 말씀을 선포하던 바로 그 현장으로 옮겨졌고 베드로에게 임했던 성령의 충만한 능력이 그대로 그녀의 전신에 감전되듯 뜨겁게 임하는 신비로운 체험을 한 것이다. 그 사건 이후로, 기록된 '성경 말씀'은 세린에겐 더 이상 평범한 여느 문자와 같은 문자가 아니게 되었다, 성경의 '말씀'은 그녀에게 살아 역사하는 활자(活字)가 되었으므로(히4:12) 성경 말씀을 대할 때마다 그녀의 가슴은 뛰었다. 낭만주의 시인 윌리엄 워즈워스가 「레인보우」란 시에서 "저 하늘 무지개를 보면 내 가슴은 뛰노라… 늙어서도 그러하리 그렇지 않다면 차라리 죽는 게 나으리! … 내 하루하루가 자연의 숭고함 속에 있기를"이라고 노래했다면, 이제 세린에게 '무지개'는 '말씀'이 되었고 '자연의 숭고함'은 말할 것도 없이 '그리스도의 숭고함'이었다.

> 성경 속 말씀을 보면 내 가슴은 뛰노라… 늙어서도 그러하리 그렇지
> 않다면 차라리 죽는 게 나으리! … 내 하루하루가 그리스도의 숭고
> 함 속에 있기를

그리고 세린이 '신의 존재적 계시'를 경험한 때는 그 후로부터 11년이 지난 때였다. 어느 날 오후, 그녀는 난관이 가로막는 임직을 앞두고 침대에 혼자 누워 있었다. 그때 그녀의 내적 상태는 임직 후, 자신에게 주어질 영혼의 자유와 비상을 예감하며 주님을 몹시도 즐거워하는 고양된 상태였다. 그런 한순간, 돌연 그녀의 눈앞에 '한 빛'이 나타났다. 그 나타남이 '새벽 빛'(호6:3)같이 고요하고 정결하고 거룩한 주님의 임재란 것을 그녀의 영혼이 즉시 깨닫는 순간, 그분의 존재는 바로 그녀의 오른편으로 성큼 가까이 임하셨다. 그분은 그녀가 그동안 말씀을 통해 알고 느끼고 체험해온, 오랜 지인처럼 너무도 친숙하고 확실한 '예수 그리스도'이셨다! 그녀는 주

님께서 자신의 전 존재를 마치 세포 하나하나를 관통하듯 완벽하게 꿰뚫어 알고 계시는 것에 형용할 수 없는 친밀감과 기쁨을 느꼈다. 주님이 온전히 부성애적인 정다움으로 그녀와 막힘없는 교감을 이루시는 동안, 그녀는 마치 주님 안에 그녀가 있고 주님이 그녀 안에 계신 것같이(요15:7) 연합된 순간을 맛보았다. 그와 동시에, '큰 새의 날개(시17:8)' 같은 '주님의 영'이 일거에 그녀의 존재 속으로 날개 치듯 들어오시더니, 마치 파도가 밀려들어 일제히 백사장을 적시듯, 그녀의 전 존재를 완전히 덮으시고 장악하셨다! 아, 한순간 그녀의 영혼은 일찍이 경험해보지 못했던 완전한 평안과 완전한 만족과 완전한 충만함으로 영원히 지속하고 싶은 천국의 지복 상태로 들어갔다!

주님께서 그녀를 찾아오신 그 감격스럽고도 신비로운 계시적 사건 이래, 세린은 평생 그녀를 따라다니고 괴롭혀온 내적인 공허감과 우울감에서 완전히 자유하게 되었다. 그날 이후 그녀의 영혼은 언제 어디서나 그와 같은 주님의 임재 안에서 주님의 영과 교감하는 은혜를 누릴 수 있는 축복을 받게 되었다.

세린은 어느 날 문득, 과거 C 목사가 자신에게 처음 소개하였던, 루돌프 오토의 "성스러움의 의미"[267]에 나오는 '누미노제적 체험'을 떠올렸다.[268] 슐라이어마흐의 영향을 받은 오토의 '누미노제'는 윌리엄 제임스의 『다양한 종교체험(The Varieties of Religious Experience)』과 연계되는 종류로 각양 종교적 현상에서 감각되는 '두려운 신비'나 '매료적인 감정'이 아니었던가? 오토는 후에 모라비안 경건주의자인 진젠도르프를 '누멘적 감각'에 대한 선도적 언급자로 보고, 슐라이어마흐가 진젠도르프의 영향을 받은

---

267) The Idea of the Holy, Rudolf Otto, Oxford University Press, 1958
268) 오토는 신(神), 영혼, 신성을 의미하는 라틴어 단어 '누멘(numen)'으로부터 형용사인 '누미노스(numinous)'와 명사인 '누미노제(das Numinose)'란 새로운 조어 사용. 누미노제: '성스러움', 초월적 실재인 '절대타자(絶對他者)'.

것으로 보았다는데,[269] 오토는 적어도 기독교 신앙의 본질은 종교적 관찰이나 종교이론이나 사상에 의해 계승, 발전되어지는 성질의 것이 아님을 알았어야만 했다. 그러므로 한 논문의 저자가[270] 오토가 타 종교에로의 확장을 통해 누미노제의 보편적 내재를 확인시켰다고 치하한 것은, 종교 문제 연구의 관점이 아니라 성경적 신앙의 관점에서 볼 때 상당한 넌센스이다. 성령의 임재와 무관한 이방 종교들에도, 신성에 대한 초월적 경험이니 의존적 감정이니 성스러움이니 놀라운 경이로움이니 하는 등의 영적 체험은 얼마든지 가능한 것이기에 말이다. 요컨대 진젠도르프의 '누멘적 감각'은 하나님의 '거룩함'을 의미하는 것이므로(레19:2) 이를 원시종교나 인도종교, 불교에 연관 짓는 오토의 사고나, 슐라이어마흐가 말하는 '성스러움'과는 무관한 것이다. '누미노제'에서 '인간의 무상함'의 느낌을 운운한 오토는 위 책에서 다음과 같이 강조한다. "우리는 독자들을 향하여 될 수 있는 대로 강하고 순수한 종교적 엑스타시의 순간에 대하여 숙고해볼 것을 촉구한다"라고. 그러나 '그리스도적 계시'의 체험은 인간 무상이나 종교적 엑스타시나, 강박적으로나 선동적으로 숙고를 촉구할 수 있는 성질의 것이 아니고, 우리의 의지에 의해 되어지는 체험도 아니다. 예수 그리스도의 존재적 계시는 다만 우리가 주님을 깊이 사모하는 가운데, 주님의 주권적인 뜻에 의해 주님께서 우리에게 직접 찾아오시는 초자연적인 신비로운 만남이기에.

이제 뉴세린은 자신의 체험을 통해 그 누구보다 확실히, 주님의 '존재적 계시'와 '말씀의 계시'는 한 치의 오차도 없이 전적으로 동일한 성령의 역사임을 확신하게 되었다.

그동안 세린의 말을 다소 어색한 표정으로 듣고 있던 C 목사가 뭔가

269) https://s-space.snu.ac.kr/bitstream/10371/79619/1/46800279.pdf
270) Ibid.

를 음미하는 듯한 유쾌한 표정으로 한쪽 눈썹을 안경 위로 살짝 치켜올리며 말했다.

"틸리히에게 신은 현실 속의 대상이 아니라 '현실의 근거', '현실의 모체'였지요. 자연에 심취했던 틸리히에게 사람, 사물, 사건은 신비로움과 존경심을 불러일으켰어요. 그는 총체적이고 완전한 지성과 사랑, 미와 창조력, 충만함을 신 - 존재 자체로 보았던 겁니다. 틸리히를 만난 여성들은 그의 힘과 활력, 에너지를 느꼈다죠? 틸리히 자신도 여성들에게 깊은 반응을 보였고요… 흐흐, 그의 성격은 취약하고 민감했다고 해요."[271]

좌중이 다들 일제히 큰 소리로 폭소를 터뜨리는 동안 세린은 어쩐지 C 목사가 슬그머니 자신의 젊은 시절의 모습을 틸리히를 빗대어 말하는 것 같은 느낌이 들었다. 자연에 심취… 총체적 충만함… 자연, 셸링의 자연주의적이고 중립적인 신의 본질이 또한 그녀에게 떠오르지 않을 수 없었다.

브라이언 박사가 말했다.

"혹자는 니체나 알타이저의 신의 죽음에 대한 표현이 전통적 기독교가 너무나 무력해져 가는 현상에 대한 불안과 기독교의 붕괴가 초래될 위험을 미리 예감한 고로 이에 대한 저항감에서 표출된 역설적인 표현이라 해석하기도 해요."

세린이 말했다.

"하하, 그런 핑계를 대는 자체가 신과 인간에 대한 사랑과 믿음 자체가 없다는 강한 방증이지요. 예를 들어 부모를 믿지 못하거나 어려서 실종되어 부모를 찾아 천지 사방을 헤매는 동생에게 어느 날 형이란 자가 나타나 부모가 죽었다고 말한다면, 그 형은 과연 부모와 동생을 생각하는 자이겠습니까? 부모와 동생 모두를 심리적으로 죽이는 잔인한 형이지요! 게다가 천지 만물의 존재와 생명의 근원인 신의 죽음을 거론한다는 자체가 "절대 타자"인 신을 인식하지 못한다는 방증인 겁니다. 어느 경우에도 "신의 죽음"

---

271) Ibid.

이란 쇠락해 가는 듯 보이는 기독교에 대한 불만과 반항의 표시나 위기의
식, 혹은 신을 살리기 위한 새로운 신학의 전개나 신앙심의 발로로 결코 핑
계가 될 수 없는 것입니다. 구원도 은총도 없는 신학의 감옥 안에 자신들이
갇힌 것을 깨닫고 니체도 알타이저도 최소한 잠잠했어야 했습니다. 루터의
노예 의지론이 자유 의지론보다 현실적으로 더 설득력이 있는 이유입니다."

때맞춰 나다니엘이 한마디 했다.

"심지어 니체의 영향은 사탄교회까지도 미친 셈이죠."

> 강한 자들은 복이 있나니, 땅이 그들의 것임이요, 약한 자들은 저주
> 받았나니, 그들이 멍에를 유업으로 받을 것임이라!
> 강력한 자들은 복이 있나니, 그들이 사람들 가운데서 존경을 받을
> 것임이요, 연약한 자들은 저주받았나니, 그들이 흔적도 없이 지워질
> 것임이라. 담대한 자들은 복이 있나니, 그들이 세상의 주인들이 될
> 것임이요, 청렴하고 겸손한 자들은 저주받았나니, 그들이 갈라진 굽
> 들 아래서 짓밟힐 것임이라… 압제자들은 복이 있나니, 사회 부적격
> 자들이 그들 앞에서 달아날 것임이요, 영이 가난한 자들은 저주받
> 았나니, 그들이 침 뱉음을 당할 것임이라!

(사탄의 성경,[272] P. 34)

소크라테스 이후 이후 역사는 변모해 갔다. 그리스의 비극도 쇠퇴해
가고 열광 대신에 논리가 앞서고 철학과 과학을 통해 사람들은 이상을
추구해 갔다. 그러던 역사의 한 정점에서 한 빛이 나타났다.

> 참 빛 곧 세상에 와서 각 사람에게 비치는 빛이 있었나니(요한1:9)

이 빛은 아폴로적인 빛이 아닌 '참 빛(The True Light)'이었다. '참 빛'이 자

---

272) Anton LaVey, The Satanic Bible, https://en.wikipedia.org/wiki/The_Satanic_Bible

기 땅에 왔으나 자기 백성이 영접하지 않았다. 이에 철학과 정치와 문학과 종교의 이름으로 다른 꿈을 꾸는 사람들이, 하나님의 질서와 그리스도의 주권과 하늘의 영광스런 존재들을 무시하며, 이들의 꿈의 다른 이름인 종교적 이성으로, 영안이 열려 살아 있는 영원한 꿈을 꾸는 자들을 단죄하였다. 나는 어디로 가야 할까? 참된 꿈을 꾸었던 요셉을 잃은 르우벤의 탄식이 황금시대를 꿈꾸었던 실러의 입에서도 흘러나왔듯이 이 시대를 살아가는 인생들의 입에서도 흘러나온다. 초대 교회 집사인 스데반은 그가 본 환상으로 인해 죽임을 당했다. 그의 꿈은 현실 도피적인 몽상이 아니었다. 현실을 포함하고 극복할 뿐만 아니라 초월하여 영원으로 가는 하늘이 열리는 꿈이었다(사도행전7:54-56). 이는 또한 역사와 비극을 넘어서는 새로운 질서였다. 꿈이 없는 백성은 망한다고 성경은 말씀한다. 우리 모두는 꿈꾸는 자들이 되어야 한다. 그러나 이 세상에 사는 동안 어떠한 꿈을 꾸느냐는 정말 중요한 것이다.

> 그러한데 꿈꾸는 이 사람들도 그와 같이 육체를 더럽히며 권위를
> 업신여기며 영광을 비방하는도다(유다1:8)

하이데거

어느덧 어둠이 점점 짙어 오는 정원의 조경 조명등이 켜지고, 그 빛에 반사된 붉고 흰 배롱나무의 꽃잎들이 화기애애한 웃음꽃을 터뜨리는 가운데, 중간쯤 거리의 수풀 속에서 황금 방울새 한 마리가 사이프러스 나무 쪽으로 푸드덕 날아올랐다. 그와 동시에 갈매기 한 마리가 유유히 사이프러스 나무 위 하늘을 날아가고 있었다. 브라이언 박사가 한 손을 턱에 괴며 눈을 가늘게 뜬 채 넋을 잃고 그 모습을 바라보다 무슨 생각에 잠긴 듯 말을 했다.

"횔덜린은 시에서 신들(Gods)의 신성으로서의 '에텔(Ather)'은 사라져 간 신들의 도래를 맞이하는 곳, 사라져 간 신들의 흔적이라고 표현하잖소."

세린이 조심스럽게 말했다.

"사라져 간 신들의 흔적……. 역시 범신론은 감상주의적이고 시적 무드 같지만 짙은 무상함이 배어 있죠…. 지고한 '일자'니 '세계정신'이니 '우주적 신성'이니, '포괄적 조화'니, '브라만'이니 하는 것들의 근본은 무(無)나 공(空)의 개념이니 말이죠."

바위투성이 해안 너머로 바다까지 바라볼 수 있는 원형의 플라타너스 나무는 언제나 나에게 신성한 존재였다… 드넓은 푸른 바다 속에서 길을 잃은 나는 종종 에테르와 성스러운 바다를 올려다본다. 마치 보이지 않는 세계의 문이 나에게 열려 있는 것 같았고, 나는 주변의 모든 것과 함께 사라지고 있었다.

(휘페리온 단편)

브라이언 박사가 말했다.

"실제 하이데거는 동양종교의 '도(道)'를 지적으로 이해했을 뿐만 아니라 그 본질을 직감적으로 경험한 유일한 서양 철학자라고 평가받고 있소. 하이데거의 작업이 동아시아 출처의 도교와 일본 학자의 영향을 많이 받았다는 설도 있소. 특히 하이데거가 도교와 선불교 고전의 독일어 번역에서 거의 그대로의 주요 아이디어를 차용하기도 했다는 사실도 입증이 되었다고 해요."

브라이언 박사의 말에 힘입은 듯 세린이 평소에 생각해 오던 것을 말하기 시작했다.

"제 직감으론 꼭 어떤 편이 먼저랄 것도 없이 하이데거가 동양 종교에 영적인 공명을 충분히 했을 거란 짐작이 가요. 범신론에서는 인식적이고 존재적인 차원에서 창조자와 피조물의 구분이 없고 주체와 객체와의 관계도 모호하니까요. 반면 기독교는 피조물인 인간과 경배의 대상인 창조주와의 구분이 분명하고 성자·성령과 인간, 인간과 대상과의 관계 또한 그러하죠. 창조주 하나님은 주체적으로 첫 사람 아담을 대상으로 생기(生氣)를 불어넣으셨으며, 또한 인간에게 다른 자연계 피조물을 대상으로 주체적으로 다스릴 것을 명하셨잖아요. 예수께서는 부활 후 제자들을 대상으로 성령을 받으라고 하셨으며, 오순절에 위로부터 부어지는 능력의 성령이 제자들을 대상으로 임하는 역사가 일어났었고요. 이렇게 기독교는 인간 편에서 볼 때, 성자와 성령을 보내시고 생사(生死)와 화복(禍福)을 주관하시는 주체로서의 하나님의 존재에 대한 개체적 인식이 명확한 것이죠."

브라이언 박사가 잠시 생각하는 듯하더니 입을 열었다.

"음… 그러나 하이데거의 입장은 사뭇 다른 거요. 그는 인간이 모든 걸 주어진 맥락 속에서 주어진 관점에 따라 인식한다고 생각했기에 종래의 주체 객체 인식에 대해 맹렬히 회의를 품었소. 따라서 신에 대한 사색에서, 존재하는 신에 대해 말하는 것 같은, 형이상학적 신의 규정과 명명을 거부한 것이요. 인간이 존재신론으로서의 신에 대해 말을 하면 본래 신을 사색하는 것이 불가능하게 되므로 말하길 그치고 침묵해야 한다는 견해인 거요. 그의 방법적 무신론이란 이렇게 신이 없는 사색을 전개해 나가는 것을 이름이요."[273]

뉴세린은 저절로 과거 잠시 드나들었던 불교반에서 조계사 금강경 강의를 들었던 때가 떠올랐다.

"'방법적 무신론'이나 '신이 없는 사색'이란 바로 동양종교에서의 수행과 같군요. 동양종교에선 자신의 존재감만 있고 자기 인식이 없는 이런 태극(太極) 상태에서 에너지가 끊어지면 무극(無極)에 가까워지는데(멸진정 상

---

273) Martin Heidegger, Wikipedia
Eugene F. Bales, A Heideggerian Interpretation of Negative Theology in Plotinus(플로티노스의 부정신학 해석)

태), 이들은 주장하길 실제 무극은 자신 안에 있는 '텅 빈 자체'로서, 우리의 마음의 중심은 '텅 빈 공적(空寂)'한 데서 나왔고, '텅 빈 공(空)'이 근본이라는 겁니다. 이들은 신(神)의 상태를 '텅 빈 상태'로 규정하므로, 인간이 무극 상태로 진입함은 하느님 상태로 진입함과 같은 것이 된다고 믿는 것이죠. 이 무극 상태에서 내가 신(神) 같은 존재가 되는 것이고, 따라서 천지 만물도 다 내 마음의 뿌리에서 나온 것이 된다는 겁니다(천부경의 '인중천지일'). 결국 내가 우주를 낳는 신(神)이 되는 셈이죠.

반면에 기독교에선 성령이 개인에게 임할 때에, 즉 성령에 감동되어 이상, 계시, 묵시 등 초자연적인 성령의 역사를 경험할 때에도 자신의 개체적 자아감이나 주체적인 정체성을 상실하지 않지요. 그래서 오르겐은 신과의 합일의 경지에서 자신의 자유 의지를 통해 신과의 합일을 수용하는 책임감을 강조하지 않았겠어요?

생각건대 범신론의 보이지 않는 무(無)나 공(空)의 개념은 천지창조 때에 지구를 덮고 있었던 흑암이나 공허(창세기 1:1), 그리고 온 우주의 빈자리를 채우고 있다는 암흑과도 통하는 것입니다. 어쩌면 하늘의 전쟁에서 사탄과 그의 부하들이 미가엘과 그의 천사들에게 패하여 땅으로 내쫓길 때 날렸던 검은 먼지들의 자취인지도 모르겠습니다만. 결국 범신론적인 이론 체계는 저들이 빛들의 아버지인 창조주 하나님을 외면한 텅 빈 자리, 즉 빛에 반응하지 않는 공허한 암흑 에너지로 꽉 찬 빈자리에 교묘히 구축해 놓은 것이죠.

그들은 선전하길 이 자리가 진짜 하늘이며 하나님의 본체 자리요, 허허공공(虛虛空空)의 존재로서, 온 우주에 꽉 차 있다(삼일신고, 무부재무불용(無不在 無不容))며, 이것이 무형의 진리인 법신불(法身佛)이라 주장하니까요.

반면 기독교의 하나님은 '텅 빈' 상태가 아닌 의와 사랑으로 '충만'하신 인격적인 분이며, 영광의 빛으로 종들을 비추시고(계시록 21:23, 22:5), 하나님의 모든 충만하심으로 우리를 충만케 하시는, 스스로 온전히 충만하신 분이십니다(엡 1:23, 3:19). 그러나 자신들의 존재의 뿌리가 되는 영적 아버지를 모르는 고아와 같은 범신론자들은 거짓의 아비인 사탄의 속임수에 속아, 자신들의 개체적 자아감과 정체성을 송두리째 잃도록 유도되어, 유리하는 별처럼 텅 빈 흑암과 혼돈의 블랙홀로 미혹되고 있는 것이니 그 얼마나 안타까운 일입니까? 결국 하이데거가 말하는 것은 유신론도 무신론도 아닌 것 같이 들리네요."

브라이언 박사가 화답하듯 말했다.

"그렇소. 존재와 존재자가 구별되지만 형이상학적 작용으로 구별이 망각되었다고 보고 이를 존재 망각이라 부른 것이오. 표상을 통해 포착한 존재는 사물 존재자로 전락하는 바람에 본질적 존재를 망각하게 되는데, 이는 한편으론 존재 자신이 스스로를 은폐하고 있다는 의미가 되지 않겠소? 그러므로 존재는 포착한 순간 놓쳐 버린다는 결론이 나오는 거요. 하이데거의 신은 개인적이거나 대중적으로 나타나는 신이 아니라, 스스로에게 던져짐으로써 '죽음의 심연', 즉 '탈근본의 공간'에서만 나타나는 '사라짐의 신(Vorbeigang)'이 되어 버린 것이오."[274]

세린이 말했다.

"아하, 유한자의 인식 속에서 무한자인 신의 존재와 본질을 개념적으로 포착하자니 다양한 종류의 신들이 도출되는군요…. 그렇다면 의식과 대상이 분리됨이 없이 동일한 찰나에 내 안에 즉각적으로 현존하는 이중계시를 주장한 야코비가 실로 요청되는 마당이네요. 야코비에게 계시는 논증과 설명이 불가능한 직접적인 사실이었으니까요."

세린은 말이 끝나자마자 손뼉을 마주치며 생기가 감도는 얼굴로 서둘러 다음의 말을 이었다.

"그런데 지금 말씀하신 '죽음의 심연'이나 '탈근본의 공간'이 좀 전에 제가 설명해 드렸던 바로 그 '텅 빈 공적'이 아닐까요? 즉, '텅 빈 공적'인 무극 상태에서 내가 '신(神)' 같은 존재가 되는 것이니 '사라짐의 신'은 다름

---

274) P Bilimoria,The Missing God of Heidegger and Karl Jaspers

횔덜린, 니체, 고흐

아닌 곧 무극 상태에 들어간 '나 자신'이 되는 것이죠. 하이데거의 주객체의 구분 없는 신에 대한 사색은 비록 노골적인 동양 사상적 표현을 감추고는 있지만, 그 전제부터 순환논증적 오류의 씨를 배태하고 있는 것 같군요. 전 차라리 이를 '형이상학의 숙명적 한계' 혹은 '형이상학적 자기기만' 혹은 '사변적 미궁'이라 부르고 싶네요. 이런 존재와 인식론의 형이상학적 딜레마를 미리 살피신 신(God)이셨기에, 마침내 존재를 존재자로 온전히 드러낸 예수를 지상에 보내셔야 했던 것이 아닐까요? 즉, 스스로 붕괴하고 마는 무력한 신(God)을 계속적으로 만들어 내는 인간들의 우매와 불행을 더 이상 참을 수가 없어, 신(God)은 마침내 성육신의 존재자로서 오셔야만 된 것이 아니겠어요?"

세린은 문득 자신을 바라보는 브라이언 박사의 안광이 아침 해처럼 환하게 빛나는 걸 느꼈다.

"하하, 세린 씨의 말을 들어 보니 키엘케갈이 말한 '믿음의 도약(Leap of faith)'이란 어구가 떠오르오. 안 그렇소, C 목사님?"

"아뇨, 그 이전에 야코비의 믿음의 공중제비이죠?"

"하하하."

"하하하."

세린을 바라보는 C 목사의 표정에 흡족함과 존경의 빛이 스치고 지나갔다.

브라이언 박사가 다시금 입을 열었다.

"결국 오늘의 세린 씨와의 긴 담화는 '귀향'에서 신의 부재를 노래하면서 시인이 부를 신성한 이름의 결여를 아쉬워했던, 휠덜린의 르네상스를 일으켰던 하이데거로 마무리되는구려."

작별

작별 인사를 나누고 돌아오는 차 안에서 세린이 펼쳐 본 브라이언 박사의 시들은 그의 유유자적한 인상과는 달리 상당히 간결한 절제미와 중후하고도 심오한 사색의 깊이가 우러나는 내용들이었다. 브라이언 박사를 만나고 나온 후 시종 상기된 표정으로, 양측이 수풀로 우거진 주택가의 꼬불꼬불한 좁은 도로를 운전하던 C 목사가 중간에 차를 세우더니 그녀에게 물었다.

"이제 곧 95번 하이웨이로 진입하기 전에 이 근처에 내가 오래전에 가 보았던 교회당을 잠깐 들러 보는 게 어떻겠소?"

"네, 그러세요."

C 목사는 세린을 숲 속에 있는 한적하고 하얀 작은 교회로 안내했다. 예배당은 오래되어 발을 디딜 때마다 나무 마루가 삐꺽거리고 하얀 니스 칠이 벗겨져 삭은 나뭇결이 온통 사방 벽에 무늬를 이루고 있었다. 익숙하게 성전 안으로 들어간 C 목사는 설교단 바로 밑 한가운데에 부동자세로 섰다. 고목 냄새와 한적한 적막만이 스산한 가을 공기를 타고 감도는 가운데, C 목사가 갑자기 우렁찬 소리로 찬송을 부르기 시작했다.

"세상에서 방황할 때 나 주님을 몰랐네
내 맘대로 고집하며 온갖 죄를 저질렀네
예수여 이 죄인도 용서받을 수 있나요
벌레만도 못한 내가 용서받을 수 있나요
내 모든 죄 무거운 짐 이젠 모두 다 벗었네
우리 주님 예수께서 나와 함께 계신다오
내 주여 이 죄인이 무한 감사 드립니다

나의 몸과 영혼까지 주를 위해 바칩니다"

아치형 천장의 음향 효과 때문인지 그의 음성은 테너처럼 낭낭하고 매우 열정적으로 들렸다. 그러나 그의 음색은 듣는 이로 하여금 어딘지 거룩한 감동보다는 멜랑콜리한 감상적 기분에 사로잡히게 만들었다. 세린은 어정쩡하게 코너 벽에 붙박이처럼 기대어서 그가 부르는 노래를 엉겁결에 듣고 있었다. 목사의 노래가 끝나 가자 어색해진 그녀는 슬며시 먼저 교회 바깥 작은 숲으로 둘러싸인 뜰로 나왔다. 멀리서부터 이따금씩 귀뚜라미와 풀벌레 소리가 들려오는 것 같았다. 그녀가 고요함 속에서 망연히 먼 곳에 시선을 고정시키고 서 있는 동안, 그녀의 뒤로 인기척 소리도 없이 한 그림자가 다가와 그녀의 허리를 뒤에서 양팔로 안았다. 그녀는 소스라치게 놀라 얕은 비명을 지르고 움찔하며 그의 팔을 빠져나왔다. 그의 기름기 없이 음푹 패인 눈 밑으로 솟아난 광대뼈 위에 걸린 안경알 너머로 노안의 동공이 번쩍 빛을 발하고 있었다. 마치 순결을 잃을 것같은 공포에 직면한 처녀처럼, 그녀의 유약한 영혼에 불안하고 암담한 낙심의 그림자가 드리워졌다. 그러나 목사는 아무 일도 아니라는 듯 성큼 앞서서 뚜벅뚜벅 교회 뒤뜰에 주차한 자기 차로 걸어갔다. 그녀는 그 이후로 한동안 그 순간의 C 목사의 모습이 떠오를 때면 배신감과 아우른 환멸스러운 오싹함과 구토감이 밀려오곤 했다. 그러면서도 한편으론 너무 자신이 과민한 것이 아닌가 자문하기도 했다. 어느덧 시간이 지남에 따라 그런 기억도 사라지고 불쾌감도 차츰 해소가 되는 것 같았다.

브라이언 박사를 방문한 후 두어 달이 지난 어느 날, C 목사는 맨해튼에 차를 가지고 나왔다며 그녀를 호보켄의 기숙사까지 바래다 주겠다고 했다. 늦가을이긴 했지만 유독 여름날처럼 더운 날이었다. 그는 운전하며 가는 중에 빙그레 미소를 지으면서 슬며시 구두와 양말을 벗고는 맨발로 페달과 브레이크를 밟기 시작했다. 슬쩍 보이는 그의 발은 나

이를 잊은 듯 하얗고 갸름했으며, 세린은 어쩐지 그가 상앗빛의 조각 같은 발을 그녀가 보아 주길 은근히 바라는 것 같은 느낌을 받았다. 그는 차가 링컨 터널을 통과한 후 파크 애비뉴로 들어서자, 잠깐 쉬어 가자며 빅토리아 스타일의 시계탑이 솟아 있는 코발트 색 호보켄 역의 공원 입구에 주차를 시켰다. 허드슨 강을 가운데 두고 다운타운 맨해튼과 마주 보고 있는 호보켄 항구의 저녁노을이 뉴욕만과 브루클린 다리 위까지 서서히 물을 들이고 있는 고즈넉한 시간이었다. 앞머리 숱이 거의 없어지고 흰머리가 성성한 그가 운전석에 앉은 채 기인 한숨을 내뱉으며 독백하듯 입을 열었다.

"전 가끔 누가 그리울 때면 어떤 장소에 이같이 혼자 오곤 합니다. 혼자 와서는 지난날의 추억에 잠깁니다."

"……"

"아마 세린 학생과도 헤어지면 후에 이렇게 나 혼자서 이 항구를 또 찾아오겠지요……"

C 목사는 평소 모노드라마의 주인공처럼 혼자서 자신을 설명하고 예측하고 하는 식의 말을 하는 습성이 있었다. 세린은 너무 젊었기 때문이었는지 그가 자기 연민적 감상에 빠져 그런 식으로 자신의 미래적 행동 반경을 미리 설정하고 패턴화하는 식의 표현을 하는 것이 그저 진부하고 청승맞게만 들렸다.

"어머, 정말 그러실 건가요?"

"네, 분명 그럴 겁니다."

허드슨 강을 바라보며 독백을 하고 있는 C 목사의 진지한 분위기는 실로 40년의 광야 생활 후 모세가 요단강을 굽어다 보며 회상에 잠긴 장면과는 너무도 상이한 것이었다. 가나안이 목전에 보이는 모압 평지에 이르러 만감이 교차하는 가운데 과거 여호와의 구원의 역사를 회고하며 미래를 조망하던 구약의 지도자의 분위기와는 뭔가 근본이 달라도 많이 다른 것이었다. 호수 부근에서 병자들을 고치고, 오병이어의 기적을 베풀어 군중들을 먹이고, 호수 위를 걷고, 또 호수가 내려다보이는 언덕에서 팔복을 설교하고, 부활 후에도 베드로를 찾아오셨던 갈릴리 호숫가…. 그 호숫가를 거닐면서 주님은 무슨 생각을 하셨을까…. 세린은 뒷날 C 목사를 회상하며 자문해 보곤 했다. 그때 C 목사는 시선을 소망적으로 요단강 너머 '가나안'에 두기보단 오랜 세월 익숙한 '광야'의 황량한 바람 속에서 자꾸 외롭게 움츠러들고만 있었던 건 아니었을까? 그는 '세상의 질서'를 흔들고 싸움을 걸고 정복하려는 '하늘의 질서'와 가까이하기에는 긴 세월 동안 끊임없이 온기 없는 진리와 씨름하며 더 이상 의심의 여지가 없는 한계까지 냉혹한 진리를 증명하기 위한 '명증성'의 고도(孤島)에 갇혀 있느라고 그의 영혼이 파리해져 간 것은 아니었을까? 그는 하 세월을 '진리'에 대해 왜 네가 '진리'냐고 계속적으로 물어온 것은 아니었을까? 그러나 그 '진리'는 단 한 번도 그에게 시원하게 대답을 해 주는 법이 없었다. 그는 늘 입버릇처럼 말하곤 했었잖은가? 논문의 마지막 완성 단계에서 '명증성'에 대한 명쾌한 해법이 나오지 않는다고. 언젠가 그는 강의 중 자신의 꿈 얘길 들려주었다.

"어느 날 밤 꿈을 꾸었드랬습니다. 꿈속에 아주 새하얀 벽에 제 이름 석 자가 또박또박 쓰인 것을 보았습니다. 저는 느낄 수 있었습니다. 하나님께서 저를 알고 계시다는 것을. 꿈에서 깨어나 보니 제 눈엔 감격의 눈물이 맺혀 있었습니다…."

세린은 그때 C 목사다운 꿈이란 생각이 들었다. C 목사만큼 정직하고 성실하게 치열한 학문적 양심과 자세를 갖춘 사람은 세상에 아마 없을 것 같았다. 언젠가 그녀는 그에게 "왜 목사님은 책을 안 쓰세요?"라고 물었었다. 그때 그는 대답하길, "글은 말과 달리 영원히 기록으로 남는 것입니다. 제가 쓴 글에 백 퍼센트 제 자신이 책임을 질 수가 없어서 못 쓰는 겁니다."라고 했다. 명증성(l'evidence)이란 자신이 인정하는 진리를 진리로서 규명하는 것으로, 데카르트식 표현으론 '회의(懷疑)불가능성'인 것이다. 그렇다면 '명증성'이란 한편 진리의 확실성에 대한 회의 가능성을 전제한 것은 아닐까? 종교 철학에서 다루는 '진리'나 '존재'는 기독교에서 가리키는, 믿음의 대상인 인격적인 '진리' 자체나 인격적인 '존재' 자체가 아니다. 종교 철학에서 '진리'는 '진리에 대한 아이디어'이고 '존재'는 '존재에 대한 아이디어'일 뿐이다.

훗날 생각해 볼 때 세린은 그때 C 목사가 적어도 후설의 '판단 중지'에 매우 강한 비중을 두는 것처럼 보였다. 그도 그럴 것이 훗날 세린이 가늠하게 된 것이지만, 그의 박사학위 논문의 주제가 후설이 말하는 명증성에 연계되었을 가능성이 농후했기 때문이다. 그가 강의실에서 "아포케"를 양악에 힘주어 발음할 때마다 그의 양미간에서 풍겨 나오는 의식의 곤혹스러움을 동반한 딜레마적 분위기는, 그가 한평생 심혈을 기울여 온 신 존재 증명에 대한 사유를 저만치 밀어 놓은 채, 후설이 말하는 현상학적 순수의식을 통해 지향코자 하는, 현상의 신에 대한 확신이 여의치 않은 탓이었을까? 그가 그날 세린의 손에 칼빈과 더불어 루돌프 오토의 책을 쥐어 준 것도 그 자신 오토가 경험한 것 같은 거룩한 신 체험을 극구 갈망했기 때문이었을까? 그는 강의 시간에 고개를 갸우뚱거리다가도 불현듯 눈에 생기를 실어 혼잣말처럼 말하곤 동의를 구하는 듯한 표정을 짓곤 했다.

"아무개가 이렇다 저렇다 사람들이 떠들 때, 그들에게 들은 말로만 어떤 사람을 생각하다가, 막상 실제 그의 존재를 맞닥뜨릴 때 그런 말들이 다 무색할 만큼 존재 자체에서 풍겨 나오는 품격이나 위엄 같은 거 있잖소?"

그의 박사 학위 논문 완성이 10여 년의 세월이 걸린 것도, 어떻게든 속성으로 학위증 인쇄지만을 거머쥐려고 수단과 방법을 가리지 않고 학위증 취득에 혈안이 된 이들과는 근본이 다르게, 그의 양심이 너무 정직하고 성실했기 때문이었으리라…. 그는 나름 신을 체험하려고 노력했고 신 체험을 실습하기도 했다. 그는 강의 중 말했다.

"전 예수님이 병자를 고치셨듯이 제가 환자에게 손을 대면 병이 낫는다는 것을 정말 믿습니다. 전에 아픈 교인 한 사람에게 제가 예수님께서 하신 것처럼 안수를 한 적도 있었습니다. 후에 들리길, 그의 병이 나았다고 하더군요. 흐흐."

그의 말은 아무리 뜨거운 내용이라도 내러티브적이고 어딘지 열이 없게 들리게 하는 특이한 재주가 있었다. 실로 십수 년의 세월 동안 그는 신에 대한 명증성에 골몰했던 것이다. 자명성의 근거도 자명해야 하는 절대적 자명성을 위해… .절대적 객관성이 보장된 앎! 이것이 어떻게 가능한가? 그는 밤낮 이 문제에 골몰했다. 골몰하면 골몰할수록 그는 점점 더 출구도 회로도 없는 의식의 미로에 갇힌 듯 무력함을 느꼈을지 모른다. 그러나 청결한 그는 그의 의식만큼은 늘 때묻지 않은 백지 상태로 보존하려 애썼다. 그의 순수의식은 당연 신을 지향했으나, 세상이 그의 주관에 환히 드러난 것처럼 신이 명확하게 드러나지 않는 것이 문제라면 문제였다. 후설이 지향적인 의식의 삶을 명증성의 원리로 보고 선험적 주관성을 밝히고자 했으나, 그러한 그의 앞에 놓인 삶의 현실은 명증하지 않은, 오히려 불명료한 생활 세계였던 것처럼…. 그의 의식은 분명 유일신을 '참'이라 인식하고 있었다. 그러나 문제는 삶 속에서 드러나는 신의 현실이 불명료한 데 있었다. 최적의 나타남 속에서 스스로 드러나는 신의 실재! 현상학이 신을 더는 대상이나 존재가 아니라 현상으로 이해하길 주문하는 것이어서 그에겐 신앙 체험, 종교적 체험이란 과제가 시간이 갈수록 버거운 짐이 되어 갔으리라. 이와 함께 점점 그 자신의 존재마저 불명료해지는 듯 존재의 불안감이 때때로 그를 엄습해 오곤 했는지 모른다. 그러던 어느 날, 그는 자다 꿈을 꾸었다. 티 없이 하얀 벽 가운데 또박또박 선명하게 쓰인 그의 이름 석 자. 눈을 떠 보니 그의 눈엔 어느덧 눈물이 고여 있었다. 자신의 새하얀 순수의식의 벽에 신이 직접 써준 자신의 이름 석 자라는 감동이 느껴졌기에…

신은 그의 경배와 의지의 대상이고, 사랑의 존재가 아니던가! 신이 체험되는 현상은 그 자신 안의 성령을 통해 언제고 가능한 것이 아닌가?

살아 있고 역동적인 신과 인간과의 언약의 사건적 현상, 그 사랑의 언약 관계로 맺어 온 역사적 현상, 아니, 태초에 신의 창조는 사건적 현상으로서 일어나지 않았던가? 세상과 인간의 창조사건적 현상, 성육신의 사건적 현상, 십자가의 사건적 현상, 부활의 사건적 현상, 성령세례의 사건적 현상, 교회가 세워지는 사건적 현상. 우리에게 일어나는 현상적 신의 체험은 신의 존재와 구별된 현상학적 환원에 의해서가 아니라, 우리가 신의 존재를 전심으로 찾을 때 신 존재 자체로 체험되는 사건적 현상인 것이다. 신에 대한 교리나 신조는, 유일신이 인간에게 계시한 스스로의 정체성에 대한 기록된 내용이므로 반드시 없어서는 안 되는 것이다. 신자의 기도나 고백, 찬양, 계시의 체험은 유아론적이면서도 과학적 객관주의를 포함하며 이를 넘어서는 신비로운 신앙체험적 현상에 대한 반응인 것이다.

바르트는 말했다. "우리는 '진리'에 대해서 왜 네가 '진리'냐고 물을 수 없다. 왜냐하면 '진리'가 이미 우리에게 너는 누구냐고 묻고 있기 때문이다"라고. 물론 여기서의 '진리'는 창조자이며, 구원자이신 하나님이다. 기독교 신앙이란 기정 사실적인 하나님의 존재를 턱 믿고 들어가는 것이다. 자체적인 절대적 명증성이다. 당신의 이성으로 그렇다고? 그렇다. 더 솔직히 말하자면 이성을 관통하는 이성으로 그렇다. 절대이성이다! 그러면 곧이어 자기가 믿은 것이 아니라 누군가에 의해 저절로 믿어진 것을, 이것이 곧 은혜라는 것을 깨닫게 된다. 내가 신(God)을 생각하므로 존재하는 데카르트식 방법이 아니라 내가 신(God)에 의해 생각이 되어, 즉 신(God)이 나를 생각하므로 존재하는 안셀름적 바르트식 방법에 가깝다고나 할까? 그러므로 바르트는 '진리에 대한 객관적인 관찰은 없다'라고 단언할 수 있었다. 본질이 실존을 규정할 수는 있어도 실존이 본질을 규정할 수는 없는 것이다. 그러므로 빌라도가 '진리' 자체이신 예수께 '진리'가 무엇이냐고 물었을 때에 예수는 다만 침묵하실 수밖에 없었으리라(요한 18:38a)….

실존이 본질에 대해서 얻을 수 있는 답, 아니, 본질 앞에 선 실존이 할 수 있는 것이라곤 전적인 '믿음'밖에 없기 때문이다. '믿음'이야말로 '명증성'의 또 다른 이름이다!

유한한 존재에 있어서 '진리'에 대한 '믿음' 혹은 '명증성'은 '진리'와의 '만남'의 사건을 통해서만 얻어진다. 여기서의 '만남'은 피상적인 물리적 만남이 아닌 '진리의 영'에 '감동' 혹은 '장악'되는 것이다. 그러므로 절대자와의 전인격적 만남의 사건을 통해서만 인간은 '하나님의 확신'을 갖고, 이로부터 '자기 확신'이 나온다. 세린은 가끔 의문해 보는 것이다.

"아주 새하얀 벽에 제 이름 석 자가 또박또박 쓰인 것을 보았습니다."

C 목사가 꿈속에서 경험한 하나님, C 목사의 무의식에 깃든 하나님은 온기와 웃음과 눈물을 지닌, 친구 같고 연인같이 인격적인 신(God)이 아니라 새하얀 벽 위에 쓰인 글자와 같이 냉냉하고 관념적인 신은 아니었을까 하고 말이다. 이를 우리는 '관념적 하나님'이라고도 부른다. 이 하나님은 가공의 환상적인 하나님으로서, 칸트나 헤겔이나 후설이나 하이데거나 레비나스나 지젝, 그 누구의 하나님도 다 되는 것이다. 이 하나님은 도저히 인간의 외로움과 무상함을 근본적으로 해결해 줄 수가 없는 '종이 하나님'이다. 아니, 오히려 외로움과 무상함을 깊어만 가게 할 뿐이다. 물론 C 목사가 믿는 신은 횔덜린의 신 개념과는 비교가 안 될 만큼 교리와 신조에 충실한 성경적 하나님이다. 그러나 그의 현상적 체험에 있어선 "약한 그릇으론 신들을 담아낼 수 없고 신들의 충만을 산다는 건 신들을 꿈꾸는 것일 뿐……"이라 노래하며 담아낼 수 없고 잡히지 않는 신에 대해서 일생 반추를 거듭하다가 불행한 인생을 마친 횔덜린이 자꾸 그녀의 심상에 오버랩 되어 떠오르는 것이었다. C 목사가 평소 입버릇처럼 성경의 무오성과 초자연적 역사성을 자기 주입적으로 반복하던 것도 바르트가 지적한 '자기 불확신'이라는 본래적 문제에서 자유롭지 못한

탓이었는지 모른다. 그렇다면 그 얼마나 안타까운 일일 것인가……

"목사님께선 지금 이 추억의 장소에서 누가 생각이 나시는데요?"

눈을 감고 추억에 잠긴 듯한 그를 보니 묻는 것이 예의일 것 같아 어색한 기분을 일소하려는 듯 세린이 생기 있게 물었다. 그러자 그의 눈에도 얼핏 생기가 도는 듯했다.

"칠 년 전이었습니다. 신학생이었던 그녀는 미혼의 젊은 여성이었어요. 전 그녀에게 운전을 가르쳐 주었더랬습니다. 그녀는 버들잎처럼 가녀리고 새순처럼 연했어요. 어떤 땐 전 그녀를 내 무릎에 앉힌 채 운전을 하게도 했어요."

그의 얼굴 표정은 담담하면서도 만족스러운 듯했다. 그때를 회상하는 그의 입가엔 그만이 음미할 수 있는 달콤함으로 묘한 미소가 번졌다.

"그러던 어느 날 그녀가 내게 별안간 작별을 고하더군요. 그 후 저는 그녀에게 여러 차례 편지와 카드를 보냈었지요. 하지만 기별이 없더군요. 그러던 얼마 후, 그녀의 언니가 제게 전화를 걸어 왔어요."

그는 잠시 말을 멈추더니 예의 혼자만의 흥미로운 안광으로 어이없는 표정을 지어 보였다.

"그러더니 제게 말하길, 앞으로는 더 이상 자기 동생을 건드리지 말고 제발 봐 달라는 것이었어요…. 그리고 그 후 전 그녀가 결혼했다는 소식을 간접적으로 듣게 되었지요…. 그 후로 전 그녀가 생각이 날 때마다 그녀와 거닐던 강변의 노을을 바라보러 홀로 쓸쓸히 강가를 찾곤 했습니다…."

C 목사가 돌연 세린을 돌아보며 물었다.

"언제 미스터 강이 들어옵니까?"

연철은 그즈음도 여전히 세린과는 대화 없이 혼자만의 생활을 진행해 나가고 있었으며, 또한 여전히 그녀에게 일상 좋지 않은 말을 하고 홀대를 했다.

더구나 학위 과정을 위한 자격시험을 앞두고 있던 터라 늘 자정이 훨씬 넘어서 기숙사에 들어오고 있었으며, 세린의 출입에 대해서도 일절 무신경하였다.

"아마도 자정이 넘어서 들어올 텐데, 왜 그러시죠?"

"제가 함께 조금 더 드라이브를 하고 싶어서입니다."

그의 차는 허드슨 강을 끼고 서서히 북쪽으로 움직여 갔다. 강변 산책로를 따라 즐비하게 늘어선 멋진 카페들은 세련되고 절제된 젊음의 무드로 가득했고, 바깥 테라스에는 밝고 낭만적인 수은등의 불빛이 설렘을 더해 주고 있었다. C 목사는 시나트라 로드 선상의 한 투명한 유리벽의 칵테일 바로 세린을 안내했다. 그는 마티니를, 그녀는 패퍼민트를 한 잔씩 시켰다. 그가 칵테일 잔을 익숙하게 기울이자 그녀가 물었다.

"어떻게 사모님을 만나셨어요?"

"제가 청년부 전도사 시절에 집사람은 제 설교를 듣던 교인이었습니다. 그때 전 교제하던 여인이 있었습니다. 그녀는 같은 대학 국문과 학생이었고, 그녀의 이름은 이세린!"

세린이 놀라워 눈을 동그랗게 뜨자, 그가 미소를 띠우며 말했다.

"세린 학생은 제게 그녀를 생각나게 합니다."

"그런데 어떻게…?"

그녀가 의아해하자, 그의 얼굴에 미소가 엷어져 갔다.

"그런데 그녀는 제게서 떠나 다른 남자와 결혼을 했지요. 제 첫사랑이었습니다만…."

"아, 예…. 그래서…?"

"어느 날 청년부 예배가 끝나고 비가 왔습니다. 그런데 한 자매가 우산이 없이 남아 있길래 제가 우산을 씌워 주었더랬습니다. 그런데 그 후, 그 자매는 제게 대한 느낌이 남달랐던 모양입니다. 그래서 어떻게 하다 보니 저도 모르게 그만 그녀와 결혼하게 됐지요."

그는 싱겁게 웃으며 젊은 날의 회상 때문인지 표정이 다소 생기 있고 발랄하게 변해 가더니 돌연 굳어 갔다.

"저는 어떤 때 제 집사람의 눈을 보면 질립니다. 눈동자가 아무런 감정이 없는 석고처럼 느껴집니다. 목석 같아요…. 그럴 때면 정말이지, 질립니다."

"사모님은 병원에서 일하시잖아요?"

"네, 하루도 쉬지 않고 일 년 삼백육십오 일 억척같이 삼교대 RN 근무를 하며 제 뒷바라지를 해 왔지요. 물론 제 아내의 수고는 충분히 인정을 합니다."

그가 돌연 양손의 손등을 펴서 그녀 앞에 보이며 말했다. 그의 가늘고 긴 손가락 끝의 열 손톱이 유난히 정갈하게 반짝거렸다.

"어제는 네일살롱을 하는 저희 교회 여집사님 가게에 성경공부를 가르치러 갔더랬습니다. 손님이 없는 시간을 맞추었는데 혼자 있더군요. 저와 성경 공부가 끝나자 그녀가 제 손톱을 정성껏 다듬어 주고 이렇게 하얀 매니큐어를 칠해 주었어요."

그녀는 혼자 상상해 보았다. 네일 가게에 오붓이 여교인과 무릎을 맞대고 앉아 그녀에게 손을 내밀고 있는 그의 모습을. 세린이 그동안 생각하던 교회 목사의 이미지와는 너무 동떨어져 어쩐지 선뜻 수긍하기가 어려운 이례적인 느낌이었다.

"그런데 말이죠, 며칠 전엔 아기 엄마인 젊은 오 집사님이 별안간 전화로, 아, 글쎄, 제게 자기 가정 문제를 다 털어놓는 거예요…. 흐흐흐."

C 목사는 한 여교인으로부터 개인적인 가정사를 들은 사실이 매우 어색하고 자신의 격에 맞지 않아 스스로도 겸연쩍다는 듯이 어처구니없어하는 웃음을 길게 지었다. 세린은 그런 목사의 모습에서 어쩐지 목양의 개념 같은 것이 자리하지 않은 것만 같아 어지간히 당황하지 않을 수 없었다. 그의 목회는 주일 예배와 성경공부 또 가끔 여교인을 불문하고 혼자 찾아가는 심방, 그것이 전부인 것 같았다.

C 목사는 바를 나와서 약간 술기운에 상기가 되었는지 강 쪽으로 앞

장서 활달히 걷기 시작하였다. 늦가을치고는 유난히 무더웠던 그날, 한밤의 시원한 강바람이 그의 머리카락을 상쾌하게 흩날리고 있었다. 그녀는 그의 뒤를 따라 몇 발자국을 걷다가 그가 산책로에 놓인 벤치에 앉는 것을 보자 자기도 그의 옆에 조금 떨어져 앉았다.

"어느 날 보스톤에서 저 혼자, 혼자 사는 여교인 집에 심방을 갔더랬습니다. 그녀와 심방 예배를 본 후 일어서려는데, 그녀가 절 자기 가슴께로 와락 끌어당기더군요…. 전 그때 너무 놀랐습니다."

목사는 혼자 말을 마치고 슬쩍 세린의 표정을 살피더니 "어딘지 안색이 안 좋아 보여요. 차 안으로 들어가서 좀 쉬는 게 좋겠군요." 하였다. 술기운 때문에 자신의 말에 대한 세린의 충격을 헤아리지도 못하는지, 차의 시동을 건 목사는 독백조로 거침없이 계속 일방적으로 말을 하기 시작했다.

"저의 서재엔 이만여 권의 장서가 빽빽이 정리되어 꽂혀 있습니다. 마치 소규모의 도서관을 방불케 합니다. 전 식구들일지라도 아무도 제 서재를 건드리지 못하게 해 놨습니다. 그런데 거기엔 자물쇠를 채운 비밀함이 놓여 있어요. 그 안에 뭐가 있는지 아십니까? 전 그 안에 제가 만났던 여성들로부터 받은 사진들과 머리카락이나 속옷들을 보관하고 있습니다. 전 저랑 교제하는 여성들을 절대 만지지 않아 왔습니다. 그만큼 자제력을 발휘했다고 할 수 있지요. 단지 눈으로 그녀들의 아름다움을 감상하고픈 뿐입니다. 어느 때는 여성의 아름다운 알몸이 몹시도 보고 싶어질 때가 있습니다. 그래서 제발 잠시 보여만 달라고 사정을 하기도 했었습니다만, 그랬더라도 전 결코 손을 대지 않았을 겁니다. 그래서 생각한 끝에…."

내심 경악을 금치 못하는 그녀에게 그가 별안간 간절한 표정을 하며 공손하게 그리고 애걸조로 말하였다.

"저…… 세린 학생의 머리칼도 조금만 갖고 싶은데, 제발 내게 좀 줄 수 없을까?"

세린은 두어 달 전에 C 목사가 그녀의 어머니 고교 시절 사진을 보여 달라고 했던 기억이 되살아났다. 그는 모친의 사진을 보더니 자신의 이상형이라고 정색을 하며 감탄을 하더니 이상하게 사진을 돌려주지 않고 있었다. 세린은 가슴이 덜컹 내려앉는 동시에 한동안 잊었던 전의 불쾌감이 다시 살아나 심한 메스꺼움이 몰려왔다. 이상한 것에 익숙한 사람들은 그런 자신들의 언행이 타인에게 이상하게 느껴지는 것에 대해 전혀 무감각한 것 같았다. 그는 그녀에게 나이로도 아버지뻘이었고, 신학교 교수요, 더구나 목사였다. 아니, 그 모든 것을 떠나서 세린은 진실되다고 느꼈던 그의 인격 속에 잠재된 병적이고 기형적인 성 편력의 지형을 보는 것 같아 몹시 실망스러웠으며, 무엇보다 머리칼이나 속옷 언급에 감당키 어려운 거부감과 심한 충격을 받았다.

그 후 세월이 지나도 세린에겐 그때의 일이 풀리지 않는 과제처럼 무의식의 한편에 답답하게 남아 있었다. 그러다 다시 십여 년의 세월이 흘러 한 교회에서 비할 데 없이 결정적인 사건을 맞고 나서야 비로소 과제를 푸는 작업을 시작하게 되었다. 그리고 이 일에는 『로맨틱 사랑의 심리에 대한 이해』를 쓴 저자가 로맨틱 러브와 영성적인 영감과의 관계를 분석하고 있는 것이 매우 도움이 되었다. 잠시 설명을 하자면, 심리적인 면에서 로맨스적 사랑의 원형은 신(God)적인 사랑인 것으로, 우주적이고 초월적인 신성을 추구하고 체현하고자 갈망하는 인간의 마음속에 내재한 본능적 갈구라는 것이다. 이 사랑엔 우리 각자의 내면에 있는 가장 고상하고, 사랑스럽고, 숭고하고, 의존할 만한 그 무엇이 들어 있기 때문이라는 것으로 결국 이 말은 플라톤의 사랑의 미학을 드러내는 향연에서 디오티마가 말하는 '에로스'와 유사한 함의를 지닌 것이기도 했다. 그러면 '오늘날 인구에 회자되는 로맨스적 사랑에서도 과연 그런 신성적인 요소가 배태된 것일까'라는 의문을 세린은 갖게 되었다. 신(God)이 창조한 첫 남자가 신(God)이 창조한 첫 여자를 보고 "이는 내 뼈 중에 뼈요 살 중의 살(창2:23)"이란 감탄어를 발하게 되었던 동인(動因)은, 아담의 내면에 새겨진 창조주의 손길과 눈길과 마음길이 이브에게 투영된 때문이 아니겠는가! 이는 하나님이 인간을 창조하신 후 '보시기에 심히 좋았다'는 말씀의 닮은꼴인 것이다. 그러므로 인간은 인간에게, 남자는 여자에게, 여자는 남자에게 그런 하나님의 눈과 마음으로 바라보아야 하는 것이리라. 자신을 향한 신(God)의 사랑의 터치와 사랑의 눈길과 흡족한 마음을 충분히 체감한 사람만이 타인 또한 같은 방식으로 대할 수 있을 것이다. 그런데, 하고 세린은 회의하지 않을 수 없었다. C 목사의 경우는 '성적 페티시즘'적 중독증이 들어 있는 것이 아닌가? 그는 자신이 한평생 쌓아 온 지식과 학위와 성직자의 직분으로 자신의 성벽을 둘렀어도 정작 그의 존재를 지탱하는 근원적 터전은 취한 것처럼 흔들거리고, 뒤틀리고, 균열이 일어나고 있는 상태가 아니었던가? '페티시즘(fetishism)'의 본뜻이 '주물숭배(呪物崇拜)'인 것을 생각할 때, 세린은 윤리상의 이슈를 떠나서 그의 이성과의 애정 관계를 반영하는 '신(God)'에 대한 관계에도 의심이 들었다. 그 누구보다 양심적이라고 생각했던 그에게 있어서 사랑의 원형을 추구하는 순수성과 진정성에 균열이 생긴 것만 같았기에… 그녀가 생각하기에 이는 아무래도 C 목사가 경험한 하나님과 무관치 않을 것 같았다. 세린이 찾아본 주물숭배의 사전적 개요는, "사람이 만들어 낸 것이 자립적(自立的)인 힘을 갖고 그 영향력에 의해서 거꾸로 인간이 그것에 지배당하게 될 적에 거기에 물신숭배(物神崇拜)라는 현상이 생겨난다. 인간은 자기가 공상으로 만들어 낸 신(God)을 숭배한 것과 마찬가지로 이번에는 인간의 활동에 의해서 낳은 상품을 숭배하게 된다."였다.

'아, 그렇다면…' 하고 세린은 비로소 모든 숙제가 풀리는 느낌이었다. 역시 자신이 평소 의구심을 품었던 대로 C 목사가 지닌 문제는 '신'과의 관계에서 비롯된 것 같았다. C 목사가 평생 명증성 때문에 매달려 온 '신(God)'의 정체는 세린이 그간 의심해 온 대로, 인간의 공상이나 사변, 즉 관념에 의해 만들어진 '신(God)'에 가까웠을 거라는 심증을 굳히게 된 것이다. 칸트나 슐라이어마허가 성직자와 성직제도, 또 기독교가 대중들에게 주물숭배에 순종하도록 만들어 간다고 강하게 비판했을 때, 아이러니하게도 그 칸트나 슐라이어마허가 생각했던 자기들식의 그런 신, 그 이성적 신이나 감성적 신은 C 목사를 지근거리에서 사랑의 눈으로 바라보고 따스하게 어루만져 준 적이 없는, 베일에 가려진 채 아무리 노력해도 좀처럼 자신이 닿을 수 없는 곳에 존재하는 서먹한 신이었으리라…. 마치 하이데거의 신이 개인적이거나 대중적으로 나타나는 신이 아니라, 스스로에게 던져짐으로써 근본이 함몰된 공간에서만 나타나는 '사라짐(Vorbeigang)의 신'이 되어 버린 것처럼 말이다. 그런 영적인 공허함과 삭막함과 외로움과 갈급함이 지속적으로 반복되는 가운데, C 목사의 지친 심령은 어느덧 자신도 모르게 즉물적 수준으로 끌어내려지고 만 것은 아니었을까? 인격체가 아닌 물건이나 특정 신체 부위 등에서 성적인 심리적 만족감을 느끼도록 말이다. 결국 인격적인 하나님의 영인 '성령'의 감동이 없는 신학이나 신앙이란 한낱 '주물적' 신학이나 신앙으로 전락하고 마는 것이요, 그 본질은 결국 '페티시즘'적인 것이고, '페티시즘'적 결과를 낳고 마는 것이 아닌가!

　C 목사의 비밀함…. 그러자, 문득 그녀의 뇌리에 횔덜린의 시 한 구절이 다시금 섬광처럼 떠올랐다.

> 　그대 오랜 신들과 그대 모든 신들의 용감한 아들들이여, 나는 여전히 그대들 중에서 내가 사랑하는 일자(一者)를 찾고 있습니다. 그대들이 그대들의 종족의 마지막인 자, 집의 보물을 외국인 손님인 내게서 숨기고 있는 곳에서.
>
> 　　　　　　　　　　　　　　　　　　　　　　　　(유일자 1)

　횔덜린의 예수도 결국 보물 상자 속에 숨겨져 있지 않았던가? 횔덜린은 그 보물을 디오티마에게서 구현했고, 그 디오티마는 현실에서 쥐제테

부인이었다. C 목사의 비밀함 속의 여인들의 흔적과 쥬제테와는 아무 관련이 없는 것일까? 디오티마의 화신인 쥬제테, 신들의 화신인 디오티마 …. 그 신들과 별다름 없는 C 목사의 그리스도!

그녀가 그때, 극도의 불쾌감을 달래며 대꾸를 안 하고 잠잠하자 C 목사도 멋쩍은 듯 화제를 돌렸다.

"난 세린 씨가 아무래도 나보단 성령이 더 충만한 것 같다는 생각이 들어요. 그래서 말인데, 날 좀 도울 겸 우리 교회에 와서 유년부 전도사로 좀 있어 보게 할까 하는 생각도 해 봤어요."

그러나 세린은 아무런 대꾸를 할 수가 없었다. 전도사일 이라는 것도 생소할뿐더러, 하필이면 그런 경건한 화제를 이렇게 불미스러운 내용을 들려준 후에야 하는 C 목사의 의중이 더욱 미심쩍기만 할 뿐이었다. 세린이 계속 침묵을 지키자, C 목사는 그녀를 달래려는 듯 화제를 돌렸다.

"어제 아침엔 글쎄, 집사람이 별안간 제게 달려들어 막 뽀뽀를 하는 겁니다."

그는 한 손으로 자신의 입언저리를 스윽 닦는 시늉을 하며 혼자 중얼거렸다.

"아이, 신혼도 아니고 벌써 칫솔을 따로 쓰기 시작한 지가 언젠데."

세린이 마지못해 대꾸를 했다.

"사모님께선 목사님을 사랑하시니까 그러시겠죠."

그러자 그는 예의 혼자만의 즐기는 싱거운 미소를 지으며 말했다.

"글쎄 말이죠, 집사람은 화만 났다 하면 제게 마구 히스테리를 부립니다. 뭐라고 하는지 아십니까?"

"……."

"저보고 이러는 겁니다. 평생 젊은 여자들이랑 놀아나고 속을 썩였다는 식으로요. 내 참, 그래서 제가 집사람에게 이렇게 말했습니다. 내가 당신이라면 남편이 늙어서도 아직 젊은 여자들한테 인기가 있는 것을 도리어 감사하게 생각할 거라구요. 그건 그만큼 남편이 아직 젊음과 매력을 유지하고 있다는 증거가 아니겠습니까?"

세린은 목사의 말이 어처구니가 없고 납득이 안 갔지만, 아무튼 지독히 자기중심적이고 나르시스적인 타입이란 느낌만은 지울 수가 없었다. 그날 받은 세린의 충격은 예상외로 컸다. 그녀는 감당할 수 없는 심리적인 충격과 거부감 때문에 그날 이후 신학교를 나가길 그만두었다.

그 해가 지나가는 마지막 달 어느 날, 세린은 우체통에서 크리스마스 카드를 한 장 발견하였다. 겉봉투엔 'C OO 목사'라는 친필이 쓰어 있었다.

> 어두운 밤거리마다 적적한 데 나신 예수께서 평화와 은혜로 충만케
> 하소서.
> 새해에도 항상 건강하시고, 성령 충만하셔서 주님 교회 사역에 큰
> 역사 울리기를!
> 베푸신 사랑의 은총이 언제나 함께하시길 기원하면서,
> C 목사 드림.
>
> P.S. 이세린 학생, 전에 내가 가르쳤었던 아주 훌륭한 복음주의 신학
> 교인 N 신학교를 추천하고 싶소. 그리고 작은 정성을 실어 소정의 장
> 학금을 동봉하니 소액이나마 학비에 도움이 되길 바라오.

신학교에 대한 예비 지식이 전혀 없었던 그녀가 N 신학교에 대해 처음 듣게 된 것은 분명 신(God)의 은총이었다.

후기

1.

그로부터 10여 년 후, 세린은 보스톤의 H 디비니티 스쿨의 학장이 자신의 오피스에 아동 포르노 사진들을 보관하고 있다가 해임을 당했다는 소문을 들었다. 그 후 또 10여 년 이상의 세월이 지난 어느 날, 세린은 무신론이 우세했던 서구 사회에 기독교를 이성적으로 대변해 'CS 루이스 이후 최고의 기독교 변증가'로 꼽혔던 '재커라이어스'가 생전에 다수의 여성들을 상대로 성추행을 했다는 쇼킹한 기사가 실린 것을 읽게 되었다. 신학과 법학박사 학위를 받은 그는 92년 하버드대 베리타스 포럼 첫 강사로 나서며 세상에 본격 이름을 알렸다고 한다. 그는 복음주의 신학원에서 공부했고, 학과장도 역임했으며, 현대 철학과 낭만주의 시대 문학을 공부했다고 한다. '빌리 그래함' 박사는 그에 대해 "놀라운 영적 감식력과 지적 순전함을 갖춘 사람"이라 평가했다고 한다. 세린은 이제 어느 정도는 '재커라이어스'가 올무에 빠진 요인을 짐작할 수 있을 것만 같았다. 요컨대 복음주의 신학원에서 배우거나 가르친 이력이 그 사람의 영혼의 상태를 보증해주는 것이 아니다. 문제는 그가 아무리 놀라운 영적 감식력과 지적 순전함을 갖췄던 명석한 자였다고 하더라도, 현대 철학속에 내재한 고도의 영적 무능 내지 자타기만적 지적 오만과 슐레겔, 노발리스, 셸링, 슐라이어마허적 소울의 DNA가 흐르는 낭만주의 문학 속에 깃든 정서에 침습 당할 찬스는 언제나 열려 있는 것이기 때문이다. 그 누구라도 내재화된 로맨틱 러브의 심리가 유발하는 감정적 유혹에 알게 모르게 휘둘릴 가능성은 얼마든지 있는 것이 아니겠는가? 더욱이 세상에서 큰 명성을 얻은 그로서는 한계상황적 삶의 정황에서 하루하루 벼랑 끝에 선 것 같은 심정으로 절대자만을 의지할 수밖에 없는 그런 갈급함으로 주님과의 교제를 붙들며 살아가는 것이 쉽지 않았을 것이다.

그러므로 모름지기 크리스찬은 사도 바울과 같이 자신의 영혼에 '예수의 흔적'을 지녀야 한다(갈6:17). 이 흔적은 스티그마, 즉 예수의 소유라는 표식을 의미하는데, 이는 오리겐이 표현한 예수의 '사랑의 불화살'을 맞은 것과 같은 의미이기도 하다. 전 인류의 구원을 위해 십자가를 지신 주님의 사랑이 신자에게 관념적으로만 전달될 것이 아니라 십자가의 무게와 고통과 함께 전달되어야만, 신자의 영혼에 주님의 구속적 사랑의 흔적이, 사랑의 불화살 자국이 진정 새겨지게 되기 때문이다. 예수 그리스도께선 십자가 사랑의 흔적을 자신의 영혼뿐만 아니라 자신의 육체에도 - 두 손과 두 발과 옆구리에 지니셨다. 그러므로 그리스도께선 천국에서도 '일찍 죽임을 당한 어린양'의 모습으로 서 계신 것이다(계5:6).

요컨대 크리스찬이 영육 간의 성결을 지키며 이 세상에서 남녀 간의 최고의 멋진 사랑을 나누는 비결은, 주님과의 친밀하고 거룩하고 신비로운 사랑의 교제와 더불어 결혼을 전제로 한 이성과의 로맨틱한 교제인 것이며, 전자가 전제될 때에 비로소 후자도 가능한 것이다.

*너는 나를 도장같이 마음에 품고 도장같이 팔에 두라(아8:6)

2.

그 후 십여 년이 지난 어느 날, 다니던 지역 교회에서 세린은 예배 시간에 우크라이나에서 중국으로 건너가 북한 꽃제비들을 위한 선교를 하다가 공안에 걸려 수년간을 감옥에 갇히게 된 두 선교사가 혼신의 힘을 다해 이뤄놓은 사역을 편집한 영상을 시청하게 되었다. 탈북자들의 인터뷰 내용이 실리고 연길시 내의 한 안식처에서 갇히기 전, 꽃제비들에 둘러싸여 음식을 나누고 있는 사람들 가운데, 한 사람의 모습이 낯설지 않았다. 그녀는 한눈에도 그가 매니저 목사인 것을 쉽게 알아볼 수 있었다. 세린은 지난날 사무실에서의 언쟁을 떠올리며 혼자 조용히 눈을 감았다. 십여 년의 세월 동안 세린은 두 아이들의 엄마이자 교회의 전도사가 되었고, 뉴저지에서 켄터키로 켄터키에서 뉴저지로 막 다시 올라와 있었다. 가만히 추억해 보니 그녀의 기억 속에 남아 있는 매니저 목사의 모습엔 적어도 어떤 진실된 구도자적인 고투의 흔적을 찾을 수가 있었다. 그가 들려준 주기도문 이야기와 쓰레기통 옆에서의 웃음, 밤길을 걷다가 자신에게 종아리를 보여 주며 비통하게 울먹이던 모습과 활기차게 우크라이나어를 공부하던 모습. 또 그 후 우연히 길에서 본, 선교지로 떠나기 전의 모습 등이 주마등처럼 스쳐 지나갔다. 세린은 자신이 전에 매니저 목사에게 느꼈던 유감스러운 감정들도 이제 와서 생각해 보니 그가 영적으로 가장 허약하고 방황하던 기간 동안 한시적으로 드러난 그의 일탈적 모습이었을는지 모른다는 생각이 들었다. 매니저 목사는 관념적 신이 아니라 살아 있는 신을 체험키 위한 영적인 갈급함 때문에, 불량배들에게 맞으면서까지 온몸으로 진리의 실체를 체험하려고 몸부림치지 않았던가! 그가 우크라이나로 떠난 것은 실로 살아 계신 신(God)의 주권적 섭리고 계획이었다. 이제 세린은, 예수 그리스도에게 사로잡힌 자들에겐, 자신의 삶의 반경에서 일어나는 일들이 자신을 향한 신(God)의 음성으로 들려지기 마련인 것이란 걸 깨닫게 되었다. 나에게만 초점을 맞추는 하나님은 내가 하나님께만 초점을 맞출 때에 비로소 가능한 것이다. 이는 보이지 않는 하나님과 나와의 내밀한 관계의 영역에서 일어나는 일이지, 제도권이든 비제도권이든, 세인들이 구분 짓는 외견상의 영역에서 일어나는 일이 아닌 것이다. 비록 하자와 허물이 많고 온전치 못할지라도, 내 마음이 전심으로 하나님을 향하여 있다면, 살아 계신 하나님은 사람들의 비난이나 주위의 눈총에도 아랑곳하시지 않고 택하신 자를 반드시 들어 쓰시는 분이시다. 이와 동시에 하나님의 부름을 받은 자는, 이 땅에 그리스도를 통해 시작된, 하나님 나라 역사의 새로운 회복과 성취를 위한 투쟁의 대열에 합류하게 되는 것이다. 우크라이나에서 중국으로 건너가 탈북자들을 도우면서 그는 살아 있는 신(God)을 날마다 시마다 체험할 수 있었으리라. 공안에 의해 감옥에 갇혀서도 그는 쓰레기통을 붙잡고 구르던 그때의 모습처럼, 아니, 그보다 백 배, 천 배, 만 배로 리얼하게 행복하고 해맑게 웃을 수 있었으리라.

매니저 목사는 수년 후 석방되어 우크라이나 선교지로 재파송되었다는 소식이 들려왔다. 최근에 러시아와의 전쟁이 발발하자, 세린은 소정의 선교비를 우크라이나에 보내기 시작했다.

3.

그로부터 20년이 지난 후, 세린은 C 목사의 소천 소식을 듣게 되었다. 그가 소천 전 십여 년간 장기 기증 운동 본부의 임원으로 열심히 사역을 했다는 소식도 들려왔다. 세린은 문득 오 년 전 자동차 면허를 갱신하러 갔다가 자신이 장기 기증 서약서에 기쁜 마음으로 사인을 했던 일을 떠올렸다. 그와 동시에 오래전, 해부학 교실 앞을 지날 때마다 지독한 구토와 환멸과 공포에 시달렸던 젊은 날의 자신의 모습이 오버랩 되었다. 자신의 영혼이 죽었던 시절에 바라봤던 자신의 죽은 육신은, 환멸과 구토와 수치뿐이었다. 그러나 자신의 영혼이 소생한 지금 바라보는 자신의 죽은 육신은, 생명의 향기에서 생명의 향기로 이어지는 소중한 부활체가 되어 있었다.

하얀 시트 위에 내 몸이 말끔히 누울 날이 오겠죠
산 자와 죽어 가는 자로 분주한 병원의 매트리스 네 모퉁이 아래에 자리 잡고 있습니다.
어떤 순간에 의사는 내 상태가 무엇인지 결정할 것입니다.
뇌는 기능을 멈췄고 모든 의도와 목적을 위해 내 삶은 멈췄습니다.
그럴 때 기계를 이용해 내 몸에 인공 생명을 주입하려 하지 마세요.
그리고 이것을 내 임종이라고 부르지 마십시오.
그것을 생명의 침대라 부르게 하시고, 내 몸을 그곳에서 거두어 다른 사람들이 더 충만한 삶을 살 수 있도록 도와주소서.
한 번도 일출을 본 적이 없고, 아기의 얼굴, 여자의 눈에 비친 사랑을 본 적이 없는 남자에게 나의 시력을 주소서.
자신의 마음속에 끝없는 고통의 날들만 있었던 사람에게 내 심장을 주세요.
차의 잔해에서 구조된 소년에게 내 피를 주십시오. 그 소년이 살아서 손자들이 노는 모습을 볼 수 있도록 말입니다.
기계에 의존하여 존재하는 사람에게 내 신장을 주십시오.
내 뼈, 모든 근육, 모든 섬유질과 내 몸의 신경을 취하여 불구가 된 아이를 걷게 만드는 방법을 찾아보세요.
내 두뇌 구석구석을 탐구해 보세요. 필요하다면 내 세포를 가져다가 자라게 해 주세요. 그러면 어느 날인가 말 못 하는 소녀가 방망이 소리에 소리를 지르고, 귀머거리 소녀가 창문에 부딪히는 빗소리를 듣게 될 것입니다.

나에게 남은 것을 태워서 그 재를 바람에 뿌려 꽃이 자라도록 도와 주세요.

만약 당신이 무언가를 묻어야 한다면 그것은 나의 결점, 나의 약점, 그리고 동료 인간에 대해 내가 가졌던 모든 편견이 되게 해 주세요.

혹시라도 나를 기억하고 싶다면, 당신을 필요로 하는 사람에게 베푸는 친절한 행동이나 말로 기억해 주세요.

내가 당신에게 요청한 이 모든 것을 행하시면 나는 영원히 살 것입니다.

- 로버트 N.

4.

어느 날 오후, 세린은 비가 올 듯 을씨년스러운 날씨 속에 펜스테이션 행의 전철을 탔다. 대개 전철을 타면 자신의 전도의 대상자가 될, 옆에 앉을 사람을 흘깃 눈여겨보게 되는데, 그날은 그런저런 여유도 없이 그냥 어떤 여성 옆에 앉게 되었다. 세린은 얼마간 눈을 감고 이런저런 사색에 잠겨 있다가 무심코 옆으로 시선을 돌려 차창 밖을 내다보았다. 그러자 자기 옆에 앉은 백인 여성이 매우 독서에 몰입하면서 간간이 읽은 내용을 재차 음미라도 하려는 듯 시선을 차창 밖으로 던지곤 하는 모습이 시야에 들어왔다. 순간, 그 여성의 몰입적이나 무표정하고 메마른 영적 분위기에서 문득 자신의 옛 모습이 오버랩 되는 듯하여 세린은 약간의 반가움 섞인 철렁함마저 느껴졌다. 그래서 아니리라 짐작하면서도 크리스찬이냐고 말을 걸자, 그녀는 예상대로 아예 상대하기도 싫다는 투였다. '아, 하긴 나도 그랬었지…' 간간이 곁눈질로 슬그머니 그녀가 보는 책의 제목을 훔쳐보니 카프카의 『변신』이었다. 세린은 뭔가 접촉점의 실마리가 떠오르는 희망이 생겼다. 그러자 또 가슴이 뛰었다. 그래서 마음을 가다듬고 나직이 카프카의 『변신』을 난 중학교 때에 읽었다고 운을 떼었다. 그러자 아니나 다를까, 족히 중년은 되어 보이는 도도한 그녀의, 옆자리의 동승객을 거들떠보지도 않던 냉정한 자존심이 의외의 기습을 당한 듯 얼마간 경계가 무너져 내리는 소리가 들리는 듯했다. 그 증거로 그녀의 차가운 분위기가 살짝 누그러져 한결 안면 근육이 부드러운 표정으로 바뀌더니, 닫힌 말문이 삐긋이 열리는 듯하더니 이내 닫혔다. 이 기회를 놓칠세라 세린은 재빨리, 그러나 상대를 봐 가면서 잔잔히 말문을 열었다. 영적인 것과는 거리가 먼 차가운 이성적 사고의 그녀에게서 기대할 수 있는 것은 단지 자신의 말을 거절하지 않고 들어라도 주는 것뿐이었으니… 세린은 담담히 독백하듯 띄엄띄엄 말을 이어 나갔다. "나도 젊은 시절엔 카프카처럼 냉소적이고 허무주의적이었다고… 희망도 목적도 없는 무의미한 인생에 지쳐 있었지만 나름대로 그러한 사고에 중독이 되어 갔다고… 그러한 사상가들의 책을 즐기며 사유적인 엑스타시마저 느끼곤 했다고… 물론 신에 대한 동경은 있었지만 어디까지나 관념적이었다고… 그러다 어떤 계기를 맞아 교회를 나가게 되었지만, 전심으로 하나님을 찾고 부르짖기 전까지는, 그후 성경을 읽고 말씀을 체험하기 전까지는, 하나님의 초자연적인 역사와 주님의 거룩한 임재를 경험하기 전까지는, 그분이 내 가슴 한복판을 향해 당기신 사랑의 불화살을 맞기 전까지는, 다 가짜 믿음이었다고… 주님의 사랑의 불화살로 인해 데인 나의 영혼이 수시로 나의 죄를 아파하고, 울컥 눈물로, 내가 찌른 주님의 상처를 바라보도록 나의 영혼을 쏘심으로 인해, 나는 비로소 살아 있는 주님과 동행하게 되었노라고… 당신도 예수 그리스도를 당신의 구주로 받아들이면, 현생에서 물 댄 동산 같은 영혼의 비옥함을 누리고, 사후에 영원한 멸망에 이르지 않고 영원한 생명을 누리게 된다고… 하나님은 당신을 사랑하십니다. 하나님의 축복이 당신과 함께하시길!"

지성으로 연마된 듯한 인내심으로 세린의 말을 들으면서 한숨을 간간이 쉬며, 여전히 창밖으로 시선을 돌리곤 하는 그녀 옆에서, 세린은 어느 덧 메마른 그녀의 영혼에 매달려 구걸하는 거지가 되어 가고 있었다. 미래 그 어느 날에, 혹 숨을 거두기 직전이라도, 지금 이 순간의 자신의 메시지가 그녀의 기억 속에 떠오르기를 간절히 기도하는 심정으로….

>*나의 사랑하는 자가 내게 말하여 이르기를 나의 사랑, 내 어여쁜 자
>야 일어나서 함께 가자
>겨울도 지나고
>비도 그쳤고
>지면에는 꽃이 피고
>새가 노래할 때가 이르렀는데
>비둘기의 소리가 우리 땅에 들리는구나
>무화과나무에는 푸른 열매가 익었고
>포도나무는 꽃을 피워 향기를 토하는구나
>나의 사랑, 나의 어여쁜 자야
>일어나서 함께 가자 (아2:10-13)